新選明文東洋古典大系

新完譯
十八史略

中(上)

西漢(前漢)·東漢(後漢)

張基槿 講述

▲ 한대(漢代)의 경(鏡)

明文堂

■ 한무제(漢武帝)

■ 후한(後漢) 광무제(光武帝)

■ 유방(劉邦)

■ 항우(項羽)

■ 소하(蕭何)

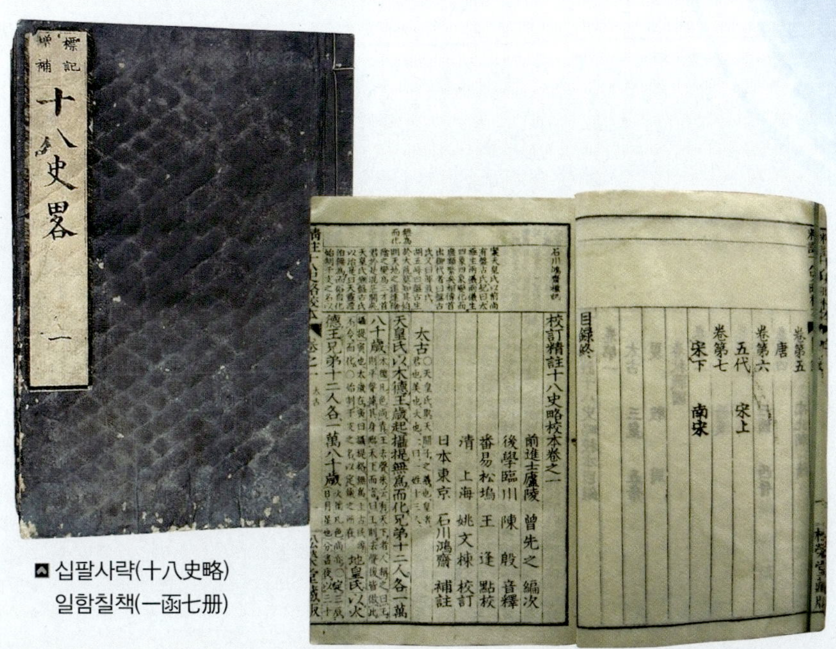

십팔사략(十八史略)
일함칠책(一函七册)

교정정주(校訂精註) 십팔사략교본(十八史略校本) 칠권(七卷)

賈子卷第一　內篇一

正定王耕心次詁

過秦上弟一

秦孝公據殽函之固擁雍州之地君臣固守以闚周
室有席卷天下包舉宇內囊括四海之意并吞八荒
之心當是時也商君佐之內立法度務耕織修守戰
之備外連衡而鬬諸侯於是秦人拱手而取西河之
外孝公既沒惠文武昭襄蒙故業因遺策南取漢中
西舉巴蜀東割膏腴之地北收要害之郡諸侯恐懼
會盟而謀弱秦不愛珍器重寶肥饒之地以致天下

전한(前漢) 사의(賈誼)의 신서(新書)

說文解字第一篇上

金壇段玉裁注

一　惟初大極道立於一造分天地化成萬物

凡一之屬皆從一

후한(後漢) 허신(許愼)의 설문해자(說文解字)

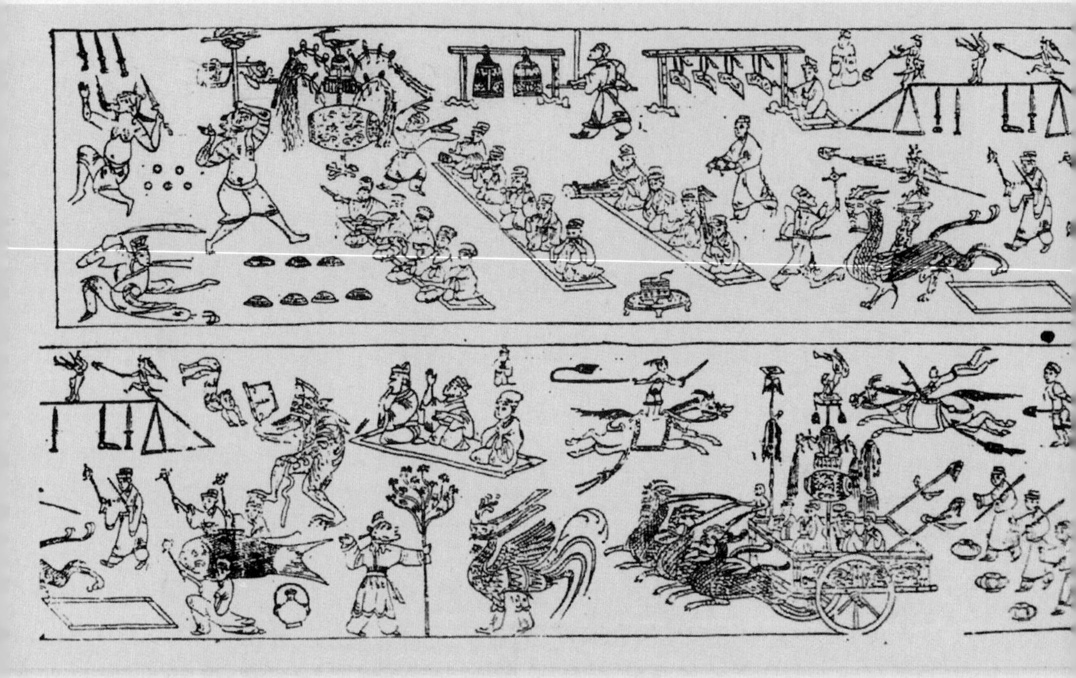

▲ 한(漢)대 화상석(畫像石) 악무백희도(樂舞百戲圖) ; 산동(山東) 기남(沂南) 출토

▲ 한대(漢代) 부인용(婦人俑)

▲ 한대(漢代) 벽화잡기도(壁畵雜伎圖)

前漢時代
匈奴
夫餘
鮮卑
烏桓
沃沮
玉門閣
居延沢
遼西
右北平
遼東
玄菟
陽關
敦煌
酒泉
五原
雲中
定襄
雁門
上谷
薊(北京)
漁陽
楽浪
祁連山
張掖
朔方
西河
黄河
代
中山
涿
広陽
河水
韓
羌
武威
汾水
太原
河間
勃海
済水
東萊
金城
安定
上郡
常山
鉅鹿
平原
斉
北海
膠東
隴西
渭水
北地
關中
左馮翊
趙
広平
清河
済南
泰山
琅邪
氐
天水
右扶風
上党
魏
東郡
東平
魯
河東
河内
済陰
山陽
楚
東海
武都
京兆
弘農
長安
函谷關
河南
陳留
淮陽
臨淮
泗水
広漢
漢中
武關
潁川
汝南
九江
広陵
冉駹
蜀(成都)
漢水
江夏
六安
丹陽
会稽
巴(重慶)
江
南郡
笮
邛
武陵
豫章
長沙
犍為
䍧柯
夜郎
零陵
桂陽
蒼梧
南海
鬱林
交趾
合浦
儋耳
珠崖
九真
日南
●은 国名
( )内는 現在名
0   500Km

△ 전한(前漢) 시대 지도

▲ 백마사(白馬寺) 한대(漢代)의 낙양성(洛陽城)의 서문(西門) 밖에 있다. 후한(後漢) 명제(明帝)가 천축(天竺=인도)에서 초빙한 불승(佛僧)을 위해서 창건(創建)했다고 전해지고 있다.

◀ 한(漢)나라 시대의 죽간(竹簡)

▲ 금인(金印) 광무제(光武帝)가 왜(倭)의 노국(奴國)의 사자(使者)에게 수여했다고 후한서(後漢書)에 기록되어 있다.

▲ 한대(漢代)의 사유사훼경(四乳四虺鏡)

▲ 태고(太鼓)를 치는 남자
사천성(四川省) 성도시(成都市)
천회산(天廻山) 출토

▲ 화천(貨泉) : 신(新)의 화폐(貨幣)

▲ 낙양(洛陽)의 광무제릉(光武帝陵)

북망산(北邙山)은 낙양(洛陽)과 그 북(北)쪽을 동류(東流)하는 황하(黃河)의 범람(氾濫)에서 지켜주고 있는 산이다. 위의 벽화는 낙양고묘박물관(洛陽古墓博物館)에 옮겨져 복원(復元)된 한대타귀도벽화묘(漢代打鬼圖壁畫墓)로서 빼어나게 조각되어진 것과 잘 그려진 화면을 보여주고 있다.

북망산(北邙山) 대지(臺地)에는 후한(後漢), 서진(西晋), 북위(北魏)의 많은 능(陵)들이 곳곳에 남아 있다.

서방(西方)의 신(神)
백제(白帝) − 백호(白虎)의 자태(姿態＝모습)

남방(南方)의 신(神)
적제(赤帝) − 주작(朱雀)의 자태(姿態＝모습)

◮ 사신(四神)을 묘사한 병〔壺〕〈도제(陶製)〉
전한(前漢) 시대에 보여주는 부장품(副葬品)의 명기(明器).

◮ 수뉴능족장(獸鈕能足鼎)
중산정왕(中山靖王)〔유승(劉勝)〕 전용(專用)의 청동제예기(靑銅製禮器).

◮ 한대(漢代)의 인물화(人物畫)

역자의 머리말

1

십팔사략(十八史略)의 저자, 증선지(曾先之)는 여능(盧陵 : 江蘇省) 출신으로 대략 송말(宋末) 원초(元初)에 걸쳐 살았다. 그러나 자세한 경력은 알 수 없다. 당시는 이민족이 다스리는 원대(元代)였으므로 고의로 숨기고 나타나지 않았을 것이다.

그는 한민족(漢民族)의 지식인으로써 중국역사의 정통(正統)과 민족의 주체성을 높이기 위하여 「십팔사략」을 저술했을 것이다. 〈*흡사 우리나라의 일연(一然)이 「삼국유사(三國遺事)」를 저술한 의도와 같다고 하겠다.〉

「십팔사략(十八史略)」은 중국의 18대에 걸친 정사(正史)를 간략하게 추린 역사 기록이다. 중국의 많은 지식인이나 젊은 학생에게 읽히기 위하여 역사의 「핵심」을 추린 책이다.

그의 「정신적 핵심」 속에는 「민족의 주체성과 역사의식 및 정치의 도덕성」이 강조되었다. 그러므로 「십팔사략」의 특색을 다음 같이 추릴 수 있다.

① 역대의 흥망성쇠(興亡盛衰)를 통치자의 도덕성과 결부시켰다. 즉 왕도덕치(王道德治)는 흥하고, 포학무도(暴虐無道)는 망한다는 진리를 역사적으로 보여주려고 애를 썼다.

② 역사와 정치 무대에 등장하는 「천자(天子)·군왕(君王)·제후(諸侯)·재상(宰相)·장군(將軍)·경사대부(卿士大夫)·세객(說客)·의사(義士)·자객(刺客)·영웅호걸(英雄豪傑)」 및 「현명한 학자(學者)·성인(聖人)·현인(賢人)·군자(君子)」 등에 대해서도 암암리에 도덕적인 척도로 평가를 가했다.

그러므로 「십팔사략」을 공부하면 윤리 도덕은 물론 대의명분(大義名分)도 바르게 알 수 있다. 즉 역사를 통해 바른 인생관과 도덕 정치의식을 배양할 수 있다.

모든 사람은 역사를 바르게 알아야 오늘이나 내일을 바르게 살 수 있다. 또 중국의 모든 것을 알기 위해서도 역사를 알아야 한다.

2

이 책은 한국의 독자를 위한 책이다. 이를 풀이한 역자의 역점은 다음 같다.

(1) 「십팔사략신석(十八史略新釋)」은 「한문강좌총서(漢文講座叢書)」의 일환으로 간행한 것이다.

즉 증선지(曾先之)의 「십팔사략」의 한문 원문을 상세하게 풀이한 학습 참고서이다.

(2) 「중권(中卷) 상(上)」은 「서한(西漢 : 前漢) 및 동한(東漢 : 後漢)」이다.

(3) 원본에는 「편(篇) · 과(課) · 단락(段落)」의 구분이 없다. 그러나 이 책에서는 학습의 편리를 위해 「편 · 과 · 단락」을 나누고 또 과명(課名)도 필자가 적당히 붙였다.

(4) 학습은 이 책의 체제를 따라, 「한문 원문」, 「한글 풀이」, 「어구 설명」의 순으로 하는 것이 효과적일 것이다.

거듭 말하겠다. 이 책은 「한문 해독」을 일차적 목표로 삼고 있다. 고로 「참고 설명」을 간단히 붙였다.

(5) 독자는 이 책에 나타난 인간상(人間像)과 아울러 인정덕치(仁政德治)의 바탕이 되는 인간학(人間學)도 깊이 배우고 깨닫기를 바란다.

차례

제9편 서한(西漢) [1]

제10편 서한(西漢) [2]

제9편 서한(西漢) [1]

[참고] 연표 : 진말(秦末)-한초(漢初)

B.C. 220 : 진시황 무력으로 천하를 통일
[중앙] : 황제(皇帝), 어사대부(御史大夫), 승상(丞相), 태위(太尉).
[지방] : 군(郡), 현(縣), 향(鄕), 정(亭), 리(里), 십오(什五).
[사건] : 만리장성(萬里長城), 아방궁(阿房宮), 여산능(驪山陵), 화폐(貨幣) 문자(文字) 차궤(車軌) 통일, 분서갱유(焚書坑儒). 태산봉사(泰山奉祀), 제국순회(諸國巡廻), 불로장생(不老長生), 서시(徐市)에 속다.

B.C. 210 : 진시황 사망, 호해(胡亥) 계승

B.C. 209 : 진섭(陳涉)과 오광(吳廣)의 반항 : 유방(劉邦) 항우(項羽)의 거병.

B.C. 207 : 조고(趙高)의 음흉 무도
재상(宰相) 이사(李斯)가 추방되고 처형되었다. 환관 조고(趙高)가 호해(胡亥)를 시살(弑殺)함. 뒤에 공자(公子) 영(嬰)이 조고를 사살함.

B.C. 206 : 한(漢) 고조(高祖) 원년
유방(劉邦) 관중(關中)에 들어갔다.
진(秦)나라 공자 영(嬰)이 투항했다. 유방이 한왕(漢王)이 되었다.

B.C. 205 : 고조 2년

항우(項羽)가 초의제(楚義帝)를 죽였다. 이때부터 초나라, 한나라가 본격적으로 싸우기 시작했다.

B.C. 202 : 고조 5년

12월 항우(項羽)가 패하고, 오강(烏江)에서 죽음.

유방 제위(帝位)에 오르고 장안(長安)을 도읍으로 삼음.

B.C. 200 : 고조 7년

고조(高祖) 평성(平城)에서 흉노(匈奴)에게 포위됨.

B.C. 196 : 고조 11년

한신(韓信), 양왈(梁王) 팽월(彭越), 회남왕(淮南王) 영포(英布)가 주살됨. 조타(趙佗)를 월남왕(越南王)에 임명함. 위만(衛滿), 위씨조선(衛氏朝鮮)을 세움.

B.C. 195 : 고조 12년

한고조(漢高祖) 붕어. 혜제(惠帝) 즉위. 여후(呂后)가 고조의 애첩(愛妾) 척부인(戚夫人)의 아들 조왕(趙王)을 독살하고 또 척부인의 손발을 절단, 눈과 귀를 멀게 하고 측간에 가두었다. 혜제(惠帝)가 죽자 여후 전횡(專橫).

B.C. 180 : 여후 사망

문제(文帝)가 자리에 올랐다. 서기 157년에 문제가 사망하고 경제(景帝)가 뒤를 이었다.

B.C. 141 : 경제(景帝) 붕어, 무제(武帝) 오름.

제1장 유방(劉邦)과 항우(項羽)

【참고 설명】유방(劉邦)의 칭호

유(劉)는 성, 방(邦)은 이름이다. 계(季)는 자다.

한(漢)나라 패군(沛郡) 풍읍(豊邑) 중양리(中陽里) 사람이다.

젊었을 때는 유계(劉季)라 했다. 초(楚)나라 항우(項羽)와 맞서 싸울 때는 유방(劉邦), 한왕(漢王)이라 했다.

천하를 통일하고 천자(天子)가 된 다음에는 한고조(漢高祖)라 했다. 후세에는 「한태조(漢太祖)」 혹은 「고황제(高皇帝)」라고 높였다.

제1과 유방의 특이한 출생

⑴ [漢太祖 高皇帝] 堯之後, 姓劉氏, 名邦, 字季. 沛豊邑中陽里人也. 母媼息大澤之陂, 夢與神遇. 時大雷雨晦冥. 父太公往, 見交龍其上. 已而産劉季.

한태조를 고황제(高皇帝)라고도 한다. 〈그는 원래〉 요임금(堯帝)의 후손이다. 성은 유(劉)씨, 이름은 방(邦), 자가 계(季)다. 패군(沛郡) 풍읍(豊邑) 중양리(中陽里) 사람이다.

어머니 온(媼)이 큰 연못가 제방 언덕에서 잠을 자고 있을 때, 꿈속에 신령이 나타났다. 그러자 하늘이 어둡고 비가 쏟아지고 천둥 번개가 쳤다. 부친 태공이 가보니 하늘에서 교룡(交龍)이 자기 아내 위로 내려오는 것이 보였다. 그리고 아내가 아들 유계를 출산했다.

어구 설명 ㅇ漢太祖 高皇帝(한태조 고황제) :「한태조(漢太祖)」는 한 나라를 세운 위대한 시조(始祖)라는 뜻.「고황제」는 가장 높이 빛나는 황제라는 뜻. ㅇ姓劉氏, 名邦, 字季(성류씨 명방 자계) : 성은 유씨(劉氏), 이름은 방(邦), 〈시호는 유방(劉邦)이다.〉 자가 계(季)다. ㅇ沛豊邑中陽里人也(패풍읍 중양리인야) : 패군(沛郡) 풍읍(豊邑) 중양리(中陽里=江蘇省) 사람이다. ㅇ母媼息大澤之陂,(모온식대택지피) : 모친 온(媼 : 별명)이 큰 못가 제방 언덕에서 잠을 잤다. ※「陂(비탈 피)」 ㅇ夢與神遇(몽여신우) : 꿈속에서 신령을 만났다. ㅇ時大雷雨晦冥(시대뢰우회명) : 그때 하늘이 어둡고 큰비가 쏟아지고 또 천둥 번개가 쳤다. ※「晦(어두을 회), 冥(어두을 명)」 ㅇ父太公往,(부태공왕) : 아버지 태공이 가서 보니. ㅇ見交龍其上(견교룡기상) : 〈하늘에서〉 교룡(蛟龍)이 내려와 자기 아내 위에 덮친 것이 보였다. ※ 교룡(蛟龍) : ① 이무기와 용. ② 모양이 뱀과 같고 길이가 한 발이 넘으며, 네 개의 넓적한 발이 있다고 하는 상상(想像)의 동물. ㅇ已而産劉季(이이산류계) : 그러고 나서, 아내가 유계를 출산했다.

유방(劉邦)

(2) 隆準而龍顔, 美鬚髥. 左股有七十二黑子. 寬仁愛人, 意豁如也. 有大度, 不事家人生産. 及壯, 爲泗上亭長. 嘗繇役咸陽, 縱觀秦皇帝 曰, 嗟乎, 大丈夫當如此矣.

유계는 코가 오뚝하고 얼굴이 용(龍)의 상이었다. 아름다운 수염이 자랐고, 또 왼쪽 넓적다리에 72개의 검은 점이 있었다.〈*별을 상징하는 검은 점이다.〉

인품이 너그럽고 어질어서 남들을 사랑했다. 뜻이 활달하고 한결같았다. 인품과 도량이 크고 대범했다. 그러나 그는 「집안 식구 먹고 사는 일」에는 힘을 쓰지 않았다.

장성하여 사상(泗上)의 정장(亭長)이 되었으며, 한동안 〈진나라 도읍인〉 함양(咸陽)에서 부역을 했다. 그때 진시황을 직접 보고 말했다. 「아! 대장부는 마땅히 저만큼은 되어야 한다.」 하고 감탄했다.

어구 설명 ○隆準(융절) : 유계는 코가 오뚝하다. ※「隆(클 융), 準(수준기 준)」「준(準)」을 「절」이라 발음한다. ○美鬚髥(미수염) : 수염이 아름답다. ○左股有七十二黑子(좌고유칠십이흑자) : 왼쪽 넓적다리에 72개의 검은 점이 있었다. 〈하늘의 별을 상징하는 점이다.〉
○意豁如也(의활여야) : 뜻이 활달하고 한결같았다. ※「豁(뚫린 골 활)」○有大度,(유대도) : 도량이 대범하고 컸다.
○不事家人生産(불사가인생산) : 가족들 생산에 힘쓰지

않았다. 즉 먹고 사는 데 관심이 없었다.

　ㅇ爲泗上亭長(위사상정장) : 사상의 정장이 되었다. ※「정(亭)」은 숙역(宿驛)이다. 진(秦)나라의 제도로 10리 마다 정(亭)을 두었다. 정장은 여행객을 감시도 하고 또 체포도 할 수 있다. 주로 도둑을 경계하는 것이 일이었다.

　ㅇ嘗繇役咸陽,(상요역함양) : 한때 도성(都城) 함양(咸陽)에서 부역을 했다.〈*함양은 진나라 도성이다.〉 ※「繇(역사〈役事〉 요) ; 부역하다.」[漢書] 高祖常繇咸陽. ㅇ嗟乎, 大丈夫當如此矣(차호 대장부당여차의) :「아! 대장부는 마땅히 저래야 한다.」〈*진시황(秦始皇)을 보고 감탄한 것이다.〉

(3)　單父人呂公好相人. 見劉季狀貌曰, 吾相人多矣. 無如季相. 願季自愛. 吾有息女, 願爲箕帚妾. 卒與劉季. 卽呂后也.

　선보(單父) 사람인 여공(呂公)이 관상(觀相)을 잘 보았다.〈여공이〉 유계(劉季, 즉 유방)의 용모를 보고 말했다.「나는 많은 사람의 상을 보았다. 그대 같은 훌륭한 상을 가진 사람은 본 일이 없다. 자중 자애하기를 바란다. 나에게 딸아이가 있으니, 그 아이를 키질하고 빗질하는 천한 아내(箕帚妾)로 삼아주기 바라오.」드디어 유계의 아내가 되었다. 그녀가 곧 여후(呂后)이다.

　<u>어구 설명</u>　ㅇ單父(선보) : 선보(單父)는 지명(地名).〈*「單父」를 「선

보」라고 발음한다.〉 ㅇ呂公(여공) : 성이 여(呂). ㅇ願爲
箕帚妾(원위기추첩) : 키질하고 빗질하는 아내로 삼아주
기를 바란다. ※「卒(군사 졸) ; 마침내. 드디어.」箕帚(기추)
: ① 쓰레받기와 비. ② 물 뿌리고 청소하는 일. 箕帚妾
(기추첩) : 쓰레받기와 비를 잡는 여자. 자기 아내의 겸칭
(謙稱). 부엌 일을 하는 여자로 자기 아내를 겸손하게 부
르는 말.

**(4) 秦始皇嘗曰, 東南有天子氣. 於是東遊以厭當
之. 劉季隱於芒碭山澤閒. 呂氏與人俱求, 常得之.
劉季怪問之. 呂氏曰, 季所居上有雲氣. 故從往, 常
得季. 劉季喜. 沛中子弟聞之, 多欲附者. 爲亭長
時, 以竹皮爲冠, 及貴常冠. 所謂劉氏冠也.**

진시황(秦始皇)이 전에 말했다. 「동남방에 천자의 운기
(雲氣)가 넘친다.」 그리고 동쪽으로 가서 〈천자의 운기를
풍기는 자를 찾아서〉 눌러 막으려고 했다.

이에 유계(劉季)가 스스로 의심받을 것을 두려워하여 망
산(芒山)이나 탕산(碭山) 등의 산골과 혹은 소택지(沼澤
地)로 가서 숨었다.

여씨 부인이 사람들과 함께 유계의 행방을 찾았으며 매
번 숨어있는 곳을 찾아냈다. 유계가 괴상하게 생각하고
물었다. 그러자 부인 여씨가 말했다. 「당신 계신 곳에는
이상한 구름과 기운이 떠돌아요. 즉 서운(瑞雲)이 일어난

다. 그래서 구름과 기운을 따라 가면 당신을 발견합니다.」

유계는 기뻐했다. 한나라 패(沛) 지방에 사는 젊은이들이 소문을 듣고 다수가 와서 유계에게 부하가 되겠다고 나서는 사람이 많았다.

유계가 사상(泗上)의 정장(亭長)이 되자, 대나무 껍질로 만든 관을 썼다. 후에 귀한 몸, 즉 천자가 되어도 항상 그 관을 썼다. 이른바 세상에서 말하는 유씨관(劉氏冠)이다.

어구 설명 ○厭當(염당) : 눌러서 없애다. 압살(壓殺)로 풀어도 된다. ○澤(못택, 늪택) : 원형(圓形)인 것을 지(池) 곡형(曲形)인 것을 소(沼)라고 함, 沼澤(소택)=늪. ○以竹皮爲冠,(이죽피위관) : 대나무 껍질로 만든 관을 썼다. ○劉氏冠(류씨관) : 유씨관(劉氏冠)이다. ※「冠(갓 관, 관례 관) ; 머리를 덮어 가리는 쓰개인 갓을 뜻하는데, 옛날에는 신분에 따라서 쓰는 관이 달랐다.」

여후(呂后)

【참고 보충】 천명(天命)과 신통(神通)

(1) 천명(天命) : 천지(天地)의 자연 만물은 하늘이 절대 명령으로 태어나 살게 한 것이다. 식물, 동물, 인간의 형상이나 성질 기능 및 생사 수명 모두가 하늘의 절대명령을 따른다. 사람은 아직도 하늘과 천명을 과학적으로 말하지 못한다.

(2) 용상(龍相) : 한고조의 탄생은 기이하다. 얼굴 모양이 용상(龍相)이다. 몸에는 하늘의 별을 상징하는 점이 있다. 그래서 그의 존재와 성품과 공적이 비범했던 것이다.

(3) 동서를 막론하고 위대한 사람의 출생에는 신비한 전설이 따르게 마련이다. 한(漢)고조(高祖)의 출생도 신비롭다.

【참고 설명】 여공(呂公)과 그의 딸

(1) 여공(呂公)은 패(沛)의 읍장(邑長)과 친한 사이였다. 그는 자기 고향인 선보(單父)에서 남과 다투고 패(沛)로 옮아왔던 것이다.

(2) 패의 읍장이 여공의 생일잔치를 성대하게 열고 사람들을 초대했다.

이때 무일푼인 유방(劉邦)이 상좌에 앉기 위해서 「종이에 큰 돈을 기부하겠다.」고 써 올렸다.

그때 서류를 담당한 사람은 소하(蕭何)였다. 〈*소하는 후에 한고조의 신하가 되었다.〉

(3) 건달 유방은 최고로 높은 자리에 들어가 앉았던 것이다. 이를 본 읍장은 빙그레 웃었다.

그러나 관상을 잘 보는 여공은 그가 큰 사람이 될 것을 알고 자기 딸을 주려고 했다.

(4) 한고조는 어려서 유계(劉季)라 이름했다. 그는 젊어서 시골 마을인 사상(泗上)에서 정장(亭長)이 되었다. 그러나 그는 개인이나 가정을 위한 삶보다 국가 정치에 관심이 많았다. 그러나 대범한 그는 소리(小吏)에 만족하지 않았다.

(5) 폭이 넓고 생각이 높고 또 뱃장이 남달리 센 청년 한고조는 남과 어울릴 때에도 호탕하게 술 마시고 기고만장했다.

(6) 한고조는 젊어서부터 특이한 존재였다. 그래서 범속한 사람 같이 먹고 사는 데만 신경을 쓰지 않았다. 그러나 그의 기상과 빛이 하늘에 나타났다. 그래서 여후(呂后)가 일찍 그를 따랐다. 그러나 진시황은 유계를 찾아서 죽이려 했다.

제2과 유방의 청년 시대

(1) 劉季爲縣送徒驪山. 徒多道亡. 自度, 比至盡亡之. 到豊西止飮. 夜乃解縱所送徒曰, 公等皆去. 吾亦從此逝矣. 徒中壯士, 願從者十餘人.

유계가 현(縣)의 명을 받고 죄수(罪囚)들을 여산(驪山)으로 호송했다. 죄수들 대다수가 도중에서 도망을 했다. 이에 유계는 스스로 생각했다. 『여산에 도달할 때에는 죄수들이 다 도망가고 없어질 것이다.』

그리고 강소성(江蘇省) 풍읍(豊邑) 서쪽 풍서(豊西)에 이르러 걸음을 멈추고 술을 마셨다. 그리고 밤이 되자 〈죄수들을〉 풀어 각자 멋대로 보내주면서 말했다. 「그대들 〈마음대로〉 떠나거라, 나도 여기서부터 행방을 감출 것이다.」

죄수들 중의 장정 십여 명이 그를 따르고자 원했다.

어구 설명 ○劉季爲縣送徒驪山(유계위현송도여산) : 유계가 현(縣)의 명(命)을 받고 죄수들을 여산(驪山)으로 호송했다. ※「徒(무리 도, 죄수 도)」[史記] 送徒驪山. 送徒(송도) : 죄수들을 목적지까지 호송하여 데리고 감. 驪山(여산) : 진시황제는 살아 있을 때부터 자기의 능을 여산에다 만들고 있었는데, 그 일을 죄인에게 시키고 있었다.

○徒多道亡(도다도망) : 죄수들 다수가 도중에서 도망갔다. ○自度,(자도) : 스스로 생각을 했다. ○比至(비지) : 여산에 도달할 무렵에. ○豊西(풍서) : 강소성 풍읍(豊邑) 서쪽. ○縱所送徒(종소송도) : 멋대로 가게 하다. 〈*죄수들이 도망가고 수가 모자라면 목적지에 도달해도 처벌을 받아야 한다.〉 ※「縱(늘어질 종) ; 멋대로(하다). 내버려두다. 놓다. 풀다. 주다. 버리다.」

(2) 季被酒, 夜徑澤中. 有大蛇當徑. 季拔劍斬之. 後人來, 至蛇所. 有老嫗. 哭曰, 吾子白帝子也. 今者赤帝子斬之. 因忽不見. 後人告劉季. 劉季心獨喜自負. 諸從者日益畏之. 陳勝起, 劉季亦起兵於沛, 以應諸侯. 旗幟皆赤.

유계는 술을 흠뻑 마시고 밤에 소택(沼澤) 지대의 길을 걸어갔다. 그러자 한 마리의 큰 뱀이 길을 가로막고 있었

다. 유계는 칼을 뽑아 뱀을 잘라 죽이고 〈앞으로 갔다.〉

뒤따라오던 사람이 뱀이 있던 곳에 이르러 〈보니〉 한 노파가 통곡을 하며 말했다. 「내 아들은 백제(白帝)의 아들인데 지금 적제(赤帝)의 아들이 베어 죽였다.」 그렇게 말하고는 홀연히 없어졌다. 〈*유령 귀신이 울고 말한 것이다.〉

뒤따라오던 사람이 유계에게 〈본 바를〉 고하자, 유계는 마음으로 좋아하고 자부심을 가졌다. 그를 따르던 사람들이 날로 더욱 그를 두려워하고 존경하고 따르게 되었다.

진승(陳勝)이 〈진시황에게〉 반란하고 무력으로 봉기했다. 이에 유계도 패(沛)에서 무력으로 봉기하고 〈각지에서 일어나는〉 제후들과 호응했다. 한나라 군대의 기치는 붉은색이었다.

어구 설명 　○季被酒,(계피주) : 유계는 술을 흠뻑 마시고. ○季拔劒斬之(계발검참지) : 유계는 칼을 뽑아 뱀을 잘라 죽였다. ○後人來, 至蛇所(후인래 지사소) : 뒤에 오던 사람이 뱀이 있던 곳에 이르러 〈보니〉 ○有老嫗. 哭曰,(유로구 곡왈) : 한 노파가 통곡을 하며 말했다. 즉 유령이나 귀신이 나타나 말한 것이다. ○吾子白帝子也(오자백제자야) : 나의 아들은 백제(白帝)의 아들이다. 진(秦)은 서(西)로 오행(五行)으로는 금(金), 오색(五色)으로는 백(白)에 해당한다. 백제(白帝)는 진의 황제라는 뜻이다. ○今者赤帝子斬之(금자적제자참지) : 지금 적제자(赤帝子)가 나의 아들을 잘라 죽였다. 적제자(赤帝子)는 한(漢)의 제왕이라는 뜻이다. 유계(劉季)는 제요(帝堯)의 후예다. 제요는 화덕(火德)의 임금이며 적색(赤色)이다. ※ 白帝子(백제자), 赤帝子(적제자) : 진나라는 중국의 서쪽에 있었고 서쪽은 오행(五行)에서 금(金)에 속한다. 금은 흰빛이므로 흰빛은 진나라 황제를 가리키는 것이다. 유계의 조상은 요임금(堯帝)으로서 화덕(火德)으로 제(帝)가 되었다. 불은 붉은빛이므로 적제자(赤帝子)란 곧 유계를 가리킨 것이다.
ㅇ陳勝起,(진승기) : 진승(陳勝)이 반란군을 일으키자. ※ 진승(陳勝)을 진섭(陳涉)이라고 한 판본도 있음. ㅇ劉季亦起兵於沛,(유계역기병어패) : 유계도 패현(沛縣)에서 무력으로 봉기했다. ※沛(패) : 늪. 습지(濕地). 성(盛)한 모양. 고을 이름. 현 이름. 沛縣(패현). ㅇ以應諸侯(이응제후) : 진(秦)나라를 타도하려는 모든 제후에 호응했다. ㅇ旗幟皆赤(기치개적) : 한나라 군대의 기치(旗幟)는 붉은색이었다.

[참고 보충] 백사(白蛇)를 베다.

(1) 이 이야기도 상징적 고사다. 한(漢)나라는 적색(赤色)이고, 진(秦)나라는 백색(白色)이다. 유방이 밤길을 가다가 백사(白蛇)를 칼로 베었다고 하는 것은 혼란한 암흑시기에 앞을 가로막는 진나라를 친다는 뜻이다. 이것도 하늘이 시킨 일이다. 그래서 백사의 어머니인 노파가 울었던 것이다. 유계(劉季)는 「노파가 울었다는 말을 듣고 좋아했다.」 즉 하늘의 운세가 돌아감을 미리 알았던 것이다.

[참고 보충] 진승(陳勝)과 오기(吳起)의 반란

(1) 조고(趙高)는 악독한 내시였다. 진시황이 죽은 다음에 거짓 친서(親書)와 음흉한 계략(計略)으로 호해(胡亥)를 제2대

황제로 세웠다. 그리고 악법을 만들어 세상을 어지럽혔다. 이에 각계 각지에서 반란군(叛亂軍)이 봉기했다. 그중에 대표적인 것이 진승(陳勝)과 오기(吳起)의 농민봉기(農民蜂起)였다.

(2) 진승은 양성(陽城)에서 품팔이 농사를 지었다. 하루는 탄식한 다음에 말했다. 「만약에 장차 부귀를 누리게 되면 서로 잊지 말자.(苟富貴無相忘)」 그러자 다른 일꾼이 웃으며 말했다. 「너 같은 품팔이가 어떻게 부귀를 누리게 될 것이냐.(若爲傭畊 何富貴也)」 그러자 진승이 크게 탄식하고 말했다. 「아! 제비나 참새 같은 좀팽이가 어찌 봉황새나 따오기 같은 큰 새의 뜻을 알겠나.(嗟乎 燕雀安知鴻鵠之志哉)」

(3) 진승은 2세 원년(元年 : B.C. 209)에 징발되어 다른 농민 900명과 함께 어양(漁陽)으로 갔다. 그러나 안휘성(安徽省) 대택향(大澤鄉)에서 장마를 만나 오가지도 못하게 되었다.

(4) 목적지 어양(漁陽)까지는 아직도 3천리 길을 더 가야 했다. 허나 기한 내에 도달하지 못하면 처형을 받아야 한다. 이에 진승은 같은 또래의 농민 오광(吳廣)과 함께 짜고 다른 농민들을 선동하여 반란을 일으켰다.

(5) 진승과 오광은 징발된 농민들에게 말했다. 「저나 여러분들이나 길이 막혀 정해진 날을 지키지 못할 것이고 법에 따라 처형될 것이오.」 그리고 특히 다음과 같은 말을 덧붙였다. 「사내대장부는 죽을 각오가 없으면 아무 일도 못하오. 그러나 죽을 각오로 목숨을 바친다면 크게 이름을 떨칠 수 있소. 임금이나 제후나 장군이나 재상들도 다 같은 사람이라오. 어찌 다르겠소.(壯士不死則已 死則舉大名 王侯將相 寧有種乎)」「그러니 우리도 들고 일어납시다.」 이에 모든 사람이 호응하고 따랐다.

(6) 그들은 앞을 가로막는 감독관의 칼을 탈취하고 그들을

죽이고 큰 소리를 질렀다. 「우리가 사는 길은 한 길 뿐이다. 진 (秦)과 싸워 이겨야 우리가 살 수 있다.」

(7) 진승과 오광은 자기들을 진나라의 공자 부소(扶蘇)와 초 나라의 대장 항연(項燕)이라고 사칭(詐稱)하고 또 나라 이름을 대초(大楚)라고 일컬었다. 그리고 진승은 스스로 장군이 되고 오광은 도위가 되었다.

(8) 그러자 대량(大梁)의 장이(張耳)와 진여(陳餘)가 그들의 군영에 와서 알현을 청하고 진승을 받들었다. 진승은 크게 기 뻐하고 스스로 임금이 되었으며 국호를 장초(張楚)라고 했다. 그 간 진나라 악법에 시달리던 각지의 사람들이 들고 일어났 으며, 앞을 다투듯이 진나라의 장관들을 살해하고 진승에 호 응했다. 〈*십팔사략 상, 제8편 11과〉

[참고 설명] 포학한 진시황(秦始皇)

(1) 진시황은 최대 최악의 폭군이다. 무자비하게 백성을 탄 압하고 학살했다. 자기는 아방궁(阿房宮)에서 사치하고 음란 하게 놀았다. 그러나 백성들을 혹사하고 만리장성(萬里長城) 을 축조했다. 또 눈치가 달라지면 이사(李斯) 같은 고관도 축 출했다.

(2) 진시황은 분서갱유(焚書坑儒)로 학문 사상을 철저히 억 압한 독재자였다. 그러므로 그는 하늘을 보고 높이는 그런 사 람을 찾아 잡아 죽이려고 했던 것이다.

(3) 그러나 하늘은 진시황에게 유방의 행방을 알려주지 않았 다. 단 유방의 부인 여씨(呂氏)에게는 알려주었던 것이다. 그래 서 한고조가 진시황을 피해 숨어도, 여후(呂后)는 하늘의 인도 로 숨어 있는 그를 알 수 있었다. 그래서 한고조도 좋아했다.

제3과 법삼장(法三章)

(1) 楚懷王遣沛公. 破秦入關, 降秦王子嬰. 旣定秦, 還軍霸上. 悉召諸縣父老豪傑, 謂曰, 父老苦秦苛法久矣. 吾與諸侯約, 先入關中者王之. 吾當王關中. 與父老約, 法三章耳. 殺人者死. 傷人及盜抵罪. 餘悉除去秦苛法. 秦民大喜.

초(楚)나라 회왕(懷王)이 패공(沛公) 유방을 관중(關中)으로 파견했다. 이에 패공은 진(秦)나라를 격파하고 관중에 들어가자, 진나라 임금 자영(子嬰)이 항복했다. 패공은 진나라를 평정하고 군대를 패상(霸上)에 되돌려 주둔시켰다. 그리고 모든 지방의 어른들과 호걸(豪傑)들을 다 불러놓고 말했다.

「그 간 어른들께서는 진나라의 가혹한 법에 시달려 오래 고생을 하셨습니다. 이미 나는 모든 나라의 제후들과 약속을 했습니다.」

「먼저 관중에 들어간 자가 진을 다스린다고 했습니다.」 「그러므로 나는 관중을 다스리는 왕으로서 여러 어른들과 약속을 하겠습니다.」 「법은 오직 삼장(三章) 뿐입니다. 살인자(殺人者)는 사형에 처한다. 남에게 상처를 입힌 자나 남의 재물을 훔친 자는 죄에 따라 벌을 받는다.」
「이 세 가지 이외에 진나라의 가혹한 모든 악법은 다 폐지합니다.」

진의 백성들이 모두 좋아했다.

어구 설명 ○楚懷王遣沛公(초회왕견패공) : 초나라 회왕이 패공(沛公), 즉 유계(劉季)를 파견했다. 〈*초(楚)나라는 남쪽에 있는 큰 나라다. 서북쪽 진(秦)을 치기 위해 한나라 패공(沛公)을 파견했던 것이다. 항우(項羽)는 초나라의 대장군이었다.〉 ○破秦入關,(파진입관) : 한나라 패공이 진군(秦軍)을 격파하고 함곡관(函谷關) 안으로 들어갔다. ○降秦王子嬰(강진왕자영) : 진나라 〈3대 왕〉 자영(子嬰)이 항복했다. ○還軍霸上(환군패상) : 한나라 패공은 〈군대를〉 패상(霸上)에 철수해서 주둔시켰다. ○悉召諸縣父老豪傑,(실소제현부로호걸) : 모든 지방[縣]의 부로(父老)나 호걸들을 모아놓고 〈말했다.〉 ○苦秦苛法久矣(고진가법구의) : 진의 가혹한 법에 오래 시달리고 고생을 했습니다. ○與父老約, 法三章耳(여부로약 법삼장이) : 〈나는〉 여러 어른들, 즉 부로(父老)들과 약속을 하겠습니다. 「법은 삼장 뿐입니다.」 ○殺人者死. 傷人及盜抵罪(살인자사 상인급도저죄) : 「살인자는 사형, 상인(傷人)과 도적은 죄에 맞게 벌하겠습니다.」 〈한나라 패공이 먼저 진나라에 들어가 말한 것이다.〉

[참고 보충] 법삼장(法三章)

(1) 진시황은 무자비한 폭군이다. 재상 이사(李斯)는 법가(法家) 한비자(韓非子)의 학파이자 욕심이 많은 술책가였다.

(2) 또 궁중의 비밀을 한 손에 쥐고 있었던 환관(宦官) 조고

(趙高)는 음흉한 모략을 잘 썼다. 그래서 진나라 때는 천하의 모든 사람들이 악법에 시달렸다.

(3) 그래서 먼저 진나라에 들어간 유방이 법삼장(法三章)을 내걸었던 것이다.

제4과 항우(項羽) 대노(大怒)

(1) 項羽率諸侯兵, 欲西入關. 或說沛公守關門. 羽至. 門閉. 大怒, 攻破之, 進至戲, 期旦擊沛公. 羽兵四十萬. 號百萬. 在鴻門.

그 다음에 초나라의 항우(項羽)가 제후의 군대를 인솔하고 서쪽 함곡관(函谷關) 안으로 들어가려고 했다.

어떤 사람이 패공(沛公)에게 말했다. 「관문을 지키라.」〈항우를 들어오지 못하게 하라고 말한 것이다.〉〈그래서〉 항우가 함곡관에 도달했으나 관문이 굳게 닫혀 있었다. 이에 항우가 대노하고 관문을 무력으로 격파하고 희수(戲水) 근처로 진격했다.

그리고 이튿날 아침에 패공의 군대를 공격하려고 했다. 항우의 군대는 40만이었다. 그러나 말로는 백만이라 과장하고 홍문(鴻門)에 진을 쳤다.

어구 설명 ㅇ欲西入關(욕서입관) : 항우(項羽)가 서쪽으로 진격해서

함곡관(函谷關)에 들어가려고 했다. 〈*그러나 패공이 먼저 도성을 점령하고 관문을 닫고 있었다.〉
ㅇ大怒, 攻破之,(대노 공파지) : 항우가 대노하고 〈함곡관을 지키던 패공의 군대를〉 공경해 치고. ㅇ進至戱,(진지희) : 진격해서 희수(戱水)에 이르렀다. ※「戱(놀 희) ; 성(姓), 산 이름. 고을 이름. 戱(속자). 戲(속자). 戏(간체).」ㅇ期旦擊沛公(기단격패공) : 아침에 한나라 패공을 치려고 했다. ㅇ在鴻門(재홍문) : 항우의 〈군대는〉 홍문(鴻門)에 있었다. ※ 鴻門(홍문) : 한(漢)고조 유방(劉邦)과 초(楚)나라의 왕 항우(項羽)가 회견한 곳. 지금의 섬서성(陝西省) 임동현(臨潼縣).

(2) 沛公兵十萬, 在霸上. 范增說羽曰, 沛公居山東, 貪財好色. 今入關, 財物無所取, 婦女無所幸. 此其志不在小. 吾令人望其氣, 皆爲龍成五采. 此天子氣也. 急擊勿失.

한나라 패공의 군대는 10만이며, 패상(霸上)에 있었다. 〈초나라 군사(軍師)〉 범증(范增)이 항우에게 말했다.

「패공은 산동(山東)에 있을 때는 탐재호색(貪財好色) 했습니다. 그러나 지금은 관문 안에 들어갔으면서도 재물을 탈취하지 않고 또 부녀를 농락하지 않습니다. 그것은 곧 그의 뜻이 작은 데 있지 않은 것입니다.」

「내가 사람을 시켜 하늘의 운기(雲氣)를 보게 했더니 구름이 용(龍)이 되고 오색(五色)이 찬란했다고 합니다.」

「이는 곧 패공이 천자가 될 기(氣)입니다. 당장에 공격하여 때를 놓치지 말아야 합니다.」

어구 설명 ○范增(범증) : 항우의 부하. ○此其志不在小(차기지부재소) : 〈패공의〉 뜻이 작지 않다. 〈큰 뜻을 품고 있다. 즉 천하를 다 차지하려고 한다.〉 ○吾令人望其氣,(오령인망기기) : 내가 사람을 시켜 하늘의 운기(雲氣)를 보게 했더니. ○皆爲龍成五釆(개위룡성오채) : 〈구름이〉 용이 되고 오색이 찬란하더라. 〈이는 곧 한나라 패공이 천자가 될 징조다.〉 ○急擊勿失(급격물실) : 당장에 그를 치고(공격하고), 때를 놓치지 마시오. 〈*한 패공은 무명의 장사에 불과했다. 초나라 회왕(懷王)의 명을 받고 출전했던 것이다.〉

제5과 항백(項伯)과 장량(張良)

(1) 羽季父項伯, 素善張良. 夜馳至沛公軍, 告良呼與俱去. 良曰, 臣從沛公, 有急亡不義. 入具告, 因要伯入見. 沛公奉巵酒爲壽, 約爲婚姻. 曰, 吾入關, 秋毫不敢有所近. 籍吏民, 封府庫, 而待將軍. 所以守關者, 備也盜也. 願伯具言臣之不敢倍德. 伯許諾曰, 旦日不可不蚤自來謝. 伯去具以告羽, 且曰, 人有大功, 擊之不義. 不如因善遇之.

　항우의 계부(季父) 항백(項伯)은 전부터 장량(張良)과 친했다. 그래서 밤중에 말을 달려 패공의 군(軍)에 이르렀다. 그리고 장량에게 〈사정을〉 고하고 자기와 함께 떠나자고 호소했다.

　장량이 말했다. 「저는 신하로서 패공을 따르고 있습니다. 다급하다고 도망가는 것은 의(義)가 아닙니다.」「저와 함께 들어가서 패공에게 아뢰어 올립시다.」

　그리고 들어가 패공에게 갖추어 말한 다음 항백이 들어가 패공을 만나보게 했다. 패공은 뿔로 만든 네모진 큰 술잔 치(巵)에 술을 따러 바치고 장수(長壽)를 빌고 또 자녀의 혼인 관계를 맺자고 약속했다.

　그리고 또 패공이 항백에게 말했다. 「나는 관(關) 안에 들어와도 추호도 〈진나라 재물에〉 접근하지 않았습니다. 관원이나 백성들의 호적을 정리하고 또 무기나 재물 창고를 굳게 봉하고 항우 장군님 오시기를 기다렸습니다.」「관문을 수비한 것은 도적을 방비한 것입니다.」「그러므로 은혜를 잊지않고 있음을 항백(項伯) 님께서 〈항우 장군에게〉 아뢰어 주십시오.」

　그러자 항백이 말했다. 「날이 밝는 대로 즉시 직접 가시어 사죄를 하세요.」

　항백은 돌아가 항우에게 말하고 덧붙였다. 「그는 큰 공이 있습니다. 그를 치면 의에 어긋납니다. 잘 대해 주십시오.」

어구 설명 ○羽季父項伯, 素善張良(우계부항백 소선장량) : 항우(項羽)의 직은 아버지, 항백(項伯)은 전부터 장량(張良)과 친한 사이였다. ※ 季父(계부) : 숙부(叔父). 아버지의 막내 아우. 막내 삼촌.

〈*전에 장량이 항백의 살인죄를 용서해준 일이 있었다. 그래서 이번에는 항백이 장량을 구하고자 했다.〉

○有急亡不義(유급망불의) : 급하다고 도망가는 것은 의가 아니다. ○所以守關者, 備也盜也(소이수관자 비야도야) : 관문을 지킨 것은 도적에 대비하기 위해서다. ○旦日不可不蚤(단일불가부조) : 날이 밝으면 이르지 않은 게 아니다. 즉 날이 밝는 대로 즉시. ※ 조(蚤)=조(早).

○伯去具以告羽(백거구이고우) : 항백이 함께 가서, 자세하게 항우에게 고했다. ○且日, 人有大功, 擊之不義. 不如因善遇之(차왈 인유대공 격지불의 불여인선우지) : 덧붙여 말했다. 「공을 크게 세운 사람을 치는 것은 의가 아닙니다. 차라리 잘 대우해야 합니다.」

항백(項伯)

제6과 홍문(鴻門)의 연회

(1) 沛公旦從百餘騎, 見羽鴻門. 謝曰, 臣與將軍, 戮力而攻秦. 將軍戰河北, 臣戰河南. 不自意, 先入關破秦, 得復見將軍於此. 今者有小人之言, 令將軍與臣有隙, 羽曰, 此沛公左司馬曹無傷之言.

패공은 아침 일찍 백여 명의 기마병을 이끌고 홍문으로 가서 항우를 만났다. 그리고 사과하며 말했다.

「신은 장군님과 함께 힘을 다해서 진나라를 공격했습니다. 장군님은 하북에서 싸우시고 신은 하남에서 싸웠습니다. 뜻하지 않게 신이 먼저 관문 안에 들어가 진나라를 쳤으며 이곳에서 다시 장군님을 뵙게 되었습니다.」「그런데 소인배들의 참언(讒言=거짓으로 꾸며서 남을 헐뜯는 말.) 때문에 장군님과 신의 사이가 벌어졌습니다.」

이에 항우가 말했다. 「그것은 바로 패공의 좌사마(左司馬) 조무상(曹無傷)이 한 말이오.」

어구 설명 ○沛公旦從百餘騎, 見羽鴻門(패공단종백여기 견우홍문) : 패공이 백여 명의 기마병을 데리고 홍문에 와서 항우를 만났다. ○謝曰, 臣與將軍, 戮力而攻秦(사왈 신여장군 육력이공진) : 사과하며 말했다. 「신과 장군은 힘을 다해서 진(秦)을 공격했습니다.」 ○將軍戰河北, 臣戰河南(장군전하북 신전하남) : 장군님은 하북에서 싸우시고 신은 하

남에서 싸웠습니다. ㅇ不自意, 先入關破秦, 得復見將軍
於此(불자의 선입관파진 득부견장군어차) : 뜻하지 않게
〈제가〉 먼저 관 안에 들어와 진나라를 쳤습니다. 그리고
여기서 다시 장군님을 뵙게 되었습니다. ㅇ今者有小人之
言, 令將軍與臣有隙,(금자유소인지언 령장군여신유극) :
지금 소인배(小人輩=그릇이 작은 되먹지 못한 간사한 인
간들)들이 말을 잘못 해서, 장군님과 신의 사이가 벌어졌
습니다. ㅇ羽曰, 此沛公左司馬曹無傷之言(우왈 차패공좌
사마조무상지언) : 항우가 말했다. 그 말은 그대 패공의
좌사마(左司馬) 조무상(曹無傷)이 한 말이오.

(2) 羽留沛公與飮. 范增數目羽, 擧所佩玉玦者三. 羽不應. 增出使項莊入, 前爲壽, 請以劍舞, 因擊沛公. 項伯亦拔劍起舞, 常以身翼蔽沛公. 莊不得擊. 張良出告樊噲以事急.

그리고 항우는 패공을 자리에 앉게 하고 함께 술을 마셨
다. 〈항우의 신하〉 범증은 여러 차례 항우에게 눈짓을 했으
며 또 차고 있던 옥결(玉玦)을 세 번이나 들어 올렸다.

그래도 항우가 응하지 않자 범증이 나와 항장(項莊)으로
하여금 들어가 패공의 수복을 비는 술잔을 바치게 했다.

항장은 또 칼춤을 추겠다고 자청하고 〈틈이 나면〉 패공을
치려고 했다. 〈눈치를 챈〉 항백이 역시 칼을 뽑아들고 일어
나 춤을 추면서 자기 몸으로 패공을 가로막고 보호했다.

그래서 항장은 패공을 치지 못했다. 이에 장량은 밖으로 나와 번쾌(樊噲)에게 사태가 다급하다고 말했다.

어구 설명 ㅇ玉玦(옥결) : 옥으로 만든 둥근 패물. 즉 옥패(玉佩)라고도 함. 한쪽이 갈라진 옥환이다. 결(玦)＝결(決)이다. 결단을 독촉하는 신호이다. ㅇ增出使項莊入,(증출사항장입) : 범증(范增)이 항장(項莊)을 들어가게 했다. 항장은 항우(項羽)의 조카로 장사다. ㅇ樊噲(번쾌) : 한나라 패공(沛公)의 용감한 부하다.

범증(范增)

(3) 噲擁盾直入, 瞋目視羽. 頭髮上指, 目眥盡裂. 羽曰, 壯士, 賜之卮酒. 則與斗卮酒. 賜之彘肩. 則生彘肩. 噲立飮, 拔劍切肉啗之. 羽曰, 能復飮乎. 噲曰, 臣死且不避. 卮酒安足辭. 沛公先破秦入咸陽. 勞苦而功高如此, 未有封爵之賞, 而將軍聽細人之說, 欲誅有功之人. 此亡秦之續耳. 切爲將軍不取也. 羽曰, 坐. 噲從良坐.

번쾌는 방패를 옆에 끼고 들어가 눈을 부라리고 항우를 보았다. 머리털이 위로 치솟고 눈매가 가로로 찢어질 듯 했다.

항우가 말했다. 「장사에게 술잔을 주어라.」 이에 한 말 들이 큰 잔술과 돼지 어깨살을 날고기로 그에게 주었다. 번쾌는 서서 술을 마시고 칼을 뽑아 고기를 잘라 입에 넣고 씹었다.

항우가 또 말했다. 「더 마실 수 있겠나.」 번쾌가 말했다. 「신은 죽음도 피하지 않습니다. 술잔을 어찌 사퇴하겠습니까.」〈그리고 또 말했다.〉「저의 상전 패공은 먼저 진나라 군대를 격파하고 함양(咸陽)에 입성했습니다. 그 노고와 공훈이 지극히 높습니다. 그런데 아직도 봉작의 상이 없습니다.」「도리어 장군께서는 간사한 자의 말을 들으시고 공을 세운 우리 상전을 살해하려고 하십니다.」「그와 같은 일은 멸망한 진나라의 뒤를 따르는 격입니다.」「장군님께서는 절대로 그 말을 따르지 마십시오.」

항우가 말했다. 「우선 자리에 앉아라.」 번쾌는 장량 곁에 앉았다.

어구 설명 ○噲擁盾直入,(쾌옹순직입) : 번쾌(樊噲)가 방패를 옆에 끼고 곧바로 〈안으로〉 들어갔다. ※「擁(안을 옹) ; 손에 쥐다. 잡다. 들다. 盾(방패 순)」○瞋目視羽. 頭髮上指,(진목시우 두발상지) : 눈을 부라리고 항우를 노려보고 머리가 위로 치솟았다. ※「瞋(부릅뜰 진) ; 눈을 부릅뜨다〈瞋目〉」○目眥盡裂(목자진렬) : 눈매가 마냥 찢어질 듯했다. ※「眥(흘길 자) ; 눈초리가 찢어지다.」眥裂(자열) : 눈초리가 찢어짐. 몹시 성난 모습. ○斗卮酒(두치주) : 말들이 큰 술잔. ○彘肩(체견) : 돼지 어깨 살코기. ○而將軍聽細人之說,(이장군청세인지설) : 〈번쾌가 항우에게 하는 말〉 도리어 장군께서 간사(奸邪)한 소인의 말을 들으시다.

(4) 須臾沛公起如厠, 因招噲出, 閒行趨覇上. 留良謝羽曰, 沛公不勝桮杓, 不能辭. 使臣良奉白璧一雙, 再拜獻將軍足下, 玉斗一雙, 再拜奉亞父足下. 羽曰, 沛公安在. 良曰, 聞將軍有意督過之, 脫身獨去, 已至軍矣. 亞父拔劍, 撞玉斗而破之曰, 唉, 豎子不足謀. 奪將軍天下者, 必沛公也. 沛公至軍, 立誅曹無傷.

잠시 후, 패공이 일어나 변소에 가는 척하고 나가 번쾌

(樊噲)를 불러 나오게 했다. 〈그리고〉 아무도 모르게 사잇길로 해서 〈군내가 있는〉 패상(霸上)의 진중으로 급히 돌아왔다.

　한편 장량(張良)을 남겨 놓고 항우(項羽)에게 사죄하며 말하게 했다. 「패공께서는 이 이상 술을 이기지 못할 만큼 술이 취하여 술잔을 들 수 없고 또 사양할 수도 없어서 〈자리를 떠났습니다.〉 그러면서 신하인 저 장량으로 하여금 장군님께는 한 쌍의 백벽(白璧)을 발 밑에 바치고 아부(亞父) 범증(范增)님께는 한 쌍의 옥두(玉斗)를 올리라고 명하셨습니다.」 그러자 항우(項羽)가 물었다. 「패공은 어디에 있느냐?」 장량이 대답했다. 「장군께서 패공의 과실을 끝까지 책하실 의향이 있으시므로 몸을 뽑아 혼자 가셨습니다. 〈아마 지금에는〉 이미 패상(霸上) 부대로 돌아가셨을 것입니다.」 아부 범증이 화를 내고 칼을 뽑아 옥두를 쳐부수고 말했다. 「아! 천박한 자들과는 함께 천하를 도모할 수 없다. 장군님의 천하를 가로채갈 자는 반드시 패공일 것이다.」 패공은 부대로 돌아가 즉시 조무상을 주살했다.

　어구 설명　ㅇ沛公起如厠,(패공기여측) : 패공이 자리에서 일어나 변소에 가는 척하고 나왔다.　ㅇ因招噲出,(인초쾌출) : 아울러 용사 번쾌(樊噲)를 불러냈다.　ㅇ留良謝羽曰,(유양사우왈) : 장량(張良)을 남겨두고 항우(項羽)에게 사죄하게 했다.　※「桮(술잔 배), 勺(구기 작), 璧(둥근 옥 벽), 斗(말 두)」
　ㅇ亞父(아부) : 항우(項羽)의 군사(軍師)인 범증(范增)을 존칭한 말이다.　ㅇ豎子不足謀(수자부족모) : 소인들과 같

이 도모할 수 없다. ※「豎(더벅머리 수) ; 아직 관례(冠禮)를 치르지 않은 총각 아이」豎子(수자) : ① 더벅머리 아이. 동자(童子). ② '애송이'라고 남을 얕잡아 일컫는 말. 여기서 수자(豎子)라 함은 항우를 가리키는 것임. ㅇ沛公至軍, 立誅曹無傷(패공지군 입주조무상) : 패공(沛公)은 군에 돌아오자 즉시 조무상을 주살했다.

제7과 포악한 항우(項羽)

⑴ 居數日, 羽引兵西, 屠咸陽, 殺降王子嬰, 燒秦宮室. 火三月不絕. 掘始皇冢, 收寶貨 · 婦女而東. 秦民大失望.

며칠 후에, 항우(項羽)는 군대를 이끌고 서쪽으로 진격했다. 그리고 함양성(咸陽城)을 격파하고 〈사람들을〉 도살하고 투항한 〈진나라의〉 임금 자영(子嬰)을 죽이고 궁전을 불태웠다.

함양성과 궁전은 삼 개월간이나 불에 탔다. 또 진시황(秦始皇)의 무덤을 파헤치고 보물을 거두고 궁녀들을 데리고 동쪽으로 돌아갔다. 이에 진나라 백성이 크게 실망을 했다.

여구 설명 ㅇ羽引兵西, 屠咸陽,(우인병서 도함양) : 항우가 군대를 인솔하고 서쪽으로 진격하여 〈진나라의〉 함양을 격파하

고 '사람들을 도살했다. ㅇ燒秦宮室. 火三月不絕(소진궁
실 화삼월부질) : 진나라 궁전을 불테웠으며, 그 불이 서
달간이나 계속해서 탔다.

(2) 韓生說羽. 關中阻山帶河, 四塞之地肥饒. 可都以覇. 羽見秦殘破, 且思東歸. 曰, 富貴不歸故鄕, 如衣繡夜行耳. 韓生曰, 人言, 楚人沐猴而冠. 果然. 羽聞之烹韓生.

한생(韓生)이라는 사람이 항우에게 말했다. 「관중(關中)
의 진나라 땅은 밖으로는 산이 가리고 안으로는 강물이
흐르는 자연의 요새(要塞)로 또 토지가 비옥합니다. 그래
서 그곳을 도읍으로 삼으면 천하를 제패(制覇)할 수 있습
니다.」 그러나 항우는 진나라 궁전이 처참하게 파괴된 것
을 보고 또 동쪽 고향으로 돌아가고 싶은 마음으로 다음
과 같이 말했다. 「부귀를 누리면서 고향으로 돌아가지 않
는 것은 비단옷을 입고 밤길을 가는 거와 같다.」 그러자
한생이 말했다. 「사람들이 초나라 사람은 관을 쓴 원숭이
같다고 말하더니 과연 그렇구나.」

항우가 그 말을 듣고 한생을 가마솥 끓는 물에 넣고 사
형을 했다.

어구 설명 ㅇ韓生說羽(한생설우) : 한생이 항우에게 말했다. 한생(韓
生)은 자세히 모른다. ㅇ可都以覇(가도이패) : 〈관중의 진
나라 땅은 요새(要塞)와 같고 또 비요(肥饒)하므로〉 도읍

으로 삼으면 천하를 재패(制霸) 할 수 있다. ※ 關中(관중)
: 진(秦)나라는 동쪽에 함곡관(函谷關), 남쪽에 무관(武
關), 서쪽에 산관(散關), 북쪽에 소관(蕭關)이 있어서 자연
의 요새지다. 함곡관에서 서쪽을 관중(關中)이라고 한다.
ㅇ富貴不歸故鄉, 如衣繡夜行耳(부귀불귀고향 여의수야행
이) : 부귀를 누리면서 고향에 돌아가지 않는 것은 비단옷
을 입고 밤길을 가는 거와 같다. ㅇ楚人沐猴而冠(초인목후
이관) : 초나라 사람들은 원숭이를 목욕시켜 관(冠)을 씌운
격이라 하더라. ※ 沐猴而冠(목후이관) : 목후는 원숭이로
이관(而冠) 즉 옷갓(衣冠)을 갖추었으나 사람답지 못하다
는 뜻. 〈한생이 항우를 원숭이 같다고 욕한 것이다.〉
ㅇ羽聞之烹韓生(우문지팽한생) : 항우가 그 말을 듣고 화
를 내고 한생을 팽형(烹刑)으로 죽였다. ※「烹(삶을 팽)」
〈*한생(韓生)이 항우(項羽)에게 관중(關中)을 도읍으로
삼으라고 한 말은 옳고 좋았다. 그러나 항우는 도리어 그
를 죽였던 것이다.〉

(3) 羽使人致命懷王. 王曰, 如約. 羽怒曰, 懷王吾
家所立耳. 非有功伐. 何得專主約. 乃陽尊爲義帝,
徙江南, 都郴, 分天下王諸將, 羽自立爲西楚霸王.
乃曰, 巴蜀亦關中地. 立沛公爲漢王, 王巴蜀漢中,
而三分關中, 王秦降將三人, 以距塞漢路. 漢王怒
欲攻羽. 蕭何諫曰, 願大王, 王漢中, 養其民, 以致
賢人, 收用巴蜀, 還定三秦. 天下可圖也. 王乃就
國, 以何爲丞相.

항우는 사람을 시켜 초나라 회왕(懷王)에게 관중(關中)을 평정했다고 복명(復命)을 했다. 그러자 회왕이 말했다. 「진나라 땅은 약속한 대로 〈먼저 입성한〉 패공(沛公), 즉 유방(劉邦)으로 하여금 다스리게 하라.」 그러자 항우가 성을 내고 말했다. 「회왕은 우리 항씨(項氏) 일가가 받들어 모신 허수아비 임금이다. 그는 공도 없이 임금이 되었다. 그가 어찌 멋대로 약속대로 하라고 말할 수 있는가.」

항우는 겉으로만 회왕을 의제(義帝)라고 높이고 항우 자신은 강남(江南)으로 가서 침(郴=湖南省)을 도읍으로 삼았다. 그리고 천하를 나누어 여러 장군을 왕에 봉하였다.

그리고 항우 자신은 자립하여 서초(西楚)의 패왕(霸王)이 되었다. 그리고 말했다. 「파(巴)나 촉(蜀)도 다 관중의 땅이다. 패공(沛公)을 한왕(漢王)으로 세우자.」

그리고 패공으로 하여금 파, 촉 및 한중의 왕이 되게 했다. 한편 〈진나라의〉 관중 땅을 셋으로 쪼개서 투항(投降)한 진나라의 장군들을 왕으로 삼았다.

그리고 진나라 관중과 한중으로 통하는 길을 막았다. 이에 한왕 패공이 노하고 항우를 치려고 했다. 그러자 소하(蕭何)가 간하며 말했다. 「대왕님, 한중의 왕으로 백성들을 돌보시고 현인을 초치하십시오. 그리고 파와 촉의 땅을 되돌려 안정되게 하십시오. 그러면 천하를 도모하실 수 있습니다.」 패공 유방은 그의 간언을 듣고 한중 땅의 왕이 되었다. 그리고 소하를 재상으로 삼았다.

어구 설명 ○羽使人致命懷王(우사인치명회왕) : 항우(項羽)가 사람을 시켜 초(楚)나라 회왕(懷王)에게 〈진나라를 정벌했다고〉 복명(復命=명령에 따라 처리한 일의 결과를 보고함)을 했다. ○王曰, 如約(왕왈 여약) : 회왕이 말했다. 「약속한 대로 먼저 함양에 들어간 유방을 그곳 왕으로 삼으라.」 ○陽尊爲義帝, 徙江南,(양존위의제 사강남) : 〈항우가 회왕을〉 겉으로만 의제(義帝)라 높였다. 그리고 그를 강남, 즉 초나라 남쪽으로 쫓았다. ○羽自立爲西楚霸王(우자립위서초패왕) : 항우 자신은 서초(西楚)의 패왕(霸王)이 되었다. ※ 서초는 팽성(彭城)을 중심으로 한 초나라다. 강소성(江蘇省) 서주(徐州)의 땅. 당시 강릉(江陵)을 남초(南楚)라 하고 오(吳)나라의 땅을 동초(東楚)라 했다. 〈*항우가 제멋대로 유방을 한왕으로 세웠다. 유방이 화를 내고 항우를 치려고 했다. 그러자 소하(蕭何)가 말렸다. 결국 유방이 한중의 왕이 되고, 소하를 재상으로 삼았다. 파(巴)는 중경, 촉(蜀)은 성도(成都), 한중은 섬서(陝西)지방.〉 ※ 秦(진)의 투항한 장수 삼인(三人) : 장한(章邯)을 옹왕(雍王), 사마흔(司馬欣)을 새왕(塞王). 동예(董翳)를 적왕(翟王)이라고 하여 이것을 삼진(三秦)이라고 일컬었다.

패왕(霸王)

제2장 한나라의 신하들

제1과 한신(韓信)과 진평(陳平)

(1) 漢元年, 五星聚東井. 初淮陰韓信, 家貧釣城下. 有漂母. 見信饑飯信. 信曰, 吾必厚報母. 母怒曰, 大丈夫不能自食, 吾哀王孫而進食. 豈望報乎.

한나라 원년(元年) 〈목화토금수(木火土金水)〉 오행(五行)의 별이 하늘 동정(東井) 자리에 모였다. 〈이는 곧 한왕(漢王)과 그의 충신들이 나타날 징조이다.〉 한나라 초기에 회음(淮陰)에 사는 한신(韓信)은 집이 가난했으며 성 밑에서 낚시를 했다. 그러자 빨래꾼 어멈이 한신이 굶는 꼴을 보고 밥을 주고 먹게 했다. 그러자 한신이 말했다. 「내가 반드시 어머니의 은혜를 보답하겠습니다.」

그러자 빨래꾼 어멈이 화를 내고 말했다. 「대장부가 스스로 벌어먹지를 못하므로, 나는 왕손(王孫)을 불쌍히 여겨서 밥을 준 것이다. 어찌 보답을 바라겠느냐.」

어구 설명 ○漢元年,(한원년) : 유방이 아직 왕이 되지 않았을 때 이야기다. ○五星(오성) : 목화토금수(木火土金水) 오행(五行)을 상징하는 별. ○聚東井(취동정) : 동정(東井)은 성좌(聖座), 지상에서는 한왕(漢王)이 있는 관중(關中)에 해당한다. 〈즉 유방(劉邦)에게 소하(蕭何), 한신(韓信), 장량

(張良) 같은 영웅호걸들이 모인다는 길조다.〉 ㅇ淮陰(회음) : 회수(淮水) 남쪽의 지명. 강소성(江蘇省)에 있다.

(2) 淮陰屠中少年, 有侮信者. 因衆辱之曰, 若雖長大好帶劍, 中情怯耳. 能死刺我. 不能出我胯下. 信熟視之, 俛出胯下蒲伏. 一市人皆笑信怯.

회음의 백정(白丁)들이 사는 마을의 소년들이 한신을 모욕한 일이 있었다. 다수의 힘을 믿고 모욕하며 말했다. 「겉으로 보기에는 몸집이 장대하고 좋은 칼을 차고 있으나 속마음은 겁이 많을 것이다. 나를 죽일 수 있으면 칼로 베어 보아라. 못하면 나의 사타구니 밑으로 기어나가거라.」

한신은 지그시 바라보고 있다가 엎드려 그 자의 사타구니 밑으로 기어나갔다. 그러자 거리에 있던 모든 사람이 한신의 비겁함을 비웃었다.

어구 설명 ㅇ屠中少年,(도중소년) : 백정(白丁) 마을의 소년들이. ㅇ有侮信者(유모신자) : 한신을 모욕했다. 유(有)는 그런 일이 있었다는 뜻. ㅇ能死刺我(능사자아) : 나를 죽일 수 있으면 칼로 베어라. ㅇ不能出我胯下(불능출아과하) : 못하면 나의 사타구니 밑으로 기어나가거라. ※「胯(사타구니 과), 俛(구부릴 면)」. ㅇ蒲伏(포복) : 땅바닥에 엎드려 기다. ※ 한신의 가랑이 밑을 기어나간 일은, 뜻을 이루는 사람의 인내의 본보기로 되어 있다. 이때의 인내가 한신으로 하여금 한(漢)나라의 삼걸(三傑)로서 역사에 남게 했다.

(3) 項梁渡淮, 信從之. 又數以策干項羽. 不用. 亡歸漢, 爲治粟都尉. 數與蕭何語. 何奇之. 王至南鄭. 將士皆謳歌思歸, 多道亡. 信度, 何巳數言, 王不用. 卽亡去.

항량(項梁)이 군사를 일으켜 회수(淮水)를 도하(渡河)할 때 한신이 종군했다.〈항량(項梁)이 전사한 후에〉 항우를 따라 또 여러 차례 계책을 항우에게 올렸다. 그러나 항우가 써주지 않자 한신은 〈항우를 버리고〉 한나라에 돌아와 양곡을 다스리는 도위(都尉)가 되었다.

한신은 자주 소하(蕭何)와 말을 했으며 소하는 한신을 기이하게 생각했다. 그 무렵 〈유방이〉 한중(漢中)의 왕으로 남정(南鄭)에 와서 〈그곳을 도읍으로 삼았다.〉 이에 〈그를 따르던〉 많은 군사들이 모두 노래를 부르고 고향으로 돌아갈 생각을 하고 또 많은 군사가 도망을 갔다.

한편 한신도 생각을 했다.『이미 여러 차례 말을 했으나 한왕이 써주지 않는다.』그리고 즉시 도망을 했다.

어구 설명 ○項梁(항량) : 항우와 같은 집안의 장군. ○又數以策干項羽(우삭이책간항우) : 또 여러 차례 책략을 올리고 항우가 써주기를 구했다. ○亡歸漢,(망귀한) : 〈항우가 써주지 않음으로〉 도망을 해서 한(漢)나라로 돌아왔다.

ㅇ治粟都尉(치속도위) : 양곡을 다스리는 감독관. ㅇ何奇之(하기지) : 소하(蕭何)가 한신을 기특하게 여겼다.

ㅇ王至南鄭(왕지남정) : 유방(劉邦)이 한왕이 되어 남정(南鄭=陝西省 漢中)을 도읍으로 삼았다. ㅇ將士(장사) : 유방을 따르던 장군이나 병사들이 〈고향으로 돌아가고 싶어서 노래를 하고(皆謳歌思歸)〉. ㅇ多道亡(다도망) : 다 도망했다.

ㅇ信度(신탁) : 한신도 생각했다. ※「度(① 법 도) ; 제도. (② 헤아릴 탁) ; 미루어 짐작하다. 생각하다.」

〈*이때 한신은 초나라 항량(項梁)을 버리고 한나라 유방에게 온 지 얼마 되지 않았다. 유방도 자기를 안 써줄 거라고 생각하고 즉시 도망을 갔다.〉

소하(蕭何)

(4) 何自追之. 人曰, 丞相何亡. 王怒, 如失左右手. 何來謁. 王罵曰, 若亡何也. 何曰, 追韓信. 王曰, 諸將亡以十數. 公無所追. 追信詐也. 何曰, 諸將易得耳. 信國士無雙. 王必欲長王漢中, 無所事信. 必欲爭天下, 非信無可與計事者. 王曰, 吾亦欲東耳. 安能鬱鬱久居此乎. 何曰, 計必東, 能用信. 信卽留. 不然信終亡耳.

소하가 스스로 도망간 한신을 뒤쫓았다. 누군가 〈한왕에게〉「승상 소하가 도망갔습니다.」 하고 일렀다.

한왕이 노했다. 흡사 좌우 두 팔을 잃은 듯했다. 소하가 돌아와 왕을 알현하자, 왕이 매도하며 말했다. 「어째서 그대가 도망을 했느냐.」

소하가 말했다. 「한신을 뒤쫓았습니다.」

왕이 말했다. 「여러 장군들이 수십 명이나 도망을 해도 그대는 뒤쫓지 않았다. 헌대, 한신을 쫓았다고 하는 것은 거짓말이니라.」

소하가 말했다. 「다른 장군은 용이하게 얻을 수 있습니다. 그러나 한신은 둘도 없는 국사(國士)입니다. 임금님께서 언제까지나 한중의 왕으로 계시고자 하시면 한신은 문제가 되지 않습니다. 그러나 임금님께서 〈항우와〉 천하를 다투시고자 하시면 한신이 아니면 계략을 꾸밀 자가 없습니다.」

한왕이 말했다. 「나도 역시 동쪽으로 나가려고 한다. 어찌 울적하게 그대로 여기 있겠는가.」

소하가 말했다. 「동쪽으로 나가실 계산이면 능히 한신을 쓸 수 있으며, 한신도 남아 있을 것입니다. 아니면 한신은 결국 도망갈 것입니다.」

여구 설명 ○承相何亡(승상하망) : 승상 소하가 도망갔다. ○若亡何也(약망하야) : 그대가 도망한 것은 왜냐. ○諸將亡以十數(제장망이십수) : 다른 무장이 도망간 것은 십(十)으로 헤아릴 만큼 많았다. ○王必欲長王漢中,(왕필욕장왕한중) : 임금님이 오래 한중의 왕 노릇을 하시겠다면. ○無所事信(무소사신) : 한신에 대해서 할 일이 없다. ○非信(비신) : 한신이 아니면 〈함께 일을 꾸밀 자가 없다.〉 ○信卽留(신즉유) : 한신을 두고 〈다스리게 하면〉 머물 것이다.

(5) 王曰, 吾爲公以爲將. 何曰, 不留也. 王曰, 以爲大將. 何曰, 幸甚. 王素慢無禮. 拜大將如乎小兒. 此信所以去. 乃設壇場, 具禮. 諸將皆喜, 人人自以爲得大將, 至拜乃韓信也. 一軍皆驚. 王遂用信計, 部署諸將, 留蕭何, 收巴蜀租, 給軍粮食. 信引兵從故道出, 襲雍王章邯. 邯敗死. 塞王司馬欣 · 翟王董翳皆降.

한왕 유방이 말했다.「내가 그대를 위해서 〈한신을〉 무장으로 심겠다.」소하가 말했다.「그래서는 한신이 남아 있지 않을 것입니다.」

왕이 말했다.「그러면 대장으로 삼겠다.」

이에 소하가 말했다.「참으로 다행입니다. 허나 임금님께서는 평소에도 그를 소홀하고 또 무례하게 대하셨습니다. 또 한신 보기를 흡사 아이들 대하듯 하셨습니다. 그래서 한신이 전에 떠났던 것입니다.」

한왕 유방은 제단(祭壇)을 설치하고 예를 갖추었다. 무장들은 모두 기뻐했으며, 저마다 자기가 대장이 될 것이라고 생각했다. 마침내 대장의 명을 받은 자가 한신임을 알게 되자 군대 전체가 놀랐다.

왕은 마침내 한신을 대장에 등용했으며 그의 계책을 들어 각 부서에 여러 무장을 배치했다. 한편 소하를 머물러 있게 하고, 파(巴)나 촉(蜀) 지방의 세금을 징수하고 군량(軍糧)을 공급하게 했다. 한신은 군대를 인솔하고 고도현(故道縣 : 陝西省 漢中에 있다)에서 밖으로 나와서 옹왕(雍王) 장한(章邯)을 습격했다.

장한은 패하고 죽었다. 그러자 새왕(塞王)의 사마흔(司馬欣), 적왕(翟王) 동예(董翳)가 모두 투항했다.

어구 설명 ○何曰, 不留也(하왈 불유야) : 소하(蕭何)가 말했다. 그래서 한신이 이곳에 머물러 있지 않는다. ○此信所以去

(차신소이거) : 그가 떠났던 것이다. ○一軍皆驚(일군개경) : 일군(一軍=1만2천5백 명)이 다 놀랐다. ○王遂用信計,(왕수용신계) : 한왕은 드디어 한신의 계략을 썼다. ○留蕭何,(유소하) : 소하를 그곳에 남아 있게 했다.

(6) 漢二年, 項籍弑義帝於江中. 初陽武人陳平. 家貧, 好讀書. 里中社, 平爲宰, 分肉甚均. 父老曰, 善, 陳孺子之爲宰. 平曰, 嗟乎, 使平得宰天下, 亦如此肉矣. 初事魏王咎, 不用. 去事項羽, 得罪亡. 因魏無知求見漢王. 拜爲都尉參乘典護軍.

한왕(漢王) 2년, 항적 즉 항우가 장강(長江)에서 의제(義帝 : 懷王)를 살해했다. 당시 양무현(陽武縣 : 河南省)에 진평(陳平)이란 사람이 있었다. 집은 가난했으나 독서를 좋아했다.

마을에서 지신(地神)을 모시는 사제(社祭)를 지낼 때, 진평이 재(宰)가 되어 제육(祭肉) 분배를 지극히 고르게 했다. 이에 마을의 부로(父老)가 말했다.「제육 분배를 고르게 잘했다.」그러자 진평이 말했다.「옳거니, 나로 하여금 천하를 다스리게 하면 역시 고기 분배처럼 잘 다스릴 것이다.」

진평은 처음에 위(魏)나라 임금 구(咎)를 섬기고자 했으나 써주지 않음으로 위를 떠나 초로 가서 항우를 섬겼다.

허나 죄를 짓고 한중(漢中)으로 도망해 왔다. 그리고 위 (魏)나라 무지(無知)의 소개로 한왕 유방을 만나고자 했으 며, 마침내 도위참승전호군(都尉參乘典護軍)이 되었다.

어구 설명 ○項籍(항적) : 바로 항우(項羽)다. 항(項)은 성, 적(籍)은 이름, 우(羽)는 자(字)다. 〈항우가 의제(義帝), 즉 회왕(懷 王)을 죽였다.〉 ○初陽武人陳平(초양무인진평) : 이전에 양무(陽武 : 河南省) 사람 진평(陳平). ○里中社,(이중사) : 마을에서 사제(社祭)를 지냈다. ○平爲宰, 分肉甚均(평 위재 분육심균) : 진평이 재(宰)가 되어 제육(祭肉)을 심히 공평하게 나누어 분배했다. ※ 이때의 재(宰)는 도살(屠 殺)과 분배한다는 뜻. 「孺(젖먹이 유)」 ○使平得宰天下,(사 평득재천하) : 진평으로 하여금 천하를 다스리게 하다. ○ 都尉(도위) : 무관(武官). ○參乘(참승) : 임금과 함께 수레 를 탄다. ○典護軍(전호군) : 군을 감독하는 참군(參軍).

(7) 周勃言於王曰, 平雖美如冠玉, 其中未必有也. 臣聞, 平居家盜其嫂, 事魏不容, 亡歸楚, 又不容, 亡歸漢. 今大王令護軍, 受諸將金. 願王察之. 王讓 魏無知. 無知曰, 臣所言者能也. 大王所問者行也. 今有尾生・孝己之行, 而無益成敗之數, 大王何暇 用之乎. 王拜平護軍中尉, 盡護諸將. 諸將乃不敢 復言.

주발이 왕 유방에게 말했다. 「진평의 풍채의 아름다움은 관옥(冠玉) 같습니다. 그러나 속은 반드시 아름답지 않습니다. 신이 들은바, 진평은 집에 있을 때 형수와 밀통했다고 합니다. 위왕을 섬기고자 했으나 용납되지 않자 초나라로 도망했으며, 또 용납되지 않자 한나라로 도망해 온 것입니다. 지금 왕께서 그를 호군으로 삼으시면 그는 여러 무장으로부터 금을 뇌물로 받을 겁니다. 잘 살피시기를 바랍니다.」

왕이 그를 천거한 위무지(魏無知)를 책망하자 무지가 말했다.「제가 말한 바는 그의 능력입니다. 대왕께서 문책하시는 바는 그의 행실입니다. 만약에 미생(尾生)이나 효기(孝己) 같은 행실만 있고 성패(成敗)의 술책이 없다면 대왕께서 어찌 한가하게 〈그런 사람을〉 쓰시겠습니까.」

〈지금은 다급한 때다.〉 임금은 진평을 호군중위(護軍中尉)로 임명하고 모든 장교들을 감독 보호하게 했다. 이에 모든 장교들은 감히 말을 하지 못했다.

어구 설명 ○其中未必有也(기중미필유야) : 속에는 반드시 좋은 지혜가 들어있지 않다. ○平居家盜其嫂,(평거가도기수) : 평소 집에 있을 때, 자기 형수와 밀통했다.
○事魏不容,(사위불용) : 위왕을 섬기려고 했으나 용납되지 않았다. ○受諸將金(수제장금) : 여러 장교로부터 금을 뇌물로 받는다.
○王讓魏無知(왕양위무지) : 왕이 위무지를 책망하다. ※ 양(讓)은 책망하다.

ㅇ尾生(미생) : 혹은 微生. 다리 밑에서 만나자고 여자와 약속을 했다. 여자가 오지 않았다. 그래서 홍수가 넘치는데도 고지식하게 다리 기둥을 잡은 채 죽었다. 〈열녀전(列女傳)에 보인다.〉

ㅇ孝己(효기) : 은(殷)나라 고종(高宗)의 아들. 밤에 잠도 자지 않고 부친의 안부를 묻는 맹목적인 효자다. 하룻밤에 다섯 번씩 일어나서 부모를 뵈었다고 한다. ㅇ何暇用之乎(하가용지호) : 어찌 한가하게 그런 사람을 쓰겠느냐.

항우(項羽)

제2과 유방 출격 항우 반격

⑴ 漢王至洛陽. 新城三老董公遮說曰, 順德者昌. 逆德者亡. 兵出無名. 事故不成. 明其爲賊, 敵乃可服. 項羽無道, 放弑其主. 天下之賊也. 夫仁不以勇, 義不以力. 大王宜率三軍之衆, 爲之素服, 以告諸侯而伐之.

한왕 유방이 낙양(하남성 주〈周〉나라의 옛 서울)에 이르자, 낙양 남쪽에 있는 신성(新城)이라는 곳에서 삼노(三老)라는 직책을 맡은 동공(董公)이 길을 막고 말했다. 「덕을 따르는 자는 번창하고 덕을 어기는 자는 쇠망한다. 명분 없이 출병을 하면 일을 성취하지 못한다. 적의 정체를 밝혀야 적군이 곧 항복할 것이다.」

「항우는 무도하여 자기의 군주를 내쫓아서 시해한 천하의 역적이다. 인(仁)을 행하는데는 용기(勇氣)가 필요치 않고 의(義)는 힘으로 이루는 것이 아니다.」「대왕께서는 의당히 삼군(三軍)의 무리를 인솔하시고 〈의제 즉 회왕을 위해〉 소복(素服)을 입으시고 제후에게 고하시고 의군(義軍)을 일으키어 〈항우를〉 토벌하십시오.」

어구 설명 ○順德者昌. 逆德者亡(순덕자창 역덕자망) : 덕을 따르는 자는 창성하고 어기는 자는 쇠망한다. ○兵出無名. 事故不成(병출무명 사고불성) : 명분 없이 출병하면 달성하지

못한다. ㅇ明其爲賊, 敵乃可服(명기위적 적내가복) : 적을
밝히면 적군도 항복할 것이다. ㅇ爲之素服,(위지소복) :
의제(義帝), 즉 회왕(懷王)을 위해 소복을 입으시오.

(2) 於是漢王爲義帝發喪, 告諸侯曰, 天下共立義帝. 今項羽放弑之. 寡人悉發關中兵, 收三河之士, 南浮江漢而下, 願從諸侯王, 擊楚之弑義帝者. 漢王率五諸侯兵五十六萬, 伐楚入彭城, 收其寶貨美人 · 置酒高會.

이에 한왕(漢王) 유방은 의제를 위한 「장사행렬(葬事行列), 즉 토벌군」을 발동하고 제후에게 고했다. 「천하가 함께 의제를 세웠거늘, 지금 항우가 그를 추방하고 시살(弑殺)했다. 그래서 과인은 관중의 모든 군대를 동원하고 삼하(三河), 즉 하동(河東), 하남(河南), 하내(河內)의 병사들을 거두어 남쪽으로 배를 띄우고 장강(長江)과 한수(漢水)를 따라 내려가려고 한다. 바라는바, 제후나 모든 임금들이 나를 따르고 또 초나라에서 의제를 죽인 〈항우를〉 치기를 바란다.」 한왕 유방은 다섯 명의 제후의 병사 56만을 이끌고 초나라의 팽성(彭城)에 쳐들어가서 이를 점령하고, 그리고 보물이나 재화 및 미인들을 거두어들이고 성중에서 술상을 차리고 고답(高踏 : 〈지위나 명리를 바라지 않고〉 속세에 초연함)한 연회를 폈다.

어구 설명 ○漢王爲義帝發喪(한왕위의제발상) : 한왕(漢王) 유방(劉邦)이 의제(義帝)를 위해 발상(發喪)했다. 즉 소복(素服)하고 토벌군(討伐軍)을 발동했다. ○擊楚之弑義帝者(격초지시의제자) : 초나라에서 의제를 살해한 〈항우를〉 격파하자. ○五諸侯(오제후) : 상산왕 장이(常山王 張耳), 하남왕 신양(河南王 申陽), 한왕 정창(韓王 鄭昌), 위왕 표(魏王 豹), 은왕 앙(殷王 卬). 장이는 이때 거느린 군사가 없어 아마 진여(陣餘)가 아닌가 함.(原註) ○彭城(팽성) : 항우의 도성. 강소성(江蘇省) 서주(徐州) 패군(沛郡)에 있다.

(3) 項羽方擊齊. 聞之, 自以精兵三萬還擊漢, 大破漢軍於睢水上. 死者二十萬人. 水爲之不流. 圍漢王三匝. 會大風從西北起, 折木發屋, 揚沙石, 晝晦. 王乃得與數十騎遁. 審食其從太公・呂氏閒行, 遇楚軍, 爲楚所獲. 常置軍中爲質. 漢王至滎陽. 諸敗軍皆會. 蕭何亦發關中老弱, 悉詣滎陽. 漢軍復大振. 蕭何守關中, 立宗廟・社稷・縣邑, 事便宜施行, 計關中戶口, 轉漕調兵, 未嘗乏絶.

그때 제(齊)나라를 공격하고 있던 항우가 소식을 듣고 자신이 정예부대 3만 명을 인솔하고 돌아와 한나라 군대를 반격했다. 그리고 수수(睢水)에서 한나라 군대를 크게 격파했다. 〈한나라 병사〉 20만이 죽었으며, 강물이 흐르지 않을 정도였다. 항우는 한왕의 군대를 세 겹으로 포위했다. 마침 그때에 큰 바람이 서북에서 불어왔다. 나무를 꺾고 지붕을 날려 벗기고 모래와 돌을 날려 낮인데도 밤같이 어두웠다. 그 틈에 한왕 유방은 수십 명의 기마병과 함께 도망을 했다. 심이기(審食其)라는 부하가 〈한왕의 아버지〉 태공(太公)과 〈한왕의 부인〉 여씨(呂氏)를 데리고 샛길로 도망을 갔다. 그러나 도중에 초나라 군대를 만나 잡히고 말았다. 항우는 그들을 항상 군대 안에 인질로 잡아두었다. 한왕은 형양(滎陽)에 이르자 〈싸움에서〉 패한 모든 군대를 만나보았다. 한편 소하(蕭何)는 관 안(關中)에 있는 노약자(老弱者)들을 다 풀어 형양에 오게 했다. 이에 한나라 군대는 다시 크게 힘을 쓰게 되었다. 소하는 관문 안을 수비했다. 또 종묘와 사직(社稷=지신〈地神〉과 오곡의 신)을 재건하고 제사를 지냈다. 한편으로는 현(縣)과 읍(邑)을 재정비하고 일들은 적합하게 처리하고 아울러 관중(關中)의 호구와 인구를 헤아리고 인력이나 병력을 수레로 이동하거나 선박으로 수송하여 조절했으며 또 재물이나 양곡을 끊이게 하지 않았다. 〈한나라 군대는 다시 일어났다.〉

어구 설명 ○項羽方擊齊. 聞之,(항우방격제 문지) : 항우는 그때에 제(齊)나라를 치고 있다가 유방이 공격한다는 말을 듣고. ○自以精兵三萬還擊漢,(자이정병삼만환격한) : 자신이 정병 삼만을 거느리고 돌아와서 한나라를 쳤다. ○睢水(수수) : 하남성에서 강소성에 걸쳐 흐른다.

ㅇ審食其從太公 · 呂氏閒行,(심이기종태공 · 여씨한행) : 심이기(審食其)라는 부하가 〈한왕의 아버지〉 태공(太公)과 〈한왕의 부인〉 여씨(呂氏)를 데리고 샛길로 도망을 갔다. ※이(食) : 사람 이름일 때 이로 읽음.

ㅇ遇楚軍, 爲楚所獲. 常置軍中爲質(우초군 위초소획 상치군중위질) : 그러나 도중에 초나라 군대를 만나 잡히고 노상 항우 군 안에서 인질로 잡혀 있었다.

ㅇ蕭何亦發關中老弱, 悉詣滎陽. 漢軍復大振(소하역발관중노약 실예형양 한군부대진) : 소하(蕭何)가 관 안에 있는 노약자들을 다 풀어 형양(滎陽 : 河南省 開封府)에 오게 했다. 이에 한나라 군대가 다시 크게 힘을 쓰게 되었다. ※ 20살 미만을 약(弱), 56살 이상을 노(老)라고 하여 이들도 다 징집했다.

〈소하는 인력이나 양곡을 잘 보급했다. 그래서 한나라 군대는 다시 일어났다.〉

한대(漢代) 기하학문방전(幾何學文方塼)

제3과 한신(韓信)의 전술

(1) 魏王豹叛. 漢王遣韓信擊之. 豹以柏直爲大將.
王曰, 是口尙乳臭. 安能當韓信. 信伏兵, 從夏陽以
木罌渡軍, 襲安邑虜豹. 信旣定魏, 請兵三萬人, 願
以北擧燕趙, 東擊齊, 南絶楚糧道, 西與大王會於
滎陽. 王遣張耳與俱.

위왕(魏王) 표(豹)가 배반했다. 한왕 유방은 한신을 파견
하여 치게 했다. 위왕 표는 백직(柏直)을 대장으로 삼고 싸
우려고 했다. 한왕 유방이 말했다. "백직은 입에서 아직도
젖냄새가 나는 미숙한 자다. 그가 어떻게 한신을 당하겠
느냐." 한신은 복병(伏兵) 전술을 썼다. 즉 하양(夏陽)에서
〈다리가 없는〉 강을 목앵(木罌)을 달은 나무를 이어서 띄
워가지고 〈다리로 삼고〉 물을 건너가서, 안읍(安邑)을 급
습하고 위왕 표(豹)를 포로로 잡았다. 한신은 위(魏)를 평
정한 다음 한왕에게 3만의 병력을 청하고 자기의 소원을
말했다. "북으로 가서 연(燕)과 조(趙)를 제압하고, 동으로
는 제(齊)를 격파하고, 남으로는 초(楚)의 병량 수송 길을
차단하겠습니다. 그리고 서쪽으로 가서 대왕과 형양(滎陽)
에서 합류하겠습니다." 이에 한왕은 장이(張耳)를 한신의
부관으로 삼고 함께 가게 했다.

어구 설명 ㅇ口尙乳臭(구상유취) : 〈한왕 유방의 말이다.〉 백직(柏

直)은 아직도 입에서 젖냄새가 나는 미숙한 자다. ○信伏兵,(신복병) : 한신은 복병 전술을 썼다. ○夏陽(하양) : 산서성(山西省)의 지명. ○以木罌渡軍,(이목앵도군) : 목앵을 나무에 매달고 물에 띄워서 다리로 삼고, 군대를 도하(渡河)하게 했다. ※「목앵(木罌)」은 나무로 만든 항아리. 입구(주둥이. 아가리)가 작고 배가 크다. ○安邑(안읍) : 산서성(山西省)의 지명. ○願(원) : 한신의 소원. ○王遺張耳與俱(왕유장이여구) : 한왕 유방이 장이를 한신의 부관으로 삼고 함께 가게 했다.

(2) 三年, 信·耳, 以兵擊趙, 聚兵井陘口. 趙王歇及成安君陳餘禦之. 李左車謂餘曰, 井陘之道, 車不得方軌, 騎不得成列. 其勢糧食必在後. 願得奇兵, 從閒道絕其輜重. 足下深溝高壘, 勿與戰. 彼前不得鬪, 退不得還, 野無所掠. 不十日, 兩將之頭, 可致麾下. 餘儒者, 自稱義兵, 不用奇計. 信閒知之, 大喜, 乃敢下.

한나라 3년, 한신과 장이는 무력을 동원하여 조나라를 치려고 병력을 정형구(井陘口)에 집결했다. 조왕 헐(歇)과 성안군(成安君)인 진여(陳餘)가 방어했다. 조나라의 전략가 이좌거(李左車)가 진여에게 말했다. "정형(井陘)의 길은 〈협곡 길이라 좁아서〉 수레가 나란히 갈 수 없고 기마병도 줄지어 갈 수 없습니다. 지세 때문에 양식도 반드시 뒤로 따를 것입니다. 바라건대, 저에게 기습할 병력을 주십시오. 그러면 샛길로 가서 그들의 치중차(輜重車)를 못 오게 할 것입니다. 공(公)은 성(城)의 도랑을 깊이 파시고 보루(堡壘)를 높이 쌓고 〈마주〉 싸우지 마십시오. 적은 앞으로 나와 싸울 수도 없고, 뒤로 돌아갈 수도 없고 또 〈겨울의〉 들판에서 약탈해 먹을 것도 없음으로, 십일 안에 한신과 장이 두 장군의 목을 베어 휘하에 바칠 수 있을 것입니다." 그러나 진여(陳餘)는 유가(儒家)라, 자기 군대를 의병(義兵)이라 말하고 기계(奇計)를 쓰려고 하지 않았다. 한신은 간첩을 통해 사정을 알고 크게 기뻐하며 대담하게 정형구(井陘口)에서 조(趙)나라를 향해 내려왔다.

[어구 설명] ○井陘口(정형구) : 정형산(井陘山) 협곡에 있는 자연의 요새지대다. 하북성(河北省)에 있다. ○成安君陳餘(성안군진여) : 성안(成安)은 조(趙)의 지명. 진여(陳餘)가 그곳의 왕이다. ○方軌,(방궤) : 두 개의 수레가 병행(竝行)할 수 없다. ○輜重車(치중차) : 군량과 병기를 실어 나르는 수레. ※ 輜重(치중) : ① 말에 실은 짐. ② 군대의 여러 가지 군수품. 「車(수레 거 · 차)」 ○足下(족하) : 이좌거(李左車)가 진여(陳餘)를 족하(足下)라고 불렀다. ※ 足下(족하) : ① 같은 연배에 대한 경칭. ② 편지를 받을 사람의 성명 아래에 쓰는 존칭의 한 가지. 堡壘(보루) : 적을 막기 위하여 구축한 진지. 堡壁(보벽). 堡障(보장). 堡砦(보채). ○野無所掠(야무소략) : 〈인가(人家)가 없고〉 들판이라 양식을 약탈할 수도 없다. ○可致麾下(가치휘하) :

한신(韓信)과 장이(張耳)의 목을 잘라 장군에게 바치겠다.
휘하(麾下)는 지휘관의 깃발 아래. ㅇ餘儒者,(여유자) : 진
여는 유가(儒家)이다. ㅇ信閒知之,(신한지지) : 한신이 간
첩을 통해 소식을 들었다. ㅇ敢下(감하) : 대담하게 산에
서 조(趙)나라를 향해서 내려왔다.

**(3) 未至井陘口止, 夜半傳發輕騎二千人, 人持赤
幟, 從閒道望趙軍. 戒曰, 趙見我走, 必空壁逐我.
若疾入趙壁, 拔趙幟, 立漢赤幟. 乃使萬人先背水
陣. 平旦建大將旗鼓, 鼓行出井陘口.**

한신은 정형구에 이르기 전에 멈추었다. 한밤중에 명령
을 내려 경기병(輕騎兵) 2천 명을 출발하게 했다. 그들은
붉은 기를 들고 샛길로 잠입하고 조나라 군대를 바라보는
지점에 도달했다. 한신은 삼엄한 경계 속에 명령을 내렸
다. "조군은 우리들이 도망가는 것을 보면 반드시 자기네
성(城)을 비어놓고 밖으로 나와 우리를 추격할 것이다. 그
러면 그대들은 빨리 조나라 성 안으로 들어가 조나라의
기를 뽑아버리고 우리 한나라의 붉은 기를 높이 꽂아 세
워라." 그리고 한편으로 한신은 만 명의 병사들을 강물을
등에 지고 진을 치게 했다. 그리고 날이 밝자 대장의 깃발
을 높이 세우고 북을 세웠다. 병사들은 북소리에 맞춰 정
형구로 나갔다.

어구 설명 ㅇ傳發(전발) : 명령을 전했다. ㅇ輕騎〈兵〉(경기〈병〉) :

간단히 무장한 날세게 행동하는 기병. ㅇ戒曰,(계왈) : 삼엄한 경계 속에서 명령을 했다. ㅇ若疾入趙壁,(약질입조벽) : 그대들은 속히 조나라 성벽 안으로 들어가거라. ㅇ乃使萬人先背水陣(내사만인선배수진) : 즉시 만 명의 병사들을 앞에 내세우고 강을 등에 업고 진을 치게 했다.

(4) 趙開壁擊之. 戰良久. 信 · 耳佯棄鼓旗, 走水上軍. 趙果空壁逐之. 水上軍皆殊死戰. 趙軍巳失信等歸壁. 見赤幟大驚, 遂亂遁走. 漢軍夾擊大破之, 斬陳餘, 禽趙歇.

조나라 군대는 자기들의 성을 비우고 반격에 나섰다. 한참 싸우다가 한신과 장이는 거짓으로 북이나 깃발을 버리고 강 앞에 있는 군대 쪽으로 도망을 갔다. 과연 조나라 군대는 자기네 성벽을 비워놓고 쫓아 나왔다. 이에 강을 등지고 있던 한나라 군대가 죽을힘을 다해 싸웠다. 그러자 조나라 군대는 한신 등을 놓친 터라 다시 자기 나라 성벽으로 돌아가려고 했다. 그러나 성 안에 한나라의 붉은 기가 서 있는 것을 보고 크게 놀랐으며, 마침내 흐트러지고 한나라 군대에게 밀려 도망을 갔다. 이에 한나라 군대는 조나라 군대를 협공하고 크게 격파했으며, 진여를 죽이고 조나라 왕 헐(歇)을 생포했다.

어구 설명 ㅇ趙開壁擊之(조개벽격지) : 조군이 자기네 성벽을 열고 나와서 한신을 치려고 했다. ㅇ信 · 耳(신 · 이) : 한신(韓

信)과 장이(張耳). ㅇ佯棄鼓旗,(양기고기) : 거짓으로 북과 깃발을 내버리고. ㅇ走水上軍(주수상군) : 강을 등지고 있는 한나라 군대 쪽으로 달려갔다. ㅇ趙果空壁逐之(조과공벽축지) : 조군은 과연 성벽을 비우고 〈한나라 군대를 쫓아〉 나왔다. ㅇ水上軍皆殊死戰(수상군개수사전) : 한나라의 강 앞에 있던 군대가 결사적으로 싸웠다.

(5) 諸將賀. 因問曰, 兵法右倍山陵, 前左水澤. 今背水而勝何也. 信曰, 兵法不曰陷之死地而後生, 置之亡地而後存乎. 諸將皆服. 信募得李左車, 解縛師事之. 用其策, 遣辯士奉書於燕. 燕從風而靡.

모든 장군이 축하를 하며 한신에게 물었다. "병법은 산이나 능을 우측이나 등에 업고 강이나 호수를 좌측이나 앞으로 둔다고 했거늘, 이번 싸움에서는 강물을 등지고 싸워 이겼으니, 어찌된 일입니까." 그러자 한신이 말했다. "병법에서도 말하지 않았더냐. 사지(死地)에 떨어지면 도리어 살고, 망한 나라에 있다가 다시 살아난다." 이 말을 듣고 모든 장군이 탄복을 했다. 한신은 현상금을 걸고 〈조나라의 전략가〉 이좌거(李左車)를 찾아서 포박 줄을 풀어주고 스승으로 섬겼다. 그리고 그의 술책을 썼다. 말 잘하는 변사를 파견하여 연(燕)나라 임금에게 글을 올리게 했다. 이에 연나라는 바람에 초목(草木)이 기울듯이 따랐다(항복했다).

어구 설명 ㅇ右倍山陵,(우배산능) : 바른쪽이나 뒤로 산이나 언덕을 둔다. ○前左水澤(전좌수택) : 앞이나 왼쪽으로 강물이나 호수를 둔다. ○今背水而勝何也(금배수이승하야) : 지금 강물을 등에 두고 싸워서 이긴 것은 어찌해서이냐. ○陷之死地而後生,(함지사지이후생) : 사지에 빠지면 도리어 산다. ○置之亡地而後存(치지망지이후존) : 패망한 땅에 그대로 내버려 두면 도리어 살아남는다. ※「靡(쓰러질 미) ; 쓰러지다, 기울다, 쏠리다.」

한신(韓信)

제4과 장량(張良)의 현명한 보좌

(1) 隨何, 說九江王黥布, 畔楚歸漢. 旣至. 漢王方 踞床洗足. 召布入見. 布悔怒, 欲自殺. 及出就舍, 帳御·食歙·從官, 皆如漢王居. 又大喜過望.

수하(隨何)가 구강왕(九江王) 경포(黥布)를 설득해서 초나라 항우를 배반하고 한나라 유방에게 귀속하게 했다. 경포가 한나라에 왔으나, 한왕 유방은 마침 등상에 걸터앉은 채 〈하인들로 하여금〉 발을 씻게 하고 있었다. 그리고 그대로 경포를 불러들여 만나 보았다. 이에 경포는 〈한왕에게 귀순한 것을〉 뉘우치고 성을 냈으며 〈실망을 하고〉 스스로 자살을 하려고 했다. 경포가 궁에서 나와 자기 처소로 왔다. 그러자 자기의 처소의 시설이나 음식상이나 시종관들이 한왕과 똑같았다. 그리고 자기의 거처가 흡사 한왕의 궁전과 똑같았다. 모든 것이 자기가 소망하던 이상이라 크게 기뻐했다.

어구 설명 ㅇ九江王黥布,(구강왕경포) : 구강 지방의 왕 경포 ※ 원래 이름은 영포(英布)다. 죄를 짓고 경형(黥刑)을 받았다. 그때부터 사람들은 그를 경포라고 일컬었다. 黥刑(경형) : ① 죄인의 얼굴이나 팔뚝에 문신을 함. ② 죄인의 얼굴이나 이마에 죄명을 새겨 넣던 형벌. ㅇ畔楚歸漢(반초귀한) : 초나라 항우(項羽)에게 등을 돌리고 한나라 유방(劉邦)에게 귀순하게 했다. ㅇ方踞床洗足(방거상세족) : 〈경포가 만나러 왔으나〉 그때 유방은 등상에 걸터앉은 채 발을 씻고 있었다. ㅇ召布入見(소포입견) : 경포를 불러서 들어와 만나보게 했다. ㅇ布悔怒, 欲自殺(포회노 욕자살) : 경포가 화를 내고 자살하려고 했다. ㅇ大喜過望(대희과망) : 자기의 소망을 넘었음으로 크게 기뻐했다.

(2) 酈食其說漢王, 立六國後. 王曰, 趣刻印. 張良來謁. 王方食. 具告良. 良曰, 請借前箸, 爲大王籌之. 遂發八難. 其七曰, 天下游士, 離親戚, 棄墳墓, 從大王游者, 徒欲望尺寸之地. 今復立六國後, 游士各歸事其主. 大王誰與取天下乎. 且楚惟無彊. 六國復撓而從之, 大王焉得而臣之乎. 誠用客謀, 大事去矣. 漢王輟食吐哺, 罵曰, 豎儒幾敗乃公事. 令趣銷印.

역이기(酈食其)가 한왕에게 「육국(六國)의 뒤를 이을 임금을 세우라.」고 설득했다. 이에 한왕 유방이 말했다. "당장에 〈여섯 나라의 임금의〉 도장을 새겨라."

마침 그때에 장량(張良)이 와서 임금을 알현했다. 임금은 마침 식사를 하고 있었다. 〈임금 유방이 장량에게〉 자세하게 말을 했다. 그러나 장량이 말했다. "잠깐 수저를 빌려주십시오. 대왕님을 위한 책략을 말씀드리겠습니다."

그리고 장량은 젓갈로 상 위에다 천하의 정세를 그려 분

석해 보이고 나서, 여덟 개의 어려운 문제를 〈하나하나〉
풀어서 말을 했다. 그리고 일곱 번째를 들고 말했다. 「온
천하의 모든 선비들이 자기 친척이나 선영의 무덤을 멀리
하고 지금 대왕님을 따라 오락가락하는 것은 오직 작은
땅이라도 얻고자 원해서입니다.」「그런데 〈만약에〉 육국
에 뒤를 이을 임금을 내세우신다면 그들 떠돌이 선비들은
저마다 돌아가 자기 나라 임금을 섬길 것입니다.」「그렇게
되면 대왕님께서는 누구를 부하로 삼고, 천하를 취하시겠
습니까.」「또한 지금에는 초나라보다 더 강한 나라가 없습
니다. 그래서 육국이 겁을 먹고 다시 굽히고 초나라를 따
른다면, 대왕님은 〈그들을〉 어떻게 신하로 삼으시겠습니
까.」「참으로 떠돌이의 계략을 쓰신다면 〈천하를 다스릴〉
대사를 망치고 말 것입니다.」 이 말을 듣자, 한왕 유방은
씹던 음식을 토해내고 〈역이기를〉 매도하며 말했다. "더
벅머리 유학자 때문에 큰일을 망칠뻔했구나." 그리고 즉
시 도장 새기는 것을 취소하게 했다.

어구 설명 ○立六國後(입육국후) : 〈떠돌이 유학자(儒學者) 역이기
(酈食其)가 한왕에게 말했다.〉「육국의 뒤를 이을 임금을
세우시오. 육국은 초(楚), 한(漢), 위(魏), 연(燕), 조(趙) 및
제(齊) 여섯 나라다.」 ○趣刻印(취각인) : 빨리 가서[趣] 왕
의 도장[印]을 새기어라[刻]. ○張良來謁(장량내알) : 장량
이 와서 〈한왕을〉 알현했다. ○王方食(왕방식) : 마침 왕
은 식사 중이었다. ○具告良(구고양) : 왕이 자세히 장량
에게 말을 했다. ○請借前箸,(청차전저) : 〈장량이 말했

다.〉 앞에 놓인 젓가락[箸]을 빌려서 〈말하겠다.〉 ㅇ爲大王
籌之(위대왕주지) : 대왕을 위해 계책을 말하겠다. ※「籌
(헤아릴 주) ; 계책. 꾀」ㅇ遂發八難(수발팔난) : 드디어 〈천
하를 통일하는 데 따르는〉 여덟 가지 어려움을 밝혀 말했
다. ※ 八難(팔난) : 一曰, 昔湯武伐桀紂,(일왈, 석탕무벌걸
주) 封其後者, 度能制其死命也,(봉기후자, 탁능제기사명
야) 今陛下能制項籍死命乎?(금폐하능제항적사명호)-첫 번
째 말하자면, 옛날 탕무(湯武)가 걸주(桀紂)를 치고 그 후
대(後代)를 봉(封)할 때에는 능히 마음대로 그 사명(死命)을
헤아렸으나 지금 폐하께서는 능히 항적(項籍)을 제압할 사
명(死命)을 가지고 있는가? •湯(탕) : 은(殷)나라 시조인
탕(湯)임금. •武(무) : 주(周)나라 무왕(武王). •桀紂(걸주)
: 하대(夏代)의 마지막 왕인 걸(桀)임금과 은대(殷代)의 주
(紂)임금.(걸 · 주〈桀 · 紂〉 두 임금은 포악무도〈暴惡無道〉
한 임금. 폭군) •度(법 도, 헤아릴 탁). •死命: ①생명. 목
숨. ②죽을 목숨. ③죽을힘을 다 씀. 사명(死命)은 그 사생
(死生)의 명(命)을 제압(마음대로 함)한다는 것을 이름.
　二曰, 武王入殷, 表商容閭, 釋箕子囚, 封比干墓, 今陛下能
乎?(이왈, 무왕입은, 표상용여, 석기자수, 봉비간묘, 금폐
하능호)-무왕(武王)이 은(殷)나라에 들어갔을 때 상용(商
容)의 정려(旌閭)에 표(表)를 올리고 잡혀있던 기자(箕子)
를 풀어주고 비간(比干)의 묘(墓)를 봉(封)하였다. 지금 폐
하는 능히 그렇게 할 수 있는가? •閭(이문〈里門〉 려) : 동
네 어귀에 세운 문. 주대(周代)에 25가구를 이(里)라 하고,
이(里)에는 반드시 문이 있는데 이를 여(閭)라 하였다.[書
經] 武商容閭. •旌閭(정려) : 충신 · 효자 · 열녀 등을 그들

이 살던 고을에 정문(旌門)을 세워 표창함. •囚(가둘 수) :
죄인, 포로, 인질(人質). 사로잡혀 있다. •比干(비간) : 은
(殷)나라의 충신. 주왕(紂王)의 제부(諸父). 주(紂)의 음란
함을 간하다가 죽임을 당하였고, 기자(箕子), 미자(微子)와
더불어 은(殷)의 삼인(三仁)이라 일컬어짐.

三曰, 發鉅橋粟, 散鹿臺財, 以賜貧窮, 今陛下能乎?(삼왈,
발거교속, 산녹대재, 이사빈궁, 금폐하능호)－거교(鉅橋)
의 식량을 풀고 녹대(鹿臺)의 재물을 풀어 빈궁(貧窮)한
사람들에게 나누어 주었는데 지금 폐하께서는 능히 그와
같이 할 수 있는가? •粟(조 속) : 오곡의 총칭. 벼. 군량
(軍糧). •鹿臺(녹대) : 은(殷)의 폭군(暴君)인 주왕(紂王)
이 재화(財貨)를 쌓아두던 곳. •賜(줄 사) : 하사하다. 은
혜를 베풀다.

四曰, 殷事已畢, 偃革爲軒, 倒載干戈, 示不復用, 今陛下
能乎?(사왈, 은사이필, 언혁위헌, 도재간과, 시불부용,
금폐하능호)－은(殷)나라는 전쟁이 이미 끝나자 가죽을
드리워 수레를 덮고 병기를 거꾸로 실어 다시 전쟁의 무
기로 사용하지 않음을 보였는데 지금 폐하께서는 능히
그렇게 하실 수 있으신가? •畢(마칠 필) : 끝내다. •偃
(쓰러질 언) : 드리워지다. 숨기다. 엎어지다. 한쪽으로
기울어지다. •軒(추녀〈처마〉 헌) : 수레. 수레의 총칭.
•軒蓋(헌개): 수레의 덮개. •倒(넘어질 도. 거꾸로 도) :
거꾸로 하다. •干戈(간과) : 병기. •倒載干戈(도재간과)
: 병기를 거꾸로 실음. 세상이 평화로움의 비유. •復(돌
아올 복. 다시 부＝거듭. 다시 또 하다. 거듭하다.)

五曰, 歸馬華山之陽, 示無所爲, 今陛下能乎?(오왈, 귀마

화산지양, 시무소위, 금폐하능호)-저들은 말(馬)을 화산
(華山)의 남쪽으로 돌려보내어 또 다시 말을 전쟁에 사용
치 않겠다고 보여주었는데 지금 폐하는 과연 그렇게 할
수 있겠습니까? •陽(볕 양) : 산의 남면(南面)의 땅.
六曰, 息牛桃林之野, 示天下不復輸積, 今陛下能乎?(육
왈, 식우도림지야, 시천하불부수적, 금폐하능호)-소를
도림(桃林)의 들로 보내 쉬게 하여 천하(天下)에 전쟁 물
자를 나르기 위해 다시는 소를 사용하지 않을 것을 보였
는데 지금 폐하는 그렇게 하실 수 있겠습니까? •輸(나
를 수) : 수레로 물건을 나르다. 輸(동자), 輸(간체)
其七其八, 卽下文天下游士, 楚惟無彊, 二段是也.(기칠기
팔, 즉하문천하유사, 초유무강, 이단시야)-그 일곱, 여덟
째는 아래의 천하유사(天下游士)와 초유무강(楚惟無彊)의
두 단락(段落)이다. ※앞의 두 단락(段落) 문장의 내용을
앞의 본문(本文)에서 다시 읽어주기를 바란다. •游士(유
사) : 유세(遊說)를 하는 사람. 벼슬을 하기 위하여 여러
나라를 유력(遊歷)하는 사람. 다른 나라에서 와서 벼슬살
이를 하고 있는 사람. •彊(굳셀 강. 힘쓸 강. 굳을 강) :
強과 동자. •段落(단락) : 긴 글을 내용에 따라 나눌 때
끊어지는 구획.(이상은 원본〈原本〉 주〈註〉에 의거함.)
ㅇ其七曰,(기칠왈) :〈어려움의〉일곱 번째를 말했다. ㅇ今
復立六國後,(금부립육국후) : 만약에 지금 육국의 뒤를 볼
임금을 다시 세운다면. ㅇ游士各歸事其主(유사각귀사기주)
: 떠돌이 선비들이 저마다 자기 나라로 돌아가서 각자의
임금을 섬길 것이다. ㅇ誠用客謀, 大事去矣(성용객모 대사
거의) : 정말로 역이기(酈食其)의 모략을 쓰신다면,〈천하

통일의〉 대사가 사라질 것이다. ○輟食吐哺,(철식토포) :
먹기를 그만두고 입속의 음식을 토해냈다. ○豎儒(수유) :
더벅머리 천한 유학자. ※「幾(기미 기) ; 조짐, 징조. 거의.
위태롭다. 바라나. 가깝다.」 ○令趣銷印(영취소인) : 〈즉각〉
영을 내려 당장 도장 새기는 것을 그만두게 했다.

(3) **楚圍漢王於滎陽. 漢王謂陳平曰, 天下紛紛. 何
時定乎. 平曰, 項王骨鯁之臣, 亞父輩數人耳. 行閒
以疑其心, 破楚心矣. 王與平黃金四萬斤, 不問其出
入. 平多縱反閒. 羽大疑亞父. 請骸骨歸. 疽發背死.**

초나라 군대가 한왕 유방을 형양(滎陽=황하 연변 낙양〈洛
陽〉의 동쪽)에서 포위했다. 한왕이 진평(陳平)에게 말했다.
"천하가 시끄럽다. 언제나 안정이 되겠느냐." 진평이 말했
다. "초나라 항우(項羽) 밑에 있는 강직한 신하는 아부(亞
父)인 범증(范增) 등 몇 사람뿐입니다. 간첩을 보내서 서로
가 서로를 의심케 하면, 초나라의 중심세력이 파괴될 것입
니다." 한왕 유방은 진평에게 황금 4만 근(斤)을 주고 〈요
량대로 쓰게 하고〉 어떻게 쓰는지 묻지 않았다. 진평은 많
은 간첩을 풀어서 〈초나라에서〉 자유롭게 활동을 하고 서
로를 이간(離間)하게 했다. 항우는 마침내 아부 범증을 의
심했다. 이에 아부 범증은 자리에서 물러나기를 자청했으
며 결국은 등창병으로 인해 죽었다.

어구 설명 ○骨鯁之臣,(골경지신) : 목에 걸리는 생선 뼈 같이 〈초

나라의〉 강하고 억센 신하. 충신(忠臣)을 일컬어 골경(骨鯁)이라고 했다. ㅇ亞父輩數人耳(아부배수인이) : 아버지 뻘이 되는 범증(范增) 등 몇 사람뿐이다. ※ 亞父(아부) : 아버지 다음가는 사람. 임금이 공신(功臣)을 존경하여 부르던 말. 초(楚)나라의 항우(項羽)가 범증(范增)을 존경하여 부른 데서 온 말. ㅇ行間以疑其心,(행한이의기심) : 간첩을 보내서 그들이 서로 의심하게 만든다. ㅇ破楚心矣(파초심의) : 초나라의 중심 세력을 파괴한다. ㅇ斤, (도끼 근, 무게의 단위로 16냥(兩)에 해당한다.[漢書] 十六兩爲斤.) ㅇ不問其出入(불문기출입) : 돈을 어떻게 쓰건 묻지 않았다. ㅇ羽大疑亞父(우대의아부) : 항우가 아부를 의심했다. ㅇ請骸骨歸(청해골귀) : 〈아부 범증이〉 관직을 사퇴하기를 청했다. 즉 고향에 돌아가 죽고 해골이나 묻게 하기를 청했다. ㅇ疽發背死(저발배사) : 등에 등창이 돋아 죽었다. ※ 「疽(등창 저)」

(4) 楚圍漢王益急. 紀信曰, 事急矣. 請誑楚. 乃乘漢王車, 出東門. 曰, 食盡漢王出降. 楚人皆之城東觀. 漢王乃得出西門去. 項羽燒殺紀信.

초나라 군대가 한왕을 포위했으므로 사태가 심히 위급하게 되었다. 이에 기신(紀信)이 말했다. "사태가 다급하게 되었습니다. 초나라를 속여야 하겠습니다." 그리고 기신이 한왕의 수레를 타고 동문 밖으로 나가면서 말했다. "식량이 다 떨어졌음으로 한왕이 투항한다." 초인이 모두 성의 동쪽으로 가서 보려고 했다. 그 틈에 한왕은 서쪽 문으로 탈출할 수 있었다. 항우는 기신을 잡아 불로 태워 죽였다.

어구 설명　○食盡漢土出降(식진한왕출항) : 「성 안에 양곡이 다 떨어졌음으로 한나라 왕이 투항한다.」〈기신(紀信)이 속인 말이다.〉　○項羽燒殺紀信(항우소살기신) : 항우가 기신을 불에 태워 죽였다.

제5과 역이기(酈食其)의 계략

(1) 漢王軍成皐. 羽圍之. 王逃去, 北渡河, 晨入趙壁, 奪韓信軍, 令信收趙兵擊齊. 酈食其說王, 收滎陽, 據敖倉粟, 塞成皐之險. 王從之.

한왕 유방은 〈위기를 모면하고〉 군대를 성고(成皐)에 집결했다. 그러자 초나라 항우가 다시 포위했다. 한왕은 또 도망가서 북쪽 황하(黃河)를 건너 새벽에 조나라 성벽 안으로 들어갔다. 〈그리고〉 한왕은 한신의 군대의 지휘권을 가로채고 〈한신이 이끌던 한나라 군대를〉 자기가 지휘했다. 그리고 한신으로 하여금 조나라 군대를 모아서 지휘하고 제나라를 치게 했다. 역이기(酈食其)는 왕에게 말했다. 형양(滎陽)을 수복하고 오창산(敖倉山)의 곡물을 가지고 성고(成皐)의 험준함을 요새(要塞)로 삼아 수비하세요. 한왕은 그의 말을 따랐다.

어구 설명 ○奪韓信軍,(탈한신군) : 한신의 병부(兵符)를 탈취했다. 원래 한왕 유방은 한신에게 병부(兵符), 즉 지휘권을 주었다. 그러나 한왕이 사람을 시켜 한신의 집에서 병부를 몰래 훔치게 했다. 그리고 한왕이 병부를 가지고 군대를 지휘했던 것이다. 한편 한신은 조나라 군대를 수습해서 지휘하고 제나라를 치게 했다. 〈역이기(酈食其)는 한왕 유방에게 말했다. 「형양성(滎陽城)을 점령하고 성고(成皐=낙양과 형양 사이)를 수비하라.」〉 ※ 敖倉(오창) : 진나라는 하남(河南)땅 오산(敖五)에다가 큰 창고를 짓고 이곳에 곡식을 저장해 두었다. 그래서 이것을 오창(敖倉)이라고 한다.

(2) 酈食其爲漢王, 說齊王下之. 蒯徹說韓信曰, 將軍擊齊. 而漢獨發閒使下之. 寧有詔止將軍乎. 酈生伏軾, 掉三寸舌, 下七十餘城. 將軍爲將數歲, 反不如一豎儒之功乎. 四年. 信襲破齊. 齊王烹食其而走.

역이기가 한나라를 위해서 제왕을 설득해서 항복하게 했다. 그러자 〈한신의 부하〉 괴철(蒯徹)이 한신에게 말했다.

"장군은 제나라를 무력으로 치는 데, 한왕은 간첩을 보내서 항복하게 만들고 있습니다. 한왕이 장군에게 무력 공격을 그만두라는 조서를 내린 일이 있습니까."

"역이기는 수레의 식(軾)을 잡고 엎드려 세 치의 혀를 놀려, 제나라의 70여 개의 성을 항복하게 했습니다. 장군께서는 수년 간 무력으로 치고 계시거늘, 결국 어린 유생(儒生)의 공보다도 못하지 않습니까.”

한신은 한나라 4년(B.C. 203)에, 제(齊)를 격파했다. 이에 제나라 임금은 역이기를 가마솥에 처형하고 행방을 감추었다.

어구 설명 ○酈食其爲漢王, 說齊王下之(역이기위한왕 설제왕하지) : 역이기(酈食其)가 한왕을 위해서 제나라 왕을 설득해서 항복하게 만들었다. ○蒯徹(괴철) : 한신의 신하인 괴철(蒯徹). ○酈生伏軾, 掉三寸舌, 下七十餘城(역생복식 도삼촌설 하칠십여성) : 역이기는 수레의 식(軾)을 잡고 엎드려 세 치의 혀를 놀려, 제나라의 70여 개의 성을 항복하게 했다.

(3) 漢與楚皆軍廣武. 羽爲高俎, 置太公其上, 告漢王曰, 不急下, 吾烹太公. 王曰, 吾與若俱北面事懷王, 約爲兄弟. 吾翁卽若翁. 必欲烹而翁, 幸分我一杯羹. 羽願與王挑戰. 王曰, 吾寧鬪智. 不鬪力. 因數羽十罪. 羽大怒, 伏弩射王傷胸.

한나라 유방과 초나라 항우가 서로 군대를 이끌고 광무(廣武)라는 곳에 와서 대치했다.

항우가 큰 도마를 높이 만들어 놓았다. 그리고 한나라 유방의 아버지 태공(太公)을 도마 위에 묶어놓고 유방에게 말했다.

"그대가 급히 투항하지 않으면, 태공을 팽형(烹刑)에 처하겠다."

그러자 한왕 유방이 말했다. "나와 그대는 함께 북면(北面)하고 회왕(懷王)을 섬겼으며, 또 형제라고 약속한 사이다. 그러므로 나의 태공은 곧 그대의 태공이다. 그런데도 반드시 팽형에 처한다면, 나에게도 한 사발 갱즙(羹汁)을 나눠주면 좋겠소이다."

그러나 항우가 말했다. "나는 한왕인 그대와 일대일로 대결하고 싶다."

그러자 한나라 왕 유방이 말했다. "나는 차라리 지략 싸움을 해도 무력 싸움은 하지 않겠다." 그리고 항우의 죄를 열 개나 들어 말했다.

이에 항우는 숨겨두었던 노궁(弩弓)으로 한왕을 쏘아 가슴을 다치게 했다.

어구 설명 ○皆軍廣武(개군광무) : 서로 군대를 이끌고 광무(廣武=오창〈敖倉〉 서쪽)라는 곳에서 대치했다. ○羽爲高俎, 置太公其上,(우위고조 치태공기상) : 항우가 높이 도마를 설치하고, 그 위에 〈인질로 잡은 유방의 아버지〉 태공(太公)을 잡아 놓았다. ※「俎(도마 조)」 ○不急下, 吾烹太公(불급하 오팽태공) : 당장에 항복하지 않으면, 태공을 팽형(烹刑)에 처하겠다. ※「烹(삶을 팽)」 ○約爲兄弟. 吾翁卽若翁(약위형제 오옹즉약옹) : 우리는 형제라고 약속했다. 〈그러므로〉

나의 아버지는 곧 그대의 아버지다. ○必欲烹而翁,(필욕팽 이옹) : 반드시 그대의 아버지를 삶는다면. ※「이(而)는 이(爾)」「羹(국 갱)」. ○羽願與王挑戰(우원여왕도전) : 항우 가 한왕과 〈일대일로〉 맞싸우려고 했다. ○吾寧鬪智. 不鬪力(오녕투지 불투력) : 나는 차라리 지략 싸움은 해도 힘 싸움을 안 하겠다. ※「鬪(싸움 투) : 鬪의 본자.)」○因數 羽十罪(인수우십죄) : 그리고 항우의 죄를 열 개나 헤아려 말했다. ※ 十罪(열가지 죄) ① 항우는 왕과의 약속을 저버 리고(負約) 나를 한왕(漢王)으로 삼았다. ② 경자관군(卿子 冠軍)을 속여서 죽였다. ③ 조(趙)나라를 구원하였으나 보 답이 없자 제후(諸侯)의 군사들을 마구 협박하여 관중(關 中)으로 들어왔음. ④ 진(秦)나라 궁실(宮室)을 불지르고 진시황(秦始皇)의 무덤을 파내어 회손시켰으며 그 재물을 사사로히 취하였다. ⑤ 진(秦)의 항복한 왕 자영(子嬰)을 살해한 것. ⑥ 진(秦)의 자제(子弟)를 속여 신안(新安)에서 20만 명을 구덩이에 묻어서 죽였다. ⑦ 왕이 제장(諸將)에 게 옛 땅을 잘 다스리도록 하고서는, 그들을 고향에서 모 두 쫓아내서 이주시킨 것. ⑧ 의제(義帝)를 축출하고 스스 로 팽성(彭城)을 도읍으로 삼고 한량(韓梁)땅을 빼앗음. ⑨ 사람을 시켜 의제(義帝)를 강남(江南)으로 보내 몰래(陰) 죽였다. ⑩ 정치를 펼치매 공평하지 못했고 약속을 지키지 않아 신의를 잃었고 천하(天下)에 용납을 얻지 못한 바 대 역무도(大逆無道)한 죄. 몹시 인륜(人倫)에 거스리고, 도리 를 무시한 행위. ○羽大怒, 伏弩射王傷胸(우대노 복노석왕 상흉) : 항우가 크게 노했다. 〈그리고〉 숨겨 두었던 노궁 (弩弓)을 쏘아 유방의 가슴을 상하게 했다. ※「射(궁술 사.

쏠 사, ⊛ 석. 맞힐 석)」 原註 音 石(석)

(4) 楚使龍且救齊, 龍且曰, 韓信易與耳. 寄食於漂母, 無資身之策, 受辱於胯下, 無兼人之勇. 進與信夾濰水而陣.

초나라 항우가 용저(龍且)로 하여금 제(齊)를 구하게 했다. 이에 용저가 말했다.

"한신은 상대하기 용이합니다. 어려서는 빨래하는 노파에게 밥을 얻어먹을 정도로 자신을 돌보지 못했으며, 또 남의 가랑이 밑을 기어나가는 굴욕을 당해도 남하고 싸울 용기가 없었던 자입니다."

그리고 용저는 진격하여 유수(濰水)를 끼고 한신과 대치하고 진을 쳤다.

어구설명 ㅇ且(또 차. 도마 저. 삼갈 저) 여기서는 저(子魚切)로 읽음. ㅇ韓信易與耳(한신이여이) : 한신은 상대하기 용이하다. ㅇ漂(떠돌 표, 빨래할 표). ※漂母(표모) : 빨래하는 노파. ㅇ無資身之策,(무자신지책) : 자기 한 몸을 키울 방책도 없다. ㅇ受辱於胯下,(수욕어과하) : 남의 가랑이 밑을 기는 모욕을 받고도. ※「胯(사타구니 과 · 고, 부드럽게 살찔 과)」 ㅇ無兼人之勇(무겸인지용) : 남의 어려움을 겸해서 싸울 만한 용기가 없는 자다. ㅇ陣(진) : 진을 치다.

(5) 信夜使人囊沙壅水上流, 旦渡擊且, 佯敗還走.

且追之. 信使決水. 且軍大半不得渡. 急擊殺且.

　한신은 밤에 〈아무도 모르게〉 사람을 시켜 강물 상류에 모래주머니를 쌓고 강물 흐름을 막았다. 〈그리고〉 새벽에 강을 건너가서 용저(龍且)의 군대를 공격했으며, 또 일부러 거짓 패하는 척하고 되돌려 달렸다. 이에 용저가 〈한신의 군대를〉 추격했다. 그러자 한신은 사람을 시켜 〈상류를 가로막고 있던 모래주머니를 치우고〉 막았던 물을 터뜨리게 했다. 그래서 용저의 군대는 반 이상이 강을 건너가지 못했다. 이를 한신이 급습하여 〈초나라의 장군〉 용저를 죽였던 것이다.

어구 설명 ○信夜使人(신야사인) : 한신이 밤에 〈아무도 모르게〉 사람을 시켜서. ○囊沙壅水上流,(낭사옹수상류) : 모래 주머니로 상류의 물줄기를 막았다. ※「壅(막을 옹)」 ○旦渡擊且,(단도격저) : 새벽에 강을 건너가서 용저(龍且)의 군대를 공격했다. ○佯敗還走(양패환주) : 지는 척하고 되돌아 도망을 쳤다. ○急擊殺且(급격살지) : 급하게 반격을 하고 용저(龍且)를 죽였다.

(6) 信使人言之漢王, 請爲假王以鎭齊. 漢王大怒罵之. 張良・陳平躡足附耳語. 王悟, 復罵曰, 大丈夫, 定諸侯, 卽爲眞王耳. 何以假爲. 遣印立信爲齊王.

　한신(韓信)은 사람을 시켜 한왕 유방(劉邦)에게 말을 전하게 했다. 「임시로 제나라 왕이 되어 제(齊)나라를 누르게 해 주십시오.」

이 말을 듣자 한왕이 대노하고 심하게 욕을 했다. 〈그러자〉 장량과 진평이 〈남이 모르게〉 한왕의 발을 눌러 밟고 귓속에 대고 말을 했다. 〈즉 한신의 소원을 받아주라고 타이른 것이다.〉 이에 한왕이 깨달은 듯이 다시 큰 소리로 악을 쓰며 외쳤다.

"대장부가 〈한 지방 국가의〉 임금을 눌러 이겼으면, 곧 그 나라의 진짜 임금이 될 뿐이다. 왜 임시 왕이 되겠느냐."

그리고 한왕 유방은 옥인(玉印)을 보내서 한신을 제(齊)나라 왕으로 세웠다.

어구 설명 ○請爲假王以鎭齊(청위가왕이진제) : 저를 임시 왕으로 삼고 제나라를 진정시키게 해주십시오. 〈한신이 한왕에게 한 말이다.〉

○漢王大怒罵之(한왕대노매지) : 한왕 유방이 대노하고 〈한신의 야망을〉 큰 소리로 욕을 했다. ○躡足附耳語(섭족부이어) : 발등을 누르고 귀에 대고 속삭였다. 〈*흥분하고 큰 소리 치면 도리어 한신이 이탈하고 초나라에 붙을지 모른다.〉 ※ 躡(밟을 섭, 디디다. [史記] 張良 · 陳平 · 躡漢王足) 躡足附耳(섭족부이) : 발을 밟아 일깨우고, 귓속말로 귀띔을 해 줌. 남몰래 깨우쳐 줌. ○王悟, 復罵曰,(왕오 부매왈) : 한왕 유방이 깨닫고 다시 큰 소리

로 외쳤다. ○定諸侯, 即爲眞王耳(정제후 즉위진왕이) :
다른 나라의 임금을 눌렀으면, 대신 진짜 왕이 될 뿐이다.
○遣印(견인) : 옥인(玉印), 즉 옥새(玉璽)를 보내주었다.

(7) 項羽聞龍且死大懼, 使武涉說信, 欲與連和三分天下. 信曰, 漢王授我上將軍印, 解衣衣我, 推食食我. 言聽計用. 我倍之不祥. 雖死不易. 蒯徹亦說信. 信不聽. 漢立黥布, 爲淮南王.

초나라 항우는 용저가 죽었다는 말을 듣고 크게 겁을 냈
다. 그래서 무섭(武涉)을 시켜서 한신에게 말했다. 「우리
셋이서 천하를 셋으로 나눠 다스리자.」〈항우, 유방 및 한
신 셋이 천하를 삼분해서 다스리자.〉

이에 한신은 말했다. 「한왕은 저에게 상장군(上將軍)의
인(印)을 주고 자기 옷을 벗어 입게 하고 자기 밥을 주어
서 먹게 하고 또 저의 계략을 채택해 썼습니다. 제가 한
왕에게 등을 돌리는 일은 좋지 않습니다. 저는 죽어도 못
합니다.」 괴철(蒯徹)도 한신을 설득했다. 그러나 한신은
끝내 듣지 않았다. 유방은 경포(黥布)를 회남(淮南)의 왕
으로 삼았다.

어구 설명 ○欲與連和(욕여연화) : 항우가 셋이 함께 화하기를 바랐
다. ○三分天下(삼분천하) :〈항우, 유방 및 한신〉 셋이
천하를 셋으로 나눠갖자. ○授我上將軍印,(수아상장군

인) : 〈한신이 말했다.〉 유방이 나에게 상장군의 도장을 주었다. ㅇ解衣衣我,(해의의아) : 옷을 벗어 나에게 입게 했다. ㅇ推食食我(추식식아) : 자기 밥상을 미루어 나를 먹게 했다. ㅇ言聽計用(언청계용) : 내 말을 듣고 계략을 썼다. ㅇ我倍之不祥. 雖死不易(아배지불상 수사불역) : 내가 배반하는 것은 좋지 않다. 죽어도 변하지 않겠다. ㅇ漢立黥布, 爲淮南王(한립경포 위회남왕) : 한나라에서는 경포(黥布)를 세워서 〈전에 한신이 다스리던〉 회남(淮南)의 왕이 되게 했다.

(8) 項王少助食盡. 韓信又進兵擊之. 羽乃與漢約, 中分天下, 鴻溝以西爲漢, 以東爲楚. 歸太公 · 呂后, 解而東歸. 漢王亦欲西歸. 張良 · 陳平曰, 漢有天下大半. 楚兵饑疲. 今釋不擊, 此養虎自遺患也. 王從之.

항우는 도와주는 사람이 적어졌고 또 나라의 식량도 바닥이 났다. 이에 한신은 다시 진격하여 초나라 항우를 공격했다. 이에 〈견디지 못한〉 항우는 드디어 한나라와 약속을 했다.

「천하를 둘로 나누어, 홍구(鴻溝)를 사이에 두고 서쪽을 한나라, 동쪽을 초나라로 정하자.」

그리고 인질로 잡아두었던 유방의 부친 태공(太公)과 부인 여후(呂后)를 풀어서 돌려주었으며 군대를 풀고 동쪽

팽성(彭城)으로 돌아갔다.

이에 한왕 유방도 서쪽으로 돌아가고자 했다. 그러자 장량과 진평이 말했다.

"지금 한나라는 천하의 태반을 차지하고 있습니다. 초나라 군대는 굶주리고 지쳐 있습니다. 지금 우리가 그들을 풀어주고 치지 않으면, 이는 곧 호랑이를 키워서 스스로 후환을 남기는 일이 될 것입니다."

한왕 유방은 그들의 말을 따랐다.

어구 설명 ○項王(항왕) : 초나라의 왕, 항우(項羽). ○少助食盡(소조식진) : 도와주는 사람이 적어졌고 또 식량이 떨어졌다. ○又進兵擊之(우진병격지) : 한신이 다시 군대를 진격하고 항우의 군대를 격파했다. ○羽乃與漢約,(우내여한약) : 항우가 즉시 한나라와 약속을 했다. ○中分天下,(중분천하) : 천하를 반으로 나누자. ○鴻溝(홍구) : 하남성(河南省)에 형양(滎陽) 아래에 있는 강. ○歸太公·呂后, 解而東歸(귀태공·여후 해이동귀) : 〈그동안 인질로 잡아 두었던〉 태공(太公)과 여후(呂后)를 풀어서 돌려주었으며 군대를 풀고 동쪽 팽성(彭城)으로 돌아갔다. ○今釋不擊,(금석불격) : 지금 만약에 초나라를 풀어주고 격파하지 않으면.

유방(劉邦)이 성장한 산동성
패현에 있는 박물관

제3장 유방의 천하 통일

제1과 사면초가와 항우의 최후

(1) 五年, 王追羽至固陵. 韓信 · 彭越期不至. 張良勸王, 以楚地 · 梁地許兩人. 王從之. 皆引兵來. 黥布亦會.

왕이 된 지 5년, 유방은 항우를 추격하여 고릉(固陵)에 이르렀다. 〈그러나〉 한신과 팽월 두 장군은 약속대로 오지 않았다. 그러자 장량이 왕 유방에게 권했다. 「초나라 땅을 한신에게, 양(梁)나라 땅을 팽월에게 나눠주는 것을 허락하십시오.」 왕이 〈장량의 말을〉 따랐다. 이에 〈한신과 팽월이〉 모두 병력을 이끌고 왔다. 경포도 역시 와서 합세했다.

어구 설명　o 五年,(오년) : 유방이 왕이 된 지 5년(B.C. 202) o 固陵(고릉) : 하남성(河南省). o 期不至(기불지) : 약속한 대로 오지 않았다. o 以楚地 · 梁地許兩人(이초지 · 양지허양인) : 초나라 땅을 한신에게, 양나라 땅을 팽월에게 주는 것을 허락하십시오. o 黥布亦會(경포역회) : 경포도 역시 와서 합세했다.

(2) 羽至垓下. 兵少食盡. 信等乘之. 羽敗入壁. 圍之數重. 羽夜聞漢軍四面皆楚歌, 大驚曰, 漢皆已得楚乎. 何楚人多也.

항우는 해하(垓下)로 후퇴했다. 병력도 줄고 또 양식도 떨어졌다. 그 틈을 타고 한신 등이 밀고 들어오자, 항우는 패하고 성벽 안으로 쫓겨 들어왔다. 〈한나라가〉 성벽을 여러 겹으로 포위했다. 항우는 밤에 한나라 군대가 사방에서 모두 초나라 노래를 부르는 소리를 들었다. 항우는 크게 놀라며 말했다. 「한나라 군대가 벌써 초나라를 점령했는가. 어째서 저렇게도 초나라 사람들이 많은가.」

어구 설명 ○羽至垓下. 兵少食盡(우지해하 병소식진) : 항우는 해하(안휘성〈安徽省〉에 있는 한 작은 마을)로 후퇴했다. 병력도 줄고 또 양식도 떨어졌다. ○羽敗入壁(우패입벽) : 〈항우는 패하고〉 성 안으로 쫓겨 들어갔다. ○羽夜聞漢軍四面皆楚歌,(우야문한군사면개초가) : 항우가 밤에 들으니 〈성을 포위한〉 한나라 군대가 사방에서 모두 초나라 노래를 불렀다.

(3) 起飮帳中, 命虞美人起舞. 悲歌慷慨, 泣數行下. 其歌曰, 力拔山兮氣蓋世. 時不利兮騅不逝. 騅不逝兮可奈何. 虞兮虞兮奈若何. 騅者羽平日所乘駿馬也. 左右皆泣, 莫敢仰視.

항우(項羽)는 벌떡 일어나 장막 안으로 들어가 우미인에게 일어나 춤을 추라고 명했다. 그리고 항우 자신도 슬프게 노래를 부르고 비분강개하며 눈물을 줄줄 흘렸다. 노래는 다음 같았다.

「나의 힘은 산을 뽑아들고 나의 용기는 세상을 덮어 누를 지경이다. 그러나 때와 운세가 좋지 않고 내가 타는 추마도 뛰지 않는구나. 추마가 안 뛰는 것을 어찌하랴. 우미인, 우미인, 그대를 어찌하면 좋겠느냐.」

검푸른 털의 추마는 항우가 평소에 타고 달리던 준마이다. 좌우의 사람들도 울었다. 허나 감히 쳐다보지 못했다.

어구 설명 ○起飮帳中, 命虞美人起舞(기음장중 명우미인기무) : 눈을 뜨고 벌떡 일어나 장막 안으로 들어가 우미인에게 일어나 춤을 추게 했다. ※ 虞美人(우미인) : 항우의 애희(愛姬). ○力拔山兮氣蓋世(역발산혜기개세) : 힘은 산을 뽑아들고 용기는 세상을 덮어 누를 만하다. ○時不利兮騅不逝(시불리혜추불서) : 그러나 때와 운세가 좋지 않고 내가 타는 추마가 뛰지 않는구나. ○騅不逝兮可奈何(추불서혜가내하) : 추마가 안 뛰는 것(나아가려 들지 않는 것)을 어찌하랴. ※ 騅(오추마〈烏騅馬〉 추, 검푸른 털에 흰털이 섞인 말. 항우(項羽)의 애마(愛馬) 이름.) 騅不逝(추불서) : 기세가 꺾이고 힘이 다 빠져 온갖 책략이 소용없게 됨. 故事 초(楚)나라의 항우(項羽)가 유방(劉邦)에게 패하자 그의 애마인 오추마(烏騅馬)도 나아가지 않았다는 고사에서 온 말이라고 오늘날 표현되고 있다. ○虞兮虞兮奈若何(우혜우혜내약하) : 우미인, 우미인, 그대를 어찌하면 좋겠느냐.

(4) 羽乃夜從八百餘騎, 潰圍南出, 渡淮, 迷失道, 陷大澤中. 漢追及之. 至東城. 乃有二十八騎. 羽謂其騎曰, 吾起兵八歲, 七十餘戰, 未嘗敗也. 今卒困此. 此天亡我. 非戰之罪. 今日固決死. 願爲諸君決戰, 必潰圍斬將, 令諸君知之.

항우는 즉시 한밤중에 8백여 명의 기마병을 데리고 포위망을 뚫고 남쪽으로 탈출했다. 회수(淮水)를 건너갔으나, 길을 잃고 끝없이 넓은 소택(沼澤) 지대 안에서 오도 가도 못하게 되었다. 한나라 군대는 그들을 추격해 왔다. 항우는 다시 달아나 안휘성(安徽省) 동성(東城)까지 왔다. 〈이때 항우 앞에는〉 오직 28명의 기마병이 남아있을 뿐이었다. 항우는 그들 기마병에게 말했다.「내가 무력 전쟁을 시작한 지 8년이 되었다. 그간 70번이나 적과 싸웠으나, 단 한 번도 패한 적이 없었다.」「지금 이렇게 곤경에 빠진 것은 하늘이 나를 망치게 하려는 것이다. 내가 싸움을 잘못한 죄가 아니다.」「오늘은 굳게 죽음을 각오하고 싸우겠다.」「내가 원하는 것은 〈다음과 같다.〉 제군들을 위해서 내가 결사적으로 싸우고 반드시 〈적의〉 포위를 괴멸하고 적장을 베고자 한다.」「그리고 제군에게 〈모든 것을〉 알게 하겠다.」

어구 설명 ㅇ陷大澤中(함대택중) : 〈회수(淮水)를 건넜으나, 길을 잃고〉 넓은 소택(沼澤) 지대(地帶)에 빠져들었다. ㅇ東城

(동성) : 안휘성(安徽省)에 있다. ㅇ乃有二十八騎(내유이
십팔기) : 〈항우 앞에는〉 오직 28명의 기마병이 남아있
을 뿐이었다. ㅇ吾起兵八歲, 七十餘戰, 未嘗敗也(오기병
팔세 칠십여전 미상패야) : 나는 무력으로 일어선 지 8년
이 되었으며, 〈그간〉 70번 이상이나 싸웠다. 〈그러나〉
한 번도 패한 적이 없다. ㅇ今卒困此. 此天亡我. 非戰之
罪(금졸곤차 차천망아 비전지죄) : 지금 여기서 이렇게 곤
경에 빠진 것은 곧 하늘이 나를 망치게 하려는 것이다. 내
가 싸움을 잘못한 죄가 아니다. ㅇ今日固決死(금일고결
사) : 오늘 굳게 죽기를 결심했다. ㅇ願爲諸君決戰,(원위
제군결전) : 내가 원하는 바는 〈다름이 아니다.〉 〈내가〉
제군들을 위해서 결사적으로 싸우고. ㅇ必潰圍斬將,(필궤
위참장) : 반드시 〈한나라의〉 포위군을 괴멸하고 한나라
의 적장을 베겠다. ㅇ令諸君知之(영제군지지) : 제군으로
하여금 알게 하겠다.

**(5) 皆如其言. 於是欲東渡烏江. 亭長艤船待. 曰,
江東雖小, 亦足以王. 願急渡. 羽曰, 籍與江東子弟
八千人, 渡江而西. 今無一人還. 縱江東父兄, 憐而
王我, 我何面目復見. 獨不愧於心乎. 乃刎而死.**

항우는 자기가 말한 대로 〈무섭게 한바탕 싸웠다.〉 그리
고 동쪽으로 강을 건너, 오강(烏江)이란 곳으로 가려고 했
다. 오강의 정장이 미리 배를 대놓고 기다리고 있었다. 그
리고 정장이 말했다. 「강동의 땅은 비록 작아도 역시 왕 노

릇을 할 만한 곳입니다. 어서 〈이 배를〉 타고 건너가십시오.」 그러자 항우가 말했다. 「나 항적(項籍)은 전에 강동지방의 자제들 8천 명과 함께 이 오강을 건너 서쪽으로 갔다오. 그러나 지금은 한 사람도 돌아오지 못하는구려. 그러니 비록 강동지방의 부형들이 나를 불쌍하게 여기고 나를 임금으로 받든다 해도, 나는 무슨 면목으로 그들 앞에 다시 나타나겠소. 홀로라도 마음이 부끄럽지 않겠습니까.」 〈이렇게 말하고〉 그 자리에서 칼로 자기 목을 찔러 자결해 죽었다.(B.C.202)

어구 설명 ○皆如其言. 於是欲東渡烏江(개여기언 어시욕동도오강) : 모두 다 자기 말같이 했다. 그리고 동쪽으로 강을 건너 오강으로 가려고 했다. 오강(烏江)은 안휘성(安徽省)에 있다. ○亭長艤船待(정장의선대) : 오강의 정장이 미리 배를 대놓고 기다리고 있었다. ※「艤(배 댈 의)」 즉 배를 미리 대기해놓다. ○曰, 江東雖小, 亦足以王. 願急渡(왈 강동수소 역족이왕 원급도) : 말했다. 「강동의 땅은 비록 작아도 역시 왕 노릇을 할 만한 곳입니다. 어서 〈이 배를〉 타고 건너가십시오.」 강동(江東)은 곧 강소성(江蘇省) 일대. ○羽曰,(우왈) : 항우가 말했다. ○籍與江東子弟八千人,(적여강동자제팔천인) : 나 항적(項籍)은 전에 강동지방의 자제들 8천 명과 함께. ○渡江而西. 今無一人還(도강이서 금무일인환) : 이 오강을 건너 서쪽으로 갔으나, 지금은 한 사람도 돌아오지 못하는구려. ○縱江東父兄, 憐而王我, 我何面目復見(종강동부형 연이왕아 아하면목

부현) : 비록 강동지방의 부형들이 나를 불쌍하게 여기고 나를 임금으로 받든다 해도, 나는 무슨 면목으로 그들 앞에 다시 나타나겠소. ㅇ獨不愧於心乎(독불괴어심호) : 홀로라도 마음이 부끄럽지 않겠습니까. ㅇ乃刎而死(내문이사) : 그리고 스스로 칼로 자기 목을 찔러 자결해 죽었다. ※「刎(목자를 문)」 B.C. 202년.

(6) 楚地悉定. 獨魯不下. 王欲屠之, 至城下, 猶聞絃誦之聲. 爲其守禮義之國, 爲主死節, 持羽頭示之. 乃降. 王還, 馳入齊王信壁, 奪其軍, 立信爲楚王, 彭越爲梁王, 漢王卽皇帝位.

한왕 유방은 초나라 땅을 다 평정했다. 그러나 노나라가 항복하지 않았다. 한왕 유방이 〈노나라 사람들을〉 도살하려고 진격하여 도성 밑으로 가자, 〈성 안에서는〉 여전히 악기를 연주하며 노래를 부르는 소리가 들려왔다. 〈그 이유는 다름이 아니었다.〉 노나라는 예의를 굳게 지키는 나라이기 때문에 〈노나라의〉 군주(君主)였던 〈항우를 위해〉 죽어도 충절하려고 했던 것이다. 〈이에〉 한왕이 〈그들에게〉 죽은 항우의 머리를 보여 주었다. 그러자 그들이 투항했다. 〈이에〉 한왕 유방이 되돌아왔다. 〈이에 한왕 유방은〉 빨리 달리어 제나라의 왕, 한신의 도성 안으로 들어갔으며, 〈한신의〉 군대와 지휘권을 탈취했다. 그리고 한신(韓信)을 초나라 왕으로 세우고, 팽월(彭越)을 양나라 왕으로 세우고, 유방(劉邦) 자신은 〈천하를 다스리는〉 황제의 자리에 올랐다.

어구 설명 ㅇ楚地悉定(초지실징) : 한왕 유방은 초나라 땅을 다 평정했다. ㅇ獨魯不下(독노불하) : 그러나 노나라는 항복하지 않았다. 〈노나라도 항우 밑에 속했던 땅이다.〉 ㅇ王欲屠之, 至城下,(왕욕도지 지성하) : 한왕 유방이 〈노나라 사람들을〉 도살하려고 성 밑으로 갔다. ㅇ猶聞絃誦之聲(유문현송지성) : 여전히 악기를 연주하며 노래를 부르는 소리가 들려왔다. ㅇ爲其守禮義之國,(위기수예의지국) : 노나라는 예의를 굳게 지키는 나라이기 때문에. ㅇ爲主死節,(위주사절) : 〈노나라의〉 주(主), 〈항우를 위해〉 죽어도 충절하려고 했던 것이다. ㅇ持羽頭示之. 乃降. 王還,(지우두시지 내항 왕환) : 〈이에〉 한왕이 〈그들에게〉 죽은 항우의 머리를 보여 주었다. 그러자 그들이 투항했다. 〈이에〉 한왕 유방이 되돌아왔다. ㅇ馳入齊王信壁, 奪其軍,(치입제왕신벽 탈기군) : 〈한왕 유방은〉 빨리 달리어 제나라의 왕, 한신의 도성 안으로 들어가서 〈한신의〉 군대와 지휘권을 탈취했다. ※ 한신이 제(齊), 초(楚)를 모두 차지하는 것은 매우 위험하다고 판단하고 한신의 군사를 빼앗었던 것임. ㅇ立信爲楚王,(입신위초왕) : 한신을 초나라 왕으로 세웠다. ㅇ彭越爲梁王,(팽월위양왕) : 팽월을 양나라 왕으로 세웠다. ㅇ漢王卽皇帝位(한왕즉황제위) : 한왕 유방 자신은 〈천하를 다스리는〉 황제의 자리에 올랐다.

[참고 보충] 항우의 최후

(1) 사면초가(四面楚歌) : 기원전 202년의 일이다. 싸우면 반드시 이기던 천하무쌍의 항우(項羽)가 마침내 해하(垓下)에서 한왕 유방(劉邦)에게 포위되고 꼼짝달싹 못하게 되었다. 그러자 깊은 밤, 초나라 노래가 사방에서 들려왔다. 항우는 크게 놀라며 말했다.「한나라 군대가 벌써 초나라를 점령했는가. 어째서 저렇게도 초나라 사람들이 많은가.(大驚曰 漢皆已得楚乎 何楚人多也)」

(2) 항우의 노래 : 항우는 일어나 장막 안에서 우미인에게 춤을 추게 했다. 그리고 자신도 비분강개하며 다음 같은 노래를 불렀다.

「나의 힘은 산을 뽑아 올리고 나의 용기는 세상을 덮어 누를 지경이다. 때와 운세가 좋지 않고 나의 추마도 뛰지 않는구나. 추마가 안 뛰는 것을 어찌하랴. 우미인, 우미인, 그대를 어찌하면 좋겠느냐.」

역발산혜 기개세 : 力拔山兮 氣蓋世
시불리혜 추불서 : 時不利兮 騅不逝
추불서혜 가내하 : 騅不逝兮 可奈何
우혜우혜 내약하 : 虞兮虞兮 奈若何

(3) 항우는 살아남은 28명의 부하에게 말했다.「내가 무력 전쟁을 시작한 지 8년이 되었다. 그간 70번이나 적과 싸웠으나, 단 한 번도 패한 적이 없었다. 지금 이렇게 곤경에 빠진 것은 하늘이 나를 망치게 하려는 것이다. 내가 싸움을 잘못한 죄가 아니다.(吾起兵八歲 七十餘戰 未嘗敗也 今卒困此 此天亡我 非戰之罪)」

「오늘 나는 반드시 죽겠다. 〈죽기 전에〉 나는 제군들을 위해서 〈내가 홀로〉 결사적으로 싸우겠다. 반드시 적의 포위를 부수고 적장을 죽이고, 제군들로 하여금 내 말이 사실임을 알게 하겠다.(今日固決死 願爲諸君決戰 必潰圍斬將 令諸君知之)」

(4) 항우는 동쪽으로 강을 건너 오강(烏江)으로 가려고 하자, 오강의 정장이 말했다.「강동의 땅은 좁아도 역시 왕 노릇을 할 만한 곳입니다. 이 배를 타고 건너가십시오.(江東雖小 亦足以王 願急渡)」

이에 항우가 말했다.「나 항적(項籍)은 강동의 자제들 8천 명과 함께 이 오강을 건너 서쪽으로 갔다오. 그러나 지금 한 사람도 돌아오지 못하는구려. 비록 강동의 부형들이 나를 불쌍히 여기고 임금으로 받든다 해도, 내가 무슨 면목으로 그들 앞에 다시 나타나겠소. 홀로라도 마음이 부끄럽지 않겠소.(籍與江東子弟八千人 渡江而西 今無一人還 縱江東父兄 憐而王我 我何面目復見 獨不愧於心乎)」「이렇게 말하고 그 칼로 자기 목을 찔러 자결했다.(乃刎而死)」

제2과 유방이 천하를 얻은 이유

(1) 置酒洛陽南宮. 上曰, 徹侯諸將, 皆言, 吾所以得天下者何, 項氏所以失天下者何. 高起・王陵對曰, 陛下使人攻城掠地, 因而與之, 與天下同其利. 項羽不然. 有功者害之, 賢者疑之, 戰勝而不予人功, 得地而不與人利.

한고조(漢高祖)가 낙양(洛陽) 남궁(南宮)에서 술잔치를 벌이고 이렇게 말했다. 〈즉 천자로서 모든 신하에게 말했다.〉「모든 제후나 모든 장군들이여, 다들 말해보시오. 짐이 천하를 얻은 이유가 무엇이며, 항씨(項氏), 즉 항우(項羽)가 천하를 잃은 이유는 어째서이겠소.」

이에 고기와 왕릉이 대답해서 말했다. 「폐하께서는 부하를 시켜 성을 공략하고 땅을 점령하시면 그의 공을 바탕으로 〈그에게〉 상을 주시고 또 천하와 이를 같이 하십니다. 그러나 항우는 다릅니다. 공 있는 사람을 해치고 현명한 신하를 의심했습니다. 싸워서 이겨도 부하에게 공을 주지 않고 땅을 얻어도 부하에게 이를 나눠주지 않았습니다.」

어구 설명 ○置酒洛陽南宮(치주낙양남궁) : 한고조(漢高祖)가 낙양(洛陽) 남궁(南宮)에서 술잔치를 벌이고. ○上曰,(상왈) : 즉 천자로서 말했다. ○徹侯諸將, 皆言,(철후제장 개언) : 모든 제후나 모든 장군들이여, 다들 말해보시오. ※「철(徹)은 열(列)과 같다.」「徹(통할 철) ; 내적으로 관계를 맺고 이어지다.=徹侯」 徹侯(철후)는 천자의 일족(一族) 이외에 공덕이 있는 자로써 봉(封)함을 받은 제후(諸侯). 통후(通侯) 또는 열후(列侯)라고도 함. ○吾所以得天下者何, 項氏所以失天下者何(오소이득천하자하 항씨소이실천하자하) : 내가 천하를 얻은 이유가 무엇이며, 항씨(項氏), 즉 항우(項羽)가 천하를 잃은 이유는 어째서인가. ○高起 · 王陵對曰,(고기 · 왕릉대왈) : 고기와 왕릉이 대답해서 말했다. ○陛下使人攻城掠地,(폐하사인공성략지) : 폐하께서는 부하를 시켜 성을 공략하고 땅을 점령하시면. ○因而與之, 與天下同其利(인이여지 여천하동기리) : 그의 공을 바탕으로 〈그에게〉 상을 주고 또 천하와 이를 같이 하십니다. ○項羽不然. 有功者害之, 賢者疑之,(항우불연 유공자해지 현자의지) : 그러나 항우는 다릅니다. 공 있는 사람을 해치고 현명한 신하를 의심했습니다.

(2) 上曰, 公知其一, 未知其二. 夫運籌帷幄之中, 決勝千里之外, 吾不如子房. 塡國家, 撫百姓, 給餽餉, 不絕粮道, 吾不如蕭何. 連百萬之衆, 戰必勝, 攻必取, 吾不如韓信. 此三人者, 皆人傑也. 吾能用之. 此吾所以取天下. 項羽有一范增, 而不能用. 此其所以爲我禽也. 羣臣悅服.

고조(高祖)가 말했다. 「귀공(貴公)은 하나만 알고 둘은 모르시오. 모든 계략을 천막 안에서 세우고, 천 리 밖 싸움터에서 싸워 이기게 하는 점에서 나는 장자방(張子房), 즉 장량(張良)에게 못 미치오. 나라를 안정시키고 백성을 무마하고 식량이나 자금을 공급하고 식량 수송을 단절되지 않게 하는 면에서 나는 소하(蕭何)만 못하오. 적이 백만 명 있어도 싸워 반드시 승리하고, 공격하면 반드시 점령하는 점에서 나는 한신(韓信)만 못하오. 이들 세 사람은 모두가 영웅호걸이오. 그런데 나는 능히 그들을 잘 쓸 수 있었다오. 그래서 내가 천하를 취할 수 있었던 것이오. 한편 항우는 단 한 사람, 범증(范增)도 쓰지를 못했으므로 그가 나에게 지고 잡힌 것이라 하겠소.」〈이 말을 듣고〉 모든 신하들이 즐겁게 여기고 승복했다.

어구 설명 ○上曰,(상왈) : 고조(高祖)가 말했다. ○夫運籌帷幄之中,(부운주유악지중) : 모든 계략을 천막 안에서 세우고. ※「籌(산가지 주), 帷(휘장 유), 幄(휘장 악)」 유악(帷幄) : 둘러친 장막(천막). 진중에 장막(천막)을 치고 그 안에서 군사를 의논했다. 그래서 작전회의를 하는 데를 유악이라 하고, 그 모의에 참여하는 사람을 막료(幕僚)라고 한다. ○決勝千里之外,(결승천리지외) : 천 리 밖 싸움터에서 싸워 이기게 한다. ○吾不如子房(오불여자방) : 나는 장자방(張子房), 즉 장량(張良)에게 못 미친다. ○塡國家, 撫百姓,(전국가 무백성) : 나라를 안정시키고 백성을 무마한다. ※「塡(채울 전) ; 가득차다. 만족스러운 모양.」 ○給餽餉, 不絕粮道,(급궤향 불절량도) : 식량이나 자금을 공급하고 식량 수송의 길을 단절되지 않게 한다. ※「餽(보낼 궤), 餉(건량 향)」 ○吾不如蕭何(오불여소하) : 나는 소하(蕭何)만 못하다. ○連百萬之衆, 戰必勝, 攻必取,(연백만지중 전필승 공필취) : 백만의 많은 적일지라도 싸우면 반드시 이기고 공격하면 반드시 점령한다. ○吾不如韓信(오불여한신) : 〈그 면에서〉 나는 한신(韓信)만 못하다. ○此吾所以取天下(차오소이취천하) : 그래서 나는 천하를 취할 수 있었던 것이다. ○項羽有一范增, 而不能用(항우유일범증 이불능용) : 〈그러나〉 항우는 단 한 사람, 범증(范增)도 쓰지를 못했다. ○此其所以爲我禽也(차기소이위아금야) :

그래서 항우가 나에게 지고 잡힌 원인이라 하겠다.

(3) 故齊田橫, 與其徒五百餘人入海島. 上召之日, 橫來. 大者王. 小者侯. 不來, 且擧兵誅. 橫與二客乘傳, 至洛陽尸鄉自剄. 以王禮葬之. 二客自剄從之. 五百人在島中者, 聞之自殺.

옛날에 제나라 왕 전횡(田橫)이 〈한고조가 천하를 평정하자〉 도당 5백 명을 데리고 바다 멀리 섬으로 들어가 숨었다. 〈*산동성 즉묵(卽墨)에서 2백 리 멀리 있는 섬이다.〉 〈이에〉 한고조가 그를 부르고 말했다. 「전횡아, 돌아오너라. 크게는 왕이 되고 작게는 후가 될 것이다. 〈그러나〉 안 오면 다시 무력으로 치고 죽이겠다.」 전횡은 두 사람의 객경(客卿)과 함께 전마(傳馬)를 타고 왔다. 〈그리고 이제 새삼스레 몸을 굽히어 한나라를 섬기는 것을 부끄럽게 생각하고〉 낙양 시향(尸鄉)에 이르자 스스로 목을 자르고 죽었다. 한왕은 전횡을 왕례(王禮)로서 장사를 지내게 했다. 두 사람의 객경도 목을 베고 뒤따라 죽었다. 섬 안에 있던 5백 명도 〈전횡이 죽었다는 말을 듣자〉 저마다 자결해 죽었다.

어구 설명 ○故齊田橫, 與其徒五百餘人入海島(고제전횡 여기도오백여인입해도) : 옛날에 제왕(齊王) 전횡(田橫)이 〈한왕이 천하를 평정하자〉 도당 5백 명을 데리고 바다 멀리 섬으로 들어가 숨었다. 〈*산동성 즉묵(卽墨)에서 동북쪽 2백 리 멀리 있는 섬이다. 후세에 명(明)나라 때에는 이곳을 전횡도(田橫島)라고 불렀다.〉 ○上召之曰,(상소지왈) : 한고조(漢高祖)가 그를 부르며 말했다. ○橫來. 大者王. 小者侯. 不來, 且擧兵誅(횡래 대자왕 소자후 불래 차거병주) : 「전횡아 돌아오너라. 크게는 왕이 되고 작게는 후가 될 것이다. 〈그러나〉 안 오면 다시 무력으로 치고 죽이겠다.」 ○橫與二客乘傳,(횡여이객승전) : 전횡은 두 사람의 객경(客卿)과 함께 전마(傳馬)를 타고 왔다. ○至洛陽尸鄕自剄(지낙양시향자경) : 낙양 시향에 이르러 스스로 목을 자르고 죽었다. ○以王禮葬之(이왕례장지) : 한고조는 전횡을 왕례(王禮)로서 장사를 지냈다. ○二客自剄從之(이객자경종지) : 두 사람의 객경도 목을 베고 뒤따라 죽었다. ○五百人在島中者, 聞之自殺(오백인재도중자 문지자살) : 섬 안에 있던 5백 명도 〈전횡이 죽었다는 말을 듣자〉 저마다 자결해 죽었다.

(4) 初季布爲項羽將, 數窘帝. 羽滅, 帝購求布. 敢匿者罪三族. 布乃髡鉗爲奴, 自賣於魯朱家. 朱家心知其布也, 之洛陽見滕公曰, 季布何罪. 臣各爲其主耳. 以布之賢, 漢求之急, 不北走胡, 南走越耳. 此棄壯士資敵國也. 滕公言於上. 乃赦布, 召拜郞中.

전에 〈초나라의〉 계포는 항우의 무장이었으며 〈싸울 때〉 한고조(漢高祖)를 자주 괴롭혔다. 항우가 망한 다음에 한고조는 상금을 내걸고 계포를 〈체포하려고 했다.〉 〈그리고 말했다.〉 감히 숨기는 자가 있으면, 그 죄로 삼족을 멸하겠다. 계포는 스스로 머리를 깎고 목에는 형기(刑器)인 칼을 달고 노예가 되었다. 자신을 팔아 노(魯)나라 주가(朱家)의 노예가 되었다. 주가는 속으로 계포의 사정을 잘 알고 있었다. 그래서 낙양으로 가서 등공(滕公)을 보고 말했다. 〈*등공은 한고조가 좋아하는 군신이다.〉「계포는 무슨 죄가 있습니까. 신하는 누구나 자기 주인을 위하는 법입니다. 계포는 현명한 자입니다. 그러므로 한나라가 그를 심하게 잡으려고 하면 북쪽 호(胡)나라에 도망을 안 가면, 남쪽 월(越)나라로 도망을 갈 것입니다. 그렇게 되면 장사(壯士)를 버리고 적국에게 인재를 보태주는 것이라 하겠습니다.」 등공이 이 말을 한고조에게 올렸다. 이에 한고조가 즉시 그 계포(季布)를 사(赦=용서)하고 불러서 낭중(郎中)으로 등용했다.

여구 설명 ○初季布爲項羽將,(초계포위항우장) : 전에 계포는 항우의 무장이었다. ○數窘帝(삭군제) : 〈전에 싸울 때〉 자주 한고조(漢高祖)를 괴롭혔다. ○羽滅, 帝購求布(우멸 제구구포) : 항우가 망한 다음에 한고조는 상금을 걸고 계포를 〈체포하려고 했다.〉 ○敢匿者罪三族(감닉자죄삼족) : 〈그리고 말했다.〉 감히 숨기는 자가 있으면, 그 죄로 삼족을 멸하겠다. ○布乃髡鉗爲奴,(포내곤겸위노) : 계포는 스스로 머리를 깎고 목에는 형기(刑器) 칼을 달고 노예가 되었다. ※「髡(머리 깎을 곤), 鉗(칼 겸)」 ○自賣於魯朱家(자매어노주가) : 자신을 팔아 노나라 주가(朱家)의 노예가 되었다. ○朱家心知其布也,(주가심지기포야) : 주가는 속으로

계포의 사정을 잘 알고 있었다. ㅇ之洛陽見滕公曰,(지낙양견등공왈) : 낙양으로 가서 등공을 보고 말했다. 〈*등공(하후영〈夏侯嬰〉을 가리킴)은 한고조가 좋아하는 군신이다.〉 ㅇ季布何罪. 臣各爲其主耳(계포하죄 신각위기주이) : 계포는 무슨 죄가 있습니까. 신하는 누구나 자기 주인을 위하는 법입니다. ㅇ以布之賢, 漢求之急,(이포지현 한구지급) : 계포는 현명한 자입니다. 그러므로 한나라가 그를 심하게 잡으려고 하면. ㅇ不北走胡, 南走越耳(불북주호 남주월이) : 북쪽 호나라에 도망을 안 가면, 남쪽 월나라로 도망을 갈 것입니다. ㅇ此棄壯士資敵國也(차기장사자적국야) : 〈그렇게 되면〉 장사를 버리고 적국에게 인재를 보태주는 것이라 하겠습니다. ㅇ滕公言於上(등공언어상) : 등공이 이 말을 한고조에게 올렸다. ㅇ乃赦布, 召拜郎中(내사포 소배낭중) : 〈한고조가〉 즉시 그 계포(季布)를 사(赦=용서)하고 불러서 낭중으로 등용했다.

(5) 丁公爲項羽將, 嘗逐窘帝彭城西, 短兵接. 帝急顧曰, 兩賢豈相厄哉. 丁公乃還. 至是謁見. 帝以徇軍中曰, 丁公爲臣不忠. 使項王失天下. 遂斬之. 曰, 使後爲人臣, 無效丁公也.

정공(丁公)은 〈전에〉 항우의 장군이었다. 〈정공은 계포의 동생이다. 그러나 아버지가 다르다.〉 전에 싸울 때, 한고조를 팽성(彭城) 서쪽에 몰아놓고 〈손에 든〉 칼로 접근해서 〈죽일 듯이〉 위협했다. 이에 한고조가 다급해서 그를 보고 말했다. 「우리 두 사람은 현명하다. 어찌 서로 〈상대를〉 눌러 죽이겠는가.」 이에 정공이 〈한고조를 풀어주고〉 곧 돌아갔다. 〈지금 한고조가 천자가 되자〉 정공이 와서 알현했다. 한고조는 〈그를 체포하고〉 군대 안에서 큰 소리로 명령을 내리며 말했다. 「정공은 신하로서 불충했다. 그래서 항우로 하여금 천하를 잃게 했던 것이다.」 〈이렇게 말하고〉 드디어 그를 참해 죽였다. 그리고 또 말했다. 「모든 신하된 자로 하여금 정공을 본받지 않게 하려는 것이다.」

어구 설명 ㅇ丁公爲項羽將,(정공위항우장) : 정공은 〈전에〉 초나라 항우의 장군이었다. ※〈정공은 계포의 동생이다. 그러나 아버지가 다르다. 이름은 고(固)이다. 설(薛)의 인(人) 계포의 외삼촌(季布母弟)이라고 주(註)에 표기된 책도 있음.〉 ㅇ嘗逐窘帝彭城西, 短兵接(상축군제팽성서 단병접) : 전에 싸울 때, 한고조를 팽성(彭城) 서쪽에 몰아놓고 〈손에 든〉 칼로 〈죽일 듯이〉 위협했다. ※「窘(막힐 군)」「단병접(短兵接)은 손에 칼을 들고 가까이 접근해서.」 ㅇ帝急顧曰,(제급고왈) : 〈그때〉 한고조가 다급해서 그를 보고 말했다. ㅇ兩賢豈相厄哉(양현기상액재) : 〈우리는〉 둘이 다 현인(賢人)이거늘, 어찌 서로 〈상대를〉 몰아놓고 죽이겠는가. ※「厄(액 액), 扼(누를 액)」 ㅇ丁公乃還(정공내환) : 정공이 〈한고조를 풀어주고〉 곧 돌아갔다. ㅇ至是謁見(지시 알견) : 〈한고조가 천자가 되자〉 정공이 와서 알현했다. ㅇ帝以徇軍中曰,(제이순군중왈) : 한고조는 〈그를 체포하고〉 군영 안에서 큰 소리로 명령을 내렸다. ※「徇(호령할 순)」 ㅇ丁公爲臣不忠. 使項王失天下(정공위신불충 사항왕

실천하) : 정공은 신하로서 불충했다. 〈그래서〉 항우로 하여금 천하를 잃게 했다. ○遂斬之(수참지) : 드디어 그를 참해 죽였다. ○曰, 使後爲人臣, 無效丁公也(왈 사후위인신 무효정공야) : 그리고 말했다.「모든 신하된 자로 하여금 정공을 본받지 않게 하려는 것이다.」※「效(본받을 효)」

(6) 齊人婁敬說上曰, 洛陽天下之中. 有德易以興, 無德易以亡. 秦地被山帶河, 四塞以爲固. 陛下案秦之故, 此搤天下之亢, 而拊其背也. 上問張良. 良曰, 洛陽四面受敵. 非用武之國. 關中左殽函, 右隴蜀, 阻三面而守. 敬說是也. 上卽日西都關中.

  제나라 사람, 누경(婁敬)이 한고조에게 말했다.「동쪽 낙양(洛陽)은 천하의 한복판에 있으므로 〈황제가〉 덕이 있으면 흥성하기 쉽지만 〈황제가〉 덕이 없으면 쇠망하기 쉽습니다. 〈서쪽에 있는〉 진(秦)나라 관중(關中) 땅은 사방으로 산(山)이 가리고 강(江)이 흐르고 있으며 사방이 〈자연의〉 요새로써 굳게 지켜지고 있습니다. 폐하께서 진나라의 고토(故土)인 관중에 의거(依據)하신다면, 이는 곧 천하의 목을 잡아 쥐고 동시에 등을 어루만지는 거와 같다고 하겠습니다.」 이에 한고조가 장량에게 묻자 장량이 말했다.「낙양은 사면으로 적의 공격을 받을 것이며 또 무력을 쓸 국도(國都)가 아닙니다. 그러나 관중(關中)은 왼쪽으로는 효산(殽山)과 함곡관(函谷關)이 있고 바른쪽으로는 농주(隴

州)와 촉주(蜀州)의 산들이 삼면을 천하의 험준함으로 자연(自然)히 가로막고 지키고 있습니다. 그래서 누경의 말이 맞습니다.」 한고조는 그날로 서쪽으로 가서 관중을 도읍으로 삼고자 했다.

어구 설명 ○齊人婁敬說上曰,(제인누경설상왈) : 제나라 누경(婁敬)이란 사람이 한고조에게 말했다. ○洛陽天下之中(낙양천하지중) : 〈동쪽〉 낙양(洛陽)은 천하의 한복판에 있으므로. ○有德易以興,(유덕역이흥) : 〈황제가〉 덕이 있으면 흥성하기 쉽지만. ○無德易以亡(무덕역이망) : 〈황제가〉 덕이 없으면 쇠망하기 쉽습니다. ○秦地被山帶河,(진지피산대하) : 〈서쪽에 있는〉 진(秦)나라 관중(關中) 땅은 사방으로 산(山)이 가리고 강(江)이 흐르고 있습니다. ○四塞以爲固(사색이위고) : 사방이 〈자연의〉 요새로 굳게 지켜지고 있습니다. ○陛下案秦之故,(폐하안진지고) : 폐하께서 진나라의 고토(故土)인 관중에 의거(依據)하신다면. ※「안(案)은 거(據)」 ○此搤天下之亢,(차액천하지항) : 이는 곧 천하의 목을 잡아 쥐고. ※「亢(목 항)」「搤(잡을 액)」 ○而拊其背也(이부기배야) : 동시에 등을 어루만지는 거와 같습니다. ※「拊(어루만질 부)」 ○上問張良(상문장량) : 한고조가 장량에게 물었다. ○良曰,(량왈) : 장량이 말했다. ○洛陽四面受敵. 非用武之國(낙양사면수적 비용무지국) : 낙양은 사면으로 적의 공격을 받을 것이며 또 무력을 쓸 국도(國都)가 아닙니다. ○關中左殽函, 右隴蜀, 阻三面而守(관중좌효함 우롱촉 조삼면이수) : 관중(關中)은 왼쪽으로는 효산(殽山)과 함곡관(函谷關)이 있고, 바른쪽

으로는 농주(隴州)와 촉주(蜀州)의 산들이 삼면을 천하의
험준함으로 자연(自然)히 가로막고 지키고 있습니다. ○敬
說是也(경설시야) : 누경의 말이 맞습니다. ○上卽日西都
關中(상즉일서도관중) : 한고조는 그날 서쪽 관중을 도읍
으로 삼고자 했다.

한대(漢代)의 연음도(宴飮圖)

제4장 공신들의 후일담

제1과 장량의 초기와 은퇴

(1) 留侯張良, 謝病辟穀曰, 家世相韓. 韓滅爲韓報讐. 今以三寸舌爲帝者師, 封萬戶侯. 此布衣之極. 願棄人閒事, 從赤松子遊耳.

유(留)의 후(侯)로 임명된 장량(張良)은 병을 핑계로 사퇴하고 또 곡(穀) 먹기를 기피하고 말했다.

「저의 집은 대대로 한(韓)나라 상(相)을 지냈습니다. 〈진시황이〉 한나라를 멸했음으로 〈저는〉 한나라를 위해 복수를 하려고 했습니다. 〈그래서〉 지금까지 세 치의 혀를 가지고 제왕의 참모가 되어 일을 했습니다. 이제는 만호(萬戶)를 다스리는 후(侯)에 봉해졌습니다. 이는 평민으로서는 최고의 영광입니다. 〈그러나〉 앞으로는 인간사를 버리고 〈은퇴하고〉 신선(神仙) 적송자(赤松子)를 따라 놀고자 합니다.」

어구 설명 ㅇ留侯(유후) : 〈장량은 한고조의 공신으로〉 유(留)의 후(侯)가 되었다. 유는 강소성에 있다. ㅇ謝病辟穀曰,(사병벽곡왈) : 병을 핑계로 곡식(穀食) 먹기를 피하고 말했다. 〈*「벽곡(辟穀)=피곡(避穀)」즉 곡식 먹기를 피한다. 두 가지 뜻이 있다. 관록(官祿) 먹기를 피한다. 속세에 살기를 피하고 신선(神仙)이 되려고 한다.〉 ○家世相韓(가세상한) :〈장량의 말〉「서의 집은 대대로 한(韓)나라 상(相)을 지냈습니다.」 ○韓滅爲韓報讎(한멸위한보수) :〈진(秦)이〉한(韓)나라를 멸했음으로 한(韓)나라를 위해 복수를 하려고 했습니다. ○今以三寸舌爲帝者師,(금이삼촌설위제자사) : 지금까지 세 치의 혀를 가지고 제왕의 책사(策士)나 참모(參謀) 노릇을 했습니다. ○封萬戶侯(봉만호후) : 만호(萬戶)를 다스리는 후(侯)로 봉해졌습니다. ○此布衣之極(차포의지극) : 이는 평민으로서는 최고의 영광입니다. ※ 布衣(포의) : 평민. ○願棄人閒事, 從赤松子遊耳(원기인한사 종적송자유이) : 앞으로는 인간 세상을 버리고〈은퇴하고〉신선(神仙) 적송자(赤松子)를 따라 놀고자 합니다. ※ 적송자(赤松子)는 상고 신농씨(上古 神農氏) 시대의 선인(仙人)의 이름.

(2) 良少時, 於下邳圯上, 遇老人. 墮履圯下, 謂良曰, 孺子下取履. 良欲毆之. 憫其老, 乃下取履. 老人以足受之曰, 孺子可敎. 後五日, 與我期於此.

장량이 소년시절에 하비(下邳)의 흙다리 위(圯上)에서 한 노인을 만났다. 노인이 자기 신발을 다리 밑으로 떨어뜨리고 장량에게 말했다.「소년아, 내려가서 신을 들고 오너라.」

소년 장량은〈화를 내고〉노인을 치려고 했다. 그러나 노인이라 불쌍히 생각하고〈참고〉즉시 내려가 노인의 신발을 집어들고 왔다.

노인은 〈손으로 받지 않고〉 발로 신발을 받으면서 말했다. 「너 같은 소년은 가르칠 만하다. 5일 후에 여기서 다시 나와 만나자.」

어구 설명 ㅇ良少時, 於下邳坯上, 遇老人(양소시 어하비이상 우노인) : 장량이 소년시절에 하비의 흙다리 위에서 한 노인을 만났다. ※ 하비(下邳)는 강소성(江蘇省)에 있다. 「坯(흙다리 이)」坯橋(이교) : ① 흙다리. ② 다리 이름. 강소성(江蘇省) 하비(下邳)에 있음. 坯橋書(이교서) : 장량(張良)이 황석공(黃石公)으로부터 이교(坯橋) 위에서 받았다는 태공망(太公望)의 병서(兵書). 坯上老人(이상노인) : 이교 위에서 장량에게 태공망의 병서를 준 노인. 곧, 황석공(黃石公). ㅇ墮履坯下, 謂良曰, 孺子下取履(타이이하위양왈 유자하취이) : 노인이 자기 신발을 다리 밑으로 떨어뜨리고 말했다. 「소년아, 내려가서 신을 들고 오너라.」 ※ 「孺(젖먹이 유)」坯下取履(이하취리) : 이교 밑에서 신발을 주워 옴. 자신을 낮추어 가르침을 받음. 故事 장량이 황석공을 이교에서 만났을 때 그가 다리 밑에 떨어뜨린 신발을 주워다가 바치고 나서 태공망의 병서를 전해 받은 고사에서 온 말. ㅇ良欲毆之. 憫其老,(양욕구지 민기노) : 소년 장량은 〈화를 내고〉 노인을 치려고 했다. 그러나 노인이라 불쌍히 생각하고 참았다. ㅇ老人以足受之曰,(노인이족수지왈) : 노인이 발로 신발을 받으면서 말했다. ㅇ孺子可教. 後五日, 與我期於此(유자가교 후오일 여아기어차) : 「소년은 가르칠 만하다. 5일 후에 여기서 다시 나와 만나자.」

(3) 良如期往. 老人已先在. 怒曰, 與長者期後何也. 復約五日. 及往, 老人又先在. 怒復約五日.

　장량이 약속한 대로 갔으나 노인이 먼저 와서 있었다. 노인이 화를 내고 말했다. 「어른과 약속을 하고 늦게 오다니 어째서이냐.」 그리고 다시 5일 후에 만나자고 약속을 했다.

　장량이 다시 가니, 노인이 또 먼저 와 있었다. 화를 내고 다시 5일 후에 만나자고 했다.

어구 설명 ○良如期往. 老人已先在(양여기왕　노인이선재) : 장량이 약속대로 갔으나, 노인이 먼저 와서 있었다. ○怒曰, 與長者期後何也. 復約五日(노왈　여장자기후하야　부약오일) : 노인이 화를 내고 말했다. 「어른하고 약속을 하고 늦게 오다니 어째서이냐.」 그리고 다시 5일 후에 만나자고 약속을 했다. ○及往, 老人又先在. 怒復約五日(급왕　노인우선재　노복약오일) : 장량이 가니, 노인이 먼저 와 있었다. 그리고 화를 내고 다시 5일 후에 만나자고 했다.

(4) 良半夜往. 老人至. 乃喜, 授以一編書. 曰, 讀此可爲帝者師. 異日見濟北穀城山下黃石, 卽我也. 旦視之, 乃太公兵法. 良異之, 晝夜習讀.

〈이번에는〉 장량이 자정 넘어 한밤중에 가서 기다렸다. 그러자 잠시 후에 노인이 와서 기뻐하면서 〈장량에게〉 한 권의 책을 주었다. 그리고 말했다.

「이 책을 읽으면 임금을 보좌할 참모가 될 수 있다.」〈노인이 또 말했다.〉「후에 제북(濟北)의 곡성산(穀城山) 밑에서 노란 돌덩이를 보면 그것이 나인 줄 알아라.」

장량이 날이 밝은 다음에 그 책을 보니 바로 태공망(太公望 : 여상)의 병서(兵書)였다. 장량은 특이하게 생각하고 밤이나 낮이나 열심히 읽고 공부를 했다.

어구 설명 ○良半夜往. 老人至. 乃喜, 授以一編書(양반야왕 노인지 내희 수이일편서) : 장량이 자정 넘어 한밤중에 가서 기다렸다. 그러자 노인이 와서 기뻐하면서 〈장량에게〉 한 권의 책을 주었다. ○可爲帝者師(가위제자사) : 임금을 보좌할 참모가 될 수 있다. ○異日見濟北穀城山下黃石, 卽我也(이일견제북곡성산하황석 즉아야) : 〈노인이 또 말했다.〉「후에 제북의 곡성산 밑에서 황석을 보면, 그것이 나인줄 알아라.」 ※「제북(濟北)은 산동성의 지명.」「곡성산(穀城山)은 산동성(山東省) 동아(東阿)에 있는 산 이름.」
○旦視之, 乃太公兵法(단시지 내태공병법) : 장량이 날이 밝은 다음에 그 책을 보니, 바로 태공망(太公望은 강태공. 여상〈呂尙〉이다.)의 병서(兵書)이더라. ※ 태공망은 주(周)의 문왕(文王)・무왕(武王)의 군사(軍師)로서 여상(呂尙)의 호(號)가 태공망(太公望)이다. ○良異之, 晝夜習

讀(양이지 주야습독) : 장량은 특이하게 생각하고 밤이나
낮이나 열심히 읽고 공부를 했다.

(5) 旣佐上定天下. 封功臣, 使良自擇齊三萬戸. 良曰, 臣始與陛下遇於留. 此天以臣授陛下. 封留足矣. 後經穀城, 果得黃石焉. 奉祠之.

장량이 이미 한고조를 보좌하고 천하를 평정하자, 한고
조는 공신을 봉할 때 장량으로 하여금 스스로 제나라 삼
만 호(戸)의 후가 되게 했다.

그러나 장량이 말했다. 「신은 처음에 폐하를 만난 곳이
바로 이 진유(陳留)입니다. 이는 곧 하늘이 신을 폐하에게
내려주신 것입니다. 그러므로 〈신을〉 유(留)에 봉해주신
것으로 만족합니다.」

그 후 장량은 곡성산을 지나가다가 노란 돌을 얻었다.
그래서 〈장량은〉 사당을 짓고 그 황석(黃石)을 모셨다.

어구 설명 ○封功臣, 使良自擇齊三萬戸(봉공신 사양자택제삼만호) :
공신을 봉할 때, 〈한고조가〉 장량으로 하여금 스스로 제
나라 삼만 호의 후가 되게 했다. ○良曰, 臣始與陛下遇於
留(양왈 신시여폐하우어유) : 장량이 말했다. 신이 처음에
폐하를 만난 곳이 바로 이 진유(陳留)입니다. ※ 留(유) :
진유현(陳留縣)을 가리킴. ○封留足矣(봉유족의) : 그러므
로 〈신을〉 유(留)에 봉해주신 것으로 만족합니다. ○後經
穀城, 果得黃石焉. 奉祠之(후경곡성 과득황석언 봉사지) :

그 후 장량이 곡성산을 지나가다가 노란 돌을 얻었다. 그래서 사당에 그 황석(黃石)을 모셨다.

참고 보충 노인이 준 병서(兵書)

(1) 장량(張良)의 선조는 한(韓)나라 재상(宰相)을 지냈다. 전국시대 서쪽의 진(秦)이 막강한 무력으로 한나라를 정벌했을 때 장량은 아직 어렸다. 그러나 자기의 조국을 짓밟은 진나라의 진시황을 몹시 미워하고 복수하려고 했다.

(2) 그래서 집안의 막대한 재물을 뿌리고 영웅이나 역사들과 결탁을 해 진시황을 죽이려 했다. 마침 진시황이 동쪽으로 순시를 했다. 그래서 장량은 놀라울 정도로 힘이 센 대역사와 결탁을 하고 기회를 엿보았다.

(3) 마침내 진시황이 박랑사(博浪沙)를 지날 때, 역사가 120근의 대철퇴(大鐵槌)로 내려쳤다. 그러나 철퇴는 다른 수레를 쳤을 뿐, 진시황을 죽이지 못했다. 진시황은 군대를 풀어 범인을 수색했다. 그래서 장량은 변성명하고 떠돌았다.

(4) 그 후에 장량이 노인을 하비(下坯)에서 만나고 태공망(太公望)의 병서를 얻고 공부를 했던 것이다.

장량(張良)

제2과 한신(韓信) 후(侯)가 됨

(1) 六年, 人有上書告楚王韓信反. 諸將曰, 發兵坑孺子耳. 上問陳平. 平危之曰, 古有巡守會諸侯. 陛下第出僞遊雲夢, 會諸侯於陳, 因禽之, 一力士之事耳.

한고조 6년(B.C. 201)에 어떤 사람이 상서를 올려 밀고했다. 「초나라 왕으로 임명된 한신이 모반하려고 합니다.」모든 장군이 말했다. 「군대를 발동해서 그 녀석을 잡아 땅 속에 묻어버리면 됩니다.」

한고조가 진평에게 묻자, 진평이 〈그것은〉「위험하다.」하고 〈다음 같은 계책을 올렸다.〉「옛날에는 천자가 지방을 순회하면서 제후들을 만나보았습니다.」「폐하께서 다만 나가시고 거짓으로 운몽택(雲夢澤)을 순유(巡遊)하신다고 말하세요.」

「그리고 진(陳)에서 모든 제후들과 만나십시오.」〈*그러면 한신도 올 겁니다.〉「그때에 한신을 잡아 묶으세요.」「단 한 사람의 역사(力士)면 됩니다.」

어구 설명 ○六年, 人有上書告楚王韓信反(육년 인유상서고초왕한신반) : 한고조 6년에 어떤 사람이 상서를 올렸다. 「초나라 왕으로 임명된 한신이 모반하려고 합니다.」하고 밀고했다. ○諸將曰, 發兵坑孺子耳(제장왈 발병갱유자이) :

모든 장군이 말했다.「군대를 발동해서 그 녀석을 잡아 땅속에 묻어버리면 됩니다.」

ㅇ上問陳平. 平危之日,(상문진평 평위지왈) : 한고조가 진평에게 묻자, 진평이 〈그것은〉「위험하다.」말하고 〈다음 같은 계책을 올렸다.〉 ㅇ古有巡守會諸侯(고유순수회제후) :「옛날에는 천자가 지방을 순회하면서 제후들을 만나보았습니다.」※ 巡守(순수) : 천자(天子)가 제후(諸侯)의 영지(領地)를 시찰(視察)하는 것. 巡狩라고도 쓴다.

ㅇ陛下第出僞遊雲夢,(폐하제출위유운몽) :「폐하께서는 오직 나가시고 거짓으로 운몽택(雲夢澤)을 순유(巡遊)하신다고 말하세요.」※ 운몽(雲夢)은 초나라 호북성(湖北省)에 있는 두 못(澤)의 이름으로 이 두 호수는 강북과 강남에 걸쳐 있으며 그 길이가 천리(千里)에 걸쳐 있다고 함. ㅇ會諸侯於陳,(회제후어진) :「그리고 진(陳)에서 모든 제후들과 만나십시오.」ㅇ因禽之,(인금지) :「그때에 한신을 잡아 묶으세요.」

(2) 上從之, 告諸侯. 會陳, 吾將遊雲夢. 至陳. 信上謁. 命武士縛信, 載後車. 信曰, 果若人言, 狡兎死走狗烹, 飛鳥盡良弓藏, 敵國破謀臣亡. 天下已定. 臣固當烹. 遂械繫以歸. 赦爲淮陰侯.

한고조가 그의 말을 따랐다. 그리고 제후에게「진에서 회합하자, 짐이 장차 운몽에 순유하려고 한다.」고 말했다.

진(陳)에 이르자, 한신이 와서 알현했다. 무사에게 명하여 한신을 잡아 묶었다. 그리고 뒤차에 태웠다.

한신이 말했다. 「과연 남이 말한 대로입니다.」 「교활한 토끼를 잡아 죽이면, 잘 뛰는 사냥개(走狗)를 삶아 먹는다.」 「하늘을 나는 새를 다 잡으면 좋은 활(良弓)도 창고 속에 감추어진다.」 「적의 나라가 격파되면 모의하던 신하(謀臣)를 망하게 한다.」 「천하가 이미 안정되었으니 〈우리 같은 쓸데없는〉 신하도 당연히 삶아지게 마련이군요.」 드디어 형틀에 묶인 채 돌아왔다. 〈그러나 한고조는 그를〉 용서하고 격을 낮춰 회음 후에 임명했다.

어구 설명 ○上從之,(상종지) : 한고조가 그의 말을 따랐다. ○告諸侯. 會陳, 吾將遊雲夢(고제후 회진 오장유운몽) : 즉 제후에게 고했다. 「진에서 회합하자, 짐이 장차 운몽에 순유하려고 한다.」 ○至陳. 信上謁. 命武士縛信,(지진 신상알 명무사박신) : 〈한고조가〉 진에 이르자, 한신이 와서 알현했다. 그래서 무사에게 명하여 한신을 잡아 묶었다. ○載後車(재후거) : 그리고 뒤따르는 수레에 태웠다.

○信曰, 果若人言,(신왈 과약인언) : 〈뜻하지 않게 체포된〉 한신이 말했다. 「과연 어떤 사람이 말한 대로이다.」 ○狡兎死走狗烹,(교토사주구팽) : 교활한 토끼를 잡아 죽이면, 잘 뛰는 사냥개를 삶아 먹는다. ○飛鳥盡良弓藏,(비조진양궁장) : 하늘을 나는 새를 다 잡으면 좋은 활도 창고 속에 깊이 감추어둔다. ○敵國破謀臣亡(적국파모신망) : 적을 파하면 모신도 죽는다. ○天下巳定. 臣固當烹(천하사정 신고당

팽) : 천하가 안정되었으니 신하도 삶아지게 마련이군요.
※ 위의 한신의 말은 황석공(黃石公)이 지은 삼략(三略)에
있는 말이다. ㅇ遂械繫以歸(수계계이귀) : 드디어 줄에 묶
여 돌아오다. ※「械(형틀 계) ; 수갑・차꼬・칼 등의 형틀.」
械繫(계계)는 죄인을 형구(刑具)로 얽어매어 옥에 가둠.
ㅇ赦爲淮陰侯(사위회음후) : 용서하고 격을 낮춰 회음(강
소성〈江蘇省〉 지방) 후에 임명했다.

(3) 上嘗從容問信諸將能將兵多少. 上曰, 如我能
將幾何. 信曰, 陛下不過將十萬. 上曰, 於君何如.
曰, 臣多多益辦. 上笑曰, 多多益辦, 何以爲我禽.
曰, 陛下不能將兵, 而善將將. 此信所以爲陛下禽.
且陛下所謂天授, 非人力也.

전에 한고조가 태연하게 한신에게 물었다.「일반적으로
장군은 병사들을 얼마나 많이 거느릴 수 있느냐.」〈그리
고 또 한고조가 말했다.〉「나 같은 임금은 병사를 얼마나
거느릴 수 있겠느냐.」

한신이 대답해서 말했다.「폐하는 고작해야 10만 정도일
것입니다.」〈그 말을 듣고〉한고조가 물었다.「그대는 얼
마나 거느릴 수 있느냐.」한신이 대답해서 말했다.「저는
많으면 많을수록 더 잘할 수 있습니다.」〈한고조가〉웃으
면서 말했다.「많으면 많을수록 더 잘하겠다고 하면서 어
째서 나에게 사로잡혔느냐.」한신이 말했다.「폐하께서는

〈직접〉 병사들을 지휘하실 수 없으십니다. 〈그러나 폐하께서는〉 직접 장군들을 지휘하실 수 있으십니다.」 「그래서 저 한신이 폐하에게 사로잡히게 된 것입니다.」 「그와 같이 폐하가 되신 것은 말하자면 하늘이 내려준 것입니다. 사람의 힘으로 된 일이 아닙니다.」

어구 설명 ㅇ上嘗從容問信諸將能將兵多少(상상종용문신제장능장병다소) : 전에 한고조가 태연하게 한신에게 물었다. 일반적으로 장군은 병사들을 얼마나 많이 거느릴 수 있느냐. ※ 從容(종용) : 자연스럽고 태연한 모양. 떠들지 않고 유유한 모양. 조용히 부드럽게 말하는 모양. 침착하고 서두르지 않음. ㅇ上曰, 如我能將幾何(상왈 여아능장기하) : 〈그리고 또 한고조가 말했다.〉 「나 같은 임금은 병사를 얼마나 거느릴 수 있겠느냐.」

ㅇ信曰, 陛下不過將十萬(신왈 폐하불과장십만) : 한신이 대답해서 말했다. 「폐하는 고작해야 10만 정도일 것입니다.」 ㅇ上曰, 於君何如(상왈 어군하여) : 한고조가 물었다. 「그대는 얼마나 거느릴 수 있느냐.」 ㅇ曰, 臣多多益辦(왈 신다다익판) : 한신이 대답해서 말했다. 「저는 많으면 많을수록 더 잘할 수 있습니다.」 ※ 「辦(힘쓸 판) ; 힘써 일하다. 갖추다. 주관하다. 판별하다.」

ㅇ上笑曰, 多多益辦, 何以爲我禽(상소왈 다다익판 하이위아금) : 〈한고조가〉 웃으면서 말했다. 「많으면 많을수록 더 잘하겠다고 하면서 어째서 나에게 사로잡혔느냐.」

ㅇ曰, 陛下不能將兵, 而善將將(왈 폐하불능장병 이선장장) : 한신이 말했다. 「폐하께서는 〈직접〉 병사들을 지휘

하실 수 없으십니다. 〈그러나 폐하께서는〉 직접 장군들을 지휘하실 수 있으십니다.」 ○此信所以爲陛下禽(차신소이위폐하금) : 「그래서 저 한신이 폐하에게 사로잡히게 된 것입니다.」 ○且陛下所謂天授, 非人力也(차폐하소위천수비인력야) : 「이와 같이 폐하가 되신 것은, 말하자면 하늘이 내려준 것입니다. 사람의 힘으로 된 일이 아닙니다.」

전한(前漢) 유향(劉向)의 열녀전(烈女傳)

제3과 소하(蕭何)와 옹치(雍齒)

(1) 剖符封功臣. 酇侯蕭何. 食邑獨多. 功臣皆曰,
臣等被堅執銳, 多者百餘戰, 少者數十合. 蕭何未
嘗有汗馬之勞, 徒持文墨議論, 顧反居臣等上何也.
上曰, 諸君知獵乎. 逐殺獸者狗也. 發縱指示者人
也. 諸君徒能得走獸耳. 功狗也. 至如蕭何, 功人
也. 羣臣皆莫敢言.

한고조는 공신(功臣)에게 병부(兵符)와 더불어 봉지(封
地=토지)를 나누어 주었다. 그때에 찬(酇)의 후(侯) 소하
(蕭何)의 식읍인 봉지(封地〈陝西省 漢中지방〉)가 특히 많
았다.

이에 다른 공신들이 말했다. 「우리들은 견고한 갑옷을
입고 날카로운 무기를 들고 〈싸웠습니다.〉 많으면 백여
차례를 싸웠고 적어도 수십 번을 적과 싸웠습니다. 그러
나 소하는 한 번도 땀 흘리고 말을 타고 힘들게 싸우지 않
았습니다. 그는 다만 문묵(文墨)을 손에 들고 의논(議論)
을 할 뿐이었습니다. 그런데 도리어 신들보다 위에 높이
신 이유가 무엇입니까.」 한고조가 말했다. 「여러분들은 사
냥을 잘 아시지요. 직접 뛰어가서 짐승을 죽이는 것은 개
입니다. 개의 목줄을 풀어서 〈개에게〉 지시를 내리는 것
은 사람입니다. 제군은 다만 도망가는 짐승을 쫓는 사냥
개와 같은 공을 세웠을 뿐이오. 소하에 이르러야 비로소

사람의 공이라 할 것이오.」

군신들은 감히 말을 못했다.

어구 설명 ○剖符封功臣(부부봉공신) : 한고조는 공신(功臣)에게 병부(兵符)와 더불어 토지를 봉해주었다. ※「剖(쪼갤 부) ; 둘로 나누다. 다스리다.」剖符(부부) : 부표(符票)를 나눔. 부절은 둘로 나누어 그 한쪽을 주던 일. 한대(漢代)에 6촌(寸) 길이의 대를 둘로 나누어 양쪽이 각각 그 반을 소지하여 임명·봉작(封爵)·계약 등의 증표로 삼은 데서 온 말. 「병부(兵符)」는 「두 조각 죽편(竹片)에 벼슬을 쓰고, 하나는 임금이 갖고 하나는 공신에게 주는 부신(符信)이다. 할부(割符)라고도 한다.」「割(나눌 할), 符(부신 부)」 ○酇侯蕭何. 食邑獨多(찬후소하 식읍독다) : 찬(酇 : 호북성의 지명)의 후(侯), 소하(蕭何)의 식읍이 특히 많았다. ○功臣皆曰,(공신개왈) : 다른 공신들이 다 말했다. ○臣等被堅執銳,(신등피견집예) : 우리 신들은 견고한 갑옷을 입고 날카로운 무기를 들고 〈싸웠습니다.〉 ○多者百餘戰, 少者數十合(다자백여전 소자수십합) : 많으면 백여 차례를 싸웠고 적어도 수십 번을 적과 싸웠습니다. ○蕭何未嘗有汗馬之勞,(소하미상유한마지로) : 소하는 한 번도 땀 흘리고 말을 타고 힘들게 싸우지 않았습니다. ○徒持文墨議論,(도지문묵의논) : 다만 문묵(文墨)을 손에 들고 의논(議論)을 할 뿐이었습니다. ○顧反居臣等上何也(고반거신등상하야) : 그런데 도리어[顧反] 신들보다 위에 높이신 이유가 무엇입니까. ○上曰,(상왈) : 한고조가 말했다. ○諸君知獵乎(제군지엽호) : 여러분은 사냥을 잘 아시지요.

ㅇ逐殺獸者狗也(축살수자구야) : 직접 뛰어가서 짐승을 죽이는 것은 개입니다. ㅇ發縱指示者人也(발종지시자인야) : 개의 목줄을 풀어서 〈개에게〉 지시를 내리는 것은 사람입니다. ※「발종(發縱)」은 「개의 목줄을 풀다.」 ㅇ諸君徒能得走獸耳. 功狗也(제군도능득주수이 공구야) : 제군은 다만 도망가는 짐승을 쫓는 사냥개와 같은 공을 세웠을 뿐이오. ㅇ至如蕭何, 功人也(지여소하 공인야) : 소하에 이르러야 비로소 사람의 공이라 할 것이오. ㅇ羣臣皆莫敢言(군신개막감언) : 군신들 모두는 감히 말을 못했다.

(2) 上已封大功臣. 餘爭功不決. 上從複道上望見, 諸將往往坐沙中, 相與語. 上問張良. 良曰, 陛下以此屬取天下. 今所封皆故人親愛, 所誅皆平生仇怨. 此屬畏不能盡封, 又恐見疑平生過失及誅. 故相聚謀反耳.

한고조가 먼저 크게 공을 세운 신하를 후(侯)로 봉했다. 나머지 신하에 대해서는 논쟁(論爭)이 있음으로 공(功)을 결정하지 못했다.

그리고 한고조가 〈이중으로 된〉 복도에서 내려다보자 여러 무장들이 왕왕히 모래밭에 앉아서 서로 말을 하고 있는 것을 보았다.

그래서 장량에게 묻자, 장량이 다음 같이 말했다. 「폐하께서는 저들의 힘으로 해서 천하를 취하신 것입니다. 〈그러나〉 지금까지 봉해준 사람은 모두가 옛날부터 잘 아는 사람이나 친애한 사람들뿐이었습니다. 한편 평생을 두고 미워하고 원망한 사람은 모두 주살했습니다. 고로 저들이 봉(封)이나 록(祿)을 얻지 못할까 겁을 내고 있으며, 또 평생의 과실을 의심받고 주살되지나 않을까 두려워하고 있습니다. 그래서 서로 모여서 반역할 것을 모의하고 있는 것입니다.」

어구 설명 ㅇ上已封大功臣(상이봉대공신) : 한고조가 먼저 크게 공을 세운 신하를 후(侯)로 봉했다. ㅇ餘爭功不決(여쟁공부결) : 나머지 신하에 대해서는 논쟁(論爭)이 있음으로 공(功)을 결정하지 못했다. ㅇ上從複道上望見,(상종복도상망견) : 한고조가 〈이중으로 된〉 복도에서 내려다보자. ㅇ諸將往往坐沙中, 相與語(제장왕왕좌사중 상여어) : 여러 무장들이 왕왕히 모래밭에 앉아서 서로 말을 하고 있었다. ㅇ上問張良. 良曰,(상문장량 양왈) : 한고조가 장량에게 묻자, 장량이 말했다. ㅇ陛下以此屬取天下(폐하이차속취천하) : 폐하께서는 저들의 힘으로 해서 천하를 취하신 것입니다. ㅇ今所封皆故人親愛,(금소봉개고인친애) : 〈그러나〉 지금까지 봉해준 사람은 모두가 옛날부터 잘 아는 사람이나 친애한 사람들뿐이었습니다. ㅇ所誅皆平生仇怨(소주개평생구원) : 평생을 두고 미워하고 원망한 사람은 모두 주살했습니다. ㅇ此屬畏不能盡封,(차속외불능진봉) : 그러므로 저들이 봉(封)이나 록(祿)을 얻지 못할까 겁을 내고 있습니다. ㅇ又恐見疑平生過失及誅(우공견의평생과실급주) : 또 평생의 과실을 의심받고 주살되

지나 않을까 두려워하고 있습니다. ○故相聚謀反耳(고상
취모반이) : 그래서 서로 모여서 반역할 것을 모의하고
있는 것입니다.

(3) 上曰, 奈何. 良曰, 陛下平生所憎, 羣臣所共知,
誰最甚者. 上曰, 雍齒. 良曰, 急先封齒. 於是封齒
爲什方侯. 而急趣丞相御史, 定功行封. 羣臣皆喜
曰, 雍齒且侯, 吾屬無患矣. 詔定元功十八人位次,
賜丞相何, 劍履上殿, 入朝不趨.

한고조가 「어떻게 하면 좋으냐.」하고 묻자, 장량이 대답
했다. 「폐하께서 평생을 두고 미워하셨으며, 또 군신들이
다 아는 사람 중에 가장 심한 자가 누구입니까.」 한고조가
「그는 바로 옹치(雍齒)이다.」라고 말했다.

그러자 장량이 말했다. 「당장에 옹치를 먼저 후(侯)에 봉
하십시오.」 이에 〈한고조가〉 옹치를 십방의 후(什方侯=漢
州)로 봉했다.

그리고 승상과 어사를 즉시 파견하여 각지에서 〈여러 신
하들의〉 공을 결정하고 〈그에 맞게〉 상으로 토지를 봉해
주었다. 이에 군신들이 모두 기뻐하며 말했다. 「옹치조차
후가 되었다. 그러니 우리들은 걱정할 게 없다.」

〈한고조는〉 조(詔)를 내려 크게 공이 있는 18명의 순서
를 정했다. 특히 승상 소하에게는 칼을 차고 궁 안에 들어

오고 또 조정에서도 발을 빨리 놀리는 잔걸음을 걷지 않아도 되게 특전을 내렸다.

어구 설명 ○上曰, 奈何. 良曰,(상왈 내하 양왈) : 한고조가 「어떻게 하면 좋으냐.」 하고 묻자 장량이 대답했다. ○陛下平生所憎, 羣臣所共知, 誰最甚者(폐하평생소증 군신소공지 수최심자) :「폐하께서 평생을 두고 미워하셨으며 또 군신들이 다 아는 사람 중에 가장 심한 자가 누구입니까.」 ○上曰, 雍齒(상왈 옹치) : 한고조가 「그는 바로 옹치이다.」라고 말했다. ※ 雍齒(옹치) : 옹치는 전에 한왕에게 풍읍(豊邑)을 수비하라는 명령을 받았는데, 그는 이곳에서 웅거하여 모반했기 때문에 한왕의 미움을 받고 있었다.

○良曰, 急先封齒(양왈 급선봉치) : 장량이 말했다. 「당장에 옹치를 먼저 후(侯)에 봉하십시오.」 ○於是封齒爲什方侯(어시봉치위십방후) : 그래서 〈한고조가〉 옹치를 십방의 후로 봉했다. 「십방(什方)은 지방의 이름.」 ○而急趣丞相御史, 定功行封(이급취승상어사 정공행봉) : 그리고 승상과 어사를 즉시 파견하여 각지에서 〈여러 신하들의〉 공을 결정하고 〈그에 맞게〉 상으로 토지를 봉해주었다.

○羣臣皆喜曰, 雍齒且侯, 吾屬無患矣(군신개희왈 옹치차후 오속무환의) : 군신들이 다 기뻐하며 말했다. 「옹치조차 후가 되었다. 그러니 우리들은 걱정할 게 없다.」

○詔定元功十八人位次,(조정원공십팔인위차) : 〈한고조는〉 조(詔)를 내려 크게 공이 있는 18명의 순서를 정했다. ※ 「詔(고할 조)」 ○賜丞相何, 劍履上殿, 入朝不趨(사

승상하 검이상전 입조불추) : 특히 승상 소하에게는 칼을 차고 궁 안에 들어오고 또 조정에서도 발을 빨리 놀리는 잔걸음을 걷지 않아도 되게 특전을 내렸다. ※ 허리를 굽혀 조심조심 걸음. 이런 걸음을 추창(趨蹌)이라고 한다. 〈*진시황(秦始皇)이 자객 형가(荊軻)에게 당한 일이 있었다. 진(秦)나라 법은 궁중에서는 쇠붙이를 몸에 지닐 수 없다. 또 신을 신고 궁전에 오를 수 없었다.〉

※ 十八人(18명) : 蕭何, 曹參, 張敖, 周勃, 樊噲, 酈生, 酈商, 夏侯嬰, 灌嬰, 傅寬, 靳歙, 王陵, 陳武, 王吸, 薛歐, 周昌, 丁復, 蟲達이다.(原註)

제4과 숙손통(叔孫通)의 예법

(1) 尊太公爲太上皇. 帝懲秦苛法, 爲簡易. 羣臣飮酒爭功, 醉或妄呼, 拔劍擊柱. 叔孫通說上曰, 儒者難與進取, 可與守成. 願徵魯諸生, 共起朝儀. 上從之. 魯有兩生. 不肯行曰, 禮樂積德, 而後可與也. 通與所徵及上左右, 與弟子百餘人, 爲緜蕝野外習之.

한고조는 자기의 부친 태공(太公)을 높여 태상황(太上皇)이라 존칭했다.

한고조는 진나라의 가혹한 법에 진절머리를 내고, 한나라 법을 간단하고 쉽게 했다. 〈한나라에 예법이 없었다. 그래서〉 군신들은 술을 마시면 서로 공을 다투고, 또 혹 취하면 함부로 욕을 하고 또 칼을 뽑아 기둥을 함부로 쳤다.

〈이를 본 유학자〉 숙손통(叔孫通)이 한고조에게 아뢰었다. 「유학자는 〈나라를 세울 때는〉 함께 나가서 싸우고 취할 수는 없습니다.」 「〈그러나 유학자는 나라를 세운 다음에는〉 나라를 잘 지킬 수는 있습니다.」 「원하는 바, 노나라의 유생을 불러서 함께 조정의 예의를 세우십시오.」

한고조가 그의 말을 따랐다. 노나라에 두 명의 유학자가 있었다. 그러나 그들은 한나라에 가기를 거절하고 말했다.

「예악은 덕을 쌓은 다음에 일으킬 수 있습니다. 〈한나라는 아직 안 됩니다.〉」

이에 숙손통과 그가 소집한 사람 및 한나라 윗사람과 좌우의 모든 사람 그리고 또 제자 백여 명과 함께 야외에서 목실로 줄을 표시하고 띠를 세워 자리를 정하고 〈상하의 위치를 정하고〉 의식이나 예절을 습득하게 했다.

> **어구 설명** ○尊太公爲太上皇(존태공위태상황) : 한고조는 자기의 부친 태공(太公)을 높여 태상황(太上皇)이라 존칭했다. ○帝懲秦苛法, 爲簡易(제징진가법 위간역) : 한고조는 진나라의 가혹한 법에 진절머리를 내고, 한나라 법을 간단하고 쉽게 했다. ※「懲(혼날 징)」 ○羣臣飮酒爭功, 醉或妄呼, 拔劍擊柱(군신음주쟁공 취혹망호 발검격주) : 〈한나라에 예법이 없었다. 그래서 〉 군신들은 술을 마시면 서로 공을 다투고, 또 혹 취하면 함부로 욕을 하고 또 칼을 뽑아 기

둥을 함부로 쳤다. ○叔孫通說上曰,(숙손통설상왈) : 〈유
학자〉 숙손통이 한고조에게 아뢰었다. ○儒者難與進
取,(유자난여진취) : 「유학자는 〈나라를 세울 때는〉 함께
나가서 싸우고 취할 수는 없습니다.」 ○可與守成(가여수
성) : 「〈그러나 유학자는 나라를 세운 다음에는〉 나라를
잘 지킬 수는 있습니다.」 ○願徵魯諸生, 共起朝儀(원징
로제생 공기조의) : 「원하는 바, 노나라의 유생을 불러서
함께 조정의 예의를 세우십시오.」 ○上從之(상종지) : 한
고조가 그의 말을 따랐다. ○魯有兩生. 不肯行曰,(노유양
생 불긍행왈) : 노나라에 두 명의 유학자가 있었다. 그러
나 그들은 한나라에 가기를 거절하고 말했다. ○禮樂積
德, 而後可與也(예악적덕 이후가여야) : 〈유학자의 말〉
「예악은 덕을 쌓은 다음에 일으킬 수 있습니다. 〈한나라
는 아직 안 됩니다.〉」 ○通與所徵及上左右(통여소징급상.
좌우) : 숙손통과 그가 소집한 사람 및 한나라 윗사람과
좌우의 모든 사람. ○與弟子百餘人,(여제자백여인) : 〈및〉
제자 백여 명과 함께. ○爲緜蕝野外習之(위면절야외습지)
: 야외에서 목실로 줄을 표시하고 띠를 세워 자리를 정하
고 〈상하의 위치를
정하고〉 의식이나 예
절을 습득하게 했다.
※「緜(햇솜 면), 蕝
(띠 묶어 표할 절)」

의례(儀禮)를 만든 숙손통(叔孫通)

(2) 七年, 長樂宮成. 諸侯羣臣皆朝賀. 謁者治禮, 引諸侯王以下, 至吏六百石, 以次奉賀. 莫不振恐肅敬. 禮畢置法酒. 御史執法, 擧不如儀者, 輒引去. 竟朝罷酒, 無敢諠譁失禮者. 上曰, 吾乃今日知爲皇帝之貴也. 拜通爲太常.

한나라 7년에 장락궁이 완성되자, 제후와 군신들이 모두 와서 한고조를 뵙고 축하했다.

이에 알현을 담당하는 관리가 의례(儀禮)를 잘 지키고 처리했다. 즉 모든 제후, 왕과 그 밑의 사람 및 6백 석(石=漢의 六等官)을 받는 관리에 이르기까지 〈모든 사람을〉 인솔해가지고 〈예절에 따른〉 절차나 순서대로 축하를 올리게 했다.

이에 〈모든 축하객들은〉 심히 두려워하고 또 숙경(肅敬)한 태도를 취하지 않는 사람이 없었다.

의식이 끝나자 법주 잔치를 펼쳤다. 〈술잔치에도〉 어사가 법에 따라 잔치를 진행했다. 〈만약에〉 의례를 지키지 않는 사람이 있으면 〈그를〉 들어서[擧] 즉시 내보냈다.

〈그래서〉 알현과 주연이 끝날 때까지 감히 시끄럽게 떠들고 실례되게 하는 자가 없었다.

한고조가 말했다. 「나는 오늘 비로소 황제가 귀하다는 것을 알았다.」 그리고 숙손통을 태상(太常)으로 높이 받들

있다.

어구 설명 ○七年, 長樂宮成(칠년 장락궁성) : 한나라 7년에 장락궁이 완성되자. ○諸侯羣臣皆朝賀(제후군신개조하) : 제후와 군신들이 모두 와서 한고조를 뵙고 축하했다. ○謁者治禮,(알자치례) : 알현을 담당하는 관리가 의례(儀禮)를 잘 지키고 처리했다. ○引諸侯王以下, 至吏六百石,(인제후왕이하 지리육백석) : 모든 후왕과 그 밑의 사람 및 6백석(石=漢의 六等官)을 받는 관리에 이르기까지 〈모든 사람을〉 인솔해가지고. ○以次奉賀(이차봉하) : 〈예절에 따른〉 절차나 순서대로 축하를 올리게 했다. ○莫不振恐肅敬(막부진공숙경) : 〈모든 축하객들은〉 심히 두려워하고 또 숙경(肅敬)한 태도를 취하지 않는 사람이 없었다. ※「肅(엄숙할 숙) ; 정중하다. 공경하다.」肅敬(숙경) : 삼가 존경함. 공손히 섬김. ○禮畢置法酒(예필치법주) : 의식이 끝나자 법주 잔치를 펼쳤다. ※ 法酒(법주) : ① 어주(御酒)를 일컬음. 原註 御酒曰法酒. ② 조정의 대례(大禮) 때 베푸는 연회. ③ 일정한 법식에 맞게 빚은 좋은 술. ○御史執法,(어사집법) : 〈술잔치에도〉 어사가 법에 따라 잔치를 진행했다. ○擧不如儀者,(거불여의자) : 의례를 지키지 않는 사람이 있으면 〈그를〉 들어서[擧]. ○輒引去(첩인거) : 즉시 〈밖으로〉 내보냈다. ※「輒(문득 첩) ; 갑자기」 ○竟朝罷酒,(경조파주) : 〈그래서〉 알현과 주연이 끝날 때까지. ○無敢諠譁失禮者(무감훤화실예자) : 감히 시끄럽게 떠들고 실례되게 하는 자가 없었다. ○上曰, 吾乃今日知爲皇帝之貴也(상왈 오내금일지위황제지귀야)

: 한고조가 말했다. 「나는 오늘 비로소 황제가 귀하다는 것을 알았다.」 ㅇ拜通爲太常(배통위태상) : 그리고 숙손통을 태상으로 높이 받들었다. ※ 太常(태상) : 천(天), 지(地), 인(人)의 제사를 맡은 벼슬.

제5과 흉노(匈奴)의 침공

(1) 匈奴寇邊. 帝自將擊之. 聞冒頓單于居代谷, 悉兵三十萬, 北逐之, 至平城. 冒頓精兵四十萬騎, 圍帝於白登七日. 用陳平秘計, 使間厚遺關氏. 冒頓乃解圍去. 平從帝征伐, 凡六出奇計. 輒益封邑. 九年, 遣劉敬使匈奴和親, 取家人子名公主, 妻單于.

흉노가 한나라 변경을 침입하자 한고조가 스스로 장군이 되어 무력을 이끌고 출격했다. 흉노의 추장 「묵돌선우」가 대곡(代谷 : 河南省)에 있다는 말을 듣고 한고조가 총 30만의 병력을 이끌고 흉노를 북쪽으로 몰아 쫓고 평성(平城 : 山西省)에 이르렀다.

이에 묵돌선우가 정예 기병(騎兵) 40만을 이끌고 한고조를 백등(白登 : 山西省)에서 7일 간이나 포위했다.

진평(陳平)은 은밀한 계략을 썼다. 즉 간첩으로 하여금 많은 돈을 흉노의 왕후 연지(關氏)에게 보내주었다.

그러자 묵돌이 포위를 풀고 물러갔다. 진평은 한고조를 따라 흉노를 정벌했으며 모두 여섯 번이나 기발한 계략을 썼다. 그래서 한고조는 즉시 그를 더 큰 토지에 봉해주었다.

한고조 9년에, 유경(劉敬)을 사신으로 흉노에게 보내 화친했다. 즉 민가(民家)의 여자를 뽑아 궁중에 데려다가 공주라 이름하고, 흉노의 임금의 아내로 삼게 했다.

어구 설명 ○匈奴寇邊. 帝自將擊之(흉노구변 제자장격지) : 흉노가 변경을 침입하자, 한고조가 스스로 장군이 되어 〈무력을 이끌고〉 출격했다. ○聞冒頓單于居代谷,(문묵돌선우거대곡) : 〈흉노〉「묵돌선우」가 대곡(代谷 : 河南省)에 있다는 말을 들었다. ※「冒(① 무릅쓸 모, ② 묵돌 묵, ③ 대모 모 本매)」冒頓(묵돌) : 흉노(匈奴)의 군장(君長)인 선우(單于)의 이름.「頓(① 조아릴 돈, ② 둔할 둔, ③ 사람 이름 돌)」묵돌(冒頓). 흉노(匈奴)의 임금. [漢書] 及漢興, 冒頓始彊.「묵돌선우(冒頓單于)」의「묵돌(冒頓=Bayatur)」은 이름,「선우(單于)」는「오랑캐 말로 임금의 뜻이다.」冒는 音 몰(沒) 又 音 묵(墨)이다. 頓은 音 돌(突) 又 音 특(特)이다. 따라서 몰돌선우 또는 묵돌선우, 묵특선우로 읽어야 한다. 單于(선우) : 흉노의 왕을 지칭하는 것이다. 여기서는 묵돌선우로 읽는다. ○悉兵三十萬, 北逐之, 至平城(실병삼십만 북축지 지평성) : 한고조가 총 30만의 벽력을 이끌고 〈흉노를〉 북쪽으로 몰아 쫓고 평성(平城 : 山西省에 있는 地名)에 이르렀다. ○冒頓精兵四十萬騎,(묵돌정병사십만기) : 묵돌선우가 정예 기병(騎兵) 40만을 이끌고. ○圍帝於白登七日(위제어백등칠일) : 한고조를 백등(白登 : 山西省에 있는 地名)에서 7일간이나 포위했다. ○用

陳平秘計,(용진평비계) : 진평(陳平)의 은밀한 계략을 썼다. ○使閒厚遺閼氏(사한후유연지) : 간첩으로 하여금 많은 돈을 〈흉노의 왕후〉 연지(閼氏)에게 보내주었다. ※ 閼氏(알씨) : 音 연지(煙支) 單于之妻也라고 원주(原註)에 되어 있다. 「한(閒)〈한가할 한, 사이 간, 엿보다. 간첩〉=간(間)」 ○冒頓乃解圍去(묵돌내해위거) : 묵돌이 포위를 풀고 물러갔다. ○平從帝征伐,(평종제정벌) : 진평은 한고조를 따라 흉노를 정벌했으며. ○凡六出奇計(범육출기계) : 모두 여섯 번이나 기발한 계략을 썼다. ○輒益封邑(첩익봉읍) : 즉시 그를 더 큰 토지에 봉해주었다. ○九年, 遺劉敬使匈奴和親,(구년 견유경사흉노화친) : 한고조 9년에, 유경을 사신으로 흉노에게 보내 화친했다. ○取家人子名公主, 妻單于(취가인자명공주 처선우) : 민가(民家)의 여자를 뽑아 공주라 이름하고, 흉노의 임금의 아내로 삼게 했다. ※ 家人(가인) : 서민(庶民)의 딸. 궁중에 데려다가 황제의 딸. 곧 공주를 삼아서 시집 보낸 것이다.

양(梁) 나라 공식여전(公式女錢)

제5장 고조 말년과 여후의 전횡

제1과 처형된 한신 및 기타

⑴ 十年, 代相國陳豨反. 帝自將擊之. 淮陰侯韓信舍人弟上變, 告信陰與豨謀. 呂后與蕭何謀, 詐稱豨已敗死, 紿信入賀, 使武士縛信, 斬之. 信曰, 吾悔不用蒯徹之謀, 乃爲兒女子所詐. 遂夷信三族.

한고조 10년(B.C. 197)에, 대(代)의 후(侯) 밑에 있는 재상(宰相) 진희(陳豨)가 모반(謀反)했다. 이에 한고조가 몸소 장군이 되어 출격했다.

〈한고조가 조정을 비우고 나간 틈을 타서〉 회음후(淮陰侯)인 한신 밑에 있는 사인(舍人)의 동생이 밀고를 했다. 〈즉 여후에게 밀고를 한 것이다.〉

〈밀고의 내용은〉「한신이 평소에 진희와 음모를 꾸몄다.」는 내용이었다. 여후는 소하와 모의를 했다. 〈그리고〉 거짓으로「진희가 이미 패하고 죽었다.」고 말을 퍼뜨렸다.

이렇게 한신을 속였다. 〈그래서 한신이〉 궁에 들어가서 축하를 하자, 무사를 시켜서 한신을 포박하고 참살했다.

〈죽게 되자〉 한신이 말했다. 「나는 후회한다.」「전에 괴철이 나에게 도모하라고 한 말을 내가 듣지 않은 것을 〈후회한다.〉」「그래서 이렇게 애새끼 여자(呂后)에게 속임을 당하고 죽는구나.」 결국 한신과 그의 삼족이 다 처형되었다.

어구 설명 ○十年, 代相國陳豨反(십년 대상국진희반) : 한고조 10년에, 대(代 : 하북성)의 후(侯) 밑에 있는 고관인 재상(宰相) 진희(陳豨)가 모반했다. ※ 宰相(재상) : ① 임금을 보필하며 모든 관원을 지휘 감독하는 자리에 있는 이품 이상의 벼슬을 통틀어 이르던 말. 경상(卿相). 경재(卿宰). 재신(宰臣). 높여서 상공(相公). ② 수상(首相). 謨反(모반) : 나라나 임금을 배반하여 군사를 일으킴. ○帝自將擊之(제자장격지) : 한고조가 몸소장군이 되어 출격했다. ○淮陰侯韓信舍人弟上變,(회음후한신사인제상변) : 회음후인 한신 밑에 있는 사인(舍人 : 비서관에 해당한다)의 동생이 〈조정에〉 밀고를 했다. 〈한고조가 조정을 비우고 나간 틈을 타서 여후에게 밀고를 한 것이다.〉 ○告信陰與豨謀(고신음여희모) : 〈밀고의 내용은〉「한신이 평소에 진희와 음모를 꾸몄다.」는 내용이다. ○呂后與蕭何謀,(여후여소하모) : 여후는 소하와 모의를 했다. ○詐稱豨已敗死,(사칭희이패사) : 〈그리고〉 거짓으로 「진희가 이미 패하고 죽었다.」고 말을 퍼뜨렸다. ○紿信入賀,(태신입하) : 한신을 속였다. 〈그래서 한신이〉 궁에 들어가서 축하했다. ※「紿(속일 태)」○使武士縛信, 斬之(사무사박신 참지) : 무사를 시켜서 한신을 포박하고 즉시 참살했다. ○信曰, 吾悔不用蒯徹之謀,(신왈 오회불용괴철지모) : 〈죽게 되자〉 한신이 말했다. 「나는 후회한다.」「전에 괴철이 나에게 한 말

을 듣지 않은 것을 〈후회한다.〉」 ○乃爲兒女子所詐(내위
아녀자소사) :「그래서 아녀자(여자를 낮추어 이르는 말)
에게 속임을 당하고 죽는구나.」 ○遂夷信三族(수이신삼
족) : 결국 한신과 그의 삼족이 다 처형되었다.

(2) 十一年, 帝破豨還, 詔捕蒯徹. 至曰, 秦失其鹿, 天下共逐. 高材疾足者先得之. 當時臣獨知韓信. 非知陛下. 天下欲爲陛下所爲者甚衆, 力不能耳. 又不可盡烹邪. 帝赦之.

11년(B.C. 196)에, 한고조는 진희(陳豨)를 격파하고 돌아왔다. 〈즉시〉 명령을 내려 괴철(蒯徹)을 체포했다.

괴철이 잡혀오자 〈한고조에게〉 말했다. 「진(秦)나라가 사슴을 잃자, 천하의 모든 영웅들이 다 같이 사슴을 뒤쫓고 잡으려고 했습니다.」〈사슴은 곧 천하라는 뜻이다.〉「〈결국〉 재주가 높고 발이 빠른 사람이 먼저 사슴, 즉 천하를 얻었습니다.」〈한고조가 천하를 평정했다는 뜻이다.〉「당시는 〈영웅호걸들이〉 서로 싸우고 다툴 때였으며, 저는 신하로서 한신만 알았지, 폐하를 알지 못했습니다.」「〈당시는〉 천하에 폐하가 되고자 수를 쓴 사람이 심히 많았습니다.」「그러나 모든 사람은 힘이 모자라 천하를 잡지 못했습니다.」「〈그러하거늘, 지금 폐하께서 천하를 잡으셨다고 해도〉 역시 모든 사람들을 끓는 물에 넣고 삶아 죽일 수는 없습니다.」 한고조는 그를 용서해주었다.

어구 설명 ㅇ十一年, 帝破豨還,(십일년 제파희환) : 11년에, 한고조는 진희(陳豨)를 격파하고 돌아왔다. ㅇ詔捕蒯徹(조포괴철) : 〈즉시〉 괴철(蒯徹＝蒯通)을 체포했다. ㅇ至曰,(지왈) : 괴철이 잡혀오자 〈한고조에게〉 말했다. ㅇ秦失其鹿, 天下共逐(진실기녹 천하공축) : 「진나라가 사슴을 잃자, 천하의 모든 영웅들이 다 같이 사슴을 뒤쫓고 잡으려고 했습니다.」 「사슴은 곧 천하라는 뜻이다.」 ㅇ高材疾足者先得之(고재질족자선득지) : 「〈결국〉 재주가 높고 발이 빠른 사람이 먼저 사슴, 즉 천하를 얻었습니다.」 〈한고조가 천하를 평정했다는 뜻이다.〉 ㅇ當時臣獨知韓信. 非知陛下(당시신독지한신 비지폐하) : 〈영웅호걸들이〉 서로 싸우고 다툴 때에 저는 신하로서 한신만 알았지, 폐하를 알지 못했습니다.」 ㅇ天下欲爲陛下所爲者甚衆,(천하욕위폐하소위자심중) : 「〈그 당시는〉 천하에 폐하가 되고자 수를 쓴 사람이 심히 많았습니다.」 ㅇ力不能耳(역불능이) : 「그러나 모든 사람은 힘이 모자라 천하를 잡지 못했습니다.」 ㅇ又不可盡烹邪(우불가진팽사) : 「〈폐하가 천하를 잡으셔도〉 역시 모든 사람들을 끓는 물에 넣고 삶아 죽일 수는 없습니다.」

(3) 梁王彭越太僕, 告其將扈輒勤越反. 上使人掩越囚之. 反形已具. 赦處蜀. 呂后曰, 此自遺患. 遂誅之夷三族.

양나라의 왕, 팽월(彭越)의 태복(太僕)이 밀고했다. 「부장 호첩(扈輒)이 권해서 〈팽월이 모반할 것입니다.〉」

한고조는 사람을 시켜 팽월(彭越)을 엄습하고 잡아 가두었다. 팽월의 모반한 모양이 나타나 보였다. 그러나 〈한고조는〉 그를 용서하고 〈평민이 되어〉 촉(蜀)에 살게 했다.

그러자 여후가 말했다. 「그러면 스스로 환난을 남기게 됩니다.」 마침내 결국 그를 주살하고 삼족을 멸했다.

여구 설명 ○梁王彭越太僕,(양왕팽월태복) : 양나라의 왕, 팽월(彭越)의 태복(太僕). ※「태복은 측근, 비서관에 해당한다.」○告其將扈輒勤越反(고기장호첩근월반) : 「부장 호첩(扈輒)이 팽월에게 모반하라고 권했다.」고 밀고를 했다. ○上使人掩越囚之(상사인엄월수지) : 한고조는 사람을 시켜 팽월(彭越)을 엄습하고 잡아 가두었다. ○反形已具. 赦處蜀(반형이구 사처촉) : 〈팽월의〉 모반한 모양이 이미 나타났으나, 〈한고조는〉 그를 용서하고 〈평민으로서〉 촉(蜀)에서 살게 했다. ○呂后曰, 此自遺患(여후왈 차자유환) : 그러나 여후가 말했다. 「그러면 스스로 환난을 남기게 됩니다.」 ○遂誅之夷三族(수주지이삼족) : 결국 그를 주살하고 삼족을 멸했다.

참고 보충 한신(韓信) 괴철(蒯徹) 팽월(彭越)

(1) 한신이 항우 밑에 있는 무장 용저(龍且)를 치고 제(齊)나라의 왕이 되었다. 이에 항우가 한신에게 자기와 손을 잡고 천하를 셋으로 나누자고 했다. 그러나 한신은 「한왕을 배반할 수 없다.」고 거절했다.

(2) 그 무렵 책략가(策略家)인 괴철(蒯徹=通)이 한신에게 말했다. 「그대는 한왕에 편들지 말고 독립해서 싸우고 천하를 나누어 가져

라.」

  (3) 팽월(彭越)은 이리저리 게릴라전을 폈다. 한왕 5년에는 한왕이 고릉(固陵)에 왔으나 그와 한신이 안 왔었다.

제2과 유학자 육가(陸賈)

(1) 遣陸賈立南海尉佗, 爲南粤王. 佗稱臣奉漢約. 賈歸報. 拜太中大夫. 賈時前說詩書. 帝罵之曰, 乃公馬上得天下. 安事詩書. 賈曰, 陛下以馬上得之, 寧可以馬上治之乎. 文武竝用, 長久之術也. 使秦幷天下, 行仁義, 法先聖, 陛下安得有之. 帝曰, 試爲我著書. 秦所以失, 吾所以得, 及古成敗. 賈著書十二篇. 每奏稱善. 號曰新語.

  한고조가 유학자 육가(陸賈)를 파견하여 〈원래 진(秦)나라 밑에서〉 남해(南海)의 위(尉)를 지냈던 조타(趙佗)라는 사람을 〈설득하고〉 내세워 남월왕(南越王)이 되게 했다.

  이에 조타(趙佗)가 자신을 신(臣)이라 하고 한나라를 받들겠다고 약속을 했다. 육가가 돌아와서 보고를 하자 한고조가 육가를 태중대부(太中大夫)로 삼았다. 〈*조타는 처음에는 응하지 않았다. 육가가 설득했음으로 공을 인정받은 것이다.〉

그 후 육가는 이따금 한고조 앞에서 시경(詩經)이나 서경(書經)을 강술했다. 그러자 한고조가 욕하고 꾸짖으며 말했다.「그대의 임금인 나는 말을 타고 싸움을 해서 천하를 얻었다. 어찌 내가 시경이나 서경을 공부하고 받들겠느냐.」

육가가 말했다.「폐하께서는 말 위에서 천하를 얻으셨지만, 어찌 말 위에서 다스릴 수가 있습니까.」「문과 무를 아울러 쓰는 것이 천하를 오래 간직하는 방도입니다.」「만약에 진나라가 천하를 통일하고 인의(仁義)에 맞는 덕치를 펴고 선성(先聖)의 법도를 따랐다면 폐하께서 어찌 천하를 얻을 수 있었겠습니까.」

한고조가 말했다.「시험 삼아 나를 위해 책을 하나 쓰시오. 진나라가 나라를 잃은 원인과 내가 천하를 얻은 이유와 기타 역사적 성패에 관한 글을 쓰시오.」

육가가 12편의 글을 저술했다. 그리고 글을 올릴 때마다 칭찬을 받았다. 이에 그 책을 신어(新語)라고 했다. 〈*한고조로서는 처음 듣는 말이라는 뜻이다.〉

어구 설명 ○遣陸賈立南海尉佗,(견육가입남해위타) : 한고조가 유학자 육가를 파견하여 〈원래 진(秦)나라 밑에서〉 남해(南海)의 위(尉)를 지냈던 조타(趙佗)라는 사람을 내세워. ○爲南粵王(위남월왕) : 남월왕(南越王)이 되게 했다. 대략 광서(廣西), 광동(廣東) 지방이다. ※ 남월(南粵)은 남월(南越)과 같음. ○佗稱臣奉漢約(타칭신봉한약) :

조타(趙佗)가 〈한고조를 높이 받들고〉 자신을 신(臣)이라 하고 한나라를 받들겠다고 약속을 했다.

○賈歸報. 拜太中大夫(가귀보 배태중대부) : 육가가 돌아와서 보고를 하자, 〈한고조가〉 육가를 태중대부로 삼았다. 〈*조타가 처음에는 응하지 않았다. 그를 육가가 설득했음으로 그의 공을 인정한 것이다.〉 ○賈時前說詩書(가시전설시서) : 그 후 육가는 이따금 한고조 앞에서 시경(詩經)이나 서경(書經)을 말했다.

○帝罵之曰,(제매지왈) : 한고조가 욕하고 꾸짖으며 말했다. ○乃公馬上得天下(내공마상득천하) : 그대의 임금인 나는 말을 타고 싸움을 해서 천하를 얻었다. 「내공(乃公)은 그대의 임금이라는 뜻이다.」○安事詩書(안사시서) : 어찌 내가 시경이나 서경을 공부하고 받들겠느냐.

○賈曰, 陛下以馬上得之, 寧可以馬上治之乎(가왈 폐하이마상득지 녕가이마상치지호) : 육가가 말했다. 「폐하께서는 말 위에서 천하를 얻으셨지만, 어찌 말 위에서 다스릴 수가 있습니까.」○文武竝用, 長久之術也(문무병용 장구지술야) : 「문과 무를 아울러 쓰는 것이 천하를 오래 간직하는 술책입니다.」○使秦并天下, 行仁義, 法先聖, 陛下安得有之(사진병천하 행인의 법선성 폐하안득유지) : 「만약에 진나라가 천하를 통일하고 인의(仁義)에 맞는 덕치를 펴고 선성(先聖)의 법도를 따랐다면 폐하께서 어찌 천하를 얻을 수 있었겠습니까.」○帝曰, 試爲我著書(제왈 시위아저서) : 한고조가 말했다. 「시험 삼아 나를 위해 책을 하나 쓰시오.」○秦所以失, 吾所以得, 及古成敗(진소이실 오소이득 급고성패) : 「진나라가 나라를 잃은 원인과 내가 천

하를 얻은 이유와, 기타 역사적 성패에 관한 글을 쓰시오.」
○賈著書十二篇(가저서십이편) : 육가가 12편의 글을 저술
했다. ○每奏稱善. 號曰新語(매주칭선 호왈신어) : 글을 올
릴 때마다 칭찬을 했다. 그리고 그 책을 신어(新語)라고 했
다. 〈*즉 한고조로서는 처음 듣는 말이라는 뜻이다. 육가
(陸賈)의 저술로 신어(新語)라는 책이름으로 지금도 전하
여 내려옴.〉

제3과 한고조의 대풍가(大風歌)

(1) 淮南王黥布, 見帝殺韓信, 醢彭越, 以同功一體
之人, 自疑禍及, 遂反. 帝自將擊之.

　회남왕(淮南王)으로 있는 경포(黥布)가 한고조가 한신을
죽이고 또 팽월을 소금에 절이는 것을 보고 「자기도 그들
과 공적이 같은 사람이므로 화가 미칠 것이다.」라고 의심
을 하고 마침내 반기를 들었다. 이에 한고조가 스스로 장
군이 되어 그를 무력으로 쳤다.

어구 설명 ○淮南王黥布,(회남왕경포) : 회남왕 경포가. ○見帝殺韓
信, 醢彭越,(견제살한신 해팽월) : 한고조가 한신을 죽이고
또 팽월을 소금에 절이는 것을 보고 〈생각했다.〉 ※「醢(젓
갈 해) ; 인체(人體)를 소금에 절이는 형벌.」 ○以同功一體之
人, 自疑禍及, 遂反(이동공일체지인 자의화급 수반) : 「자
기도 그들과 공적이 같은 사람이므로 화가 미칠 것이다.」

라고 의심을 하고 마침내 반기를 들었다. ㅇ帝自將擊之(제
자장격지) : 이에 한고조가 스스로 장군이 되어 그를 무력
으로 쳤다.

**(2) 十二年, 帝破布還, 過魯, 以太牢祠孔子. 過沛
置酒, 召宗室·故人飮. 酒酣上自歌曰, 大風起兮
雲飛揚. 威加海內兮歸故鄕. 安得猛士兮守四方.
令沛中子弟習歌之, 以沛爲湯沐邑.**

12년(B.C. 195)에, 한고조가 경포를 치고 돌아왔다. 노나
라를 지나다가 사당에서 태뢰(太牢), 즉「소, 양, 돼지 같은
제물(祭物)」을 바치고 공자(孔子)를 제사지냈다. 그리고 다
시 고향인 패읍(沛邑)에 들러서 술잔치를 벌이고 종실(宗
室)과 일가친척 및 옛날 친구들을 불러서 함께 마셨다. 술
이 취하고 거나해지자, 한고조가 스스로 노래를 불렀다.

큰바람이 불자 구름조각들이 떠 날랐노라.(大風起兮 雲飛
揚)〈*한고조 자신이 나타나 바람을 일으키자, 모든 작은
나라가 구름조각처럼 날려 스러졌다.〉

위세를 온 세상에 떨치고, 지금 고향에 돌아왔노라.(威加
海內兮 歸故鄕)〈*천하를 통일하고 고향에 돌아왔다.〉

이제는 용맹한 무사나 선비들을 얻어서, 천하 사방을 지
키게 해서 편안하게 하리라.(安得猛士兮 守四方)〈*고향의
용맹한 젊은이나 선비로 하여금 천하 사방을 영원히 지키
게 해서 편안하게 하리라.〉

　자기 노래를 젊은이들로 하여금 배우고 부르게 했다. 그리고 패읍(沛邑)을 탕목읍(湯沐邑)이리 이름하고 일체의 세금을 면제했다.

어구 설명 ㅇ十二年, 帝破布還,(십이년 제파포환) : 12년에, 한고조가 경포를 치고 돌아왔다. ㅇ過魯, 以太牢祠孔子(과노 이태뢰사공자) : 노나라를 지나다가 사당에서 태뢰를 바치고 공자를 제사지냈다. ※「태뢰(太牢)」는 「소, 양, 돼지 같은 제물.」
ㅇ過沛置酒, 召宗室 · 故人飮(과패치주 소종실 · 고인음) : 그리고 다시 고향인 패읍(沛邑)에 들러서 술잔치를 벌이고 종실(宗室)과 일가친척 및 옛날 친구들을 불러서 함께 마셨다. ㅇ酒酣上自歌日,(주감상자가왈) : 술이 취하자 한고조가 스스로 노래를 불렀다. ※「酣(즐길 감) ; 술을 마시며 즐기다. 연회(宴會)가 무르익다.」酒酣(주감)은 술이 거나해짐. 주연(酒宴)이 한창인 무렵.
ㅇ大風起兮雲飛揚(대풍기혜운비양) : 큰바람이 불자, 구름들이 떠 날랐노라. 〈*즉 한고조 자신이 나타나 바람을 일으키자, 모든 사람이나 나라가 구름처럼 흩어지고 자취를 감추었다.〉
ㅇ威加海內兮歸故鄕(위가해내혜귀고향) : 위세를 온 세상에 떨치고, 지금 고향에 돌아왔노라. 〈*천하를 통일하고 고향에 돌아왔다.〉
ㅇ安得猛士兮守四方(안득맹사혜수사방) : 이제는 용맹한 무사나 선비들을 얻어서 천하 사방을 지키게 해서 편안하게 하리라.

ㅇ令沛中子弟習歌之,(영패중자제습가지) : 〈자기가 부른 노래를〉 젊은이들로 하여금 배우고 노래 부르게 했다.
ㅇ以沛爲湯沐邑(이패위탕목읍) : 패읍(沛邑)을 탕목읍(湯沐邑)이라 했다. ※「탕목읍(湯沐邑)」은 「직역하면 임금이 몸을 씻고 머리를 감은 마을이라는 뜻이다. 그래서 제왕의 은덕으로 세금을 면제한다는 뜻이다.」

제4과 상산의 네 늙은이(商山四皓)

(1) 初戚姬有寵. 生趙王如意. 呂后見疏. 太子仁弱. 上以如意類己, 欲廢太子而立之. 群臣爭之, 皆不能得.

전에 〈유방이 조나라에서 항우와 싸울 때〉 척희(戚姬)를 몹시 사랑했으며, 그때 척부인이 조나라 왕 여의(如意)를 출산했다. 〈유방은 척부인의 아들이 마음에 들었으므로〉 이름을 여의(如意)라 하고 〈조나라 왕으로 삼았던 것이다.〉

그래서 여후(呂后)는 소외되었다. 〈또한〉 여후가 난 태자 인(仁)은 몸이 허약했다. 그래서 한고조는 〈척부인의 아들〉 여의가 자기와 닮았음으로 〈여후의 아들인〉 태자를 폐하고 〈여의를〉 세우고자 했다.

이에 군신들이 서로 다투듯이 간언(諫言)을 올렸다. 그러나 〈한고조는〉 듣지를 않았다.

어구 설명 ○初戚姬有寵(초척희유총) : 전에 〈즉 유방(劉邦)이 조 (趙)나라에서 항우(項羽)와 싸울 때〉 척희(戚姬)를 몹시 사랑했다. ○生趙王如意(생조왕여의) : 척희가 조나라 왕 여의(如意)를 출산했다. 〈*유방은 척희의 아들이 마음에 들었으므로 이름을 「여의(如意)」라 하고, 또 어린애를 조 나라 왕으로 삼았다.〉 ○呂后見疏(여후견소) : 여후는 소 외되었다. ○太子仁弱(태자인약) : 여후가 난 태자 인(仁) 은 몸이 약했다. ○上以如意類己,(상이여의류기) : 한고 조는 〈척부인의 아들〉 여의가 자기와 닮았음으로. ○欲廢 太子而立之(욕폐태자이입지) : 〈여후의 아들인〉 태자를 폐하고 〈여의를〉 세우고자 했다. ○群臣爭之,(군신쟁지) : 군신들이 간쟁(諫爭)을 했으나. ○皆不能得(개불능득) : 받아들여지지 않았다.

유방(劉邦)의 입성도(入城圖)

(2) 呂后使人彊要張良畫計. 良曰, 此難以口舌爭也. 顧上所不能致者四人. 曰東園公·綺里季. 夏黃公·甪里先生. 以上嫚侮士. 故, 逃匿山中, 義不爲漢臣. 上高此四人. 今令太子爲書卑詞, 安車固請, 宜來. 至以爲客, 時從入朝, 令上見之, 則一助也.

여후가 사람을 시켜, 장량으로 하여금 좋은 계략 세우기를 강요했다. 이에 장량이 말했다. 「이 일은 입으로 올리는 간언만으로는 해결하기 어렵습니다.」

〈그리고 다음 같이 말을 이었다.〉「생각하건대, 임금께서 불러도 오지 않는 사람이 네 사람이 있습니다. 즉 동원공(東園公), 기리계(綺里季), 하황공(夏黃公) 및 녹리선생(甪里先生) 네 사람입니다.」

「전에 한고조께서 그 선비들을 무시하고 모욕한 일이 있었습니다. 그래서 모욕당할까 두려워서 그들은 산속으로 몸을 피하고 숨어 살면서 의를 지켰으며, 한나라 신하가 되지 않은 것입니다.」 「그래서 폐하께서는 그들을 높이 치십니다.」

「만약 지금 태자로 하여금 서신을 보내고 말을 낮추고 〈그들을 초청하십시오.〉」「특별히 안전한 수레를 보내시고 반드시 오도록 굳게 청하십시오. 〈그리고 그들이〉 오면 특별 손님으로 각별히 모십시오. 그리고 때맞게 궁중에 따라 들어가서 폐하를 알현하십시오.」

「특히 폐하도 그들을 만나보게 하십시오. 그러면 〈태자를 폐하지 않게 하는 데〉 도움이 될 것입니다.」

어구설명 ○呂后使人彊要張良畫計(여후사인강요장량화계) : 여후가 사람을 시켜, 장량으로 하여금 좋은 계략을 세우기를 강요했다. 「강(彊)은 강(强)이다.」 ○良曰, 此難以口舌爭也(양왈 차난이구설쟁야) : 장량이 말했다. 「이 일은 입으로 올리는 간쟁만으로는 해결하기 어렵습니다.」
○顧上所不能致者四人(고상소불능치자사인) : 생각하건대, 임금께서 초치하지 못하는 사람이 네 사람 있습니다. 〈*한고조가 불러도 오지 않는 은둔자(隱遁者)가 네 사람 있다.〉 ○曰東園公 · 綺里季. 夏黃公 · 甪里先生(왈동원공 · 기리계 하황공 · 녹리선생) : 다음의 네 사람입니다. 즉 동원공, 기리계, 하황공 및 녹리선생 네 사람이다. ※ 〈이들은 상산(商山)에 숨어 살고 있다. 그래서 상산사호(商山四皓)라고 부른다.〉 ○以上嫚侮士(이상만모사) : 〈전에〉 한고조가 그들을 무시하고 모욕한 일이 있었습니다. ○故, 逃匿山中, 義不爲漢臣(고 도닉산중 의불위한신) : 고로, 그들은 다 산속에 도망가 숨어 살며 도의를 지키면서 한나라 신하가 되지 않은 것입니다.
○上高此四人(상고차사인) : 그래서 한고조는 그들 네 사람을 높이 치고 있습니다. ○今令太子爲書卑詞,(금령태자위서비사) : 만약 이번에 태자로 하여금 서신을 보내고 말을 낮추고 〈그들을 초청하십시오.〉 ○安車固請, 宜來(안거고청 의래) : 〈특히〉 편안한 수레를 보내시고 반드시 오시라고 굳게 청하십시오. ○至以爲客,(지이위객) : 그들이

오면 손님으로 각별히 모십시오. ㅇ時從入朝,(시종입조) : 〈그리고〉 때맞게 조정에 따라 들어가서 한고조를 만나보십시오. ㅇ슈上見之, 則一助也(영상견지 즉일조야) : 폐하께서도 그들을 만나보게 하시면 도움이 될 것입니다. 〈즉 여후의 아들을 그대로 태자로 있게 할 것이다.〉

(3) 呂后使人奉太子書招之. 四人至. 帝擊布還, 愈欲易太子. 後置酒. 太子侍. 良所招四人者從. 年皆八十餘, 鬚眉皓白, 衣冠甚偉. 上怪問之. 四人前對, 各言姓名. 上大驚曰, 吾求公數歲, 公避逃我. 今何自從吾兒游乎.

여후가 사람을 시켜 태자의 서신을 들고 가서 〈네 사람을〉 초청하자, 네 사람이 왔다. 그 무렵에 한고조는 경포를 치고 돌아왔으며, 더욱 심하게 태자를 바꾸려는 생각을 했다. 그리고 후일, 술자리를 마련하고 태자를 배석하게 했다.

그러자 장량은 〈태자가〉 초청한 네 사람과 함께 그 자리에 나갔다. 그들 노인은 모두가 80세를 넘은 노인들이었으며, 수염과 눈썹이 희고 밝게 빛이 났으며, 그들의 의복이나 관모가 심히 위대하게 보였다.

한고조는 〈그들을 보고〉 괴상하게 여기고 물었다. 그러자 네 사람이 앞에 나와서 대답했으며 또 저마다 자기의 성명을 말했다. 이에 한고조가 크게 놀라며 말했다. 「과인은 여러 해를 두고 공들을 만나고자 했소이다. 그러나 공들이 나를 피하고 숨고 자취를 감추었거늘, 지금은 어찌하여 스스로 과인의 아들을 따라서 이곳에 와서 놀려고 하십니까?」

어구 설명 ○呂后使人奉太子書招之(여후사인봉태자서초지) : 여후가 사람을 시켜 태자의 서신을 받들고 가서 〈네 사람을〉 초치하자. ○四人至(사인지) : 네 사람이 〈승낙하고〉 왔다. ○帝擊布還,(제격포환) : 그때에 한고조는 경포(黥布)를 치고 돌아왔다. ○愈欲易太子(유욕역태자) : 더욱 심하게 태자를 바꾸려는 생각을 했다. ※「愈(나을 유) ; 더욱. 점점 더.」 ○後置酒. 太子侍(후치주 태자시) : 그리고 후일, 술자리를 마련하고 태자를 배석하게 했다.

○良所招四人者從(양소초사인자종) : 그러자 장량은 〈태자가〉 초청한 네 사람과 함께 그 자리에 나갔다. ○年皆八十餘,(연개팔십여) : 그들은 모두가 80세를 넘은 노인들이었으며. ○鬚眉皓白,(수미호백) : 수염과 눈썹이 밝게 빛이 났으며. ○衣冠甚偉(의관심위) : 의복이나 관이 심히 위대하게 보였다. ○上怪問之(상괴문지) : 한고조가 〈그들을 보고〉 괴상하게 여기고 묻자. ○四人前對,(사인전대) : 네 사람이 앞에 나와서 대답하고. ○各言姓名(각언성명) : 각자가 성명을 말했다.

○上大驚曰,(상대경왈) : 한고조가 크게 놀라며 말했다. ○吾求公數歲,(오구공수세) : 과인이 여러 해를 두고 공들을 찾았나이다. ○公避逃我(공피도아) : 〈그러나〉 공들이 나를 피하고 숨어 살았거늘. ○今何自從吾兒游乎

(금하자종오아유호) : 지금은 어찌하여 스스로 과인의 아들을 따라서 〈이곳에 와서〉 놀려고 하십니까.

(4) 四人曰, 陛下輕士善罵. 臣等義不辱. 今聞太子仁孝·恭敬愛士, 天下莫不延頸願爲太子死者. 故臣等來耳. 上曰, 煩公. 幸卒調護. 四人出. 上召戚夫人, 指示之曰, 我欲易之, 彼四人者輔之. 羽翼已成. 難動矣.

네 사람이 말했다. 「폐하는 전에는 선비를 경시하시고 또 욕하시기를 좋아하셨습니다. 그래서 신등은 의를 지키고 욕되게 살지 않으려고 숨었습니다.」

「그런데 지금 들으니, 태자께서는 인효(仁孝)하시고 선비들에게 공경하시고 또 사랑하신다고 들었습니다. 그래서 천하의 모든 사람들은 목을 길게 하고 태자를 위해서 죽기를 원치 않는 사람이 없다고 합니다. 〈누구나 다 태자를 위해 싸우고 죽으려고 한다.〉」

「고로 신들이 태자를 따라온 것입니다. 〈즉 태자를 지키려고 온 것이다.〉」

한고조가 말했다. 「공들의 힘으로 태자를 잘 지켜주시오. 다행히 끝까지 태자를 돌보고 지켜주시기를 바라오.」

네 사람이 나가자, 한고조는 척부인에게 그들 쪽을 가리키며 말했다. 「짐은 태자를 바꾸려고 했으나, 저들 네 사

람이 〈태자를〉 돕고 있구려. 〈태자를 보호하는〉 날개가
이미 생겼으므로 움직일 수 없게 되었소.」

 ㅇ四人曰, 陛下輕士善罵(사인왈 폐하경사선매) : 네 사람
이 말했다. 「폐하는 〈전에〉 선비를 경멸하고 매도하기를
좋아하셨습니다.」 ㅇ臣等義不辱(신등의불욕) : 「신등은
의를 지키고 욕되게 살지 않았습니다.」
ㅇ今聞太子仁孝·恭敬愛士,(금문태자인효 공경애사) :
「지금 들으니, 태자께서는 인효(仁孝)하시고 선비들에게
공경하시고 또 사랑하신다고 들었습니다.」 ㅇ天下莫不延
頸願爲太子死者(천하막불연경원위태자사자) :「〈그래서〉
천하의 모든 사람들은 목을 길게 뻗고 태자를 위해서 죽
기를 원치 않는 사람이 없다고 합니다. 〈누구나 다 태자
를 위해 싸우고 죽으려고 한다.〉」 ※「延(이끌 연 ; 길게 늘
이다.), 頸(목 경 ; 목덜미.)」 延頸(연경)은 목을 길게 뺌. 멀
리 바라봄. 고대(苦待)함. 翹首(교수)·鶴首(학수).
ㅇ故臣等來耳(고신등내이) :「고로 신들이 온 것입니다.
〈즉 태자를 지키려고 온 것이다.〉」 ㅇ上曰, 煩公. 幸卒調
護(상왈 번공 행졸조호) : 한고조가 말했다.「공들의 힘으
로 〈태자를 지켜주시오.〉」「다행히 끝까지 태자를 돌보
고 지켜주시기를 바라오.」
ㅇ四人出. 上召戚夫人, 指示之曰,(사인출 상소척부인 지
시지왈) : 네 사람이 나가자, 한고조는 척부인(戚夫人)을
불러 지시를 하며 말했다. ㅇ我欲易之,(아욕역지) :「짐
은 태자를 바꾸려고 했으나.」 ㅇ彼四人者輔之(피사인자
보지) :「저들 네 사람이 〈태자를〉 돕고 있구려.」 ㅇ羽翼

已成. 難動矣(우익이성 난동의) :「〈태자를 보호하는〉 날 개가 이미 생겼으며, 움직일 수 없게 되었소.」

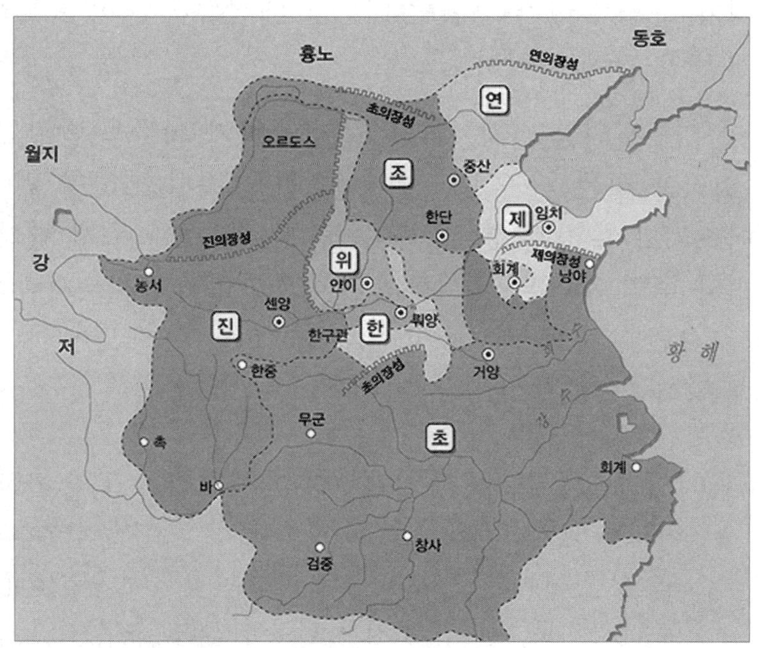

춘추전국시대

제5과 한고조(漢高祖) 붕어

(1) 蕭何以長安地陜, 上林中多空地棄, 請令民得入田. 上大怒, 下何廷尉, 械繫之, 數日而赦之.

재상인 소하가 다음 같이 건의를 했다. 「장안 일대는 땅이 좁습니다. 한편 궁중에 속하는 숲이나 원유(苑囿)에는 공지가 너무나 많습니다. 그러므로 백성들로 하여금 들어가서 밭을 갈게 하십시오.」

〈이렇게 건의를 하자〉 한고조는 〈소하가 뇌물을 받고 그런 소리를 하는 줄 알고〉 크게 노했다. 즉시 소하를 밑에 떨어뜨리고 옥리(獄吏)로 하여금 그를 형틀에 묶게 했다. 그러나 수일 후에는 용서하고 풀어주었다.(간하는 사람이 있고 고조도 소하의 청렴함을 알고 있었기 때문에 며칠 후에 놓아주었다.)

어구 설명 ○蕭何以長安地陜,(소하이장안지협) : 소하가 〈다음 같이〉 건의를 했다. 장안 일대는 땅이 좁다. ○上林中多空地棄,(상림중다공지기) : 궁중에 속하는 숲이나 원유(苑囿)에는 공지로 버려진 토지가 너무나 많다. ※ 상림(上林)은 천자의 후원(後苑)으로 대궐의 숲, 동산. ○請令民得入田(청령민득입전) : 「백성들로 하여금 들어가서 밭을 갈게 하십시오.」〈이렇게 건의를 했다.〉
○上大怒,(상대노) : 한고조는 〈소하가 뇌물을 받고 그런 소리를 하는 줄 알고〉 크게 노했다. ○下何廷尉, 械繫

之,(하하정위 계계지) : 〈높은 자리에 있는〉 소하를 밑에 떨어뜨리고 〈하천한〉 옥리(獄吏=廷尉)로 하여금 그를 형틀에 묶게 했다. ○數日而赦之(수일이사지) : 수일 후에는 용서하고 풀어주었다.

(2) 上擊布中流矢, 疾甚. 呂后問, 陛下百歲後, 蕭相國死, 誰可代之. 曰, 曹參. 其次. 曰, 王陵. 然少戇. 陳平可以助之. 平智有餘. 然難獨任. 周勃重厚少文, 可令爲太尉. 安劉氏者必勃也. 復問其次. 上曰, 此後亦非乃所知也.

한고조가 경포(黥布)를 칠 때, 흐르는 화살을 맞고 생긴 상처가 심히 아프게 되었다. 이에 여후가 물었다. 「폐하께서 백 년을 다스리신 다음에 상국(相國)인 소하(蕭何)도 죽으면 누구를 세울까요.」

한고조가 말했다. 「조삼(曹參)을 내세우시오.」 여후가 다시 물었다. 「그 다음은 누구입니까.」 한고조가 말했다. 「왕릉(王陵)이오. 그러나 그는 약간 어리석으니 진평이 도울 것이오. 진평은 지략에는 남음이 있으나 혼자서는 일을 감당하기 어렵소.」〈계속해서 말했다.〉「주발(周勃)은 인품이 무겁고 돈후하지만, 문화면에서는 부족하오. 그러므로 태위(太尉)를 시키면 될 것이오.」「우리나라 왕실 유씨 일가를 편하게 해줄 사람은 반드시 주발일 것이오.」 여후가 또 「다음은 누구입니까」 하고 묻자, 한고조가 말했

다. 「그 다음 일을 역시 그대가 알 바가 아니오.」〈즉 그때
는 그대도 죽고 없을 것이라는 뜻이다.〉

어구 설명 ○上擊布中流矢, 疾甚(상격포중유시 질심) : 한고조가 경
포(黥布)를 칠 때에, 흐르는 화살을 맞고 〈입은 상처가〉
심히 아프게 되었다. ※ 流矢(유시) : ① 빗나간 화살. ②
어디선지 모르게 날아오는 화살. 유전(流箭). ○呂后問,
陛下百歲後,(여후문 폐하백세후) : 여후가 물었다. 「폐하
께서 백 년 사신 후에」 ※ 百歲(백세) : 오래 살다가 죽음.
○蕭相國死, 誰可代之(소상국사 수가대지) : 「소하(蕭何)
상국(相國)도 죽으면, 누구를 대신 세울까요.」 ○曰, 曹
參(왈 조삼) : 한고조가 말했다. 「조삼(曹參)을 내세우시
오.」 ○其次(기차) : 〈여후가 또 물었다.〉「그 다음은 누
구입니까.」 ○曰, 王陵. 然少戇(왈 왕릉 연소당) : 〈한고조
가 말했다.〉「왕릉(王陵)이오. 그러나 그는 약간 어리석은
사람이오.」 ※「戇(어리석을 당)」 ○陳平可以助之(진평가이
조지) : 「진평이 그를 도우면 좋을 것이오.」 ○平智有餘.
然難獨任(평지유여 연난독임) : 「진평은 지략에는 남음이
있으나 혼자서는 감당하기 어렵소.」 ○周勃重厚少文, 可
令爲太尉(주발중후소문 가령위태위) : 「주발은 인품이 무
겁고 두텁다. 그러나 문화면에서는 부족하다. 그러므로
태위를 시키면 된다.」 ○安劉氏者必勃也(안유씨자필발
야) : 「우리 유씨 일가를 편하게 해줄 사람은 반드시 주발
이다.」 ○復問其次(복문기차) : 〈여후가〉 다시 「다음은 누
구입니까.」 하고 묻자. ○上曰, 此後亦非乃所知也(상왈
차후역비내소지야) : 한고조가 말했다. 「그 다음 일을 역

시 그대가 알 바가 아니오.」〈그때는 그대도 죽고 없을 것
이라는 뜻이다.〉

(3) 上崩. 葬長陵. 爲漢王者四年, 爲帝者八年, 凡 十二年. 太子盈立. 是爲孝惠皇帝.

　한고조가 붕어했으며, 장릉(長陵)에 매장했다(B.C.
195). 왕이 된 지 4년이고, 황제가 된 지 8년으로 도합 12
년을 다스렸다. 〈여후의 아들〉 태자 영(盈)을 세웠다. 이
가 바로 효혜황제다.

여구 설명　ㅇ上崩. 葬長陵(상붕 장장릉) : 한고조가 붕어했으며, 장
릉에 매장했다. ※ 長陵(장릉) : 함양(咸陽)에 있음. ㅇ爲
漢王者四年,(위한왕자사년) : 한나라 왕이 된 지 4년이었
다. ㅇ爲帝者八年,(위제자팔년) : 황제가 된 지 8년이었
다. ㅇ凡十二年(범십이년) : 도합 12년을 다스렸다. ㅇ太
子盈立(태자영립) : 〈여후의 아들로〉 태자인 영(盈)을 세
웠다. ㅇ是爲孝惠皇帝(시위효혜황제) : 이가 바로 효혜황
제(孝惠皇帝)이다.

서한시대에 만들어진 청동 향로

제6장 잔인한 여후와 일가의 반란

제1과 잔인한 여후(呂后)

(1) [孝惠皇帝] 名盈. 母呂太后. 卽位之元年, 呂
后鴆殺趙王如意, 斷戚夫人手足, 去眼煇耳, 飲瘖
藥, 使居廁中. 命曰人彘, 召帝觀之. 帝驚大哭, 因
病, 歲餘不能起.

〈한고조 다음으로 자리에 오른〉 효혜황제의 이름은 영
(盈)이며 어머니는 여태후다.

효혜황제 원년(B.C. 194), 여태후(呂太后)는 척(戚)부인
의 아들로 조(趙)나라 왕인 여의(如意)를 짐(鴆) 새의 독을
먹여 독살했다.

그리고 또 여태후는 척부인의 손과 발을 단절하고 눈알
을 뽑고 귀를 불로 지졌다.(약으로 귀머거리를 만들었다
고 한다.) 또 약을 먹여 벙어리가 되게 했다.

〈그러나 죽이지는 않고 살린 채〉 측간 안에서만 살게 했
다. 그리고「사람 돼지(人彘)」라고 부르게 했다.

〈그리고 자리에 오른 어린〉 황제를 불러 척부인의 비참
한 꼴을 보게 했다.

어린 황제는 크게 놀라고 큰소리로 통곡했으며 그로 인

해 병이 나서 일 년 이상을 일어나지 못했다.

 ㅇ[孝惠皇帝] 名盈. 母呂太后(효혜황제 명영 모여태후) :
효혜황제의 이름은 영(盈)이며, 어머니는 여태후(呂太后)
다. ㅇ卽位之元年, 呂后鴆殺趙王如意,(즉위지원년 여후
짐살조왕여의) : 〈자기 아들이〉 자리에 오른 원년(元年)
에, 여태후는 〈척부인의 아들로〉 조왕(趙王)인 여의(如
意)를 짐(鴆) 새의 독으로 살해했다. ※「짐(鴆)」은 「올빼
미와 비슷한 독조(毒鳥)다.」
ㅇ斷戚夫人手足,(단척부인수족) : 〈여태후가〉 척(戚)부인
의 손과 발을 단절했다. ㅇ去眼煇耳,(거안휘이) : 또 눈
알을 뽑고 귀를 불로 지졌다. ※「煇(불로 지질 휘)」 ㅇ飮
瘖藥,(음음약) : 목구멍이 부어 벙어리가 되게 하는 약을
먹여 벙어리가 되게 했다. ※「瘖(벙어리 음)」 ㅇ使居廁中
(사거측중) : 〈죽이지는 않고 살린 채〉 측간 안에서 살게
했다. ※「廁(뒷간 측) ; ① 변소 ② 돼지우리.」 廁間(측간)
은 뒷간, 변소. ㅇ命曰人彘,(명왈인체) : 사람 돼지라고
부르게 했다. ※「彘(돼지 체)」
ㅇ김帝觀之(소제관지) : 〈그리고 자기 아들인 어린〉 황제
를 불러 〈비참한 꼴을〉 보게 했다. ㅇ帝驚大哭,(제경대
곡) : 어린 황제는 크게 놀라고 큰소리로 통곡했다. ㅇ因
病, 歲餘不能起(인병 세여불능기) : 〈너무 놀라서〉 병이
났으며, 일 년 이상을 일어나지 못했다.

(2) 二年, 蕭何卒. 齊相曹參, 令舍人趣爲裝. 吾且
入相. 使者果召參. 代何爲相國, 一遵何約束. 百姓

歌之曰, 蕭何爲相, 較若畫一. 曹參代之, 守而勿失, 載其淸淨, 民以寧壹. 五年, 曹參卒.

효혜황제 2년, 재상 소하가 죽었다. 제(齊)나라의 상(相)으로 있는 조삼이 사인(舍人)으로 하여금 즉시 여장을 꾸리게 하며 말했다. 「나는 곧 조정에 들어가 재상(宰相)이 된다.」 과연 조정에서 사자가 와서 조삼을 불렀다.

이에 조삼은 조정에 올라가 소하(蕭何) 대신 재상이 되어 나라를 다스렸다. 조삼은 한결같이 소하의 방식을 엄격하게 따르고 지켰다. 그래서 백성들이 다음 같이 노래를 했다.

「소하가 재상일 때는 획일적으로 알기 쉽게 다스렸다. 조삼이 대신했으나, 역시 소하의 법도를 굳게 지키고 잃지 않았으며 모든 일을 맑고 깨끗하게 처리했으므로 백성들이 다 같이 편하게 되었다.」 효혜황제 5년, 조삼도 죽었다.

어구 설명 ㅇ二年, 蕭何卒(이년 소하졸) : 〈효혜황제〉 2년에 재상 소하가 죽었다. ㅇ齊相曹參, 令舍人趣爲裝(제상조삼 영사인취위장) : 제(齊)나라의 상(相)으로 있는 조삼이 사인으로 하여금 즉시 여장을 꾸리게 했다. ※ 舍人(사인): 하인. ㅇ吾且入相(오차입상) : 〈조삼이 말했다.〉 나는 곧 조정에 들어가 재상(宰相)이 된다. ※ 宰相(재상) : 임금을 돕고 백관(百官)을 지휘 · 감독하는 최고의 관직. 주공(周公)이 총재(冢宰)가 되어 성왕(成王)을 도운 데서 이르

는 말. 宰臣(재신). ㅇ使者果召參(사자과소참) : 과연 조정에서 사자가 와서 조삼을 불렀다.

ㅇ代何爲相國,(대하위상국) : 〈조정에 올라가〉 소하(蕭何) 대신 재상이 되어 나라를 다스렸다. ㅇ一遵何約束(일준하약속) : 조삼은 한결같이 소하의 방식을 엄격하게 따르고 다스렸다. ※「遵(좇을 준) ; 복종하다. 거느리다. 가다.」 ㅇ百姓歌之曰,(백성가지왈) : 백성들이 다음 같이 노래를 했다. ㅇ蕭何爲相, 較若畫一(소하위상 교약화일) : 소하가 재상일 때는 획일적으로 알기 쉽게 다스렸다. ※「교(較)는 분명하게 하다.」 ㅇ曹參代之, 守而勿失,(조삼대지 수이물실) : 조삼이 대신했으나, 역시 〈소하의 법도를〉 굳게 지키고 잃지 않았다. ㅇ載其淸淨, 民以寧壹(재기청정 민이녕일) : 모든 일을 맑고 깨끗하게 처리했으므로 백성들이 다 같이 편하게 되었다. ※「재(載)는 모든 일이라는 뜻이다.」「녕일(寧壹)」은「다 같이 안녕하고 평등하다.」 ㅇ五年, 曹參卒(오년 조참졸) : 효혜황제 5년에 조삼도 죽었다.

효혜황제(孝惠皇帝)

(3) 六年, 王陵爲右丞相, 陳平爲左丞相. 張良卒.
周勃爲太尉. 帝在位七年崩. 無子. 呂太后, 取他人
子, 以爲太子. 至是卽位. 太后臨朝稱制.

어린 효혜황제 6년, 왕릉은 우승상이 되고 진평이 좌승
상이 되었다. 그 해에 장량이 사망했다. 이에 주발이 〈군
의 장관에 해당하는〉 태위가 되었다.

효혜황제는 자리에 7년 있다가 붕어했으며 그에게는 아
들이 없었다. 이에 여태후가 남의 아들을 취해서 태자로 삼
았다. 〈즉 다른 궁녀가 난 아이를 취해서 효혜의 아들이라
고 속인 것이다. 그리고 그의 친어머니인 궁녀를 죽였다.〉

효혜황제가 죽자 그 태자를 황제 자리에 세웠다. 〈이를
소제(少帝)라 했다.〉 그리고 여태후는 조정에 나가서 자기
마음대로 정사를 다스렸다.

어구설명 ㅇ六年, 王陵爲右丞相,(육년 왕릉위우승상) : 효혜 6년,
　　왕릉이 우승상이 되고. ㅇ陳平爲左丞相(진평위좌승상) :
　　진평이 좌승상이 되었다. ㅇ張良卒(장양졸) : 그 해에 장
　　량이 사망했다. ㅇ周勃爲太尉(주발위태위) : 주발이 태위
　　가 되었다. ※「태위(太尉)는 군부 장관」
　　ㅇ帝在位七年崩. 無子(제재위칠년붕 무자) : 효혜황제가
　　자리에 7년 있다가 붕어했으며, 그에게는 아들이 없었다.
　　ㅇ呂太后, 取他人子, 以爲太子(여태후 취타인자 이위태
　　자) : 여태후가 남의 아들을 취해서 태자로 삼았다. 〈다른

궁녀가 난 아이를 취하고 태자로 삼았다. 한편 그 궁녀를 죽였다.〉 ○ 至是卽位(지시즉위) :〈효혜황제가 죽자〉 그를 자리에 앉게 했다.

○ 太后臨朝稱制(태후임조칭제) : 여태후가 조정에 나가 정사를 제멋대로 다스렸다. ※「칭제(稱制)는 모든 일을 제 멋대로 다루었다는 뜻이다.」

(4) 元年, 太后議立諸呂爲王. 王陵曰, 高帝刑白馬, 盟曰, 非劉氏而王, 天下共擊之. 平 · 勃以爲可. 陵罷相. 遂王呂氏. 四年, 太后廢少帝幽殺之, 立恆山王義爲帝. 改名弘. 亦名佗人子, 爲惠帝子者也.

소제(少帝) 원년, 여태후가 〈다른 신하들과〉 의논을 했다.「자기 집안인 여씨(呂氏)의 형제들을 세워서 왕으로 삼고자 한다.」 이에 왕릉이 반대하고 말했다.

「한고조께서 살아계실 때 백마(白馬)를 죽여 피를 나누어 마시고 맹서를 했습니다.」「한(漢)나라에서 유씨(劉氏)가 아닌 사람이 왕이 되면, 온 천하가 다 같이 격파해야 한다.」 그러나 진평(陳平)과 주발(周勃) 두 사람은 괜찮다고 말했다.〈여태후가 분란을 일으킬까 해서 일단 받아 주자고 한 것이다.〉 이에 왕릉은 재상을 그만두었다. 결국 여씨(呂氏)들을 여러 지방 국가의 왕으로 세웠다.

4년이 지나자, 여태후는 소제(少帝)를 폐하고 깊은 곳에 가두고 살해했다. 그리고 항산왕(恆山王) 의(義)를 황제(皇

帝)로 삼고, 이름을 홍(弘)이라고 고쳤다. 그도 역시 다른 사람의 자식을 〈취해가지고〉 이름을 고치고 효혜황제(孝惠皇帝)의 자식이라고 속인 것이다.

여구 설명 ㅇ元年, 太后議立諸呂爲王(원년 태후의립제여위왕) : 소제(少帝) 원년, 여태후가 〈다른 신하들과〉 의논을 했다. 「자기 집안 여씨(呂氏)의 형제들을 세워서 왕으로 삼고자 한다.」 ㅇ王陵曰,(왕릉왈) : 왕릉이 〈반대하고〉 말했다. ㅇ高帝刑白馬, 盟曰,(고제형백마 맹왈) : 한고조가 〈살아계실 때〉 백마(白馬)를 죽여 피를 나누어 마시고 맹서를 했습니다. ※「형(刑)은 살(殺)의 뜻이다.」
ㅇ非劉氏而王, 天下共擊之(비유씨이왕 천하공격지) : 〈한(漢)나라에서〉 유씨(劉氏)가 아닌 사람이 왕이 되면, 온 천하가 다 같이 격파해야 한다.」고 〈맹서를 했습니다.〉
ㅇ平·勃以爲可(평 발이위가) : 그러나 진평(陳平)과 주발(周勃) 두 사람은 괜찮다고 말했다. 〈여태후가 분란을 일으킬까 해서 일단 받아주자고 한 것이다.〉
ㅇ陵罷相(능파상) : 이에 왕릉은 재상을 그만두었다. ㅇ遂王呂氏(수왕여씨) : 결국 여씨(呂氏)들을 여러 지방 국가의 왕으로 세웠다. ㅇ四年, 太后廢少帝幽殺之,(사년 태후폐소제유살지) : 4년이 지나자, 여태후는 소제(少帝)를 폐하고 깊은 곳에 가두고 살해했다. 〈*소제는 여태후가 자기 생모를 죽인 것을 알고 복수를 하려고 했다. 그래서 여태후가 그를 죽인 것이다.〉
ㅇ立恆山王義爲帝. 改名弘(입항산왕의위제 개명홍) : 항산왕(恆山王) 의(義)를 황제(皇帝)로 삼고, 이름을 홍(弘)

이라고 고쳤다. ○亦名佗人子, 爲惠帝子者也(역명타인자
위혜제자자야) : 그도 역시 다른 사람의 자식을 〈취해가
지고〉 이름을 고치고 효혜황제(孝惠皇帝)의 자식이라 속
인 것이다.

**(5) 八年, 太后崩. 諸呂欲爲亂. 時呂祿將北軍. 呂
産將南軍. 太尉勃不能主兵. 平 · 勃使酈寄說祿,
解印以兵授勃. 勃入軍門, 令曰, 爲呂氏者右袒, 爲
劉氏者左袒. 軍中皆左袒. 召朱虛侯劉章, 予卒千
餘人, 擊呂産殺之, 分部悉捕諸呂, 無少長皆斬之.**

효혜황제 8년(B.C. 180) 여태후가 붕어했다. 그러자 여
씨 가문의 세력 있는 사람들이 반란을 하려고 했다. 〈즉
유씨 대신 여씨가 나라를 잡으려고 했다.〉

그때 여록(呂祿)은 북군을 지휘했고 여산(呂産)은 남군
을 지휘하고 있었다. 한편 〈명목상으로 군을 총지휘하는〉
태위(太尉=軍部大臣)인 주발(周勃)이 실제로는 병력을 지
휘하지 못했다. 이에 진평(陳平)과 주발(周勃)이 역기(酈
寄)를 사신으로 보내서 여록(呂祿)을 설득했다. 그래서 여
록이 대장의 인수(印綬)를 풀어서 주발에게 넘겨주었다.

그러자 주발이 군에 들어가 영을 내려 말했다. 「여씨 편
을 드는 사람은 우단해라.」 「유씨 편을 드는 사람은 좌단
해라.」

　모든 무사들이 좌단을 했다. 이에 주허후(朱虛侯) 유장(劉章)을 불러 천여 명의 병력을 주고 여산을 격파하고 그를 죽였다. 그리고 여씨 일파의 모든 부서를 해산하고 모든 여씨들을 체포했다. 그리고 나이가 많으나 적으나 가리지 않고 모두를 베어 죽였다.

어구 설명　ㅇ八年, 太后崩(팔년 태후붕) : 〈효혜황제〉 8년(B.C. 180) 여태후가 붕어했다.　ㅇ諸呂欲爲亂(제여욕위란) : 여씨 가문의 세력 있는 여러 사람이 반란을 하려고 했다. 〈즉 유씨 대신 여씨가 나라를 잡으려고 했다.〉

ㅇ時呂祿將北軍(시여록장북군) : 그때 여록은 북군을 지휘했고.　ㅇ呂産將南軍(여산장남군) : 여산은 남군을 지휘하고 있었다.　ㅇ太尉勃不能主兵(태위발불능주병) : 그래서 〈명목상으로 군무 태위인〉 주발(周勃)은 실제로는 병권을 지휘하지 못했다.

ㅇ平 · 勃使酈寄說祿,(평 · 발사역기설록) : 진평(陳平)과 주발(周勃)이 역기(酈寄)를 사신으로 보내서 여록(呂祿)을 설득했다.　ㅇ解印以兵授勃(해인이병수발) : 그래서 여록이 대장의 인수(印綬)를 풀어서 주발(周勃)에게 넘겨주었다.　ㅇ勃入軍門, 令曰,(발입군문 영왈) : 주발이 군문에 들어가 영을 내려 말했다.

ㅇ爲呂氏者右袒,(위여씨자우단) : 여씨 편을 드는 사람은 우단(右袒)해라. 「우단(右袒)」은 「상의를 벗고 왼쪽 어깨를 내보인다.」 ㅇ爲劉氏者左袒(위유씨자좌단) :「유씨 편을 들 사람은 바른쪽 어깨를 내보여라.」 ㅇ軍中皆左袒(군중개좌단) : 군중의 모든 무사들이 좌단(左袒)을 했다.

ㅇ召朱虛侯劉章,(소주허후유장) : 〈이에〉 주허후(朱虛侯) 유장(劉章=제왕〈齊王〉의 아우)을 불러. ㅇ予卒千餘人,(여졸천여인) : 천여 명의 병력을 주고. ㅇ擊呂産殺之,(격여산살지) : 여산을 격파하고 그를 죽였다. ㅇ分部悉捕諸呂,(분부실포제여) : 그리고 〈여씨 일파의〉 모든 부서를 해산하고 모든 여씨들을 체포했다. ㅇ無少長皆斬之(무소장개참지) : 그리고 나이가 많으나 적으나 가리지 않고 모두를 베어 죽였다.

진평(陳平)

(6) 諸大臣, 迎立代王恒. 王西鄕讓者三, 南鄕讓者再. 遂卽位. 誅子弘等, 赦天下. 是爲太宗孝文皇帝.

모든 대신들도 대왕(代王) 항(恒)을 세우는 것을 환영했다. 〈즉 신하들은 무모하게 한(漢)나라를 찬탈한 여씨(呂氏) 일가를 추방하고 다시 한고조의 후손인 유씨(劉氏)를 세우고자 했다.〉 대왕(代王)은 〈사양을 하면서〉 서쪽을 보고 사양(辭讓)하기를 세 번 했고, 또 남쪽을 보고 사양하기를 두 번 했다. 〈*그래도 대신들이 추대함으로 별 수 없이.〉 결국 천자(天子) 자리에 올랐다. 〈그 다음에, 신하들은 여태후가 내세운 가짜 아들〉 홍(弘) 등을 주살했다. 〈아울러〉 천하에 대사령(大赦令)을 내렸다.

이가 곧 태종(太宗 : 즉 한고조)의 뒤를 계승한 문황제(文皇帝)이다. 〈*약칭 문제(文帝)이다.〉

어구 설명 ㅇ 諸大臣, 迎立代王恒(제대신 영립대왕항) : 모든 대신들도 대왕(代王) 항(恒)을 세우는 것을 환영했다. 〈*신하들이 여씨(呂氏) 일가를 추방하고 다시 한고조의 후손인 유씨(劉氏)를 세우고자 했다.〉
ㅇ 王西鄕讓者三,(왕서향양자삼) : 대왕(代王)은 〈사양을 하면서〉 서쪽을 보고 사양(辭讓)하기를 세 번 했다. ㅇ 南鄕讓者再(남향양자재) : 남쪽을 보고 사양하기를 두 번 했다. 〈*그래도 대신들이 추대함으로 별 수 없이.〉 ㅇ 遂卽位(수즉위) : 결국 천자(天子) 자리에 올랐다.
ㅇ 誅子弘等,(주자홍등) : 〈여태후가 내세운 가짜 아들〉

홍(弘) 등을 주살했다. ○赦天下(사천하) : 〈천자가 된 다음에는〉 천하에 대사(大赦)를 내렸다. ○是爲太宗孝文皇帝(시위태종효문황제) : 이가 곧 태종(太宗)의 뒤를 계승한 문황제(文皇帝)이다. 〈*「대왕(代王) 항(恒)」은 원래 한고조(漢高祖)의 셋째 아들이다. 일찍부터 난을 피해서, 멀리 산서(山西)에 가 있었다. 당시에는 나이가 많았다. 그러나 사람됨이 고상하고 인의도덕(仁義道德)을 지켰다.〉 〈*태종(太宗)은 곧 한고조(漢高祖)다. 즉 한나라를 세운 태조(太祖)이나 시종(始宗)이라는 뜻이다.〉

(7) [孝文皇帝] 名恆, 母薄氏. 夢龍據胸, 遂生帝. 帝立, 尊爲皇太后.

문제(文帝)의 이름은 항(恒)이다. 모친은 박씨(薄氏)다. 꿈에 용이 가슴 앞에 나타나는 것을 보고 문제를 출생했다. 문제는 황제가 되자, 어머니를 황태후(皇太后)로 높이 모셨다.

어구 설명 ○ [孝文皇帝] 名恆,(효문황제 명항) : 문제의 이름은 항(恒)이다. 〈*효문황제(孝文皇帝)는 효성스런 문(文) 황제.〉 ○母薄氏. 夢龍據胸, 遂生帝(모박씨 몽룡거흉 수생제) : 모친은 박씨(薄氏)다. 꿈에 용이 가슴 앞에 나타나는 것을 보고 출생했다. ○帝立, 尊爲皇太后(제립 존위황태후) : 황제가 되자, 어머니를 황태후로 높이 모셨다.

제7장 뒤를 계승한 한나라 임금들

제1과 문제(文帝)의 선치(善治)

(1) 元年, 陳平爲左丞相, 周勃爲右丞相. 時有獻千里馬者. 帝曰, 鸞旗在前, 屬車在後, 吉行日五十里, 師行日三十里. 朕乘千里馬, 獨先安之. 於是還其馬, 與道里費, 而下詔曰, 朕不受獻也. 其令四方母來獻.

문제(文帝) 원년에 진평(陳平)이 좌승상이 되고 주발(周勃)이 우승상이 되었다.

그때에 어떤 사람이 〈문제에게〉 천리마(千里馬)를 바쳐 올렸다. 이에 문제가 말했다. 「〈황제가 행차할 때는〉 난(鸞) 새를 그린 기를 앞세우고 뒤에는 많은 뒤차를 따르게 한다.」「순수(巡狩)할 때는 하루에 50리 간다.」「군대를 지휘하고 갈 때에는 하루에 30리를 간다.」「짐이 천리마를 타고 혼자 앞서서 어디로 가겠는가.」

그리고 천리마를 되돌려주고 아울러 〈그 사람에게〉 여비를 더 주었다. 그리고 조명(詔命)을 내려 말했다. 「짐은 일체 헌물을 받지 않는다. 사방에 영을 내려 헌물을 바치지 못하게 해라.」

어구 설명 ㅇ元年, 陳平爲左丞相, 周勃爲右丞相(원년 진평위좌승상 주발위우승상) : 문제(文帝) 원년에 진평(陳平)이 좌승상이 되고 주발(周勃)이 우승상이 되었다.

ㅇ時有獻千里馬者(시유헌천리마자) : 그때에 어떤 사람이 〈문제에게〉 천리마(千里馬)를 바쳐 올렸다. ㅇ帝曰, 鸞旗在前, 屬車在後,(제왈 난기재전 속거재후) : 문제가 말했다. 「〈황제가 행차할 때는〉 난(鸞) 새를 그린 기를 앞세우고, 뒤에는 많은 후속차(後屬車)를 따르게 한다.」 ※ 鸞旗(난기) : 천자의 기. 기의 끝에는 구리로 만든 방울을 단다. 그 방울은 난령(鸞鈴)이라고 한다. ㅇ吉行日五十里,(길행일오십리) : 「순수(巡狩)할 때는 하루에 50리 간다.」 ㅇ師行日三十里(사행일삼십리) : 「군대를 지휘하고 갈 때에는 하루에 30리를 간다.」 ※ 師行(사행) : 군행(軍行).

ㅇ朕乘千里馬, 獨先安之(짐승천리마 독선안지) : 「짐이 천리마를 타고 혼자 앞서서 어디로 가겠는가.」 ㅇ於是還其馬, 與道里費,(어시환기마 여도리비) : 그리고 천리마를 되돌려 주었다. 아울러 〈그 사람에게〉 여비를 더 주었다.

ㅇ而下詔曰,(이하조왈) : 그리고 조명(詔命)을 내렸다. ㅇ朕不受獻也. 其令四方毋來獻(짐불수헌야 기영사방모래헌) : 짐은 일체 헌물(바치는 물건, 헌상하는 물건)을 받지 않는다. 사방에 영을 내려 헌물을 바치지 못하게 해라.

(2) 帝益明習國家事. 朝而問右丞相勃曰, 天下一歲決獄幾何. 勃謝不知. 又問, 一歲錢穀出入幾何. 勃又謝不知. 惶愧汗出沾背.

　문제(文帝)가 나라 다스리는 일을 더욱 밝게 알고 또 익숙하게 되자, 조회에서 우승상 주발(周勃)을 보고 물었다. 「천하에서 모든 사람을 재판에 부치고 또 결판을 내는 건수가 1년에 얼마나 되는가.」 주발이 사죄하면서 말했다. 「저는 잘 모릅니다.」

　문제가 또 물었다. 「1년에 〈나라에서〉 들락날락하는 재물이나 곡식의 양이 얼마나 되는가.」 주발이 또 사죄하면서 「모릅니다.」 하고 말했다. 이에 주발은 너무나 황송하고 부끄러워서 등에 땀을 흠뻑 흘렸다.

어구 설명　○帝益明習國家事(제익명습국가사) : 문제(文帝)가 나라 다스리는 일을 더욱 밝게 알고 또 익숙하게 되었다. ○朝而問右丞相勃曰,(조이문우승상발왈) : 조회에서 우승상 주발(周勃)을 보고 물었다.

　○天下一歲決獄幾何(천하일세결옥기하) : 천하에서 모든 사람을 재판에 부치고 또 결판을 내는 건수가 1년에 얼마나 되는가. ○勃謝不知(발사부지) : 주발이 사죄하면서 말했다. 「저는 잘 모릅니다.」

　○又問,(우문) : 문제가 또 물었다. ○一歲錢穀出入幾何(일세전곡출입기하) : 1년에 〈나라에서〉 들락날락하는 재물이나 곡식의 양이 얼마나 되는가. ○勃又謝不知(발우사부지) : 주발이 또 사죄하면서 모릅니다 하고 말했다. ○惶愧汗出沾背(황괴한출첨배) : 주발은 너무나 황송하고 부끄러워서 등에 땀을 흠뻑 흘렸다. ※「惶(두려워할 황 ; 황공해 하다.), 愧(부끄러워할 괴)」惶愧(황괴)는 황송하

고 부끄러움. 「汗(땀 한 ; 땀을 흘리다.), 沾(더할 첨 ; 적시다. 젖다.」 沾背(첨배)는 땀이 등을 적심. 곧 몹시 부끄러워함. 汗出沾背(한출첨배) : 식은땀이 나서 등을 적심. 몹시 부끄러워함.

(3) 上問左丞相平. 平曰, 有主者. 卽問決獄責廷尉. 問錢穀責治粟內史. 上曰, 君所主者何事. 平謝曰, 陛下使待罪宰相. 宰相者, 上佐天子, 理陰陽, 順四時, 下遂萬物之宜, 外鎭撫四夷, 內親附百姓, 使卿大夫各得其職焉. 帝稱善. 勃大慚, 謝病免.

〈이번에는〉 문제(文帝)가 좌승상 진평(陳平)에게 물었다. 이에 진평이 〈다음 같이〉 말했다. 「저마다 주관하는 바가 있습니다.」〈그리고 말을 계속해서 했다.〉「즉 〈죄인을〉 심문하고 결판을 내리는 일을 책임지는 재판장(廷尉)에게 물으십시오.」「재물이나 곡식에 대한 질문은 〈그런 것을〉 책임지고 다스리는 치속내사(治粟內史)에게 하십시오.」

문제가 물었다. 「그대는 무슨 일을 주관하시오.」 진평이 사죄하면서 말했다. 「폐하께서 〈저를〉 재상으로 삼으셨으나 〈책임을 다하지 못하는 저에게〉 죄를 내리십시오.」

〈그리고 말을 이었다.〉「〈원래〉 재상은 천자를 보좌하는 자리입니다.」「〈하늘의〉 음양(陰陽)의 이(理)와 사시(四時) 즉 춘하추동에 재해가 없게 하고 따라서 〈지상에서〉 만물이 바르게 생육하도록 다스려야 합니다.」「외적으로는 사방의 오랑캐의 침입을 막고 또 무마하고 대내적으로는 백성들을 돌보고 따르게 해야 합니다.」「경이나 대부들로 하여금 저마다 직책을 잘 지키게 합니다.」

　문제가 「참 좋다.」고 칭찬을 했다. 한편 주발(周勃)은 크게 창피하게 여기고 병을 핑계로 자리(직위)에서 물러났다.

어구 설명 ㅇ上問左丞相平(상문좌승상평) : 문제(文帝)가 좌승상 진평(陳平)에게 물었다. ㅇ平曰, 有主者(평왈 유주자) : 진평이 대답해서 말했다. 「저마다 주관하는 바가 있습니다.」 ㅇ卽問決獄責廷尉(즉문결옥책정위) : 즉 〈죄인을〉 심문하고 결판을 책임지는 재판장에게 물으십시오. ※ 廷尉(정위)는 재판(裁判)을 바로잡는 장관(長官). ㅇ問錢穀責治粟內史(문전곡책치속내사) : 재물이나 곡식에 대한 질문은 〈그런 것을〉 책임지고 다스리는 치속내사(治粟內史)에게 하십시오. ※ 治粟內史(치속내사) : 사농경(司農卿)을 말한다. 재물이나 곡식(군량이나 식량)을 관장하는 책임을 가진 직위. ㅇ上曰, 君所主者何事(상왈 군소주자하사) : 문제가 물었다. 「그대는 무슨 일을 주관하시오.」 ㅇ平謝曰,(평사왈) : 진평이 사죄하면서 말했다. ㅇ陛下使待罪宰相(폐하사대죄재상) : 「폐하께서 〈저를〉 재상으로 삼으셨으나 〈책임을 다하지 못하는 저에게〉 죄를 내리십시오.」〈그리고 말을 했다.〉 ㅇ宰相者, 上佐天子,(재상자 상좌천자) : 「〈원래〉 재상은 천자를 보좌하는 자리입니다.」 ㅇ理陰陽, 順四時, 下遂萬物之宜,(이음양 순사시 하수만물지의) : 「〈하늘의〉 음양(陰陽)의 이(理)와 사시(四時) 즉 춘하추동(春夏秋冬)에 재해가 없게 하고 따

라서 〈지상에서〉 만물이 바르게 생육(生育)하도록 다스
려야 합니다.」
ㅇ外鎭撫四夷, 內親附百姓,(외진무사이 내친부백성) : 「외
적으로는 사방의 오랑캐의 침입을 누르고 또 무마하고, 대
내적으로는 백성들을 돌보고 따르게 해야 합니다.」 ※ 四
夷(사이) : 동이(東夷). 서융(西戎). 남만(南蠻). 북적(北狄).
ㅇ使卿大夫各得其職焉(사경대부각득기직언) : 「경이나 대
부들로 하여금 저마다 직책을 잘 지키게 합니다.」 ㅇ帝稱
善(제칭선) : 문제가 「참 좋다.」고 칭찬을 했다. ㅇ勃大慚,
謝病免(발대참 사병면) : 한편 주발(周勃)은 크게 창피하게
여기고 병을 핑계로 자리(직위)에서 물러났다.

가의(賈誼)

(4) 河南守吳公, 治平爲天下第一. 召爲廷尉. 吳公
薦洛陽人賈誼. 年二十餘. 一歲中, 超遷爲大中大
夫, 陳平卒. 二年, 賜天下今年田租之半.

하남의 태수(太守) 오공(吳公)은 공평하기가 천하에서
제일이라고 소문이 났다. 그래서 문제(文帝)가 그를 불러
재판장(廷尉＝정위)으로 삼았다.

그러자 오공은 낙양 사람 가의(賈誼)를 추천했다. 그때
나이가 20세였던 가의는 1년도 못되어 높이 뛰어 올라 대
중대부(大中大夫)가 되었다.

그 무렵에 진평이 사망했다. 문제는 2년에, 전국에 조서
를 내려 그 해에 바칠 전조(田租)를 절반으로 내려주었다.

어구 설명 ○河南守吳公, 治平爲天下第一(하남수오공 치평위천하
제일) : 하남의 태수(太守) 오공(吳公)은 공평하기가 천하
에서 제일이라고 소문이 났다. ○召爲廷尉(소위정위) :
그래서 문제(文帝)가 그를 불러 재판장으로 삼았다. ○吳
公薦洛陽人賈誼(오공천낙양인가의) : 그러자 오공은 낙
양 사람 가의(賈誼)를 추천했다. ○年二十餘(연이십여) :
그때 나이가 20세였다. ○一歲中,(일세중) : 1년도 못되
어. ○超遷爲大中大夫,(초천위대중대부) : 높이 뛰어 올
라 대중대부(大中大夫)가 되었다. ※「大(① 큰 대, ② 클
태)」대중대부(大中大夫)는 논의(論議)를 관장하는 관리.
회의를 관장하는 관리. ○陳平卒(진평졸) : 그 무렵에 진
평이 사망했다. ○二年, 賜天下今年田租之半(이년 사천

하금년전조지반) : 2년에, 문제는 전국에 조서를 내려 그 해에 걷을 전국의 전조(田租)의 절반을 내려주었다. (면제해 주었다) ※ 田租(전조) : 농작물의 세금. 전답곡물의 세금.

(5) 三年, 張釋之爲廷尉. 上行中渭橋. 有一人, 橋下走. 乘輿馬驚. 捕屬廷尉. 釋之奏, 犯蹕當罰金. 上怒. 釋之曰, 法如是. 更重之, 是法不信於民. 廷尉天下之平也. 一傾, 天下用法, 皆爲之輕重. 民安所措手足乎. 上良久曰, 廷尉當, 是也.

문제 3년(B.C. 177), 장석지(張釋之)가 재판장(廷尉)이 되었다. 어느 날 문제가 외출하여 중위교(中渭橋)를 지나가는데, 한 사람이 다리 밑으로 뛰어갔다. 그래서 수레를 끄는 말이 깜짝 놀랐다. 〈그 사람을〉 체포하여 재판장에게 넘겼다. 재판장 장석지가 임금에게 주청(奏請)했다. 「행차를 방해한 죄는 벌금에 해당됩니다.」 이에 문제가 화를 내자, 장석지가 말했다. 「법이 그러합니다.」 「〈법 이상으로〉 중벌(重罰)을 내리면 백성들이 법을 불신하게 됩니다.」 「재판장은 천하 만민에게 〈법을〉 공평하게 적용해야 합니다」 「한 번이라도 천하 만민에게 법 적용을 기울게 한다면 〈모두가 법 적용을 제멋대로〉 가볍게 했다가 중하게 할 것이므로 백성들이 어떻게 손발을 놀리겠습니까.」 문제가 한참 있다가 말했다. 「재판장의 말이 맞다.」

어구 설명 ○三年, 張釋之爲廷尉(삼년 장석지위정위) : 문제 3년, 장석지(張釋之)가 재판장(廷尉)이 되었다. ○上行中渭橋(상행중위교) : 문제가 중위교(中渭橋)를 지나가는데. ○有一人, 橋下走(유일인 교하주) : 한 사람이 다리 밑을 지나갔다. ○乘輿馬驚(승여마경) : 그래서 수레를 끄는 말이 깜짝 놀랐다. ○捕屬廷尉(포속정위) : 〈그 사람을〉 체포하여 재판장에게 넘겼다. ○釋之奏,(석지주) : 재판장인 장석지가 임금에게 주청(奏請)했다. ○犯蹕當罰金(범필당벌금) : 행차를 방해한 죄는 벌금에 해당됩니다. ※「蹕(길 치울 필)」천자가 출입(出入)할 때는 반드시 먼저 길을 청소하고 행인(行人)의 통행을 금지한다. 천자가 밖에 나갈 때를 경(警)이라고 하고 들어올 때를 필(蹕)이라 한다. ○上怒(상노) : 문제가 화를 내자. ○釋之曰, 法如是(석지왈 법여시) : 장석지가 말했다.「법이 그러합니다.」○更重之, 是法不信於民(경중지 시법불신어민) :「〈법 이상으로〉 중벌(重罰)을 내리면, 백성들이 법을 불신하게 됩니다.」○廷尉天下之平也(정위천하지평야) :「재판장은 천하 만민에게 〈법을〉 공평하게 적용해야 합니다.

○一傾, 天下用法,(일경 천하용법) :「한 번이라도 천하 만민에게 법 적용을 기울게 한다면.」○皆爲之輕重. 民安所措手足乎(개위지경중 민안소조수족호) :「〈모두가 법 적용을 제멋대로〉 가볍게 했다가 중하게 할 것이므로, 백성들이 어떻게 손발을 놀리겠습니까.(백성들이 어떻게 몸이 편안하게 살아갈 수 있겠습니까?)」○上良久曰, 廷尉當, 是也(상양구왈 정위당 시야) : 문제가 한참 있다가 말했다.「재판장의 말이 맞고 옳다.」

(6) 其後, 人有盜高廟玉環. 得. 下廷尉治. 釋之奏, 當棄市. 上大怒曰, 人盜先帝器. 吾欲致之族. 而廷尉以法奏之. 非吾所以共承宗廟意也. 釋之曰, 盜宗廟器而族之, 假令愚民取長陵一抔土, 何以加其法乎. 帝許之.

그 후에 어떤 사람이 한고조(漢高祖)를 모신 신묘(神廟)의 옥환(玉環)을 훔쳤다. 그를 잡아서 재판장에게 내려 처벌케 했다.

재판장 장석지가 주청했다. 「마땅히 기시(棄市)해야 합니다.」

문제가 크게 노하고 말했다. 「선제의 신묘의 옥기를 훔친 자를 나는 일가 멸족하고자 한다.」

「이에 재판장이 「법을 지켜야 한다.」고 주청하고 또 말했다. 「저는 〈법으로 처벌하는 것은〉 종묘를 모시는 의미와는 다릅니다.」 장석지가 말했다. 「만약에 종묘의 기물을 도적질했다고 일가 멸족을 하면, 가령 어리석은 자가 임금님 능의 흙을 한 움큼 퍼서 가졌다면 어떠한 처벌을 가해야 합니까.」 문제가 장석지의 말을 옳게 여기어 그의 주장에 대해서 승낙을 했다.

어구 설명 ○其後, 人有盜高廟玉環(기후 인유도고묘옥환) : 그 후에 어떤 사람이 한고조(漢高祖)를 모신 신묘(神廟)의 옥환을 훔쳤다. ○得. 下廷尉治(득 하정위치) : 그를 잡아서 재판장에게 내려 처벌케 했다.

○釋之奏, 當棄市(석지주 당기시) : 장석지가 상주했다. 「마땅히 기시해야 합니다.」 ※「기시(棄市)」는 「사형을 하고 시체를 거리에 내다보이는 형벌이다.」 ○上大怒曰,(상대노왈) : 문제가 크게 노하고 말했다. ○人盜先帝器. 吾欲致之族(인도선제기 오욕치지족) : 「선제의 신묘의 옥기를 훔친 자를 나는 일가 멸족하고자 한다.」 ○而廷尉以法奏之(이정위이법주지) 「그러나 재판장은 「법을 지켜야 한다.」고 주청하고 또 말했다. ○非吾所以共承宗廟意也(비오소이공승종묘의야) : 「저는 〈법으로 처벌하는 것은〉 종묘를 모시는 의미와는 다릅니다.」 ○釋之曰, 盜宗廟器而族之,(석지왈 도종묘기이족지) : 장석지가 말했다. 「만약에 종묘의 기물을 도적질했다고 일가 멸족을 하면.」 ○假令愚民取長陵一抔土, 何以加其法乎(가령 우민취장릉일배토 하이가기법호) : 가령 어리석은 자가 임금님 능의 흙을 한 움큼 퍼서 가졌다면 어떠한 처벌을 가해야 합니까.」 ○帝許之(제허지) : 문제가 장석지의 말을 옳게 여기어 그의 주장에 대해서 승낙을 했다.

제2과 문제(文帝)의 후기

(1) 六年, 淮南厲王長謀反, 廢徒死. 民有歌之者. 曰, 一尺布尙可縫. 一斗粟尙可舂. 兄弟二人不相容. 帝聞而病之, 後封其四子爲侯.

　문제 6년(B.C. 174)에, 회남(淮南)을 다스리는 여왕(厲王) 장(長)이 모반을 했다. 〈*한고조의 넷째 아들, 즉 문제의 동생이다.〉〈문제가〉 그를 폐하고 다른 곳으로 옮겼다. 그러나 귀양가는 도중에 죽었다. 백성 중에 다음 같은 노래를 부른 사람이 있었다. 「한 자의 베도 옷을 만들어 〈형제가〉 같이 입을 수 있고 한 말의 곡식도 절구에 찧어 같이 먹을 수 있다. 허나 형과 아우가 서로 용납하지 않는구나.」

　〈*형은 천하를 다스리는 천자이고, 동생은 한 나라(淮南王)를 다스리는 왕인데도 무엇이 부족하다고 서로 다투는구나.〉

　문제가 그 노래를 듣고 가슴 아프게 여겼다. 그리고 죽은 동생의 네 아들을 다 지방 나라의 후(侯)로 임명했다.

어구 설명　ㅇ六年, 淮南厲王長謀反,(육년 회남여왕장모반) : 문제 6년(B.C.174)에, 회남(淮南)을 다스리는 여왕(厲王) 장(長)이 모반을 했다. 〈*한고조의 넷째 아들, 즉 문제의 동생이다.〉 ㅇ廢徙死(폐사사) : 〈문제가〉 그를 폐하고 다른 곳으로 옮겼다. 그러나 귀양가는 도중에 죽었다.
　ㅇ民有歌之者. 曰,(민유가지자 왈) : 백성 중에 다음 같이 노래를 부른 사람이 있었다. ㅇ一尺布尙可縫(일척포상가봉) : 한 자의 베도 옷을 만들어 〈형제가〉 같이 입을 수 있고. ㅇ一斗粟尙可舂(일두속상가용) : 한 말의 곡식도 절구에 찧어 〈형제가〉 같이 먹을 수 있다. ㅇ兄弟二人不相容(형제이인불상용) : 형과 아우 두 사람이 서로 용

납하지 않는구나.〈형은 천하를 다스리는 천자이고, 동생은 한 나라(淮南王)를 다스리는 왕인데도 서로 다투는구나.〉○帝聞而病之,(제문이병지) : 문제가 그 노래를 듣고 가슴 아프게 여겼다. ○後封其四子爲侯(후봉기사자위후) : 그리고 죽은 동생의 네 아들을 다 저마다 후(後)로 임명했다.

(2) 匈奴冒頓死. 先是, 上議以賈誼位公卿. 大臣多短之. 上以爲長沙王大傅. 徒梁王大傅. 上疏曰, 方今事執, 可爲痛哭者一. 可爲流涕者二. 可爲長太息者六.

흉노의 선우(單于 : 임금) 묵돌(冒頓)이 사망했다. 이전에 문제는 가의(賈誼)를 공(公)이나 경(卿)으로 높여주려고 〈신하들과〉 의논을 했다. 그러나 많은 대신들이 「가의(賈誼)는 모자란다.」고 말했다. 그래서 문제는 가의를 장사왕(長沙王)의 태부(太傅)로 삼았다가 다시 양왕(梁王)의 태부로 이동했다. 그러자 가의가 소(疏)를 올려 말했다. 「지금 일을 처리함에 있어 통곡해야 할 일이 하나 있습니다. 눈물을 흘려야 할 일이 두 개 있습니다. 길게 탄식할 만한 일이 여섯 개 있습니다.」

어구 설명 ○匈奴冒頓死(흉노묵돌사) : 흉노의 임금 묵돌이 사망했다. ○先是, 上議以賈誼位公卿(선시 상의이가의위공경) : 이전에 문제는 가의(賈誼)를 공(公)이나 경(卿)으로 높여 주려고 〈신하들과〉 의논했다. ㅇ大臣多短之(대신다단지) : 대신들은 대부분 〈가의가〉 아직 모자란다고 말했다. ※「단(短)」은 단평(短評), 또는 비난한다.」
ㅇ上以爲長沙王大傅(상이위장사왕대부) : 문제는 〈가의를〉 장사왕(長沙王=오예〈吳芮〉의 현손〈玄孫〉 차왕〈差王〉)의 태부(太傅)로 삼았다. ㅇ徙梁王大傅(사양왕대전) : 다시 양왕(梁王=문제의 아들 양〈梁〉나라의 회왕〈懷王〉)의 태부로 이동했다. ㅇ上疏曰,(상소왈) : 가의가 소를 올려 말했다. ㅇ方今事執,(방금사집) : 지금 일을 처리함에 있어. ㅇ可爲痛哭者一(가위통곡자일) : 통곡해야 할 일이 하나 있습니다. ※ 痛哭一(통곡일) ; 대략(대충) 말하면 나중에 제후(諸侯)가 커져서(長大) 반측(反側=모반〈謀叛〉함.)하면 제압(制壓)하기가 어렵다. ㅇ可爲流涕者二(가위류체자이) : 눈물을 흘려야 할 일이 두 개 있습니다. ※ 流涕二(유체이) : 첫 번째는 당당한 조정(朝廷)이 만이(蠻夷=남방과 동쪽의 미개한 민족. 오랑캐와 흉노)를 받드는 바 곡물을 보내는 등 그 경중(輕重=가벼움과 무거움)이 거꾸로 뒤바뀐 때문이요(도치〈倒置〉). 두 번째는 하찮은 환락을 한껏 즐기다 의외로 중병에 걸리지 않을까 하는 걱정이다. 따라서 큰 일(좋은 일이나 또는 환란이 일어났을 때 도모하거나 박멸하는 것)을 하지 못할까 하는 우려이다. ㅇ可爲長太息者六(가위장태식자육) : 길게 탄식할 만한 일이 여섯 개나 있습니다. ※ 太息六(태식육) : 삼설무고(三說無考), 원래 주(註)에는 3가지 내용이 있는데 나머지 3가지는 알 수 없다는 것이나, 여기 3가지 내용에 있는 것을 분석하여 6가지를 밝힌다. ① 분수에 지나친 사

치를 몸에 지니고 사용함. ② 일반 관리들이 일의 전체에서 요령만 딴 줄거리 조차 파악하지 못하는 것. 즉 국가 시정의 대의(大義)를 알지 못하는 것. ③ 제도를 정하여 다스려야 할 기본이 마련되어 있지 못한 것. ④ 마땅히 태자를 도와서 인도하여야 할 것을 그르치지 않을까 하는 것. ⑤ 사물의 취함과 버림(取舍)을 정하는 것을 잘 살펴서 분명히 하지 않은 것. ⑥ 대신들을 예의로서 대우하지 않는 것.

(3) 十年, 帝舅薄昭, 殺漢使者. 帝不忍誅, 使公卿羣臣往哭之. 昭自殺.

문제 10년(B.C. 170), 임금의 외삼촌 박소(薄昭)가 〈한나라 황실에서 보낸〉 사신을 죽였다. 〈그러나〉 문제는 차마 무참하게 그를 주살할 수 없었다. 〈그리고〉 공경 군신들을 보내 통곡하게 했다. 이에 박소(薄昭)가 스스로 자결했다.

어구 설명 ○十年, 帝舅薄昭, 殺漢使者(십년 제구박소 살한사자) : 문제 10년(B.C. 170)에, 임금의 외삼촌 박소(薄昭)가 〈한나라 황실에서 보낸〉 사신을 죽였다. ○帝不忍誅,(제불인주) : 〈그러나〉 문제는 무참하게 그를 주살할 수 없었다. ○使公卿羣臣往哭之. 昭自殺(사공경군신왕곡지 소자살) : 공경 군신들을 보내 통곡하게 했다.(박소의 죄가 무거워서 면키 어려움을 깨닫게 한 것이다) 이에 박소(薄昭)가 스스로 자살했다.

(4) 十二年, 賜民今年田租半. 十三年, 大倉令淳于意, 有罪當刑. 少女緹縈上書曰, 死者不可復生. 刑者不可復屬. 願沒入爲官婢, 以贖父刑. 上憐其意, 詔除肉刑. 是歲, 除田之租稅. 十六年, 方士新垣平爲上大夫. 後元年, 平以詐伏誅.

12년(B.C. 168), 문제는 백성에게 그 해에 전답 조세의 반을 감면해주었다. 13년에는 대창령(大倉令) 순우의(淳于意)가 죄를 짓고 형벌을 받게 되자, 그의 막내딸 제영(緹縈)이 상서를 올려 〈다음 같이 말했다.〉「사형을 받고 죽으면 다시 살아날 수 없고 체형을 받고 수족을 잘리면 다시 붙일 수 없습니다.」「원합니다. 저를 몰적(沒籍)하여 관비로 삼으시고 부친 대신 속죄하게 해 주십시오.」 문제는 그의 딸아이의 뜻을 가련하게 여기고 아버지의 육형(肉刑)을 면제하고 노역으로써 이에 대신하라고 조서를 내렸다. 〈그리고〉 그 해에 백성들의 농지의 조세를 면제해 주었다.

16년, 방사(方士) 신원평(新垣平)을 상대부(上大夫)로 삼았다. 〈그러나〉 1년 후, 신원평이 사기죄로 주살되었다.

어구 설명 ○十二年, 賜民今年田租半(십이년 사민금년전조반) : 문제 12년(B.C. 168), 백성에게 그 해의 전답 조세의 절반을 감면해주었다. ○十三年, 大倉令淳于意, 有罪當刑(십삼년 대창령순우의 유죄당형) : 13년, 대창령 순우의가 죄를 짓고 형벌을 받게 되자(그 죄는 사형에 상당했다). ※ 대창

령(大倉令) : 천자의 곡식 창고를 관리하던 벼슬의 장(長=
우두머리). ○少女緹縈上書曰,(소녀세영상서왈) : 그의 막
내딸 제영(緹縈)이 상서를 올려 〈다음 같이 말했다.〉 ○死
者不可復生(사자불가부생) : 〈사형을 받고〉 죽으면 다시
살아날 수 없고. ○刑者不可復屬(형자불가부속) : 체형을
받고 〈수족을 잘리면〉 다시 붙일 수 없습니다. ○願沒入
爲官婢, 以贖父刑(원몰입위관비 이속부형) : 원합니다.
「저를 몰적(沒籍)하여 관비로 삼고, 부친의 형벌을 속죄
해 주십시오.」

○上憐其意, 詔除肉刑(상련기의 조제육형) : 문제는 그의
딸아이의 뜻을 연민하고 아버지의 육형을 면제하고 노역
으로써 이에 대신하라고 조서를 내렸다. ※ 육형(肉刑)은
곧 체형(體刑)이니, 묵(墨=入墨 : 문신이나 자자〈刺字〉
를 말하며, 죄인의 팔뚝이나 이마에 먹물로 문신하던 형
벌), 의(劓=코를 벰), 비(剕=발목을 베어 끊음), 궁(宮=
음부〈陰部〉를 베어냄), 태벽(太辟=死刑)의 오형(五刑)이
있었다. 體刑(체형) : 직접 사람의 몸에 가하는 형벌. 체
벌(體罰). ○是歲, 除田之租稅(시세 제전지조세) : 그 해
의 농지의 조세를 면제해 주었다.

○十六年, 方士新垣平爲上大夫(십육년 방사신원평위상
대부) : 16년(B.C. 164), 방사(方士) 신원평(新垣平)을 상
대부로 삼았다. ○後元年, 平以詐伏誅(후원년 평이사복
주) : 1년 후에는 신원평이 사기죄로 주살되었다.

(5) 六年, 匈奴寇上郡·雲中. 詔將軍周亞夫屯細柳,
劉禮次霸上, 徐厲次棘門, 以備胡. 上自勞軍, 至霸

上及棘門軍, 直馳入. 大將以下騎送迎. 已而之細柳.
不得入. 先驅曰, 天子且至軍門. 都尉曰, 軍中聞將
軍令, 不聞天子詔. 上乃使使持節, 詔將軍亞夫. 乃
傳言開門. 門士請車騎曰, 將軍約, 軍中不得驅馳.
上乃按轡, 徐行至營, 成禮以去. 羣臣皆驚. 上曰,
嗟乎, 此眞將軍矣. 向者霸上·棘門軍兒戲耳.

후원(後元) 6년(B.C. 158)에, 〈몽고의〉 흉노(匈奴)가 상
군(上郡 : 陝西省)과 운중(雲中 : 山西省)에 침입했다.

이에 문제가 조서를 내려 장군 주아부(周亞夫 : 周勃의
아들)를 세류(細柳 : 陝西省)에 주둔하게 하고 유례(劉禮)
를 패상(霸上)에 머물게 하고 서려(徐厲)는 극문(棘門)에
머물게 했으며 각각 흉노에 대비하게 했다.

임금 자신이 〈가서〉 군대를 위로하려고 했다. 먼저 패상과
극문에 〈주둔하고 있는 군대에〉 갔다. 그리고 임금 일행이
곧바로 말을 타고 달려 들어갔다. 이에 〈그곳 주둔군이〉 대
장 이하 모든 군인들이 말을 타고 달려와서 맞이하고 또 전
송해주었다. 〈두 곳을 마치고 이번에는〉 세류(細柳)의 주둔
군으로 갔다. 그러나 그냥 들어갈 수가 없었다.

이에 앞을 달리던 기병이 말했다. 「천자께서 곧 군문에
이르신다.」 이에 〈주둔군〉의 도위가 말했다. 「군문 안에서
는 장군의 명령만 듣고 따릅니다. 천자의 조령이라도 듣
거나 따르지 않습니다.」 이에 문제가 사신을 시켜 〈천자

임을 나타내는〉 기치(旗幟)를 들고 가서 〈사령관〉 주아부(周亞夫)에게 조(詔)를 내렸다. 〈이에 주아부가〉 곧 문을 열라는 전언을 했다. 문을 지키는 병사가 〈임금의〉 수레를 모는 기사에게 부탁을 했다. 「우리 장군님은 〈엄하게〉 단속하십니다. 군문 안에서는 말을 마구 달리고 뛰게 하지 못한다.」

이에 문제 일행이 말고삐를 눌러 잡고 천천히 영내에 이르렀다. 〈문제 자신이〉 예를 잘 따르고 갔던 것이다. 이에 모든 신하들이 다 놀랐다.

문제 자신도 말했다. 「아아, 그야말로 참으로 장군이라 하겠다.」 「전번의 패상이나 극문의 군대에서 〈뛰고 달린 것은〉 어린이 장난이라 하겠다.」

여구 설명 ○六年, 匈奴寇上郡·雲中(육년 흉노구상군·운중) : 후원(後元) 6년(B.C. 158)에, 〈몽고지방〉 흉노(匈奴)가 상군(上郡 : 陝西省)과 운중(雲中 : 山西省)에 침입했다. ○詔將軍周亞夫屯細柳,(조장군주아부둔세유) : 문제가 조서를 내려 장군 주아부(周亞夫 : 周勃의 아들)를 세류(細柳 : 陝西省)에 주둔하게 했다. ○劉禮次霸上,(유례차패상) : 유례(劉禮)는 패상(霸上)에 머물게 했다. 「차(次)는 머물다, 주둔하다와 같은 뜻.」 ○徐厲次棘門,(서려차극문) : 서려(徐厲)는 극문(棘門)이 머물게 했다. ○以備胡(이비호) : 그래가지고 각각 흉노에 대비하게 했다.
○上自勞軍,(상자노군) : 임금 자신이 〈가서〉 군대를 위로하려고 했다. ○至霸上及棘門軍,(지패상급극문군) :

먼저 패상과 극문에 〈주둔하고 있는 군대에〉 갔다. ○直馳入. 大將以下騎送迎(직치입 대장이하기송영) : 〈임금이〉 곧바로 말을 타고 달려 들어가자, 〈그곳 주둔군이〉 대장 이하 모든 군인들이 말을 타고 달려와서 맞이하고 또 전송해주었다. ○已而之細柳. 不得入(이이지세유 부득입) : 〈두 곳을 마치고〉 세류(細柳)의 주둔군으로 갔다. 그러나 그냥 들어갈 수가 없었다. ○先驅曰, 天子且至軍門(선구왈 천자차지군문) : 〈천자 행열의〉 선구자가 말했다.「천자께서 군문에 이르셨다.」○都尉曰,(도위왈) : 〈주둔군〉의 도위가 말했다. ○軍中聞將軍令, 不聞天子詔(군중문장군령 불문천자조) :「군문 안에서는 장군의 명령만 듣고 따르지, 천자의 조령도 듣고 따르지 않는다.」
○上乃使使持節,(상내사사지절) : 그러자 문제가 사신을 시켜 〈천자임을 나타내는〉 기치(旗幟)를 들고 가서. ○詔將軍亞夫(조장군아부) : 〈사령관〉 주아부(周亞夫)에게 조(詔)를 내렸다. ○乃傳言開門(내전언개문) : 〈이에 주아부가〉 곧 문을 열라는 전언을 했다.
○門士請車騎曰,(문사청차기왈) : 문을 지키는 병사가 〈임금의〉 수레를 모는 기사에게 부탁을 했다. ○將軍約,(장군약) : 우리 장군은 〈엄하게〉 단속하십니다. 〈즉 주아부가 엄하게 단속한다는 뜻이다.〉 ○軍中不得驅馳(군중부득구치) : 군문 안에서는 말을 함부로 달리고 뛰게 하지 못한다. ○上乃按轡, 徐行至營,(상내안비 서행지영) : 문제 일행도 이내 말고삐를 눌러 잡고 천천히 〈사령부의〉 영내에 이르렀다. ○成禮而去(성예이거) : 〈문제 자신이〉 예를 잘 따르고 갔던 것이다. ○羣臣皆驚(군신개경) : 이에

모든 신하들이 다 놀랐다.

ㅇ上曰, 嗟乎, 此眞將軍矣(싱월 차호 차진징군의) : 문제 자신이 말했다. 「아아, 그야말로 참으로 장군이라 하겠다.」 ㅇ向者霸上 · 棘門軍兒戲耳(향자패상 · 극문군아희이) : 「전번의 패상이나 극문의 군대에서 〈뛰고 달린 것은〉 어린이 장난이라 하겠다.」

(6) 七年帝崩. 在位二十三年. 宮室苑囿, 車騎服御, 無所增益. 嘗欲作露臺, 召匠計之. 直百金. 上曰, 中人十家之産也. 何以臺爲. 身衣弋綈, 所幸愼夫人, 衣不曳地. 示朴爲天下先. 吳王不朝, 賜以几杖, 張武受賂金錢, 更加賞賜, 以愧其心. 專以德化民. 當時公卿大夫, 風流篤厚, 恥言人過, 上下成俗. 是以海內安寧, 家給人足, 後世莫能及. 葬霸陵. 太子卽位. 是爲孝景皇帝.

문제 후원(後元) 7년, 문제가 붕어했다. 그는 자리에 23년간 있었다. 〈문제는 천자로 있으면서〉 궁실이나 원유(苑囿)를 〈확대하거나〉 혹은 타는 수레나 뒤따르는 군마나 의복에 이르기까지 새로 만드는 일이 없었다.

전에 문제가 노대(露臺)를 만들려고 했으며, 유명한 목수를 불러서 〈비용이 얼마 드느냐고 묻자〉 백금(百金)이 든다고 하자, 문제가 「중간 계층의 열 집을 합친 큰돈이다. 어찌 〈그런 돈을 들여서〉 노대를 만들겠는가.」〈하고

중지했다.〉

〈문제는〉 몸에 검은 옷을 입고, 사랑하는 신(愼)부인도 옷자락이 땅에 끌지 않게 짧은 옷을 입게 했으며 소박함에 있어 천하에 누구보다도 앞장을 섰다.

오왕(吳王)이 병을 핑계로 조정에 와서 천자를 알현하지 않자, 문제가 안석(案席)과 지팡이를 내려주었다.

장무(張武)가 금전을 뇌물로 받자, 〈문제는 도리어〉 상금을 내려주고 스스로가 마음을 부끄럽게 여기게 했다.

문제는 모든 사람을 오직 덕(德)으로 감화시켰다. 〈그래서 당시의 모든 공경(公卿) 대부(大夫) 모든 신하들이 〈감화되어〉 기풍이 고결하고 도덕을 독실하게 지켰다.

또 남의 허물을 말하는 것을 창피하게 여기고 상하가 다 좋은 풍속을 이루었다. 그래서 나라가 안녕했으며 또 모든 가정이나 사람들이 풍족하게 살았다.

후세에는 그와 같이 하지 못했다. 문제를 패릉(霸陵)에 매장했다. 태자가 뒤를 이었다. 그가 곧 효경황제(孝景皇帝)다. 〈*경제(景帝)라고 줄여서 부른다.〉

[어구 설명] ○七年帝崩(칠년제붕) : 후원(後元) 7년(B.C. 157)에 문제가 붕어했다(죽었다). ○在位二十三年(재위이십삼년) : 천자 자리에 23년간 있었다.

○宮室苑囿, 車騎服御, 無所增益(궁실원유 차기복어 무소증익) : 〈문제는 천자로 있으면서〉 궁실이나 원유를 〈확대하거나〉 또는 추종하는 수레나 말 및 의복에 이르기까지 새로 만드는 일이 없었다. ※ 苑囿(원유) : 나라

동산. 유(囿)는 짐승을 놓아 먹이는 동산.

○嘗欲作露臺, 召匠計之. 直百金(상욕작노대 소장계지 직백금) : 전에 문제가 노대를 만들려고 했으며, 유명한 목수를 불러서 〈비용이 얼마나 드느냐고 묻자〉 백금(百金)이 든다고 말하자. ○上曰, 中人十家之産也. 何以臺爲(상왈 중인십가지산야 하이대위) : 임금이 말했다. 「중간 계층의 열 집을 합친 큰돈이다. 〈그런 돈을 들여서〉 노대를 왜 만들겠는가. 〈하고 중지했다.〉」

○身衣弋綈, 所幸愼夫人, 衣不曳地. 示朴爲天下先(신의익제 소행신부인 의불예지 시박위천하선) : 〈문제는〉 몸에 검은 옷을 입고 사랑하는 신부인도 옷자락이 땅에 끌지 않게 짧은 옷을 입게 했으며, 소박함에 있어, 천하에 누구보다도 앞장임을 표시했다. ※「弋(검을 옷 익), 綈(깁 제=두껍게 짠 비단), 曳(끌 예)」 弋綈(익제) : ① 검은 명주. ② 두꺼운 명주.

○吳王不朝, 賜以几杖,(오왕불조 사이궤장) : 오왕이 병을 핑계로 조정에 와서 천자를 알현하지 않자, 문제가 안석과 지팡이를 내려주었다. ※「오왕(吳王)」은 「한고조(漢高祖)의 형(兄) 유중(劉仲)의 제사자(第四子) 아들로 이름은 유비(劉濞)이며 문제의 백부(伯父)이다.」 ※「几(안석 궤), 杖(지팡이 장)」 几杖(궤장) : 안석(案席)과 지팡이. 几(궤)는 늙은 신하(老臣)나 늙은 중신(重臣)에게 임금이 하사하던 앉아서 팔을 얹고 기대어 몸을 편하게 하는 휴식(休息)하는 기구. 杖(장)은 지팡이로 이런 경우에는 궁중(宮中)에서도 지니고 있게 하여 지팡이를 짚고 다닐 수 있도록 허락한 지팡이를 말한다. 이와같이 궤장은

노신(老臣)을 우우(優愚=특별히 잘 대우함.=우대(優待)와 뜻이 같음)하여 하사하던 물건. 오왕은 나이가 많아서 조정에 나오지 못한 것이 아니라, 불만이 있어서 나오지 않은 것이지만은, 문제는 이것을 탓하지 않고 궤장을 보냄으로써 이를 넌지시 타이른 것이었다.

○張武受賂金錢, 更加賞賜, 以愧其心(장무수뢰금전 경가상사 이괴기심) : 장무가 금전을 뇌물로 받자, 〈문제는 도리어〉 상금을 내려주고, 그 스스로가 자기 마음을 부끄럽게 여기게 했다. ○專以德化民(전이덕화민) : 문제는 모든 사람을 오직 덕(德)으로 감화시켰다.

○當時公卿大夫, 風流篤厚,(당시공경대부 풍류독후) : 〈그래서 당시의 모든 공경(公卿) 대부(大夫) 모든 신하들이 〈감화되어〉 기풍이 고결하고 도덕을 독실하게 지켰다. ○恥言人過, 上下成俗(치언인과 상하성속) : 남의 허물을 말하는 것을 창피하게 여기고 상하가 모든 사람의 좋은 풍속을 이루고 따랐다.

○是以海內安寧, 家給人足,(시이해내안녕 가급인족) : 그래서 나라가 다 안녕했으며 또 모든 가정이나 사람들이 풍족하게 살았다. ○後世莫能及(후세막능급) : 후세는 그와 같이 되지 못했다. ○葬霸陵(장패릉=霸上) : 문제가 죽자 패릉에 매장했다. ○太子卽位. 是爲孝景皇帝(태자즉위 시위효경황제) : 태자가 뒤를 이었다. 그가 곧 효경황제(孝景皇帝)다. 〈*경제(景帝)라고 부른다.〉

제3과 경제(景帝)의 치적

⑴ [孝景皇帝] 名啓. 卽位之元年, 丞相申屠嘉奏, 功莫大於高皇帝, 宜爲帝者太祖之廟. 德莫盛於孝文皇帝, 宜爲帝者太宗之廟. 制曰, 可.

경제(景帝)의 이름은 계(啓)다. 자리에 오른 첫 해에 승상 신도가(申屠嘉)가 상주해서 아뢰었다. 「공(功)은 한고조(漢高祖)보다 더 클 수 없습니다. 그러니 의당히 한고조를 위해서 태조(太祖)의 묘호(廟號)를 세워야 합니다.」「덕(德)은 문제(文帝)보다 더 성할 수 없습니다. 그러니 문제를 위해서는 태종(太宗)의 묘호(廟號)를 세워야 합니다.」경제(景帝)가 조칙을 내려「좋다.」고 허락했다.

어구 설명 ○[孝景皇帝] 名啓(효경황제 명계) : 경제(景帝)의 이름은 계(啓)다. ○卽位之元年, 丞相申屠嘉奏,(즉위지원년 승상 신도가주) : 자리에 오른 원년(元年:기원전 156)에 승상 신도가(申屠嘉)가 상주해서 말했다.
○功莫大於高皇帝,(공막대어고황제) : 우리 한(漢)나라 역대 황제 중에서 그 공적(功績)이 위대하기로는 한고조(漢高祖)보다 더 크게 세울 수는 없습니다. ○宜爲帝者太祖之廟(의위제자태조지묘) : 의당히 한고조를 위해서 태조(太祖)의 묘호(廟號)를 세워야 합니다. ※「廟(사당 묘), 조상의 신주를 모셔두고 제사지내는 곳」 묘호(廟號)는 임금이 죽은 뒤 신주를 태묘(太廟)에 모실 때 추존(追尊)하는

이름. 태조(太祖)란 그 왕조의 시조를 말함이다.

ㅇ德莫盛於孝文皇帝, 宜爲帝者太宗之廟(덕막성어효문황제 의위제자태종지묘) : 덕(德)도 문제(文帝)보다 더 성하게 할 수 없으니, 문제를 위해서는 태종(太宗)의 묘호(廟號)를 세워야 합니다. ※ 태종(太宗)이란 황제 중에서 가장 덕이 높은 천자를 말한다. ㅇ制曰, 可(제왈 가) : 칙을 내려「좋다.」했다.

(2) 帝爲太子時, 鼂錯爲家令, 得幸. 太子家, 號爲智囊. 帝卽位. 錯爲內史, 數請閒言事. 輒聽寵傾九卿. 法令多所更定.

경제(景帝)가 태자일 때에 조착(鼂錯)이 가령(家令)이 되었으며 태자의 총애(사랑)를 받았다. 태자의 집안사람들은 〈조착을〉 지낭(智囊 : 지혜의 주머니)이라고 불렀다.

경제가 자리에 오르자, 조착을 내사(內史 : 내무장관)에 임명했다. 자주 틈을 타고 일에 대한 청(請)을 올렸다. 〈경제는〉 즉시 들어주고 사랑을 했다.

〈그 점에 있어〉 다른 모든 구경(九卿=장관)보다 앞서고 뛰어났다. 또 법령도 〈조착의 말을 따라〉 많은 것을 개정했다.

어구 설명 ㅇ帝爲太子時,(제위태자시) : 경제(景帝)가 태자일 때에.
ㅇ鼂錯爲家令, 得幸(조착위가령 득행) : 조착(鼂錯=하남

〈河南〉사람)이 동궁의 가령(家令)이 되었으며 사랑(총애)을 받았다. ※「錯(섞일 착, 둘 조), 대법원 지정 인명용 한자의 음은 '착'이다. 성씨(姓氏)에는 착으로 읽음.」 ㅇ太子家, 號爲智囊(태자가 호위지낭) : 태자의 집안사람들은 〈조착을〉 지낭(智囊 : 지혜의 주머니)이라고 불렀다.

ㅇ帝卽位. 錯爲內史,(제즉위 착위내사) : 경제가 자리에 오르자, 조착을 내사(內史 : 경사(京師)를 다스리는 장관 즉 내무장관)에 임명했다. ㅇ數請閒言事(삭청한언사) : 자주 틈을 타고 일에 대한 청을 올렸으며. ㅇ輒聽寵傾九卿(첩청총경구경) : 〈경제는〉 즉시 들어주고 사랑을 했다. 〈그러한 점에 있어서는〉 다른 모든 구경(九卿)보다 앞서고 뛰어났다. ※ 九卿〈구경 : 경(卿)은 오늘날 장관에 해당되는 벼슬이다. 태상(太常), 광록(光祿), 위위(衛尉), 태복(太僕), 대리(大理), 홍려(鴻臚), 종정(宗正), 대부(大府), 사농(司農)〉. ㅇ法令多所更定(법령다소경정) : 법령도 〈말을 따라〉 많은 것을 개정했다.

(3) 初孝文時, 吳王濞太子入見, 得侍皇太子飮. 博爭道不恭. 皇太子引博局提殺之. 濞稱疾不朝. 錯數言吳過可削. 文帝不忍.

〈경제(景帝)의 아버지〉 문제(文帝)가 〈자리에 있을〉 때의 일이다. 오(吳)나라 왕, 비(濞)의 태자가 궁에 들어와 〈문제를〉 알현했다. 그때에 비의 아들이 〈지금의 경제가〉 황태자일 때 함께 술을 마셨다. 그러다가 바둑을 두다가 다툼이 벌어졌다. 〈그때에 오나라 태자가〉 불공하게 하자, 〈문제의 아들〉 즉 황태자가 바둑판을 들어올려 〈오나라 태자를〉 쳐죽였다. 그 후로 〈오나라 왕〉 비(濞)가 병을 핑계로 조정에 나타나지 않았다.

이에 조착(鼂錯)은 여러 차례 오(吳)나라 왕이 잘못하므로 토지를 삭제(削除)해야 한다고 아뢰었다. 〈그러나〉 문제(文帝)는 참혹하게 〈오나라의 토지를〉 삭제하지 않았다.

어구 설명 ○初孝文時,(초효문시) : 〈경제(景帝)의 아버지〉 문제(文帝)가 〈자리에 있을〉 때에. ○吳王濞太子入見,(오왕비태자입견) : 오(吳)나라 왕, 비(濞)의 태자가 궁에 들어와 〈문제를〉 알현했다. ※ 吳(오)나라는 강소성(江蘇省)의 땅. 강도(江都)에 도읍하여 3군(郡) 53성(城)을 이루었다. ○得侍皇太子飮(득시황태자음) : 〈그때에 문제의〉 황태자(皇太子), 즉 지금의 경제를 모시고 술을 마셨다. ○博爭道不恭(박쟁도불공) : 장기를 다투어 두다가 〈오나라 태자가〉 불공하게 했다. ○皇太子引博局提殺之(황태자인박국제살지) : 〈문제의 아들〉 즉 황태자가 장기판을 잡아들고 〈오나라 태자를〉 쳐죽였다. ○濞稱疾不朝(비칭질불조) : 그 후, 〈오나라 왕〉 비(濞)가 병을 핑계로 조정에 나타나지 않았다.

○錯數言吳過可削(착삭언오과가삭) : 이에 조착(鼂錯)은 여러 차례 오(吳)나라가 잘못하므로 토지를 삭제(削除)해야 한다고 아뢰었다. ○文帝不忍(문제불인) : 〈그러나〉 문제(文帝)는 참혹하게 〈오나라의 토지를〉 삭제하지 않았다.

(4) 及帝卽位, 錯曰, 吳王誘天下亡人, 謀作亂. 今削之亦反, 不削亦反. 削之反亟禍小. 不削反遲禍大. 上令公卿 · 列侯 · 宗室雜議. 莫敢難. 鼂錯又言, 楚 · 趙有罪. 削一郡. 膠西有姦. 削六縣. 及削吳會稽 · 豫章書至, 吳王遂反. 膠西 · 膠東 · 菑川 · 濟南 · 楚 · 趙, 皆先有吳約. 至是同反. 齊王先諾後悔.

경제가 자리에 오르자 조착(鼂錯)이 아뢰었다. 「오나라 왕이 망명한 사람을 모아가지고 난을 일으키려고 합니다.」 「지금 그들은 땅을 삭제하려고 해도 반항할 것이고, 〈당장〉 삭제를 안 해도 역시 그들은 반항할 것입니다.」 「그러나 지금 당장 삭제하면 화(禍)를 극히 적게 할 수 있습니다. 지금 당장 삭제하지 않으면 〈그들의〉 반역은 지연될 것이지만 화는 더욱 클 것입니다.」

임금이 공경(公卿)이나 모든 제후(諸侯) 및 종실(宗室)들로 하여금 함께 어울려 논의를 하게 했다. 그러나 아무도 감히 〈오나라 왕을〉 비난하지 않았다. 조착이 또 임금에게 아뢰었다. 「조(趙)와 초(楚)도 죄가 있습니다.」 「그래서 각각 한 군(郡)의 토지를 삭제하십시오.」 〈경제가 조착의 말을 듣고 삭제했다.〉

〈조착이 또 임금에게 말했다.〉 「교서(膠西)가 간악하므로 여섯 개의 현(縣)을 삭제하십시오.」 마침내 오나라에서

회계(會稽)와 예장(預章)을 삭제한다는 조서(詔書)가 내려
오자, 오왕(吳王)이 드디어 반항을 했다.

　이에 교서(膠西), 교동(膠東), 치천(菑川), 제남(濟南), 초
(楚)와 조(趙) 등, 여러 나라들은 전에 오나라와 약속을 했
음으로 이때에 함께 반항했다. 그러나 제나라 왕은 전에
약속은 했으나 나중에 후회를 했던 것이다.

어구 설명　○及帝卽位, 錯曰,(급제즉위 착왈) : 경제가 자리에 오르
자 조착(鼂錯)이 아뢰었다. ○吳王誘天下亡人, 謀作亂(오
왕유천하망인 모작란) : 오나라 왕이 망명한 사람을 모아
가지고 난을 일으키려고 합니다. ※亡人(망인) : ① 외국
에서 망명(亡命)한 사람. ② 귀양 간 사람. ③ 죽은 사람.
○今削之亦反, 不削亦反(금삭지역반 불삭역반) : 지금 당
장 그들을 삭제하려고 해도 반항할 것이고, 〈당장〉 삭제
를 안 해도 역시 그들은 반항할 것입니다.
○削之反亟禍小(삭지반극화소) : 그러나 지금 당장 삭제
하면 화(禍)를 극히 적게 할 수 있습니다. ○不削反遲禍
大(불삭반지화대) : 지금 곧 삭제하지 않으면 〈그들의〉
반역은 지연될 것이지만, 화는 더욱 클 것입니다.
○上令公卿・列侯・宗室雜議(상령공경・열후・종실잡
의) : 임금이 공경(公卿)이나 모든 제후(諸侯) 및 종실(宗
室)들로 하여금 함께 어울려 논의를 하게 했다.
○莫敢難(막감난) : 그러나 아무도 감히 〈오나라 왕을〉
비난하지 않았다. ○鼂錯又言, 楚・趙有罪. 削一郡(조착
우언 초・조유죄 삭일군) : 조착이 또 임금에게 아뢰었
다. 「조(趙)와 초(楚)도 죄가 있습니다.」 그래서 각각 한

군(郡)의 토지를 삭제하게 했다.

ㅇ膠西有姦. 削六縣(교서유간 삭육현) : 〈조차이 또 임금에게 말했다.〉「교서(膠西)가 간악하므로 여섯 개의 현(縣)을 삭제하십시오.」ㅇ及削吳會稽 · 豫章書至, 吳王遂反(급삭오회계 · 예장서지 오왕수반) : 그 후 오나라에서 회계(會稽)와 예장(預章)을 삭제한다는 조서(詔書)가 내려오자, 오왕(吳王)이 드디어 반항을 했다.

ㅇ膠西 · 膠東 · 菑川 · 濟南 · 楚 · 趙,(교서 교동 치천 제남 · 초 · 조) : 이에 교서(膠西), 교동(膠東), 치천(菑川), 제남(濟南), 초(楚)와 조(趙). ※ 이상의 나라들은 모두 고조의 형제(公子)가 봉해진 땅. ㅇ皆先有吳約. 至是同反(개선유오약 지시동반) : 여러 나라들은 전에 오나라와 약속을 했음으로 함께 반항했다. ㅇ齊王先諾後悔(제왕선낙후회) : 제나라 왕은 전에 약속은 했으나, 나중에 후회를 했던 것이다.

(5) 初文帝且崩, 戒太子曰, 卽有緩急, 周亞夫眞可任將. 及七國反, 拜亞夫太尉, 將三十六將軍, 往擊吳 · 楚.

애당초 문제가 붕어하려고 하자, 태자(太子)에게 훈계하며 말했다.「일에는 급한 것과 늦출 것이 있다. 〈지금 서두를 일은 곧〉 주아부(周亞夫)를 진짜로 총대장으로 세울 일이다.」〈*경제(景帝)가 태자일 때 한 말이다.〉

일곱 나라가 반란을 하자, 〈임금이 된 경제는〉 주아부를 태위(太尉 : 총사령관)로 삼고, 다른 36명의 장군을 지휘하고 나가서 오(吳)와 초(楚)를 치게 했다.

어구 설명 ○初文帝且崩, 戒太子曰, 卽有緩急, 周亞夫眞可任將(초문제차붕 계태자왈 즉유완급 주아부진가임장) : 애당초 문제가 돌아가려고 하자, 문제는 태자에게 훈계하며 말했다. 〈즉 나중의 경제에게〉 말했다. 「일에는 급한 것과 늦출 것이 있다. 〈지금 서두를 일은 곧〉 주아부(周亞夫)를 진정 총대장으로 세울 일이다.」

○及七國反, 拜亞夫太尉, 將三十六將軍, 往擊吳・楚(급칠국반 배아부태위 장삼십육장군 왕격오・초) : 일곱 나라가 반란을 하자, 〈임금이 된 경제는〉 주아부를 태위(太尉 : 총사령관)로 삼고, 다른 36명의 장군을 지휘하고 나가서 오(吳)와 초(楚)를 치게 했다.

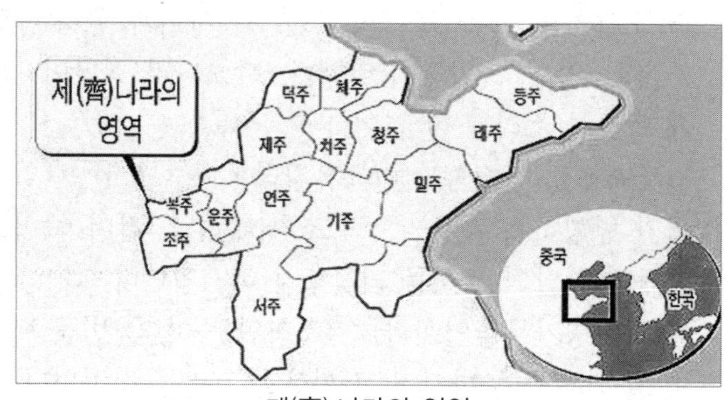

제(齊) 나라의 영역

(6) 鼂錯素與袁盎不善. 盎言, 獨有斬錯復諸侯故
地, 兵可無血刃而罷. 錯於是要斬東市. 父母 · 妻
子 · 同産, 無少長皆棄市.

조착은 원래 〈오나라의 고관인〉 원앙(袁盎)과 사이가 좋
지 않았다. 〈그래서〉 원앙이 〈경제에게〉 말했다. 「일곱 나
라가 반항하는 것은 오직 조착(鼂錯)을 죽이고 제후들의
옛 토지를 되찾고자 해서입니다. 〈조착만 죽이면〉 반군(反
軍)들은 칼에 피를 묻히지 않고 싸움을 그만둘 것입니다.」
〈이에 경제는 속았으며〉 조착(鼂錯)을 요참(要斬=허리
를 베어서 죽임)하고 동시(東市=수도〈首都〉의 동문)에 내
다버렸다. 〈더욱 조착의〉 부모, 처자 및 형제들까지 노소
(老少)를 막론하고 다 죽여 시장에 내다버렸다.

어구 설명 o鼂錯素與袁盎不善(조착소여원앙불선) : 조착은 원래부
  터 오나라의 고관인〉 원앙(袁盎)과 사이가 좋지 않았다.
  o盎言,(앙언) : 원앙이 말했다. 〈*오나라 원앙이 경제에
  게 엉뚱한 소리를 한 것이다.〉
  o獨有斬錯復諸侯故地,(독유참착복제후고지) : 〈일곱 나
  라가 반항하는 것은〉 오직 조착(鼂錯)을 잡아 죽이고 제
  후들이 옛날의 토지를 되찾고자 해서입니다. o兵可無血
  刃而罷(병가무혈인이파) : 〈조착만 죽이면〉 반군(反軍)들
  이 칼에 피를 묻히지 않고 싸움을 그만둘 것입니다.
  o錯於是要斬東市(착어시요참동시) : 〈이에 경제는 속아
  넘어갔다.〉 그래서 조착(鼂錯)을 동시(東市=서울의 동

문)에서 요참(要斬=허리를 끊어서 죽임)형을 했다. ㅇ父
母·妻子·同産, 無少長皆棄市(부모·처자·동산 무소
장개기시) : 〈조착의〉부모, 처자 및 형제들을 모두다 노
소(老少)를 막론하고 다 죽여 시장에 내다버렸다. ※「동
산(同産)은 곧 형제의 뜻이다.」

(7) 周亞夫大破吳·楚. 諸反皆平. 亞夫後爲相, 封條侯. 以諫忤上意, 罷. 上曰, 此鞅鞅, 非少主臣. 卒爲人誣告, 下獄. 歐血死.

주아부가 오나라 초나라를 크게 격파했다. 이에 모든 나
라의 반란이 평정되었다.

그러자 〈경제는〉주아부를 승상으로 삼았으며, 또 조
(條)의 후(侯)로 봉했다.

그러나 주아부가 올린 간언이 뜻에 거슬리자 경제는 그
를 파면시켰다.

그러자 경제는 말했다.「이와 같이 불만이 많은 자는,〈다
음의〉어린 임금을 받들 신하가 되지 못한다.」

드디어 남의 무고로 해서 하옥되었으며〈결국은〉피를
토하고 죽었다.

어구 설명 ㅇ周亞夫大破吳·楚(주아부대파오·초) : 주아부가 오나
라 초나라를 크게 격파했다. ㅇ諸反皆平(제반개평) :〈이
에〉모든 반란군이 다 평정되었다. ㅇ亞夫後爲相, 封條侯

(아부후위상 봉조후) : 〈경제는〉 주아부(周亞夫)를 나중에 승상으로 삼았으며 또 조(條)의 후(侯)로 봉했다. ※ 조(條) : 발해(渤海) 지방에 있는 읍 이름.

ㅇ以諫忤上意, 罷(이간오상의 파) : 〈주아부가〉 올린 간언이 〈경제의〉 뜻에 거슬리자, 〈경제는〉 그를 파면시켰다.

ㅇ上曰, 此鞅鞅, 非少主臣(상왈 차앙앙 비소주신) : 〈경제가〉 말했다. 「이와 같이 불만이 많은 자는, 〈다음의〉 어린 임금을 받들 신하가 되지 못한다.」※ 「鞅(원망할 앙)」「少(적을 소) ; 어리다. 다음」 少君(소군) : ① 제후(諸侯)의 처(妻), 소군(小君). ② 어린 임금. 유군(幼君). ㅇ卒爲人誣告, 下獄. 歐血死(졸위인무고 하옥 구혈사) : 결국 남의 무고를 받고 하옥되었으며, 피를 토하고 죽었다. ※ 「歐(토할 구)」

(8) 自漢興, 掃除繁苛, 與民休息. 孝文加以恭儉. 至帝遵業, 五六十載之間, 移風易俗, 黎民醇厚, 國家無事. 人給家足, 都鄙廩庾皆滿. 而府庫餘貨財, 京師之錢累鉅萬, 貫朽而不可校. 太倉之粟, 陳陳相因, 充溢露積於外, 紅腐不可勝食.

한고조가 한나라를 일으키고 〈진나라의〉 번거롭고 가혹한 법을 쓸어버리고 백성들을 편하게 쉬면서 살게 했다.

〈한고조의 뜻을 잘 따른〉 문제(文帝)가 더욱 겸손하고 절약했다. 그래서 경제(景帝)에 이르도록 왕도를 잘 준수했다. 그래서 5, 60년 간에 풍속이 좋게 바뀌고 변했으며, 백성들이 순박하고 돈후하게 되었다.

국가적으로도 큰 변란이 없게 되었으며 모든 사람이나 모든 집안의 살림이 족하게 되었다.

도성이나 시골이나 곡식이 풍부하고 재물이 곳간에 넘쳤다. 그리고 나라 창고에는 재물이나 곡식이 남음이 있었다.

수도(서울)에 모이는 돈이 수만이나 쌓였다. 〈창고 속에 쌓아둔〉 돈을 꿰는 줄이 헐어서 〈돈을〉 계산할 수가 없을 지경이었다. 큰 창고 속에 곡식을 거듭 쌓고 또 쌓아 올렸으며, 〈더 쌓을 수가 없어서〉 결국은 야외에 노적(露積)할 정도였다. 그래서 곡식이 붉게 썩어 먹을 수가 없었다.

어구 설명 ○自漢興, 掃除繁苛, 與民休息(자한흥 소제번가 여민휴식) : 한고조가 한나라를 일으키고 〈진나라 때에 만들어진〉 번거롭고 가혹한 법을 쓸어버리고 백성들을 편하게 쉬면서 살게 했다. ○孝文加以恭儉(효문가이공검) : 〈한고조의 뜻을 따른〉 문제(文帝)가 더욱 겸손하고 절약했다. ○至帝遵業,(지제준업) : 〈또〉 경제(景帝)에 이르도록 왕도를 준수했다. ○五六十載之閒, 移風易俗,(오육십재지한 이풍역속) : 그래서 5, 6십년 사이에 풍속이 좋게 바뀌고 변했다. ○黎民醇厚,(여민순후) : 일반 백성들이 순박하고 돈후하게 되었다. ○國家無事(국가무사) : 국가적으로도 큰 변란이 없게 되었다. ○人給家足,(인급가족) : 모든 사람이나 가정의 살림도 저마다 족하게 되었다.
○都鄙廩庾皆滿(도비늠유개만) : 도성이나 시골이나 곡식이 풍부하고 재물이 곳간에 넘쳤다. ※「廩(곳 집 름 ; 쌀

광)」늠유(廩庾) : 쌀 곳간. ㅇ而府庫餘貨財,(이부고여자재) : 그리고 나라 창고에는 재물이나 곡식이 남음이 있었다.　ㅇ京師之錢累鉅萬,(경사지전누거만) : 수도에 모이는 돈이 수만이나 쌓였다. ㅇ貫朽而不可校(관후이부가교) : 〈창고 속에 쌓아둔〉 돈을 꿰는 줄이 헐어서 〈돈을〉 계산할 수가 없을 지경이었다.

ㅇ太倉之粟, 陳陳相因, 充溢露積於外,(태창지속 진진상인 충일로적어외) : 큰 창고 속에 곡식을 거듭 쌓고 또 쌓아 올렸으며, 〈더 쌓을 수가 없어서〉 결국은 양외에 노적(露積)할 정도였다. ㅇ紅腐不可勝食(홍부불가승식) : 곡식이 붉게 썩어서 이루 다 먹을 수가 없었다.

(9) 爲吏者長子孫, 居官者以爲姓號. 故有倉氏·庫氏. 人人自愛, 而重犯法. 然罔疏民富, 或至驕溢. 兼幷之徒, 武斷鄕曲. 宗室有土, 公卿以下, 奢侈無度. 物盛而衰, 固其變也. 帝崩. 在位一十七年, 有中元·後元. 太子立. 是爲世宗孝武皇帝.

벼슬을 한 사람은 〈권위와 재물을 바탕으로〉 자손을 더욱 자라게 했다. 관직에 있는 자는 〈자기의 관직을 가지고〉 성씨(姓氏)를 삼았다. 고로 창씨(倉氏), 고씨(庫氏)라는 성을 가진 사람이 생겼다. 모든 사람이 저마다 스스로를 사랑했다. 그래서 법을 어기지 않게 신중하게 행동했다.

그러나 〈한편으로는〉 법망을 소홀하게 여기고 자기 혼자만 부자로 살면 된다고 생각을 했다. 그래서 교만이 넘치게 되었다. 그리고 남의 토지나 재물을 〈자기 것으로〉 독점하려는 무리들이 시골이나 가난한 사람들의 〈토지나 재물을〉 무모하게 가로챘던 것이다.

임금 일족은 영토가 있었다. 공경 이하의 벼슬을 가진 사람들은 〈저마다〉 사치하고 낭비하고 법도를 지키지 않았다.

사물은 성(盛)하면 도리어 시들게 마련이다. 〈그러므로 한나라도〉 당연히 변했던 것이다. 〈*즉 경제(景帝) 시에는 여러 면에서 변했던 것이다.〉

경제(景帝)는 재위 17년 만에 붕어했다. 〈그간에〉 중원(中元), 후원(後元)의 연호가 있었다. 〈*경제 때에는 비교적 사회 변동이 심했다.〉

〈경제가 죽자〉 태자가 섰다. 이가 곧 「세종효무황제(世宗孝武皇帝)이다.」 〈*약칭 무제(武帝), 혹은 한무제(漢武帝)라고 한다.〉 (B.C. 141).

어구 설명 ○爲吏者長子孫,(위이자장자손) : 벼슬을 한 사람은 〈권위와 재물을 바탕으로〉 자손을 더욱 잘 자라게 했다. 「장(長)」은 「더욱 잘 살고 또 자라게 했다는 뜻으로 푼다.」 ○居官者以爲姓號(거관자이위성호) : 관직에 있는 자는 〈자기의 관직을 가지고〉 성씨(姓氏)를 삼았다. ○故有倉氏·庫氏(고유창씨·고씨) : 고로 창씨(倉氏), 고씨(庫氏)라는 성을 가진 사람이 생겼다. ○人人自愛,(인인자애) : 모든 사람이 저마다 스스로를 사랑했다. 즉 자기만을 알고 자중자애(自重自愛)했다. 개인주의적, 이기주의에 빠졌다. ○而

重犯法(이중범법) : 그래서 법을 어기고 자신이 벌 받기를 중대하게 생각하고 신중하게 행동했다. ㅇ然罔疏民富,(연망소민부) : 그러나 〈한편으로는〉 법망을 소홀하게 여기고 자기만 부자로 살면 된다고 생각을 했다. 〈*「망소민부(罔疏民富)」를 확대하면 곧 「윤리 도덕을 소홀히 생각하고 재물만을 중하게 여긴다.」로 해석할 수 있다.〉

ㅇ或至驕溢(혹지교일) : 혹은 교만이 넘치게 되었다. ㅇ兼幷之徒,(겸병지도) : 남의 토지나 재물을 독점하려는 무리들. ※ 兼幷(겸병) : 가난한 백성의 땅을 빼앗아 가진 지주. ㅇ武斷鄕曲(무단향곡) : 시골이나 가난한 사람들의 〈토지나 재물을〉 무모하게 가로채 가졌다. ㅇ宗室有土,(종실유토) : 임금 일족은 영토가 있었다. ㅇ公卿以下,(공경이하) : 공경 이하의 벼슬을 가진 사람들은. ㅇ奢侈無度(사치무도) : 〈저마다〉 사치하고 낭비하고 법도를 지키지 않았다. ㅇ物盛而衰,(물성이쇠) : 사물은 성(盛)하면 도리어 시들게 마련이다. ㅇ固其變也(고기변야) : 〈그러므로 한나라도〉 당연히 변했던 것이다. 〈*즉 경제(景帝) 시에는 이리저리 변했던 것이다.〉 ㅇ帝崩. 在位一十七年,(제붕 재위일십칠년) : 경제(景帝)는 재위 17년 만에 붕어했다. ㅇ有中元 · 後元(유중원 · 후원) : 〈그간에〉 중원이니 후원이라고 했다. 〈*경제 때에는 비교적 사회 변동이 심했다.〉 ㅇ太子立(태자입) : 〈경제가 죽자〉 태자가 섰다. ㅇ是爲世宗孝武皇帝(시위세종효무황제) : 이가 곧 「세종효무황제(世宗孝武皇帝)이다.」 약칭 무제(武帝), 혹은 한무제(漢武帝)라고 한다. (B.C. 141)

제10편 서한(西漢) [2]

[참고] 서한(西漢)의 역대 임금

제1대 : 고조(高祖)

제2대 : 혜제(惠帝)

제3대 : 소제공(少帝恭)

제4대 : 소제홍(少帝弘)

제5대 : 문제(文帝)

제6대 : 경제(景帝)

제7대 : 무제(武帝)

제8대 : 소제(昭帝)

제9대 : 선제(宣帝)

제10대 : 원제(元帝)

제11대 : 애제(哀帝)

제12대 : 유자영(孺子嬰)

왕망(王莽)의 찬탈

[참고] 한무제(漢武帝) 연보 약술

B.C. 141년 : 경제(景帝) 사망.
무제(武帝) 16세로 등위.

B.C. 140년 : 건원(建元) 1년
현량(賢良), 방정(方正), 직언(直言) 및 극간(極諫)의 선
비들과 책문(策問).

B.C. 138년 : 건원(建元) 3년
민월(閩越)이 동구(東甌) 침공.
장건(張騫)을 월씨국(月氏國)에 파견.

B.C. 136년 : 건원 5년
오경박사(五經博士)를 설치하고 유교(儒敎)를 국교(國
敎)로 삼다.

B.C. 135년 : 건원 6년
두태후(竇太后) 사망.
민월(閩越)과 남월(南越)의 분쟁.
흉노(匈奴)와 화친(和親).

B.C. 130년 : 원광(元光) 5년
진황후(陳皇后) 폐위(廢位).
남이도(南夷道)가 열리다.

B.C. 129년 : 원광(元光) 6년
흉노(匈奴)가 상곡(上谷)에 침입하자, 위청(衛青)이 나
가서 치다.

B.C. 128년 : 원삭(元朔) 1년
여태자(戾太子) 출생. 흉노(匈奴)가 또 침공, 이광(李廣)
이 태수가 됨.

B.C. 127년 : 원삭(元朔) 2년
위청(衞靑) 제3차 흉노(匈奴)정벌, 그 공으로 위청(衞
靑)이 장평후(長平侯)가 됨.

B.C. 123년 : 원삭(元朔) 6년
위청(衞靑)이 곽거병(霍去病)과 같이 흉노를 침.

B.C. 122년 : 원수(元狩) 1년
장건(張騫)을 서역(西域)에 파견. 회남왕(淮南王) 유안
(劉安) 자살함.

B.C. 121년 : 원수(元狩) 2년
곽거병(霍去病)이 봄과 가을에 흉노 원정(遠征).
흉노의 혼사왕(渾邪王) 투항(投降).

B.C. 119년 : 원수(元狩) 4년
위청(衞靑)과 곽거병(霍去病) 흉노 원정.
금전 제정, 염철(鹽鐵) 전매제(專賣制) 제정.

B.C. 117년 : 원수(元狩) 6년
곽거병(霍去病) 사망.

B.C. 115년 : 원정(元鼎) 2년
공근(孔僅) 대농령(大農令), 상홍양(桑弘羊) 대농승(大
農丞)이 됨. 어사대부(御史大夫) 장탕(張湯) 자살. 장안
(長安) 미앙궁(未央宮)에 백량대(栢梁臺) 건조.

B.C. 112년 : 원정(元鼎) 5년
남월(南越) 출병.

B.C. 111년 : 원정(元鼎) 6년
남월(南越)이 서남이(西南夷) 정벌.

B.C. 110년 : 원봉(元封) 원년
태산(泰山)에서 봉선(封禪).
민월(閩越)이 멸망함.

B.C. 109년 : 원봉(元封) 2년
통천대(通天臺) 건설.

B.C. 106년 : 원봉(元封) 5년
위청(衛靑) 사망.

B.C. 104년 : 태초(太初) 원년
건장궁(建章宮) 건설.

B.C. 99년 : 천한(天漢) 2년- 4년
이광리(李廣利) 제1-2차 흉노(匈奴) 원정.

B.C. 91년 : 정화(征和) 2년
무고(巫蠱)의 난. 여태자(戾太子) 위황후(衛皇后) 자살.

B.C. 90년 : 정화(征和) 3년
이광리(李廣利) 제3차 흉노 원정. 패하고 투항함.

B.C. 87년 : 후원(後元) 2년
무제(武帝) 70세로 붕어. 소제(昭帝) 즉위.

제1장 탁월한 무제(武帝)

제1과 책문(策問)과 동중서(董仲舒)

(1) [孝武皇帝] 名徹. 卽位之元年, 始改元曰建元. 年有號始此. 擧賢良・方正・直言・極諫之士, 親策問之. 廣川董仲舒對曰, 事在强勉而已矣. 强勉學問, 則聞見博, 而智益明. 强勉行道, 則德日起, 而大有功.

효무황제(孝武皇帝)의 이름은 철(徹)이다. 〈*부왕 한고조(漢高祖)의 도를 잘 따르고 계승했다는 뜻으로「효(孝)」를 붙였다.〉 자리에 오른 원년(元年)에 연호를 건원(建元)이라고 고쳤다. 이때부터 즉위 원년에 연호(年號)가 있기는 여기에서 시작되었다.〈이때부터 연호(年號)가 최초로 쓰이기 시작 되었다.〉

현량(賢良), 방정(方正), 직언(直言), 극간(極諫)하는 선비들을 높이 등용하려고 무제가 친히 책문(策問)했다. 〈*책문은 목간(木簡)이나 죽간(竹簡)을 통해 문답한다는 뜻이다.〉

광천(廣川=산동성〈山東省〉) 출신인 동중서(董仲舒)가 다음 같이 대답하며 말했다. 「일은 오직 열심히 공부를 해야 잘 됩니다.」「열심히 학문을 해야 견문이 넓어지고 지혜가

더욱 밝아집니다.」「열심히 공부하고 도를 행해야 덕이 날
로 높아지고 또 큰 공을 세울 수 있습니다.」

어구 설명 ○[孝武皇帝] 名徹(효무황제 명철) :「효무황제(孝武皇
帝)」는 이름이 철(徹)이다. 〈*약칭은 무제(武帝)다. 도
(道)를 계승 발전하므로 효(孝)를 붙였다.〉
○卽位之元年, 始改元日建元. 年有號始此(즉위지원년 시
개원왈건원 년유호시차) : 자리에 오른 원년(元年)에 연호
를 건원(建元)이라고 고쳤다. 이때부터 즉위 원년에 연호
(年號)가 있기는 여기에서 시작되었다. 종래의 것은 죽은
후에 붙인 것. ○擧賢良 · 方正 · 直言 · 極諫之士, 親策問
之(거현량 · 방정 · 직언 · 극간지사 친책문지) : 현량(賢良
=재주와 지혜가 있고 어진 사람), 방정(方正=언어와 행동
이 바른 사람), 직언(直言=권력에 아부하지 않고 바른 말
하는 사람), 극간(極諫=군주에 대해 죽음으로써 간하는
사람)하는 선비들을 높이고, 친히 책문(策問)했다. 〈*고
대에는 종이가 없었다. 목간(木簡)이나 죽간(竹簡)에 글을
써서 문답을 했다.〉 策問(책문) : 관리 등용시험에서, 시
무(時務) 또는 정치, 경제 또는 시정(時政)에 관하여 묻던
일. 또는 그 문제. 策試(책시)라고도 하며 이것을 과거라
고도 하며 시험을 받는 사람이 물음에 대답하는 것을 대
책(對策)이라고 한다.
○廣川董仲舒對曰,(광천동중서대왈) : 광천 출신인 동중서
가 대답하며 말했다. ○事在强勉而已矣(사재강면이이의) :
「〈모든〉 일은 오직 열심히 공부를 해야 잘 됩니다.」
○强勉學問, 則聞見博, 而智益明(강면학문 즉문견박 이지
익명) :「열심히 학문을 해야 견문이 넓어지고 지혜가 더

욱 밝아집니다.」 ○强勉行道, 則德日起, 而大有功(강면행
도 즉덕일기 이대유공) : 「열심히 공부하고 도를 행해야
덕이 날로 높아지고 또 큰 공을 세울 수 있습니다.」

(2) 又曰, 人君者, 正心以正朝廷, 正朝廷以正百官, 正百官以正萬民, 正萬民以正四方. 四方正, 遠近莫不一於正, 而無邪氣奸其間. 是以陰陽調, 風雨時, 羣生和, 萬民殖, 諸福之物, 可致之祥, 莫不畢至, 而王道終矣.

그는 또 말했다. 「인군(人君)이 마음을 바르게 해야 조정
이 바르게 됩니다.」 「조정이 바르게 되어야 백관이 바르게
합니다.」 「백관이 바르게 해야 만민이 바르게 됩니다.」
「만민이 바르게 되어야 천하 사방도 바르게 됩니다.」 「사
방이 바르게 되어야 가까우나 머나 바르지 않은 곳이 없
으며, 또 어디에나 사악(邪惡)한 기풍(氣風)이 없게 됩니
다.」 「그래야 음양이 조화를 이루고 풍우(風雨)도 알맞게
때를 맞게 합니다.」 「그러면 자연 만물이나 모든 무리들이
화합하고 만민이 다 번식하게 됩니다.」 「모든 복을 주는
만물을 이르게 하는 길상(吉祥)이 이르지 않는 것이 없음
으로 왕도(王道)의 〈덕치(德治)도〉 다 이루어집니다.」

어구 설명 ○又曰, 人君者, 正心以正朝廷,(우왈 인군자 정심이정조
정) : 또 말했다. 「인군(人君)이 마음을 바르게 해야 조정
이 바르게 됩니다.」 ○正朝廷以正百官,(정조정이정백관)

: 「조정이 바르게 되어야 백관이 바르게 합니다.」ㅇ正百
官以正萬民,(정백관이정만민) : 「백관이 바르게 해야 만
민이 바르게 됩니다.」ㅇ正萬民以正四方(정만민이정사
방) : 「만민이 바르게 되어야 천하 사방도 바르게 됩니
다.」ㅇ四方正, 遠近莫不一於正, 而無邪氣奸其間(사방정
원근막불일어정 이무사기간기한) : 「사방이 바르게 되어
야 가까우나 머나 바르지 않은 곳이 없으며, 또 어디에나
사악한 기(氣)가 없게 됩니다.」
ㅇ是以陰陽調, 風雨時,(시이음양조 풍우시) : 「그러면 음
양이 조화를 이루고 풍우(風雨)도 때맞게 됩니다.」ㅇ羣
生和, 萬民殖,(군생화 만민식) : 「그러면 자연 만물이나
모든 무리들이 화합하고 만민이 다 번식하게 됩니다.」
ㅇ諸福之物, 可致之祥, 莫不畢至, 而王道終矣(제복지물
가치지상 막불필지 이왕도종의) : 「모든 복을 주는 만물
을 이르게 하는 길상(吉祥)이 모두 이르지 않는 것이 없
음으로 왕도가 다 이뤄집니다.」〈*「왕도종의(王道終矣)」
는 「그렇게 하면 왕도가 다 이루어진다.」는 뜻이다.」〉

효무황제(孝武皇帝)

(3) 陛下行高而恩厚, 知明而意美, 愛民而好士. 然而教化不立, 萬民不正. 譬琴瑟不調甚者, 必解而更張之, 乃可鼓也. 爲政而不行甚者, 必變而更化之, 乃可理也. 漢得天下以來, 常欲治, 而至今不可善治者, 當更化而不更化也.

〈동중서의 말이다.〉「폐하께서는 행하심이 고결하시고 또 은혜를 후하게 베푸십니다. 〈폐하께서는〉 밝게 아시고 뜻도 아름답습니다. 또 백성을 사랑하시고 선비들도 잘 대하십니다.」「그런데도 교화가 바르게 이루어지지 않고 만민이 바르게 되지 않고 있습니다.」「비유하면 악기의 음악 소리가 〈백성들에게〉 조화되지 않은 것이 심합니다. 〈*음악 소리가 너무 높고 어려워서 백성들이 제대로 알지 못합니다.〉」「〈그러므로 백성들이 이해 못하는 음악 소리를〉 반드시 멈추고 다시 음악 소리를 〈백성들에게 맞게〉 다시 음악을 연주해야 합니다.」

「덕치를 해도 〈백성들이〉 행해지지 않으므로 반드시 〈방식을〉 변하게 하고, 더욱 백성들을 교화해야 합니다. 그래야 도리에 맞게 될 것입니다.」

「한나라 천자께서는 천하를 얻고, 항상 잘 다스리려고 했습니다.」「그러나 지금에 이르도록 잘 다스려지지 않은 〈까닭은 다름이 아닙니다.〉 마땅히 옛 법을 고치고 교화해야 할 것을 더욱 고치거나 교화하지 않았기 때문입니다.」

어구 설명 ○陛下行高而恩厚,(폐하행고이은후) : 폐하께서는 행하심이 고결하시고 또 은혜를 후하게 베푸십니다. ○知明而意美, 愛民而好士(지명이의미 애민이호사) : 〈폐하께서는〉 밝게 아시고 뜻도 아름답습니다. 또 백성을 사랑하시고 선비들도 잘 대하십니다.

○然而敎化不立, 萬民不正(연이교화불입 만민부정) : 그런데도 교화가 바르게 이루어지지 않고 만민이 바르게 되지 않고 있습니다.

○譬琴瑟不調甚者,(비금슬부조심자) : 〈비유하면〉 악기의 음악 소리가 〈백성들에게〉 조화되지 않은 것이 심합니다. 〈*음악 소리가 너무 높고 어려워서 백성들이 제대로 알지 못합니다.〉

○必解而更張之, 乃可鼓也(필해이경장지 내가고야) : 〈그러므로 백성들이 이해 못하는 음악 소리를〉 반드시 멈추고 다시 음악 소리를 〈백성들에게 맞추고〉 다시 음악을 연주해야 합니다.

○爲政而不行甚者, 必變而更化之, 乃可理也(위정이불행심자 필변이경화지 내가이야) : 정치를 해도 〈백성들에게〉 심히 행해지지 않으므로 반드시 〈정치 방식을〉 고치고 더욱 백성들을 교화해야 합니다. 그래야 도리에 맞게 될 것입니다.

○漢得天下以來, 常欲治,(한득천하이래 상욕치) : 한나라 황실에서는 천하를 얻고 항상 잘 다스리려고 했습니다.

○而至今不可善治者, 當更化而不更化也(이지금불가선치자 당경화이불경화야) : 그러나 지금에 이르도록 잘 다스려지지 않은 〈까닭은 다름이 아닙니다.〉 마땅히 고치고 교화해

야 할 것을 더욱 고치거나 교화하지 않았기 때문입니다.

(4) 又曰, 養士莫大乎太學. 太學者, 賢士之所關也, 教化之本原也. 願興太學置明師, 以養天下之士. 又曰, 郡守·縣令, 民之師帥, 所使承流而宣化也. 宜使列侯·郡守, 各擇其吏民之賢者, 歲貢各三人.

〈동중서가〉 또 말했다. 「선비를 배양함에는 태학보다 더 좋은 데가 없습니다.」〈*태학(太學)은 나라에서 세운 최고의 교육기관이다. 왕도덕치에 참여할 선비들을 배양하는 곳이다.〉「태학은 현명한 선비들의 관문이다. 교화의 뿌리가 되는 바탕이다.」

〈동중서의 말〉「원합니다. 〈폐하께서〉 태학을 세우시고 현명한 스승을 두시고 천하를 다스릴 모든 선비들을 배양하십시오.」 또 말했다. 「군수나 현령은 백성들의 스승이며 지휘관입니다.」「그들의 사명은 곧 〈도와 전통을〉 계승하고 〈사방으로 넓게〉 흘려 퍼뜨리고 또 백성들에게 베풀고 교화하는 것입니다.〉」〈그러므로〉「마땅히 각 나라의 제후(諸侯)나 군수로 하여금 선비나 백성들 중에서 현명한 사람들을 뽑아서 매년 세 명씩 추천해 올리도록 하십시오.」

어구 설명 ○又曰, 養士莫大乎太學(우왈 양사막대호태학) : 또 말했다. 「선비를 배양함에는 태학보다 더 좋은 데가 없다.」〈*태학(太學)은 국가의 최고의 교육기관이다. 왕도덕치에 참여할 선비들을 배양하는 곳이다. 따라서 천자가 직

접 맡아보는 최고의 학부(學府=國子監).〉

○太學者, 賢士之所關也, 敎化之本原也(태학자 현사지소
관야 교화지본원야) :「태학은 현명한 선비들의 관문이다.
교화의 뿌리가 되는 바탕이다.」○願興太學置明師, 以養
天下之士(원흥태학치명사 이양천하지사) :〈동중서의 말〉
「원합니다. 〈폐하께서〉 태학을 세우시고 현명한 스승을
두시고 천하를 다스린 모든 선비들을 배양하십시오.」

○又曰, 郡守 · 縣令, 民之師帥,(우왈 군수 · 현령 민지사
수) : 또 말했다.「군수나 현령은 백성들의 스승이며 지휘
관입니다.」○所使承流而宣化也(소사승유이선화야) :「그
들의 사명은 곧 〈도와 전통을〉 계승하고 〈사방으로 넓게〉
퍼뜨리고 또 백성들에게 베풀고 교화하는 것입니다.〉」

○宜使列侯 · 郡守, 各擇其吏民之賢者, 歲貢各三人(의사
열후 · 군수 각택기이민지현자 세공각삼인) :「마땅히 각
나라의 후(侯)나 군수로 하여금 선비나 백성들 중에서 현
명한 사람들을 뽑아서 매년 세 명씩 추천해 올리도록 하
십시오.」

동중서(董仲舒)

(5) 又曰, 春秋大一統者, 天地之常經, 古今之通誼
也. 今師異道, 人異論. 臣愚以爲, 諸不在六藝之
科, 孔子之術者, 皆絶其道, 然後統紀可一, 法度可
明, 而民知所從矣. 上善其對, 以爲江都相.

〈동중서가〉 또 말했다. 「춘추는 크게 천하를 하나로 통합하는 책이자 사상입니다.」〈*동중서는 특히 춘추 공양전(公羊傳)을 높였다.〉〈춘추 속의 사상은〉「하늘과 땅의 변치 않는 도리이며, 또 고금에 잘 통하는 영구불변의 도리입니다.」「그런데 오늘날 글을 가르치는 스승들은 저마다 도를 다르게 말하고, 또 모든 사람들도 다른 논리를 따르고 있습니다.」「신은 어리석으나 〈다음 같이〉 해야 한다고 생각합니다.」「육예(六藝), 즉 육경(六經)에 맞지 않거나 공자 사상에 맞지 않는 〈모든 가르침이나 말들을〉 모두 잘라버려야 합니다. 그래야 천하 통일의 기강이 하나에 설 수 있고 또 법도를 밝게 할 수 있으며, 따라서 백성들도 따르고 행할 바를 알게 될 것입니다.」

임금 무제가 그의 말을 좋다고 했다. 그리고 〈동중서를〉 강도왕(江都王)의 재상으로 삼았다.

어구 설명 ○又曰, 春秋大一統者,(우왈 춘추대일통자) : 〈동중서가〉 또 말했다. 「춘추는 크게 천하를 하나로 통합하는 책이자 사상입니다.」〈*동중서는 특히 춘추 공양전(公羊傳)을 높였다.〉 ※ 춘추(春秋)는 공자의 저서이다.

○天地之常經, 古今之通誼也(천지지상경 고금지통의야) : 〈춘추의 사상은〉「하늘과 땅의 변치 않는 불멸의 도리이며 또 고금에 잘 통하는 도리입니다.」○今師異道, 人異論(금사이도 인이론) :「그런데 오늘 글을 가르치는 스승들은 도를 다르게 말하고, 또 모든 사람들도 논술을 다르게 합니다.」○臣愚以爲,(신우이위) :「신은 어리석게도 〈다음 같이〉 해야 한다고 생각합니다.」○諸不在六藝之科, 孔子之術者, 皆絕其道,(제부재육예지과 공자지술자 개절기도) :「육예의 과목에 맞지 않거나 공자의 학술 사상에 맞지 않는 〈오늘의 가르침이나 말들을〉 모두 다 단절해야 합니다.」※ 六禮(육예) : 선비가 배워야 할 여섯 가지 기예. ㉠ 예(禮)·악(樂)·사(射)·어(御)·서(書)·수(數). ㉡ 역경(易經)·시경(詩經)·서경(書經)·춘추(春秋)·예기(禮記)·악기(樂記)의 육경(六經).
○然後統紀可一, 法度可明, 而民知所從矣(연후통기가일 법도가명 이민지소종의) :「그런 다음에, 천하 통일의 기강이 하나에 설 수 있고 또 법도를 밝게 할 수 있으며, 따라서 백성들도 따르고 행할 바를 알게 될 것입니다.」
○上善其對, 以爲江都相(상선기대 이위강도상) : 임금 무제가 그의 대답을 좋다고 했다. 〈동중서를〉 강도(江都)의 재상으로 삼았다. ※ 강도(江都)는 강소성(江蘇省)에 있으며 강도(江都)의 왕(王)은 양주왕(楊州王)으로 경제(景帝)의 아들이다.

경제(景帝)

참고보충 동중서(董仲舒)의 유교 존중

(1) 공자는 주(周)나라 초기의 덕치(德治)를 높였다. 그러나 주나라가 동천(東遷)하자 천하가 수없이 분열되고 서로 부강(富强)을 쟁탈하게 되었다.

(2) 이에 춘추시대(春秋時代)에 나타난 공자(孔子)가 군자(君子)를 배양하여 인정덕치(仁政德治)를 실현하려고 노력했다. 이것이 곧 유교(儒敎) 학파의 가르침이고 사상이다.

(3) 그러나 전국시대(戰國時代)가 되면서 세상이 더욱 혼란해졌다. 마침내는 강대국(强大國) 간의 무력쟁탈이 격화되었고, 이에 따라 권모술책(權謀術策)을 농하는 지식인으로 소진(蘇秦)이나 장의(張儀) 같은 종횡가(縱橫家) 및 제가백가(諸子百家) 같은 사상가들이 혼잡하게 나타났다.

(4) 진시황(秦始皇)이 무자비한 무력으로 천하를 통일하고, 또 분서갱유(焚書坑儒) 했다.

(5) 그러나 역사는 천도(天道)를 따라 변하고 발전하게 마련이다. 그래서 한(漢)나라 고조(高祖)가 초(楚)나라 항우(項羽)를 제치고 천하를 통일했던 것이다.

(6) 한무제(漢武帝)는 한나라 제 7대 황제다. 그래서 그는 한나라를 굳게 다지려고 동중서(董仲舒)에게 물었던 것이다.

(7) 이에 동중서는 공자의 유교 사상을 바탕으로 「천하를 하나로 통일하고 만민을 교화하기를 강조했던 것이다.」
〈*단 동중서의 유교사상은 고대의 유교 사상이나 송대(宋代)의 성리학(性理學)과도 약간 다르다.〉

[명언 명구]

強勉學問 則聞見博 而智益明(강면학문 칙문견박 이지익명) : 학문을 열심히 배워야 견문이 넓어지고 지식이 더욱 밝아진다.

強勉行道 則德日起 而大有功(강면행도 칙덕일기 이대유공) : 열심히 노력하고 하늘의 도리를 실천해야 덕이 날로 높아지고 공을 크게 세울 수 있다.

人君者 正心以正朝廷(인군자 정심이정조정) : 만민을 다스리는 임금이 마음을 바르게 해야 조정도 바르게 된다.

正朝廷 以正百官(정조정 이정백관) : 조정을 바르게 해야 백관을 바르게 할 수 있다.

正百官 以正萬民(정백관 이정만민) : 백관이 바르게 되어야 만민을 바르게 다스릴 수 있다.

正萬民 以正四方(정만민 이정사방) : 만민이 바르게 되어야 천하 사방도 바르게 된다.

太學者 賢士之所關也 敎化之本原也(태학자 현사지소관야 교화지본원야) : 나라에서 세운 대학은 현명한 선비들을 양성하는 관문이고 또 교화의 근원지이다.

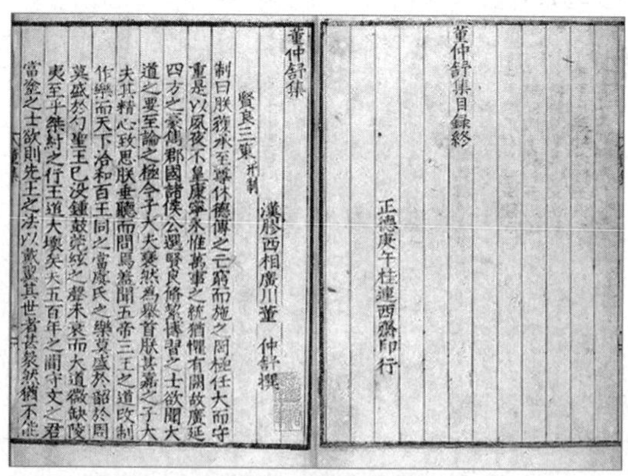

동중서집(董仲舒集)

제2과 무제(武帝)의 혁신(革新)

(1) 上使使者奉安車蒲輪 · 束帛加璧, 迎魯申公. 旣至. 問治亂之事. 公年八十餘. 對曰, 爲治不在多言. 顧力行何如耳.

　무제가 사신으로 하여금 수레바퀴를 부들로 싸 덮고, 흔들리지 않게 한 안전한 수레와 여러 겹, 비단 위에 안치한 옥돌을 가지고 가서 노나라의 신공(申公)이라는 유학자를 모셔오게 했다. 신공이 서울에 오자, 무제가 치란(治亂)에 대한 일을 물었다. 나이 80세가 넘은 신공이 다음 같이 대답했다.

　「치(治=다스리는 것)는 많은 말로 하는 것이 아닙니다. 역행(力行=힘써 일하는 것)을 어떻게 하는가 돌아보는데 있는 것입니다.」

어구 설명 ○上使使者奉安車蒲輪 · 束帛加璧,(상사사자봉안거포륜 · 속백가벽) : 무제가 사신으로 하여금 받들고 가서 수레바퀴를 부들로 싸 덮고, 흔들리지 않게 한 안전한 수레와 여러 겹, 비단 위에 놓은 옥돌을 가지고 가서. ※ 束帛加璧(속백가벽) : 속백(束帛)은 비단 5필을 각각 양 끝에서 마주 말아 한 묶음으로 한 것. 합하면 10필이 됨. 나라 사이에 서로 방문할 때에 보내던 예물. 그 위에 옥(玉)을 얹음. 가장 귀중한 예물. ○迎魯申公(영노신공) : 노나라의 신공(申公)이라는 유학자를 모셔오게 했다. ○旣至. 問治亂之

事(기지 문치란지사) : 신공이 서울에 오자, 무제가 치란
(治亂)에 대한 일을 물었다. ㅇ公年八十餘. 對曰,(공년팔십
여 대왈) : 나이 80세가 넘은 신공이 다음 같이 대답했다.
ㅇ爲治不在多言. 顧力行何如耳(위치부재다언 고력행하여
이) : 치(治)는 많은 말로 하는 것이 아니다. 역행(力行=힘
써 일하는 것)을 어떻게 하는가 돌아보는데 있는 것이다.
〈*임금 자신의 역행에 달려있다는 뜻이다.〉

(2) 三年, 閩越擊東甌. 遣使發兵救之, 徙其衆江淮間. 帝始爲微行, 起上林苑.

건원(建元) 3년(전 138), 민월(閩越 : 福建省)이 동구(東
甌 : 浙江省, 여수〈麗水〉 근방에 있던 나라)를 공격했다.
무제는 사신을 파견하고 또 군대를 보내서 구제했다. 〈공
격을 받은 동구(東甌)의〉 백성들을 강수(江水)와 회수(淮
水) 사이로 옮겼다.

그 해에 무제는 처음으로 미행(微行)을 했다. 첫 번째 미
행을 상림원(上林苑)에 가서 이곳을 수복(修復)하는 공사
를 일으켰다.

여구 설명 ㅇ三年, 閩越擊東甌(삼년 민월격동구) : 건원(建元) 3년
(서기 전 138), 민월(閩越 : 福建省 지방에 있던 나라)이
동구(東甌 : 浙江省, 여수〈麗水〉 근방에 있던 나라)를 공
격했다. ㅇ遣使發兵救之,(견사발병구지) : 무제(武帝)가
사신을 파견하고 또 군대를 보내서 구제했다. ㅇ徙其衆

江淮閒(사기중강회한) : 〈공격을 받은 동구(東甌)의〉 백성들을 강수(江水)와 회수(淮水) 사이로 옮겼다.

○帝始爲微行, 起上林苑(제시위미행 기상림원) : 무제가 처음으로 미행(微行)을 했으며, 첫 번째를 상림원(上林苑)에 가서 이곳을 수복(修復)하는 공사를 일으켰다. ※ 微行(미행)은 임금이나 높은 벼슬아치들이 무엇을 살피기 위하여 남이 언뜻 알아차리지 못하도록 몸을 차리고 넌지시 다님. 이것은 천자로서는 처음이었다. ※ 상림원(上林苑) : 소하가 논밭을 만들어서 백성에게 경작하게 한 동산.

(3) 五年, 置五經博士. 六年, 閩越擊南越, 遣王恢等擊之.

5년에, 무제는 오경박사를 설치했다. 〈*역경(易經), 서경(書經), 시경(詩經), 예기(禮記) 및 춘추(春秋)에 대한 박사제도를 설치했다.〉

6년에, 민월(閩越)이 남월(南越)을 공격하자 무제는 왕회(王恢) 등을 파견하여 반격하게 했다.

어구 설명 ○五年, 置五經博士(오년 치오경박사) : 5년에, 무제는 오경박사를 두었다. 〈*역경(易經), 서경(書經), 시경(詩經) 예기(禮記) 및 춘추(春秋)에 박사제도를 두었다.〉

○六年, 閩越擊南越, 遣王恢等擊之(육년 민월격남월 견왕회등격지) : 6년에, 민월(閩越)이 남월(南越)을 공격하자 왕회(王恢) 등을 파견하여 반격하게 했다.(민월을 치게 하였다) ※ 越 = 월(粵)과 같음.

(4) 元光元年, 初令郡國擧孝 · 廉各一人. 二年, 方士李少君見上, 善爲巧發奇中. 言, 祠竈則致物. 而丹砂可化爲黃金, 蓬萊仙者可見, 見之以封禪則不死. 上信之, 始親祠竈, 遣方士入海, 求蓬萊安期生之屬. 海上燕 · 齊迂怪之士, 多更來言神事矣.

원광(元光) 원년 〈즉 B.C. 134〉에 무제가 처음으로 영을 내려서, 군(郡)이나 국(國)에서 효도하는 사람과 청렴한 사람을 각각 한 사람씩 천거해 올리게 했다.

2년에는 방사(方士) 이소군(李少君)이란 자가 임금을 만났다. 그는 교묘한 수작을 잘 부리고 또 기이한 말을 잘했다. 다음 같은 소리를 했다. 「부엌 귀신을 모시고 제물을 바치십시오.」「단사(丹砂=朱砂)를 황금으로 만들 수 있습니다.」「봉래도의 신선을 만나볼 수 있습니다.」「신선을 보고 봉선을 하면 죽지 않을 수 있습니다.」

그래서 임금으로서는 이를 믿고, 처음으로 부엌의 귀신을 모셨다. 또 방사를 파견하여 바다 건너 봉래도(蓬萊島)에 가서 안기생(安期生)이라고 하는 신선(神仙)을 찾게 했다.

〈무제가 신선을 구한다는 말에〉 바다 건너 연(燕)나라, 제(齊)나라의 괴상한 자들이 많이 와서 더욱 신선에 관한 말들을 늘어 놓았다.

어구 설명 ○元光元年,(원광원년) : 원광 원년, 즉 서기 전 134년이다. ○初令郡國擧孝・廉各一人(초령군국거효・염각일인) : 무제가 처음으로 영을 내려서, 군(郡)이나 국(國)에서 효도하는 사람과 청렴한 사람을 각각 한 사람씩 천거해 올리게 했다. 〈*군(郡)은 천자에 직속하는 지방 영토, 국(國)은 제후의 영토.〉

○二年, 方士李少君見上,(이년 방사이소군견상) : 2년에, 방사 이소군이란 자가 임금을 만났다. ○善爲巧發奇中(선위교발기중) : 교묘한 수작을 잘 부리고 또 기이한 말을 잘 했다. ○言,(언) : 그가 다음 같은 소리를 했다. ○祠竈則致物(사조칙치물) : 부엌 귀신을 모시고 제물을 바치십시오. ※「竈(부엌 조)」

○而丹砂可化爲黃金,(이단사가화위황금) : 단사를 황금으로 만들 수 있습니다. ○蓬萊仙者可見,(봉래선자가견) : 봉래도의 신선을 만나볼 수 있습니다. ○見之以封禪則不死(견지이봉선칙불사) : 신선을 보고 봉선을 하면, 즉 죽지 않을 수 있습니다. 〈*봉선(封禪)은 제단을 높이 쌓고 제사를 지낸다.〉 ○上信之, 始親祠竈,(상신지 시친사조) : 임금으로서는 이를 믿고, 처음으로 부엌의 귀신을 모셨다. ○遣方士入海,(견방사입해) : 방사를 파견하여 바닷속에 가게 했다. ○求蓬萊安期生之屬(구봉래안기생지속) : 봉래도(蓬萊島)에 가서 안기생(安期生)이라고 하는 신선(神仙)을 찾게 했다.

○海上燕・齊迂怪之士,(해상연・제우괴지사) : 〈무제가 신선을 구한다는 말에〉 바다 건너 연(燕)나라 제(齊)나라의 괴상한 자들이 〈와서〉. ○多更來言神事矣(다경래언신사의) : 더욱 많이 와서 더욱 신선에 관한 말들을 늘어놓았다.

(5) 上用大行王恢議, 遣恢等, 將兵匿馬邑旁谷中,
陰使聶壹誘匈奴, 入塞而擊之. 單于覺而去. 自是
絶和親, 攻當路塞.

무제는 대행(大行)의 직을 맡고 있는 왕회(王恢)의 건의
를 받아썼다. 그래서 왕회 등을 파견하고 장병(將兵)을 마
읍(馬邑) 곁에 있는 골짜기 속에 숨겨두었다.

그리고 음밀히 섭일(聶壹)을 시켜서 흉노를 유혹했으며
흉노가 그곳으로 들어오면 길을 틀어막고 치려고 했다.

그러나 흉노의 임금 선우(單于)가 〈그들의 음모를〉 미리
알고 멀리 가버렸다. 그로부터 흉노와의 화친(和親)이 단
절되었으며 그 후 흉노는 자주 국경지방을 공격했기 때문
에 또 〈서로 통하는 길도〉 막히고 말았다.

어구 설명 ○上用大行王恢議,(상용대행왕회의) : 무제는 대행(大
行)의 직을 맡고 있는 왕회(王恢)의 건의를 썼다. ※「대
행(大行)」은「빈객을 접대하며 통역을 맡은 관직(官職)」.
○遣恢等, 將兵匿馬邑旁谷中,(견회등 장병익마읍방곡
중) : 왕회 등을 파견하고 장병(將兵)을 마읍군(馬邑郡=
山西城) 곁에 있는 골짜기 속에 숨겨 두었으며.
○陰使聶壹誘匈奴,(음사섭일유흉노) : 음밀히 섭일(聶壹)
을 시켜서 흉노를 유혹했으며. ○入塞而擊之(입색이격지)
: 흉노가 그곳으로 들어오면 길을 막고 치려고 했다. ○單
于覺而去(선우각이거) : 그러나 흉노의 임금 선우(單于)가
〈그들의 음모임을〉 깨닫고 멀리 가버렸다.

○自是絕和親, 攻當路塞(자시절화친 공당로새) : 그로부터 흉노와의 화친(和親)이 단절되었으며 또 〈서로 통하는〉 길을 공격했음으로 길도 막히고 말았다.

(6) 唐蒙上書, 請通南夷. 拜蒙中郎將, 將千人入夜郎, 夜郎侯聽約. 以爲犍爲郡. 又拜司馬相如爲中郎將, 通西夷, 邛・筰・冄・駹置郡縣, 西至沫若水, 南至牂牁, 爲徼.

당몽(唐蒙)이라는 자가 글을 올려 남쪽의 만족(蠻族)과 통하겠다고 청했다. 〈이를 무제가 허락했으므로〉 그는 중랑장(中郎將)의 직책을 배수했다. 그리고 천 명의 부하를 데리고 야랑(夜郎)에 들어갔다.

야랑의 후(侯)가 한나라의 약속을 받아들였다. 그래서 〈지명을〉「건위군(犍爲郡)」이라고 했다.

또 사마상여(司馬相如)를 중랑장(中郎將)으로 삼고 서이(西夷)와 통하게 했다. 그래서 공(邛), 작(筰), 염(冄), 방(駹)의 〈네 지방을〉 한나라의 군현(郡縣)으로 삼았다.

〈그래서〉 서쪽으로는 말수(沫水), 약수(若水)까지, 남쪽으로는 장가군(牂牁郡)까지 국경을 삼았다.

어구 설명 ○唐蒙上書, 請通南夷(당몽상서 청통남이) : 당몽(唐蒙)이라는 자가 글을 올려 남쪽의 만족(蠻族)과 통하겠다고 청했다. ○拜蒙中郎將,(배몽중랑장) : 〈이를 무제가 허락했으므로〉 그는 중랑장(中郞將)의 직책을 받았다. ※「중랑장(中郞將)」은「조정에 숙직하며 천자를 호위하는 관직이다.」

○ 將千人入夜郎,(장천인입야랑) : 그리고 천 명의 부하를 데리고 야랑(夜郎)에 들어갔다. ※「야랑(夜郎)」은「귀주성(貴州省) 북쪽에 있던 나라.」

○ 夜郎侯聽約. 以爲犍爲郡(야랑후청약 이위건위군) : 야랑의 후(侯)가 한나라의 약속을 받아들였다. 그래서 〈지명을〉「건위군(犍爲郡)」이라고 했다.

○ 又拜司馬相如爲中郎將,(우배사마상여위중랑장) : 또 사마상여(司馬相如)를 중랑장(中郞將)으로 삼고. ○ 通西夷,(통서이) : 서이(西夷)와 통하게 했다.

○ 邛 · 筰 · 冉 · 駹置郡縣,(공 · 작 · 염 · 방치군현) : 공(邛), 작(筰), 염(冉), 방(駹)의 〈네 지방을〉 한나라의 군현(郡縣)으로 삼았다. ※ 공(邛)은 공(邛)의 譌字(와자).「譌(거짓말 와) ; 바뀌다.」

○ 西至沫若水, 南至牂牁, 爲徼(서지말약수 남지장가 위요) : 〈그래서〉 서쪽으로는 말수(沫水), 약수(若水)까지, 남쪽으로는 장가군(牂牁郡)까지 국경을 삼았다. ※「요(徼=邊界 · 邊方을 뜻함.)는 서남(西南)쪽의 국경이고, 동북(東北)쪽의 국경은 새(塞)라고 했다.」 사마상여는 앞에 말한 강물 가운데다가 나무로 책(柵)을 만들어 세워서 만이(蠻夷)와의 국경을 삼은 것이다.

제3과 내정(內政)과 외정(外征)

(1) 徵吏民有明當世之務, 習先聖之術者, 縣次續食, 令與計偕.

　무제는 전국의 관리나 백성 중에서 당시의 세상일을 밝게 아는 사람들과, 아울러 옛날의 성제(聖帝)나 성현(聖賢)들의 학술을 잘 아는 사람들을 찾아서 데려오게 했다.

　〈*즉 요(堯) 순(舜)의 덕치나 공자(孔子)나 맹자(孟子) 같은 학술에 능통한 사람을 임금 앞에 오게 했다.〉〈이민(吏民)이나 학자를 오게 하는 방법은 다음 같았다.〉

　각 현(縣)이나 군(郡)을 차례로 거치면서 숙식(宿食)하게 하고 또 〈해마다 지방의 회계 보고서를 들고 오는〉 회계관(會計官)과 함께 오게 했다.

어구 설명 ○徵吏民有明當世之務,(징이민유명당세지무) : 찾아가지고 〈서울에 오게 했다.〉 관리나 백성 중에서 당시의 세상일을 밝게 아는 사람들과.

　○習先聖之術者,(습선성지술자) : 옛날의 성제(聖帝)나 성현(聖賢)들의 학술을 잘 아는 사람. 즉 요(堯), 순(舜)의 덕치나 공자(孔子)나 맹자(孟子) 같은 학술에 능통한 사람들을, ○縣次續食, 令與計偕(현차속식 영여계해) : 〈이민(吏民)이나 학자를 다음 같은 방법으로 오게 했다.〉 현(縣)이나 군(郡)을 차례로 거치면서 숙식하게 하고, 또 〈해마다 지방의 회계 보고서를 들고 오는 회계관(會計官)과 함

께 오게 했다.

(2) 菑川公孫弘, 對策曰, 人主和德於上, 百姓和合於下. 故心和則氣和. 氣和則形和. 形和則聲和. 聲和則天地之和應矣. 策奏. 擢爲第一, 待詔金馬門. 齊人轅固, 年九十餘, 亦以賢良徵. 弘仄目事之. 固曰, 公孫子務正學以言. 無曲學以阿世.

치천(菑川=山東省) 사람 공손홍(公孫弘)이 뽑혀서 서울에 올라왔다. 그리고 무제가 묻는 대책에 대해 대답하며 아뢰었다.

「위에 있는 임금이 덕(德)을 하늘에 합하고 중화(中和)의 덕이 있으면, 밑에 있는 백성들도 감화되어 임금에 화합하게 됩니다.」「고로 마음이 화하면 기가 화하고, 또 기가 화하면 형상(形象)도 화합니다.」「형상이 화하면 말소리 〈즉 언어 명령〉도 화하고, 또 말소리가 화하면 곧 천·지·인(天地人)이 일체가 되어 화하게 됩니다. 따라서 천하가 태평해질 것입니다.」

이에 무제는 대책을 올린 중에서 공손홍을 제일로 발탁하고 금마문에서 소명을 기다리게 했다.

제나라 학자로 원고(轅固)라는 사람은 이미 나이가 90세를 넘었다. 그도 역시 현량과(賢良科)로 소집되었다. 이에 공손홍(公孫弘)은 눈을 찡그리고 그를 섬겼다.

그러자 원고가 말했다. 「공손홍은 바른 학문을 가지고 말하도록 힘을 써야 한다. 곡학아세하면 안 된다.」
〈*곡학아세(曲學阿世)는 그릇된 학문으로 세상에 아부한다는 뜻이다.〉

어구 설명 ○菑川公孫弘, 對策曰,(치천공손홍 대책왈) : 치천(菑川 =山東省) 사람 공손홍이 뽑혀서 서울에 올라왔다. 그리고 무제의 대책에 대해서 아뢰었다. 「공손홍(公孫弘)」은 춘추(春秋)를 전공한 유학자다. 무제에게 발탁되어 박사(博士)가 되고 나중에는 승상(丞相)에 올랐다.
○人主和德於上, 百姓和合於下(인주화덕어상 백성화합어하) : 위에 있는 임금이 덕(德)을 하늘에 화합하고 중화(中和)의 덕이 있으면 밑에 있는 백성들도 감화되어 임금에 화합하게 된다. ○故心和則氣和. 氣和則形和(고심화칙기화 기화칙형화) : 고로 마음이 화하면 기가 화하고, 또 기가 화하면 형상(形象)도 화합니다. ○形和則聲和. 聲和則天地之和應矣(형화즉성화 성화즉천지지화응의) : 형상이 화하면 말소리 〈즉 언어 명령〉도 화하고, 또 말소리가 화하면 곧 천・지・인(天地人)이 일체가 되어 화하게 됩니다. 따라서 천하가 태평해질 것입니다.
○策奏. 擢爲第一, 待詔金馬門(책주 탁위제일 대조금마문) : 공손홍이 대책을 올린 중에서 제일로 발탁되었으며, 금마문에서 대조케 되었다. 「대조금마문(待詔金馬門)」은 「궁전 안에 있는 금마문 곁에서 임금의 명을 기다린다는 뜻.」 ※ 待詔(대조)는 조칙(詔勅)을 기다림. 金馬門(금마문)은 대궐의 문으로서, 문 옆에 말의 동상이 있

는 데서 붙여진 이름.
ㅇ齊人轅固, 年九十餘,(제인원고 연구십여) : 제나라 학자로 원고(轅固)라는 사람은 이미 나이가 90세를 넘었다. ㅇ亦以賢良徵(역이현량징) : 역시 현량과(賢良科)로 소집되었다. ㅇ弘仄目事之(홍측목사지) : 공손홍(公孫弘)은 눈을 찡그리고 그를 섬겼다. ※「仄(기울 측) : 어렴풋이. 곁〈側, 좁다.」 仄目(측목) : 상대를 바로 보지 않음. ㅇ固曰,(고왈) : 그러자 원고(轅固)가 말했다. ㅇ公孫子務正學以言(공손자무정학이언) : 공손홍은 바른 학문을 가지고 말하도록 힘을 써야 한다. ㅇ無曲學以阿世(무곡학이아세) : 곡학아세하면 안 된다. ※「곡학아세(曲學阿世)」는「그릇된 학문으로 세상에 아부한다.」

(3) 六年, 初算商車. 匈奴寇上谷. 遣將軍衞靑等, 擊卻之. 元朔元年, 主父偃上書, 諫伐匈奴. 嚴安亦上書. 及徐樂亦上書云, 陛下何威而不成, 何征而不服. 書奏. 上召見曰, 公等皆安在, 何相見之晚也. 皆拜郞中. 是秋匈奴入寇. 二年, 又入寇. 遣衞靑等擊之, 遂取河南地, 置朔方郡.

원광(元光) 6년에, 처음으로 상인들의 상업용 수레를 헤아리고 세금을 부과했다.

같은 해에, 흉노가 〈하북성(河北省)〉 북쪽에 있는 상곡(上谷)에 침입하자, 장군 위청(衞靑) 등을 파견하여 흉노를 격퇴하게 했다.

원삭(元朔) 원년에 주보언(主父偃)이 상서하고 흉노 토벌에 대한 간언을 올렸다. 엄안(嚴安)도 역시 상서를 올려 간했다. 또 서락(徐樂)도 역시 상서를 올려 〈다음 같이 말했다.〉「폐하의 위력으로 누군들 겁주지 못하고, 또 폐하의 무력으로 누군들 정복하지 못하겠습니까. 〈누르고 정복할 수 있습니다. 그러나 무력 사용은 신중하게 하십시오.〉」

그들이 글을 올리자 무제가 그들을 불러서 보고 말했다. 「공들은 지금까지 모두 어디에 있었는가. 왜 진작 서로 만나보기가 이렇게 늦었는가.」 그리고 무제는 그들을 낭중(郎中)에 임명했다.

그 해 가을에 흉노가 또 침입했다. 2년에 또 침입하자, 무제는 위청(衞靑)을 파견하여 그들을 치고, 드디어 하남(河南)지방을 점령하고 삭방군(朔方郡)을 설치했다.

어구설명 ㅇ六年, 初算商車(육년 초산상거) : 원광(元光) 6년(전 129)에, 처음으로 상인들의 상업용 수레를 헤아리고 세금을 부과했다.

ㅇ匈奴寇上谷. 遣將軍衞靑等, 擊郤之(흉노구상곡 견장군 위청등 격각지) : 같은 해에, 흉노가 〈하북성(河北省)〉 북쪽에 있는 상곡(上谷)에 침입하자, 장군 위청 등을 파견하여 흉노를 격퇴하게 했다. 「위청(衞靑)」은 「무장이다. 전후 일곱 번이나 흉노를 격퇴했다.」

ㅇ元朔元年, 主父偃上書, 諫伐匈奴(원삭원년 주보언상서

간벌흉노) : 원삭 원년(전 128)에 주보언이 글을 올리고, 흉노 토벌에 대한 간언을 올렸다. ※「주보언(主父偃)」은 임치(臨淄) 사람, 나중에 중대부(中大夫)가 되었다. 主父(주보)는 성씨(姓氏)로 부음(父音)은 甫(보)로 읽음.

○嚴安亦上書(엄안역상서) : 엄안도 역시 상서를 올려 간했다. 「엄안(嚴安)」도 임치 사람, 나중에 낭중(郎中) 및 기마령(騎馬令)이 되었다.

○及徐樂亦上書云,(급서락역상서운) : 또 서락도 역시 상서를 올려 말했다. ○陛下何威而不成, 何征而不服(폐하하위이불성 하정이불복) : 폐하의 위력으로 누군들 겁주지 못하고 또 폐하의 무력으로 누군들 정복하지 못하겠습니까. 〈다 누르고 정복할 수 있습니다. 그러나 무력 사용은 신중하게 하십시오.〉

○書奏(서주) : 그들이 글을 올리자. ○上召見曰,(상소견왈) : 무제가 그들을 불러서 보고 말했다. ○公等皆安在, 何相見之晚也(공등개안재 하상견지만야) : 공들은 지금까지 모두 어디에 있었는가. 왜 진작 서로 만나보기가 늦었는가. ○皆拜郎中(개배낭중) : 그들이 모두 낭중(郎中)이 되었다.

○是秋匈奴入寇(시추흉노입구) : 그 해 가을에 흉노가 또 침입했다. ○二年, 又入寇. 遣衞靑等擊之,(이년 우입구 견위청등격지) : 2년에 또 침입했다. 무제는 위청 등을 파견하여 그들을 치고. ○遂取河南地, 置朔方郡(수취하남지 치삭방군) : 결국 하남지방을 취하고 삭방군(朔方郡)을 설치했다. ※ 河南(하남) : 섬서성(陝西省) 삭방(朔方) 오원(五原)지방. 「衛=衞(지킬 위)의 속자」

(4) 五年, 公孫弘爲丞相, 封平津侯. 上方興功業. 弘於是開東閣, 以延賢人. 匈奴寇朔方. 遣衞靑率六將軍擊之. 還. 以靑爲大將軍. 匈奴入代. 六年, 春遣衞靑等六將軍擊匈奴. 夏再遣.

원삭 5년(B.C. 124)에, 공손홍(公孫弘)을 승상으로 삼고 평진후(平津侯)에 봉했다.

무제가 여러 가지 공업(功業=영토 확장)을 세우는 일을 일으키려고 했다. 이에 공손홍이 궁전 안에 동합(東閣)을 세우고 현명한 사람들을 불러들였다.

흉노가 북쪽 땅(朔方郡〈삭방군〉)에 침공해왔다. 무제는 위청으로 하여금 여섯 명의 장군을 인솔하고 나가서 흉노를 격퇴하게 했다.

위청이 흉노를 치고 돌아오자, 위청을 대장군으로 임명했다.

흉노가 대(代) 지방에 침입하자, 6년 봄에, 위청 등 여섯 장군을 파견하여 흉노를 격파했다. 여름에 다시 파견했다.

여구 설명　ㅇ五年, 公孫弘爲丞相, 封平津侯(오년 공손홍위승상 봉평진후) : 원삭(元朔) 5년(B.C. 124)에는 공손홍을 승상으로 삼고 평진후(平津侯)에 봉했다.

ㅇ上方興功業(상방흥공업) : 무제가 여러 가지 공을 세우는 사업을 하려고 했다.〈功業-영토확장〉 ㅇ弘於是開東

閤, 以延賢人(홍어시개동합 이연현인) : 이에 공손홍이 궁전 안에 동합(東閤-동쪽 대문(大門) 곁에 달린 작은 문.)을 세우고 현명한 사람들을 불러들였다. ※ 閤(쪽문 합) : 대문 곁에 달린 작은 문. 궁중의 작은 문으로 동문은 빈객을 맞아들이는 문.

○匈奴寇朔方(흉노구삭방) : 흉노가 삭방에 침공해왔다.

○遣衛靑率六將軍擊之(견위청솔육장군격지) : 무제는 위청으로 하여금 여섯 명의 장군을 인솔하고 나가서 흉노를 격퇴하게 했다. ※ 六將軍(육장군) : 蘇建, 李沮, 公孫賀, 李蔡, 李息, 張次公.

○還. 以靑爲大將軍(환 이청위대장군) : 위청이 흉노를 치고 돌아오자, 위청을 대장군으로 임명했다.

○匈奴入代(흉노입대) : 흉노가 대(代) 지방에 침입하자.

○六年, 春遣衛靑等六將軍擊匈奴(육년 춘견위청등육장군격흉노) : 6년 봄에, 위청 등 여섯 장군을 파견하여 흉노를 격파했다. ※ 六將軍 : 大將軍인 衛靑을 필두로 中將軍 公孫敖. 左將軍 公孫賀. 前將軍 趙信. 右將軍 蘇建. 後將軍 李廣. 强弩將軍 李沮를 말함. ○夏再遣(하재견) : 여름에 다시 파견했다.

제4과 장건(張騫)과 방사(方士)

(1) 元狩元年, 遣博望侯張騫, 使西域, 通滇國. 二年, 以霍去病爲驃騎將軍, 擊敗匈奴. 過焉支·祁連山而還. 匈奴渾邪王降. 置五屬國, 以處其衆. 三

年, 匈奴入右北平 · 定襄. 四年, 遣衞靑 · 霍去病
擊匈奴. 去病, 封狼居胥山而還.

원수 원년(B.C. 122)에 박망(博望)의 후(侯)인 장건(張騫)을 파견했다. 장건은 서역에 사신으로 가서 전국(滇國)과 통하게 했다.

원수 2년에 곽거병(霍去病)을 표기장군(驃騎將軍)으로 삼고 흉노를 격파하게 했다. 그는 연지(焉支)와 기련산(祁連山)을 거치고 지나서 돌아왔다.

흉노 혼사왕(渾邪王)이 투항했다. 이에 다섯 개의 속국을 설치하고 많은 사람을 〈그곳에 가서〉 살게 했다.

3년에 다시 흉노가 우북평(右北平)과 정양(定襄)에 침입하자, 4년에 위청(衞靑)과 곽거병(霍去病)을 파견하여 흉노를 치게 했다. 곽거병은 낭거서산(狼居胥山)에서 봉선(封禪) 제사를 지내고 돌아왔다.

어구 설명 ㅇ元狩元年, 遣博望侯張騫,(원수원년 견박망후장건) : 원수 원년(B.C. 122)에 박망의 후인 장건을 파견했다. ㅇ使西域, 通滇國(사서역 통전국) : 서역으로 사신으로 가서 전국과 통하게 했다. ※「전국(滇國)」은 운남성(雲南省)에 있다. 전에는 초(楚)가 점령했었다.
ㅇ二年, 以霍去病爲驃騎將軍,(이년 이곽거병위표기장군) : 2년에 곽거병(霍去病)을 표기장군으로 삼았다. ※「표기(驃騎)」는 말 타고 잘 달린다는 뜻이다. ㅇ擊敗匈奴.

過焉支 · 祁連山而還(격패흉노 과연지 · 기연산이환) : 그는 흉노를 격파하고, 연지(焉支)와 기련산(祁連山:天山의 다른 이름. 甘肅省에 속함)을 지나서 돌아왔다. ※ 焉支(연지) : 서역(西域)에 있는 나라 이름. 연지로 읽음. 〈焉音烟이라고 원전 주(註)에 되어 있음.〉

○匈奴渾邪王降. 置五屬國, 以處其衆(흉노혼사왕항 치오속국 이처기중) : 흉노 혼사왕이 투항하자, 다섯 개의 속국을 설치하고 많은 사람을 살게 했다. ※「邪(① 간사할 사, ② 고을 이름 야, ③ 나머지 여, ④ 느릿할 서)」邪音 社로 原典 註에 되어 있음. 「屬(이을 촉, 무리 속 ; 복종하다). 속국(屬國).」5속국 : 농서(隴西), 북지(北地), 상군(上郡), 삭방(朔方), 운중(雲中)의 5군(郡).

○三年, 匈奴入右北平 · 定襄(삼년 흉노입우북평 · 정양) : 3년에 흉노가 우북평군(右北平郡 : 甘肅省〈감숙성〉)과 정양군(定襄郡 : 山西省〈산서성〉)에 침입했다. ○四年, 遣衞靑 · 霍去病擊匈奴(사년 견위청 · 곽거병격흉노) : 4년에 위청(衞靑)과 곽거병(霍去病)을 파견하여 흉노(匈奴)를 치게 했다.

○去病, 封狼居胥山而還(거병 봉랑거서산이환) : 곽거병은 〈흉노를 치고〉 낭거서산에서 봉선(封禪) 제사를 지내고 돌아왔다. ※ 封禪(봉선)은 천자가 행하는 제사. 封(봉)은 사방의 흙을 높이 쌓아서 제단을 만들고 하늘에 제사지내는 일. 禪(선)은 땅을 정(淨)하게 하여 산천에 제사지내는 일.

(2) 元鼎二年, 方士文成將軍李少翁, 以詐誅. 西域

始通. 置酒泉·武威郡. 五年, 遣將軍路博德等擊
南越. 方士五利將軍欒大, 以詐誅. 六年, 討西羌平
之. 南越平. 置九郡.

원정(元鼎) 2년 〈*원정(元鼎)은 잘못이다. 원수(元狩) 4년이다.〉 방사(方士)이면서 문성장군이라고 칭했던 이소옹(李少翁)이 〈무제를〉 속였으므로 주살되었다.

〈*이소옹은 높은 누대를 만들면 천신을 만날 수 있다고 했다. 그러나 무제가 속았음을 알고 그를 처형한 것이다.〉

원정 3년, 서역과 처음으로 통하게 되자, 주천(酒泉)과 무위군(武威郡)을 설치했다.

원정 5년에는 장군 노박덕(路博德) 등을 시켜서 남월(南越)을 치게 했다. 방사이면서 오리장군이라 칭했던 난대(欒大)가 사기를 했음으로 주살되었다.

〈*난대는 바다 건너로 가서 신선을 데려오겠다고 하고는 태산(泰山)으로 들어갔다. 이를 무제의 밀사(密使)가 밀고했다. 그래서 주살되었다.〉

원정 6년에 서강(西羌)을 치고 평정했다. 또 남월(南越)을 평정하고 9개의 군(郡)을 두었다.

어구 설명 ㅇ元鼎二年,(원정이년) : 연대가 틀렸다. 이 사건은 원수(元狩) 4년에 있었다. ㅇ方士文成將軍李少翁, 以詐誅(방사문성장군이소옹 이사주) : 방사로 문성장군이라고 호칭했던 이소옹(李少翁)이 〈무제를〉 속였으므로 주살되었다. 〈*이소옹은 높은 누대를 만들면 천신을 만날 수 있다고 했다. 그러나 무제가 속았다. 그래서 그를 처형한 것이다.〉

○西域始通. 置酒泉 · 武威郡(서역시통 치주천 · 무위군) : 원정 3년, 서역과 처음 통하게 되자, 주천과 무위군을 설치했다. ※ 酒泉郡(주천군)은 감숙(甘肅)에 속하는 지명. 武威郡(무위군) 역시 감숙(甘肅)에 속하는 지명이다.

○五年, 遣將軍路博德等擊南越(오년 견장군노박덕등격남월) : 원정 5년에는 장군 노박덕(路博德) 등을 시켜서 남월을 치게 했다.

○方士五利將軍欒大, 以詐誅(방사오리장군난대 이사주) : 방사이면서 오리장군이라 칭했던 난대(欒大)가 사기를 쳤음으로 주살되었다. 〈*난대는 바다 건너로 가서 신선을 데려오겠다고 하고는 태산(泰山)으로 들어갔다. 이를 무제의 밀사(密使)가 밀고했다. 그래서 주살되었다.〉

○六年, 討西羌平之(육년 토서강평지) : 원정 6년에 서강(西羌)을 평정했다. ※ 서강(西羌) : 서이(西夷)로 감숙성(甘肅省)에 속했다. ○南越平. 置九郡(남월평 치구군) : 또 남월을 평정하고 9개의 군(郡)을 두었다. ※ 九郡(구군)은 남해(南海), 창오(蒼梧), 울림(鬱林), 합포(合浦), 교지(交趾), 구진(九眞), 일남(日南), 주애(珠厓), 담이(儋耳).

장건상(張騫像)

(3) 元封元年, 帝出長城, 登單于臺, 遣使告單于
曰, 南越王頭, 已懸於漢北闕下. 今單于能戰, 天子
自將待邊. 帝如緱氏, 登中嶽, 遂東巡海上, 求神
仙, 封泰山, 禪肅然, 復東北至碣石而還. 滇王降.
置益州郡. 三年, 擊樓蘭虜其王, 擊車師破之. 朝鮮
降. 置樂浪 · 臨屯 · 玄菟 · 眞蕃郡. 匈奴寇邊. 遣
兵屯朔方. 五年, 南巡江漢, 至泰山增封. 六年, 擊
昆明.

원봉(元封) 원년(B.C. 110년)에 무제가 만리장성 밖으로
가서 흉노 땅 안에 있는 선우대(單于臺)에 올라갔다. 그리
고 사신을 보내 흉노의 왕 선우에게 고했다. 「남월나라 왕
의 머리는 이미 한나라 북쪽 대궐 밑에 걸려 있노라. 지금
선우왕이 능히 싸움을 하겠다면, 나 천자가 스스로 장수
가 되어 〈무력을 이끌고 나가서〉 변경에서 기다리겠노
라.」〈*이에 선우왕이 투항을 했다.〉

무제는 구씨현(緱氏縣=河南省)에 가서 중악(中嶽=嵩山)
에 올라갔다. 마지막으로 동쪽 바다를 순회하면서 신선을
찾았다. 태산(泰山)에서 흙을 돋아 봉선(封禪) 제사를 올
리고 또 숙연산(肅然山)에서도 봉선(封禪) 제사를 올렸다.

다시 동북으로 가서 〈하북성에 있는〉 갈석산(碣石山)이
라는 곳까지 갔다가 돌아왔다.

전왕(滇王)이 투항했으므로 익주군(益州郡)을 설치했다.

원봉 3년에 누란(樓蘭)을 치고 왕을 포로로 잡았고, 또 차사(車師)라는 곳을 격파했다.

조선이 투항했다. 그래서 낙랑(樂浪), 임둔(臨屯), 현토(玄菟) 및 진번(眞蕃) 네 군을 설치했다.(B.C. 108)

흉노가 변방을 침공했으므로 군대를 보내 삭방군(朔方郡)에 주둔하게 했다.

원봉 5년에 남쪽 장강(長江=揚子江) 및 한수(漢水)를 순회하고 태산(泰山)에 가서 원년(元年)에 쌓은 토단(土壇=祭壇)을 고쳐 쌓고 다시 봉선(封禪) 제사를 올렸다.

원봉 6년에 곤명(昆明)의 만족(蠻族)을 격파했다.

어구 설명 ○元封元年, 帝出長城,(원봉원년 제출장성) : 원봉 원년(서기 전 110년)에 무제가 만리장성 밖으로 갔다. ○登單于臺,(등선우대) : 흉노 땅 안에 있는 선우대에 올라갔다. ※ 單于臺(선우대) :「單(하나 단, 오랑케 이름 선)」모돈선우(冒頓單于)가 만든 대(臺). ○遣使告單于曰,(견사고선우왈) : 사신을 보내 선우에게 고했다. ○南越王頭, 已懸於漢北闕下(남월왕두 이현어한북궐하) : 남월나라 왕의 머리는 이미 한나라 북쪽 대궐 밑에 걸려 있노라. ○今單于能戰, 天子自將待邊(금선우능전 천자자장대변) : 지금 선우왕이 능히 싸움을 하겠다면, 나 천자가 스스로 장수가 되어 〈무력을 이끌고 나가서〉 변경에서 기다리겠노라. 〈*이에 선우왕이 투항을 했다.〉

○帝如緱氏, 登中嶽,(제여구씨 등중악) : 무제는 구씨현(緱氏縣=河南省) 땅에 가서 중악(中嶽=嵩山)에 올라갔다.

○遂東巡海上, 求神仙,(수동순해상 구신선) : 마지막으로 동쪽 바다를 순회하면서 신선을 찾았다.

○封泰山, 禪肅然,(봉태산 선숙연) : 태산(泰山)에서 흙을 돋아 봉선(封禪) 제사를 올리고 또 숙연산(肅然山)에서도 봉선(封禪) 제사를 올렸다. ※ 封禪(봉선) 제사 : 하늘과 땅에 지내는 제사. 동지(冬至) 때는 남쪽 교외, 하지(夏至) 때는 북쪽 교외에서 지냈다. 교사(郊祀) 또는 교제(郊祭)라고도 함.

○復東北至碣石而還(부동북지갈석이환) : 다시 동북으로 가서 〈하북성에 있는〉 갈석산(碣石山)이라는 곳까지 갔다가 돌아왔다. ○滇王降. 置益州郡(전왕항 치익주군) : 전왕(滇王)이 투항했으므로 익주군(益州郡)을 설치했다.

○三年, 擊樓蘭虜其王, 擊車師破之(삼년 격누난로기왕 격차사파지) : 원봉 3년에 누란(樓蘭 : 신강성)을 치고 왕을 포로로 잡았고 또 차사(車師 : 신강성에 있다)를 격파했다.

○朝鮮降. 置樂浪・臨屯・玄菟・眞蕃郡(조선항 치낙랑・임둔・현토・진번군) : 조선이 투항했다. 그래서 낙랑(樂浪=平壤 부근), 임둔(臨屯), 현토(玄菟) 및 진번(眞蕃) 네 군을 설치했다.

○匈奴寇邊. 遣兵屯朔方(흉노구변 견병둔삭방) : 흉노가 변방을 침공했으므로 군대를 보내 삭방군(朔方郡)에 주둔하게 했다. ○五年, 南巡江漢, 至泰山增封(오년 남순강한 지태산증봉) : 5년에 남쪽 장강(長江=揚子江) 및 한수

(漢水)를 순회하고 태산(泰山)에 가서 원년(元年)에 쌓은 토단(土壇=祭壇)을 고쳐 쌓고 다시 봉선(封禪) 제사를 올렸다.

〇六年, 擊昆明(육년 격곤명) : 6년에 곤명(昆明 : 운남 성)의 만족(蠻族)을 격파했다.

(4) 太初元年, 帝如泰山. 十一月甲子, 朔旦冬至, 作太初曆, 以正月爲歲首. 遣李廣利伐大宛. 不克. 遣趙破奴擊匈奴. 敗沒. 三年, 匈奴大入, 破塞外城障. 大發兵, 從李廣利伐宛. 宛降. 得善馬數十匹. 四年, 匈奴單于, 使使來獻.

태초(太初) 원년(B.C. 104), 무제가 태산에 가서 〈하늘에 제사를 올렸다.〉 11월 갑자(甲子) 초하룻날 아침이 동지(冬至)였다. 〈그래서 무제는 그날을 기준으로〉 태초(太初)라는 〈이름의〉 달력을 만들었다. 〈11월을〉 정월로 하고 초하룻날을, 즉 세수(歲首) 곧 한해의 첫날로 정했다. 무제는 이광리(李廣利)를 파견해서 서역(西域)의 대완(大宛)을 정벌하게 했다. 그러나 이기지 못했다. 조파노(趙破奴)를 파견해서 흉노를 쳤으나, 조파노가 도리어 패하고 죽었다.

태초 3년에는 흉노가 크게 쳐들어왔으며 외성 밖에 있는 요새를 격파했다. 이에 무제는 많은 군대를 동원하고 이광리 를 따라가서 대완을 치게 했다. 대완이 투항하자, 한나라는 좋은 말 수십 필을 얻었다.

　태초 4년에 흉노의 왕 선우(單于)가 사신을 보내서 선물을 바쳐왔다.

어구 설명　○太初元年, 帝如泰山(태초원년 제여태산) : 태초 원년(B.C. 104), 무제가 태산에 가서 〈하늘에 제사를 지냈다.〉 ○十一月甲子,(십일월갑자) : 11월 갑자(甲子), 즉 초하루가. ○朔旦冬至,(삭단동지) : 초하루 아침이 곧 동지(冬至)였다. ○作太初曆,(작태초력) : 〈그날을 기준으로〉 태초(太初)라는 〈새 이름의〉 달력을 만들었다. ○以正月爲歲首(이정월위세수) : 〈그 해 11월을〉 정월(正月), 즉 세수(歲首)로 정했다. ※ 종래에는 10월을 정월로 해 왔다. ○遣李廣利伐大宛. 不克(견이광리벌대완 불극) : 무제는 이광리를 파견해서 서역(西域)의 대완(大宛)을 정벌하게 했다. 그러나 이기지 못했다. ※ 大宛(대완) : 서역의 오랑캐. ○遣趙破奴擊匈奴. 敗沒(견조파노격흉노 패몰) : 조파노를 파견해서 흉노를 쳤으나, 조파노는 도리어 패하고 죽었다.

○三年, 匈奴大入, 破塞外城障(삼년 흉노대입 파새외성장) : 3년에 흉노가 크게 쳐들어왔으며, 외성 밖에 있는 요새를 격파했다. ○大發兵, 從李廣利伐宛. 宛降(대발병 종이광리벌완 완항) : 이에 무제는 많은 군대를 동원해서 이광리를 따라가서 대완을 쳤다. 이에 대완이 투항했다. ○得善馬數十匹(득선마수십필) : 좋은 말 수십 필을 얻었다.

○四年, 匈奴單于, 使使來獻(사년 흉노선우 사사내헌) : 4년에 흉노의 왕 선우가 사신을 보내서 선물을 바쳐왔다.

제5과 소무(蘇武) 이광리(李廣利) 이릉(李陵)

(1) 天漢元年, 遣中郎將蘇武使匈奴. 單于欲降之, 幽武置大窖中, 絕不飮食. 武齧雪與旃毛, 幷咽之. 數日不死. 匈奴以爲神, 徙武北海上, 無人處. 使牧羝曰, 羝乳乃得歸. 二年, 遣李廣利擊匈奴. 別將李陵敗降虜. 上以法制御下, 好尊用酷吏. 東方盜賊滋起. 遣使者, 衣繡衣, 持斧督捕, 得斬二千石以下. 四年, 李廣利擊匈奴. 不利. 太始三年, 帝東巡瑯琊, 浮海而還. 四年, 東巡祀明堂, 修封禪.

천한(天漢) 원년(B.C. 100년)에 무제가 중랑장(中郎將)인 소무(蘇武)를 흉노에 사신으로 파견했다.

흉노의 왕 선우(單于)가 소무를 자기에게 투항하게 하려고 했으며, 소무를 큰 움 속에 가두고 음식 등 일체의 먹을 것을 안 주었다. 그러나 소무는 눈[雪]과 군기(軍旗)에 달린 소털을 씹어 먹었으며 몇 날이 지나도 죽지 않았다. 흉노가 소무를 신(神)으로 여겼다. 그리고 소무를 북해(바이칼 호수) 근처 사람이 없는 곳에 옮기고, 소무로 하여금 숫양을 키우게 하고 말했다. 「숫양에게서 젓이 나온다면 그대를 돌려보내겠다.」 한무제는 천한 2년에 이광리를 파견해서 흉노를 쳤다. 〈함께 갔던〉 별장 이릉이 패하고 포로가 되었다.

제왕 무제는 법으로 아랫사람을 다스리고자 했으며, 혹독한 관리를 써서 〈법 집행하기를〉 좋아했다.

그 무렵, 동쪽에 도적들이 자주 일어났다. 이에 도적을 잡을 사람을 보내면서 그들에게 〈임금을 상징하는〉 수놓은 옷을 입게 하고 도끼를 들고 가서 〈도적들을〉 감독하고 잡게 했다. 특히 2천 석 이하짜리 세도가(勢道家)를 잡아서 참형에 처했다.

천한(天漢) 4년(B.C. 97)에 이광리(李廣利)가 흉노를 쳤다. 그러나 이기지 못했다.

태시(太始) 3년(B.C. 94년)에 무제가 동쪽 낭야(瑯琊) 일대를 순시하고 바다를 거쳐 돌아왔다.

4년에는 동쪽으로 가서 명당에 제사를 올리고, 또 봉토를 수리하고 다시 봉선(封禪)을 행하였다.

어구 설명 ○天漢元年,(천한원년) : 천한 원년. 서기 전 100년. ○遣中郎將蘇武使匈奴(견중랑장소무사흉노) : 중랑장의 벼슬을 지닌 소무를 흉노에 사신으로 보냈다. 중랑장(中郎長)은 궁중 안에 있으면서 제왕을 지키는 무장이다. ○單于欲降之,(선우욕항지) : 흉노의 왕은 소무를 자기에게 투항하게 하려고 했다. ○幽武置大窖中, 絶不飮食(유무치대교중 절불음식) : 소무를 큰 움 속에 가두고 음식 등 일체의 먹을 것을 안 주었다. ※「窖(움 교)」. ○武齧雪與旃毛, 幷咽之(무설설여전모 병인지) : 소무는 눈[雪]과 군기(軍旗)에 달린 소털을 씹어 먹었다. ※「齧(갈아 먹을 설), 旃(기 전),

咽(삼킬 인)」. ㅇ數日不死(수일불사) : 몇 날이 지나도 죽지 않았다.

ㅇ匈奴以爲神,(흉노이위신) : 흉노는 소무를 신(神)으로 여겼다. ㅇ徙武北海上, 無人處(사무북해상 무인처) : 소무를 북해(바이칼 호수) 근처 사람이 없는 곳에 옮겼다.

ㅇ使牧羝曰,(사목저왈) : 소무로 하여금 숫양을 키우게 하고 말했다. ※「羝(숫양 저)」ㅇ羝乳乃得歸(저유내득귀) : 숫양에게서 젓이 나온다면 그대를 돌려보내겠다. ※ 이 말은 돌려보내 주지 않는다는 말이다.

ㅇ二年, 遣李廣利擊匈奴(이년 견이광리격흉노) : 한무제는 천한 2년에 이광리를 파견해서 흉노를 쳤다. ㅇ別將李陵敗降虜(별장이릉패항로) : 〈함께 갔던〉 별장 이릉이 패하고 포로가 되었다.

ㅇ上以法制御下,(상이법제어하) : 무제는 법으로 아랫사람을 다스리고자 했다. ㅇ好尊用酷吏(호존용혹리) : 혹독한 관리를 써서 〈법 시행을〉 좋아했다.

ㅇ東方盜賊滋起(동방도적자기) : 동쪽에 도적들이 자주 일어났다. ㅇ遣使者,(견사자) : 〈도적을 잡을〉 사람을 보냈다. ㅇ衣繡衣, 持斧督捕,(의수의 지부독포) : 그들에게 〈임금을 상징하는〉 수놓은 옷을 입게 하고 도끼를 들고 가서 〈도적들을〉 감독하고 잡게 했다. ㅇ得斬二千石以下(득참이천석이하) : 2천 석 이하짜리 세도가(勢道家)를 잡아서 참형하게 했다. ㅇ四年, 李廣利擊匈奴. 不利(사년 이광리격흉노 불리) : 4년에 이광리가 흉노를 쳤다. 그러나 이기지 못했다. ㅇ太始三年,(태시삼년) : 태시(太始) 3년(서기전 94년). ㅇ帝東巡瑯琊, 浮海而還(제동순낭야 부해

이환) : 무제가 동쪽 낭야(瑯琊=山東省) 일대를 순시하고
바다를 거쳐 돌아왔다. ○四年, 東巡祀明堂, 修封禪(사년
동순사명당 수봉선) : 4년에는 동쪽으로 가서 명당에 제
사를 올리고 또 봉토를 수리하고 다시 봉선(封禪)을 행하
였다. ※ 明堂(명당) : 태산(泰山) 기슭에 있는 누각인데,
주(周)나라 천자(天子)가 세우고 천하(天下)의 제후(諸侯)
의 알현(謁見)을 받던 곳이다.

제6과 무고사건(巫蠱事件)

(1) 征和二年, 巫蠱事作. 帝如甘泉, 以江充爲使
者, 治巫蠱獄. 掘太子宮云, 得木人尤多. 太子據
懼, 使客佯爲使者, 收捕充斬之, 白母衞皇后, 發中
廐車, 載射士, 出武庫兵, 發長樂宮衞卒. 上從甘泉
來, 詔發三輔兵. 丞相劉屈氂將之. 太子亦矯制發
兵, 逢丞相軍. 兵合戰五日, 死者數萬. 皇后自殺,
太子亡至湖, 自經死.

정화 2년(B.C. 91년) 무당의 미신에 의한 고혹사건(蠱惑
事件)이 있었다. 당시 무제는 별궁 감천궁(甘泉宮=섬서성
〈陝西省〉)에 있었으므로 강충(江充)을 시켜서 무고사건을
처리하게 했다. 〈강충이 무제에게 말했다.〉 태자궁의 마
루 밑을 파 보니 나무로 만든 허수아비 인형이 많이 나왔

습니다. 〈*나무 인형은 상대를 저주하고 해를 끼치게 하
는 미신적 허수아비다.〉〈*강충은 태자와 사이가 좋지 않
았으므로 태자를 제거하려고 꾸며 말한 것이다.〉〈태자는
강충이 자기를 제거하려고 음모를 꾸민 줄 알았다.〉 그래
서 태자 거(據)가 겁을 내고 〈미리 손을 썼다.〉 즉 딴 사람
을 시켜서 〈임금의〉 사자로 위장하고 〈거짓 명을 내려〉
강충을 체포하고 참형에 처했다. 〈태자는〉 어머니 위황후
(衛皇后)에게 말하고 궁중의 마구간에서 수레를 내다가 활
쏘는 무사를 태웠으며, 또 무기고에서 무기를 내다가 〈황
후가 있는 섬서성의〉 장락궁(長樂宮)으로 가서 호위하는
병졸들을 출발하게 했다. 이에 무제는 감천궁(甘泉宮)에서
돌아와 조령(詔令)을 내려 삼보병(三輔兵)을 발동하고 승
상 유굴리(劉屈氂)가 지휘하게 했다. 태자도 역시 임금의
명으로 조작해서 군대를 발동했다. 이에 승상의 군과 마주
치고 5일간 병사들이 서로 접전을 벌리며 싸웠으며, 죽은
자가 수만이나 되었다. 위황후(衛皇后)가 자살하고 태자는
달아나 호현(湖縣)이라는 곳에 이르러 스스로 목을 매 죽
었다.

어구 설명   ○征和二年, 巫蠱事作(정화이년 무고사작) : 정화 2년
(서기 전 91년) 무당의 미신에 의한 고혹사건(蠱惑事件)이
있었다. ※ 巫蠱(무고) : 무당의 방술(方術)로 남을 미혹
(迷惑)함. 巫는 무당. 蠱는 사도(邪道)로써 남을 미혹하게
하는 사람. ○帝如甘泉,(제여감천) : 당시 무제는 별궁 감
천궁(甘泉宮=섬서성〈陝西省〉)에 있었다. ○以江充爲使

者, 治巫蠱獄(이강충위사자 치무고옥) : 〈그래서 무제는〉 강충(江充)을 시켜서 무고사건을 처리하게 했다. ○掘太子宮云, 得木人尤多(굴태자궁운 득목인우다) : 〈강충이 무제에게 말했다.〉 태자궁의 마루 밑을 파 보니 나무로 만든 허수아비 인형이 많이 나왔습니다. 〈나무로 만든 인형은 상대를 저주하고 해를 끼치게 하는 미신적 인형이다.〉 〈강충은 태자와 사이가 좋지 않았다. 그래서 이 기회에 태자를 제거하려고 꾸며서 이렇게 말한 것이다.〉 ○太子據懼,(태자거구) : 〈태자는 강충이 자기를 제거하려고 음모를 꾸민 줄 알았다.〉 그래서 태자 거(據 : 태자의 이름)가 겁을 냈다. ○使客佯爲使者, 收捕充斬之,(사객양위사자 수포충참지) : 태자가 딴 사람을 시켜서 〈임금의〉 사자로 위장하고 〈거짓 명을 내려〉 강충을 체포하고 참형에 처했다. ○白母衞皇后,(백모위황후) : 〈태자가〉 어머니 위황후(衞皇后)에게 말하고. ○發中廄車, 載射士,(발중구거 재사사) : 궁중의 마구간[廄]에서 수레를 내다가 활 쏘는 무사를 태우고. ○出武庫兵(출무고병) : 무기고에서 무기를 내다가. ○發長樂宮衞卒(발장락궁위졸) : 〈황후가 있는 섬서성에 있는〉 장락궁(長樂宮)으로 가서 호위하는 병졸들을 출발하게 했다. ○上從甘泉來,(상종감천래) : 이에 무제는 감천궁에서 돌아왔으며. ○詔發三輔兵(조발삼보병) : 조령(詔令)을 내려 삼보병(三輔兵)을 발동했다. ※「삼보병」은 「경조(京兆), 부풍(扶風), 풍익(馮翊)」의 삼군(三郡)의 군사. ○丞相劉屈氂將之(승상유굴리장지) : 승상 유굴리(劉屈氂)가 지휘했다. ○太子亦矯制發兵,(태자역교제발병) : 태자도 역시 임금의 명으로 조작해서 군대를 발동했다. ○逢丞相軍. 兵合戰五日, 死者數萬(봉승상군 병합전오일 시지수만) : 승상의 군과 마주치고 5일 간 합전을 했으며, 죽은 자가 수만이나 되었다. ※合戰(합전)은 어울려 싸움. 接戰(접전)은 서로 힘이 비슷하여 좀처럼 승부가 나지 않는 싸움이다. ○皇后自殺, 太子亡至湖, 自經死(황후자살 태자망지호 자경사) : 황후가 자살하고 태자는 도망가서 호현(湖縣=河南省)이라는 곳에 이르러 스스로 목을 매 죽었다.

(2) 後有高廟寢郎, 田千秋. 上書言, 有白頭翁, 敎臣云, 子弄父兵, 罪當笞. 上悟曰, 此高廟神靈, 告我也. 知太子無罪. 作歸來望思之臺於湖. 天下聞而悲之.

그 후에 한고조(漢高祖)의 사당(祠堂)을 지키는 전천추(田千秋)라는 사람이 글을 올려 말했다. 「머리가 흰 노인이 〈영적으로〉 나에게 가르쳐주었습니다. 임금의 아들 태자가 아버지 임금의 군대나 무력을 부리고 써도, 그 죄는 태형(笞刑)에 해당할 뿐입니다.」 무제가 깨닫고 말했다. 「그 말은 한고조의 신령이 나에게 고한 말이다. 나는 태자가 무죄임을 알았다.」 〈그리고 무제는〉 「돌아오기를 바란다는 뜻」의 망사대(望思臺)를 호현(湖縣)에 세웠다. 천하의 모든 사람들이 그 말을 듣고 슬퍼했다.

어구 설명 ○後有高廟寢郎, 田千秋. 上書言,(후유고묘침랑 전천추

상서언) : 후에 한고조(漢高祖)의 사당(祠堂)을 지키는 전천추(田千秋)라는 사람이 글을 올려 말했다. ※「郎(사나이 랑) ; 한대(漢代)에 시종(侍從)을 맡았던 벼슬」 ○有白頭翁, 敎臣云,(유백두옹 교신운) : 머리가 흰 노인이 〈영적으로〉 나에게 가르쳐주었습니다. ○子弄父兵, 罪當笞(자농부병 죄당태) : 임금의 아들 태자가 아버지 임금의 군대나 무력을 부리고 써도, 그 죄는 이 태형(笞刑)에 해당할 뿐이다. ○上悟曰,(상오왈) : 무제가 깨닫고 말했다. ○此高廟神靈, 告我也(차고묘신령 고아야) : 그 말은 바로 한고조의 신령이 나에게 고한 말이다. ○知太子無罪(지태자무죄) : 태자의 무죄를 알았다. ○作歸來望思之臺於湖(작귀래망사지대어호) :「돌아오기를 바란다는 뜻」의 망사대(望思臺)를 호현(湖縣)에 세웠다. ○天下聞而悲之(천하문이비지) : 천하의 모든 사람들이 그 말을 듣고 다 슬퍼했다.

한고조(漢高祖)

제7과 말기의 혼란

(1) 三年, 匈奴寇五原 · 酒泉. 遣李廣利擊之. 廣利降匈奴. 四年, 罷方士候神人者. 以田千秋爲相, 封富民侯, 罷議輪臺屯田, 下詔深陳旣往之悔. 後元二年, 上幸五柞宮. 病篤. 以霍光爲大司馬大將軍, 受遺詔輔太子. 上在位五十四年, 改元者十有一, 曰, 建元 · 元光 · 元朔 · 元狩 · 元鼎 · 元封 · 太初 · 天漢 · 太始 · 征和 · 後元.

정화(征和) 3년에 흉노가 오원(五原)과 주천(酒泉)을 침범했다. 무제는 이광리를 보내서 그들을 격퇴하게 했다. 그러나 이광리가 도리어 패하고 흉노에게 투항했다. 정화 4년에는 〈무제가〉 모든 방사(方士), 즉 신(神)에게 빌고 사람을 〈불로장생(不老長生)하게 하는 도사들을〉 파면하고 〈조정 밖으로 내쫓았다.〉 전천추를 재상으로 삼고 부민후(富民侯)에 봉했다. 〈무제는〉 서역(西域)의 윤대(輪臺)에 둔전병(屯田兵)을 두자는 논의를 중지했다. 무제가 조서를 내려 과거의 잘못을 심히 뉘우친다고 말했다. 후원 2년(B.C. 87), 무제가 오작궁(五柞宮)으로 행차했다. 여기서 병이 들어 위독했다. 그리고 곽광(霍光)을 대사마 대장군(大司馬大將軍)으로 삼고 임금의 유조(遺詔)를 받고 태자를 보좌하고 나라를 다스리게 했다. 무제는 재위 54년간 천자 자리에 있으면서 11번이나 연호(年號)를 개정했었다. 즉 다음 같았다. 「건원(建元), 원광(元光), 원삭(元朔), 원수(元狩), 원정(元鼎), 원봉(元封), 태초(太初), 천한(天漢), 태시(太始), 정화(征和) 및 후원(後元)」이다.

어구 설명 ○三年,(삼년) : 정화(征和) 3년, 즉 서기 전 90년. ○匈奴寇五原·酒泉(흉노구오원·주천) : 흉노가 오원과 주천에 침입했다. ○遣李廣利擊之(견이광리격지) : 무제는 이광리를 보내서 그들을 격퇴하게 했다. ○四年, 罷方士候神人者(사년 파방사후신인자) : 정화 4년에는 〈무제가〉 모든 방사(方士), 즉 신(神)에게 빌고 사람을 〈불로장생(不老長生)하게 하는 도사들을〉 파면하고 〈조정 밖으로 내쫓았다.〉 ○罷議輪臺屯田,(파의윤대둔전) : 윤대(輪臺)에 둔전병(屯田兵)에 관한 논의를 중지했다. 윤대는 신강성(新疆省)에 있는 작은 나라 이름. ※ 屯田兵(둔전병) : 평시에는 농사를 짓는 군사. ○下詔深陳旣往之悔(하조심진기왕지회) : 무제가 조서를 내려 과거의 잘못을 심히 뉘우친다고 말했다. ※「陳(늘어놓을 진) ; 말하다, 설명하다.」

○後元二年, 上幸五柞宮. 病篤(후원이년 상행오작궁 병독) : 후원 2년(B.C. 87), 무제가 오작궁으로 행차했다. 병이 위독했다. ※ 오작궁(五柞宮)은 섬서성(陝西省) 서안(西安) 부풍(扶風)에 있는 별궁. ○以霍光爲大司馬大將軍,(이곽광위대사마대장군) : 곽광(霍光=霍去病의 아우)을 대사마 대장군으로 삼고. ○受遺詔輔太子(수유조보태자) : 임금의 유조(遺詔)를 받고 태자를 보좌하고 나라를 다스리게 했다. ○上在位五十四年,(상재위오십사년) : 무제는 재위

54년. 〈즉 천자자리에 있었다.〉 ○改元者十有一,(개원자 십유일) : 〈54년 동안에〉 11번이나 연호(年號)를 개정했다.

(2) 上雄材大略. 承文·景豐富之後, 窮極武事. 嘗謂. 高帝遺平城之憂. 思如齊襄公復九世之讎. 數征匈奴, 盡漢兵勢. 匈奴遠遁, 幕南無王庭. 斥地立郡縣, 置受降城, 通西域, 通西南夷, 東擊朝鮮, 南伐粤, 軍旅歲起. 內事土木, 築上苑, 屬南山. 建柏梁臺, 作承露銅盤. 高二十丈, 大七圍, 上有仙人掌.

임금 무제(武帝)는 영웅적 재능과 큰 전략을 지니고 있었다. 게다가 문제(文帝)와 경제(景帝) 두 임금이 나라를 풍부(豐富)하게 만들어 놓은 뒤에 계승했으므로 〈무제는〉 무력(武力)이나 군사행동을 마냥 극단적으로 쓸 수 있었다.

그는 일찍이 말한 바가 있었다. 「〈우리나라의 시조이신〉 고조(高祖)가 전에 평성(平城)에서 〈흉노에게 포위되어 7일간 굶주렸던〉 슬픈 일이 있었다.」 「그래서 나는 생각했다. 옛날에 제나라의 양공이 9대 전에 원수를 갚은 것처럼 〈흉노에게 복수를 하려고 생각했다.〉」

그래서 무제는 여러 차례 흉노를 정벌했으며 한나라의 무력과 세력을 최고로 발휘했던 것이다. 그래서 흉노가 멀리 도망가 숨었다. 사막 남쪽에도 흉노의 왕이 살 곳이 없었다. 또 흉노를 땅에서 내쫓고 〈한나라의〉 군(郡)이나 현(縣)을 두었다. 〈또 무제는〉 수항성(受降城)을 쌓아 흉노의 항복하는 자를 여기서 받아들였다. 그래서 서역(西域)과 교통하고 또 서남(西南)쪽의 이족(夷族)과도 교통했다. 동쪽으로는 조선(朝鮮)을 무력으로 치고 남쪽으로는 월(粵=南越)을 정벌했다. 군대와 여단이 매년 늘어났다.

국내적으로는 토목공사를 진작했다. 상림원(上林苑)을 증축하고 이것을 남산(南山)에까지 이어 놓았다. 백양대(柏梁臺)를 세우고, 다시 통천대(通天臺)를 만들어서 그 위에 이슬을 받는 동판을 설치했다. 대는 높이가 20장, 둘레가 일곱 둘레이고, 구리 쟁반 위에는 신선(神仙)이 손바닥 위에 옥배(玉盃)를 받쳐들어 벌리고 있는 〈이슬을 받는〉 형상, 곧 선인장(仙人掌)을 만들어 얹어 놓았다.

어구 설명 ○上雄材大略(상웅재대략) : 임금 무제(武帝)는 영웅적 재능과 큰 전략으로 〈지니고 있었다.〉
○承文·景豐富之後,(승문·경풍부지후) : 문제(文帝)와 경제(景帝) 두 임금이 나라를 풍부(豐富)하게 만들어 놓은 뒤에 계승했다. ○窮極武事(궁극무사) : 그래서 〈무제는〉 무력(武力)이나 군사행동(軍事行動)을 마냥 극단적으로 쓸 수 있었다. ○嘗謂(상위) : 전에 말한 바가 있었다. ○高帝遺平城之憂(고제유평성지우) : 〈한나라의 시조〉 고조(高祖)가 전에 평성(平城)에서 〈흉노에게 포위되어 7일간 굶주렸던〉 슬픈 일이 있었다.
○思如齊襄公復九世之讎(사여제양공복구세지수) : 그래

서 자기는 생각했다. 「옛날의 제나라의 양공이 9대 전에 원수를 복수한 것처럼」〈흉노에게 복수를 하려고 생각했다.〉 ※ 「讐(수)=讎(원수 수)와 동자. 讎가 본자임.」 ○數征匈奴,(삭정흉노) : 그래서 무제는 자주 여러 차례 흉노를 무력으로 정벌했다. ○盡漢兵勢(진한병세) : 한나라의 무력과 세력을 최고로 발휘했던 것이다.

○匈奴遠遁,(흉노원둔) : 이에 흉노가 멀리 도망가 숨었다. ○幕南無王庭(막남무왕정) : 사막 남쪽에도 흉노의 왕이 살 곳이 없었다. ※ 「막(幕)=막(漠)」으로 사막을 말한다.

○斥地立郡縣,(척지립군현) : 흉노를 땅에서 내쫓고 〈한나라의〉 군(郡)이나 현(縣)을 두었다. ○置受降城,(치수항성) : 〈또 무제는〉 수항성(受降城)을 쌓아 흉노의 항복하는 자를 여기서 받아들였다.

○通西域, 通西南夷,(통서역 통서남이) : 서역(西域)과 교통하고 또 서남(西南)쪽의 이족(夷族)과도 교통했다. ※ 통(通)은 정복한 후에 교통하는 것. ○東擊朝鮮, 南伐粵,(동격조선 남벌월) : 동쪽으로는 조선(朝鮮)을 무력으로 치고 남쪽으로는 월(粵=南越)을 정벌했다. ※ 粵(월)=광동(廣東) · 안남(安南)지방. ○軍旅歲起(군여세기) : 군대와 여단이 매년 늘어났다. ※1군(軍)은 1만2천5백 명, 여(旅)는 5백 명을 1대(隊)로 하는 군제(軍制).

○內事土木,(내사토목) : 국내적으로는 토목공사를 많이 했다. ○築上苑, 屬南山(축상원 속남산) : 상림원(上林苑)을 증축하고 남산(南山)에 속하게 했다. ○建柏梁臺,(건백양대) : 백양대를 세우고. ※ 柏梁臺(백양대)는 장안성(長安城)의 북문(北門) 안에 건축되었던 대(臺). ○作承露銅

盤(작승로동반) : 이슬을 받는 동판을 설치했다. ○高二十
丈, 大七圍, 上有仙人掌(고이십장 대칠위 상유선인장) :
높이가 20장, 둘레가 일곱 둘레이고, 위에는 신선(神仙)이
손바닥 위에 옥배(玉盃)를 받쳐들어 벌리고 있는 〈이슬을
받는〉 형상, 곧 선인장(仙人掌)을 만들어 얹어 놓았다.

(3) 以方士公孫卿言神仙好樓居, 作棐廉·桂館·通天莖臺, 作首山宮, 作建章宮, 千門萬戶, 東鳳閣, 西虎圈, 北太液池. 中有漸臺·蓬萊·方丈·瀛洲·壺梁. 南玉堂璧門, 立神明臺, 作明光宮. 皆極侈靡.

방사(方士) 공손경(公孫卿)이 〈한무제에게〉 말했다. 「신
선은 누각에 살기를 좋아합니다.」〈그래서 무제가 그의
말을 따라 많은 누각을〉 지었다. 「비렴, 계관, 통천경대」
를 지었다. 또 「용수산(龍水山)에 수산궁(首山宮), 서안(西
安)에는 건장궁(建章宮)을 짓는 등, 1천 개의 문과 1만 채
의 집」을 지었다.

동쪽에는 봉각(鳳閣), 서쪽에는 호랑이 울타리[虎圈]. 북
쪽에는 태액지(太液池)를 꾸몄다. 〈그리고 연못〉 안에는
점대(漸臺)라는 높은 누각을 세우고, 봉래, 방장, 영주, 호
량 등의〈섬을〉 만들었다. 대궐 남쪽에는 옥(玉)으로 장식
한 당(堂)이나 벽(璧)으로 장식한 집과 문을 만들었다. 신
명대라는 누각을 세우고 명광궁이라는 전당도 지었으며

모두 지극히 사치스러웠다.

어구 설명 ○以方士公孫卿言神仙好樓居,(이방사공손경언신선호누거) : 〈무제가 말을 듣고서〉 방사 공손경이 말했다. 신선은 누각에 살기를 좋아한다. ○作裴廉·桂館·通天莖臺,(작비렴·계관·통천경대) : 〈무제가〉「비렴, 계관, 통천경대」를 〈만들었다.〉 ○作首山宮, 作建章宮, 千門萬戶,(작수산궁 작건장궁 천문만호) : 또 「용수산(龍水山)에 수산궁, 서안(西安)에는 건장궁 및 천 개의 문과 만 개의 집」을 지었다. ○東鳳閣, 西虎圈,(동봉각 서호권) : 건창궁 동쪽에는 봉각, 서쪽에는 「호랑이 울타리[虎圈]」를 만들었다. ※ 봉각(鳳閣) : 그 위에 봉황(鳳凰)의 상을 만들어 놓은 누각. 호권(虎圈) : 빔(호랑이)을 기르는 동산, 넓이가 수십 리였다. ○北太液池(북태액지) : 북쪽에는 태액지(太液池)를 만들었다. ○中有漸臺·蓬萊·方丈·瀛洲·壺梁(중유점대·봉래·방장·영주·호량) : 연못 안에는 점대(漸臺)라는 높은 누각을 세우고 〈다음과 같은 섬을〉 만들었다. 「봉래, 방장, 영주, 호량」 ○南玉堂璧門,(남옥당벽문) : 남쪽에는 옥(玉)으로 장식한 당(堂)이나 벽(璧)으로 장식한 문을 만들었다. ○立神明臺, 作明光宮. 皆極侈靡(입신명대 작명광궁 개극치미) : 신명대를 세우고 명광궁을 지었으며 모두 지극히 사치스러웠다.

(4) 數巡幸崇祠祀, 修封禪. 國用不給. 賣武功爵級, 造鹿皮幣·白金. 桑弘羊·孔僅之徒, 作均輸·平準法, 興利以佐費, 置鹽官, 算舟車, 造緡錢. 天下

蕭然. 末年盜起. 微輪臺一詔, 漢幾不免爲秦.

〈무제가〉 자주 전국을 순회(巡廻)하고, 각지의 사당에서 제사를 지냈다. 또 〈높은 산에 가서는〉 천신(天神)에 봉선(封禪)을 했다. 그래서 국가의 비용이 부족하게 되었다.

〈그래서〉 무공이나 작록을 돈을 받고 내다 팔았으며, 한편으로는 사슴의 가죽으로 지폐를 만들고 또 은에 주석을 섞어서 은전 같은 〈나쁜〉 화폐(貨幣)를 만들었다.

상홍양이나 공근 같은 무리들은 〈나쁜 경제 정책을 썼다.〉 즉 균수법을 제정해서 그 지방에서 많이 나는 생산품을 정부에 세금으로 바치게 하고, 이를 산출이 적은 지방에 팔아 이익을 취하고 서울에 평준관(平準官)을 두어 각 지방의 저렴한 물건을 사들여 가격이 올랐을 때 팔았으며, 동시에 평준법으로 정부가 싸게 사서 비싸게 팔고 〈나라가 막대하게〉 이를 보고 〈모자라는 비용을〉 보태 썼던 것이다.

한편으로는 소금을 감독하는 관리를 두고 세금을 거두었고 또 수레나 배를 헤아려 세금을 물렸으며 많은 돈에 세금을 무는 악법을 제정하고 착취했다.

〈그래서 혹독하게 나쁜 경제 정책 때문에〉 천하 만민이 숙연해졌으며 말년에는 각지에 도적이 일어나 반대했다.

만약에 윤대(輪臺)라는 곳으로 가서 둔전병(屯田兵)이 되라는 조서(詔書)가 없었다면. 〈*조서가 있었음으로 사람들이 빠져나갈 수 있었다. 만약에 없었다면 결사적으로 반항을 했을 것이다.〉 따라서 한나라도 진나라 같이 망했을 것이다.

어구 설명 ○數巡幸崇祠祀,(수순행숭사사) : 〈무제가〉 자주 전국을 순회(巡廻)하고, 각지의 사당에 제사를 지냈다. ○修封禪(수봉선) : 〈높은 산에 가서는〉 천신(天神)에 봉선(封禪) 제사를 올렸다. ○國用不給(국용불급) : 그래서 국가의 비용이 부족하게 되었다. ○賣武功爵級,(매무공작급) : 무공이나 작록을 돈을 받고 팔았다. ○造鹿皮幣 · 白金(조녹피폐 · 백금) : 사슴의 가죽으로 지폐를 만들고 또 주석이나 은전 같은 화폐(貨幣)를 만들었다.

○桑弘羊 · 孔僅之徒,(상홍양 · 공근지도) : 상홍양이나 공근 같은 무리들은. 〈나쁜 경제 정책을 썼다.〉 ○作均輸 · 平準法,(작균수 · 평준법) : 즉 균수법을 제정했다. 〈*전국의 생산품을 같은 값으로 정부에 세금으로 바친다.〉 정부가 싸게 사서 비싸게 파는 법률. ※ 均輸法(균수법) : 한(漢)나라 무제(武帝)가 정한 경제 정책, 각 군(郡)에 균수관(均輸官)을 두어 그 지방에서 많이 나는 물건을 조세로 징수하고 이를 산출이 적은 지방에 팔아 이득을 취하고, 서울에는 평준관(平準官)을 두어 각 지방의 저렴한 물건을 사들여 가격이 올랐을 때 팔아 물가 조절의 수단으로 삼았음. 平準法(평준법) : 한(漢) 무제(武帝) 때 비롯된 물가 조절 방법. 물가가 떨어질 때는 관(官)에서 사고, 물가가 오를 때는 관에서 팔아 물가의 높낮이를 조절하던 일. ○興利以佐費,(흥리이좌비) : 〈나라가 막대하게〉 이를 보고 〈모자라는 비용을〉 보태 썼다. ○置鹽官,(치염관) : 소금을 감독하는 관리를 두고. ○算舟車,(산주거) : 수레나 배

를 헤아려 세금을 물렸다. ○造緡錢(조민전) : 많은 돈에 세금을 무는 법을 제정했다. ※「緡(돈 꾸러미 민)」. 緡錢(민전) : 구멍 뚫린 돈. 1,000錢을 1緡이라고 한다. 1민(緡)에 20전(錢)을 과세했다. ○天下蕭然(천하소연) : 혹독하게 나쁜 경제 정책 때문에 천하 만민이 숙연해졌다. ○末年盜起(말년도기) : 말년에는 각지에 도적이 일어나 반대했다. ○微輪臺一詔,(미륜대일조) : 만약에 윤대(輪臺)라는 곳으로 가서 둔전병(屯田兵)이 되라는 조서(詔書)가 없었다면. 〈*조서가 있었음으로 사람들이 빠져나갈 수 있었다. 만약에 없었다면 결사적으로 반항을 했을 것이다.〉 ○漢幾不免爲秦(한기불면위진) : 〈그래서〉 한나라도 진나라 같이 망했을 것이다. ※「幾(기미 기) ; 조짐, 징조, 거의, 위태롭다, 다하다, 끝나다.」

(5) 所用丞相, 初惟田蚡稍專. 上嘗謂蚡曰, 卿除吏, 盡未. 吾亦欲除吏. 後皆充位而已. 公孫弘後, 國家多事, 丞相連以誅死. 公孫賀拜相, 至涕泣不肯拜. 亦卒以罪死. 酷吏張湯·趙禹·杜周·義縱·王溫舒之徒, 皆嘗峻用刑法. 然湯等有罪, 亦不貸也. 其閒卜式·兒寬之屬, 亦以長者見用.

〈무제 밑에서〉 승상으로 등용된 사람으로 오직 전분(田蚡)만이 자기 권한을 행사했다. 〈다른 사람은 무제가 하라는 대로 했다.〉 어느 날 무제가 전분에게 말했다. 「경은 관리 임명을 다 했는가. 아직도 덜 했는가. 나도 관리 임

명을 하고 싶다.」〈*임명을 내가 하고 싶다는 말이다.〉 그
후로는 무제가 모든 관리 임명을 직접 임명하고 채웠다.

공손홍 이후로는 나랏일이 복잡하게 되었다. 그래서 재
상들이 책임을 지고 계속해서 주살되었다. 공손하(公孫賀)
가 임금을 배알하자 재상에 임명되었다. 그러나 그는 눈물
을 흘리며 못하겠다고 사절했다. 그러나 그는 다른 일로
죄를 짓고 사형에 처해졌다. 「장탕, 조우, 두주, 의종, 왕
온서」 등은 모두 혹독한 관리들이었다. 그들은 다 〈백성에
게〉 가혹한 형법을 썼던 것이다. 그러나 장탕 등이 죄를
짓자, 〈무제는〉 용서하지 않고 그들을 처형했다. 그런 속
에서도 오직 복식(卜式)과 예관(兒寬)만은 뛰어난 자라고
인정하여 등용되어 중히 씌었다.

어구 설명 ㅇ所用丞相, 初惟田蚡稍專(소용승상 초유전분초전) : 〈무
제 밑에서〉 승상으로 등용된 사람으로 오직 전분(田蚡)만
이 자기 권한을 행사했다. 〈다른 사람은 무제가 하라는
대로 했다.〉 ㅇ上嘗謂蚡曰, 卿除吏, 盡未. 吾亦欲除吏(상
상위분왈 경제리 진미 오역욕제리) : 무제가 전분에게 말
했다. 「경은 관리 임명을 다 했는가. 아직도 덜 했는가.
나도 관리 임명을 하고 싶다.」〈*관리 임명을 내가 하고
싶다는 말이다.〉 ㅇ後皆充位而已(후개충위이이) : 그 후
로는 무제가 모든 관리 임명을 직접하고 채웠다.

ㅇ公孫弘後, 國家多事, 丞相連以誅死(공손홍후 국가다사
승상연이주사) : 공손홍 이후로는 나랏일이 복잡하게 되었
다. 그래서 재상들이 책임을 지고 계속해서 주살되었다.

ㅇ公孫賀拜相, 至涕泣不肯拜. 亦卒以罪死(공손하배상 지체읍불긍배 역졸이죄사) : 공손하가 임금을 배알하자 재상에 임명되었다. 그러나 그는 눈물을 흘리며 못하겠다고 사절했다. 그러나 그는 다른 일로 죄를 짓고 사형에 처해졌다.

ㅇ酷吏張湯·趙禹·杜周·義縱·王溫舒之徒,(혹리장탕·조우·두주·의종·왕온서지도) :「장탕, 조우, 두주, 의종, 왕온서」등은 모두 혹독한 관리였다. ㅇ皆嘗峻用刑法(개상준용형법) : 그들은 다 〈백성에게〉 가혹한 형법을 썼던 것이다.

ㅇ然湯等有罪, 亦不貸也(연탕등유죄 역불대야) : 그러나 장탕 등이 죄를 짓자, 〈무제는〉 용서하지 않고 그들을 처형했다. ㅇ其閒卜式·兒寬之屬, 亦以長者見用(기한복식·예관지속 역이장자견용) : 그런 속에서도 오직 복식(卜式)과 예관(兒寬)만은 뛰어난 자로서 인정하여 등용되어 중히 씌었다. ※「兒(아이 아, 연약할 예)는 倪(어린이 예)로 읽는다고 원주에 되어 있음.」

(6) 汲黯獨以嚴見憚. 數切諫, 不得留內. 爲東海守. 好清淨, 臥閤內不出. 而郡中大治. 入爲九卿. 上方招文學. 嘗曰, 吾欲云云. 黯曰, 陛下內多欲, 而外施仁義. 奈何欲效唐虞之治乎. 上怒罷朝曰, 甚矣, 黯之戇也. 他日又曰, 古有社稷臣. 黯近之矣.

급암은 홀로 엄격했다. 그래서 〈무제로부터〉 기탄(꺼림)

되었다. 그는 자주 절실하게 간언을 올렸다. 그래서 궁중에 있시 못하고 동해군(東海郡)의 군수(郡守)가 되었던 것이다. 그러나 그는 청정(淸淨)을 좋아했음으로 관청 안에 누워있을 뿐, 밖에 나오지를 않았다. 그래도 군(郡) 전체가 크게 잘 다스려졌다. 그래서 다시 조정에 들어가서 구경(九卿)이 되었다.

무제가 「글 잘하는 학자를 초치해서 배우고자 한다.」고 말하면서 「나도 잘해보고 싶다.」고 말했다. 이에 급암(汲黯)이 말했다. 폐하께서는 속에 욕심이 많으십니다. 〈그러면서〉 밖으로만 인의를 베풀려고 하십니다. 〈그러니〉 어떻게 요순(堯舜) 같은 덕치를 모방할 수 있습니까.」

무제가 화를 내고 조회를 중단하고 말했다. 심하도다, 「급암은 참으로 어리석도다.」 다른 날에 무제가 또 말했다. 「옛날에는 사직신이 있었다고 한다. 급암 같은 자가 비슷하다.」

어구 설명 ㅇ汲黯獨以嚴見憚(급암독이엄견탄) : 급암은 홀로 엄격했다. 그래서 〈무제로부터〉 기탄(꺼림, 어려워 함)되었다. ㅇ數切諫, 不得留內. 爲東海守(수절간 부득유내 위동해수) : 자주 절실하게 간언을 올렸다. 그래서 궁중에 있지 못하고 동해(東海)의 군수(郡守)가 되었다. ㅇ好淸淨, 臥閤內不出(호청정 와합내불출) : 그러나 그는 〈마음이〉 청정(淸淨)을 좋아했음으로 누각 안에 누워 있을 뿐, 밖에 나오지를 않았다. ㅇ而郡中大治(이군중대치) : 그래도 군(郡) 전체가 크게 잘 다스려졌다. ㅇ入爲九卿(입위구경) : 그래서 다시 조정에 들어가서 구경(九卿)이 되었다. ○上方招文學(상방초문학) : 무제가 「글 잘하는 학자를 초치해서 배우고자 한다.」고 말하면서. ○嘗曰, 吾欲云云(상왈 오욕운운) : 「나도 잘해보고 싶다.」고 말하자. ○黯日,(암왈) : 급암(汲黯)이 말했다. ○陛下內多欲, 而外施仁義. 奈何欲效唐虞之治乎(폐하내다욕 이외시인의 내하욕효당우지치호) : 폐하께서는 속에 욕심이 많으십니다. 〈그러면서〉 밖으로만 인의를 베풀려고 하십니다. 〈그러니〉 어떻게 요순(堯舜) 같은 덕치를 모방할 수 있습니까? ※ 唐虞(당우)의 唐은 요(堯)임금의 호(號). 虞는 순(舜)임금의 호. ○上怒罷朝日, 甚矣, 黯之戇也(상노파조왈 심의 암지당야) : 무제가 화를 내고 조회를 중단하고 말했다. 심하도다, 「급암은 참으로 어리석도다.」 ※ 「戇(어리석을 당)」 〈*자치통감 참조〉

○他日又日, 古有社稷臣. 黯近之矣(타일우왈 고유사직신 암근지의) : 다른 날에 무제가 또 말했다. 「옛날에는 사직신이 있었다고 한다. 급암 같은 자가 비슷하다.」 ※ 社稷之臣(사직지신)은 〈社稷;국가〉 국가의 안위를 한몸에 맡은 중신(重臣).

참고보충 고지식한 급암(汲黯)

한무제는 냉혹했다. 그래서 「장탕, 조우, 두주, 의종, 왕온서」 등 혹독한 관리들도 잘못하면 용서하지 않고 처형했다. 고지식한 급암은 여러 차례 봐주고 또 도리어 「옛날에는 사직신이 있었다고 한다. 급암 같은 자가 비슷하다.」고 칭찬을 했다.

(7) 淮南王安謀反. 曰, 漢廷大臣, 獨汲黯好直諫,
守節死義. 如丞相弘等, 說之如發蒙耳. 黯嘗拜淮陽
守. 曰, 臣病, 不能任郡事. 願爲郎中, 出入禁闥, 補
過拾遺. 上曰, 君薄淮陽邪. 吾今召君矣. 顧淮陽吏
民不相得. 徒得君之重, 臥而治之. 至淮陽, 十歲竟
卒. 黯甚爲上所重. 大將軍衛靑雖貴, 上或踞廁見
之. 如黯不冠, 不見也.

회남의 왕인 유안(劉安)이 모반할 때, 〈다음 같이 말했
다.〉〈*유안의 부친은 한고조(漢高祖)의 아들이다. 유안은
무제에 반항했다. 그러나 뜻을 이루지 못하고 자살했다.
그의 저서(著書)가 바로 회남자(淮南子) 21권이다.〉

〈유안의 말이다.〉「한나라 조정의 대신 중에 오직 급암
(汲黯)만이 잘 정직하게 간언을 했으며, 절의(節義)를 굳
게 지켰다.」〈역시 유안의 말이다.〉「승상 공손홍(公孫弘)
같은 사람은 그릇의 뚜껑을 열었다 닫았다 하는 식으로
임금에게 말을 했을 뿐이다.」

전에 급암(汲黯)이 회양군(淮陽郡) 태수에 임명되자 〈무
제에게 말했다.〉「소신은 병이 있으므로 지방의 군수는
감당하지 못합니다. 바라는 바는 낭중(郎中＝侍從)으로서
대궐에 출입하면서 폐하의 잘못을 바로잡고, 생각이 미치
시지 못하는 일을 보충해 드리고자 합니다.」

무제가 말했다.「그대는 회양 군수를 가볍게 생각하는 구나.」〈무제가 한 말〉「내가 지금 그대를 부른 것은 〈다름이 아니다.〉 회양의 백성과 관리가 서로 맞지 않아서 〈잘 어울리지 못한다.〉 그래서 그대의 중후(重厚)한 덕(德)으로 잘 다스림을 얻기 위해서다. 그대는 누워서 다스리면 된다.」

급암은 회양의 군수로 가서 십 년 만에 죽었다. 〈무제는 이런 식으로〉 급암을 심히 소중하게 여겼다. 그러나 대장군 위청(衛靑)은 무제의 황후의 동생으로 비록 귀한 신분이 였지만, 무제는 간혹 침상 곁에 기댄 채로 만나보기도 했다. 그러나 급암은 의관을 갖추지 않고는 만나보지 않았다.

어구 설명 ○淮南王安謀反(회남왕안모반) : 회남의 왕인 유안(劉安)이 모반할 때, 〈다음 같이 말했다.〉 *「유안」의 부친은 한 고조(漢高祖)의 아들이다. 유안은 무제에 반항했다. 그러나 뜻을 이루지 못하고 자살했다. 그의 저서가 곧 회남자(淮南子) 21권이다.

○曰, 漢廷大臣, 獨汲黯好直諫, 守節死義(왈 한정대신 독급암호직간 수절사의) : 〈유안의 말이다.〉「한나라 조정의 대신 중에 오직 급암(汲黯)만이 잘 정직하게 간언을 했으며, 절의(節義)를 굳게 지켰다.」

○如丞相弘等, 說之如發蒙耳(여승상홍등 설지여발몽이) : 〈역시 유안의 말이다.〉「승상 홍양홍(洪羊弘) 같은 사람은 그릇의 뚜껑을 열었다 닫았다 하는 식으로 임금에게 말을 했을 뿐이다.」 ※ 發蒙(발몽)은 뚜껑을 열음. 덮개를 벗김. 耳(이)는 뿐.(한정하거나 단정하는 뜻을 나타

냄) ○黯嘗拜淮陽守. 曰,(암상배회양수 왈) : 전에 급암이 회양수(淮陽守)에 임명되자.〈말했다.〉 ○臣病, 不能任郡事. 願爲郎中, 出入禁闥, 補過拾遺(신병 불능임군사 원위낭중 출입금달 보과십유) :「소신은 병이 있으므로 지방의 군수는 감당하지 못합니다. 바라는 바는 낭중(郎中)으로서 대궐에 출입하면서 부스러기를 줍고자 합니다.」※ 禁闥(금달) : ① 임금이 평소에 거쳐 가는 궁전의 앞문. ② 대궐 혹은 대궐 안. ○上曰, 君薄淮陽邪(상왈 군박회양사) : 무제가 말했다.「그대는 회양 군수를 가볍게 생각하는구나.」○吾今召君矣. 顧淮陽吏民不相得. 徒得君之重, 臥而治之(오금소군의 고회양이민불상득 도득군지중 와이치지) :〈무제의 말〉「내가 지금 그대를 부른 것은 회양의 백성과 관리가 서로 맞지 않아서〈살 어울리지 못하므로〉그대의 후(厚)한 덕(德)으로 잘 다스려지는 바를 얻기 위해서다. 그대는 누워서 다스리면 된다.」○至淮陽, 十歲竟卒(지회양 십세경졸) : 급암은 회양의 군수로 가서 십 년 만에 죽었다. ○黯甚爲上所重(암심위상소중) :〈이런 식으로〉급암은 무제에게 심히 소중하게 여김을 받았다. ○大將軍衛靑雖貴, 上或踞厠見之(대장군위청수귀 상혹거측견지) : 대장군 위청(衛靑)은 무제의 황후의 동생으로 비록 귀한 신분이었지만, 무제는 간혹 침상 곁에 기댄 채로 보기도 했다.「거측(踞厠)」은「침상 곁에 걸터앉은 채」라는 뜻이다. ※「厠(뒷간 측, 곁 측)=厠은 廁과 동자」○如黯不冠, 不見也(여암불관 불견야) : 급암은 의관을 갖추지 않고는 만나보지 않았다.

(8) 上招選天下材智士, 俊異者, 寵用之. 莊助 · 朱買臣 · 吾丘壽王 · 司馬相如 · 東方朔 · 枚皐 · 終軍等, 在左右. 相如特以詞賦得幸.

〈무제는〉 천하 모든 사람 중, 재주나 지략이 뛰어나게 남다른 사람을 좋아하고 등용했다. 〈예를 들면〉 다음과 같다.「장조, 주매신, 오구(吾丘)의 수왕, 사마상여, 동방삭, 매고 및 종군」등을 가까이 두었다. 사마상여는 특히 사부(詞賦)에 능하여 사랑을 받았다.

어구 설명 ○上招選天下材智士, 俊異者, 寵用之(상초선천하재지사준이자 총용지) : 무제는 천하 모든 사람 중, 재주나 지략이 뛰어나게 남다른 사람을 좋아하고 등용했다. ○莊助 · 朱買臣 · 吾丘壽王 · 司馬相如 · 東方朔 · 枚皐 · 終軍等,(장조 · 주매신 · 오구수왕 · 사마상여 · 동방삭 · 매고 · 종군등) : 예를 들면 다음과 같다.「장조, 주매신, 오구(吾丘)의 수왕, 사마상여, 동방삭, 매고 및 종군」등이다. ○在左右(재좌우) : 이들을 가까이 두었다. ○相如特以詞賦得幸(상여특이사부득행) : 사마상여는 특히 사부(詞賦)에 능하여 사랑을 받았다.「皐(못, 늪, 물가 고)=皋는 皐의 속자, 皐는 皐와 동자」※ 詞賦(사부) : 사(詞)는 문장. 부(賦)는 시(詩). 상여의 시(詩)에 〈자허(子虛)의 부〉, 〈상림(上林)의 부〉, 〈장문(長門)의 부〉 등이 있다.

(9) 朔 · 皐不根持論, 好詼諧. 上以俳優畜之. 朔嘗

語上前侏儒, 以爲上欲殺之. 侏儒泣請命. 上問朔.
朔曰, 侏儒飽欲死, 臣朔饑欲死. 伏日賜肉晏. 朔先
斫肉持歸. 上召問, 令自責. 朔曰, 受賜不待詔, 何
無禮也. 拔劒斫肉, 何壯也. 斫之不多, 何廉也. 歸
遺細君, 又何仁也. 然朔亦時直諫, 有所補益.

동방삭과 매고(枚皐)는 지론(持論)을 근거로 하지 않고
해학(諧謔)만을 좋아했다. 무제도 그들을 배우로서 여기
고 가까이 두었던 것이다.

동방삭이 전에 무제를 모시고 있는 주유(侏儒 : 난쟁이)
들에게 말을 했다. 「내 생각으로는 인금님이 너희들을 죽
이실 것이다.」〈*그래서 주유가 임금 앞에 가서〉 눈물을
흘리면서 「살려 주세요.」 하고 애걸을 했다.

임금이 동방삭에게 〈왜 그러냐 하고 이유를 물었다.〉〈동
방삭이〉 말했다. 「난쟁이는 배가 불러서 죽을 것입니다. 저
는 배가 고파서 죽을 것입니다.」〈*이 말은 무제에게 한 농
담이다. 즉 난쟁이나 자기나 록(祿)이 같은 것을 불평한 것
이다.〉

복일(伏日), 즉 복날에 임금이 고기를 늦게 내려주자, 동
방삭이 제멋대로 고기를 칼로 잘라서 들고 돌아갔다.

임금 무제(武帝)가 〈동박삭을〉 불러서 문책하자 〈동방삭
이〉 말했다. 「원래 임금님이 내려 주시게 되어 있거늘, 명

을 기다리지 않은 것이 어찌 무례(無禮)하다고 안하겠습니까?」그러나「스스로 칼을 뽑아 고기를 자른 것은 참으로 장한 일입니다.」「고기를 잘라도 많이 취하지 않은 것은 참으로 염치를 아는 것입니다.」「고기를 들고 집에 가서 아내에게 준 것은 참으로 어질다 하겠습니다.」그러나 동방삭도 때로는 직간(直諫)하고 무제에게 도움이 되기도 했다.

어구 설명 ○朔・皐不根持論, 好詼諧(삭・고부근지론 호회해) : 동방삭과 매고(枚皐)는 지론(持論)을 근거로 하지 않고 해학(諧謔)만을 좋아했다. ※ 詼諧(회해)는 실없는 농담이나 익살스러운 말. 해학(諧謔). ○上以俳優畜之(상이배우축지) : 무제도 그들을 배우(俳優)로서 먹여주었던 것이다. ○朔嘗語上前侏儒,(삭상어상전주유) : 동방삭이 전에 주유(侏儒 : 난쟁이)들에게 말을 했다. ○以爲上欲殺之(이위상욕살지) : 〈동방삭의 말이다.〉「내 생각으로는 임금님이 너희들을 죽이실 것이다.」〈*그래서 주유가 임금 앞에 가서 말했다.〉○侏儒泣請命(주유읍청명) : 주유가 〈임금에게〉 눈물을 흘리면서 살려 주세요, 하고 애걸을 했다.
○上問朔(상문삭) : 임금이 동방삭에게 〈왜 그러냐 하고 이유를 물었다.〉○朔曰,(삭왈) : 〈동방삭이〉 말했다. ○侏儒飽欲死, 臣朔饑欲死(주유포욕사 신삭기욕사) : 「난쟁이는 배가 불러서 죽을 것입니다. 저는 배가 고파서 죽을 것입니다.」〈*이 말은 무제에게 한 말이다. 즉 난쟁이나 자기나 록(祿)이 같은 것을 불평한 것이다.〉

○伏日賜肉晏(복일사육안) : 복일(伏日), 즉 복날에 임금이 고기를 늦게 내려주었다. ※「晏(늦을 안)」복날(伏日)에는 항례(恒例)대로 백관에게 고기가 하사되었다. 초복(夏至 후의 세 번째 庚日), 중복(네 번째 庚日), 말복(立秋 후의 첫 경일)의 삼복을 말하는 것이다. ○朔先斫肉持歸(삭선작육지귀) : 그러자 동방삭이 제멋대로 고기를 칼로 잘라서 들고 돌아갔다.

○上召問, 朔自責(상소소문 영자책) : 임금 무제(武帝)가 〈동방삭을〉 불러서 문책하자. ○朔曰,(삭왈) : 〈동방삭이〉 말했다. ○受賜不待詔, 何無禮也(수사부대조 하무예야) : 「원래 임금님이 내려 주시게 되어 있거늘.」「말씀을 기다리지 않은 것이 어찌 무례(無禮)하다고 안하겠습니까?」

○拔劍斫肉, 何壯也(발검작육 하장야) : 그러나 「스스로 칼을 뽑아 고기를 자른 것은 참으로 장한 일입니다.」

○斫之不多, 何廉也(작지불다 하염야) :「고기를 잘라도 많이 취하지 않은 것은 참으로 염치를 아는 것입니다.」

○歸遺細君, 又何仁也(귀유세군 우하인야) :「고기를 들고 집에 가서 아내에게 준 것은 참으로 어질다 하겠습니다.」 ※「君(군) ; 여기서는 아내, 지어미」細君(세군) : 아내(妻)를 말함. 원래 당시 제후(諸侯)는 아내를 소군(小君)이라 했는데 동박삭은 제후가 아니므로 세군이라 함. 이것도 하나의 해학적 표현이다.

○然朔亦時直諫, 有所補益(연삭역시직간 유소보익) : 그러나 동방삭도 때로는 직간(直諫)하고 무제에게 도움이 되기도 했다.

(10) 自李少君以來, 求神仙不已. 文成誅而五利至.
五利以文成爲言. 上曰, 文成食馬肝死耳. 及五利
又誅, 公孫卿等, 尤見聽信. 末年, 帝乃悟曰, 天下
豈有仙人, 盡妖妄耳. 節食服藥, 差可少病而已.

이소군(李少君) 곧 문성장군(文成將軍) 이후, 무제는 신
선도술을 끝없이 구하고 찾았다. 〈그러나 무제가 점차로
미신임을 알게 되자 이소군 같은 방사를 제왕을 속였다는
죄목으로 주살했다.〉

문성이 주살되고 오리장군(五利將軍) 난대(欒大)가 임금
앞에 나타났다. 오리는 문성이 주살되었다는 말을 핑계하
고 〈신선도술에 관한 말을 통 하지 않았다.〉

그래서 무제가 그에게 말했다. 「문성은 〈말(言) 때문에
처형된 것이 아니다.〉 그는 말(馬)의 간(肝)을 먹고 죽은
것이다.」

결국 방사 오리(五利)도 〈미신을 퍼뜨린다는 명목으로〉
주살되었다.

공손경(公孫卿) 같은 사람의 말만을 〈무제는〉 믿고 잘
들었다. 말년에 무제는 깨닫고 말했다. 「천하에 어떻게 선
인(仙人)이 있겠는가. 참으로 요망하기 짝이 없는 말이니
라. 〈살아있는 사람이〉 함부로 먹지 말고 약을 들면 약간
병을 덜 앓케 될 것이다.」

어구 설명 ○自李少君以來, 求神仙不已(자이소군이래 구신선불이) : 이소군(李少君=문성장군〈文成將軍〉) 이래로 신선(神仙)을 끝없이 구하고 찾았다. ○文成誅而五利至(문성주이오리지) : 문성이 주살되고 오리장군(五利將軍) 난대(欒大)가 임금 앞에 나타났다. ○五利以文成爲言(오리이문성위언) : 오리는 문성이 주살되었다는 말을 핑계하고 〈신선도술에 관한 말을 통 하지 않았다.〉

○上曰, 文成食馬肝死耳(상왈 문성식마간사이) : 그래서 무제가 그에게 말했다. 「문성은 〈말(言) 때문에 처형된 것이 아니다.〉 그는 말(馬)의 간(肝)을 먹고 죽은 것이다.」 ○及五利又誅,(급오리우주) : 결국 방사 오리(五利)도 〈미신을 퍼뜨린다는 명목으로〉 주살되었다.

○公孫卿等, 尤見聽信(공손경등 우견청신) : 공손경 같은 사람의 말만을 〈무제는〉 믿고 잘 들었다. ○末年, 帝乃悟曰,(말년 제내오왈) : 말년에 무제는 깨닫고 말했다. ○天下豈有仙人, 盡妖妄耳(천하기유선인 진요망이) : 〈무제가 말했다.〉 천하에 어떻게 선인이 있겠는가. 참으로 요망하기 짝이 없는 말이니라.

○節食服藥, 差可少病而已(절식복약 차가소병이이) : 〈살아있는 사람이〉 함부로 먹지 말고 약을 들면 약간 병을 덜 앓게 될 것이다.

【참고 설명】 말년에 도술(道術)을 버리다.

무제의 특성의 하나는 방사를 가까이 하고 불로장생(不老長生)하는 신선도술(神仙道術)을 좋아했다. 그래서 이소군 같은 방사(方士)를 문성장군(文成將軍)이 되게 했다. 그러나 무제는 점차로 깨달았다. 방사(方士)들의 말은 황당무계(荒唐無稽)한 미신(迷信)이다. 그래서 결국은 이소군(李少君) 같은 방사(方士)를 제왕을 속였다는 죄목으로 주살했던 것이다.

(11) 漢興, 雖自惠帝已除挾書之禁, 文帝已廣游學之路, 然儒學終未盡盛. 至帝世, 董仲舒·公孫弘, 皆以春秋進, 兒寬亦以經術飾吏事. 後又有孔安國等出. 表章六經, 實自帝始. 數獲詳瑞. 白麟·朱雁·芝房·寶鼎, 皆爲樂章, 薦之郊廟. 文章亦至帝世始盛. 人以爲有三代之風焉. 帝壽七十而崩. 葬茂陵. 太子立. 是爲孝昭皇帝.

한나라가 흥성하자, 비록 혜제(惠帝) 때부터 협서(挾書)의 금법(禁法)을 해제했고, 문제(文帝) 때부터 이미 학문을 배우는 길이 넓어졌다 하나, 그러나 유학(儒學)은 아직 끝까지 다 성하지 못했다.

무제 때가 되어 「동중서, 공손홍」이 모두 춘추(春秋)를 높이고 발전시켰다. 「예관(兒寬)」 역시 경학(經學)을 가지고 관리의 다스리는 일을 했다. 그 후에 공안국(孔安國) 등이 나타나 유학을 높였다.

그래서 육경(六經)이 표창(表彰)된 것은 무제(武帝) 때로부터라 하겠다. 그리고 사실로 여러 가지 상서(祥瑞)로운 일이 나타났다. 즉 「백린(白麟), 주안(朱雁), 지방(芝房) 및 보정(寶鼎)」 등이 나타났다.

〈그래서 이들 상서(祥瑞)로운 일들을〉 악장(樂章)을 만들고 교묘(郊廟) 제사 때 연주했던 것이다. 문장(文章)도 무제 때에 처음으로 높이 성했다. 그래서 사람들은 〈무제 때를〉 〈하은주(夏殷周)〉 삼대의 기풍(氣風)이 있었다고 생각했다.

무제는 나이 70세가 되어 붕어했으며, 무릉(茂陵)에 매장했다. 태자가 임금 자리에 섰다. 이가 곧 효소황제(孝昭皇帝)다. 〈*약칭은 소제(昭帝)〉 (B.C. 87년)

어구 설명 ○漢興, 雖自惠帝已除挾書之禁,(한흥 수자혜제이제협서지금) : 한나라가 흥성하자, 비록 혜제(惠帝)부터 협서(挾書)의 금법(禁法)을 해제했고. ※ 挾書律(협서율)은 진시황(秦始皇)이 의약 · 복서(卜筮)와 관계된 책 이외의 서적을 개인이 소유하지 못하도록 금지한 법률. ○文帝已廣游學之路,(문제이광유학지로) : 문제(文帝) 때부터 학문을 배우는 길이 넓어졌다 하더라도 〈수(雖=①비록. 그러나. ②~라(하)더라도, ~할(일)지라도, ③ 만약, 만일, 혹시, ~와(과) 같다.)는 여기 문장까지 그 뜻이 걸린다.〉 ○然儒學終未盡盛(연유학종미진성) : 그러나 유학은 아직 풍부히 성하지 못했다.

○至帝世, 董仲舒 · 公孫弘, 皆以春秋進,(지제세 동중서 · 공손홍 개이춘추진) : 무제에 이르러 「동중서, 공손홍」이 모두 춘추(春秋)를 높이고 진전시켰다. ○兒寬亦以經術飾吏事(예관역이경술식이사) : 예관(兒寬) 역시 경

술(經術)을 가지고 관리의 다스리는 일을 꾸몄다. ※ 經術(경술) : ① 유교의 경전(經典)에 의거하여 이루어진 정치상의 기능. ② 경서(經書)를 연구하는 학문. 곧 경학(經學). ㅇ後又有孔安國等出(후우유공안국등출) : 그 후에 공안국(孔安國) 등이 나타나 유학을 높였다. ㅇ表章六經, 實自帝始(표장육경 실자제시) : 그래서 육경(六經)이 표창(表彰)된 것은 무제(武帝) 때로부터이다. ※ 表彰(표창) : 선행(善行)을 가리어 널리 세상에 드러내는 일. 表章(표장). 表顯(표현)과 같은 뜻으로 쓰임. 육경(六經) : 시(詩), 서(書), 역(易), 예(禮), 악(樂), 춘추(春秋).

ㅇ數獲詳瑞. 白麟·朱雁·芝房·寶鼎,(수획상서 백린·주안·지방·보정) : 사실 여러 가지 상서로운 일이 나타났다. 즉 「백린(白麟), 주안(朱雁), 지방(芝房) 및 보정(寶鼎)」 등이 나타났다. ※ 祥瑞(상서)는 복스럽고 길한 징조. 경서(慶瑞). 일찍이 제사 때 흰 기린을 얻었고 동해에 행행(行幸=행차하다.)했을 때 붉은 기러기를 얻었으며, 감천궁(甘泉宮)에 행행했을 때 구경연엽(九莖連葉=아홉 줄기에 잎이 연결되어 있음.)의 버섯이 방안에 났고, 분음(汾陰)에 행행했을 때 보정(寶鼎) 하나를 얻었다. ※ 鼎(정) : ① 발이 셋 달리고 귀가 둘 달린 솥. 고대에 음식을 끓이거나 종묘(宗廟)에 비치하였다. 왕위(王位) 전승(傳承)의 보기(寶器)로 삼은 데서, 왕위·제업(帝業)을 이른다. ② 솥의 세 발을 삼공(三公)에 비겨 경상(卿相)의 자리의 비유. ㅇ皆爲樂章, 薦之郊廟(개위악장 천지교묘) : 〈그래서 이들 상서로운 일들을〉 악장을 만들고 교묘(郊廟) 제사 때 연주했던 것이다. ※ 郊祭(교제) : 하늘에 제사 지냄. 廟祭(묘제)

: 임금의 조상을 제사 지냄. ○文章亦至帝世始盛(문장역지제세시성) : 문장도 무제 때에 처음으로 높이 성했다. ○人以爲有三代之風焉(인이위유삼대지풍언) : 그래서 사람들은 〈무제 때를 하은주(夏殷周) 삼대의 풍이 있다고 생각했다.

○帝壽七十而崩. 葬茂陵(제수칠십이붕 장무릉) : 무제는 나이 70세가 되어 붕어했으며, 무릉(茂陵=陝西省)에 매장했다.(B.C.87) ○太子立. 是爲孝昭皇帝(태자립 시위효소황제) : 태자가 섰다. 이가 곧 효소황제(孝昭皇帝)다. 〈*약칭은 소제(昭帝)〉

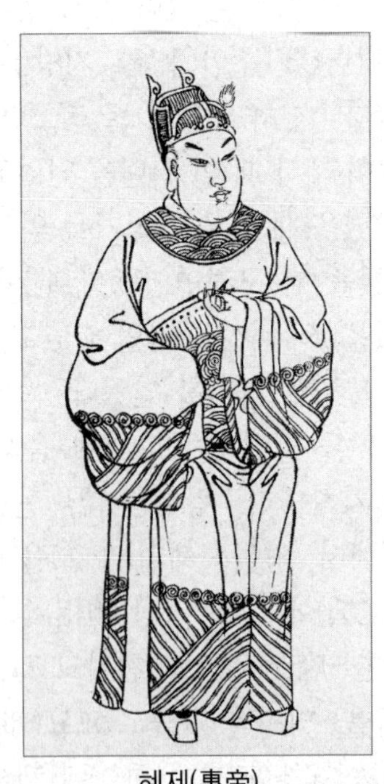

혜제(惠帝)

제2장 소제(昭帝)

[참고] 소제(昭帝) **의 연표 : B.C. 86-74**

시원(始元) 원년(B.C. 86) : 곽광(霍光) 섭정이 됨.

2년 : 곽광 박릉후(博陵侯).

6년 : 소무(蘇武) 귀환.

원봉(元鳳) 원년(B.C. 80) : 연왕(燕王) 단(旦), 상관걸(上官
桀)과 그 아들 안(安) 등 모반한 죄로 주살됨.
한연수(韓延壽) 간의대부(諫議大夫).

4년 : 승상(丞相) 전천추(田千秋) 졸.
누란왕(樓蘭王) 사멸.

5년 : 승상 왕소(王訴) 졸.

6년 : 양창(楊敞) 상(相)이 됨.

원평(元平) 원년(B.C. 74) : 소제(昭帝) 붕(崩), 창읍왕(昌邑
王)이 섰으나, 곽광이 그를 폐하고 무제 증손인
병이(病已)를 세움.
양창(楊敞) 졸(卒).

제1과 소제(昭帝)와 어머니

(1) [孝昭皇帝] 名弗陵. 母鉤弋夫人, 趙氏. 娠十四月而生. 武帝, 命其門曰堯母門. 年七歲, 體壯大多知. 武帝欲立之. 察羣臣, 惟霍光忠厚, 可任大事. 使黃門畫周公負成王朝諸侯, 以賜光. 譴責鉤弋夫人賜死. 曰, 古, 國家所以亂, 由主少母壯, 驕淫自恣也.

효소황제(孝昭皇帝)의 이름은 불릉(弗陵)이다. 어머니는 구익부인(鉤弋夫人)이다. 〈그녀의〉 성은 조(趙)씨다. 임신한 지 14개월 만에 출산했다. 〈그래서〉 무제는 명을 내려 구익궁(鉤弋宮)에 있는 그녀의 집 대문을 「요모문(堯母門)」이라 부르게 했다.

나이가 7세인데도 몸이 장대하고 또 지혜가 많았다. 그래서 무제는 〈그 아이를〉 임금으로 세우려고 했다. 〈한편〉 많은 신하들 중에서 충성이 두터운 곽광(霍光)만이 〈어린 소제를 돌보는〉 대임을 감당할 수 있다고 생각했다.

그래서 노란 문(黃門)을 〈드나드는〉 내시로 하여금 「주공(周公)이 성왕(成王)을 등에 업고 제후와 조회(朝會)를 하는 그림」을 그려서 곽광에게 내려주었다. 〈*어린 임금을 잘 돌보라는 뜻이었다.〉

〈그리고 한편으로는〉 구익부인을 견책하고 죽음을 내리면서 말했다. 「옛날부터 나라가 흐트러지는 원인은 임금

이 어리고 그 어머니가 세력이 커서 교만하고 제멋대로
하기 때문이었다.」

어구 설명 ○[孝昭皇帝] 名弗陵(효소황제 명불릉) : 효소황제의
이름은 불릉(弗陵)이다. ○鉤弋夫人,(구익부인) : 구익
궁(鉤弋宮)에 살았음으로 그렇게 불렀다. ○命其門曰
堯母門(명기문왈요모문) : 구익궁(鉤弋宮)에 있는 그녀
의 집 문을 「요모문(堯母門)」이라 부르게 명했다. 〈*옛
날의 요(堯)의 모친도 임신한 지 14개월 만에 요임금을
출산했다.〉
○年七歲, 體壯大多知. 武帝欲立之(연칠세 체장대다지
무제욕입지) : 나이가 7세인데도 몸이 장대하고, 또 지
혜가 많았다. 그래서 무제는 임금으로 세우려고 했다.
○察羣臣, 惟霍光忠厚, 可任大事(찰군신 유곽광충후
가임대사) : 많은 신하들을 살펴보고 오직 곽광(霍光)
만이 충후(忠厚)하게 〈어린 왕을 돌보는〉 대임을 감당
할 수 있다고 생각했다.
○使黃門畫周公負成王朝諸侯,(사황문화주공부성왕조
제후) : 황문(黃門)을 드나드는 〈내시(內侍), 즉 환관(宦
官)〉으로 하여금. 〈*내시는 대궐 안의 노란 문을 드나
들 수 있다.〉 주공단(周公旦)이 〈어린 무왕의 아들〉 성
왕(成王)을 등에 업고 제후(諸侯)와 조회를 하는 그림을
그리게 했다. ※ 黃門(황문) : 대궐의 천자가 거처하는
곳을 금중(禁中). 금리(禁裏). 금달(禁闥)이라고 하여,
특정한 사람이 아니면 출입하지 못했다. 그래서 궁중의
문을 금문황달(禁門黃闥)이라고 한다. 따라서 황문(黃
門)이란 곧 궁중을 일컫는 것인데, 그 안에는 글씨 잘

쓰는 사람, 그림 잘 그리는 사람, 노래 잘부르는 사람 등 많은 환관이 있어, 환관을 황문이라고도 하는 것이다. 즉 황문(黃門)을 환관이 거(居)하는 문이라고 함. 환관은 내시 곧 고자. ㅇ以賜光(이사광) : 그림을 곽광에게 하사했다.〈*주공 같이 어린 왕을 돌보라고 암시한 것이다.〉

ㅇ譴責鉤弋夫人賜死(견책구익부인사사) : 나중에는 구익부인을 견책하고 죽음을 내렸다. ㅇ曰, 古, 國家所以亂, 由主少母壯, 驕淫自恣也(왈 고 국가소이란 유주소모장 교음자자야) : 무제가 말했다. 「옛날 나라가 문란한 원인은 임금이 어리고 그 어머니가 세력이 커서 교만하고 멋대로 하기 때문이다.」〈*천민 출신이며 젊은 어미가 여후(呂后) 같이 될까 하고 죽게 했다.〉

효소황제(孝昭皇帝) : 당(唐)나라 시대 귀족 염입본(閻立本, 600?~673)이 그린 것으로 전해짐.

(2) 明年武帝崩. 遂卽位. 燕王旦, 以長不得立謀反. 赦弗治. 黨與伏誅.

이듬해에 무제가 붕어했으며 〈어린〉 소제가 자리에 올랐다. 그러자 연(燕)나라 왕인 단(旦)이 나이가 많은 자기가 임금이 되지 못했다고 모반을 했다. 〈그러나〉 소제는 단(旦)을 용서하고 처벌하지 않았으며, 다만 함께 모반했던 자들만을 주살했다.

여구 설명 ○明年武帝崩. 遂卽位(명년무제붕 수즉위) : 다음 해에 무제가 붕어하자, 〈어린〉 소제가 자리에 올랐다.

○燕王旦, 以長不得立謀反(연왕단 이장부득입모반) : 연나라의 왕 단(旦)이 〈나이가〉 많은 자기가 임금이 되지 못했다고 모반을 했다. ○赦弗治. 黨與伏誅(사불치 당여복주) : 소제는 〈형이 되는 단을〉 용서하고 벌을 주지 않았다. 다만 〈모반에 동참한〉 무리들만 벌을 주고 사형에 처했다.

〈*연왕단(燕王旦)은 무제(武帝)의 셋째 아들이다. 소제와는 어머니가 다르지만, 소제의 형뻘이다. 소제를 낳은 친모의 아버지는 조씨(趙氏)로 천민이며 일찍 죽었다. 홀어머니는 말했다. 「우리 딸은 높은 사람의 아들을 낳을 것이다.」 무제는 70세에 죽었다. 소제는 8세에 자리에 올랐다.〉

제2과 소무(蘇武) 귀환(歸還)

(1) 始元六年, 蘇武還自匈奴. 武初徙北海上, 掘野鼠, 去草實而食之, 臥起持漢節. 李陵謂武曰, 人生如朝露. 何自苦如此. 陵與衞律降匈奴, 皆富貴. 律亦屢勸武降. 終不肯.

시원(始元) 6년(B.C. 81)에 소무(蘇武)가 흉노로부터 돌아왔다. 〈흉노에게 잡혀서 포로가 된〉 소무는 북해(北海) 지방으로 끌려갔다. 〈그러나 소무는 흉노에게 투항하지 않고〉 들쥐의 구덩이를 파서 쥐를 잡아먹고 또 들풀의 열매를 따 먹고 연명했다. 자나깨나 항상 한나라의 절기(節旗)를 굳게 쥐고 절개를 지켰다.

그러자 이릉(李陵)이 소무에게 말했다. 「인생은 아침 이슬처럼 허무하다. 왜 스스로 그렇게 고생을 하는가.」

이릉은 위율(衞律)과 함께 흉노에게 투항했다. 그래서 부귀를 누리고 있었다. 위율도 여러 차례 소무에게 투항하라고 권했다. 그러나 소무는 끝내 굴복하지 않았다.

어구 설명 ○始元六年,(시원육년) : B.C. 81년이다. ○蘇武還自匈奴(소무환자흉노) : 흉노에 잡혔던 소무(蘇武)가 돌아왔다. 소무는 무제(武帝)의 명을 받고 흉노 땅에 갔다가 포로가 되었다. 천한(天漢) 원년(元年 : B.C. 100)이다. ○武初徙北海上, 掘野鼠, 去草實而食之,(무초사북해상 굴야

서 거초실이식지) : 소무가 처음 북해(北海 : 바이칼 호)
근처에 가서 들쥐를 잡아먹고 또 풀의 열매를 따서 먹었
다. ㅇ臥起持漢節(와기지한절) : 잘 때나 일어나서나 항
상 한나라 임금이 준 신절(信節)을 쥐고 있었다. ※ 절
(節) 혹은 절기(節旗) 또는 신절(信節)은 천자가 사신으로
써의 증표로 내려준 소꼬리가 달린 긴 지팡이와 같은 것
이다. 이것을 온전히 한데서「절(節)을 지킨다」라는 말이
생겼다. ㅇ李陵謂武曰, 人生如朝露. 何自苦如此(이릉위무
왈 인생여조로 하자고여차) : 이릉이 말했다.「인생은 아
침 이슬 같은 것이다. 왜 그렇게 고생을 하느냐.」ㅇ陵與
衛律降匈奴, 皆富貴(능여위율항흉노 개부귀) : 이릉(李陵)
과 위율(衛律)은 흉노에게 항복하고 부귀를 누렸다. ㅇ律
亦屢勸武降. 終不肯(율역루권무항 종불긍) : 위율도 자주
투항하라고 권했다. 그러나 소무는 끝내 듣지 않았다.

한무제(漢武帝)의 무릉(茂陵)

(2) 漢使者至匈奴. 匈奴詭言, 武已死. 漢使知之,
言, 天子射上林中, 得鴈. 足有帛書. 云, 武在大澤
中. 匈奴不能隱. 乃遣武還. 武留匈奴十九年. 始以
强壯出. 及還, 須髮盡白. 拜爲典屬國.

한나라 사신이 흉노 땅에 이르자, 흉노가 「소무는 벌써
죽었다.」고 거짓말을 했다. 한나라 사신은 그들이 거짓말
을 하는 줄 알았다. 그래서 다음 같이 말했다. 「우리나라
천자께서 상림원(上林苑)에서 사냥을 하시다가 기러기를
잡으셨다. 그 기러기발에 비단에 적힌 서한이 있었으며,
소무가 큰 연못가에 살고 있다고 적혀 있었다.」 이에 흉노
는 숨길 수 없어서 소무를 돌려보냈다. 그래서 소무는 흉
노 땅에 있은 지, 19년 만에 돌아왔다. 젊어서는 세찬 몸
으로 출정을 했다. 그러나 돌아올 무렵에는 수염과 머리
가 온통 백발이 되었다. 그는 마침내 전속국(典屬國)이란
벼슬을 받았다.

어구 설명 ○漢使者至匈奴. 匈奴詭言, 武已死(한사자지흉노 흉노궤
언 무이사) : 한나라 사신이 흉노 땅에 오자, 흉노가 거짓
말을 했다. 「소무는 이미 죽었다.」 ○漢使知之,(한사지지)
: 한나라 사신은 흉노가 거짓말을 하는 줄 알았다. ○匈
奴不能隱. 乃遣武還(흉노불능은 내견무환) : 흉노는 숨길
수 없음을 알고 소무를 돌려보냈다. ○及還, 須髮盡白(급
환 수발진백) : 돌아오자 수염과 머리가 다 희게 되었다.
※ 「須(모름지기 수, 수염 수 ; 턱수염=鬚, 얼굴의 수염), 鬚(수

염 수, 턱수염 수), 須와 동자」 ㅇ拜爲典屬國(배위전속국) : 속국을 다스리는 장관에 임명하였다. ※ 典屬國(전속국) : 한대(漢大)에 귀복(歸服)한 이적(夷狄)을 관장하던 벼슬.

소무(蘇武)

제3과 복잡하게 엉킨 처가(妻家)

(1) 左將軍上官桀子安, 爲霍光婿. 生女. 立爲皇
后. 桀與安自以, 后之祖 · 父, 乃不若光以外祖專
制朝事. 桀與光爭權.

「좌장군 상관걸」의 아들인 「안(安)」은 「곽광(霍光)」의 사
위가 되었다. 〈그리고〉 딸을 낳았으며, 〈그 딸이〉 소제(昭
帝)의 황후가 되었다.

　상관걸(上官桀)과 아들 안(安)은 〈생각했다.〉 「자신들은
〈황후의〉 조부이고 또 아비이다.」 「그런데 곽광(霍光)보다
권력이 못하다.」 「〈곽광은 황후의〉 외조부인데 조정의 일
을 제멋대로 하고 있다.」 그래서 상관걸(上官桀)은 곽광
(霍光)과 권력을 다투었던 것이다.

어구 설명 ○左將軍上官桀子安, 爲霍光婿(좌장군상관걸자안 위곽
광서) : 「좌장군 상관걸」의 아들인 「안(安)」은 「곽광(霍
光)」의 사위가 되었다. ○生女. 立爲皇后(생녀 입위황후)
: 딸을 낳고, 그 딸이 소제(昭帝)의 황후가 되었다.
〈*상관안(上官安)과 곽광(霍光)의 딸이 결혼하여 딸을
낳았으며, 그 딸이 소제의 후가 되었다.〉
○桀與安自以, 后之祖 · 父,(걸여안자이 후지조 · 부) : 상
관걸(上官桀)과 아들 안(安)은 〈생각했다.〉 「자신들은 〈황
후를 낳은 집안사람이다.〉 조부이고 또 아비이다.」
○乃不若光以外祖專制朝事(내불약광이외조전제조사) :

「그런데 곽광(霍光)보다 못하다.」「〈곽광은 황후의〉 외
조부인데 조정의 일을 제멋대로 하고 있다.」
　○桀與光爭權(걸여광쟁권) : 그래서 상관걸(上官桀)은
곽광(霍光)과 권력을 다투었던 것이다.

(2) 時鄂國蓋長公主, 爲所愛丁外人求封侯. 不許. 怨光. 燕王旦自以帝兄常怨望. 御史大夫桑弘羊爲子弟求官. 不得. 亦怨望. 於是皆與旦通謀, 詐令人爲旦上書言, 光出都肄郎·羽林, 道上稱蹕, 擅調益莫府校尉, 專權自恣. 疑有非常. 候光出沐日奏之. 桀欲從中下其事, 弘羊當與大臣共執退光.

　당시 악국(鄂國)의 갑후(蓋侯)의 부인인 장공주(長公主)
〈*소제(昭帝)의 누이는〉 자기가 좋아하는 정외인(丁外人)
이 후(侯)에 봉해지기를 구했으나 허락되지 않자, 역시 곽
광(霍光)을 원망했다. 연나라 왕 단(旦)은 자기가 소황제
(昭皇帝)의 형이면서 〈황제가 되지 못한 것을〉 원망했다.
어사대부 상홍양(桑弘羊)도 자제들을 위해 벼슬자리를 구
했으나 안되자, 역시 원망을 했다. 그래서 이들이 단(旦)
과 통모(通謀)하고 사람을 시켜 거짓말로 꾸며서 글을 올
렸다.

　「곽광은 도성 밖에서 낭(郎)과 우림(羽林)의 군대를 멋대
로 훈련하고, 또 길을 갈 때에는 〈비키라는 소리를 지르는〉
벽제(辟除)를 한다. 〈*천자의 흉내를 낸다는 뜻이다.〉 또

제멋대로 막부교위(幕府校尉)를 임명하여 멋대로 권력을
휘두른다. 아마도 심상지 않은 일이 있을 것입니다.」

　곽광이 조정에 나오지 않고 밖에 나가서 목욕을 하는 날
을 기다려(候) 글을 올렸다. 상관걸(上官桀)은 원했다.「안
에서 〈임금이 상서를〉 아래에 내리면 상홍양(桑弘羊)이
당연히 대신들과 의논해서 곽광(霍光)을 잡아서 내쫓아낼
것이리라.」

어구 설명 ○時鄂國蓋長公主,(시악국갑장공주) : 당시 악국(鄂國=
湖北省)의 갑후(蓋侯)의 부인인 장공주(長公主). ※「蓋(①
덮을 개, ② 어찌 아니할 합, ③ 땅이름 갑) 여기서는 성(姓)
에는 갑으로 쓰임. 원주에도 音卄入聲으로 표시되어 있
음.」〈*소제(昭帝)의 누이.〉 ○爲所愛丁外人求封侯. 不
許. 怨光(위소애정외인구봉후 불허 원광) : 자기가 좋아
하는 정외인(丁外人)이 후(侯)에 봉해지기를 구했으나 허
락되지 않자, 곽광(霍光)을 원망했다. ※ 丁外人(정외인)
: 정외인은 소제의 비(妃)를 세운 공로가 있었다. 丁은 성
(姓)이며 外人은 이름이다.
　○燕王旦自以帝兄常怨望(연왕단자이제형상원망) : 연나
라 왕 단(旦)은 자기가 소황제(昭皇帝)의 형이면서, 〈황제
가 되지 못한 것을〉 원망했다.
　○御史大夫桑弘羊爲子弟求官. 不得. 亦怨望(어사대부상홍
양위자제구관 부득 역원망) : 어사대부 상홍양도 자제들
을 위해 벼슬자리를 구했으나 안되자, 역시 원망을 했다.
　○於是皆與旦通謀, 詐令人爲旦上書言,(어시개여단통모
사령인위단상서언) : 그래서 이들이 단(旦)과 통모(通謀)

하고 사람을 시켜 거짓말로 꾸며서 글을 올렸다.
ㅇ光出都肄郎·羽林, 道上稱蹕,(광출도이랑·우림 도상 칭필) : 곽광은 도성 밖에서 낭(郎)과 우림(羽林)의 군대를 멋대로 훈련하고, 또 길을 갈 때에는 〈비키라는 소리를 지르는〉 벽제(辟除)를 한다. 〈*천자의 흉내를 낸다는 뜻이다.〉 ※ 낭(郎)은 궁중의 근위병(近衛兵), 우림(羽林)도 천자의 친위대로써, 날개와 같이 달리고 수풀과 같이 많다고 해서 우림이라도 한다. 필(蹕) : ① 천자, 귀인의 행차 앞에서 여러 사람의 통행을 금하여 길을 치우는 일. ② 벽제(辟除)하다. 辟除(벽제) : 지위 높은 사람이 행차할 때 일반 사람의 통행을 금하고 길을 치우던 일.
ㅇ擅調益莫府校尉, 專權自恣(천조익막부교위 전권자자) : 제멋대로 막부교위(幕府校尉)를 임명하여 멋대로 권력을 휘두른다. ※ 莫은 幕과 같음.(장막 막, 천막, 장군의 군막) 무제가 막중(幕中)에서 위청을 대장군으로 임명. 이때부터 대장군이 있는 관청을 막부라고 일컫게 되었다. 校尉(교위) : 무관(武官), 장교(將校). ㅇ疑有非常(의유비상) : 아마도 심싱치 않은 일이 있을 것입니다.
ㅇ候光出沐日奏之(후광출목일주지) : 곽광이 조정에 나오지 않고 밖에 나가서 목욕을 하는 날을 기다려(候) 글을 올렸다. ※「沐(머리 감을 목) ; 씻다. 다스리다.」 휴가(休暇) : 한대(漢代)에 벼슬아치들에게 5일마다 집에 가서 목욕을 하도록 한 데서 벼슬아치의 휴가(쉬는 날)라는 뜻으로 쓰이게 되었다.[漢書] 沐日歸休. ㅇ桀欲從中下其事,(걸욕종중하기사) : 상관걸(上官桀)은 원했다. 「안에서 〈임금이 상서를〉 아래에 내리면」 ㅇ弘羊當與大臣共執

退光(홍양당여대신공집퇴광) :「상홍양(桑弘羊)이 당연히 대신들과 의논해서 곽광(霍光)을 잡아서 내쫓아낼 것이라.」〈생각했다.〉

(3) 書奏. 帝不肯下. 明旦, 光聞之, 止畫室中不入. 上問, 大將軍安在. 桀曰, 以燕王告其罪, 不敢入. 詔召大將軍. 光入. 免冠頓首謝. 上曰, 將軍之廣明都郎, 屬耳. 調校尉以來, 未能十日. 燕王何以得知之. 且將軍爲非, 不須校尉.

상서를 올렸으나, 소제(昭帝)는 그것을 밑에 내려 〈사법관으로 하여금〉 처리하게 하지 않았다. 다음 날 아침에 곽광이 소식을 듣고 대궐 안 화실에 멈추고 안에 들어가지 않았다.

소제가 물었다. 「대장군은 어디 있는가.」〈상서를 올린〉 상관걸(上官桀)이 말했다. 「연왕(燕王) 단(旦)이 장군의 죄를 고발했으므로 안에 들어오지 못합니다.」

소제가 「대장군 곽광 들어오라.」고 칙명을 내렸다. 〈곽광이〉 관을 벗고 머리를 바닥에 대고 절을 하며 사죄했다.

임금이 말했다. 「장군이 광명정(廣明亭)에서 근위병을 훈련한 것이 최근의 일이요, 그리고 막부(幕府)의 교위(校尉)를 선임(選任)한 지 아직 10일도 못 되었다. 그런 것을 멀리 있는 연왕(燕王)이 어떻게 알겠느냐. 또 장군이 만약

그릇된 짓을 한다면, 다른 교위(校尉)를 끌어들이지 않을
것이다.」

어구 설명 ○書奏. 帝不肯下(서주 제불긍하) : 상서를 올렸으나, 소
제(昭帝)는 그것을 밑에 내려 〈사법관으로 하여금〉 처리
하게 하지 않았다. ○明旦, 光聞之,(명단 광문지) : 다음
날 아침에 곽광이 소식을 듣고. ○止畫室中不入(지화실중
불입) : 화실에 멈추고 궁 안에 들어가지 않았다. 〈*화실
(畫室)에는 두 가지 설이 있다. 주공(周公)이 어린 성왕(成
王)을 등에 업고 있는 그림, 혹은 궁중에 있는 일반적 화
실.〉
　○上問, 大將軍安在(상문 대장군안재) : 소제가 물었다.
「대장군은 어디 있는가.」 ○桀曰, 以燕王告其罪, 不敢入
(걸왈 이연왕고기죄 불감입) : 〈거짓으로 상서를 올린〉
상관걸(上官桀)이 말했다.「연왕(燕王) 단(旦)이 죄를 고
발했으므로 감히 안에 들어오지 못합니다.」 ○詔召大將
軍. 光入(조소대장군 광입) : 소제가「대장군 곽광 들어오
라.」고 칙명을 내렸다. ○免冠頓首謝(면관돈수사) : 〈곽광
이〉 관을 벗고 머리를 바닥에 대고 절을 하며 사죄했다.
○上曰, 將軍之廣明都郞, 屬耳(상왈 장군지광명도랑 촉
이) : 임금이 말했다.「장군이 광명정(廣明亭)에서 근위병
을 훈련한 것이 최근의 일이요.」 ※ 都郞(도랑)은 천자,
황제의 사나이. 근위병(近衛兵). 屬耳(촉이)는 귀를 기울
여 들음. 여기서는 때마침일 뿐이다. 즉 최근의 일이다.
요즈음 있었던 일이라는 뜻으로 풀이함. ○調校尉以來,
未能十日(조교위이래 미능십일) :「그리고 막부(幕府)의
교위(校尉)를 선임(選任)한 지 아직 10일도 못 되었다.」

ㅇ燕王何以得知之(연왕하이득지지) : 그런 것을 멀리 있는 연왕(燕王)이 어떻게 알겠는가. ※「調(고를 조, 뽑힐 조) ; 선임(選任)이 되다.」 幕府(막부)는 대장군(大將軍)의 본영, 校尉(교위)는 옛날의 무관(武官)의 관명(官名). ㅇ且將軍爲非, 不須校尉(차장군위비 불수교위) :「또 장군이 만약 그릇된 짓을 한다면, 다른 교위(校尉)를 끌어들이지 않을 것이다.」

(4) 是時, 元鳳元年, 帝年十四. 尙書左右皆驚. 而上書者果亡. 捕之甚急. 桀等懼白上, 小事不足遂. 上不聽. 後, 桀黨有譖光者. 上輒怒曰, 大將軍忠臣, 先帝所屬以輔朕身. 敢有毀者坐之. 自是無敢復言.

그때는 원봉(元鳳) 원년(B.C. 80), 소제(昭帝) 나이 14세였다. 그래서 상서나 좌우 신하들이 다 놀랐으며, 또 글을 올린 자가 결국 도망가서 숨었다. 이에 다급하게 체포하려고 했다.

상관걸(上官桀) 등이 겁을 먹고 임금에게 「작은 일이니 추궁하지 마세요.」 하고 글을 올렸다. 그러나 임금은 듣지 않았다. 후에 걸과 한패였던 자가 〈또〉 곽광(霍光)을 참언했다. 이에 왕이 즉시 노하고 말했다. 「곽광 대장군은 충신이다. 선제께서 부탁하고 짐을 보좌하게 한 사람이다.」 「감히 욕하는 자는 잡아서 옥에 가두겠다.」 그 후로는 감히 다시 말하는 자가 없었다.

어구 설명 ○是時, 元鳳元年, 帝年十四(시시 원봉원년 제년십사) : 그때는 원봉(元鳳) 원년(B.C. 80), 서제 나이 14세였다. ○尙書左右皆驚(상서좌우개경) : 상서나 좌우 신하들이 다 놀랐다. ※ 尙書(상서)는 궁중(宮中)에 있으면서 글을 올리는 일을 관장(管掌 ; 일을 맡아서 다룸)하던 관리. ○而上書者果亡(이상서자과망) : 상서한 자는 과연 도망가 숨었다. ○捕之甚急(포지심급) : 다급하게 체포하려고 했다. ○桀等懼自上, 小事不足遂(걸등구백상 소사부족수) : 상관걸(上官桀) 등이 겁을 먹고 임금에게 「작은 일이니 추궁하지 마세요.」 하고 글을 올렸다. ○上不聽(상불청) : 그러나 임금은 듣지 않았다. ○後, 桀黨有譖光者(후 걸당유참광자) : 후에 걸과 한패였던 자가 〈또〉 곽광(霍光)을 참언했다. ※「譖(참소할 참) ; 헐뜯다, 비방하다」 譖言(참언)은 비난하는 말, 참소하는 말. ○大將軍忠臣, 先帝所屬以輔朕身(대장군충신 선제소촉이보짐신) : 〈왕의 말〉「대장군은 충신이다. 선제가 부탁하고 짐을 보좌하게 했다.」 ※「屬(이을 촉) ; 부탁하다. 위임하다.」 ○敢有毀者坐之(감유훼자좌지) : 「감히 욕하면 잡아서 옥에 가두겠다.」 ※「毀은 毁(헐 훼 ; 남을 헐뜯어 말하다)의 속자.」 ○自是無敢復言(자시무감부언) : 그 후로는 감히 다시 말하는 자가 없었다.

(5) 桀等謀令長公主置酒請光, 伏兵挌殺之, 因廢帝而立旦. 安又謀誘旦, 至誅之, 廢帝而立桀. 會有知其謀者, 以聞. 捕桀・安・弘羊等, 幷宗族盡誅

之. 蓋主與旦皆自殺.

　상관걸(上官桀) 등이 모의를 하고 장공주(長公主)로 하여금 〈*장공주는 곧 갑국(蓋國)의 후(侯)의 부인이다. 원래는 소제(昭帝)의 누이다.〉

　술잔치에 곽광(霍光)을 초청하고 복병으로 하여금 격살(挌殺)하려고 했다. 그리고 소제를 폐하고 대신 〈연(燕)나라 왕이며 소제의 형인〉 단(旦)을 세우려고 했다.

　그리고 상관걸(上官桀)의 아들 안(安)은 다시 〈연왕(燕王)〉 단(旦)을 유혹하여 오면 죽이려고 했다. 〈그리고 다시 소제를 폐하고 〈자기 아버지〉 걸(桀)을 세우려고 했다.

　마침 그들의 〈복잡한〉 모략을 탐지한 사람이 〈소제에게 말하고〉 알게 했다. 그래서 소제(昭帝)가 「상관걸(上官桀), 그의 아들 안(安) 상홍양(桑弘羊)」 등을 체포했으며, 일가 종족을 다 주살했다. 갑장공주(蓋長公主)와 연왕(燕王 : 소제의 형) 단(旦)도 자결했다.

　어구 설명 ○桀等謀令長公主置酒請光,(걸등모령장공주치주청광) : 상관걸(上官桀) 등이 모의를 하고 장공주(長公主)로 하여금 술잔치에 곽광(霍光)을 초청하고 〈*장공주는 곧 갑국(蓋國)의 후(侯)의 부인이다. 원래는 소제(昭帝)의 누이다.〉 ○伏兵挌殺之,(복병격살지) : 복병으로 하여금 격살(挌殺)하려고 했다. 〈*격살(挌殺)은 손으로 쳐 죽이다.〉 ○因廢帝而立旦(인폐제이입단) : 그리고 소제를 폐하고 대신 〈연왕, 소제의 형인〉 단(旦)을 세우려고 했다.
○安又謀誘旦, 至誅之,(안우모유단 지주지) : 그리고 상
관걸(上官桀)의 아들 안(安)은 다시 〈연왕〉 단(旦)을 유혹
하고, 오면 죽이려고 했다. ○廢帝而立桀(폐제이입걸) :
다시 〈소제를〉 폐하고 〈자기 아버지〉 걸(桀)을 세우려고
했다. ○會有知其謀者, 以聞(회유지기모자 이문) : 마침
그들의 〈복잡한〉 모략을 탐지한 사람이 〈위에 올려〉 알
게 했다. ○捕桀·安·弘羊等,(포걸·안·홍양등) : 그
래서 소제(昭帝)가 「상관걸(上官桀), 그의 아들 안(安) 상
홍양(桑弘羊)」 등을 체포했다. ○幷宗族盡誅之(병종족진
주지) : 아울러 일가 종족을 다 주살했다. ○蓋主與旦皆
自殺(갑주여단개자살) : 갑장공주(蓋長公主)와 연왕(燕
王 : 소제의 형) 단(旦)도 다 자살했다.

곽광(霍光)

(6) 四年, 傅介子使西域, 誘樓蘭王刺殺之, 馳傳詣闕. 以其爲匈奴反間也.

소제(昭帝) 원봉(元鳳) 4년(B.C. 77), 부개자(傅介子)가 서역에 사신으로 갔다. 그리고 누란왕(樓蘭王)을 유혹하고 칼로 찔러 죽이고 전마(傳馬)를 타고 한나라 대궐에 달려왔다. 〈이유는〉 누란왕이 흉노를 위해 〈한나라를〉 반대하고 이간시켰기 때문이다.

어구 설명 ○四年, 傅介子使西域,(사년 부개자사서역) : 소제(昭帝) 원봉(元鳳) 4년(B.C. 77), 부개자(傅介子)가 서역에 사신으로 갔다. ○誘樓蘭王刺殺之, 馳傳詣闕(유누란왕자살지치전예궐) : 누란왕(樓蘭王=西域에 있는 樓蘭이라는 나라의 王)을 유혹하고 칼로 찔러 죽이고 전마(傳馬=驛馬〈역마〉)를 타고 한나라 대궐에 달려왔다. ○以其爲匈奴反間也(이기위흉노반한야) : 누란왕이 흉노를 위해 〈한나라를〉 반대하고 이간시켰기 때문이다.

(7) 元平元年, 帝年二十一而崩. 在位十四年. 改元者三, 曰始元·元鳳·元平. 霍光爲政, 與民休息, 天下無事. 昌邑王賀, 哀王髆之子, 武帝孫也. 光迎賀入卽位. 尊皇后爲皇太后. 賀淫戲無度. 光奏廢之, 迎立武帝曾孫. 是爲中宗孝宣皇帝.

원평(元平) 원년(B.C. 74), 소제(昭帝)가 나이 21세로 붕

어했다. 소제는 자리에 있은 지 14년 간에 연호를 세 번이
나 고쳤다. 즉 「시원(始元), 원봉(元鳳), 원평(元平)」이다.

 곽광(霍光)이 잘 다스렸으므로 백성과 같이 쉴 수 있었
으며 천하가 무사했다.

 창읍왕(昌邑王)인 하(賀)는 애왕(哀王) 박(髆)의 아들로
무제(武帝)의 손자다. 그래서 곽광이 하(賀)를 맞아들여
자리에 오르게 했다. 또 소제의 황후(皇后)를 황태후(皇太
后)로 높였다. 〈자리에 오른〉 하(賀)는 음탕하게 놀기만
하고 법도가 없었다. 그래서 곽광(霍光)이 황태후에게 상
주하고 〈하(賀)를〉 폐(廢)했다. 그래서 무제(武帝)의 증손
(曾孫)을 세웠다. 곧 「중종 효선황제」다. 〈*약칭은 선제
(宣帝)다.〉

어구 설명 ○元平元年, 帝年二十一而崩(원평원년 제년이십일이붕)
: 원평(元平) 원년(B.C. 74), 소제(昭帝)가 나이 21세로
붕어했다. ○在位十四年. 改元者三, 曰始元·元鳳·元平
(재위십사년 개원자삼 왈시원·원봉·원평) : 소제는 자
리에 있은 지 14년 간에 연호를 세 번이나 고쳤다. 즉
「시원(始元), 원봉(元鳳), 원평(元平)」이다. ○霍光爲政,
與民休息, 天下無事(곽광위정 여민휴식 천하무사) : 곽광
이 잘 다스렸으므로 백성과 같이 쉴 수 있었으며 천하가
무사했다.
○昌邑王賀, 哀王髆之子, 武帝孫也(창읍왕하 애왕박지
자 무제손야) : 창읍왕 하(賀)는 애왕(哀王) 박(髆)의 아
들로 무제(武帝)의 손자다. ○光迎賀入即位. 尊皇后爲皇

太后(광영하입즉위 존황후위황태후) : 곽광이 하(賀)를 맞아들여 자리에 오르게 했다. 또 소제의 황후(皇后)를 황태후(皇太后)로 높였다. ○賀淫戲無度(하음희무도) : 하(賀)는 음탕하게 놀기만 하고 법도가 없었다. ○光奏廢之,(광주폐지) : 그래서 곽광(霍光)이 황태후에게 상주하고 〈하(賀)를〉 폐했다. ○迎立武帝曾孫(영립무제증손) : 그리고 무제의 증손을 세웠다. ○是爲中宗孝宣皇帝(시위중종효선황제) : 곧 중종 효선황제다.〈*즉 선제(宣帝)다.〉

선제(宣帝) 재위

제3장 선제(宣帝)의 전후기

[참고] 선제(宣帝) 연표 : B.C. 73-49

본시(本始) 원년(B.C. 73) : 곽광이 관계되는 일에 대한 의견
을 올렸다.

본시 3년 : 채의(蔡義) 졸. 위현(韋賢) 대리 승상.

본시 4년 : 곽광의 딸이 황후가 되다. 하후(夏侯) 승(勝)이 간
의대부(諫議大夫) 됨.

지절(地節) 원년(B.C. 69) : 우정국(于定國) 정위(廷尉).

지절 2년 : 곽광 졸(卒). 장안세(張安世) 대사마 됨.

지절 3년 : 위현(韋賢)이 사직, 위상(韋相)이 됨.

지절 4년 : 곽(霍)씨 일당 주멸됨. 곽 황후 폐위됨. 주읍(朱
邑) 대사농이 됨.

원강(元康) 원년(B.C. 65): 경조윤(京兆尹) 조광한(趙廣漢)을
죽이다. 윤옹귀(尹翁歸) 우부풍(右扶風)이 됨.

원강 2년 : 소망지(蕭望之) 우풍익(右馮翊)이 됨.

원강 3년 : 태부(太傅) 소광(疏廣), 소수(疏受) 치사함.

원강 4년 : 윤옹귀(尹翁歸) 및 장안세(張安世) 졸.

신작(新爵) 원년(B.C. 61) : 선령(先靈)의 강족(羌族) 반란, 조
충국(趙充國)이 이를 격파함. 장창(張敞) 경조윤
(京兆尹).

신작 2년 : 정길(鄭吉)을 서역도호(西域都護)에 임명.

신작 3년 : 승상 위상(魏相) 졸. 병길(丙吉)이 대신함. 한연수
(韓延壽)가 좌풍익(左馮翊)이 됨.

신작 4년 : 오봉(五鳳) 원년(B.C. 57.)에 한연수(韓延壽)를
죽임. 〈*혁거세가 신라(新羅)를 건국.〉

오봉 2년 : 양운(楊惲)을 서민으로 격하함.

오봉 3년 : 승상 병길(病吉) 졸. 황패(黃霸)가 대신함.

오봉 4년 : 흉노(匈奴)가 신하가 됨. 오손국(烏孫國) 혼란. 양
운(楊惲)을 죽임. 상평창(常平倉) 제도를 시행함.

감로(甘露) 원년(B.C. 53) : 흉노의 왕자 입시(入侍)함.

감로 2년 : 조충국(趙充國) 졸.

감로 3년 : 흉노왕(匈奴王)이 내조(來朝)함. 승상 황패(黃霸)
졸하고 우정국(于定國)이 대신함.

감로 4년 : 흉노의 두 왕이 내조(來朝)함.

황룡(黃龍) 원년(B.C. 49) : 선제(宣帝) 붕어.

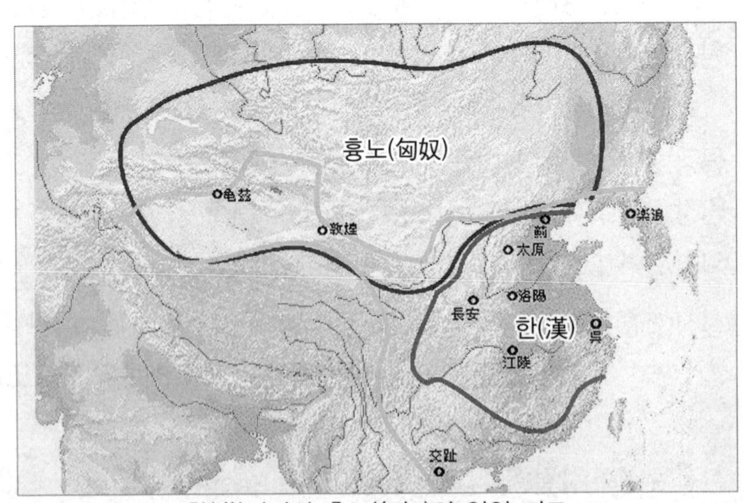

한(漢)나라와 흉노(匈奴)의 영역 지도

제1과 선제 초기의 신하들

(1) [孝宣皇帝] 初名病已. 後改名詢. 武帝之曾孫
也. 初戾太子據, 納史良娣, 生史皇孫進. 進生病
已. 數月遭巫蠱事, 皆繫獄. 望氣者言, 長安獄中,
有天子氣. 武帝遣使, 令盡殺獄中人. 丙吉時治獄.
拒不納. 曰, 佗人無辜尙不可. 況皇曾孫乎. 使者還
報. 武帝曰, 天也. 及長, 高材好學, 亦喜游俠, 具
知閭里姦邪, 吏治得失.

효선황제의 처음 이름은 「병이(病已)」였다. 나중에 「순
(詢)」으로 고쳤다. 그는 무제의 증손이다.

앞서 「려(戾)」의 태자 거(據)」가 「사량(史良)의 누이동생
(娣)」을 여관(女官)으로 들여서 받아주었다. 그래서 「사황
손진(史皇孫進)」을 낳았다. 〈*「사(史)씨를 어머니로 한 황
손(皇孫) 진(進)」이라는 뜻이다.〉 곧 진(進)은 병이(病已)의
아버지다.

병이(病已)를 낳은 지 몇 달 후에 무고(巫蠱) 사건에 휘
말려 병이를 포함한 일가 모두가 감옥에 묶이었다. 이때
운기를 보는 자가 말했다. 「장안 옥중에 천자의 기(氣)가
보인다.」 그래서 무제가 사신을 보내서 옥중의 사람을 다
죽이려고 했다.

그때 감옥을 다스리는 병길(丙吉)이란 사람이 사신을 〈못

들어가게〉 거절하고 말했다. 「보통 사람도 죄가 없으면 죽이지 못한다. 하물며 황세의 증손을 죽일 수 있겠는가.」

　사자가 돌아와 보고하자, 무제가 말했다. 「하늘이 시키는 일이로다.」

　자란 다음에, 〈증손인 병이(病已)는〉 재주가 높고 학문을 좋아했으며 유협(游俠)하기를 좋아했다. 또 향리(마을)를 다스리는 사람의 간사함이나 또 관리의 다스림의 잘잘못(득실)을 잘 알았다.

어구 설명 ○[孝宣皇帝] 初名病已(효선황제 초명병이) : 효선황제의 첫 이름은 「병이(病已)」였다. ○後改名詢(후개명순) : 나중에 「순」으로 고쳤다. ○武帝之曾孫也(무제지증손야) : 그는 무제의 증손이다.
○初戾太子據, 納史良娣,(초려태자거 납사양제) : 앞서 「려(戾)의 태자 거(據)」가 「사량(史良)의 누이동생(娣)」을 여관(女官)으로 들여서 받아주었다. ※ 良娣(양제) : 태자(太子)를 모시는 여관(女官)의 계급. 태자(太子)에게는 비(妃), 양제(良娣), 유자(孺子)의 세 종류의 여관을 두었다 함. 한서(漢書)의 주(註)에 의함.
○生史皇孫進(생사황손진) : 그래서 「사황손진」을 낳았다. 〈*「사(史)씨를 어머니로 한 황손(皇孫) 진(進)」이라는 뜻이다. 즉 진(進)은 병이(病已)의 아버지다.〉
○數月遭巫蠱事, 皆繫獄(수월조무고사 개계옥) : 몇 달 후에 무고(巫蠱) 사건에 휘말려 일가 모두가 감옥에 묶이었다.

○望氣者言, 長安獄中, 有天子氣(망기자언 장안옥중 유천자기) : 운기를 보는 자가 말했다. 「장안 옥중에 천자의 기(氣)가 보인다.」 ○武帝遣使, 令盡殺獄中人(무제견사 영진살옥중인) : 그래서 무제가 사신을 보내서 옥중의 사람을 다 죽이려고 했다. ○丙吉時治獄. 拒不納(병길시치옥 거불납) : 그때 감옥을 다스리는 병길(丙吉)이란 사람이 사신을 〈못 들어가게〉 거절하고 〈말했다.〉 ○曰, 佗人無辜尚不可. 況皇曾孫乎(왈 타인무고상불가 황황증손호) : 말했다. 「다른 사람도 죄가 없으면 죽이지 못한다. 하물며 황제의 증손을 죽일 수 있겠는가.」 ※ 「辜(허물 고, 죄〈罪〉)」 ○使者還報. 武帝曰, 天也(사자환보 무제왈 천야) : 사자가 돌아와 보고하자, 무제가 말했다. 「하늘이 시키는 일이로다.」

○及長, 高材好學, 亦喜游俠,(급장 고재호학 역희유협) : 자란 다음에, 〈증손인 병이(病已)는〉 재주가 높고 학문을 좋아했으며 유협하기를 좋아했다. 〈즉 협객(俠客)과 어울리기를 좋아했다.〉 ※ 游俠(유협)은 의협심이 있는 사람, 협객(俠客). ○具知閭里姦邪, 吏治得失(구지여리 간사 이치득실) : 향리(마을)를 다스리는 사람의 간사함이나 또 관리의 다스림의 잘잘못(득실)을 잘 알았다.

(2) 昭帝元鳳中, 泰山有大石, 自起立. 上林有僵樹, 復起. 蠶食其葉, 曰公孫病已立. 及賀廢, 病已年十八矣. 光等奏, 病已躬節儉, 慈仁愛人. 可以嗣孝昭後. 迎入卽位. 旣立六年, 霍光卒, 始親政.

소제(昭帝)의 원봉(元鳳) 연대 중에 〈다음 같은 일이 있었다.〉「태산(泰山)에서는 큰 돌 바위가 스스로 일어섰다. 임금에 직속하는 상림원(上林苑)에서는 고사(枯死)했던 나무가 다시 살아났다. 누에가 그 나뭇잎을 먹고 '임금의 손자 병이(病已)가 임금이 된다.' 라는 글을 써냈다.」

창읍(昌邑)의 왕 유하(劉賀)가 물러날 때, 병이(病已) 〈즉 선제(宣帝)〉는 나이가 18세였다. 대장군 곽광(霍光) 등이 황태후에게 아뢰었다. 「병이는 몸소 절검하고 사람에게 자비와 인애롭게 합니다. 그래서 소제(昭帝) 다음을 계승할 수 있습니다.」 이에 맞아들여서 제위에 오르게 했다.(B.C. 74)

병이가 임금 자리에 오른 지 6년 만에 곽광이 죽었다. 그래서 선제가 친히 다스렸던 것이다.

어구 설명 ○昭帝元鳳中,(소제원봉중) : 소제의 원봉 연대 중에 〈다음 같은 일이 있었다.〉 ○泰山有大石, 自起立(태산유대석 자기립) : 태산(泰山)에는 큰 돌 바위가 스스로 일어섰다. ○上林有僵樹, 復起(상림유강수 복기) : 임금에 직속하는 상림원(上林苑)에서는 고사(枯死)했던 나무가 다시 살아났다. ※「僵(쓰러질 강) ; 죽어 빳빳해지다.」僵樹(강수) : 바람에 쓰러진 나무.

○蠶食其葉, 日公孫病已立(잠식기엽 왈공손병이립) : 누에가 그 나뭇잎을 먹고「임금의 손자 병이(病已)가 임금이 된다.」라는 글을 써냈다. ○及賀廢, 病已年十八矣(급하폐 병이년십팔의) : 창읍(昌邑)의 왕 유하(劉賀)

가 물러날 때 병이(病已)는 〈즉 선제〉18세였다.

ㅇ光等奏,(광등주) : 대장군 곽광(霍光) 등이 황태후에게 상주하고 말했다. ㅇ病已躬節儉, 慈仁愛人. 可以嗣孝昭後(병이궁절검 자인애인 가이사효소후) : 병이는 몸소 절검하고 사람에게 자비롭고 인애롭게 합니다. 그래서 소제(昭帝)의 다음을 계승할 수 있습니다.

ㅇ迎入卽位(영입즉위) : 맞아들여서 자리에 앉게 했다.

ㅇ旣立六年, 霍光卒, 始親政(기립육년 곽광졸 시친정) : 임금 자리에 오른 지 6년 후 곽광이 죽었다. 선제가 친히 다스렸다.

(3) 地節三年, 路溫舒上書言, 秦有十失. 其一尙存. 治獄之吏是也. 俗語曰, 畫地爲獄, 議不入, 刻木爲吏, 期不對. 此悲痛之辭. 願省法制, 寬刑罪, 則太平可興. 上爲置廷尉平. 獄刑號爲平矣. 膠東相王成, 勞來不怠, 治有異績. 賜爵關內侯. 魏相爲丞相, 丙吉爲御史大夫.

지절(地節) 3년(B.C. 67)에 노온서(路溫舒)가 임금에게 상서를 올려 말했다. 「진(秦)나라는 열 가지를 잘못했습니다. 그 중의 하나가 아직도 남아 있습니다. 즉 감옥을 다스리는 관리들입니다.」「속어(속담)에 있습니다. 땅 위에 줄을 긋고 여기가 감옥이라고 하면 들어가지 않으려고 합니다. 나무에 조각한 상을 보고 이 자가 옥리(獄吏)다, 라고 하면 사람들은 상대하지 않으려고 합니다.」「이와 같은 통탄스런 말은 곧 〈가혹한〉 법제를 생략하고, 형벌이나 죄를 관대하게 하기를 바라며, 그래야 태평하게 흥성할 수 있다는 뜻이 담겨져 있습니다.」

임금은 정위평(廷尉平)이란 직책을 두고, 형벌이나 옥형을 공평하게 하려고 했다. 교동왕(膠東王)의 재상 왕성(王成)이 노력하고 태만하지 않고 다스림에 뛰어난 공적이 있었다. 그래서 관내후(關內侯)란 작위를 내려주었다. 위상(魏相)이 승상이 되었다. 병길(丙吉)은 어사대부가 되었다.

어구 설명 ○地節三年,(지절삼년) : 즉 B.C. 67. ○路溫舒上書言,(노온서상서언) : 노온서가 임금에게 상서해서 말했다. ○秦有十失(진유십실) : 진나라는 열 가지를 잘못했습니다. ※十失(십실)은 마지막 하단(下段) 설명. ○其一尙存. 治獄之吏是也(기일상존 치옥지리시야) : 그 중의 하나가 아직도 남아 있습니다. 즉 감옥을 다스리는 관리들입니다. ※治獄之吏(치옥지리)는 소송(訴訟)을 취급하며 조사하는 일을 하는 사람. 재판관(裁判官). ○俗語曰,(속어왈) : 속어에 있습니다. ○畫地爲獄, 議不入(화지위옥 의불입) : 땅 위에 줄을 긋고 여기가 감옥이라고 하면 들어가지 않으려고 생각합니다[議]. ○刻木爲吏, 期不對(각목위리 기불대) : 나무에 조각한 상을 보고 이 자가 옥리(獄吏)다,라고 하면 사람들은 상대하지 않으려고 합니다. ※期不對(기불대)의 期는 결심(決心)하는 일. 對는 재판관(裁判官)의 앞에 나가서 옳고 그름을 조사받는 일. ○此悲痛之辭(차비통지사) : 이와 같은 통탄스런 말은 곧. ○願省法制, 寬刑罪, 則太平可

興(원성법제 관형죄 칙태평가흥) :「〈가혹한〉 법제를 생략하고 형벌이나 죄를 관대하게 하기를 바라며, 그래야 태평하게 흥성할 수 있다는 뜻이 담겨져 있습니다.」
○上爲置廷尉平. 獄刑號爲平矣(상위치정위평 옥형호위평의) : 임금은 정위평이란 직책을 두고 형벌이나 옥형을 공평하게 하려고 했다. ※ 廷尉平(정위평)은 재판(裁判)의 불공평(不公平)을 바로잡는 관리. ○膠東相王成,(교동상왕성) : 교동왕의 재상 왕성(王成). ※ 王成(왕성) : 경제(景帝)의 아홉째 아들. ○勞來不怠, 治有異績. 賜爵關內侯(노래불태 치유이적 사작관내후) : 노력하고 태만하지 않고 다스림에 뛰어난 공적이 있었다. 그래서 관내후(關內侯)란 작위를 내려주었다. ※ 關內侯(관내후) : 삼공(三公)에 상당한 벼슬. ○魏相爲丞相(위상위승상) : 위상(魏相)이 승상이 되었다. ※ 魏는 성(姓)이며 相은 이름이다. 丞相(승상)은 천자(天子)의 보좌관(輔佐官). 輔는 補자와 같이 쓰인다. ○丙吉爲御史大夫(병길위어사대부) : 병길은 어사대부가 되었다. ※ 御史大夫(어사대부)의 어사(御史)는 진한시대(秦漢時代)에 있었던 비서(秘書)와 검찰(檢察)을 장악했던 관리의 이름. 대부(大夫)는 그 장관(長官).
〈*十失(십실) ; 문학을 부끄러히 여긴 것(差文學一也), 용맹을 좋아하다(好武勇二也), 인의의 선비를 천히 여긴 것(賤仁義之士三也), 감옥을 관리하는 관리를 높이 여긴 것(貴治獄之吏四也), 바른 말을 비방으로 여겼다(正言者謂之誹謗五也), 잘못을 제지하면 이것을 요언(妖言)이라고 여긴 것(謁過者謂之妖言六也), 세상에서 선왕(先王)의 법복(法服) 즉 법제(法制)를 시행하지 않은 것(先王法服不用於世七也), 〈그래서 사람들은〉 충량하고 절실한 말을 우울하게 가슴 속에 담고 있어야 했다(忠良切言皆鬱於胸八也), 칭찬과 아첨의 말이 하루종일 귀에 가득찬 것(譽諛之聲日滿於耳九也), 허황되고 번지르르한데 마음이 현혹되어 실행하지 않은 것(虛美熏心實行不立十也) : 자치통감 주〉

(4) 四年, 霍氏謀反, 伏誅. 夷其族. 告者皆封列侯. 初霍氏奢縱. 茂陵徐福上疏言, 宜以時抑制, 無使至亡. 書三上. 不聽. 至是人爲徐生上書曰, 客有過主人. 見其竈直突, 傍有積薪, 謂主人, 更爲曲突, 速徙其薪. 主人不應. 俄失火. 鄕里共救之, 幸而得息. 殺牛置酒, 謝其鄕人.

지절(地節) 4년(B.C. 66), 곽씨의 잔당일파(殘黨一派)가 〈각지에서〉 모반했다. 〈*곽광은 이미 죽었다.〉

그러나 〈결국〉 굴복하고 주살되었다. 그리고 그들 가족들도 다 주살되었다. 〈각 지방에서 고발한〉 사람들은 다 저마다 열후(列侯)에 봉해졌다.

〈각지에서〉 곽씨의 잔당이나 일파가 제멋대로 하고 날뛸 때 〈섬서성(陝西省)〉 무릉(茂陵)에서 서복(徐福)이 상소하고 말했다. 곽씨 일문을 「때맞추어 억제해서 나라가 망하지 않게 해야 합니다.」 세 번 글을 올렸으나 임금이 들어주지 않았다.

　그러자 어떤 사람이 서복을 위한 글을 임금에게 올려 〈비유적으로〉 말했다. 「객이 주인집을 지나가다가 그 집 굴뚝이 직선으로 세워지고 또 곁에 장작이 많이 쌓여진 것을 보고 주인에게 말했다.」 「구부러진 굴뚝으로 고치고, 또 속히 장작을 옮겨 놓으세요.」 그러나 주인이 듣지 않았다. 「〈그 집에서〉 갑자기 불이 났다. 그래서 마을 사람들이 다 같이 불을 껐으므로 다행히 불을 끌 수 있었다.」 「주인이 소를 잡고 술을 마련하여 마을 사람들에게 감사했다.」

　<u>어구 설명</u> ㅇ四年, 霍氏謀反,(사년 곽씨모반) : 지절(地節) 4년(B.C. 66), 곽씨의 잔당과 일파가 〈각지에서〉 모반했다. 〈곽광은 이미 죽었다.〉 ㅇ伏誅. 夷其族. 告者皆封列侯(복주 이기족 고자개봉열후) : 그러나 굴복하고 주살되었다. 그리고 그들 가족들도 다 죽었다. 〈각 지방에서 고발한〉 사람들은 다 저마다 열후(列侯)에 봉해졌다. ※ 제후(諸侯) : 봉건시대에 군주로부터 받은 영토와 그 영내에 사는 백성을 다스리던 사람. 공후(公侯), 군후(君侯), 열후(列侯)라고도 함.
　ㅇ初霍氏奢縱(초곽씨사종) : 〈각지에서〉 곽씨 일파가 제멋대로 하고 날뛸 때. ㅇ茂陵徐福上疏言,(무릉서복상소언) : 〈섬서성(陝西省)〉 무릉(茂陵)에 사는 서복(徐福)이 상소하고 말했다. ㅇ宜以時抑制, 無使至亡(의이시억제 무사지망) : 때맞추어 억제하고 나라가 망하지 않게 해야 합니다. ㅇ書三上. 不聽(서삼상 불청) : 세 번 글을 올렸으나 임금이 들어주지 않았다. ㅇ至是人

爲徐生上書曰,(지시인위서생상서왈) : 이때가　되자, 어떤 사람이 서복을 위한 글을 임금에게 올려 말했다. 〈*다음 같은 비유를 들어 말했다.〉

○客有過主人, 見其竈直突, 傍有積薪, 謂主人,(객유과주인 견기조직돌 방유적신 위주인) : 객이 주인집을 지나가다가 그 집 굴뚝이 직선으로 세워지고, 또 곁에 장작이 많이 쌓여진 것을 보고 주인에게 말했다. ※「竈(부엌 조), 突(갑자기 돌 ; 굴뚝)」

○更爲曲突, 速徙其薪. 主人不應(경위곡돌 속사기신 주인불응) :「구부러진 굴뚝으로 고치고, 또 속히 장작을 옮겨 놓으세요.」그러나 주인이 듣지 않았다.

○俄失火. 鄕里共救之, 幸而得息(아실화 향리공구지 행이득식) :〈그 집에서〉갑자기 불이 났나. 그래서 마을 사람들이 다 같이 불을 껐으므로 다행히 불을 끌 수 있었다. ○殺牛置酒, 謝其鄕人(살우치주 사기향인) : 주인이 소를 잡고 술을 마련하여 차리고 마을 사람들에게 감사했다.

(5) 人謂主人曰, 鄕使聽客之言, 不費牛酒, 終無火患. 今論功而賞, 曲突徙薪無恩澤, 焦頭爛額爲上客邪. 上乃賜福帛, 以爲郎.

「다른 사람이 주인에게 말했습니다.」「일찍이 객의 말을 들으셨으면 고기와 술잔치 비용을 안 쓰고 애당초 화재의 걱정도 없었을 것입니다.」

〈*임금에게 하는 말〉 지금 공을 논하고 상을 주시는 것은 굴뚝을 굽게 만들고 아궁이 곁에 장작을 옮기라고 말한 객에게는 은택이 없으며 〈불을 끄려고〉 머리를 태우고 이마를 뜨겁게 한 사람들을 상객으로 모신 거와 같습니다.」

그러자 임금이 서복(徐福)에게 비단을 하사하고 낭(郎)으로 삼았다.

여구 설명 ○人謂主人曰,(인위주인왈) : 다른 사람이 주인에게 말했습니다. ○鄕使聽客之言, 不費牛酒, 終無火患(향사청객지언 불비우주 종무화환) : 「일찍이 객의 말을 들으셨으면 고기와 술잔치 비용도 안쓰고 애당초 화재의 걱정도 없었을 것입니다.」

○今論功而賞,(금론공이상) : 〈*임금에게 하는 말〉 「지금 공을 논하고 상을 주시는 것은.」 ○曲突徙薪無恩澤,(곡돌사신무은택) : 굴뚝을 굽게 만들고 아궁이 곁에 장작을 옮기라고 말한 객에게는 은택이 없으며. ○焦頭爛額爲上客邪(초두란액위상객사) : 〈불을 끄려고〉 머리를 태우고 이마를 뜨겁게 한 사람들을 상객으로 모신 거와 같습니다.

○上乃賜福帛, 以爲郎(상내사복백 이위랑) : 그러자 임금이 서복(徐福)에게 비단을 하사하고 낭(郎)으로 삼았다. ※「郎(사나이 랑)은 어소(御所)는 임금이 계시는 곳으로, 그곳에서 숙위(宿衛 ; 밤에 숙직(宿直)하여 지킴)하며 시종(侍從 ; 임금을 가까이 모시고 따라다니는 신하)을 맡았던 신하를 말한다.」 즉 황실(皇室)을 호위하는 벼슬.

(6) 帝初立謁高廟, 霍光驂乘. 上嚴憚之. 若有芒刺在背. 後, 張安世代光參乘. 上從容肆體, 甚安近焉. 故俗傳, 霍氏之禍, 萌於驂乘.

선제(宣帝)가 처음 자리에 오르면서 고조(高祖)의 묘(廟)에 참배를 했다. 그때에 곽광(霍光)이 〈임금과〉 동승(同乘)했다. 그러자 임금은 답답하고 거북하게 느꼈으며 흡사 바늘 끝이 등을 찌르는 것 같이 느꼈다.

뒤에 장안세(張安世)가 곽광 대신 동승하면 임금은 편하고 몸이 풀렸으며 심히 편안하게 몸을 가까이 했다.

그래서 세상에 전해져서 말했다. 「곽씨(霍氏)의 화린은 동승에서부터 시작되었다.」〈*어린 선제와 늙은 곽광의 심리적 차등에서 시작되었다.〉

<u>어구 설명</u> ○帝初立謁高廟,(제초입알고묘) : 선제가 자리에 오르자 고조(高祖)의 묘(廟)에 참배를 했다. ○霍光驂乘. 上嚴憚之. 若有芒刺在背(곽광참승 상엄탄지 약유망자재배) : 곽광(霍光)이 〈임금과〉 동승(同乘)했다. 그러자 임금은 답답하고 거북하게 느꼈으며 흡사 바늘 끝이 등을 찌르는 것 같이 느꼈다. 〈*참승(驂乘)은 같은 수레에 타고 호위한다. ※「驂(곁마 참), 배승(陪乘) ; 수레에 세 필의 말을 메우다. 참승(參乘).」엄탄(嚴憚)은 엄하게 여기고 꺼린다. 망(芒)은 까끄라기, 바늘 끝의 뜻이다.〉 ○後, 張安世代光參乘. 上從容肆體, 甚安近焉(후 장안세대광참승 상종용사체 심안근언) : 뒤에 장안세(張安

世)가 곽광 대신 동승하면 임금은 편하고 몸이 풀렸으며 심히 편안하게 몸을 가까이 했다. ※「參(간여할 참) ; 관계하다」 參乘(참승)은 높은 이를 모시고 수레에 함께 탐. 참승(驂乘)과 같이 쓰임. ○故俗傳, 霍氏之禍, 萌於驂乘(고속전 곽씨지화 맹어참승) : 그래서 세상에 전해져서 말했다. 「곽씨(霍氏)의 화란은 동승에서부터 시작되었다.」〈*어린 선제와 늙은 곽광의 심리적 차등에서 시작되었다.〉

(7) 北海太守朱邑, 以治行第一, 入爲太司農, 渤海太守龔遂, 入爲水衡都尉. 先是渤海歲饑, 盜起. 選遂爲太守. 召見問, 何以治盜. 遂對曰, 海濱遐遠, 不沾聖化. 其民飢寒, 而吏不恤. 使陛下赤子, 盜弄兵於潢池中耳. 今欲使臣勝之邪. 張安之也. 上曰, 選用賢良, 固欲安之. 遂曰, 治亂民, 如治亂繩. 不可急也. 願無拘臣以文法, 得便宜從事. 上許焉.

북해의 태수 주읍(朱邑)은 치적이나 덕행이 으뜸이었다. 그래서 조정에 불리어 들어가 태사농(太司農)이 되었다.

발해의 태수인 공수(龔遂)가 불리어 들어가 수형도위(水衡都尉)가 되었다. 전부터 발해지방에 해마다 기근이 들어 도적이 심했다. 그래서 공수를 뽑아 태수로 한 것이다.

임금이 그를 보고 불러 물었다. 「어떻게 도적을 다스리겠는가.」 공수가 대답해서 아뢰었다. 「그곳은 바닷가로 멀리 떨어진 곳입니다. 그래서 성화(聖化=임금의 은덕)를 흠뻑 받지 못하고 백성들이 굶고 떨게 마련입니다. 또 관리들이 〈백성을〉 사랑하지 않음으로 폐하의 적자(赤子)인 백성들로 하여금 칼이나 무력을 흙탕 속에서 휘두르게 하여 도둑질을 하도록 두고 있는 것입니다. 지금 신으로 하여금 그들을 무력으로 누르려고 하십니까, 그렇지 않으면 덕으로써 그들로 하여금 사방을 안정되게 하여 살 수 있기를 원하십니까?」

임금이 말했다. 「현량을 뽑아 선용(등용)하는 것은 당연히 안정되기를 원해서다.」

공수가 말했다. 「난민을 다스리는 것은 엉킨 실을 바로잡는 거와 같습니다. 급하게 하면 안 됩니다.」 「신은 원합니다. 법률이나 조문에 구속되지 않고 일에 따라 잘 처리하고자 합니다.」 임금이 허락했다.

어구 설명 ○北海太守朱邑, 以治行第一, 入爲大司農,(북해태수주읍 이치행제일 입위대사농) : 북해의 태수 주읍(朱邑)은 치적이나 덕행이 으뜸이었다. 그래서 〈불리어〉 들어가 태사농(太司農)이 되었다. ※ 北海(북해) : 산동성(山東省) 북해군(北海郡). 지금의 익도부(益都府). 太司農(태사농)은 돈과 곡식을 저장하는 일을 관장했던 대신(大臣)의 벼슬 이름.
○渤海太守龔遂, 入爲水衡都尉(발해태수공수 입위수형도위) : 발해의 태수인 공수(龔遂)가 불리어 들어가 수형도위(水衡都尉)가 되었다. ※ 渤海(발해)는 군명(郡

名), 산동성(山東省) 발해군(渤海郡). 지금의 빈주(濱州). 水衡都尉(수형도위)는 하천지소(河川池沼)의 수로관개(水路灌漑)를 관장하고, 궁중의 어원(御苑)을 관리(管理)하던 관리(官吏). ㅇ先是渤海歲饑, 盜起. 選遂爲太守(선시발해세기 도기 선수위태수) : 전에 발해지방에 해마다 기근이 들어 도적이 일어났다. 그래서 공수를 뽑아 태수로 했다.

ㅇ김見問, 何以治盜(소견문 하이치도) : 임금이 그를 보고 불러 물었다. 「어떻게 도적을 다스리겠는가.」 ㅇ遂對曰,(수대왈) : 공수가 대답해서 아뢰었다. ㅇ海濱遐遠, 不沾聖化. 其民飢寒,(해빈하원 불첨성화 기민기한) : 그곳은 바닷가로 멀리 떨어진 곳입니다. 그래서 성화(聖化=임금의 은덕)를 흠뻑 받지 못합니다. 그래서 백성들이 굶고 추워합니다. ㅇ而吏不恤. 使陛下赤子, 盜弄兵於潢池中耳(이리불휼 사폐하적자 도농병어황지중이) : 또 관리들이 〈백성을〉 사랑하지 않음으로 폐하의 적자(赤子)인 백성들로 하여금 칼이나 무력을 흙탕 속에서 휘두르게 한 것입니다. ※ 赤子(적자) : ① 갓난아이. 젖먹이. 영아(嬰兒). ② 제왕 치하에 있는 백성. 국민(國民). ㅇ今欲使臣勝之邪. 張安之也(금욕사신승지사 장안지야) : 지금 신으로 하여금 그들을 무력으로 누르려고 하십니까, 그렇지 않으면 덕으로써 그들로 하여금 사방을 안정되게 살 수 있기를 원하십니까? 「장(張)을 사방으로 풀었다.」 ㅇ上曰, 選用賢良, 固欲安之(상왈 선용현량 고욕안지) : 임금이 말했다. 「현량을 뽑아 선용(등용)하는 것은 당연히 안정되기를 원해

서다.」

○遂曰, 治亂民, 如治亂繩. 不可急也(수왈 치난민 여치란승 불가급야) : 공수가 말했다. 「난민을 다스리는 것은 엉킨 실을 바로잡는 거와 같습니다. 급하게 하면 안 됩니다.」 ○願無拘臣以文法, 得便宜從事(원무구신이문법 득편의종사) : 「신은 법문에 구속되지 않고 일을 처리하고자 합니다.」 ○上許焉(상허언) : 임금이 허락했다.

(8) 乘傳至渤海界. 郡發兵迎. 遂皆遣還, 移書罷捕, 諸持田器者爲良民, 持兵者乃爲盜. 遂單車至府. 盜聞卽時解散. 民有持刀劍者, 使賣劍買牛, 賣刀買犢. 曰, 何爲帶牛佩犢. 勞來巡行. 郡中皆有蓄積. 獄訟止息. 至是召入.

〈공수가 혼자〉 전마(傳馬=역마〈驛馬〉)를 갈아 타고 발해 경내에 이르렀다. 군마다 무장한 병사를 보내서 〈그를 호위하면서〉 환영했다. 그러나 〈공수는〉 무장병들을 되돌려 보냈다.

그리고 모든 군(郡)에게 글, 즉 포고령을 내려서 체포하는 일을 일체 못하게 했다. 〈또 말했다.〉 「농기구를 가진 사람은 양민(良民)이고, 무기를 지닌 사람은 도적으로 치겠다.」

공수는 혼자서 수레를 타고 〈여러 지방의〉 부(府)로 갔다. 이에 도적패들이 그의 말을 듣고 즉시 해산했으며, 백성들도 도검(刀劍)을 차고 있는 사람이 있으면 검(劍)을 팔아서 소를 사고 도(刀)를 팔아 송아지를 사게 하였다.

　그러자 공수는 말했다. 〈그 간〉「왜 소나 송아지에 해당하는 〈칼 같은 것을〉 허리에 찼던가.」

　공수는 고생스럽게 각지로 가서 순찰하고 다스렸다. 이에 군 안의 모든 사람이 〈농업생산에 힘을 써〉 저축하게 되었으며, 소송이나 투옥하는 일도 멈추게 되었다. 이에 임금이 그를 조정에 불러들였던 것이다.

　　어구 설명　○乘傳至渤海界(승전지발해계) : 〈공수가 혼자〉 전마(傳馬=역마〈驛馬〉)를 갈아 타고 발해 경내에 이르렀다. ※ 傳馬(전마) : 체전(遞傳)하는 말. 역말. 遞傳(체전) : 차례차례 여러 곳을 거쳐서 전하여 보냄. 遞送(체송). 驛馬(역마) : 역참에 대기시켜 두고 관용(官用)으로 쓰던 말. 역말. ○郡發兵迎. 遂皆遣還,(군발병영 수개견환) : 군에서 무장한 병사를 보내서 〈그를 호위하고〉 환영했다. 그러나 〈공수는〉 무장병들을 되돌려 보냈다. ○移書罷捕,(이서파포) : 군에게 글, 즉 포고령을 내려서 체포하는 일을 못하게 했다. ○諸持田器者爲良民,(제지전기자위량민) : 〈또 말했다.〉 농기구를 가진 사람은 다 양민이고. ○持兵者乃爲盜(지병자내위도) : 무기를 지닌 사람은 도적으로 치겠다.

　　○遂單車至府(수단거지부) : 공수는 혼자서 수레를 타고 〈여러 지방의〉 부(府)로 갔다. ○盜聞卽時解散(도문즉시해산) : 도적패들이 그의 말을 듣고 즉시 해산했다.

ㅇ民有持刀劍者, 使賣劍買牛,(민유지도검자 사매검매우) : 배성들도 도검(刀劍)을 가졌던 사람도 검(劍)을 팔아서 소를 샀다. ㅇ賣刀買犢(매도매독) : 사람들이 큰 칼을 팔아서 송아지를 사자, 〈도수가 말했다.〉

ㅇ曰, 何爲帶牛佩犢(왈 하위대우패독) : 〈말했다.〉「왜 〈그동안〉 소나 송아지에 해당하는 〈칼 같은 것을〉 허리에 차는가.」※「佩(찰 패) ; 차다. 띠나 허리에 매달다.」佩犢(패독) : 칼을 지니는 대신 송아지를 삼. 무사(武事)를 그만두고 생산(生産)에 종사함.

ㅇ勞來巡行(노래순행) : 〈그리고 공수는〉 고생스럽게 각지로 가서 순찰하고 다스렸다. ㅇ郡中皆有蓄積(군중개유축적) : 군 안의 모든 사람이 〈농업생산에 힘을 써〉 저축하게 되었다. ㅇ獄訟止息(옥송지식) : 소송이나 투옥이 멈추게 되었다. ㅇ至是召入(지시소입) : 그래서 임금이 그를 조정에 불러들였던 것이다.

조광한(趙廣漢)

(9) 元康元年, 殺京兆尹趙廣漢. 初廣漢爲穎川太守. 穎川俗, 豪傑相朋黨. 廣漢爲鈎項篅, 受吏民投書, 使相告訐. 姦黨散落, 盜賊不得發. 由是入爲京兆尹. 尤善爲鈎距, 以得其情, 閭里銖兩之姦皆知, 發姦擿伏如神. 京兆政清. 長老傳, 自漢興, 治京兆者, 莫能及. 至是人上書言, 廣漢以私怨論殺人. 下廷尉. 吏民守闕號泣者數萬人, 竟坐要斬. 廣漢廉明, 威制豪强, 小民得職. 百姓追思歌之.

원강(元康) 원년(B.C. 65)에 경조윤(京兆尹) 「조광한(趙廣漢)」을 사형에 처했다. 원래 조광한은 〈하남성에 있는〉 영천의 태수였다. 영천은 속된 곳이다. 호걸들이 서로 결탁하고 〈양민을 괴롭히는〉 나쁜 곳이라 다스리기가 어려웠다.

그래서 조광한은 투서함(投書函)을 만들어 설치했다. 그리고 관리나 백성들이 투서하고 서로 고발하고 벌을 주게 했다. 이에 악당들이 흩어지고 도적질을 할 수 없게 되었다.

그래서 조정에 들어와 경조윤이 되었다. 특히 〈범죄나 잘못을〉 갈고리처럼 걸어서 들어냈다. 그래서 사정이나 실정을 알게 했으며, 향리의 가볍고 미소한 악한 일도 다 알았던 것이다. 귀신처럼 숨어 있는 죄악을 들추어냈던 것이다.

이에 경조의 다스림이 청명하게 됐으며, 장로들이 말을 전했다. 「한나라가 일어난 이래로 경조를 다스린 사람으로 조광한 만큼 잘한 사람이 없다.」

그러자 〈반대로 악한〉 사람이 〈선제에게〉 글을 올려 참언(讒言)을 했다. 「광한은 사사로운 원한으로 〈남의 죄를〉 논하고 살인을 하고 있습니다.」〈선제는 참언의 시비를 가리지 않고〉 정위(廷尉)에게 내려서 조사하고 처벌하게 했다. 그러자 〈조광한을 애석하게 여기고 살리려는〉 관리나 백성들이 대궐 문을 지키면서 슬피 우는 사람의 수가 수만 명에 이르렀다. 〈그러나 그는〉 결국 죄를 지고 참형(斬刑)에 처해졌다.

조광한은 청렴 총명했으며, 위엄을 가지고 호족들의 강원을 제압했다. 그래서 백성들도 저마다 직업을 가질 수 있었다. 백성들은 노래를 지어 부르며 그를 추억했다.

어구 설명 ○元康元年,(원강원년) : 원강 원년(B.C. 65). ○殺京兆尹趙廣漢(살경조윤조광한) : 경조윤(京兆尹), 즉 국도(國都)의 시장(市長)「조광한」을 사형에 처했다.

○初廣漢爲潁川太守(초광한위영천태수) : 애당초 조광한은 〈하남성에 있는〉 영천의 태수였다. ※ 潁川(영천)은 군명(郡名), 하남성(河南省)에 있다. ○潁川俗, 豪傑相朋黨(영천속 호걸상붕당) : 영천은 천속한 곳이라, 호걸들이 서로 붕당이 되고, 〈양민을 괴롭히는 나쁜 곳이라 다스리기가 어려웠다.〉 ○廣漢爲缿筩,(광한위항항용) : 그래서 조광한은 투서함(投書函)을 만들어 설치

했다. 〈*항항용(缿項篃)은 입이 작은 투서함이다. 투서를 다시 빼낼 수 없는 항아리 같은 투서함이다.〉

ㅇ受吏民投書, 使相告訐(수이민투서 사상고알) : 관리나 백성들이 투서하고 서로 고발하고 벌을 주게 했다. 〈*알(訐)은 폭로하다.〉 ㅇ姦黨散落, 盜賊不得發(간당산락 도적부득발) : 악당들이 흩어지고 도적질을 할 수 없게 되었다.

ㅇ由是入爲京兆尹(유시입위경조윤) : 그래서 들어와 경조윤이 되었다. ㅇ尤善爲鉤距,(우선위구거) : 특히 〈범죄나 잘못을〉 갈고리처럼 걸어서 들어냈었다. ※「鉤(갈고랑이 구), 距(떨어질 거)」 ㅇ以得其情,(이득기정) : 그래서 사정이나 실정을 알게 했다. ㅇ閭里銖兩之姦皆知,(여리수양지간개지) : 〈그래서〉 향리의 가볍고 미소한 악한 일도 다 알았던 것이다. 〈*수(銖) : 근소한 양의 무게. 양(兩)은 24수(銖)의 무게.〉

ㅇ發姦摘伏如神(발간적복여신) : 귀신처럼 숨어 있는 죄악을 들추어냈다. ※「摘(들출 적), 伏(엎드릴 복)」 ㅇ京兆政清(경조정청) : 경조의 다스림을 청명하게 했다.

ㅇ長老傳, 自漢興, 治京兆者, 莫能及(장노전 자한흥 치경조자 막능급) : 장로들이 전했다. 「한나라가 일어난 이래로 경조를 다스린 사람으로 조광한 만큼 잘한 사람이 없다.」

ㅇ至是人上書言,(지시인상서언) : 그러자 어떤 악한 사람이 〈선제에게〉 글을 올려 〈정반대로 그를 헐뜯는〉 참언(讒言)을 했다. ㅇ廣漢以私怨論殺人(광한이사원론살인) : 「광한은 사사로운 원한으로 〈남의 죄를〉 논하고

살인을 하고 있습니다.」 ○下廷尉(하정위) : 〈선제는 참언의 시비도 가리지 않고〉 징위(廷尉)에게 내려서 처벌하게 했다.

○吏民守闕號泣者數萬人, (이민수궐호읍자수만인) : 〈조광한을 애석하게 여기고 살리려는〉 관리나 백성들이 대궐 문을 지키면서 슬피 우는 사람의 수가 수만 명에 이르렀다. ※ 號泣(호읍) : 목놓아 욺. 호곡(號哭).

○竟坐要斬(경좌요참) : 〈그러나 그는〉 결국 죄를 지고 요참형(要斬刑)에 처해졌다. ※ 要와 腰는 동자. 「要(요 구하다 요, 허리 요=腰), 斬(벨 참) ; 베어서 죽이다.」 要斬(요참) : 허리를 자르는 형벌. 죄인의 허리를 베어 죽임. 요참(腰斬).

○廣漢廉明, 威制豪强, 小民得職(광한염명 위제호강 소민득직) : 조광한은 청렴 총명했으며, 위엄을 가지고 호족들의 강원을 제압했다. 그래서 백성들도 저마다 직업을 가질 수 있었다. ○百姓追思歌之(백성추사가지) : 백성들은 노래를 지어 부르며 그를 추억했다.

(10) 以尹翁歸, 爲右扶風. 翁歸初爲東海太守, 過辭廷尉于定國. 定國欲託邑子. 語終日, 竟不敢見, 曰, 此賢將. 汝不任事也. 又不可干以私. 以治郡高第, 遂入. 治常爲三輔最.

윤옹귀(尹翁歸)를 부풍(扶風)의 장(長)으로 임명했다. 〈*우부풍(右扶風)은 삼보(三輔)의 하나. 부풍(扶風)은 섬

서성(陝西省)에 있는 지명, 「우(右)」는 장(長)이다.〉

　윤옹귀는 처음에는 동해(東海)의 태수였다. 정위(廷尉) 벼슬을 가진 우정국(于定國)에게 들러서 작별 인사를 했다. 그러자 우정국이 〈그를 보고〉 자기 마을의 자제들을 〈그의 밑에 쓰게끔〉 부탁하려고 했다. 그러나 종일 말을 해도, 〈그런 부탁을 받아 줄〉 눈치가 보이지 않았다.

　〈우정국이〉 말했다. 「그는 현명한 장군이다. 〈그대들은〉 〈그와 같이 현명한 장군 밑에서는〉 일할 수 없다.」〈*마을의 청년들에게 한 말이다.〉「또 〈그분에게는〉 사사롭게 청을 할 수도 없다.」

　〈윤옹귀가〉 군 다스리기를 높은 단계로 했다. 그래서 마침내 조정에 들어갔다. 그의 치적은 항상 삼보(三輔) 중에서도 가장 높았다.

　〈*삼보(三輔) : 한나라 때 장안(長安) 부근을 수비하고 다스리는 세 장군이 있었다. 동쪽을 경조윤(京兆尹), 장릉(長陵) 이북을 좌풍익(左馮翊), 위성(渭城) 이서를 우부풍(右扶風)이라고 했다.〉

　　　㉠ **어구 설명** ㅇ以尹翁歸, 爲右扶風(이윤옹귀 위우부풍): 윤옹귀를 부풍(扶風)의 장(長)으로 임명했다.
　　　〈*우부풍(右扶風)은 삼보(三輔)의 하나. 「부풍」은 섬서성(陝西省)에 있는 지명, 「우(右)」는 장(長), 장관(長官).〉
　　　ㅇ翁歸初爲東海太守,(옹귀초위동해태수) : 윤옹귀는 처

음에는 동해(東海)의 태수였다.

ㅇ過辭廷尉于定國(과사정위우정국) : 정위(廷尉) 벼슬을 가진 우정국(于定國)에게 들러서 작별 인사를 했다. ㅇ定國欲託邑子(정국욕탁읍자) : 우정국이 〈그를 보고〉 자기 마을의 자제들을 〈그의 밑에 쓰게끔〉 부탁하려고 했다.

ㅇ語終日, 竟不敢見,(어종일 경불감견) : 그러나 종일 말을 해도 〈그런 부탁을 받아 줄〉 눈치가 보이지 않았다.

ㅇ曰, 此賢將. 汝不任事也(왈 차현장 여불임사야) : 〈우정국이〉 말했다. 「그는 현명한 장군이다. 〈그대들은〉 〈그와 같이 현명한 장군 밑에서는〉 일할 수 없다.」〈*마을의 청년들에게 한 말이다.〉 ㅇ又不可干以私(우불가간이사) : 「또 〈그분에게는〉 사사롭게 청을 할 수도 없다.」

ㅇ以治郡高第, 遂入(이치군고제 수입) : 〈윤옹귀가〉 군 다스리기를 높은 단계로 했다. 그래서 마침내 조정에 들어갔던 것이다. ㅇ治常爲三輔最(치상위삼보최) : 그의 치적은 항상 삼보 중에서도 가장 높았다.

〈*삼보(三輔) : 한나라 때 장안(長安) 부근을 수비하고 다스리는 세 장군이 있었다. 동쪽을 경조윤(京兆尹), 장릉(長陵) 이북을 좌풍익(左馮翊), 위성(渭城) 이서를 우부풍(右扶風)이라고 했다.〉

제2과 특히 현명한 신하들

(1) 二年, 上欲因匈奴衰弱, 出兵擊其右地, 使不復
擾西域. 魏相諫曰, 救亂誅暴, 謂之義兵. 兵義者
王. 敵加於己, 不得已而起者, 謂之應兵. 兵應者
勝. 爭恨小故, 不忍憤怒者, 謂之忿兵. 兵忿者敗.
利人土地・貨寶者, 謂之貪兵. 兵貪者破. 恃國家
之大, 矜人民之衆, 欲見威於敵者, 謂之驕兵. 兵驕
者滅. 匈奴未有犯於邊境. 今欲興兵入其地. 臣愚
不知此兵何名者也. 今年計, 子弟殺父兄, 妻殺夫
者, 二百二十二人. 此非小變. 左右不憂, 乃欲發兵
報纖芥之忿於遠夷. 殆孔子所謂, 吾恐季孫之憂,
不在顓臾, 而在蕭牆之內. 上從相言.

〈선제(宣帝) 원강(元康)〉 2년 (B.C. 64), 임금이 흉노가
쇠약해지자 무력으로 그 오른쪽 지역을 공격하여, 또다시
서역(西域)을 시끄럽지 않게 하고자 했다. 그러자 〈승상
(丞相)인〉 위상(魏相)이 간언을 올려 다음 같이 말했다.

「전란을 구제하려고 폭도를 치는 것을 의병(義兵)이라
합니다. 무력을 의롭게 쓰는 자가 왕(王)이 됩니다.」

「적이 나를 치므로 부득이 일어나 싸우는 경우를 응병(應
兵)이라 합니다. 무력에 대응하는 자(應兵)는 이깁니다.」

「작은 일(小故)을 서로 다투고 원한을 맺고 참지 못하고 분노하는 경우를 분병(忿兵)이라고 합니다. 무력적 분병은 패합니다.」

「남의 토지나 재물 및 보물을 탈취하여 나를 이롭게 하려고 〈무력을 쓰는 사람을〉 탐병자(貪兵者)라 한다. 무력으로 탐욕을 채우려는 자는 반드시 패하게 마련입니다.」

「나라가 크고 국민의 수가 많다고 위세를 적에게 과시하는 자를 교병(驕兵)이라고 합니다. 교병자(驕兵者)는 반드시 멸망합니다.」

「흉노가 변경을 침범하지도 않았는데, 지금 무력을 동원하여 그들의 땅으로 늘어가려고 하는 섯을 신은 어리석어서 알지 못하겠습니다. 이번에 무력 동원을 무슨 명목이라 할지 〈모르겠습니다.〉」

「금년에 헤아려 보면, 자제(子弟)로서 부형(父兄)을 살해하고 또 아내가 남편을 죽인 예가 총 222명이나 되며, 이는 작은 변이가 아닙니다.」

「〈그런데도〉 좌우의 신하들은 〈국내의 사정을〉 걱정하지 않고 군대를 발동하여, 사소한 분을 풀려고 멀리 오랑캐 나라로 보내려고 합니다.」

「이는 곧 공자가 말한 바, 계손의 걱정은 〈다른 나라에 있는〉 전유(顓臾)에게 있지 않고, 울타리 안에 있다고 한 말과 같습니다.」 임금이 위상(魏相)의 말을 따랐다.

어구 설명 ○二年, 上欲因匈奴衰弱,(이년 상욕인흉노쇠약) : 〈선제(宣帝) 원강(元康)〉 2년 (B.C. 64), 임금이 흉노가 쇠약해지자. ○出兵擊其右地, 使不復擾西域(출병격기우지 사불복요서역) : 출병하여 서쪽 땅을 치고 또다시 서역(西域)을 시끄럽지 않게 하고자 했다. 〈*우(右)는 서쪽.〉

○魏相諫曰,(위상간왈) : 〈승상(丞相)인〉 위상(魏相)이 간언으로 다음 같이 말을 했다.

○救亂誅暴, 謂之義兵. 兵義者王(구란주폭 위지의병 병의자왕) :「전란을 구제하려고 폭도를 치는 것을 의병(義兵)이라 합니다. 무력을 의롭게 쓰는 자가 왕(王)입니다.」

○敵加於己, 不得已而起者, 謂之應兵. 兵應者勝(적가어기 부득이이기자 위지응병 병응자승) :「적이 나를 치므로 부득이 일어나 싸우는 경우를 무력 대응[應兵]이라 합니다. 무력에 대응하는 자는 이깁니다.」

○爭恨小故, 不忍憤怒者, 謂之忿兵. 兵忿者敗(쟁한소고 불인분노자 위지분병 병분자패) :「작은 일(小故)을 서로 다투고 원한을 맺고 참지 못하고 분노하는 경우를 분병(忿兵)이라고 합니다. 무력적 분병은 패합니다.」

○利人土地 · 貨寶者, 謂之貪兵. 兵貪者破(이인토지 · 화보자 위지탐병 병탐자파) :「남의 토지나 재물 및 보물을 탈취하여 나를 이롭게 하려고 〈무력을 쓰는 사람을〉 탐병자(貪兵者)라 한다. 무력으로 탐욕을 채우려는 자는 반드시 패하게 마련입니다.」

○恃國家之大, 矜人民之衆, 欲見威於敵者, 謂之驕兵. 兵驕者滅(시국가지대 긍인민지중 욕견위어적자 위지

교병 병교자멸) : 「나라가 크고 국민의 수가 많다고 위세를 적에게 과시하는 자를 교병(驕兵)이라고 합니다. 교병자(驕兵者)는 반드시 멸망합니다.」
○匈奴未有犯於邊境. 今欲興兵入其地(흉노미유범어변경 금욕흥병입기지) : 흉노가 변경을 침범하지도 않았는데, 지금 무력을 동원하여 그들의 땅으로 들어가려고 하는 것을. ○臣愚不知此兵何名者也(신우부지차병하명자야) :「신은 어리석어서 알지 못하겠습니다. 이번에 무력 동원을 무슨 명목이라 할지 〈모르겠습니다.〉」
○今年計, 子弟殺父兄, 妻殺夫者,(금년계 자제살부형 처살부자) : 금년에 헤아려 보면, 자제(子弟)로서 부형(父兄)을 살해하고 또 아내가 남편을 죽인 예가. ○二百二十二人. 此非小變(이백이십이인 차비소변) : 222명이나 되며, 이는 작은 변이가 아닙니다. ○左右不憂, 乃欲發兵報纖芥之忿於遠夷(좌우불우 내욕발병보섬개지분어원이) : 〈그런데도〉 좌우의 신하들은 〈국내의 사정을〉 걱정하지 않고 군대를 발동하여 사소한 분을 풀려고 멀리 오랑캐 나라로 보내려고 합니다. ※「纖(가늘 섬), 纎은 속자」纖芥(섬개) ; ① 티끌. 먼지. ② 纖介(섬개) ; 조금, 약간.
○殆孔子所謂, 吾恐季孫之憂,(태공자소위 오공계손지우) : 이는 곧 공자가 말한 바, 계손의 걱정은. ○不在顓臾, 而在蕭牆之內(부재전유 이재소장지내) :「〈다른 나라에 있는〉 전유(顓臾)에게 있지 않고, 울타리 안에 있다고 한 말과 같습니다.」〈*논어 계씨편(季氏篇)〉※顓臾(전유) : 노(魯)나라가 속국으로 삼은 산동성에 있는 나라 이름. 蕭牆(소장) : ① 문병(門屛). 군신(君臣)이 회

견하는 곳에 설치한 가림. ② 담 안, 곧 내 집안. 내부
(內部).

ㅇ上從相言(상종상언) : 임금이 위상(魏相)의 말을 따
랐다.

**(2) 三年, 太子太傅疏廣, 與兄子太子少傅疏受, 上
疏乞骸骨. 許之, 加賜黃金. 公・卿故人, 設祖道,
供張東門外. 送者車數百兩. 道路觀者皆曰, 賢哉,
二大夫. 旣歸, 日賣金共具, 請族人・故舊・賓客,
相與娛樂, 不爲子孫立産業. 曰, 賢而多財, 則損其
志, 愚而多財, 則益其過. 且夫富者衆之怨也. 吾不
欲益其過而生怨.**

원강(元康) 3년(B.C. 63)에 태자(太子)의 태부(太傅)인
소광(疏廣)과 형의 아들로 태자의 소부(少傅)인 소수(疏
受) 〈두 사람이〉 선제(宣帝)에게 상소하고 「사직을 허락해
주십시오.」 하고 청했다. 〈*걸해골(乞骸骨) : 해골 같은 늙
은 몸을 집에 돌아가게 해주십시오.〉 임금이 그들의 청을
허락하고 그들에게 황금을 많이 하사해 주었다.

이에 공이나 경 및 친한 사람들이 〈*즉 삼공구경(三公九
卿)〉 들이 동문 밖에 도조신(道祖神)을 모시는 제사를 차리
고 동문 밖에서 송별연을 성대하게 했다. 이때에 그들을
전송하는 수레가 수백 대가 되었다. 길에서 구경하는 사람
들도 다 말했다. 「참으로 현명하도다. 두 대부들이여.」

두 사람은 고향에 돌아온 다음에는, 매일 같이 〈임금으로부터 받은〉 금을 팔아서 모든 것을 갖추고 잔치를 했다. 그리고 일가친척이나 옛날 친구 및 빈객들과 함께 잔치를 하며 즐겁게 지냈으며, 〈많은 돈을〉 자기의 자손들을 위한 산업에는 쓰지 않았다.

그리고 말했다. 「현명한 사람이 재물이 많으면, 높은 뜻이 상해진다.」 「어리석은 사람이 재물이 많으면, 더욱 잘못을 저지르게 된다.」 「그리고 저 부(富) 자체는 중인(衆人)들이 원망하는 바이다.」 「그래서 우리는 잘못을 더하거나 원망을 사지 않게 하려고 한다.」

　어구 설명　○三午,(삼년) : 원강(元康) 3년(B.C. 63) ○太子太傅疏廣,(태자태부소광) : 태자의 태부인 소광(疏廣)과. 〈*태부(太傅)는 스승, 후견인.〉 ○與兄子太子少傅疏受,(여형자태자소부소수) : 형의 아들로 태자의 소부인 소수(疏受) 〈두 사람이〉. ※ 소부(少傅) : 태부(太傅)나 마찬가지로 태자를 훈육하는 직책. ○上疏乞骸骨(상소걸해골) : 상소하고 「사직(辭職)을 허락해 주십시오.」 하고 청했다. 〈*걸해골(乞骸骨) : 해골 같은 늙은 몸을 집에 돌아가게 해주십시오.〉

○許之, 加賜黃金(허지 가사황금) : 〈임금이〉 그들의 청을 허락했다. 그리고 황금을 많이 하사해 주었다. ○公·卿故人,(공·경고인) : 이에 공이나 경 및 친한 사람들이 〈*즉 삼공구경(三公九卿).〉 ○設祖道, 供張東門外(설조도 공장동문외) : 도조신(道祖神)을 모시는 제사

를 차리고 송별연을 동문 밖에서 성대하게 했다. 〈*조도 (祖道)는 「길을 잘 가게 해달라고 도신(道神)에 제사를 지낸다.」는 뜻.〉 따라서 송별연을 도조(道祖)라고 한다. ㅇ送者車數百兩(송자차수백량) : 이때에 그들을 전송 하는 수레가 수백 대가 되었다. ※ 량(兩)=량(輛). ㅇ道 路觀者皆曰,(도로관자개왈) : 길에서 구경하는 사람들 도 다 말했다. ㅇ賢哉, 二大夫(현재 이대부) : 「참으로 현명하도다. 두 대부들이여.」

ㅇ旣歸, 日賣金共具,(기귀 일매금공구) : 두 사람은 고 향에 돌아온 다음에는, 매일 같이 〈임금으로부터 받은〉 금을 팔아서 모든 것을 갖추고 잔치를 했다. ㅇ請族 人・故舊・賓客, 相與娛樂,(청족인・고구・빈객 상여 오락) : 일가친척이나 옛날 친구나 빈객들과 함께 잔치 를 하며 즐겁게 살았다. ㅇ不爲子孫立產業(불위자손입 산업) : 〈많은 돈을〉 자기의 자손들을 위한 산업에 쓰지 않았다.

ㅇ日, 賢而多財, 則損其志,(왈 현이다재 칙손기지) : 그 리고 말했다. 「현명한 사람이 재물이 많으면, 높은 뜻이 상해진다.」ㅇ愚而多財, 則益其過(우이다재 칙익기과) : 「어리석은 사람이 재물이 많으면, 더욱 잘못을 저지르 게 된다.」ㅇ且夫富者衆之怨也(차부부자중지원야) : 「그리고 저 부(富) 자체는 중인(衆人)들이 원망하는 바 이다.」※「且(또 차 ; 다시 더, 거듭하여, 그 위에)」且夫(차 부)는 그리고 저, 발어사. ㅇ吾不欲益其過而生怨(오불 욕익기과이생원) : 「그래서 우리는 잘못을 더하거나 원 망을 사지 않게 하려고 한다.」

(3) 神爵元年, 先零與諸羌畔. 上使問後將軍趙充國. 誰可將者. 充國年七十餘, 對曰, 無踰老臣. 復問, 將軍度羌虜何如, 當用幾人. 充國曰, 兵難遙度, 願至金城, 圖上方略. 乃詣金城, 上屯田奏, 願罷騎兵, 留步兵萬餘, 分屯要害處, 條不出兵留田便宜十二事. 奏每上, 輒下公卿議. 初是其計者什三, 中什伍, 最後什八. 魏相任其計可必用. 上從之.

선제(宣帝) 신작(神爵) 원년(B.C. 61) 〈서강(西羌) 족속의 하나인〉 선령(先靈)이란 부족이 다른 강족(羌族)들과 함께 모반을 했다. 임금이 후장군(後將軍) 조충국(趙充國)에게 물었다. 「누구를 장군으로 하면 좋겠는가.」

그때 나이 70여 세가 된 조충국이 말했다. 「늙은 신하인 저보다 더 잘할 사람이 없습니다.」

임금이 또 물었다. 「장군의 생각으로는 오랑캐들을 어떻게 처치하겠는가. 병력을 얼마나 동원하면 되겠는가.」

조충국이 말했다. 「적병을 멀리서 탁량(헤아리다)하기 어렵습니다.」「원하는 바, 금성(金城)에 가서 〈현지를 보고〉 지형을 그림으로 그려 토벌할 계략을 올리겠습니다.」

즉시 금성에 가서 〈살피고 와서 임금에게〉 둔전(屯田)을 상주했다. 〈*둔전(屯田)은 현지(現地)에 보병을 보내 평상시에는 논밭을 갈게 하고 유사시에는 적의 침략을 막는 제도다.〉「원하는 바, 기병을 그만두시고 보병 만여 명을 위험한 요지에 나누어 머물게 하십시오.」

출병(出兵)을 그만두고 둔전병(屯田兵)을 두는 것이 좋다는 12개 조항을 적어 올렸다. 〈조충국이〉 조목을 올릴 때마다 즉시 임금은 밑에 있는 삼공구경(三公九卿)에게 내려 심의(審議)하게 했다. 처음에는 헤아리는 자가 십 분의 삼 정도였다. 중간에는 십 분의 오가 되었다. 최후에는 십 분의 팔이 찬성했다. 승상 위상(魏相)은 그 계책대로 맡겨두면 틀림없이 쓸만한 것이라 하였다. 그래서 임금이 따랐다.

어구 설명 ○神爵元年,(신작원년) : 선제(宣帝) 신작(神爵) 원년 (B.C. 61). ○先零與諸羌畔(선령여제강반) : 〈서강(西羌) 족속의 하나인〉 선령(先零)이란 부족이 다른 강족(羌族)들과 함께 모반을 했다. ※ 강(羌) : 서이(西夷)의 유목민 154 집단 소수 종족으로 이루어져 있었다. ○上使問後將軍趙充國. 誰可將者(상사문후장군조충국 수가장자) : 임금이 후장군(後將軍) 조충국(趙充國)에게 물었다. 「누구를 장군으로 하면 좋겠는가.」 ○充國年七十餘, 對曰, 無踰老臣(충국년칠십여 대왈 무유노신) : 그때 나이 70여 세가 된 조충국이 말

조충국(趙充國)

했다. 「늙은 신하인 저보다 더 잘할 사람이 없습니다.」
○復問, 將軍度羌虜何如, 當用幾人(복문 장군도강로하여 당용기인) : 임금이 또 물었다. 「장군의 생각으로는 오랑캐들을 어떻게 처치하겠는가. 병력을 얼마나 동원하면 되겠는가.」 ○充國曰, 兵難遙度,(충국왈 병난요탁) : 조충국이 말했다. 「전략은 멀리서 탁량하기 어렵습니다.」 ※ 「遙(멀 요), 度(헤아릴 탁)」 度量(탁량)은 사물을 헤아림, 적당한 도수를 생각함. ○願至金城, 圖上方略(원지금성 도상방략) : 「원하는 바, 금성에 가서 〈현지를 보고〉 지형을 그림으로 그려 토벌할 계략을 올리겠습니다.」 ※ 금성(金城) : 서이(西夷)에 접해 있는, 감숙성(甘肅省)에 있는 군(郡).

○乃詣金城, 上屯田奏,(내예금성 상둔전주) : 즉시 금성에 가서 〈살피고 와서 임금에게〉 둔전(屯田)을 상주했다. 〈*둔전(屯田)은 현지(現地)에 보병을 보내 평상시에는 논밭을 갈게 하고 유사시에는 적의 침략을 막는 제도다.〉 ○願罷騎兵, 留步兵萬餘, 分屯要害處,(원파기병 유보병만여 분둔요해처) : 「원하는 바, 기병을 그만두시고 보병 만여 명을 위험한 요지에 나누어 머물게 하십시오.」

○條不出兵留田便宜十二事(조불출병유전편의십이사) : 출병(出兵)을 그만두고 둔전병(屯田兵)을 두는 것이 좋다는 12개 조항을 적어 올렸다. ※ 十二事(십이사) : 大略一言, 屯田致穀, 威德並行(대략일언, 둔전치곡, 위덕병행)-대략 개별조목으로 첫 번째로 말하자면, 둔전을 두어 곡식을 거두어 바치게 하되 위엄과 덕을 고루

갖추어 아울러 행함. •致는 致(보낼 치)의 본자(本字)다. 竝(아우를 병) : 並(동자), 竝(동자).
二言, 據其肥饒, 以待其畔(이언, 거기비요, 이대기반)-비옥한 땅을 굳게 지키어 그 경계선을 침범하는 배반 행위에 대비할 것. •肥饒=肥沃(비옥) : 땅이 기름짐. •畔(논밭의 경계 반) : 배반하다, 위반하다.
三言, 使民不失農業(삼언, 사민불실농업)-백성들이 농사를 짓는 시기를 놓치지 않게 할 것.(즉 다른 일에 사역시키지 말라는 것)
四言, 罷騎兵, 以省大費(사언, 파기병, 이성대비)-기병(騎兵)을 없애어 막대한 군비를 줄인다. •罷(그만둘 파) : 방면(放免)하다. 내치다. 罢(간체자)
五言, 令士卒循河湟漕穀(오언, 영사졸순하황조곡)-병사들로 하여금 하황(河湟)의 강물을 이용하여 식량을 배로 실어 나르도록 할 것. •循(좇을 순) : 의지하여 가다. 그대로 행하다. 따르다. •湟(강이름 황) : 청해성(青海省)에서 발원하여 감숙성(甘肅省)을 거쳐 황하(黄河)로 흘러드는 강. 하황(河湟)은 황하로 흘러듦으로 河가 붙음. •漕(배로 실어 나를 조)
六言, 以閑暇繕治郵亭(육언, 이한가선치우정)-한가할 때 우정(郵亭)을 손보아 고칠 것. •閑暇(한가) : 바쁘지 않아 겨를이 있음. •繕(손보아 고치다 선). •郵亭(우정) : 역참(驛站), 역말을 갈아타는 곳.
七言, 不出兵, 坐得必勝之理(칠언, 불출병, 좌득필승지리)-군대를 출병시키지 않고 앉아서 반드시 승리할 수 있는 길을 알아낼 것.

八言, 無經阻遠, 迫死傷之害(팔언, 무경조원, 박사상지해) 멀리 있는 요해(要害)의 땅을 다스리겠다고 사상(死傷)의 위험한 경지로 접근하지 말 것. •阻(험〈險〉한 땅 조) : 요해(要害)의 땅. 경계(境界). 험준함. 험난(險難)함. •迫(닥칠 박) : 접근하다. 다다르다. 허둥거리다.

九言, 不損威武, 虜難乘閒(구언, 불손위무, 노난승한)- 적들이 한가한 틈을 타서 난리를 일으키도록 위무(威武)를 감소(減小)시키는 일이 없도록 할 것. •虜(포로 로) : 적(敵), 오랑캐(중국 남방 사람들이 북방 사람들을 멸시하여 부르던 말). •乘(탈 승) : 기회 따위를 이용하다. 탈 것을 타다.

十言, 無驚動河南大꿘小꿘, 使生佗變之憂(십언, 무경동하남대견소견, 사생타변지우)-하남(河南)의 오랑캐들(大꿘, 小꿘)을 놀라게 하여 나쁜 변고와 우환이 일어나지(發生) 않도록 할 것. •꿘(평평할 견) : 오랑캐 이름. 강족(羌族)의 한 갈래. •佗(다를 타) : 간사하다. 나쁘다. 등에 지다. 짊어지다.

十一言, 治湟陜中道橋, 以制西域(십일언, 치황합중도교, 이제서역)-황합(湟陜)의 중도교(中道橋)를 통제하고 관리하여 서역(西域)을 제압할 것. •陜은 陝과 동자(좁을 협. 땅 이름 합)

十二言, 息徭役以戒不虞(십이언, 식요역이계불우)-부역(賦役)을 중지하고 불의의 재난에 경계할 것. •徭役(요역) : 국민에게 의무적으로 책임을 지우는 노역. 부역(賦役). •不虞(불우) : ①미리 헤아리지 못함. 의외(意外). ② 불의의 재난.(이상은 原本 註에 의함.)

ㅇ奏每上,(주매상) : 〈조충국이〉 조목을 올릴 때마다.
ㅇ輒下公卿議(첩하공경의) : 즉시 임금은 밑에 있는 삼공구경(三公九卿)에게 내려 심의(審議)하게 했다.
ㅇ初是其計者什三,(초시기계자십삼) : 처음에는 헤아리는 자가 십 분의 삼 정도였다. ※「什(열 사람 십, 열 십)」什은 十과 같은 뜻으로 쓰인다. 什二(10분의 2). ㅇ中什伍,(중십오) : 중간에는 십 분의 오가 되었다. ㅇ最後什八(최후십팔) : 최후에는 십 분의 팔이 찬성했다. ㅇ魏相任其計可必用(위상임기계가필용) : 승상 위상(魏相)은 그 계책대로 맡겨두면 틀림없이 쓸만한 것이라 하였다. ㅇ上從之(상종지) : 그래서 임금이 따랐다.

(4) 二年, 司隷校尉蓋寬饒, 奏封事. 上以爲怨謗, 下吏. 寬饒自剄.

선제(宣帝) 신작(神爵) 2년(B.C. 60), 사례교위(司隷校尉) 갑관뇨(蓋寬饒)가 밀봉된 상서를 올렸다. 임금은 〈그의 상서가〉 임금 자신을 원망하고 비방하는 것이라 생각하고 〈그 밀서를 밑에 내려서〉 처리하게 했다. 이에 갑관뇨는 스스로 자결해 죽었다.

어구 설명 ㅇ二年,(이년) : 선제(宣帝) 신작(神爵) 2년(B.C. 60).
ㅇ司隷校尉蓋寬饒, 奏封事(사례교위갑관뇨 주봉사) : 사례교위(司隷校尉)인 갑관뇨(蓋寬饒)가 밀봉된 상서를 올렸다. 〈*사례교위(司隷校尉)는 하남(河南), 하내(河內), 우부풍(右扶風), 좌풍익(左馮翊), 경조(京兆), 하동

(河東), 홍농(弘農)의 7군의 다스림을 감독하는 직책을 가지고 있었다.〉 ※ 「隷(붙을 례 ; 서로 마주 닿다. 따르다, 좇다＝隸·隷·隷와 동자), 蓋(덮을 개, 땅이름 갑, 성〈姓〉에는 갑으로 읽음. 饒(넉넉할 요 ; 너그럽다)」 ○上以爲怨謗, 下吏(상이위원방 하리) : 임금은 〈그의 상서가〉 임금 자신을 원망하고 비방하는 것이라 생각하고 〈그 밀서를 밑에 내려서〉 처리하게 했다. ○寬饒自剄(관뇨자경) : 갑관뇨는 스스로 자결해 죽었다. ※ 「剄(목벨 경)」

(5) 三年, 丞相魏相薨. 故事, 上書者皆爲二封, 署其一曰副, 領尙書者, 先發副封, 所言不善, 屛去不奏. 自霍光薨後, 相卽白去副封, 以防壅蔽.

3년에 승상 위상(魏相)이 사망했다. 〈*다음은 위상의 행적의 일부를 적은 글이다.〉

예전에 〈임금에게 글을 올릴 때는〉 다음 같이 했다. 반드시 두 통을 올리고 〈한 통의 겉에는〉 부본(副本)이라고 표시했다. 그러면 상서(尙書)가 먼저 부본(副本)을 열어보고 내용이 좋지 않으면 물리치고 〈임금에게〉 올리지 않았다.

그러나 곽광(霍光)이 죽은 다음, 위상(魏相)은 즉시 「부본제도」를 폐기하고 〈상서를〉 못하게 막거나 덮어두는 폐단을 방지했던 것이다.

어구 설명 ○三年, 丞相魏相薨(삼년 승상위상훙) : 3년에 승상 위상(魏相)이 사망했다. ㅇ故事,(고사) : 전에는 〈다음 같이〉 일을 했다. ㅇ上書者皆爲二封,(상서자개위이봉) : 임금에게 글을 올리는 사람은 두 통의 〈글을〉 밀봉해서 올렸다. ㅇ署其一曰副,(서기일왈부) : 그 중의 한 통에는 부(副)라고 써야 했다. ㅇ領尙書者, 先發副封,(영상서자 선발부봉) : 〈궁중에서 서류를 취급하는 관원〉인 상서(尙書)가 먼저 부본(副本)을 열어보고. ㅇ所言不善, 屛去不奏(소언불선 병거불주) : 상서의 내용이 좋지 않으면 폐기하고 〈임금에게〉 올리지 않았다. ㅇ自霍光薨後,(자곽광훙후) : 곽광(霍光)이 죽은 다음. ㅇ相卽白去副封,(상즉백거부봉) : 위상(魏相)이 즉시 부본제도(副本制度)를 없애고. ㅇ以防壅蔽(이방옹폐) : 〈상서를 올리지 못하게〉 막거나 덮어두는 〈폐단을〉 방지했다. ※「壅(막을 옹), 蔽(덮을 폐).」壅蔽(옹폐) : 의견을 말하는 길이 막히는 것.

(6) 及爲相, 好觀漢故事及便宜章奏, 數條漢興以來便宜行事, 及賢臣賈誼·鼂錯·董仲舒等所言, 請施行之. 敕掾史案事郡國. 及休告從家還至府, 輒白四方異聞. 或有逆賊風雨災異, 郡不上, 相輒奏言之.

승상이 되자, 〈위상(魏相)은〉 한나라의 옛일이나 간편하고 좋은 상주문(上奏文) 보기를 좋아했다. 또 여러 가지 조례에 걸쳐 한나라를 흥성하게 한 쉽고 좋은 행사 및 현명한 신하들, 즉 「가의, 조착, 동중서」 등이 상주한 글 〈보기를 좋아했다.〉 그리고 〈위상은 임금에게 그런 식으로〉 시행하기를 청했다. 〈*한나라의 좋은 전통을 시행하려고 했다.〉

한편 하급 관리로 하여금 군(郡) 지방의 일을 헤아리게 했다. 또 휴가를 맡아서 〈고향에 갔다가 휴가를 마치고〉 고향집에서 관부(官府)로 돌아온 〈사람에게 명하여〉, 즉시 사방에서 〈보고 들은바〉 특이한 일을 말하게 했다.

그래서 혹 〈각 지방에서 일어나는〉 역적, 풍우, 재난 및 이변 등이 있고 〈이들을〉 군에서 〈중앙에〉 알리지 않아도 제상 위상(魏相)은 즉시 임금에게 알렸다.

어구 설명 ○及爲相,(급위상) : 〈위상(魏相)이〉 승상이 되자. ○好觀漢故事及便宜章奏,(호관한고사급편의장주) : 한나라의 옛일이나, 간편하고 좋은 상주문(上奏文) 보기를 좋아했다. 〈*「편의(便宜)」는 「상주문의 내용이 간편하고 좋다.」는 뜻이다.〉
○數條漢興以來便宜行事,(수조한흥이래편의행사) : 여러 조목에 걸쳐 한나라가 흥성한 이래에 있었던 간편하고 좋은 일들. 〈*이 「편의(便宜)」는 「누구나 알기 편하고 좋다.」는 뜻이다.〉 ○及賢臣賈誼 · 鼂錯 · 董仲舒等所言,(급현신가의 · 조착 · 동중서등소언) : 아울러 현신들 가의나 조착이나 동중서 등이 상주한 말 〈보기를 좋아했다.〉 ※ 「鼂(섞일 착, 둘 조 ; 여기서는 성(姓) 착)」 ○請施行之(청시행지) : 〈그리고 그와 같이 좋은 일이나 말들

을 임금에게 고해 올리고〉 행하기를 청했다. 〈*한나라
를 흥성하게 한 좋은 예나 전통을 시행하려고 했다.〉
ㅇ敕掾史案事郡國(칙연사안사군국) : 하급 관리로 하여
금 군(郡) 지방의 일을 헤아리게 했다. 〈*칙(敕)은 명하
다. ※ 연사(掾史)는 대(臺)와 성(省)의 관리로 아전이라
고도 하며 말단의 행정실무를 담당하던 하급 관리. 승
사(丞史).〉 ㅇ及休告從家還至府,(급휴고종가환지부) :
휴가를 맡아가지고 〈고향에 간 아전이나 하급 관리가.〉
고향집에서 관부(官府)에 돌아온 〈그들에게 명하다.〉 ※
休告(휴고)=休木(휴목) : 관리의 휴가. 한대(漢代)에는 5
일마다 하루씩 집에 돌아가 목욕하는 것을 허락하였음.
휴욕(休浴). ㅇ輒白四方異聞(첩백사방이문) : 즉시 사방
에서 〈보고 들은바〉 특이한 일을 말하게 했다. ㅇ或有逆
賊風雨災異,(혹유역적풍우재이) : 혹 〈각 지방에서 일어
나는〉 역적, 풍우, 재난 및 이변 등이 있고. ㅇ郡不
上,(군불상) : 군에서 알리지 않아도. ㅇ相輒奏言之(상첩
주언지) : 위상(魏相)은 즉시 임금에게 올려 말했다.
〈*(5)와 (6)은 위상(魏相)이
생전에 한 여러 가지 쉽고 좋
은 일들을 적은 것이다.〉

병길(丙吉)

(7) 與御史大夫丙吉, 同心輔政. 上皆重之. 至是吉代爲丞相. 吉尙寬大好禮讓. 嘗出, 逢羣鬪死傷, 不問. 逢牛喘. 使問逐牛行幾里矣. 或譏吉失問. 吉曰, 民鬪京兆所當禁, 宰相不親細事, 非所當問也. 方春未可熱, 恐牛暑故喘, 此時氣失節. 三公調陰陽, 職當憂. 人以爲知大體.

〈위상은〉 어사대부인 병길(丙吉)과 같은 마음으로 정사를 보좌했다. 임금은 두 사람을 다 중하게 여겼다. 〈위상이 죽자〉 병길이 대신 승상이 되었다. 병길은 관대(寬大)를 높이고 예양(禮讓)을 좋아했다.

언젠가 거리에 나가서 군중들이 싸움을 하고 사상자가 난 것을 보았다. 〈그러나 그는〉 불문에 부쳤다.

〈한편〉 소가 허덕이는 것을 보자, 사람을 시켜 물었다. 「소를 몰아서 몇 리나 왔는가.」

이에 어떤 사람이 「병길이 묻는데 실수를 했다.」고 비꼬았다. 그러자 병길이 말했다. 「백성들의 다툼은 경조가 당연히 단속할 바이다.」「재상은 사소한 일에는 친히 간섭하지 않는다. 그러므로 마땅히 물을 바가 아니다.」「지금은 봄이며 아직도 열기가 높지 않거늘, 소가 더워서 허덕이는 것이 걱정이 된다.」「이는 때(時)와 기(氣)가 절도(節度)를 잃은 것이다.」「〈이와 같은 것은〉 삼공(三公)이 음양(陰陽)을 조절해야 한다. 그래서 직책상 마땅히 걱정해야 한다.」

그 사람은 〈병길이〉 참으로 대범하다고 생각했다.

어구 설명 ㅇ與御史大夫丙吉, 同心輔政(여어사대부병길 동심보정) : 〈위상은〉 어사대부인 병길(丙吉)과 뜻을 모아서 정사를 보좌했다. ㅇ上皆重之(상개중지) : 임금은 두 사람을 다 중하게 여겼다. ㅇ至是吉代爲丞相(지시길대위승상) : 〈위상이 죽자〉 병길이 대신 승상이 되었다. ㅇ吉尙寬大好禮讓(길상관대호예양) : 병길은 관대(寬大)를 높이고 예의가 바르고 겸손함을 좋아했다.

ㅇ嘗出, 逢羣鬪死傷, 不問(상출 봉군투사상 불문) : 언젠가 거리에 나가서 군중들이 싸움을 하고 사상자가 난 것을 보았다. 〈그러나 그는〉 불문에 부쳤다. ※「鬪(싸울 투)의 본자는 鬭이다. 鬪는 鬭의 속자이다.」

ㅇ逢牛喘. 使問逐牛行幾里矣(봉우천 사문축우행기리의) : 〈한편〉 소가 허덕이는 것을 보자, 사람을 시켜 물었다. 「소를 몰아서 몇 리나 왔는가.」 ※「逐(쫓을 축, 뒤쫓아가다, 따르다)」

ㅇ或譏吉失問(혹기길실문) : 어떤 사람이 「병길은 묻는 데 실수를 했다.」고 비꼬았다. ㅇ吉日, 民鬪京兆所當禁,(길왈 민투경조소당금) : 그러자 병길이 말했다. 「백성들의 다툼은 경조가 당연히 단속할 바이다.」 ㅇ宰相不親細事, 非所當問也(재상불친세사 비소당문야) : 「재상은 사소한 일에는 친히 간섭하지 않는다. 그러므로 마땅히 물을 바가 아니다.」

ㅇ方春未可熱, 恐牛暑故喘,(방춘미가열 공우서고천) : 지금은 봄이며 아직도 열기가 높지 않거늘, 소가 더워

서 허덕이는 것이 걱정이 된다.」 ㅇ此時氣失節(차시기실절) : 이는 때(時)와 기(氣)가 절도(節度)를 잃은 것이다. ㅇ三公調陰陽,(삼공조음양) : 〈이와 같은 것은〉 삼공(三公)이 음양(陰陽)을 조절해야 한다. ㅇ職當憂(직당우) : 직책상 마땅히 걱정해야 한다. ㅇ人以爲知大體(인이위지대체) : 그 사람은 〈병길이〉 참으로 대범하다고 생각했다. ※ 大體(대체) : ① 사물의 전체에서 요령만 딴 줄거리. ② 큰 모양. 큰 형체. ③ 완전함. ④ 큰 체구(體軀). ⑤ 마음. 〈*(7)은 현명한 승상 병길(病吉)의 대범(大凡)한 생각이나 행적을 적은 것이다.〉

제3과 선제 후기의 신하들

(1) 五鳳元年, 殺左馮翊韓延壽. 延壽爲吏, 好古敎化. 由穎川太守, 入爲馮翊. 民有昆弟相訟. 延壽閉閤思過. 訟者各悔, 不復爭. 郡中翕然相敕厲. 恩信周徧, 莫復有詞訟. 民吏推其至誠, 不忍欺紿. 至是坐事棄市. 百姓莫不流涕.

선제(宣帝) 오봉(五鳳) 원년(B.C. 57)에 좌풍익 한연수(韓延壽)가 〈다른 사건 때문에〉 처형되었다. 〈*좌풍익(左馮翊)은 삼보(三輔)의 한 사람으로, 조정에 있으면서 풍익(馮翊)을 다스리는 자리다. 풍익(馮翊)은 섬서성(陝西省)의 지명이다.〉〈*다음 글은 한연수의 좋은 점을 말한 것이다.〉

한연수는 관리가 되어도 옛날의 요순(堯舜) 같은 성제(聖帝)의 교화(敎化)를 좋아했다. 그는 영천(潁川) 태수로 있다가 대궐에 들어가 좌풍익(左馮翊)이 되었다. 〈*다음은 그가 영천 태수로 있을 때의 공적이다.〉

민간에서 형제가 서로 소송하고 다투자, 그는 관아의 문을 닫고 자기의 교화가 잘못되었음을 후회했다. 〈*백성을 처형하기보다 자신의 교화의 부족함을 반성했던 것이다.〉

그러자 서로 다투던 형제들이 저마다 뉘우치고 다시는 다투지 않았으며, 군(郡)의 모든 백성들이 화합하고 서로 독려했다. 그래서 〈태수인 한연수의〉 은혜와 믿음이 넓게 퍼져, 다시는 소송하는 사람이 없게 되었다. 〈아울러〉 백성이나 관리들이 그의 지극한 정성을 따라 서로 속이는 일이 없었다. 〈그래서 대궐에 들어와 좌풍익이 되었다. 그러나 어떤 사건에 연좌되어 기시(棄市)되었는지는 알 수 없다.〉 〈그가 처형되자〉 눈물을 흘리고 울지 않은 사람이 없었다. 〈*이 비극은 소망지(蕭望之)의 갈등에 의한 것이다. 자치통감 참조.〉

어구 설명 ○五鳳元年,(오봉원년) : 선제 오봉(五鳳) 원년(B.C. 57). ○殺左馮翊韓延壽(살좌풍익한연수) : 〈죄에 관련된〉 좌풍익 한연수를 처형했다.
〈*좌풍익(左馮翊)은 삼보(三輔)의 하나다. 즉 조정에 있으면서 풍익(馮翊)을 다스렸다. 풍익은 섬서성(陝西省)의 지명이다.〉 〈*다음은 한연수의 좋은 점을 말한

것이다. 죄에 관련된 내용이 아니다.〉

○延壽爲吏, 好古敎化(연수위리 호고교화) : 한연수는 관리가 되어도 고대의 교화(敎化)를 좋아했다. ○由潁川太守, 入爲馮翊(유영천태수 입위풍익) : 영천(潁川) 태수로 있다가 대궐에 들어가 좌풍익(左馮翊)이 되었다. ※「潁(강 이름 영) ; 하남성(河南省) 등봉현(登封縣)에서 발원하여 회수(淮水)로 흘러드는 강.」

○民有昆弟相訟. 延壽閉閤思過(민유곤제상송 연수폐합사과) : 민간에서 형제가 서로 소송하고 다투자, 그는 관아의 문을 닫고 〈자기가 교화를〉 잘못했음을 생각했다. 〈*그는 법으로 처형하지 않고, 교화의 부족함을 반성했다.〉 ※ 昆弟(곤제) : 형제(兄弟).

○訟者各悔, 不復爭(송자각회 불복쟁) : 서로 다투던 형제들이 저마다 뉘우치고 다시는 다투지 않았다. ○郡中翕然相敕厲(군중흡연상칙려) : 군(郡)의 모든 백성들이 화합하고 서로 독려했다. ※「翕(화합할 흡), 敕(타이를 칙), 厲=勵(독려할 려)」 ○恩信周徧, 莫復有詞訟(은신주편 막복유사송) : 〈태수인 한연수의〉 은혜와 믿음이 넓게 퍼져, 다시는 소송하는 사람이 없게 되었다.

○民吏推其至誠, 不忍欺紿(민이추기지성 불인기태) : 백성이나 관리들이 그의 지성을 따라 서로 기만하거나 속이는 일이 없었다. ※「紿(속일 태)」

○至是坐事棄市(지시좌사기시) : 〈대궐에 들어와서 좌풍익(左馮翊)이 된 다음에〉 어떤 사건에 연좌(連坐)되어 기시(棄市)되었다. ○百姓莫不流涕(백성막불유체) : 백성들로서 눈물을 흘리고 울지 않은 사람이 없었다.

〈*소망지(蕭望之)의 잘못과 갈등에 의한 것이다. 자치통감(資治統鑑) 참조.〉

(2) 三年, 丙吉薨. 黃霸爲丞相. 霸嘗爲潁川太守. 吏民稱神明不可欺. 力敎化後誅罰. 長史許丞, 老病聾. 督郵白欲逐之. 霸曰, 許丞廉吏, 雖老尙能拜起. 重聽何傷. 數易長史, 送故迎新之費, 及姦吏因緣, 絕簿書盜財物, 公私費耗甚多. 所易新吏, 又未必賢, 或不如其故. 徒相益爲亂. 凡治道去其太甚者耳. 霸以外寬內明, 得吏民心, 治爲天下第一. 至是代吉. 霸材長於治民. 及爲相, 功名損治郡時.

〈선제(宣帝) 오봉(五鳳)〉 3년(B.C. 55)에 승상 병길(丙吉)이 서거했다. 〈그래서〉 황패(黃霸)가 승상이 되었다.
〈*다음의 글은 황패(黃霸)가 영천 태수로 있을 때의 고을을 다스리던 일을 말한 것이다.〉

황패는 전에 영천(潁川) 태수였으며, 지방의 백성이나 관리가 다 〈황패를〉 신명(神明)하므로 그를 속일 수 없다고 칭찬했다. 황패 자신도 교화에 힘을 쓰고 주벌(誅罰)은 뒤로 했다.

군(郡)의 장관을 보좌하는 허승(許丞)이란 사람이 늙어 귀가 잘 들리지 않게 되자, 군(郡)이나 현(縣)의 관리를 감독하는 사람이 말했다. 「〈늙은이를〉 내 보내세요.」

그러자 황패가 말했다. 「허승은 청렴한 관리다. 늙어도 역시 〈예를 잘 지키고〉 능히 절하고 일어날 수 있다.」「〈가는 귀가 멀어서〉 거듭 듣는다고 무슨 상관이 있겠는가.」〈그리고 또 다음 같이 말했다.〉「자주 높은 관리를 교체하고 옛사람을 보내고 새사람을 맞이하면 비용이 든다.」「〈너무 자주 사람을 교체하면〉 간악한 관리와 인연을 맺게 된다.」「관청의 장부를 없애거나 서류 및 재물을 도적맞는 수도 있다.」「〈그러므로〉 공적이나 사적으로나 헛되게 쓰는 비용이 심하게 많다.」「새로 관리를 바꾸는 것은 현명한 일이 아니다.」「〈새사람이〉 혹 옛사람만 못하면 공연히 혼란만 더 하게 된다.」「무릇 치도를 따라 심하게 잘못한 사람만을 제거해야 한다.」

〈이렇게 해서〉 황패(黃霸)는 밖으로는 관대하고 안으로 밝았음으로 관리나 백성들의 마음을 얻었던 것이다. 〈그래서 군(郡)을 다스리는 장(長)으로서는〉 다스림이 천하제일이었다. 그래서 병길(丙吉)이 서거하자, 그가 뒤를 이어 〈승상이 되었다.〉

황패(黃霸)의 재능은 백성을 다스리는 데는 잘했다. 그러나 승상이 되어서는 공적이나 명성이 군(郡)을 다스릴 때 보다 못했다.

어구 설명 ○三年, 丙吉薨(삼년 병길홍) : 〈선제(宣帝) 오봉(五鳳)〉 3년(B.C. 55)에 승상 병길(丙吉)이 서거했다.

○黃霸爲丞相(황패위승상) : 〈그래서〉 황패(黃霸)가 승

상이 되었다. ※ 한나라 초기에는 승상(丞相), 태위(太尉), 어사대부(御史大夫)를 삼공(三公)이라고 했다. 후에 애제(哀帝) 때 승상을 고쳐 대사도(大司徒)라 하고, 무제(武帝) 때 태위를 고쳐 대사마(大司馬)라 하고 성제(成帝) 때 어사대부를 고쳐 대사공(大司空)이라 했다. ○霸嘗爲潁川太守(패상위영천태수) : 황패는 전에 영천(潁川) 태수였다. 〈*다음의 글이 영천 태수로 있을 때를 말한 것이다.〉

○吏民稱神明不可欺(이민칭신명불가기) : 백성이나 관리가 다 〈황패를〉 신명(神明)하므로 그를 속일 수 없다고 칭찬했다. ○力敎化後誅罰(역교화후주벌) : 황패는 교화에 힘을 쓰고 주벌(誅罰)은 뒤로 했다.

○長史許丞, 老病聾(장사허승 노병롱) : 군(郡)의 장관을 보좌하는 허승(許丞)이란 사람이 늙어 귀가 잘 들리지 않게 되자. ※ 長史(장사) : 태수(太守)의 보좌관. ○督郵白欲逐之(독우백욕축지) : 군(郡)이나 현(縣)의 관리들을 감독하는 사람이 〈늙은 허승(許丞)을〉 내쫓자고 말했다. ※ 督郵(독우) : 군이나 현의 관리들을 감독하는 감찰관(監察官). ○霸曰,(패왈) : 그러자 황패가 말했다. ○許丞廉吏, 雖老尙能拜起(허승염리 수노상능배기) : 「허승은 청렴한 관리다. 늙어도 역시 〈예를 잘 지키고〉 능히 절하고 일어날 수 있다.」 ○重聽何傷(중청하상) : 「〈가는 귀가 멀어〉 거듭 듣는다고 무슨 상관이 있겠는가.」

○數易長史,(삭역장사) : 「자주 높은 관리를 교체하고.」 ○送故迎新之費,(송고영신지비) : 「옛사람을 보내고 새 사람을 맞이하는 비용이 든다.」 ○及姦吏因

緣,(급간이인연) : 「〈또〉 간악한 관리와 인연을 맺게 된다.」 ○絶簿書盜財物,(절부서도재물) : 「관청의 장부를 없애거나 서류 및 재물을 도적맞는다.」 ○公私費耗甚多(공사비모심다) : 「공적이나 사적으로나 헛되게 쓰는 비용이 심하게 많다.」 ○所易新吏, 又未必賢,(소역신리 우미필현) : 「새로 관리를 바꾸는 것은 반드시 현명한 일이 아니다.」 ○或不如其故. 徒相盆爲亂(혹불여기고 도상익위란) : 「〈새 사람이〉 혹 옛사람만 못하면, 공연히 서로 혼란만 더 하게 된다.」 ○凡治道去其太甚者耳(범치도거기태심자이) : 「무릇 치도를 따라 심하게 잘못한 사람만을 제거해야 한다.」

○霸以外寬內明, 得吏民心,(패이외관내명 득이민심) : 〈이렇게 해서〉 황패(黃霸)는 밖으로는 관대하고 안으로 밝았음으로 관리나 백성들의 마음을 얻었던 것이다. ○治爲天下第一(치위천하제일) : 〈그래서 군(郡)을 다스리는 장(長)으로서는〉 다스림이 천하에 제일이었다.

○至是代吉(지시대길) : 병길(丙吉)의 뒤를 이어 〈승상이 되었던 것이다.〉 ○霸材長於治民(패재장어치민) : 황패(黃霸)의 재능은 백성을 다스리는 데는 잘했다. ○及爲相, 功名損治郡時(급위상 공명손치군시) : 〈그러나〉 승상이 되어서는 공적이나 명성이 군(郡)을 다스릴 때보다 못했다.

황패(黃霸)

(3) 四年, 太司農耿壽昌白. 令邊郡皆築倉, 穀賤增價而糴, 以利農, 穀貴減價而糶, 以利民. 名曰常平倉.

오봉 4년(B.C. 54), 태사농(太司農) 경수창(耿壽昌)이 건의했다. 그래서 영(令)을 내려 서울에서 멀리 떨어진 변경에 있는 모든 고을에 창고를 짓게 했다. 그리고 곡물 값이 쌀 때에는 비싼 값으로 사들이고 농민에게 이득을 보게 했다. 〈그리고〉 곡물 값이 비쌀 때에는 싼값으로 팔거나 꾸어 주어서 백성에게 이득을 얻게 했다. 〈그 창고를〉 상평창(常平倉)이라고 이름 했다.

어구 설명 ○四年, 太司農耿壽昌白(사년 태사농경수창백) : 오봉 4년, 태사농 경수창이 말했다. 〈*태사농은 구경(九卿)의 하나로 농업을 관장한다.〉 ○令邊郡皆築倉,(영변군개축창) : 변경에 있는 한 고을에도 다 창고를 지으라고 영을 내리다. ○穀賤增價而糴, 以利農,(곡천증가이적 이리농) : 곡물 값이 쌀 때에는 비싼 값으로 사들이고, 농민에게 이를 준다. ※「糴(쌀 사들일 적)」 ○穀貴減價而糶, 以利民(곡귀감가이조 이리민) : 곡물 값이 비쌀 때에는 싼값으로 팔아서 백성에게 이를 준다. ※「減價(감가 ; 값을 내림), 糶(쌀내어 팔 조)」 ※ 糶糴(조적) : ① 곡식을 매매하는 일. ② 내는 쌀과 사는 쌀. ③ 나라에서 곡식의 값을 농민에게 이롭도록 수매하거나 또는 환곡을 꾸어주거나 거두어들이던 일(모두를 농민에게 이(利)롭게 했다). ○名曰常平倉(명왈상평창) : 상평창이라 이름 했다.

〔匈奴〕
遼西
遼東
萊沖
五原
定襄
上谷
代
漁陽
雲中
広陽
涿
西河
雁門
朔方
河
渤海
濟水
東萊
敦煌
酒泉
上
中山
河間
千乗
高密
膠東
張掖
武威
北地
信都
平原
齊
北海
瑯邪
太原
清河
濟南
泰山
金城
安定
涽水
甘泉
趙
東
広平
東平
盤
城陽
東海
天水
右扶風
京
河東
魏
河內
山陽
楚
臨淮
隴西
汧水
京兆尹
(長安)
函谷關
河南
(雒)
潁川
陳留
沛
淮東
武都
漢中
滇
南陽
汝南
九江
江
吳
広漢
蜀
巴水
江夏
六安
丹揚
巴
南
會稽
越巂
犍爲
武陵
洞庭
〔東甌〕
豫章
長沙
〔閩越〕
犇河
牂柯
零陵
桂陽
益州
蒼梧
南海
鬱林
〔南越〕
合浦
交趾
九眞
〔緬甸〕
〔老撾〕
〔西羌〕
日南
凡例
都　首都
郡　国
侯　谷山
山　門關
關　長城
異族名

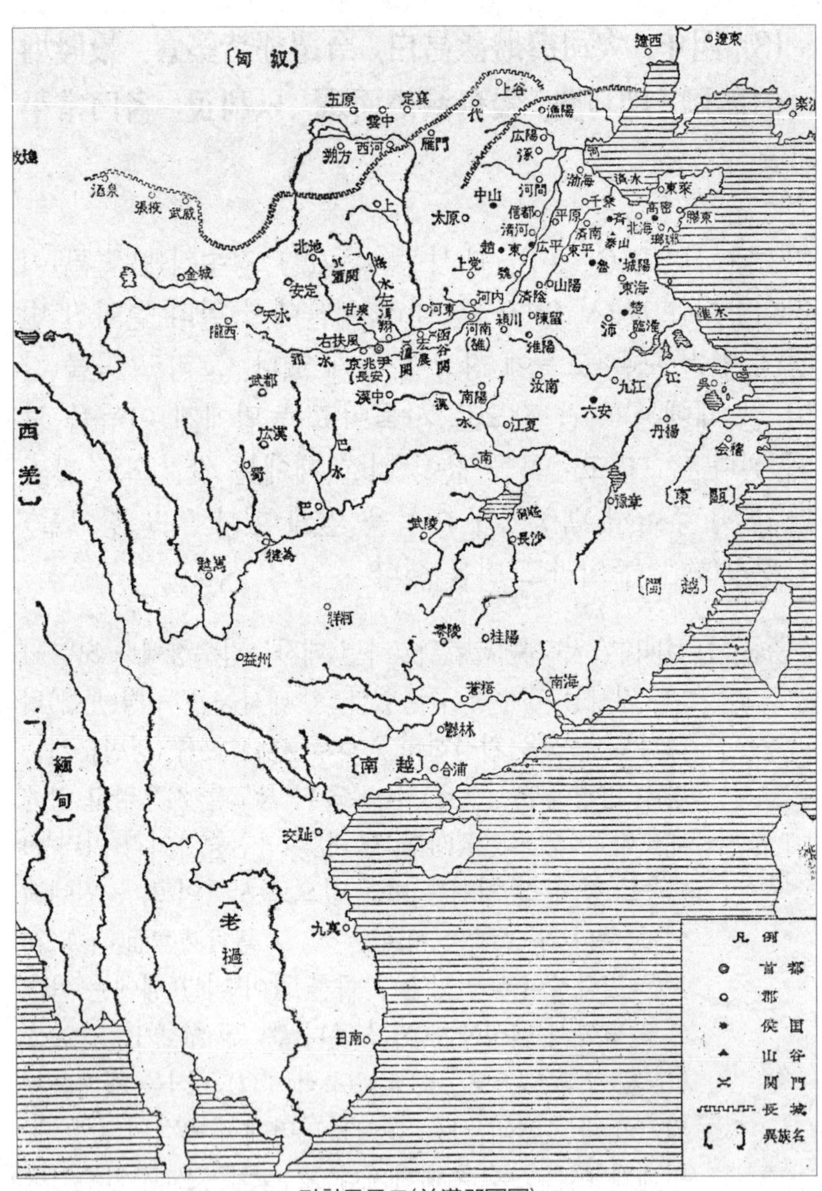

전한군국도(前漢郡國圖)

(4) 殺前光祿勳楊惲. 惲廉潔無私. 人上書告惲爲妖惡言. 免爲庶人. 惲家居, 治産自娛. 其友孫會宗戒之. 惲報曰, 過大行虧. 當爲農夫以沒世. 田家作苦, 歲時伏臘, 烹羊炮羔, 斗酒自勞. 酒後耳熱, 仰天拊缶, 而呼鳴鳴. 其詩曰, 田彼南山, 蕪穢不治. 種一頃豆, 落而爲其. 人生行樂耳, 須富貴何時. 淫荒無度, 不知其不可也. 人上書告, 惲驕奢不悔. 下廷尉案, 得所與會宗書. 帝見而惡之, 以大逆無道要斬.

〈오봉 4년, B.C. 54〉 전에 광록훈(光祿勳)을 지냈던 양운(楊惲)을 처형해 죽였다. 〈*다음이 곧 그가 처형 된 이유이다.〉

양운은 청렴결백하고 사사로움이 없었다. 그런데 어떤 사람이 임금에게 글을 올리고 말했다.「양운은 요망하고 악독한 소리를 잘 합니다.」그래서 그는 면직되고 서민이 되었다.

양운은 시골에 내려가 살았다. 그는 농업으로 생산을 하면서 스스로 즐겁게 살았다. 〈그러자〉 그의 벗, 손회종이 삼가하고 경계하라고 타일렀다. 이에 양운이 말했다.「나는 〈궁중에 있을 때〉 잘못이 컸으며 행동에 결함이 많았다. 〈그러므로 벼슬에서 물러나〉 마땅히 농부로 살다가 죽어야 한다.」

농촌에 살면서 농사를 짓는 것은 고생스럽다. 1년 중 〈여름에는〉 복날에, 〈겨울에는〉 섣날 납일(臘日)에 양을 삶거나 새끼 양을 통째로 구워서 말술을 마시고 스스로 고생스러움이나 피로함을 풀어야 했다.

그는 술을 마시고 귀가 뜨거워지자, 하늘을 바라보고 오지로 만든 장구를 가볍게 두드리며 오오,하고 탄성을 내면서 다음 같은 시를 읊었다.

「저 넘어 남산에서 밭을 갈고 농사를 지었노라. 그러나 거칠게 잡초만 나고 제대로 곡식을 거두지 못했노라(田彼南山 蕪穢不治).」「일경, 즉 백무의 밭에 콩을 심었으나 콩알이 다 떨어지고 콩깍지만 남았노라(種一頃豆 落而爲其).」「차라리 인생 행락을 하리라(人生行樂耳).」「부귀를 기다린들 언제 얻어지겠는가(須富貴何時).」「황음무도한 세상이라 안 되는 것도 모르는구나(荒淫無度 不知其不可也).」

〈그러자〉 어떤 사람이 임금에게 상서했다. 「양운은 교만하고 사치하며 뉘우치지 않습니다.」

이에 임금 선제(宣帝)가 밑에 있는 정위로 하여금 조사하게 했다. 〈정위가 조사한 결과〉 손회종에게 보낸 편지가 드러났다. 그래서 선제는 그 편지를 보고 그를 미워하고, 그를 대역무도한 죄로써 허리를 잘라버리는 형에 처했다.

어구 설명 ○殺前光祿勳楊惲(살전광록훈양운) : 전에 광록훈을 지냈던 양운을 주살했다. 〈*광록훈(光祿勳)은 구경(九卿)

의 하나다. 궁중에서 숙위(宿衛=숙직)하는 직책이다.〉
○惲廉潔無私(운염결무사) : 양운은 청렴결백하고 사사로움이 없었다. ○人上書告惲爲妖惡言(인상서고운위요악언) : 어떤 사람이 임금에게 글을 올리고 말했다.「양운은 요망하고 악독한 말만 합니다.」〈무고한 참언을 했던 것이다.〉 ○免爲庶人(면위서인) : 그래서 그는 면직되고 서민이 되었다.

○惲家居, 治産自娛(운가거 치산자오) : 양운은 집에 있으면서 농사를 짓고 생산을 하면서 스스로 즐겁게 살았다.

○其友孫會宗戒之(기우손회종계지) : 그의 벗, 손회종이 삼가하고 경계하라고 타일렀다.

○惲報曰, 過大行虧(운보왈 과대행휴) : 양운이 말했다.「나는 〈궁중에 있을 때〉 잘못이 컸으며 행동에 결함이 많았다.」※「虧(이지러질 휴 ; 결손되다. 무너지다)」 ○當爲農夫以沒世(당위농부이몰세) :「마땅히 농부가 되어 살다가 죽어야 한다.」

○田家作苦,(전가작고) : 농촌에 살면서 농사를 짓는 것은 고생스럽다. ○歲時伏臘,(세시복랍) : 1년 중 〈여름에는〉 복날이나 〈겨울에는〉 섣달에. ○烹羊炮羔,(팽양포고) : 양을 삶거나 새끼 양을 통째로 구워서. ※「烹(삶을 팽), 炮(통째로 구울 포), 羔(새끼 양 고)」 ○斗酒自勞(두주자로) : 말술을 마시고 스스로 노고를 풀고 위로했다.

○酒後耳熱,(주후이열) : 술을 마시고 나서 귀가 뜨거워지자. ○仰天拊缶,(앙천부부) : 하늘을 바라보며 장

군을 가볍게 두드리며. ※「拊(어루만질 부) ; 악기 이름. 작은북과 비슷한네, 주악(奏樂)을 시직할 때 이를 쳐서 기락을 잡는다. 缶(장군 부) ; 액체를 담는 그릇의 한가지. 진대(秦代)의 사람들은 연회 때 이것을 두들기며 장단을 맞추었다.」 ○而呼嗚嗚(이호명명) : 오오, 탄성을 내고.

○其詩曰,(기시왈) : 다음 같은 시를 읊었다. ※ 이 시(詩)는 양운이 자신의 인생을 스스로 비웃고 자신과 정계를 풍자한 것이다. 곧 남산이란 천자에 비유한 것이요, 거칠은 잡초란 간신이 날뛰는 것을 비유함이요, 그러한 판에 아무리 충성을 다하여도 간신들이 있는 이상 한 알의 콩도 여물지 않고 쭉정이만 되는 것과 같이 텅 빈 신분이 되어 버린다는 분노를 터트린 시다. ○田彼南山, 蕪穢不治(전피남산 무예불치) : 저 넘어 남산에서 밭을 갈고 농사를 지었으나 거칠게 잡초만 나더라. ※「蕪(거칠어질 무), 穢(더러울 예)」

○種一頃豆, 落而爲其(종일경두 낙이위기) : 일경의 밭에 콩을 심었으나, 콩알은 다 떨어지고 콩깍지만 남았노라. ※「其(콩깍지 기), 경(頃)은 백무(百畝), 畝(이랑 무)」

○人生行樂耳,(인생행락이) : 〈농사를 지어도 안될 바에는 차라리〉 인생을 스스로 즐기리라. ○須富貴何時(수부귀하시) : 부귀를 기다린들 언제 얻어지겠는가. ○淫荒無度,(음황무도) : 황음무도한 판이라. ○不知其不可也(부지기불가야) : 안 되는 것조차 모르는구나. 〈*정치를 비판하고 욕한 것이다.〉

○人上書告,(인상서고) : 어떤 사람이 임금에게 상서해서 말했다. ○惲驕奢不悔(운교사불회) : 양운은 교만하

고 사치하며 뉘우치지 않습니다. ○下廷尉案, 得所與
會宗書(하정위안 득소여회종서) : 〈임금이〉 밑에 있는
정위로 하여금 조사하게 했다. ○得所與會宗書(득소여
회종서) : 〈정위가 조사한 결과〉 손회종에게 보낸 편지
가 드러났다.
○帝見而惡之,(제견이오지) : 선제는 그 편지를 보고
그를 미워했다. ※「惡(악할 악, 미워할 오)」 ○以大逆無
道要斬(이대역무도요참) : 그리고 그를 대역무도한 죄
로 허리를 베어 죽이는 형벌에 처했다. ※ 要斬(요참) :
허리를 자르는 형벌. 죄인의 허리를 베어 죽임. 腰斬
(요참).

**(5) 甘露元年, 公卿奏, 京兆尹張敞, 惲之黨友. 不
宜處位. 上惜敞材, 寢其奏. 敞使掾絮舜有所案驗.
舜私歸曰, 五日京兆耳, 安能復案事. 敞聞舜語, 卽
收繫獄, 竟致其死. 後爲舜家所告. 敞上書, 從闕下
亡命歲餘, 京師枹鼓數警. 上思敞能, 復召用之.**

선제(宣帝) 감로(甘露) 원년(B.C. 53)에 삼공(三公)과 구
경(九卿)이 함께 임금에게 글을 올려 말했다.「경조윤(京
兆尹) 장창(張敞)은 〈전에 처형된〉 양운(楊惲) 일파에 가
담한 자로, 자리에 두는 것은 좋지 않습니다.」

그러나 선제는 장창의 재능을 애석하게 여기고 그들이
올린 글을 깔아 묻었다.

〈한편〉 장창은 보좌관 여순(絮舜)으로 하여금 한 사건을 조사하게 했다. 〈그러나〉 여순은 제멋대로 자기 집으로 돌아가서 〈남에게〉 말했다. 「장창(張敞)은 앞으로 5일 간만 경조윤(京兆尹)으로 있을 것이다. 어떻게 그가 다시 이 사건을 처리할 수 있겠느냐.」

장창은 여순의 말을 듣고 즉시 그를 잡아 묶고 감옥에 가두었으며 결국에는 사형에 처했다.

뒤에 여순의 집안사람이 상고했다. 〈그러자〉 장창은 임금에게 상서를 올리고 대궐에서 나가 몸을 감추고 1년 이상이나 〈나타나지 않았다.〉

〈그러자〉 서울의 치안이 흐트러지고 〈도직이 사방에 들끓었다.〉 그래서 사방에서 북을 치고 자주 경종을 올렸다.

이에 선제는 장창의 탁월한 능력을 생각하고 다시 불러 등용해 썼다.

───

어구 설명 ○甘露元年,(감로원년) : 선제(宣帝) 감로 원년(B.C. 53). ○公卿奏,(공경주) : 삼공(三公)과 구경(九卿)이 함께 임금에게 상주했다. ○京兆尹張敞,(경조윤장창) : 경조윤(京兆尹) 장창(張敞)은. ○惲之黨友. 不宜處位(운지 당우 불의처위) : 양운(楊惲)당에 가담한 자로 그 자리에 있는 것이 좋지 않습니다. ○上惜敞材, 寢其奏(상석 창재 침기주) : 그러나 선제는 장창의 재능을 애석하게 여기고, 그들의 상주를 〈모른척하고〉 깔아버렸다.
○敞使掾絮舜有所案驗(창사연여순유소안험) : 장창은

보좌관 여순(絮舜)으로 하여금 한 사건을 조사하게 했
다. ※「掾(도울 연), 絮(솜 서, 간 맞출 처, 실 헝크러질 나)
女乎切. 又音如. 姓也.」○舜私歸曰,(순사귀왈) : 〈그러자〉
여순은 제멋대로 자기 집으로 돌아가서 〈남에게〉 말했
다. ○五日京兆耳,(오일경조이) : 「장창(張敞)은 앞으로
5일 간만 경조윤(京兆尹)으로 있을 것이다.」○安能復
案事(안능복안사) : 어떻게 그가 다시 이 사건을 처리
할 수 있겠느냐.」

○敞聞舜語, 卽收繫獄, 竟致其死(창문순어 즉수계옥
경치기사) : 장창은 여순의 말을 듣고 즉시 그를 잡아
감옥에 가두어 묶었으며 결국에는 그를 사형에 처했
다. ○後爲舜家所告(후위순가소고) : 뒤에 여순의 집안
사람이 상고했다. ○敞上書, 從闕下亡命歲餘,(창상서
종궐하망명세여) : 〈그러자〉 장창은 임금에게 상서를
올리고 대궐에서 나가 몸을 숨긴 지 1년 이상이나 되었
다. ○京師枹鼓數警(경사포고수경) : 〈그러자〉 서울의
치안이 흐트러지고 〈도적이 사방에 들끓었다.〉 그래서
북을 치고 자주 경종을 올렸다. ○上思敞能, 復召用之
(상사창능 복소용지) : 선제는 장창의 탁월한 능력을
생각하고 다시 불러 등용해 썼다.

(6) 黃霸卒. 于定國爲丞相. 定國父于公, 初爲獄
吏. 東海有孝婦. 寡居不嫁, 以養其姑. 姑以年老妨
婦嫁, 自經死. 姑女告婦迫死其母. 婦不能辯, 自誣
伏. 于公爭之不能得. 孝婦死. 東海枯旱三年. 後太

守來. 公言其故. 太守祭孝婦冢. 遂雨. 于公治獄有
陰德. 令高大門閭, 容駟馬車曰, 吾後世必有興者.
子定國, 以地節元年爲廷尉. 朝廷稱之曰, 張釋之
爲廷尉, 天下無寃民, 于定國爲廷尉, 民自以不寃,
至是由御史大夫代霸.

　황패(黃霸)가 서거하자, 우정국(于定國)이 승상에 올랐
다. 우정국의 부친 우공(于公)은 처음에는 동해(東海)에서
옥리(獄吏)로 있었다. 그때에 동해(東海) 지방에 효부(孝
婦)가 있었다. 〈남편이 죽었으나〉 과부로 살면서 재가하
지 않고, 시어머니를 모시고 효도했다. 그러자 시어머니
는 자기가 늙도록 살아서 〈젊은〉 며느리의 재가를 방해한
다고 〈생각하고〉 스스로 목을 매 죽었다.

　그러자 시누이가 며느리를 고발했다. 즉, 며느리가 어머
니를 죽게 압박했다고 〈고발한 것이다.〉 며느리는 변명하
지 못하고 스스로 무고에 굴복하고 〈옥에 갇혔던 것이다.〉

　〈그때의 옥리였던〉 우공(于公)이 〈법관과〉 다투기는 했
으나 〈며느리를〉 구해주지는 못했다. 그래서 효부 며느리
는 결국 죽었던 것이다.

　〈그 후〉 동해 지방이 3년간이나 가물고 〈농작물이나 나
무가〉 시들고 메말랐다. 〈그러자 옥리였던 우공이〉 후에
태수가 오자 〈가물고 시들게 된〉 연고를 말해주었다. 이
에 태수가 효부의 무덤에 제사를 지냈다. 그래서 마침내

비가 내렸던 것이다. 〈이와 같이〉 우공은 감옥을 다스리면서 음덕(陰德)을 세웠다.

그래서 〈우공은 목수에게〉 말하여 집에 대문을 고쳐 높고 큰 문과 마을의 출입문을 세우고 또 사두마차가 드나들 수 있게 했다. 그리고 말했다.「나의 후손 중에 반드시 흥성하는 자가 나타날 것이다.」

과연 아들 정국(定國)이 지절 원년(B.C. 69)에 정위가 되었다. 조정에서 모두가 그를 칭찬해서 말했다.「옛날에도 장석지(張釋之)가 정위가 되자, 천하에 원민(冤民)이 없게 되었다.」

지금은 우정국이 정위가 되자, 백성들이 스스로 굴복하고 원통하게 여기지 않게 되었던 것이다.」

그래서 그는 어사대부를 거쳐 황패(黃霸)를 대신하여 승상(丞相)이 되었던 것이다.

어구 설명 ○黃霸卒(황패졸) : 황패가 졸하자. ○于定國爲丞相(우정국위승상) : 우정국이 승상이 되었다. ○定國父于公, 初爲獄吏(정국부우공 초위옥리) : 우정국의 부친 우공은 처음에 옥리(獄吏)였다. ○東海有孝婦. 寡居不嫁, 以養其姑(동해유효부 과거불가 이양기고) : 동해 지방에 효부(孝婦)가 있었다. 〈남편이 죽었으나〉 과부로 살면서 재가하지 않고 시어머니를 효양(孝養)했다. ○姑以年老妨婦嫁, 自經死(고이년노방부가 자경사) : 시어머니는 자기가 늙도록 살아서 〈젊은〉 며느리의 재가를

방해한다고 〈생각하고〉 스스로 목을 매 죽었다. ※「經
(날 경); 길. 도로. 목매다.」 經死(경사)는 목매어 죽음.
○姑女告婦迫死其母(고여고부박사기모) : 그러자 시누
이가 며느리를 고발했다. 즉 며느리가 어머니를 죽게
압박했다고 〈고발했다.〉 ○婦不能辯, 自誣伏(부불능변
자무복) : 며느리는 변명하지 못하고 스스로 무고에 굴
복하고 〈옥에 갇혔다.〉 ○于公爭之不能得. 孝婦死(우
공쟁지불능득 효부사) : 〈그때의 옥리였던〉 우공(于公)
이 다투기는 했으나 〈며느리를〉 구해주지는 못했다.
그래서 효부 며느리는 결국 죽었던 것이다.
○東海枯旱三年(동해고한삼년) : 〈그리고 나서〉 동해
지방이 3년간이나 가물고 〈농작물이나 나무가〉 시들고
메말랐다. ○後太守來. 公言其故(후태수래 공언기고) :
그 후에 태수가 오자 우공이 〈가물고 시들게 된〉 연고
를 말해주었다. ○太守祭孝婦冢. 遂雨(태수제효부총
수우) : 그래서 태수가 효부의 무덤에 제사를 지내자,
드디어 비가 내렸다. ○于公治獄有陰德(우공치옥유음
덕) : 〈이와 같이〉 우공은 감옥을 다스리면서 음덕(陰
德)을 세웠다. ○令高大門閭, 容駟馬車曰, 吾後世必有
興者(영고대문여 용사마차왈 오후세필유흥자) : 그래
서 〈목수에게〉 말하여 집에 대문을 고쳐 높고 큰 문과
마을의 출입문을 세우고 또 사두마차가 드나들 수 있
게 하고 또 말했다. 「나의 후손 중에 반드시 흥성하는
자가 나타날 것이다.」
○子定國, 以地節元年爲廷尉(자정국 이지절원년위정
위) : 과연 아들 정국(定國)이 지절 원년(B.C. 69)에 정

위가 되었다. ○朝廷稱之日,(조정칭지왈) : 조정에서 모두가 그를 칭찬해서 말했다. ○張釋之爲廷尉, 天下無寃民,(장석지위정위 천하무원민) :「옛날에 장석지가 정위가 되자, 천하에 원민(寃民)이 없게 되었다.」「寃(원통할 원) ; 억울한 죄를 받다. 寃은 속자.」※ 장석지(張釋之)의 자(字)는 계(季), 남양군(南陽郡) 자양현(堵陽縣) 사람. 堵(담장 도) 성(姓), 산(山), 강(江), 현(縣)의 이름일 때는 자로 읽음. ○于定國爲廷尉,(우정국위정위) :「지금 우정국이 정위가 되자.」○民自以不寃,(민자이불원) :「백성들이 스스로 원통하게 여기지 않게 되었다.」○至是由御史大夫代霸(지시유어사대부대패) : 그래서 그는 어사대부를 거쳐 황패(黃霸)를 대신하여 승상(丞相)이 되었다.

(7) 匈奴亂, 五單于爭立. 呼韓邪單于上書, 願款塞稱藩臣, 甘露三年, 來朝. 詔以客禮待之, 位諸侯王上. 上以戎狄賓服, 思股肱之美, 乃圖畫其人於麒麟閣. 惟霍光不名, 日大司馬·大將軍·博陸侯, 姓霍氏. 其次張安世·韓增·趙充國·魏相·丙吉杜延年·劉德·梁丘賀·蕭望之·蘇武, 凡十一人. 皆有功德. 知名當世.

변두리 흉노(匈奴) 지방에서는 혼란했으며, 다섯 명의 추장(酋長:선우)들이 서로 다투었다. 〈그 중〉 호한야선우

(呼韓邪單于)가 선제에게 상서를 올렸다.「원컨대, 한나라 요새(要塞)를 두드려 번신(藩臣)이 되고자 합니다.」그리고 감로 3년(B.C. 51)에 내조(來朝)했다. 선제(宣帝)가 조서를 내려 빈객(賓客)의 예로 대우하고 제후왕(諸侯王)의 윗자리에 자리하게 했다.

임금은 오랑캐들이 손님같이 와서 굴복한 것은 측근 신하들이 잘 도와준 덕이라고 생각했다. 〈그래서〉 신하들의 초상화를 성명과 관작(官爵)을 기록해서 기린각(麒麟閣)에 걸게 했다.

오직 곽광(霍光)만은 직접 이름을 쓰지 않고 그를 높이어 내사마대장군(大司馬大將軍) 박륙후(博陸侯) 성(姓)은 곽(霍)씨라 했다. 그 다음 사람들은 장안세(張安世), 한증(韓增), 조충국(趙充國), 위상(魏相), 병길(丙吉), 두연년(杜延年), 유덕(劉德), 양구하(梁丘賀), 소망지(蕭望之), 소무(蘇武) 등이다. 모두 11명으로 공덕이 있고 또 당세에 잘 알려진 사람들이다.

어구 설명 ○匈奴亂, 五單于爭立(흉노란 오선우쟁립) : 변두리 흉노(匈奴) 지방에서는 혼란했으며, 다섯 명의 추장(酋長 : 선우)들이 〈최고의 자리를〉 서로 다투었다. ※ 五單于(오선우) : 도기선우(屠耆單于)＝도기(屠耆)는 현자(賢者), 흉노의 사투리. 호한야선우(呼韓邪單于). 호갈선우(呼揭單于)＝揭(들 게, 질 갈, 성〈姓〉 갈). 차려선우(車犁單于). 오적선우(烏藉單于).[邪]音 耶(야)

○呼韓邪單于上書,(호한야선우상서) : 〈그 중에〉 호한

야선우라는 자가 선제에게 상서를 올렸다. ㅇ願款塞稱藩臣,(원관새칭번신) : 원컨대, 한나라 요새(要塞)를 두드려 번신(藩臣)이 되고자 합니다. ※「款(정성 관) : 두드리다. 노크하다. 欵은 속자」藩臣(번신) : ① 중앙에서 멀리 떨어져 있는 감영의 관찰사(觀察使). ② 왕실을 수호하는 신하. 제후(諸侯).

ㅇ甘露三年, 來朝(감로삼년 내조) : 감로 3년(B.C. 51)에 내조했다. ※ 來朝(내조) : 신하의 예를 취함. ㅇ詔以客禮待之, 位諸侯王上(조이객예대지 위제후왕상) : 선제(宣帝)가 조서를 내려 빈객의 예로 대우하고 제후왕(諸侯王)의 윗자리에 자리하게 했다.

ㅇ上以戎狄賓服,(상이융적빈복) : 임금은 오랑캐들이 손님같이 와서 굴복한 것은. ㅇ思股肱之美,(사고굉지미) : 측근 신하들이 잘 도와준 덕이라고 생각했다. ※「股(넓적다리 고), 肱(팔뚝 굉)」股肱之臣(고굉지신)은 손발이 되어 보필하는 가장 신뢰하는 신하. 고굉(股肱).

ㅇ乃圖畫其人於麒麟閣(내도화기인어기린각) : 신하들의 초상을 그려서 성명과 관작(官爵)을 기록해서 기린각에 걸게 했다. ※ 기린각(麒麟閣)은 장안(長安) 미앙궁(未央宮) 안에 있다. 소하(蕭下)가 지어, 그림과 책을 넣어두었다 함.

ㅇ惟霍光不名,(유곽광불명) : 오직 곽광만은 직접 이름을 쓰지 않고. ㅇ曰大司馬·大將軍·博陸侯, 姓霍氏(왈대사마·대장군·박륙후 성곽씨) : 그를 높이어 대사마, 대장군, 박륙후, 성은 곽씨라 했다. ※ 博陸(박륙) : 소주(蘇州)에 있는 성(城).

○其次張安世 · 韓增 · 趙充國 · 魏相 · 丙吉 · 杜延年 · 劉德 · 梁丘賀 · 蕭望之 · 蘇武,(기차장안세 · 한증 · 조충국 · 위상 · 병길 · 두연년 · 유덕 · 양구하 · 소망지 · 소무) : 그 다음 사람들은 장안세(張安世), 한증(韓增), 조충국(趙充國), 위상(魏相), 병길(丙吉), 두연년(杜延年), 유덕(劉德), 양구하(梁丘賀), 소망지(蕭望之), 소무(蘇武) 등. ○凡十一人. 皆有功德. 知名當世(범십일인 개유공덕 지명당세) : 모두 11명으로 공덕이 있고, 당세에 잘 알려진 사람들이다.

장석지(張釋之)

(8) 帝在位, 改元者七. 曰本始 · 地節 · 元康 · 神爵 · 五鳳 · 甘露 · 黃龍. 凡二十五年. 崩. 葬杜陵. 帝興於閭閻, 知民事之艱難, 厲精爲治. 樞機周密, 品式備具. 拜刺史 · 守 · 相, 輒親見問. 常曰, 民所以安其田里, 而無歎息愁恨之聲者, 政平訟理也. 與我共此者, 其惟良二千石乎. 以爲太守吏民之本. 數變易, 則民不安. 故二千石有治理之效, 輒以璽書勉厲, 增秩賜金. 公卿缺, 則選諸所表, 以次用之. 漢世良吏, 於是爲盛. 信賞必罰, 綜核名實. 政事 · 文學 · 法理之士, 咸精其能, 吏稱其職, 民安其業. 遭値匈奴衰亂, 推亡固存, 信威北夷. 單于慕義, 稽首稱藩. 功光祖宗, 業垂後裔. 可謂中興侔德高宗 · 周宣矣. 太子卽位. 是爲孝元皇帝.

선제(宣帝)는 〈연호의 명칭을〉 일곱 번이나 바꾸었다. 즉 「본시(本始), 지절(地節), 원강(元康), 신작(神爵), 오봉(五鳳), 감로(甘露), 황룡(黃龍)」이다. 도합 제위에 있기를 25년간이었다. 선제가 붕어하자 두릉(杜陵)에 매장했다.

선제는 어려서 민간에서 자라고 임금에 올랐다. 그래서 백성들의 어려운 사정을 잘 알았다.

선제는 부지런하고 정성을 다해서 다스렸다. 국가의 핵심적이고 기밀한 일을 주도면밀(周到綿密)하게 했고, 또 모든 격식(儀式과 法制)을 잘 갖추었다.

자사(刺史)나 태수 경상(卿相)들이 배알하면 친히 만나보고 묻고 또 말했다. 백성들이 자기 전답에 안주하고 탄식하거나 원망의 소리를 내지 않는 바탕은, 곧 정치를 공평하게 하고 소송을 도리에 맞게 하는 것이다. 나와 같이 그렇게 다스리는 자만이 참으로 2천 석을 받을 수 있다. 태수는 관리와 백성을 다스리는 근본이다. 〈그러므로〉 자주 변경하면 백성들이 불안하게 된다. 고로 2천 석에 해당하는 좋은 치적을 한 사람에게는 즉시 옥새를 찍은 조서를 내려 면려하고, 또 자리를 높이고 또 황금을 더 많이 내려 주었다.

공경의 자리가 비면, 일찍이 나타난 모든 덕행을 가지고 뽑아서 다음에 등용해 썼다. 그래서 한나라 조정에는 좋은 관리가 흥성했으며 신상필벌(信賞必罰)이 명실상부(名實相符)했던 것이다.

선제 때에는 정사, 문학, 법리의 선비들이 모두 타고난 능력을 정밀하게 발휘했으며 직책에 어울리게 했다. 그래서 백성들도 편하게 저마다의 일을 했던 것이다.

흉노가 쇠하고 난을 일으키면 밀어서 내쫓고 굳은 자만 살아남게 했다. 그래서 신망이나 위세가 북쪽 오랑캐에게도 넘쳤던 것이다. 그래서 선우(單于)가 의를 그리워하고 머리를 숙이고 번신(藩臣)이라 자칭했던 것이다.

선제의 공적은 조상과 종묘를 빛내고 유업을 자손대대로

내려가게 남겼던 것이다. 가위 중흥했으므로 그 공덕을 은(殷)나라 고종, 주(周)나라 선왕(宣王)에 비길만하였다.

〈선제(宣帝)가 붕어하자〉 태자가 즉위했다. 그가 곧 효원황제(孝元皇帝)다.〈*약칭은 원제(元帝)다.〉

어구 설명 ○帝在位, 改元者七(제재위 개원자칠) : 선제는 〈연호 명칭을〉 일곱 번이나 바꾸었다. ○日本始·地節·元康·神爵·五鳳·甘露·黃龍(왈본시·지절·원강·신작·오봉·감로·황룡) : 연호의 이름은 다음과 같다.「본시, 지절, 원강, 신작, 오봉, 감로, 황룡」이다. ○凡二十五年(범이십오년) : 도합 25년이다. ○崩. 葬杜陵(붕 장두릉) : 선제가 붕어하자 두릉(杜陵=陝西省)에 매장했다.

○帝興於閭閻,(제흥어여염) : 선제는 어려서 민간에서 자라고 임금에 올랐다. ※「閭(이문〈里門〉 려 ; 마을, 거리), 閻(이문〈里門〉 염 ; 동네 어귀에 세운 문, 한길, 열다)」 閭閻(여염)은 ① 서민이 모여 사는 마을, 촌리(村里). ② 촌민(村民), 평민, 민간(民間). 예 여염집 : 일반 평민이 사는 집. ○知民事之艱難,(지민사지간난) : 백성들 사정의 어려움을 잘 알았다. ○厲精爲治(여정위치) : 부지런하고 정성을 다해서 다스렸다. ※「厲(갈 려) ; 힘써 닦다.」 厲精(여정)은 정신을 가다듬어 부지런히 힘씀. ○樞機周密, 品式備具(추기주밀 품식비구) : 핵심적이고 기밀한 일을 주밀하게 했고, 또 모든 격식을 잘 갖추었다. ※「樞(지도리 주) ; 근본, 중앙, 일을 함에 있어서 가장 중요한 점.」 樞機(추기)는 ① 사물의 요긴한 곳, 樞는 문 지도리, 機는 쇠뇌의 방아쇠. ② 국가의 대정

(大政). 周密(주밀)은 주도면밀(周到綿密)의 준말로 주의가 두루 미쳐 지세하고 빈틈이 없다. 品式(품식) : 품(品)은 차례. 식(式)은 법제(法制). 합쳐서의 뜻은 의식(儀式)과 법도(法度). 格式(격식) : 격에 어울리는 일정한 법식(法式).

○拜刺史 · 守 · 相, 輒親見問(배자사 · 수 · 상 첩친견문) : 자사(刺史)나 태수 경상(卿相)들이 배알하면 친히 만나보고 묻고, (또 말했다.) ※ 刺史(자사) : 현(縣)의 감독관(監督官). 守(수): 군(郡)의 태수(太守). 相(상) : 제후(諸侯), 재상(宰相), 경상(卿相). 「輒(문득 첩) ; 오로지, 때마다」 ○常日,(상왈) : 언제나 말했다. ○民所以安其田里,(민소이안기전리) : 백성들이 자기 전답에 안주하고. ○而無歎息愁恨之聲者,(이무탄식수한지성자) : 탄식하거나 원망의 소리를 내지 않는 바탕음, 곧. ○政平訟理也(정평송리야) : 정치를 공평하게 하고 소송을 도리에 맞게 하는 것이다.

○與我共此者, 其惟良二千石乎(여아공차자 기유양이천석호) : 나와 같이 그렇게 다스리는 자만이 참으로 2천 석을 받을 수 있다. ※ 良(양) : 현량(賢良), 곧 어질고 훌륭한 태수. 石(돌 석, ① 부피의 단위, 섬. ② 무게의 단위. 1석(石)은 120근(斤). ③ 녹봉(祿俸)의 양의 이름. [漢書 · 注] 漢制, 三公號稱萬石, 其俸月各 三百五十斛. ④ 쓸모없음을 뜻하는 말. 例:石女(아이를 낳지 못하는 여자. 돌계집) ○以爲太守吏民之本(이위태수이민지본) : 태수는 관리나 백성을 다스리는 뿌리가 된다. ○數變易, 則民不安(삭변역 즉민불안) : 자주 변경하면

백성들이 불안하게 된다. ○故二千石有治理之效,(고이천석유치리지효) : 고로 2천 석에 해당하는 좋은 치적을 한 사람에게는. ○輒以璽書勉厲, 增秩賜金(첩이새서면려 증질사금) : 즉시 옥새를 찍은 조서를 내려 면려하고, 또 벼슬 자리나 황금을 더 많이 내려주었다. ※ 勉勵(면려)는 힘써 함. 남을 힘쓰도록 격려함. 장려하다. 勉厲(면려), 勉礪(면려).

○公卿缺, 則選諸所表, 以次用之(공경결 즉선제소표 이차용지) : 공경의 자리가 비면, 일찍이 나타난 모든 덕행을 가지고 뽑아서 다음에 등용해 썼다. ○漢世良吏, 於是爲盛(한세양이 어시위성) : 그래서 한나라 조정에는 좋은 관리가 흥성했던 것이다. ○信賞必罰, 綜核名實(신상필벌 종핵명실) : 신상필벌(信賞必罰)이 명실상부(名實相符)했다. ○政事·文學·法理之士,(정사·문학·법리지사) : 선제 때에는 정사, 문학, 법리의 선비들이. ○咸精其能, 吏稱其職, 民安其業(함정기능 이칭기직 민안기업) : 모두 정밀하게 능력을 발휘했으며 직책에 어울리게 했다. 그래서 백성들도 저마다의 일을 편히 했던 것이다.

○遭値匈奴衰亂, 推亡固存, 信威北夷(조치흉노쇠란 추망고존 신위북이) : 흉노가 쇠하고 난을 일으키면, 밀어서 망하게 하고 굳은 자만 굳게 살아남게 했다. 그래서 신망이니 위세가 북쪽 오랑캐에게도 넘쳤던 것이다. ※ 衰亂(쇠란)은 쇠하며 어지러워짐. ○單于慕義, 稽首稱藩(선우모의 계수칭번) : 그래서 선우(單于)가 의를 그리워하고 머리를 숙이고 번신(藩臣)이라 자칭

했던 것이다. ※「稽(머무를 계, 조아릴 계) ; 머리를 조아리다. 稽는 동자, 藩(덮을 번) ; 왕후(王候)의 영토(領土), 벼방을 지키는 왕가(王家)의 부용국(附庸國).」 藩臣(번신)은 ① 왕실을 수호하는 신하, ② 제후(諸侯). 중앙에서 멀리 떨어져 있는 감영의 관찰사(觀察使).

○功光祖宗, 業垂後裔(공광조종 업수후예) : 공으로 조상과 종묘를 빛을 내고 유업을 후예에게 남겼다. ※「垂(드리울 수) ; 명예, 공적 등을 후세에 전하다, 베풀다. 埀=垂의 속자.」 ○可謂中興侔德高宗 · 周宣矣(가위중흥모덕고종 · 주선의) : 가위 중흥했으므로 그 공덕을 은(殷)나라 고종, 주나라 선왕에 비길만하였다. ○太子卽位. 是爲孝元皇帝(태자즉위 시위효원황제) : 〈선제(宣帝)가 붕어하자〉 태자가 즉위했다. 그가 곧 효원황제(孝元皇帝)다. 〈약칭은 원제(元帝)다.〉

선제(宣帝)의 두릉(杜陵)

제4과 원제(元帝) 때의 혼란

(1) [孝元皇帝] 名奭. 初爲太子, 柔仁好儒. 見宣帝 所用, 多文法吏, 以刑名繩下. 嘗燕, 從容言, 陛下 持刑太深. 宜用儒生. 宣帝作色曰, 漢家自有制度. 本以霸王道雜之. 奈何純任德敎, 用周政乎. 且俗 儒不達時宜, 好是古非今, 使人眩於名實不知所守. 何足委任. 乃歎曰, 亂我家者太子也.

「효원황제(孝元皇帝)」 즉 원제(元帝)의 이름은 석(奭)이다. 〈*다른 이름은 병이(病已)라고도 했다.〉

원제는 태자 때부터 성품이 부드럽고 어질고 또 유교(儒敎)를 좋아했다.

선제(宣帝) 때에는 문(文)과 법(法)을 바탕으로 하는 관리가 많고 또 형법적(刑法的) 구속이 많았다. 그래서 〈어린 태자가〉 한가한 자리에서 조용히 아뢰었다. 「폐하께서는 형벌을 심하게 쓰십니다. 마땅히 유학자를 등용하십시오.」

선제가 안색이 변하면서 말했다. 「우리 한나라 왕가는 스스로 지키는 제도가 있다. 본래 패도(霸道)와 왕도(王道)를 함께 썼다. 어떻게 덕교(德敎)만을 따르고 주(周)나라 시대의 도덕 정치만을 하겠느냐. 또 오늘의 저속한 유학자들은 시대에 맞게 할 줄 모른다. 맹목적으로 옛날만 옳고 지금은 그르다고 하며, 사람으로 하여금 인의(仁義)의 명(名)과 실(實)로써 사람들을 현혹하게 하고 어느 쪽을 좇아서 지킬 바를 모르게 하고 있다. 어떻게 그들에게 다스림을 맡기겠느냐.」

〈그리고 선제가〉 탄식하며 말했다.「우리 한나라 집안을 혼란하게 만드는 자가 바로 태자일 것이니라.」

어구 설명 ○[孝元皇帝] 名奭(효원황제 명석) :「효원황제」즉 원제(元帝)의 이름은 석(奭)이다. 〈*이름을 병이(病已)라고도 했다.〉
○初爲太子, 柔仁好儒(초위태자 유인호유) : 일찍이 태자일 때부터 성품이 부드럽고 어질고 또 유교(儒敎)를 좋아했다. ○見宣帝所用, 多文法吏, 以刑名繩下(견선제소용 다문법리 이형명승하) : 선제(宣帝)가 쓰고 있는 바, 글과 법적 관리가 많으므로 형법적(刑法的) 구속이 많은 것을 보았다.
○嘗燕, 從容言,(상연 종용언) : 언젠가 한가할 때, 〈어린 태자가 임금 선제에게〉 아뢰었다. ※「嘗(맛볼 상) ; 일찍이, 燕(제비 연) ; 편안하다, 한가하다.」從容(종용)은 ① 하릴없이 유유히 지냄, ② 조용히 부드럽게 말하는 모양, ③ 침착하고 서두르지 않음. ○陛下持刑太深. 宜用儒生(폐하지형태심 의용유생) : 폐하께서는 형벌을 심하게 쓰십니다. 마땅히 유학자를 등용하십시오. ○宣帝作色曰,(선제작색왈) : 선제가 안색이 변하면서 말했다.
○漢家自有制度. 本以霸王道雜之(한가자유제도 본이패왕도잡지) : 우리 한나라는 스스로 지키는 제도가 있다.

본래 패도(霸道)와 왕도(王道)를 함께 썼다. ㅇ奈何純任德敎, 用周政乎(내하순임덕교 용주정호) : 어떻게 오직 덕교(德敎)만을 따르고 주(周)나라 정치를 하겠느냐.

ㅇ且俗儒不達時宜,(차속유불달시의) : 또 오늘의 저속한 유학자들은 시대에 맞게 할 줄 모른다. ㅇ好是古非今,(호시고비금) : 맹목적으로 옛날만 옳고 지금은 그르다고 한다.

ㅇ使人眩於名實不知所守(사인현어명실부지소수) : 그래서 모든 사람으로 하여금 인의(仁義)의 「명(名)과 실(實)을 현혹하게 하고 어느 쪽을 좇아서 지킬 바를 모르게 한다.」ㅇ何足委任(하족위임) :「어떻게 그런 자에게 다스림을 맡기겠느냐.」

ㅇ乃歎曰, 亂我家者太子也(내탄왈 난아가자태자야) : 〈그리고 선제가〉 탄식하며 말했다. 「우리 한나라 왕가를 혼란하게 만드는 자가 바로 태자일 것이다.」〈*이 말이 「자치통감」에는 선제(宣帝) 항(項) 속에 있다.〉

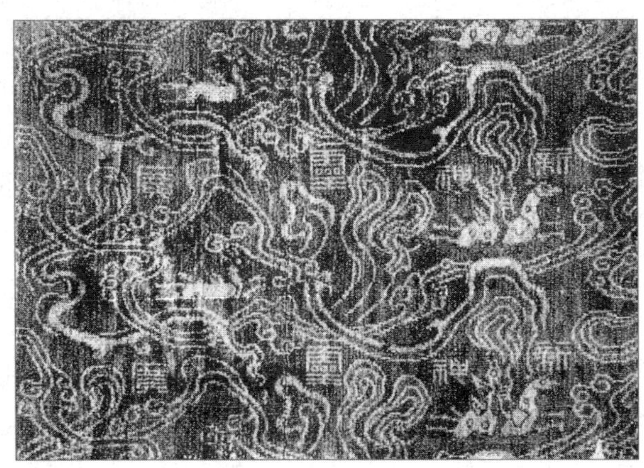

한대(漢代) 견직물(絹織物)

(2) 宣帝少, 依太子母家許氏. 許后以霍氏毒死. 故弗忍廢太子. 至是卽位.

선제는 어렸을 때, 태자의 어머니 허씨(許氏) 집, 즉 외가(外家)에서 고생을 하고 자랐다. 〈뿐만 아니라 태자의 어머니 허황후(許皇后)가 곽씨(霍氏=곽광〈霍光〉)의 부인에게 독살되었던 것이다.〉 고로 〈선제는 태자가 가엾어서〉 참았고 태자, 즉 원제를 폐하지 않았다. 그래서 나중에 자리에 오른 것이다.(B.C. 49)

어구 설명 ○宣帝少, 依太子母家許氏(선제소 의태자모가허씨) : 선제는 어린 시절 태자일 때, 태자의 어머니 허씨(許氏) 집, 즉 외가(外家)에서 고생을 하고 자랐다.
○許后以霍氏毒死(허후이곽씨독사) : 〈뿐만 아니다. 태자의 어머니 허황후(許皇后)가 곽씨(霍氏=곽광〈霍光〉)의 〈부인에게〉 독살되었던 것이다. ○故弗忍廢太子. 至是卽位(고불인폐태자 지시즉위) : 고로 참고 어린 태자를 폐하지 않고 나중에 자리에 오르게 했다. 〈선제는 자기가 어렸을 때 고생을 한 것을 생각하고 참았던 것이다.〉 〈*전한 말기에는 황후(皇后)나 외가(外家) 때문에 심히 혼란했다.〉

【참고 설명】 지나치게 압축된 원문

증선지(曾先之)의 「십팔사략(十八史略)」은 글을 지나치게 압축했다. 단락(段落)을 잘 짓고, 또 뜻을 보충해야 전후 관계를 잘 알 수 있다.

곽광(霍光)은 무제(武帝) 때부터 높은 자리에 있으면서 착하고 공을 세운 충신이다.

그러나 곽광의 부인과 그 가족은 제멋대로 권력을 독차지 하려고 했다. 그래서 신하들을 혹독하게 다루거나, 감옥에 가두었던 것이다.

선제는 어려서 태자의 어머니 허씨(許氏) 집에서 자라고, 또 고생을 했다. 그래서 선제(宣帝)는 마음에 거슬리는 말을 한 어린 태자〈즉 원제(元帝)를〉 폐하지 않고 나중에 자리에 오르게 했던 것이다.

다음의 원문은 원제 밑에 있는 높은 신하들의 복잡다단한 권력 다툼을 적은 글이다. 그 대표적 인물이 곧 소망지(蕭望之)다. 자리에 오른 원제(元帝)는 초기에 알지 못하고 잘못을 했던 것이다. 즉 B.C. 49년 12월에 선제가 죽고 자리에 오른 원제는 47년 1월에 소망지를 감옥에 들어가게 했다. 그리고 12월에 소망지를 죽게 했던 것이다. 원제가 정쟁(政爭)의 심한 싸움을 몰랐기 때문이다.

(3) 初元元年, 立皇后王氏. 二年, 下蕭望之·周堪及宗正劉更生獄, 皆免爲庶人.

〈원제(元帝)가 자리에 오른〉 초원(初元) 원년(B.C. 48) 왕씨(王氏)를 왕후(王后)로 세웠다.

2년〈즉 B.C. 47년 정월〉, 「소망지(蕭望之), 주감(周堪), 종정(宗正)으로 있는 유갱생(劉更生)」〈세 사람을〉 하옥하게 했다. 그래서 그들은 벼슬을 그만두고 서민이 되었던 것이다.

〈*원제가 잘 모르고 다른 부하의 말을 들었기 때문이다.
유갱생은 유향(劉向)이다. 그는 후에 전국책(戰國策)과 열
녀전(烈女傳)을 지었다.〉

어구 설명 ㅇ初元元年, 立皇后王氏(초원원년 입황후왕씨) : 〈원제
기 자리에 오른〉 초원(初元) 원년(B.C. 48) 왕씨(王氏)
를 왕후(王后)로 삼았다. ※ 왕씨(王氏)는 여관(女官)으
로 있던 여자.
ㅇ二年,(이년) : 즉 B.C. 47년 정월. ㅇ下蕭望之·周堪
及宗正劉更生獄,(하소망지·주감급종정유갱생옥) :
「소망지, 주감 및 종정(宗正)으로 있는 유갱생」〈세 사
람을〉 하옥하게 했다. 〈원종이 잘 모르고 다른 부하의
말을 들었기 때문이다.〉〈유갱생은 바로 유향(劉向)이
다.〉 ※ 宗正(종정) : 황족에 관한 일을 맡은 벼슬. ㅇ皆
免爲庶人(개면위서인) : 이들 모두는 벼슬을 그만두고
서민이 되게 했다.

(4) 時史高以外屬領尚書事. 望之·堪副之. 二人帝師傅. 數言治亂, 陳正事, 選更生給事中, 與侍中金敞, 竝拾遺左右. 四人同心謀議. 史高充位而已. 由是與望之有隙.

〈*하옥하기 전에 일이다.〉
당시 사고(史高)는 외척(外戚)이기 때문에 상서(尚書)의
일을 관장했다. 〈국무총리 같은 자리다.〉 그리고 소망지

(蕭望之)와 주감(周堪)이 〈사고를〉 보조했다.

두 사람은 원제의 사부(師傅)였음으로 자주 치란에 대한 말을 하고, 또 바르게 할 일에 대해서 말하고 특히 유갱생(劉更生)을 선출하여 급사중(給事中)에 임명했다. 또 시중(侍中) 김창(金敞)과 함께 임금을 좌우에서 습유(拾遺) 즉 보좌(補佐)하게 했다. 〈*습유는 임금 곁에서 떨어진 것을 수습하는 신하다.〉 이들 네 사람은 같은 마음으로 일을 꾸몄다. 〈*네 사람은 곧 「소망지, 주감, 유갱생, 김창」이다.〉

그래서 사고(史高)는 자리만을 지켰을 뿐으로, 〈실질적으로는 네 사람이 꾸미고 처리했다.〉 그래서 사고(史高)와 소망지(蕭望之)는 사이가 벌어졌던 것이다.

어구 설명 ○時史高以外屬領尙書事(시사고이외속령상서사) : 당시 사고(史高)는 외척(外戚)이기 때문에 상서(尙書)의 일을 관장했다. 〈즉 국무총리 같은 자리다.〉 ○望之・堪副之(망지・감부지) : 소망지(蕭望之)와 주감(周堪)이 도왔다. ○二人帝師傅. 數言治亂, 陳正事,(이인제사전 삭언치란 진정사) : 이들 두 사람은 원제의 사부(師傅)였음으로 자주 치란에 대한 말을 하고, 또 바르게 할 일에 대해서 말하고. ○選更生給事中,(선갱생급사중) : 특히 유갱생(劉更生)을 선출하여 급사중(給事中)에 임명했다. ※給事中(급사중) : 황제의 측근에 있는 고문관(顧問官)으로 좌우(左右)의 고문(顧問)에 응대(應對)하여 그 직책을 담당하는 이른바 황제의 시중을 드는 보좌관(補佐官). ○與侍中金敞, 竝拾遺左右(여시중

김창 병십유좌우) : 시중 김창(金敞)과 함께 임금님 좌우에서 습유(拾遺=보좌〈補佐 · 輔佐〉)하게 했다. 〈*습유(拾遺)는 임금 곁에서 떨어진 것을 수습하는 측근의 보좌관(補佐官)이다.〉

○四人同心謀議(사인동심모의) : 네 사람은 같은 마음으로 일을 꾸몄다. 〈*네 사람은 곧 「소망지, 주감, 유갱생, 김창」이다.〉

○史高充位而已(사고충위이이) : 그래서 사고(史高)는 자리만을 차지했을 뿐. 〈실질적으로 네 사람이 일을 꾸미고 처리했다.〉 ○由是與望之有隙(유시여망지유극) : 그래서 사고(史高)와 소망지(蕭望之)는 사이가 벌어졌다.

【참고 설명】 복잡하게 엉킨 신하들

사고(史高)는 외척(外戚) 소망지(蕭望之), 주감(周堪)은 사부(師傅) 유갱생(劉更生)과 김창(金敞)은 높은 지능으로 급사중(給事中)에 임명되었다. 나중에는 사고(史高)와 소망지(蕭望之)의 사이가 벌어졌다.

(5) 中書令弘恭, 僕射石顯, 自宣帝時, 久典樞機. 及帝卽位多疾. 以顯中人無外黨, 遂委以政事, 事無大小, 因顯白決. 貴幸傾朝, 百僚皆敬事顯. 顯巧慧習事, 能探得人主微指. 內深賊持詭辯, 以中傷人, 與高表裏.

〈임금의 문서나 조서를 담당하는〉 중서령(中書令) 홍공

(弘恭)과 〈재상(宰相)과 같은 벼슬자리에 있는〉 복야(僕射)인 석현(石顯)은 선제(宣帝) 때부터 오랫동안 정치의 중추를 담당해 왔다.

한편 원제(元帝)는 자리에 올랐으나 노상 병을 앓고 또 시달렸다.

석현은 중인(中人=환관〈宦官〉)이면서 밖으로 패거리가 없었다. 그래서 원제(元帝)는 모든 정사를 석현(石顯)에게 맡겼다. 그리고 크나 작으나 모든 정사를 석현의 말대로 결재했다.

〈그러므로 석현은 내시이면서〉 가장 귀중하고 또 임금의 사랑을 받았다. 이에 모든 사람들 위에 있으며 〈모든 사람들을 기울게 했다.〉 그래서 모든 관료들이 〈내시인〉 석현(石顯)을 존경하고 또 섬겼던 것이다.

〈그러나 내시〉 석현(石顯)은 간교하고 지혜롭고 또 일에 익숙했다. 〈뿐만 아니라 석현은〉 임금의 미묘한 마음속을 탐지할 수 있었다. 〈그러나 내심으로 석현은〉 속 깊이 남을 해치려는 마음을 품고 궤변(詭辯)을 함으로써 남을 중상(中傷)했던 것이다. 〈그 석현이〉 겉으로나 뒤로나 사고(史高)와 한패가 되었다.

어구 설명 ○中書令弘恭,(중서령홍공) : 〈임금의 문서나 조칙 및 조서를 담당하는〉 중서령(中書令) 홍공(弘恭)과. ○僕射石顯,(복야석현) : 〈재상(宰相)과 같은 벼슬인〉 복야(僕射)인 석현(石顯) 〈두 사람은〉 ○自宣帝時, 久典樞

機(자선제시 구전추기) : 선제(宣帝) 때부터 오랫동안 정치의 중추를 담당했다.

○及帝卽位多疾(급제즉위다질) : 원제(元帝)가 자리에 올랐으나 많은 병을 앓고 또 시달렸다. ○以顯中人無外黨,(이현중인무외당) : 석현은 중인(中人)이며 밖으로 패거리가 없었다. 「중인」은 곧 「환관(宦官), 내시(內侍)다.」

○遂委以政事,(수위이정사) : 그래서 원제(元帝)는 모든 정사를 석현(石顯)에게 맡겼다. ○事無大小,(사무대소) : 크나 작으나 가리지 않고 모든 일을. ○因顯白決(인현백결) : 석현이 상주하는 말대로 결정했다.

○貴幸傾朝,(귀행경조) : 〈그러므로 석현은 내시이면서〉 가장 귀중하고 또 임금의 사랑을 받았으므로 조정의 모든 사람을 그 앞에 기울게 했다. ○百僚皆敬事顯(백료개경사현) : 그래서 모든 관료들이 다 〈내시인〉 석현(石顯)을 존경하고 또 섬겼다.

○顯巧慧習事,(현교혜습사) : 〈그러나 내시〉 석현(石顯)은 간교하고 지혜롭고 또 일에 익숙했다. ○能探得人主微指(능탐득인주미지) : 〈뿐만 아니라 석현은〉 임금의 미묘한 마음속을 탐지할 수도 있었다. ○內深賊持詭辯, 以中傷人,(내심적지궤변 이중상인) : 〈내시 석현은〉 깊이 남을 해치려는 마음을 품고 또 궤변(詭辯)을 잘함으로써 남을 중상했던 것이다. ○與高表裏(여고표리) : 〈그런 석현이〉 겉으로나 뒤로나 사고(史高)와 한 패가 되었다. 〈표리(表裏)가 됨은 석현은 궁중에 있고, 사고는 조정에 있어, 안팎에서 손이 맞았다.〉

【참고 설명】 석현(石顯)**과 사고**(史高)

　석현은 간악 음흉한 내시다. 사고는 외척이면서 실권을 잃었다. 그래서 둘이 결탁해서 실지로 일을 잘하는 네 사람을 감옥에 넣었던 것이다. 원제는 잘 모르고 석현의 말을 들었다. 그래서 소망지와 그들이 서로 모함하고 싸우게 되었다.

(6)　望之等患外戚許·史放縱, 又疾恭·顯擅權, 建白. 以爲, 中書政本, 國家樞機. 宜以通明公正處之. 武帝遊宴後庭, 故用宦者. 非古制也. 宜罷中書宦官, 應古之不近刑人之義. 上不能從.

　소망지(蕭望之)는 〈임금 어머니의〉 외척(外戚)인 허연수(許延壽)와 조모(祖母)의 외척인 사고(史高)가 방종하게 하는 것을 걱정했다. 한편 홍공(弘恭)과 내시 석현(石顯)이 권력을 독점하고 있는 것을 미워했다. 그래서 소망지가 임금에게 건의하고 아뢰었다.

　「중서(中書)는 바르게 다스리는 근본이고 국가의 추기(樞機=중추기관)입니다. 그러므로 마땅히 통명(通明)하고 공정(公正)하게 해야 합니다.」「전에 무제(武帝)가 후정에서 유연(遊宴)할 때 환관(宦官)을 썼던 것은 옛날의 바른 제도가 아닙니다. 마땅히 중서의 환관을 파면하십시오.」「형을 받은 내시 같은 사람을 가까이 하지 않는 옛날의 바른 도의를 따르십시오.」그러나 원제는 그의 말을 들어줄 수 없었다.

어구 설명 ㅇ望之等患外戚許·史放縱,(망지등환외척허·사방종) : 소망지(蕭望之) 등은 외척(外戚) 허씨(許氏)와 사고(史高)가 방종한 것을 걱정했다. ㅇ又疾恭·顯擅權,(우질공·현천권) : 또 홍공(弘恭)과 내시 석현(石顯)이 권력을 독점하고 있는 것을 미워했다.

ㅇ建白(건백) : 소망지가 임금에게 건의하고 말했다. ※ 建白(건백)은 웃사람에게 의견을 말함. ㅇ以爲, 中書政本, 國家樞機(이위 중서정본 국가추기) : 중서는 바르게 다스리는 근본이고 국가의 중추 기관이다. ㅇ宜以通明公正處之(의이통명공정처지) : 그러므로 마땅히 통명(通明)하고 공정(公正)하게 처해야 한다.

ㅇ武帝遊宴後庭, 故用宦者(무제유연후정 고용환자) : 전에 무제(武帝)가 후정에서 유연(遊宴)할 때 환관(宦官)을 썼던 것이다. ㅇ非古制也(비고제야) : 그러한 일은 옛날의 바른 제도가 아니다. ㅇ宜罷中書宦官,(의파중서환관) : 마땅히 중서의 환관을 파면하세요. ㅇ應古之不近刑人之義(응고지불근형인지의) : 옛날 형을 받은 내시 같은 사람을 가까이 하지 않는 바른 도의를 따르세요. ※「불근형인(不近刑人)」은 형을 받은 내시 같은 사람을 임금 곁에 가까이 하지 않는다. 즉 형벌을 받은 자는 임금 곁에 있을 수 없음.」ㅇ上不能從(상불능종) : 임금은 그의 말을 들어줄 수 없었다.

(7) 恭·顯奏. 望之·堪·更生, 朋黨相稱譽, 數譖訴大臣, 毁離親戚, 欲以專擅權勢, 爲不忠. 誣上不道. 請謁者召致廷尉. 時上初卽位, 不省召致廷尉爲

送獄, 可其奏. 後上召堪・更生. 曰, 繫獄. 上大驚
曰, 非但廷尉問邪. 令出視事. 恭・顯使高說上, 竟
罷免. 後上復徵堪・更生爲中郞, 且欲以望之爲相.

〈반대편인〉 홍공(弘恭)과 석현(石顯)이 임금에게 글을
올려 아뢰었다. 「소망지(蕭望之), 주감(周堪), 유갱생(劉更
生)이 붕당을 짜고 서로 칭찬을 하고 자주 대신들을 무고
하게 헐뜯고 속였습니다.」「그래서 친척 집안을 파괴하고
서로 이탈되게 했으며 그리고 권세를 독차지하려고 합니
다.」「이 같은 불충한 짓을 하면서 임금님을 무도하게 속
이려고 합니다.」「그러므로 알자(謁者)로 하여금 그들을
불러서 정위(廷尉)에게 보이게 하십시오.」

 그때 원제는 처음 자리에(即位初) 올랐다. 그래서 불러
서 정위에게 보낸다는 것이 감옥에 송치한다는 것인 줄
몰랐다.

 〈이에 그들의 상주를〉 승낙했다. 〈그래서 그들이 감옥에
들어갔다. 허나 임금은 그런 줄도 몰랐다.〉

 그 후에 〈임금이〉 주감(周堪)과 유갱생(劉更生)을 불렀
으나, 〈다른 사람이〉 「감옥에 묶여 있다.」고 말했다.

 임금이 크게 놀랐다. 그리고 정위에게 물었을 뿐만 아니
라, 그들을 감옥에서 나와서 일을 보게 했다. 그러자 홍공
(弘恭)과 석현(石顯)이 사고(史高)를 시켜서 상주하고 결
국은 그들을 파면케 했다.

그 후에 임금은 다시 주감(周堪)과 유갱생(劉更生)을 불러서 중랑(中郞)으로 삼고 또 소망지(蕭望之)를 재상으로 삼으려고 했다.

어구 설명 ○恭 · 顯奏(공 · 현주) : 한편 홍공(弘恭)과 석현(石顯)이 임금에게 글을 올렸다. ○望之 · 堪 · 更生, 朋黨相稱譽,(망지 · 감 · 갱생 붕당상칭예) : 소망지(蕭望之), 주감(周堪), 유갱생(劉更生)이 붕당을 짜고 서로 칭찬을 하고. ○數譖詐大臣,(삭참사대신) : 자주 대신들을 무고하게 헐뜯고 속이면서. ○毁離親戚,(훼이친척) : 친척 집안을 파괴하고 서로 이탈되게 한다. ○欲以專擅權勢,(욕이전천권세) : 그리고 권세를 독차지하려고 합니다. ○爲不忠. 誣上不道(위불충 부상부도) : 불충한 짓을 하면서 임금님을 무도하게 속이려고 합니다. ○請謁者召致廷尉(청알자소치정위) : 알자로 하여금 그를 불러서 정위(廷尉)에게 보이게 하십시오. ※「謁(아뢸 알) ; 고하다, 뵙다, 여쭈다」謁者(알자)는 알현을 청하는 사람, 중간에서 연결지어주는 안내자.

○時上初卽位,(시상초즉위) : 그때 원제는 처음 자리에 올랐음으로. ○不省召致廷尉爲送獄,(불성소치정위위송옥) : 불러서 정위에게 보낸다는 것이 감옥에 송치한다는 것인 줄 몰랐다. ○可其奏(가기주) : 그래서 〈그들의 상주를〉 승낙했다. 〈그래서 그들은 감옥에 들어갔다. 임금은 그런 줄 몰랐다.〉 ○後上召堪 · 更生. 曰, 繫獄(후상소감 · 갱생 왈 계옥) : 그 후에 주감(周堪)과 유갱생(劉更生)을 불렀으나, 〈다른 사람이〉「감옥에 묶

여 있다.」고 말했다.

ㅇ上大驚日, 非但廷尉問邪. 令出視事(상대경왈 비단정
위문사 영출시사) : 임금이 크게 놀랐다. 그리고 정위
에게 물었을 뿐만 아니라, 그들을 감옥에서 나와서 일
을 보게 했다. ㅇ恭·顯使高說上, 竟罷免(공·현사고
설상 경파면) : 그러자 홍공(弘恭)과 석현(石顯)이 사고
(史高)를 시켜서 상주하고 결국은 그들을 파면케 했다.
ㅇ後上復徵堪·更生爲中郎,(후상복징감·갱생위중랑) :
그 후에 임금은 다시 주감(周堪)과 유갱생(劉更生)을 불러
서 중랑(中郎)으로 삼고, ㅇ且欲以望之爲相(차욕이망지
위상) : 또 소망지(蕭望之)를 재상으로 삼으려고 했다.

(8) 恭·顯·許·史皆側目. 知望之素高節不詘辱,
建白. 望之不悔過服罪. 深懷怨望, 自以託師傅, 終
不坐. 非頗屈望之於獄, 塞其怏怏心, 則聖朝無以
施恩厚. 上曰, 太傅素剛. 安肯就吏. 顯等曰, 人命
至重. 望之所坐, 語言薄過. 必無所憂. 令謁者召望
之, 因急發執金吾軍騎, 馳圍其第. 望之飮鴆自殺.

홍공(弘恭), 석현(石顯), 허연수(許延壽), 사고(史高) 등이
모두 눈동자를 곁으로 돌렸다. 〈그들은〉 소망지(蕭望之)가
원래 절개가 높고 굴욕을 받지 않는 사람이라는 것을 잘
알고 있었다. 그래서 임금에게 건의를 하고 말했다. 〈*이
건의는 음험한 술책으로 하는 건의다.〉

「소망지는 자신의 잘못을 뉘우치고 죄를 받으려 하지 않으며 도리어 속 깊이 남을 원망하는 생각만을 품는 자입니다.」「또 자기가 사부이므로 〈아무도〉 자기를 죄 자리에 앉게 하지 못할 것이라고 믿을 것입니다.」「〈이번에〉 한바탕 소망지를 옥에 넣고 굴복하게 하고, 또 그의 불평이나 불만을 틀어막지 않고 〈그대로 두면〉 성조의 은혜를 천하 백성에게 후하게 베풀지 못하게 될 것입니다.」

원제(元帝)가 말했다.「태부는 바탕이 강직하다. 그가 어찌 옥리에 굴복하겠는가.」

그러자 〈교활한〉 석현(石顯) 등이 〈임금에게〉 말했다.

「인명은 지극히 소중합니다. 〈그러므로〉 소망지를 설혹 감옥 자리에 앉게 해도, 그 죄는 말에 의한 가벼운 것이라 걱정할 바가 아닙니다.」

〈그래서 임금은 그들의 교활한 수작에 넘어가서〉 알자로 하여금 소망지를 불러오게 했던 것이다. 그러자 〈간악한 석현 등은 뒤로〉 집금오(執金吾)의 기마병을 발동해서 소망지의 저택으로 가서 포위하게 했다. 이에 소망지는 짐독(鴆毒)을 마시고 자살했다.

어구 설명 ○恭 · 顯 · 許 · 史皆側目(공 · 현 · 허 · 사개측목) : 홍공(弘恭), 석현(石顯), 허연수(許延壽), 사고(史高) 등이 모두 눈동자를 곁으로 돌렸다. ○知望之素高節不詘辱,(지망지소고절불굴욕) : 〈그들은〉 소망지(蕭望之)가 원래 평소에도 절개가 높고 굴욕을 받지 않는 사람이라는 것을 잘 알고 있었다. ○建白(건백) : 그래서 임금에게 건의를 하고 말했다. 〈*이 건의는 음험한 술책으로 하는 건의다.〉 ○望之不悔過服罪. 深懷怨望,(망지불회과복죄 심회원망) :「소망지는 자신의 잘못을 뉘우치고 죄를 받으려 하지 않으며 도리어 속 깊이 남을 원망하는 생각만을 품는 자입니다.」

○自以託師傅, 終不坐(자이탁사부 종불좌) :「또 자기가 사부이므로 〈아무도〉 자기를 죄 자리에 앉게 하지 못할 것이라고 믿을 것입니다.」 ○非頗屈望之於獄, 塞其怏怏心,(비파굴망지어옥 새기앙앙심) :「〈이번에〉 한 바탕 소망지를 옥에 넣고 굴복하게 하고, 또 그의 불평불만을 틀어막지 않고 〈그대로 두면〉」 ※「怏(원망할 앙) ; 불만스럽다.」怏怏(앙앙)은 마음에 차지 않거나 야속하여 원망하는 모양. 불평불만의 모양. 鞅鞅(앙앙).

○則聖朝無以施恩厚(즉성조무이시은후) :「〈그자 때문에〉 성조(聖朝)가 천하 백성에게 은혜를 후하게 베풀지 못하게 될 것입니다.」

○上曰, 太傅素剛. 安肯就吏(상왈 태전소강 안긍취리) : 원제는 말했다.「태부는 바탕이 강직하다. 그가 어찌 옥리에 굴복하겠는가.」 ○顯等曰,(현등왈) : 그러자 〈교활한〉 석현(石顯) 등이 〈임금에게〉 말했다. ○人命至重. 望之所坐,(인명지중 망지소좌) :「인명은 지극히 소중합니다. 〈그러므로〉 소망지를 죄 자리에 앉혀도.」 ○語言薄過. 必無所憂(어언박과 필무소우) :「그 죄는 말에 의한 가벼운 죄 때문이며, 걱정할 바가 아닙니다.」

○令謁者김望之,(영알자소망지) : 〈그래서 임금은 그들

의 교활한 수작에 넘어가서〉 알자로 하여금 소망지를 불러오게 했다. ㅇ因急發執金吾軍騎,(인급발집금오군기) : 그러자 〈간악한 석현 등은 뒤로〉 즉시 쇠 무기를 든 집금오(執金吾)의 기마병을 발동해서. ※ 執金吾(집금오)는 군(軍)의 위관(衛官) 명칭. 金은 병기(兵器), 吾는 禦(방어, 막을 어)이며, 항상 무기를 가지고 비상상태를 대비함을 뜻함. 대궐 안의 경찰. ㅇ馳圍其第(치위기제) : 소망지의 저택으로 가서 포위하게 했다. ㅇ望之飮鴆自殺(망지음짐자살) : 이에 소망지는 짐독(鴆毒)을 마시고 자살했다. ※ 鴆(짐새 짐), 중국 남방에 사는 올빼미 비슷한 독조(毒鳥). 짐새의 깃을 담근 술. 짐주(鴆酒)로 사람을 독살하는 일. 鴆毒(짐독) : ① 짐새의 깃에 있는 맹독(猛毒). ② 짐주(鴆酒)를 마시게 하여 죽임.

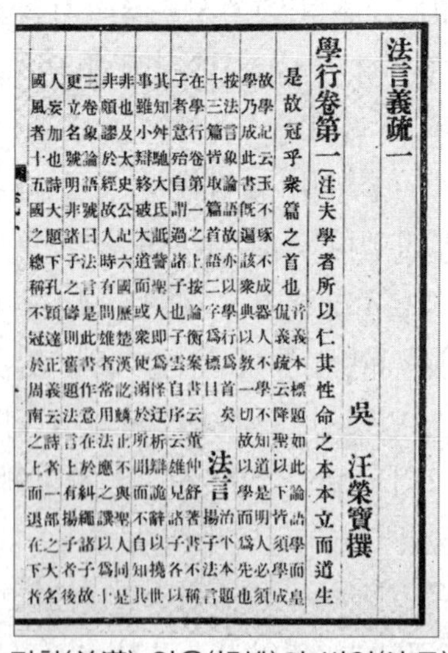

전한(前漢) 양웅(揚雄)의 법언(法言)

(9) 弘恭死. 石顯爲中書令. 五年, 匈奴郅支單于殺漢使者, 西走康居. 永光元年, 匈奴呼韓邪單于北歸庭. 建昭二年, 殺魏郡太守京房. 房學易於焦延壽. 延壽嘗曰, 得我道以亡身者, 京生也. 爲郞屢言災異有驗. 嘗宴見言事, 意指石顯. 顯奏出之, 尋徵下獄, 棄市.

〈중서성(中書省)의 장관〉 홍공(弘恭)이 죽자, 〈내시〉 석현(石顯)이 중서령(中書令)이 되었다.

초원(初元) 5년(B.C. 44), 흉노 질지선우(郅支單于)가 한나라 사신을 살해하고 서역(西域)의 강거(康居)로 도망갔다.

영광(永光) 원년(B.C. 43), 흉노 호한야선우(呼韓邪單于)가 북방에 있는 자기의 왕정(王庭=대궐)으로 돌아갔다.

건소(建昭) 2년(B.C. 37), 위군(魏郡=河南省)의 태수 경방(京房)을 죽였다. 〈원래〉 경방은 역학(易學)을 초연수(焦延壽)에게 배웠다. 〈그때〉 초연수가 「내 역학의 도를 터득하고 그 때문에 몸을 망치는 자는 경방일 거라.」고 말했다.

경방(京房)은 낭중(郞中)이 되자, 여러 차례 천지재변(天地災變)이 일어날 거라 예언했으며, 모두가 사실로 나타났다. 〈그러자 경방은〉 전에 연회 자리에서 임금에게 「일이 날거라.」고 고했다. 〈경방의〉 의도는 석현(石顯)을 지적한 것이다. 〈*즉 석현 때문에 나라에 변이 일어날 것이라고 말한 것이다.〉

〈그러자 눈치를 챈〉 환관 석현(石顯)은 임금에게 글을 올려 경방(京房)을 〈조정에서〉 내쫓았다. 그리고 뒤에 〈경방을〉 찾아서 하옥했으며, 결국은 사형하고 시체를 장터에 내다버렸다.

어구 설명 ㅇ弘恭死. 石顯爲中書令(홍공사 석현위중서령) : 홍공이 죽자, 석현이 중서령이 되었다. ※ 中書令(중서령) : 중서성(中書省)의 일을 관창하며 정치의 중요한 기밀을 총괄하는 벼슬. 상서(尙書)를 맡아보는 벼슬.
ㅇ五年, 匈奴郅支單于殺漢使者, 西走康居(오년 흉노질지선우살한사자 서주강거) : 초원 5년(B.C. 44), 흉노 질지선우(郅支單于)가 한나라 사신을 살해하고 서역(西域)의 강거(康居)로 도망갔다.
ㅇ永光元年, 匈奴呼韓邪單于北歸庭(영광원년 흉노호한야선우북귀정) : 영광 원년(B.C. 43), 흉노 호한야선우가 북방에 있는 자기의 궁정(대궐)으로 돌아갔다.
ㅇ建昭二年, 殺魏郡太守京房(건소이년 살위군태수경방) : 건소(建昭) 2년(B.C. 37), 위군(河南省)의 태수 경방을 죽였다. ㅇ房學易於焦延壽(방학역어초연수) : 경방은 역학(易學)을 초연수에게 배웠다. ㅇ延壽嘗曰, 得我道以亡身者,(연수상왈 득아도이망신자) : 〈그때〉 초연수가 전에 「내 역학의 도를 터득하면 몸은 죽는다.」고 말했다.

○京生也. 爲郞屢言災異有驗(경생야 위낭루언재이유험) : 경방(京房)은 낭중(郞中)이 되자, 여러 차례 천지재변(天地災變)이 일어날 거라고 예언을 했으며, 모두가 사실로 나타났다.

○嘗宴見言事,(상연견언사) : 〈경방은〉 전에 연회 자리에서 임금에게 「일이 날거라.」고 말했다. ○意指石顯(의지석현) : 〈경방의〉 의도는 석현(石顯)을 지적한 것이다. 〈*석현 때문에 일이 날것이라고 말한 것이다.〉

○顯奏出之,(현주출지) : 환관 석현(石顯)은 임금에게 글을 올려 경방(京房)을 〈조정에서〉 내쫓았다. ○尋徵下獄, 棄市(심징하옥 기시) : 그 뒤에 〈경방을〉 불러서 하옥했으며, 결국은 사형하고 시체를 장터에 내버렸다.
※「尋(찾을 심), 徵(부를 징 ; 사람을 불러들이다.)」

(10) 顯威權日盛. 與中書僕射牢梁, 少府五鹿充宗, 結爲黨友. 諸附倚者得寵位. 民歌之曰, 牢邪石邪, 五鹿客邪, 印何纍纍, 綬若若邪.

환관(宦官) 석현(石顯)의 위세와 권력이 날로 성해졌다. 그리고 그가 중서복야(中書僕射)인 뇌량(牢梁)과 소부(少府)의 오록충종(五鹿充宗)과 〈세 사람이〉 한패가 되었다.

그래서 그들에게 붙고 의지하는 사람들만이 〈임금의〉 사랑을 받고 또 자리를 얻었다.

이에 백성들이 노래로 불러서 말했다. 「〈저 사람은〉 뇌량(牢梁)의 식객(食客)인가, 석현(石顯)의 식객인가, 오록

(五鹿)의 식객인가. 관인(官印)이 어째서 수북이 쌓였고 또 인수(印綬)가 주렁주렁 달렸는가.」

[어구 설명] ○顯威權日盛(현위권일성) : 환관(宦官) 석현(石顯)의 위세와 권력이 날로 성해졌다. ○與中書僕射牢梁,(여중서복사뇌량) : 중서복야(中書僕射)인 뇌량(牢梁). ○少府五鹿充宗, 結爲黨友(소부오록충종 결위당우) : 소부의 오록충종과 〈세 사람이〉 당우가 되었다. 〈*소부(少府)는 영선(營繕)을 관장한다.〉

○諸附倚者得寵位(제부의자득총위) : 〈석현과 그들에〉 붙고 의지하는 사람들만이 〈임금의〉 사랑을 받고 또 자리를 얻었다. ○民歌之曰,(민가지왈) : 백성들이 노래를 불러 말했다. ○牢邪石邪, 五鹿客邪,(뇌사석사 오록객사) : 〈저 사람은〉 뇌량(牢梁)의 식객(食客)인가, 석현(石顯)의 식객인가, 오록(五鹿)의 식객인가. ○印何纍纍, 綬若若邪(인하누루 수약약사) : 관인(官印)이 어째서 수북이 쌓였고 또 도장의 끈(紐)이 주렁주렁 길게 위에서 아래로 쳐져서 늘어져[垂(드리울 수)] 있는가. ※「纍(맬 루) ; 연루시키다」 纍纍(누루)는 ① 뜻을 얻지 못하는 모양, ② 서로 잇닿은 모양. ③ 겹쳐 쌓인 모양. 印綬(인수)는 관리가 몸에 지니던 인장과 그 끈(紐; 끈 뉴). 若若(① 약약, ② 야야)는 ① 성(盛)한 모양. ② 끈목이 길게 늘어진 모양. 인수(印綬)가 주렁주렁 성(盛)한 모양으로 달렸는가로 번역되어질 때는 若若(약약)으로 읽음.

(11) 三年, 西域副校尉陳湯, 矯制發兵, 與都護甘

延壽, 襲擊郅支單于於康居斬之. 四年春, 傳首至
京. 顯藁街十日.

　건소(建昭) 3년(B.C. 36), 서역의 부교위(副校尉) 진탕(陳
湯)이 거짓으로 칙명(勅命)을 꾸며가지고 도호(都護) 감연
수(甘延壽)와 같이 강거(康居)에 도망한 질지선우(郅支單
于)를 습격하여 베어 죽였다. 그리고 4년 봄에 그의 머리를
서울에 보내고 오랑캐들이 사는 거리에 십일 간 내걸었다.

> 어구 설명 ㅇ三年, 西域副校尉陳湯,(삼년 서역부교위진탕) : 건소
> (建昭) 3년(B.C. 36), 서역의 부교위(副校尉) 진탕(陳
> 湯). ㅇ矯制發兵,(교제발병) : 거짓으로 칙명(勅命)을
> 꾸며가지고. ※「矯(바로잡을 교) ; 속이다, 거스르다」矯
> 制(교제)는 왕명이라고 거짓 꾸며댐. ㅇ與都護甘延
> 壽,(여도호감연수) : 도호 감연수와 같이. ※ 都護(도
> 호) : 서역의 감찰관(監察官).
> 　ㅇ襲擊郅支單于於康居斬之(습격질지선우어강거참지)
> : 강거(康居)에 도망한 질지선우를 습격하고 그를 죽였
> 다. ㅇ四年春, 傳首至京. 顯藁街十日(사년춘 전수지경
> 현고가십일) : 4년 봄에 그의 머리를 서울에 보내고 오
> 랑캐들이 사는 거리에 십일 간 걸어두었다. ※「고가
> (藁街)」는 오랑캐가 사는 거리.

(12) 竟寧元年, 呼韓邪單于來朝, 願壻漢. 以後宮
王嬙字昭君賜之. 帝崩. 在位十六年. 改元者四. 初

元·永光·建昭·竟寧. 帝雖喜儒術, 得韋玄成·
匡衡爲相, 無相業, 帝徒優游不斷, 漢業衰焉. 太子
卽位. 是爲孝成皇帝.

경녕(竟寧) 원년(B.C. 33)에 〈오랑캐의 추장〉 호한야선
우가 조정에 와서 한나라의 사위가 되고 싶다고 했다. 〈즉
임금의 공주에게 장가를 들고 싶다고 했다.〉 그래서 나중
에 후궁에 있는 왕장(王嬙), 자(字)는 소군(昭君)을 〈그에
게〉 내려주었다.

그 해에 임금이 붕어했다. 원제(元帝)는 자리에 있은 지
16년이었다. 그동안에 연호를 네 번이나 고쳤다. 즉「초원
(初元), 영광(永光), 건소(建昭), 경녕(竟寧)」이다.

원제(元帝)는 유자(儒者)의 학술(學術)을 좋아했으므로,
위현성(韋玄成)과 광형(匡衡)을 재상으로 삼았다. 그러나
그들은 재상다운 업적을 내지 못했다. 원제는 공연히 우유
부단했다. 그래서 한나라 업적이 쇠락했던 것이다. 〈그의
뒤를〉 태자가 올랐다. 그가 곧 효성황제다. 〈*약칭은 성제
(成帝)다.〉

어구 설명 ○竟寧元年,(경녕원년) : 경녕 원년(B.C. 33). ○呼韓
邪單于來朝, 願壻漢(호한야선우내조 원서한) : 〈오랑캐
의 추장〉 호한야선우가 조정에 와서 한나라의 사위가 되
고 싶다고 했다. 〈즉 임금의 공주에게 장가를 들고 싶다
고 했다.〉 ○以後宮王嬙字昭君賜之(이후궁왕장자소군사

지) : 그래서 나중에 후궁에 있는 왕장(王嬙), 자는 소군(昭君)을 〈그에게〉 내려주었다. ○帝崩(제붕) : 그 해에 임금이 붕어했다. ○在位十六年. 改元者四(재위십육년 개원자사) : 원제(元帝)는 자리에 있은 지 16년이었다. 그동안에 연호를 네 번이나 고쳤다. ○初元 · 永光 · 建昭 · 竟寧(초원 · 영광 · 건소 · 경녕) : 즉 「초원, 영광, 건소, 경녕」이다.

○帝雖喜儒術, 得韋玄成 · 匡衡爲相,(제수희유술 득위현성 · 광형위상) : 원제(元帝)는 유자(儒者)의 학술(學術)을 좋아했으므로, 위현성(韋玄成)과 광형(匡衡)을 재상으로 삼았다. ○無相業,(무상업) : 그러나 그들은 재상다운 업적을 내지 못했다. ※ 석현(石縣)이 독재를 해서, 아무 일도 하지 못한 것이다.

○帝徒優游不斷, 漢業衰焉(제도우유부단 한업쇠언) : 원제는 한갓 앞뒤 분별이 없고 결단력이 약한 사람이였다. 그래서 한나라 업적이 쇠락했던 것이다. ※「徒(무리 도) ; 헛되다, 보람없다, 다만, 단지, 홀로, 한갓 되다, 따르는 이가 없다.」

○太子卽位. 是爲孝成皇帝(태자즉위 시위효성황제) : 〈그의 뒤를〉 태자가 올랐다. 그가 곧 효성황제다. 〈*약칭은 성제(成帝)다.〉

효원황제(孝元皇帝)의 위릉(渭陵)

제4장 혼란에 등장한 왕망(王莽)

제1과 성제(成帝)와 그 후의 혼란

(1) [孝成皇帝] 名驁. 母王氏, 生帝於甲觀. 少好經書. 其後幸酒樂燕樂. 元帝時爲太子幾廢. 賴史丹伏青蒲, 涕泣諫止. 至是卽位, 尊王氏爲皇太后, 以元舅王鳳, 爲大司馬大將軍, 領尙書事.

효성황제(孝成皇帝), 즉 성제(成帝)의 이름은 오(驁)다. 어머니는 왕씨(王氏)이며, 제(帝)를 갑관(甲觀)에서 출생했다. 〈*갑관은 좋은 태자궁(太子宮)이다.〉

태자는 어려서 경서(經書) 읽기를 좋아했다. 그 후 〈성장해서는〉 술 마시고 연락(宴樂)하기를 좋아했다. 〈*임금 주변의 사람들이 복잡하고 어지럽게 하기 때문이다.〉

원제(元帝) 때에 태자를 폐할뻔했다. 그러나 사단(史丹)이 임금 이불의 청포(青蒲)에 엎드려 울면서 간언을 했으므로 〈폐하는 것을 그만두었다.〉 그래서 태자가 나중에 자리에 올랐던 것이다.

〈자리에 오른 성제(成帝)는〉 어머니 왕씨(王氏)를 황태후(皇太后)로 높이 모셨다. 그리고 외가(外家)의 백부(伯父) 즉 외삼촌 왕봉(王鳳)을 대사마 대장군(大司馬大將軍)

으로 삼고 상서(尙書) 일을 맡겼다.

어구 설명 ○[孝成皇帝] 名鷔(효성황제 명오) : 효성황제의 이름은 오(鷔)다. ○母王氏, 生帝於甲觀(모왕씨 생제어갑관) : 어머니는 왕씨(王氏)이며, 제(帝)를 갑관(甲觀)에서 출생했다. ※「갑관」은 「가장 좋은(第一樓) 태자궁(太子宮)」이란 뜻이다. 나머지 태자궁은 乙, 丙, 丁의 순서로 불렀다. 예 乙觀. ○少好經書(소호경서) : 태자는 어려서 경서(經書) 읽기를 좋아했다. ○其後幸酒樂燕樂(기후행주낙연락) : 그 후, 술 마시고 연락(宴樂)하기를 좋아했다. 〈*임금 주변의 사람들과 주변의 일들이 복잡하고 어지럽기 때문이다.〉

○元帝時爲太子幾廢(원제시위태자기폐) : 원제(元帝) 때에 태자를 폐할뻔했다. ○賴史丹伏靑蒲, 涕泣諫止. 至是卽位,(뢰사단복청포 체읍간지 지시즉위) : 사단(史丹)이 임금의 이불자락 청포(靑蒲)에 엎드려 울면서 간언을 했으므로 〈태자를 폐하는 것을 그만두었다.〉 그래서 태자가 나중에 자리에 올랐던 것이다. 「청포(靑蒲)」는 임금 자리 둘레에 쳐 놓은 푸른 줄(부들 : 명주실이나 무명실로 꼬아서 매듭지어 놓은 줄)을 한 곳이다. 황후(皇后)만이 갈 수 있는 곳이다. ※ 靑蒲(청포)는 ① 푸른 부들. ② 푸른 부들로 만든, 천자(天子)가 까는 자리. ※ 사단(史丹)은 원제의 병상(病床)에서 아뢴 것이다. ○尊王氏爲皇太后,(존왕씨위황태후) : 〈자리에 오른 성제(成帝)는〉 어머니 왕씨(王氏)를 황태후(皇太后)로 높이 모셨다. ○以元舅王鳳, 爲大司馬大將

軍, 領尙書事(이원구왕봉 위대사마대장군 영상서사) :
외가(外家) 백부(伯父=큰아버지) 왕봉(王鳳)을 대사마
대장군으로 삼고 상서(尙書) 일을 다 맡겼다.

(2) 建始元年, 石顯以罪免歸, 道死. 封舅王崇爲安成侯, 賜譚 · 商 · 立 · 根 · 逢時爵關內侯. 黃霧四塞.

건시(建始) 원년(B.C. 32) 〈오랫동안 음흉무도하게 권세
를 누렸던 내시(內侍)〉 석현(石顯)이 죄가 드러나서 면직
되어 돌아가다가 도중에서 사망했다.

외가(外家)의 숙부(叔父) 왕숭(王崇)을 안성후(安成侯)로
되게 했다. 〈그리고〉「왕담(王譚), 왕상(王商), 왕립(王立),
왕근(王根), 왕봉시(王逢時) 등 〈5명에게〉」관내후(關內
侯)의 작위(爵位)를 내렸다. 〈마침 그때에〉 짙은 황무(黃
霧)가 사방을 틀어막았다.

어구 설명 ㅇ建始元年,(건시원년) : 건시 원년(B.C. 32) ㅇ石顯以罪
免歸, 道死(석현이죄면귀 도사) : 〈오랫동안 음흉하게 권
세를 누렸던 내시(內侍)〉 석현(石顯)이 죄를 면하고 돌아
가다가 도중에서 사망했다. ※ 성제(成帝)는 환관 석현을
싫어하여, 곧 장신궁(長信宮)의 하급관리로 좌천시키고
그의 도당 뇌량(牢梁) 등은 탄핵 당했다. 석현은 파면되
어 제남(齊南)으로 돌아가는 도중에 고민하다 죽었다. 또
오록(五鹿)도 쫓겨나, 궁중의 환관은 일소되었다.
ㅇ封舅王崇爲安成侯,(봉구왕숭위안성후) : 외가(外家)의

숙부(叔父) 왕숭(王崇)을 안성후(安成侯)로 되게 했다.
※ 叔父(숙부)는 아버지의 동생. 작은 아버지.
ㅇ賜譚·商·立·根·逢時爵關內侯(사담·상·립·근·봉시작관내후) : 「왕담, 왕상, 왕립, 왕근, 왕봉시 등 〈5명에게〉」 관내후(關內侯)의 작위(爵位)를 내렸다.
ㅇ黃霧四塞(황무사새) : 〈마침 그때에〉 짙은 황무(黃霧=누런 안개)가 사방을 틀어막았다.

(3) 河平二年, 悉封諸舅爲列侯. 陽朔三年, 王鳳卒. 王音爲大司馬, 王譚領城門兵. 鴻嘉四年, 王譚卒, 王商領城門兵. 永始元年, 封太后弟之子莽, 爲新都侯. 立皇后趙氏. 名飛燕. 女弟合德爲婕妤.

하평(河平) 2년(B.C. 27), 외가 〈즉 어머니 황태후의〉 모든 형제를 줄줄이 후왕(侯王)에 봉했다.

양삭(陽朔) 3년(B.C. 23)에 왕봉이 죽었다. 아우 왕음이 대사마가 되었다. 왕담이 성문(城門)의 위병(衛兵)을 총 지휘했다.

홍가(鴻嘉) 4년(B.C. 17)에 왕담이 죽고 왕상(王商)이 대신하여 위병을 총 지휘했다.

영시(永始) 원년(B.C. 16), 황태후의 동생, 즉 왕만(王曼)의 아들인 왕망(王莽)을 신도후(新都侯)로 삼았다.

〈성제는〉 조씨(趙氏)를 황후로 삼았다. 이름은 비연(飛

燕)이다. 그리고 그녀의 동생 합덕(合德)을 궁녀이며 여관
으로 삼았다. 「첩(婕)」은 궁녀, 「여(妤)」는 여관.

어구 설명 ○河平二年, 悉封諸舅爲列侯(하평이년 실봉제구위열후)
: 하평 2년(B.C. 27), 외가 〈어머니 황태후의〉 모든 형제
에게 줄줄이 후왕(侯王)에 봉했다. ※ 諸舅(제구) : 황태
후의 형제들.
　○陽朔三年, 王鳳卒(양삭삼년 왕봉졸) : 양삭 3년(B.C.
23)에 왕봉이 죽었다. ○王音爲大司馬,(왕음위대사마) :
아우 왕음이 대사마가 되었다. ○王譚領城門兵(왕담영
성문병) : 왕담이 성문(城門)의 위병(衛兵)을 총 지휘했
다.
　○鴻嘉四年, 土譚卒, 王商領城門兵(홍가사년 왕담졸 왕
상영성문병) : 홍가 4년(B.C. 17)에 왕담이 죽고 왕상이
대신하여 위병을 총 지휘했다. ○永始元年, 封太后弟之
子莽, 爲新都侯(영시원년 봉태후제지자망 위신도후) :
영시 원년(B.C. 16), 황태후의 동생, 즉 왕만(王曼)의 아
들인 왕망을 신도후(新都侯)로 삼았다. ○立皇后趙氏.
名飛燕. 女弟合德爲婕妤(입황후조씨 명비연 여제합덕위
첩여) : 조씨를 황후로 삼았다. 이름은 비연(飛燕)이다.
그녀의 동생 합덕(合德)을 궁녀이며 여관(女官)으로 삼
았다. 「첩(婕)」은 궁녀, 「여(妤)」는 여관(女官). ※ 성제
는 즉위 2년만에 허씨(許氏)를 황후로 삼았는데 허황후
를 폐하고 조비연(趙飛燕)을 맞아들였다. 조비연은 궁중
의 종(婢)이었는데, 그의 아버지는 강소성(江蘇省)의 악
사 풍만금(馮萬金)이었다. 딸들이 모두 절세의 미인이고

노래와 춤에 능했다. 큰 딸은 몸이 제비와 같이 날씬하다고 하여 이름을 비연(飛燕)이라고 했다. 황태후는 만금을 후(侯)에 봉하고, 딸 비연을 궁중에 들여왔다. 동생 합덕(合德)은 언니보다도 아름다와서 역시 황제의 총애를 받아 상경(上卿)과 같은 대우를 하는 첩여(婕妤)라는 여관(女官)이 되어, 자매가 황제의 사랑을 다투었다.

(4) 二年, 王音卒, 王商爲大司馬. 故南昌尉梅福, 上書曰, 方今君命犯, 而主威奪. 外戚之權, 日以益盛. 陛下不察其形, 願察其景. 建始以來, 日食·地震, 三倍春秋, 水災無與比數. 陰盛陽微, 金鐵爲飛. 此何景也. 書上. 不報. 四年, 王商卒, 王根爲大司馬.

영시(永始) 2년(B.C. 15), 왕음이 죽고 왕상이 대사마(大司馬)가 되었다. 전에 남창현(南昌縣)의 현위(縣尉)였던 매복(梅福)이 성제(成帝)에게 글을 올려 말했다.

「오늘 임금님의 명령이 침범되고, 또 임금의 위세가 탈취되었으며, 외척의 권세만이 날로 성하게 되었습니다.」「폐하께서는 그 꼴을 살피지 않으심으로 그 자국을 살피시기를 바랍니다.」「건시(建始) 이래로 일식과 지진이 춘추 시대의 세 배나 심하게 되었습니다. 수해와 화재도 〈다른 때와〉 비교할 수 없을 만큼 심합니다. 〈그 이유는〉 음이 극성을 부림으로 양이 쇠미하게 된 것입니다.」「〈성제(成

帝)의 하평(河平) 2년에 패현(沛縣)의 철관(鐵官)이 주철(鑄鐵)을 하던 곳에서〉 그 쇠가 하늘의 별처럼 날아가 다 흩어졌습니다.」「이것은 도대체 무슨 징조이겠습니까.」

이러한 글을 올렸으나, 임금은 아는 척 하지 않았다. 영시 4년, 왕상이 죽고 왕근이 대사마가 되었다.

어구 설명 ○二年, 王音卒, 王商爲大司馬(이년 왕음졸 왕상위대사마) : 영시(永始) 2년(B.C. 15), 왕음이 죽고 왕상이 대사마가 되었다. ○故南昌尉梅福, 上書曰,(고남창위매복 상서왈) : 전에 남창현(南昌縣)의 현위(縣尉)였던 매복(梅福)이 글을 올려 아뢰었다. ○方今君命犯, 而主威奪(방금군명범 이주위탈) : 방금은 임금님의 명령이 침범되고 또 임금님의 위세가 탈취되었습니다. ○外戚之權, 日以益盛(외척지권 일이익성) : 외척의 권세만이 날로 성하게 되었습니다. ○陛下不察其形, 願察其景(폐하불찰기형 원찰기경) : 폐하께서는 그 꼴을 살피지 않으십니다. 그 자국을 살피시기를 바랍니다.

○建始以來, 日食 · 地震, 三倍春秋,(건시이래 일식 · 지진 삼배춘추) : 건시 이래, 일식과 지진이 춘추시대의 세 배나 심하게 되었다. ○水災無與比數(수재무여비수) : 수해와 화재도 〈다른 때와〉 비교할 수 없을 만큼 심합니다. ○陰盛陽微,(음성양미) : 〈그 이유는〉 음이 극성을 부림으로 양이 쇠미하게 된 것입니다. ○金鐵爲飛(금철위비) : 「〈성제(成帝)의 하평(河平) 2년에 패현(沛縣)의 철관(鐵官)이 주철(鑄鐵)을 하던 곳에서〉 그 쇠가 하늘의 별처럼 날아가 다 흩어졌습니다.」 ※ 패현(沛縣) : 지금

의 강소성(江蘇省)에 있는 고을 이름. 한(漢) 고조(高祖)
의 고향임. ○此何景也(차하경야) : 이것은 도대체 무슨
징조이겠습니까.
○書上. 不報(서상 불보) : 이러한 글을 올렸으나, 임금
은 아는 척 하지 않았다. ○四年, 王商卒, 王根爲大司馬
(사년 왕상졸 왕근위대사마) : 영시 4년, 왕상이 죽고 왕
근이 대사마가 되었다.

**(5) 安昌侯張禹. 以帝師傅, 每有大政, 必與定議.
時吏民多上書言, 災異王氏專政所致. 上至禹第,
辟左右, 親以示禹. 禹自見年老子孫弱, 恐爲王氏
所怨, 謂上曰, 春秋日食・地震, 或爲諸侯相殺, 夷
狄侵中國. 災變之意, 深遠難見. 故聖人罕言命, 不
語怪神. 性與天道, 自子貢之屬不得聞. 何況淺見
鄙儒之所言. 新學小生, 亂道誤人. 宜無信用. 上雅
信愛禹, 由是不疑王氏.**

안창(安昌)의 후(侯)인 장우(張禹)가 임금의 사부였음으
로 큰일이 있을 때마다 반드시 그와 의논하여 결정하였
다.

당시 관리나 백성들 다수가 글을 올리고 아뢰었다. 요즈
음 「재난이나 이변은 오직 왕씨(王氏)가 정치를 전횡(專
橫)하기 때문이라.」고 호소했다.

성제(成帝)는 장우(張禹)의 집에 가서 좌우 사람들을 물

리치고 임금 자신이 〈글을〉 장우에게 보였다. 장우는 자신이 늙고 자기 지손이 약한 것을 보고 〈혹시라도〉 왕씨에게 원망을 살 것을 겁을 냈다. 그래서 임금에게 다른 소리를 했다. 〈즉 왕씨 일가를 비난하는 말을 하지 않았다.〉

「춘추시대에 일식(日蝕)과 지진(地震)이 〈있었던 것은〉 혹은 제후들이 서로 죽이고 또 이적이 중국을 침입했기 때문일 것입니다.」「〈하늘이 내리는〉 재변의 뜻은 깊고 멀기 때문에 〈사람들은〉 알기 어렵습니다.」「고로 성인 공자(孔子)님도 천명(天命)에 대한 말을 하시지 않았습니다. 또 괴력난신(怪力亂神)이나 인성(人性)과 천도(天道)에 대한 말을 하지 않았습니다. 그래서 자공(子貢) 같은 제자도 〈그런 말을〉 듣고 알지 못했습니다.」「하물며 얕게 보고 천박한 유생(儒生)이 〈무슨〉 말을 하겠습니까. 새로 배우는 어린 사람은 도를 흩트리고 사람을 그릇되게 합니다. 그러므로 〈그들의 말을〉 믿고 쓰지 마십시오.」

임금은 장우를 잘 믿고 사랑했다. 그래서 왕씨 일가를 의심하지 않았다.

어구 설명 ○安昌侯張禹. 以帝師傅,(안창후장우 이제사부) : 안창(安昌)의 후(侯)인 장우(張禹)가 임금의 사부였음으로.
○每有大政, 必與定議(매유대정 필여정의) : 큰일이 있을 때마다 반드시 그와 의논하여 결정하였다.
○時吏民多上書言,(시이민다상서언) : 당시 관리나 백성들 다수가 글을 올리고 말했다. ○災異王氏專政所致(재

이왕씨전정소치) : 재난이나 이변은 오직 왕씨(王氏)가 정치를 전횡(專橫)하기 때문이라고 호소했다. ㅇ上至禹第, 辟左右, 親以示禹(상지우제 벽좌우 친이시우) : 성제(成帝)는 장우(張禹)의 집에 가서 좌우 사람들을 물리치고 임금 자신이 〈글을〉 장우에게 보였다.

ㅇ禹自見年老子孫弱,(우자견년노자손약) : 장우는 자신이 늙고 자기 자손이 약한 것을 보고. ㅇ恐爲王氏所怨,(공위왕씨소원) : 〈혹시라도〉 왕씨에게 원망을 살 것을 겁을 냈다. ㅇ謂上曰,(위상왈) : 임금에게 다른 소리를 했다. 〈즉 왕씨 일가를 비난하는 말을 하지 않았다.〉

ㅇ春秋日食・地震,(춘추일식・지진) : 춘추시대에 일식(日蝕)과 지진(地震)이 〈있었던 것은〉. ㅇ或爲諸侯相殺, 夷狄侵中國(혹위제후상살 이적침중국) : 혹은 제후들이 서로 죽이고 또 이적이 중국을 침입했기 때문일 것입니다. ㅇ災變之意, 深遠難見(재변지의 심원난견) : 재변의 뜻은 깊고 멀기 때문에 〈사람들은〉 알기 어렵습니다.

ㅇ故聖人罕言命,(고성인한언명) : 고로 성인 공자(孔子)도 천명(天命)에 대한 말을 하시지 않았습니다. ※「罕(그물 한) ; 드물다.」罕言(한언)은 가끔 말함. 거의 말하지 않음. ㅇ不語怪神. 性與天道,(불어괴신 성여천도) : 〈공자님은〉「괴력난신(怪力亂神)이나 인성(人性)과 천도(天道)」에 대한 말을 하지 않았습니다. ㅇ自子貢之屬不得聞(자자공지속부득문) : 그래서 자공(子貢) 같은 제자도 〈그런 말을〉 듣고 알지 못했습니다. ㅇ何況淺見鄙儒之所言(하황천견비유지소언) : 하물며 얕게 보고 천박한 유생(儒生)이 〈무슨〉 말을 하겠습니까. ㅇ新學小生, 亂道誤人.

宜無信用(신학소생 난도오인 의무신용) : 새로 배우는 어린 사람은 도를 흩트리고 사람을 그릇되게 합니다. 그러니 〈그들의 말을〉 믿고 쓰지 마십시오.

ㅇ上雅信愛禹, 由是不疑王氏(상아신애우 유시부의왕씨) : 임금은 장우를 잘 믿고 사랑했다. 그래서 왕씨 일가를 의심하지 않았다.

(6) 故槐里令朱雲, 上書求見. 願賜尙方斬馬劍, 斷佞臣一人頭, 以厲其餘. 上問, 誰也. 對曰, 安昌侯張禹. 上大怒曰, 小臣居下, 廷辱師傅. 罪死不赦. 御史將雲下. 雲攀殿檻. 檻折. 雲呼曰, 臣得下從龍逢 · 比干, 遊於地下足矣. 未知聖朝如何耳. 左將軍辛慶忌, 叩頭流血爭之. 上意乃解. 及當治檻, 上曰, 勿易. 因而輯之, 以旌直臣.

원제(元帝) 때 괴리(槐里)의 현령(縣令) 주운(朱雲)이 글을 올리고 임금을 뵙고자 했다. 〈주운은 임금에게 말했다.〉「원합니다. 상방(尙方)이 보관하고 있는 말을 베는 칼을 주십시오. 〈그 칼로〉 녕신(佞臣) 한 사람의 머리를 자르고 다른 신하들을 바로잡겠습니다.」

임금이 「누구냐」고 묻자, 〈주운이〉 대답했다. 「안창후 장우입니다.」

임금이 대노하고 말했다. 「소신이 밑에 있으면서 조정의 사부를 욕하다니, 그 죄는 사형이고 용서할 수 없다.」

어사가 주운을 잡아 내렸으나, 주운은 궁전의 난간을 꽉 잡고 〈매달렸음으로〉 난간이 부러졌다.

주운이 외쳤다. 「신은 〈죽고 저승에〉 내려가서 〈하(夏)나라의〉 용봉(龍逢)과 은(殷)나라의 비간(比干)을 따를 겁니다. 지하에서 함께 교유할 수 있는 것으로 만족합니다. 그러나 임금님 조정이 어떻게 될지 모르겠습니다.」

좌장군 신경기(辛慶忌)가 머리를 두들겨 피를 흘리며 〈주운의 목숨을〉 다투듯이 간쟁했다.

그래서 임금은 〈처벌하려는〉 뜻을 거두었다. 나중에 난간을 수리하게 되었으나 임금이 「고치지 말라.」고 말했다. 「그대로 부러진 나무를 도로 맞추어서 전에 있던 대로 해놓아라. 그리하여 충직한 신하의 정(旌=표창〈表彰〉)을 삼을 것이다.」라고 말했다.

> **어구 설명** ○故槐里令朱雲, 上書求見(고괴리영주운 상서구견) : 괴리(槐里=陝西省)의 현령(縣令) 주운(朱雲)이 글을 올리고 임금을 뵙고자 했다.
> ○願賜尙方斬馬劍, 斷佞臣一人頭, 以厲其餘(원사상방참마검 단녕신일인두 이려기여) : 〈주운이 임금에게 말했다.〉「원합니다. 상방(尙方)이 보관하고 있는 말을 베는 칼을 주십시오. 〈그 칼로〉 녕신(佞臣=악한 신하) 한 사람의 머리를 자르고 다른 신하들을 바로잡겠습니다.」
> ※ 상방(尙方)은 임금의 물품을 보관하거나 기물을 만드는 관청. 려(厲)는 바르게 독려한다. 斬馬劍(참마검) : 썩 잘들어 말을 두 동강이 낼 수 있다고 하여 붙인 이름이

나, 말을 베는 칼은 아니다.

○上問, 誰也(상문 수야) : 임금이 누구냐고 물었다. ○對曰, 安昌侯張禹(대왈 안창후장우) : 〈주운이〉 대답했다. 「안창후 장우입니다.」 ○上大怒曰,(상대노왈) : 임금이 대노하고 말했다.

○小臣居下, 廷辱師傅. 罪死不赦(소신거하 정욕사부 죄사부사) : 소신이 밑에 있으면서 조정에서 사부를 욕하다니, 그 죄는 사형이고 용서할 수 없다.

○御史將雲下(어사장운하) : 어사가 주운을 잡아 내렸으나. ○雲攀殿檻. 檻折(운반전함 함절) : 주운은 궁전의 난간을 꽉 잡고 〈매달렸음으로〉 난간이 부러졌다. 「攀(더위잡을 반) ; 매달리다, 달라붙다, 의지하다.」

○雲呼曰, 臣得下從龍逢 · 比干, 遊於地下足矣. 未知聖朝如何耳(운호왈 신득하종용봉 · 비간 유어지하족의 미지성조여하이) : 주운이 외쳤다. 「신은 〈죽고 저승에〉 내려가서 〈하(夏)나라의〉 용봉(龍逢)과 은(殷)나라의 비간(比干)을 따를 겁니다. 지하에서 함께 교유할 수 있는 것으로 만족합니다. 그러나 임금님 조정이 어떻게 될지 모르겠습니다.」 ○左將軍辛慶忌, 叩頭流血爭之(좌장군신경기 고두유혈쟁지) : 좌장군 신경기(辛慶忌)가 머리를 두들겨 피를 흘리며 〈주운의 목숨을〉 다투듯이 간쟁했다. ○上意乃解(상의내해) : 그래서 임금은 〈처벌하려는〉 뜻을 풀었다.

○及當治檻,(급당치함) : 나중에 난간을 수리하게 되었으나. ○上曰, 勿易. 因而輯之, 以旌直臣(상왈 물이 인이집지 이정직신) : 임금이 「다른 것으로 갈아서 고치지 말

라.」고 말했다. 「그리고 그대로 수습해서 원래대로 짜맞추어 놓아라, 충직한 신하를 표창하라.」고 말했다. ※「정(旌)」은 「임금이 아랫사람의 사기를 고무할 때 쓰는 정기(旌旗)로 삼았다.」는 것으로 표창(表彰)하다는 뜻이다. 表彰(표창) : 선행(善行)을 기리어 널리 세상에 드러내는 일. 표장(表章). 표현(表顯)과 같은 뜻으로 쓰임.

(7) 綏和元年, 王根病免, 王莽爲大司馬. 二年, 帝崩. 在位二十六年. 改元者七, 曰建始・河平・陽朔・鴻嘉・永始・元延・綏和. 帝有威儀. 臨朝若神. 然荒于酒色, 政在外家. 張禹・薛宣・翟方進, 爲相, 漢業愈衰焉. 太子卽位. 是爲孝哀皇帝.

〈성제(成帝)의 연호〉 수화(綏和) 원년(B.C. 8)에 왕근(王根)이 병으로 면직했으며, 왕망(王莽)이 대사마가 되었다.

수화 2년에 성제(成帝)가 붕어했다. 성제는 임금 자리에 26년 있었다. 〈그 사이에〉 연호(年號)를 7번이나 바꾸었다. 즉 「건시(建始), 하평(河平), 양삭(陽朔), 홍가(鴻嘉), 영시(永始), 원연(元延), 수화(綏和)」 등이다.

성제는 조정에서는 위의(威儀)를 갖추고 조정에 임할 때는 신(神) 같았다. 〈*신(神)은 「말도 안 하고 행동도 없다.(즉 엄숙하다.)」는 뜻이다.〉

그러나 조정 밖에서는 심하고 거칠게 주색(酒色)에 빠졌으며, 정치는 모두 외가(外家) 사람이 했다.

〈이름만으로〉 장우(張禹), 설선(薛宣), 적방진(翟方進)이 재상이 되었다. 〈그러나 실권은 외가가 독점하고 잘못했음으로〉 한(漢)나라의 모든 일이 더욱 쇠락했다.

〈그 해에〉 태자가 자리에 올랐다. 이가 곧 효애황제(孝哀皇帝)다. 〈*약칭은 애제(哀帝)다.〉

어구 설명 ○綏和元年,(수화원년) : 〈성제(成帝)의 연호〉 수화(綏和) 원년(B.C. 8). ○王根病免, 王莽爲大司馬(왕근병면 왕망위대사마) : 왕근이 병 때문에 면직했다. 왕망이 대사마가 되었다.

○二年, 帝崩(이년 제붕) : 수화 2년에 성제(成帝)가 붕어했다. ○在位二十六年. 改元者七,(재위이십육년 개원자칠) : 성제는 임금 자리에 26년 있었다. 〈그 사이에〉 연호(年號)의 호칭을 7번이나 바꾸었다. ○曰建始 · 河平 · 陽朔 · 鴻嘉 · 永始 · 元延 · 綏和(왈건시 · 하평 · 양삭 · 홍가 · 영시 · 원연 · 수화) : 즉 「건시(建始), 하평(河平), 양삭(陽朔), 홍가(鴻嘉), 영시(永始), 원연(元延), 수화(綏和)」 등이다.

○帝有威儀. 臨朝若神(제유위의 임조약신) : 성제는 조정에서는 위의(威儀)를 갖추고 조정에 임할 때는 신(神) 같았다. 〈*신(神)은 「말도 안 하고 하는 짓도 없다.」는 뜻이다.〉

○然荒于酒色, 政在外家(연황우주색 정재외가) : 그러나 조정 밖에서는 심하고 거칠게 주색(酒色)에 빠졌으며, 정치는 다 외가(外家)가 독점했다. ○張禹 · 薛宣 · 翟方

進, 爲相, 漢業愈衰焉(장우·설선·적방진 위상 한업유
쇠언) : 〈이름만으로〉 장우(張禹), 설선(薛宣), 적방진(翟
方進)이 재상이 되었다. 〈그러나 실권은 외가가 독점하
고 잘못했음으로〉 한(漢)나라의 모든 일이 더욱 쇠락했
다.

ㅇ太子卽位. 是爲孝哀皇帝(태자즉위 시위효애황제) :
〈그 해에〉 태자가 자리에 올랐다. 이가 곧 효애황제(孝
哀皇帝)다. 〈*약칭은 애제(哀帝)다.〉

왕망(王莽)

제2과 애제(哀帝), 평제(平帝), 유자 영(嬰)

(1) [孝哀皇帝] 名欣. 定陶恭王康之子, 元帝之孫
也. 祖母傅氏, 母丁氏. 成帝無子. 故立爲太子, 至
是卽位. 丁 · 傅用事, 罷大司馬莽就第.

애제(哀帝)의 〈성은 유(劉)〉 이름은 흔(欣)이다. 정도(定
陶)의 공왕(恭王) 강(康)의 아들이다. 원제(元帝)의 손자
(孫子)이다.

할머니는 부씨(傅氏)이고, 어머니는 공황후(恭皇后) 정
씨(丁氏)이다. 성제(成帝)에게는 아들이 없었다. 그래서
그를 태자로 삼았으며 〈성제가 죽은〉 다음 자리에 오르게
했다.

어머니 〈정씨의 오빠〉 정명(丁明)과 〈할머니 부씨의 조
카〉 부안(傅晏)이 정치를 하자, 대사마 왕망(王莽)을 파면
하고 자기 집으로 돌아가게 했다.

> 어구 설명 ○[孝哀皇帝] 名欣(효애황제 명흔) : 애제(哀帝)의 이름
> 은 흔(欣)이다. ○定陶恭王康之子, 元帝之孫也(정도공
> 왕강지자 원제지손야) : 정도(定陶)의 공왕(恭王) 강
> (康)의 아들이며, 원제(元帝)의 손(孫)이다. ○祖母傅
> 氏, 母丁氏(조모부씨 모정씨) : 할머니는 부씨(傅氏)이
> 고, 어머니는 공황후(恭皇后) 정씨(丁氏)이다.
> ○成帝無子. 故立爲太子, 至是卽位(성제무자 고입위태자

지시즉위) : 성제(成帝)는 아들이 없었다. 그래서 그를 태
자로 삼았으며, 〈성제가 죽자〉 그때에 자리에 올랐다.
ㅇ丁·傅用事,(정·부용사) : 〈어머니 정씨의 오빠〉 정
명(丁明)과 〈할머니 부씨(傅氏)의 조카〉 부안(傅晏)이 정
사(政事)를 맡아서 했다. ㅇ罷大司馬莽就第(파대사마망
취제) : 대사마 왕망(王莽)을 파면하고 집으로 돌려보냈
다. ※「就(이를 취) ; 마치다, 끝내다.」就第(취제)는 관직
(官職)을 그만두고 사택(私宅)에 돌아감.
〈*원제(元帝) 다음의 성제(成帝)는 아들이 없었다. 그래
서 정도공왕(定陶恭王) 강(康)의 아들, 즉 흔(欣)을 태자
로 삼고 뒤를 잇게 했다. 그가 곧 애제(哀帝)다.〉

애제(哀帝)

(2) 建平元年, 用夏賀良言. 漢歷中衰. 當更受天
命, 宜急改元易號. 乃改元太初, 更號陳聖劉太平
皇帝. 尋罷改元更號事, 誅夏賀良等.

〈애제(哀帝)가 자리에 오른〉 건평(建平) 원년(B.C. 6)에
하하량(夏賀良)의 말을 채용했다. 〈즉 듣고 말을 따랐다.〉

「한나라 역사는 도중에 쇠퇴했습니다. 마땅히 새로 천명
을 받아야 합니다. 급히 원년(元年)의 연호와 제호(帝號)
를 고치십시오.」 이에 애제(哀帝)는 연호를 「태초(太初)」
라 했고, 또 자신의 제호(帝號)를 「진성(陳聖) 유태평황제
(劉太平皇帝)」라 했다. 그러나 아무런 효과가 없자 후에는
개원(改元)과 경호(更號)의 개칭(改稱)을 그만두고 〈말을
한〉 하하량(夏賀良) 등을 주살했다.

어구 설명 ○建平元年,(건평원년) : 〈애제(哀帝)의 연호〉 건평(建
平) 원년(B.C. 6). ○用夏賀良言(용하하량언) : 하하량
(夏賀良)의 말을 채용했다. 「용(用)」은 「말을 따랐다.」
는 뜻이다. ○漢歷中衰. 當更受天命,(한역중쇠 당경수
천명) : 한나라 역사는 도중에 쇠퇴했습니다. 마땅히
새로 천명을 받아야 합니다. ○宜急改元易號(의급개원
이호) : 〈그러므로〉 당장 원년(元年)의 연호(年號)와 제
호(帝號)를 고치십시오. 〈하하량이 임금에게 건의를 했
다.〉 ○乃改元太初,(내개원태초) : 그래서 애제는 연호
를 태초(太初)라고 고쳤다. ○更號陳聖劉太平皇帝(경호
진성유태평황제) : 〈임금의 칭호를〉 「진성(陳聖) 유태

평황제(劉太平皇帝)」라고 〈고쳤다.〉

ㅇ尋罷改元更號事,(심파개원경호사) : 그 후에 아무런 효과가 없자 연호와 임금 이름 고치는 것을 그만두었다. ㅇ誅夏賀良等(주하하량등) : 그리고 하하량 등을 주살했다.

(3) 帝幸董賢. 元壽元年, 以賢爲大司馬. 二年, 帝崩. 賢自殺. 帝在位七年, 改元者二, 曰建平・元壽. 太皇太后, 以王莽爲大司馬, 領尙書事, 迎中山王卽位. 是爲孝平皇帝.

애제(哀帝)는 동현(董賢)을 총애하고 원수(元壽) 원년(B.C. 2)에 그를 대사마로 임명했다. 다음 해(B.C. 1)에 애제가 죽자, 동현도 자결했다. 애제는 재위(在位) 7년에 연호를 두 번 개칭했다. 즉 건평(建平)과 원수(元壽)였다.

〈애제가 죽은 다음, 원제(元帝)의 황후 왕씨(王氏)〉 즉 태황태후가 왕망(王莽)을 대사마로 임명했다. 그래서 왕망은 상서의 일을 총괄했다.

그리고 중산(中山)의 왕을 자리에 앉혔다. 이가 곧 효평황제(孝平皇帝)다. 〈*약칭은 평제(平帝)라 했다.〉

어구 설명 ㅇ帝幸董賢. 元壽元年, 以賢爲大司馬(제행동현 원수원년 이현위대사마) : 애제는 동현(董賢)을 총애하고 원수(元壽) 원년(B.C. 2)에 대사마로 임명했다.

ㅇ二年, 帝崩. 賢自殺(이년 제붕 현자살) : 2년에 애제

가 죽자, 동현도 자살했다.

○帝在位七年, 改元者二, 曰建平 · 元壽(제재위칠년 개원자이 왈건평 · 원수) : 애제는 재위(在位) 7년 동안에 연호를 두 번 개칭했다. 즉 건평(建平)과 원수(元壽)였다.

○太皇太后, 以王莽爲大司馬, 領尙書事,(태황태후 이왕망위대사마 영상서사) : 〈애제가 죽은 다음, 원제(元帝)의 황후 왕씨(王氏) 즉〉 태황태후가 왕망(王莽)을 대사마로 임명했다. 왕망은 상서의 일을 총괄했다.

○迎中山王卽位. 是爲孝平皇帝(영중산왕즉위 시위효평황제) : 중산(中山)의 왕을 맞이하여 자리에 앉혔다. 이가 곧 효평황제(孝平皇帝)다. 〈*약칭은 평제(平帝)이다.〉

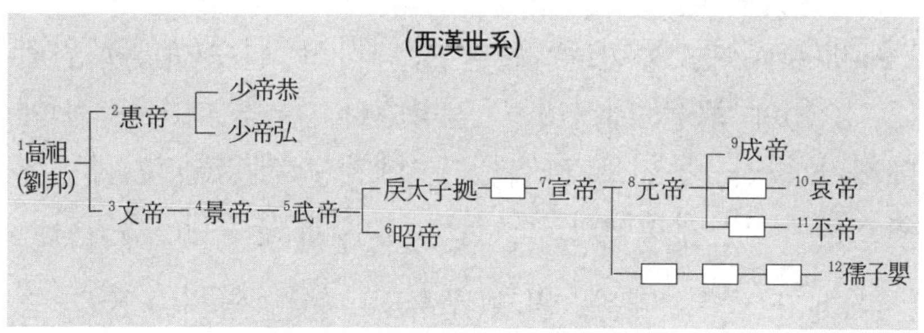

(4) [孝平皇帝] 名箕子. 後更名衎. 中山孝王興之子, 元帝孫也. 哀帝崩, 立爲嗣. 太皇太后臨朝. 大司馬莽秉政. 百官總己以聽. 元始元年, 莽爲安漢公. 四年, 聘莽女爲皇后, 加安漢公號宰衡, 位諸侯王上. 五年, 太師孔光卒. 成哀以來, 光等爲三公, 養成漢禍, 詔佞成風. 上書頌莽者, 至四十八萬人. 加莽九錫.

효평황제(孝平皇帝), 즉 평제(平帝)는 이름이 기자(箕子)였으며 나중에 간(衎)으로 고쳤다. 중산효왕(中山孝王) 흥(興)의 아들이며 원제(元帝)의 손자였다. 애제(哀帝)가 붕어하자, 자리에 올라 뒤를 이었다.

〈애제의 뒤를 이은 평제(平帝)는 나이가 9세였다.〉〈그래서 원제의 황후 왕씨(王氏) 즉〉「태황태후(太皇太后)」가 조정(朝廷)에 임했으며, 대사마(大司馬)인 왕망(王莽)이 모든 일을 다스렸다. 그래서 백관들이 자기의 일을 다 묶어서 〈왕망에게 맡기고〉 그의 말을 들었다.

원시(元始) 원년(A.D. 1) 왕망이 스스로 안한공(安漢公)이 되었다. 4년(A.D. 4)에는 평제가 왕망의 딸을 황후로 삼았다.

그래서 왕망(王莽)은 「안한공(安漢公)」이란 존칭 위에 「재형(宰衡)」이란 존칭을 덧붙이고 제후왕보다 더 위에 군림했다.

5년에 태사 공광(孔光)이 죽었다. 성제(成帝)와 애제(哀帝) 이래, 공광(孔光) 등 일파가 삼공(三公)이 되어 한(漢)나라의 재화(災禍)를 키웠던 것이다. 그래서 사특하게 아첨하는 기풍이 〈전국적으로〉 넘쳤으며, 임금에게 왕망을 칭송하는 상서를 올린 자들이 48만이나 되었다. 이에 임금은 〈왕망에게〉 아홉 가지 특사품(特賜品)을 내려주었다.

어구 설명 ㅇ[孝平皇帝] 名箕子. 後更名衎(효평황제 명기자 후경명간) : 효평황제(孝平皇帝), 즉 평제(平帝)는 이름이

기자(箕子)이다. 나중에 간(衎)으로 고쳤다.

ㅇ中山孝王興之子, 元帝孫也(중산효왕흥지자 원제손야) : 중산효왕 흥(興)의 아들이며, 원제(元帝)의 손자다. ㅇ哀帝崩, 立爲嗣(애제붕 입위사) : 애제(哀帝)가 붕어하자, 자리에 올라 뒤를 이었다.

ㅇ太皇太后臨朝. 大司馬莽秉政(태황태후임조 대사마망병정) : 〈애제의 뒤를 이은 평제(平帝)는 나이가 9세였다.〉〈그래서 원제의 황후 왕씨(王氏)인〉「태황태후(太皇太后)」가 조정(朝廷)에 임했으며, 대사마(大司馬)인 왕망(王莽)이 정사를 다스렸다. ㅇ百官總己以聽(백관총기이청) : 그래서 백관들이 자기의 일을 다 묶어서 〈왕망에게 맡기고〉 왕망의 말을 들었다.

ㅇ元始元年, 莽爲安漢公(원시원년 망위안한공) : 원시(元始) 원년(A.D. 1) 왕망이 안한공(安漢公)이 되었다.

ㅇ四年, 聘莽女爲皇后,(사년 빙망여위황후) : 4년(A.D. 4)에는 평제(平帝)가 왕망의 딸을 황후로 삼았다.

ㅇ加安漢公號宰衡, 位諸侯王上(가안한공호재형 위제후왕상) : 그래서 왕망(王莽)은 「안한공(安漢公)」이란 존칭 위에 「재형(宰衡)」이란 존칭을 덧붙이고 제후왕(諸侯王)보다 더 위의 직위였다. ※ 宰衡(재형) : 옛날 주공(周公)의 벼슬 이름 태재(太宰)와 은(殷)나라 이윤(伊尹)의 벼슬이름 아형(阿衡)을 합한 최고의 영예로운 칭호.

ㅇ五年, 太師孔光卒(오년 태사공광졸) : 5년에 태사 공광(孔光)이 죽었다. ㅇ成哀以來, 光等爲三公, 養成漢禍,(성애이래 광등위삼공 양성한화) : 성제(成帝)와 애

제(哀帝) 이래, 공광(孔光) 등 일파가 삼공(三公)이 되어 한(漢)나라의 재화(災禍)를 키웠던 것이다.

○諂佞成風(첨녕성풍) : 사특하게 아첨하는 기풍이 〈전국적으로〉 넘쳤다. ※ 諂(① 아첨할 첨, ② 교태 부리다. 아양떨다. ③ 사특하다. 부정한 짓을 하다.) 諂佞(첨녕) : 아첨함. 諂諛(첨유)=아첨함. ○上書頌莽者, 至四十八萬人(상서송망자 지사십팔만인) : 임금에게 왕망을 칭송하는 상서를 올린 자들이 48만이나 되었다.

○加莽九錫(가망구석) : 이에 임금이 〈왕망에게〉 아홉 가지 특사품(特賜品)을 내려주었다. ※九錫(구석) : 공로가 있는 신하에게 특별히 임금이 내리는 아홉 가지 은전(恩典), 고로 석(錫)은 사(賜)니, 구품(九品)을 하사한 것이다. 곧 여마(輿馬=가마와 말)・의복(衣服)・악기(樂器)・주호(朱戶 ; 대문을 붉은색으로 칠함)・납폐(納陛 ; 중폐〈中陛〉에서 올라갈 수 있음) ※ 納陛(납폐)는 대궐의 축대를 파서 남의 눈에 띄지 않게 오르내릴 수 있도록 만든 계단. 일종의 비밀 출입 계단으로 지붕이 있는 계단. 호분(虎賁 ; 호위하는 종자〈從者〉 300명)・궁시(弓矢)・부월(鈇鉞 ; 간사한 무리를 죽이는 도끼)・거창(秬鬯 ; 검은 기장과 향초(鬱金草〈울금초〉)로 빚은 술로 제사에 쓰는 것.)

(5) 臘日, 莽上椒酒於帝, 置毒. 帝崩. 在位六年, 改元者一, 曰元始. 太皇太后詔徵宣帝玄孫嬰, 爲皇太子. 號曰孺子嬰. 莽居攝踐祚, 贊曰假皇帝, 民臣謂之攝皇帝.

원시 5년, 12월 대한(大寒) 다음 납일(臘日)에 왕망(王莽)이 임금 평제(平帝)에게 초주(椒酒)를 올렸다. 그러나 독을 넣었음으로 평제가 죽었다. 어린 평제는 자리에 6년 있었으며, 연호를 한 번만 바꾸었다. 즉 원시(元始)이다.

태황태후 〈왕씨가〉 조서를 내려 선제(宣帝)의 현손(玄孫) 영(嬰)을 찾아서 황태자로 삼았으며, 호를 유자영(孺子嬰)이라 했다. 〈그때 나이 2살이었다.〉

왕망(王莽)은 섭정(攝政)으로 있으면서, 실지는 임금 자리에 있었다. 〈제사를 지낼 때의〉 축문(祝文)에 〈자신을〉 가황제(假皇帝)라고 말했으며 백성이나 신하들은 섭황제(攝皇帝)라고 했다.

어구 설명 ○臘日,(납일) : 한(漢)나라에서는 대한(大寒) 다음의 술일(戌日)을 납일(臘日)이라 했다. ○莽上椒酒於帝, 置毒. 帝崩(망상초주어제 치독 제붕) : 왕망(王莽)이 임금 평제(平帝)에게 초주(椒酒)를 올렸다. 그러나 독을 넣었음으로 평제가 죽었다. 초(椒)는 산초나무. ○在位六年, 改元者一, 曰元始(재위육년 개원자일 왈원시) : 어린 평제는 임금 자리에 6년 있었으며, 연호를 한 번 바꾸었다. 즉 원시(元始)이다.

○太皇太后詔徵宣帝玄孫嬰, 爲皇太子. 號曰孺子嬰(태황태후조징선제현손영 위황태자 호왈유자영) : 태황태후 〈왕씨가〉 조서를 내려 선제(宣帝)의 현손(玄孫) 영(嬰)을 찾아서 황태자로 삼았으며, 호를 유자영(孺子嬰)이라 했다. 〈*현손(玄孫)은 4대 후의 손자. 유자(孺子)

란 어린 아들이란 뜻으로 실제로 젖먹이 아이. 영(嬰)은
갓난아이라는 뜻.〉〈그때 나이 2살이었다.〉
  ㅇ莽居攝踐祚,(망거섭천조) : 왕망(王莽)은 섭정(攝政)
으로 있으면서, 실지로는 임금 자리에 있었다. ※ 踐祚
(천조) : 천자의 자리를 밟음. ㅇ贊曰假皇帝,(찬왈가황
제) :〈제사를 지낼 때의〉축문(祝文)에〈자신을〉가황
제(假皇帝)라고 말했다. ※「贊(도울 찬) ; 알리다, 말하다,
고하다.」ㅇ民臣謂之攝皇帝(민신위지섭황제) : 백성이
나 신하들은 섭황제(攝皇帝)라고 했다.

제3과 왕망(王莽)의 음흉과 악덕

⑴ [孺子嬰] 爲嗣之初, 是爲王莽居攝元年. 劉崇
起兵討莽, 不克死. 二年, 東郡太守翟義, 故丞相方
進子也. 起兵討莽, 不克死.

유자영이 뒤를 계승한 첫해는 왕망이 섭정 자리에 앉은
원년이 된다. 첫해(A.D. 6)에 유숭(劉崇)이 무력으로 왕망
을 쳤으나 이기지 못하고 죽었다.

  2년(A.D. 7)에는 전의 승상(丞相) 방진(方進)의 아들 동
군의 태수 적의(翟義)가 〈역시〉 무력으로 왕망을 쳤다. 역
시 이기지 못하고 죽었다.

  어구 설명 ㅇ[孺子嬰] 爲嗣之初,(유자영 위사지초) : 유자영이 자

리를 계승한 첫해. ㅇ是爲王莽居攝元年(시위왕망거섭
원년) : 왕망이 섭정 자리에서 다스렸다. 즉 〈왕망이 섭
정이 된 지〉 원년(A.D. 6)이 된다.

ㅇ劉崇起兵討莽, 不克死(유숭기병토망 불극사) : 이 해
에 유숭(劉崇=安衆候)이 무력으로 왕망을 쳤다. 그러
나 이기지 못하고 유숭이 죽었다.

ㅇ二年, 東郡太守翟義, 故丞相方進子也. 起兵討莽, 不
克死(이년 동군태수적의 고승상방진자야 기병토망 불
극사) : 2년에, 동군의 태수인 적의(翟義)는 지난 날 승
상(丞相) 방진(方進)의 아들이다. 그래서 무력으로 왕
망을 쳤다. 역시 이기지 못하고 자기가 죽었다.

(2) 初始元年, 莽卽眞天子位, 國號新. 更號漢太皇太后, 曰新室文母太皇太后.

초시(初始) 원년에 왕망(王莽)은 진천자(眞天子) 자리에
올랐으며, 나라 이름을 신(新)이라 했다. 그리고 한태황태
후(漢太皇太后)라는 칭호를 「신실문모태황태후(新室文母
太皇太后)」라고 고쳤다.

어구 설명 ㅇ初始元年, 莽卽眞天子位, 國號新(초시원년 망즉진천
자위 국호신) : 초시(初始) 원년에 왕망(王莽)은 진천자
(眞天子) 자리에 올랐으며, 나라 이름을 신(新)이라고
했다. ※ 한(漢)나라는 패현(沛縣)의 유방(劉邦) 이래
12대 214년으로 멸망. 이때까지를 전한(前漢=西漢)이
라고 한다. ㅇ更號漢太皇太后,(경호한태황태후) : 한태

황태후(漢太皇太后)라는 호칭을 고쳤다. ○日新室文母
太皇太后(왈신실문모태황태후) : 즉「신실문모태황태
후(新室文母太皇太后)」라고 고쳤다.
〈*다음의 글은 왕망의 성장과 성격을 적은 글이다.〉

(3) 王莽者王曼之子也. 孝元皇后兄弟八人. 獨曼早死不侯. 莽幼孤. 羣兄弟皆將軍, 五侯子, 乘時侈靡, 以興馬聲色, 佚游相高. 莽折節爲恭儉, 勤身博學, 被服如儒生.

왕망(王莽)은 왕만(王曼)의 아들이다. 효원황제(孝元皇帝)의 황후(皇后) 왕씨에게는 8형제가 있었는데 〈그중에서 왕망의 아버지 왕만(王曼)〉 혼자만이 일찍 죽어서 후(侯)가 되지 못했다. 그래서 왕망은 어려서 고아가 되었다.

여러 형제들은 모두가 장군이 되었고, 또 오후(五侯)의 아들들은 때를 타고 사치를 마음대로 했으며, 수레나 말을 타고 음악과 여색(女色)을 즐겼으며, 일락(佚樂) 유연(遊宴)하고 서로 기세를 높였던 것이다.

그러나 〈고아가 된〉 왕망은 〈그들에게〉 허리를 굽히고 따라야 했다. 그래서 절약하고 공손하게 살아야 했다. 왕망은 몸을 부지런히 놀리고 일을 했다. 뿐만 아니라 널리 학문을 배워 박학다식(博學多識)했다. 복장도 유생(儒生)같이 조촐하게 차려 입었다.

어구 설명 ○王莽者王曼之子也(왕망자왕만지자야) : 왕망(王莽)은 왕만(王曼)의 아들이다. ○孝元皇后兄弟八人(효원황후형제팔인) : 원제(元帝)의 황후(皇后) 약칭으로, 원후(元后) 왕씨는 8형제가 있었다. 〈즉 그 중의 한 사람이 왕망의 아버지 만(曼)이다.〉〈*그러나 왕만의 아버지 만(曼)과 아버지의 다른 형제들과는 어머니가 다르다고 한다.〉

○獨曼早死不侯(독만조사불후) : 〈아버지 왕만〉은 일찍 죽어서 후(侯)가 되지 못했다. ○莽幼孤(망유고) : 그래서 왕망은 어려서 고아가 되었다. ○羣兄弟皆將軍,(군형제개장군) : 다른 형제들은 모두 다 장군이 되었다.

○五侯子,(오후자) : 오후(五侯)의 아들이었다. 〈자기 또래의 조카들.〉

○乘時侈靡, 以輿馬聲色, 佚游相高(승시치미 이여마성색 일유상고) : 때를 타고 사치했으며, 수레나 말을 타고 음악과 여색(女色)을 즐겼으며, 일락(佚樂) 유연(遊宴)하고 서로 높은 자리에서 거만했다. ※ 聲色(성색) : 노래와 여색. 佚樂(일락) : 편안히 즐기다. 遊宴(유연) : 연회를 열어 즐겁게 놀다.

○莽折節爲恭儉,(망절절위공검) : 〈고아가 된〉 왕망(王莽)은 허리를 굽히고 절약하고 공손하고 검약하게 살았다. ○勤身博學, 被服如儒生(근신박학 피복여유생) : 〈왕망은〉 몸을 부지런히 놀리고 널리 학문을 배웠으며, 옷도 유생 같이 조촐하게 입었다.

(4) 外交英俊, 內事諸父, 曲有禮意. 封新都侯. 爵

位益尊, 節操愈謙. 虛譽隆洽, 傾其諸父. 遂得漢
政. 哀帝崩, 迎立平帝. 五年而弑帝, 攝位三年, 竟
簒位, 國號新.

집 밖에서 사람과 사귈 때는 영특하고 뛰어나게 했다. 집 안에서 모든 아버지(백부〈伯父〉와 숙부〈叔父〉)를 섬길 때는 사소한 일에도 예의를 지키고 또 존경했다. 그래서 신도(新都 : 河南省)의 후(侯)로 봉해졌으며 〈그 후로도〉 왕망은 작위가 더욱 높아졌다.

그럴수록 왕망은 절조를 더욱 겸손하게 했으므로, 허황된 소문이 더욱 높아졌던 것이다. 이에 제부(諸父)들은 〈왕망에게〉 기울었다. 그래서 드디어 한나라 정사를 〈왕망이〉 얻게 되었던 것이다. 〈*왕망의 겸양이나 절약은 가식적으로 꾸민 것이다. 즉 득세하고자 해서 꾸민 것이다.〉 〈*다음 글은 왕망의 무도한 짓을 말한 것이다.〉

애제(哀帝)가 붕어하자 평제를 맞아서 세웠으며, 5년만에 임금을 시해하고 임금 대신 자리를 3년이나 지켰던 것이다.

그리고 마침내 나라를 찬탈하고 국호를 신(新)이라 고쳤다.

어구 설명 ○外交英俊,(외교영준) : 밖으로 사귈 때는 영특하고 뛰어나게 했다. ○內事諸父,(내사제부) : 집안에서 모든 아버지(백부〈伯父〉와 숙부〈叔父〉)를 섬길 때는. ○曲有

禮意(곡유예의) : 사소한 일에도 예의와 존경하는 뜻이 있었다. ○封新都侯(봉신도후) : 그래서 신도(新都 : 河南省)의 후로 봉해졌으며. ○爵位益尊,(작위익존) : 작위가 더욱 높아졌다. ○節操愈謙(절조유겸) : 절조를 더욱 겸손하게 했다. ○虛譽隆洽,(허예융흡) : 그래서 허황된 소문이 더욱 높아졌다. ○傾其諸父(경기제부) : 제부(諸父)들을 기울게 했다. ○遂得漢政(수득한정) : 드디어 정사를 얻게 되었다.

○哀帝崩, 迎立平帝(애제붕 영입평제) : 애제가 붕하자 평제를 맞아서 세웠다. ○五年而弑帝, 攝位三年,(오년이시제 섭위삼년) : 5년만에 임금을 시해하고 임금을 대신하는 자리를 3년 지키다가. ○竟簒位, 國號新(경찬위 국호신) : 마침내 찬탈하고 국호를 신(新)이라고 고쳤다. ※「簒(빼앗을 찬) ; 簒은 속자.」왕망은 다만, 자기의 출세의 수단으로서 유학을 배워 수신, 제가, 치국, 평천하(修身, 齊家, 治國, 平天下)의 교훈을 몸으로서 실천했다. 그는 표면으로 덕행있는 선비로서 행동하고, 속으로는 골육의 피를 빨고 동료를 배반해서 출세한 이름 높은 위선자였다. 가히 깊이 오늘에도 조심스럽게 이런 인물이 있나 항상 살피고 살 일이나 세상은 위선자가 죽으면 후세에 간혹 잘못 판단하는 경우가 있다. 참으로 강직하지 못한 비겁자이다. 역사는 바로 서야 한다.

(5) 始建國元年, 廢孺子嬰爲定安公. 二年, 漢太皇太后王氏崩.

시건국(始建國) 원년(즉 A.D. 9), 왕망은 「유자영(孺子嬰)」을 폐하여 「정안공(定安公)」으로 하였다.

이듬해에는 「한(漢)나라 태황태후(太皇太后)」 왕씨(王氏)가 죽었다.

어구 설명 ○始建國元年,(시건국원년) : 시건국 원년(즉 A.D. 9). ○廢孺子嬰爲定安公(폐유자영위정안공) : 「유자영(孺子嬰)」을 폐하여 「정안공(定安公)」으로 하였다. ○二年, 漢太皇太后王氏崩(이년 한태황태후왕씨붕) : 2년에 한태황태후(漢太皇太后) 왕씨(王氏)가 죽었다.

왕망(王莽) 때의 화폐(貨幣)

(6) 天鳳四年, 荊州盜起. 新市人王匡爲之帥, 馬武 · 王常 · 成丹往從之, 藏於綠林山中.

천봉(天鳳) 4년(즉 A.D. 17), 형주(荊州)에 도적떼가 일어났다. 한편 신시(新市)의 사람 왕광(王匡)을 대장으로 한 마무(馬武), 왕상(王常) 성단(成丹) 등 그를 좇아 녹림산(綠林山)에 가서 숨었다.

어구 설명 ○天鳳四年, 荊州盜起(천봉사년 형주도기) : 천봉 4년(A.D. 17) 형주(荊州)에 도적이 일어났다. ○新市人王匡爲之帥,(신시인왕광위지수) : 신시(新市)의 사람 왕광(王匡)을 대장으로 하고. ○馬武 · 王常 · 成丹往從之, 藏於綠林山中(마무 · 왕상 · 성단왕종지 장어녹림산중) : 마무(馬武), 왕상(王常) 성단(成丹) 등이 그를 따라 녹림산(綠林山)에 숨었다. 〈*녹림산은 호북성에 있음.〉〈*다음의 글은 양웅(揚雄)에 관한 글이다.〉

유숭(劉崇)

제4과 양웅(揚雄)과 왕망(王莽)

(1) 五年, 莽大夫揚雄死. 雄字子雲. 成帝之世, 以奏賦爲郎, 給事黃門, 三世不徙官. 及莽簒, 以耆老久次, 轉爲大夫. 嘗作太玄·法言, 卒章稱莽功德, 比伊周. 後又作劇秦美新之文, 以頌莽. 劉棻嘗從雄學奇字. 棻坐事誅. 辭連及雄. 時雄校書天祿閣上. 使者來欲收之. 雄從閣上自投下. 莽詔勿問. 至是死.

천봉(天鳳) 5년(즉 A.D. 18), 왕망의 대부(大夫)로 있던 양웅(揚雄)이 죽었다. 양웅의 자는 자운(子雲)이다.

성제(成帝) 때에 부(賦)를 올려서 낭중(郎中)이 되었으며 대궐 안 황문(黃門)의 급사(給事)가 되었으며, 〈성제(成帝), 애제(哀帝), 평제(平帝)〉 삼대에 걸쳐 다른 관직으로 옮기지 않았다.

왕망이 권력을 찬탈한 다음, 양웅이 늙도록 자리에 있었음으로 그를 대부로 높여 주었다.

양웅은 전에 태현(太玄)과 법언(法言)을 저술했다. 〈*태현(太玄)은 역경(易經)과 같다. 법언(法言)은 논어(論語)와 같은 내용이다.〉

그 종장(終章)에서 그는 왕망의 공덕을 칭찬했다. 즉 왕망을 이윤(伊尹)과 주공(周公)에 비유했다. 한편 나중에는 진(秦)나라를 심하게 욕하고 신(新)을 미화하는 글을 지어 왕망을 칭송했다.

〈유향(劉向)의 손자〉 유분(劉棻)은 전에 양웅(揚雄)에게 기자(奇字)를 배운 일이 있었다. 〈*기자(奇字)는 고대 문자, 즉 전서(篆書)다.〉

그 유분이 죄에 연좌되어 주살(誅殺)되었다. 그런데 그의 말이 양웅에게 연관되었던 것이다. 마침 그때에 양운은 천록각(天祿閣)에서 책의 교열을 하고 있었다. 이에 사자가 와서 양웅을 잡으려 하자, 양웅은 천록각에서 스스로 뛰어 내렸다. 〈그래서 죽을 뻔했다.〉 그러자 왕망이 조서를 내려 양웅을 문책하지 말라고 했다. 그래서 양웅은 〈명대로 살다가〉 사망한 것이다.

어구 설명 ○五年, 莽大夫揚雄死(오년 망대부양웅사) : 천봉(天鳳) 5년(즉 A.D. 18), 왕망의 대부(大夫) 양웅(揚雄)이 서거했다. 〈*다음 글이 양웅에 관한 기록이다.〉
○雄字子雲. 成帝之世, 以奏賦爲郎,(웅자자운 성제지세 이주부위랑) : 양웅의 자는 자운(子雲)이다. 성제(成帝) 때에 부(賦)를 올려서 낭중(郎中)이 되었다. 〈*부(賦)는 문체의 일종으로 한나라 때 성행했다. 운(韻)을 달은 장편의 서사문(敍事文)이다.〉〈*낭중(郎中)은 천자 측근의 벼슬이다. 같은 뜻으로 ① 숙위시종관(宿衛侍從官) : 숙위(宿衛)는 밤에 숙직(宿直)하여 지킴. 시종관(侍從官)은 임금을 측근에서 받드는(모시는) 사람. ② 낭관(郎官) : 한대(漢代)에 시랑(侍郎) · 낭중(郎中)의 관직.〉
○給事黃門,(급사황문) : 임금 곁에서 일을 거드는 측근

의 신하. 〈*급사(給事)는 임금 곁에서 일을 거드는 측근(側近). 대궐 안 문을 황문(黃門=禁中)이라 한다.〉

○三世不徙官(삼세부사관) : 〈성제(成帝), 애제(哀帝), 평제(平帝)〉 삼 대에 걸쳐 다른 관직으로 옮기지 않았다. ○及莽簒, 以耆老久次, 轉爲大夫(급망찬 이기노구차 전위대부) : 왕망이 권력을 찬탈한 다음에, 양웅이 나이가 늙도록 오래도록 같은 자리에 있었음으로 양웅을 대부로 옮겼다. ※ 耆老(기노) : 80을 기(耆), 60을 로(老)라 함. 늙은이라는 말. 久次(구차) : 같은 자리에 있음. 전관(轉官)하지 않음. ○嘗作太玄・法言,(상작태현・법언) : 양웅이 전에 태현과 법언을 저술했다. 〈*태현(太玄)은 역경(易經)과 같다. 법언(法言)은 논어(論語)와 같은 내용이다.〉

○卒章稱莽功德,(졸장칭망공덕) : 마지막에는 왕망의 공덕을 칭찬했다. ○比伊周(비이주) : 왕망을 이윤(伊尹)과 주공(周公)에 비유했다. ※ 이윤(伊尹)은 은(殷)의 탕왕(湯王)을 섬겨서 하(夏)의 걸왕(桀王)을 토벌하였다. 은왕조(殷王朝)를 창설(創設)했던 공로자(功勞者)이다. 탕왕(湯王)으로 부터 아형(阿衡)이라는 칭호를 받았다. 주공(周公)은 주(周)의 문왕(文王)의 아들로써 또한 무왕(武王)의 아우(동생)이였다. 무왕(武王)과 함께 은(殷)의 주왕(紂王)을 토벌하고 주왕조(周王朝)를 창설(創設)한 후에 총재(冢宰=재상)로써 어린 성왕(成王)을 보좌하였다. 왕망의 「宰衛」의 칭호는 이 두 사람의 칭호를 합쳤던 것이다. ○後又作劇秦美新之文, 以頌莽(후우작극진미신지문 이송망) : 나중에 또 진

(秦)을 심하게 욕하고 신(新)을 미화한 글을 지어서 왕망을 칭송했다. ※「劇(심할 극〈劇甚(극심)=매우 심함〉; 혹독하다. 연극. 빠르다.」

○劉棻嘗從雄學奇字(유분상종웅학기자) : 〈유향(劉向)의 손자〉 유분(劉棻)은 전에 양웅(揚雄)에게 기자(奇字)를 배운 일이 있었다. 〈*기자(奇字)는 고대 문자, 즉 육서(六書)의 하나인 대전서(大篆書)다.〉 ○棻坐事誅(분좌사주) : 유분이 죄에 연좌되어 주살되었다. ※「誅(벨 주) ; 베다. 죽이다.」誅殺(주살) : 베어 죽이다. ○辭連及雄(사연급웅) : 유분의 말이 양웅에게 연관되었다. ○時雄校書天祿閣上(시웅교서천록각상) : 그때에 양운은 천록각에서 책의 교열을 하고 있었다. ※天祿閣(천록각)은 안서(安西)에 있는 한나라 때의 전적(典籍)을 보관하던 곳.

○使者來欲收之(사자래욕수지) : 사자가 와서 양웅을 잡으려고 하자. ○雄從閣上自投下(웅종각상자투하) : 양웅이 천록각 위에서 스스로 뛰어내렸다.

○莽詔勿問. 至是死(망조물문 지시사) : 왕망이 조서를 내려 양웅을 문책하지 말라고 했다. 그래서 양웅은 〈제 명대로 살다가〉 이때에 이르러 사망한 것이다.

양웅(揚雄)

제5과 각지의 반란과 왕망의 멸망

(1) 瑯琊樊崇・東海刁子都等兵起. 地皇三年, 崇兵自號赤眉. 綠林兵, 分爲下江・新市兵. 荊州平林兵起. 漢宗室劉縯, 及弟秀, 起兵春陵. 新市・平林兵皆附之.

낭야(瑯琊)의 번숭(樊崇)과 동해(東海)의 조자도(刁子都) 등이 무력으로 일어났다.

지황(地皇) 3년(A.D. 22), 번숭(樊崇)의 병사들은 스스로 적미(赤眉)라고 했다. 〈즉 왕망의 군사들과 구별하기 위해서 눈썹을 붉게 칠하고 적미군(赤眉軍)이라 했다.〉

녹림(綠林)에 숨어 있던 병사들이 나누어져 일부는 하강(下江)과 일부는 신시(新市)의 군대가 되었다. 형주(荊州) 평림(平林)에서도 무력병이 일어났다.

한나라 종실의 유연(劉縯)과 동생 유수(劉秀)가 용릉(春陵)에서 무력을 일으켰다. 그러자 신시(新市)와 평림(平林)의 병장들이 다 합세했다.

어구 설명 ○瑯琊樊崇・東海刁子都等兵起(낭야번숭・동해조자도등병기) : 낭야(瑯琊)의 번숭(樊崇)과 동해(東海)의 조자도(刁子都) 등이 무력으로 일어났다.
○地皇三年, 崇兵自號赤眉(지황삼년 숭병자호적미) : 지황 3년(즉 A.D. 22), 번숭(樊崇)의 병사들은 스스로

적미(赤眉)라고 했다. 〈즉 왕망의 군사들과 구별하기
위해서 눈썹을 붉게 칠하고 적미군(赤眉軍)이라 했다.〉
○綠林兵, 分爲下江 · 新市兵(녹림병 분위하강 · 신시
병) : 녹림에 숨어 있던 병사들은 나누어져 일부는 하강
(下江)과, 일부는 신시(新市)의 군대가 되었다.
○荊州平林兵起(형주평림병기) : 형주(荊州) 평림(平
林)에서도 무력병이 일어났다.
○漢宗室劉縯, 及弟秀, 起兵舂陵(한종실유연 급제수 기
병용릉) : 한나라 종실의 유연(劉縯)과 동생 유수(劉秀)
가 용릉(舂陵)에서 무력을 일으켰다. ○新市 · 平林兵皆
附之(신시 · 평림병개부지). 그러자 신시(新市)와 평림
(平林)의 병장들이 다 합세했다. ※〈신시(新市), 평림(平
林)은 호북성(湖北省)에 있다. 용릉(舂陵)은 호북성(湖北
省), 완(宛)과 곤양(昆陽)은 하남성(河南省)에 있다.〉

**(2) 明年, 諸將共立劉玄爲皇帝. 玄舂陵戴侯買之
後, 與縯 · 秀同高祖. 時在平林軍中, 號更始將軍.
諸將貪其懦弱立之. 南面立朝羣臣, 以手刮席. 羞
愧流汗, 不能言. 大赦改元更始, 都于宛.**

이듬해에 모든 장군들이 함께 유현(劉玄)을 받들어 황제
(皇帝)로 세웠다. 유현은 용릉(舂陵)의 대후(戴侯) 매(買)
의 후손이다. 유연(劉縯), 유수(劉秀)와 〈4대의〉 할아버지
(고조〈高祖〉)가 같았다.

　　그때 유현(劉玄)은 평림군(平林軍) 안에 있었으며 갱시장군(更始將軍)이라고 했다. 모든 장군들은 그가 나약함을 좋게 여기고 내세웠던 것이다.

　　그는 남면하고 모든 신하들을 대하고 조현(朝見)하고 있을 때, 손으로 자리를 쓸고 만지면서 부끄럽게 여기며 땀을 흘릴 뿐 말을 하지 못했다.

　　그러나 새 임금으로서 대사(大赦)를 내리고 갱시(更始)라고 연호를 고치고 도읍을 완(宛)에 두었다.

　　<u>어구 설명</u>　○明年, 諸將共立劉玄爲皇帝(명년　제장공입유현위황제) : 이듬해에 모든 장군들이 함께 유현(劉玄)을 받들어 황제(皇帝)로 내세웠다.
　　○玄春陵戴侯買之後,(현용릉대후매지후) : 유현은 용릉(春陵) 대후(戴侯) 매(買)의 후손이다. ※ 戴侯(대후) : 절후(節侯)의 잘못. ○與縯・秀同高祖(여연・수동고조) : 유연(劉縯), 유수(劉秀)와 〈4대의〉 할아버지(고조〈高祖〉)가 같았다.
　　○時在平林軍中,(시재평림군중) : 그때 유현(劉玄)은 평림군(平林軍) 안에 있었다. ○號更始將軍(호갱시장군) : 갱시장군(更始將軍)이라고 호했다. ※「更(다시 갱, 고칠 경) ; 대법원 지정 인명용 한자의 음은 '갱・경'이다.」 여기서는 그동안 중국의 역사서에서 일반적으로 갱으로 번역한 것을 따르기로 한다. 日本版 漢文大系 十八史略 原本 漢文版에는 更音 更(경)이라 하였다. 그러나 이 책에서는 가람(嘉藍) 이병기(李秉岐)선생의 종

래 불리어왔던(쓰였던) 다수론에 대한 대세론의 인정에 따라 갱(更)으로 표기한다.

ㅇ諸將貪其懦弱立之(제장탐기나약립지) : 모든 장군들은 그가 나약함을 좋게 여기고 내세웠던 것이다. 「탐(貪)」을 「좋게 여기다.」로 풀었다.

ㅇ南面立朝羣臣,(남면입조군신) : 그가 남면하고 모든 신하들을 대하고 조현(朝見)하고 있을 때. ※ 南面(남면) : 남쪽을 향하여 위치한 자리. 중국(中國)에서는 군주(君主)는 남쪽을 향하여 앉는다. 따라서 임금이 앉던 자리의 방향을 말함. 또는 임금의 자리에 오름. 朝見(조현) : 신하가 조정에 나가 임금을 뵘. 조알(朝謁), 조근(朝覲)이라고도 함. ㅇ以手刮席. 羞愧流汗, 不能言(이수괄석 수괴유한 불능언) : 손으로 자리를 쓸고 만지면서 부끄럽게 여기며 땀을 흘릴 뿐, 말을 하지 못했다. ※ 「刮(깎을 괄) ; 닦다. 문지르다. 만지작거리다.」

ㅇ大赦改元更始, 都于宛(대사개원갱시 도우완) : 그러나 새 임금으로서 대사(大赦)를 내리고 갱시(更始)라고 연호를 고치고 도읍을 완(宛)에 두었다.

(3) 更始元年, 劉秀大破莽兵於昆陽. 成紀隗囂兵起. 公孫述起兵成都. 更始遣將破武關. 析人鄧曄, 起兵迎入長安. 衆兵誅莽, 傳首詣更始.

갱시 원년(A.D. 23), 유수(劉秀)가 왕망(王莽)의 군대를 곤양(昆陽)에서 크게 격파했다. 진주(秦州) 성기현(成紀

縣) 사람 외효(隗囂)가 무력병을 일으켰다. 또 공손술(公孫述)이 성도(成都)에서 무력 군대를 일으켰다. 갱시제(更始帝), 즉 유현(劉玄)이 장군을 파견하여 〈장안의 입구인〉 무관(武關)을 격파하게 했다.

석(析)의 사람 등엽(鄧曄)이 무력병을 일으켜 〈갱시제(更始帝)를 장안(長安)에 맞이해 들게 했다.

이에 모든 군병이 왕망(王莽)을 주살했다. 그리고 그의 목을 갱시제(更始帝)에게 전달했다.

어구 설명 ○更始元年, 劉秀大破莽兵於昆陽(갱시원년 유수대파망병어곤양) : 갱시 원년(A.D. 23), 유수(劉秀)가 왕망(王莽)의 군대를 곤양(昆陽)에서 크게 격파했다.
○成紀隗囂兵起(성기외효병기) : 진주(秦州) 성기(成紀) 사람 외효(隗囂)가 무력 군병을 일으켰다.
○公孫述起兵成都(공손술기병성도) : 공손술(公孫述)이 성도(成都=四川省)에서 무력 군대를 일으켰다. ○更始遣將破武關(갱시견장파무관) : 갱시제(更始帝), 즉 유현(劉玄)이 장군을 파견하여 〈장안 입구〉 무관(武關)을 격파하게 했다.
○析人鄧曄, 起兵迎入長安(석인등엽 기병영입장안) : 석(析=河南省 南陽)의 사람 등엽(鄧曄)이 군병을 일으켜 〈갱시제(更始帝)를 장안(長安)에 맞이해 들게 했다.
○衆兵誅莽, 傳首詣更始(중병주망 전수예갱시) : 모든 군병이 왕망을 주살하고 목을 갱시제(更始帝)에게 전달했다.(A.D. 23)

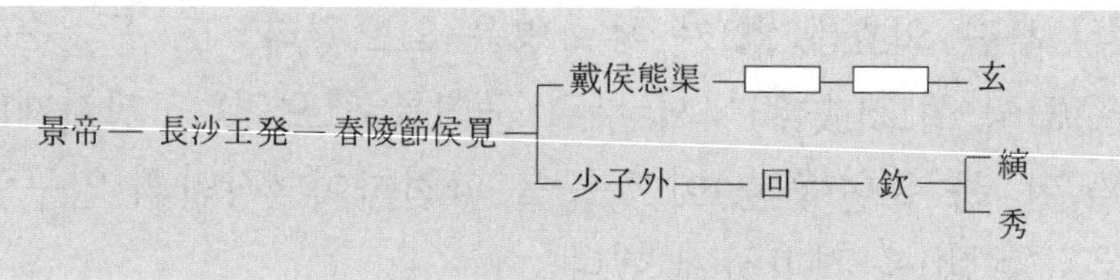

(4) 莽未簒時, 更定官名及十二州界, 罷置改易, 天下多事. 更造錯刀 · 契刀 · 大錢等貨.

왕망이 나라를 찬탈하기 전에도 벼슬 이름을 고치고 변경했다. 특히 12개 주(州)의 경계를 고치거나 혹은 그대로 두기도 하고 없애기도 했다. 그래서 천하에 일이 많고 또 복잡하게 되었다. 더욱 조도(錯刀), 계도(契刀), 대전(大錢) 등의 화전(貨錢)을 바꾸어 주조했다.

> **어구 설명** ㅇ莽未簒時,(망미찬시) : 왕망이 나라를 찬탈하기 전. ㅇ更定官名及十二州界, 罷置改易,(경정관명급십이주계파치개역) : 벼슬 이름을 고치고 변경했고 12개 주(州)의 경계를 고치거나 혹은 있고 없게 했다.
> ㅇ天下多事(천하다사) : 그래서 천하에 일이 많고 또 복잡하게 되었다. ㅇ更造錯刀 · 契刀 · 大錢等貨(경조조도 · 계도 · 대전등화) : 더욱 조도(錯刀), 계도(契刀), 대전(大錢) 등의 화전(貨錢)을 바꾸고 주조했다.

(5) 旣簒位, 以劉字卯金刀也, 禁剛卯金刀之利, 不得行. 罷錯刀 · 契刀 · 五銖錢等. 更名天下田曰王

田, 不得買賣. 男口不盈八, 而田過一井, 分餘田予
九族鄕里. 故無田者受田.

왕망은 나라를 찬탈하고 자리에 오른 다음에는, 특히
「유자(劉字)」가 「묘(卯), 금(金), 도(刀)」로 꾸며진 자(字)이
기 때문에 〈이 세 글자를 싫어했다.〉 그래서 「강묘(剛卯)
라는 인장(印章)」이나, 「금도(金刀)라는 화전(貨錢)」의 이
용을 금했다. 그래서 사람들이 쓰지 못했던 것이다. 〈또〉
「조도(錯刀), 계도(契刀), 오수전(五銖錢)」 등의 화폐(貨幣)
를 파기하고 못 쓰게 했다.

　더욱 「천하전(天下田)」을 「왕전(王田)」이라고 이름을 고
쳐 부르게 했으며, 토지를 사고 팔 수 없게 했다. 〈한 집에〉
남자가 8명 이하이면서 토지가 일정(一井 : 9백 무〈畝〉) 이
상이면 그 나머지 토지를 몰수해서 일가 구족(九族)이나 같
은 마을 사람에게 나누어 주었다. 고로 무전자(無田者)도
토지를 받았던 것이다.

> 어구 설명 ○旣簒位, 以劉字卯金刀也,(기찬위 이유자묘금도야) :
> 　왕망은 나라를 찬탈하고 자리에 오른 다음에는, 특히
> 　「유자(劉字)」가 「묘(卯), 금(金), 도(刀)」로 꾸며진 자
> 　(字)이기 때문에 〈이 세 글자를 싫어했다.〉
> 　○禁剛卯金刀之利, 不得行(금강묘금도지리 부득행) :
> 　그래서 「강묘(剛卯)라는 인장(印章)」이나, 「금도(金刀)
> 　라는 화전(貨錢)」의 이용을 금했다. 이에 사람들이 쓰
> 　지 못했던 것이다. ※ 강묘(剛卯)는 도장 이름으로, 정

월 묘일(卯日)에 이 도장을 허리에 차서 액땜(액을 막음)한다고 했다. 금도(金刀)는 돈의 총칭이니, 돈의 사용을 금지한 것이다.

○罷錯刀 · 契刀 · 五銖錢等(파조도 · 계도 · 오수전등) : 〈또〉「조도(錯刀), 계도(契刀), 오수전(五銖錢)」 등의 화폐(貨幣)를 파기하고 못 쓰게 했다. ※ 銖(무게 단위 수), 1냥(兩)의 24분의 1. 근소(僅少)한 양(量)이란 뜻으로 쓰인다.

○更名天下田曰王田,(경명천하전왈왕전) : 더욱 「천하전(天下田)」을 「왕전(王田)」이라고 이름을 고쳐 부르게 했다. ○不得買賣(부득매매) : 토지를 사고 팔 수 없게 했다. ○男口不盈八, 而田過一井,(남구불영팔 이전과일정) : 〈한 집안에〉 남자가 8명 이하이면서 토지가 일정(一井 : 9백 무〈畝〉約 4.1헥타르(hectare). 1 헥타르 : 땅 면적의 단위로 100아르, 1만 제곱미터.[기호는 ha]) 이상이면, ※ 畝(이랑 묘, 本 무) : 전답의 면적 단위 6척 사방을 보(步), 100보를 畝라 하고 진대(秦代) 이후는 240보를 '畝' 라 하였다. 현대는 약 $100m^2$가 1묘이다. 묘(畝) : 전답의 넓이의 단위. 곧 30평(坪). 단(段)의 10분의 1 본 무. ○分餘田予九族鄕里(분여전여구족향리) : 나머지 그 토지를 몰수해서 일가 구족(九族)이나 같은 마을에 사는 사람에게 나누어 주었다. ○故無田者受田(고무전자수전) : 그래서 농토가 없던 사람도 토지를 받았다.

(6) 立五均 · 司市 · 錢府官, 令民各以所業爲貢.

更作寶貨. 有金銀・龜貝・錢布・五物・六名・二十八品. 百姓潰亂, 寶貨不行. 乃行小錢・大錢. 數更變不信. 盜鑄及私挾五銖錢者抵罪.

〈왕망은〉「오균(五均), 사시(司市), 전부(錢府)」라는 관(官)을 세우고 백성으로 하여금 저마다 업(業)에 따라 〈세금을〉 바치게 했다. 또 보화(寶貨)를 만들었는데, 즉 금은화(金銀貨), 귀화(龜貨), 패화(貝貨), 전화(錢貨)와 포화(布貨) 등 다섯 가지 물건이었으나, 다시 금과 은을 나누어 여섯 가지 이름이 있었으며, 모두 이십팔품(二十八品) 등으로 나누었다. 〈*이와 같이 화폐나 상품 거래 정책이 복잡하게 엉켰음으로〉 백성들이 혼란에 빠지고 보화는 사용을 제대로 못했다.

그러자 새로이 소전(小錢), 대전(大錢)을 발행했다. 그것도 여러 차례 변경했다. 그래서 〈사람들은〉 믿고 쓸 수가 없었다.

화폐를 위조하거나 사사롭게 오수전(五銖錢)을 가진 사람은 죄(罪)를 지게 하고 처벌했다.

어구 설명 ○立五均・司市・錢府官,(입오균・사시・전부관) : 〈왕망은〉「오균(五均), 사시(司市), 전부(錢府)」라는 관(官)을 세웠다. ○令民各以所業爲貢(영민각이소업위공) : 백성으로 하여금 저마다 업(業)에 따라 〈세금을〉 바치게 했다. ○更作寶貨(경작보화) : 더욱 보화(寶貨)를 개조했다. ○有金銀・龜貝・錢布・五物・六名・二十八

品(유금은 · 구패 · 전포 · 오물 · 육명 · 이십팔품) : 금은화(金銀貨), 귀화(龜貨), 패화(貝貨), 전화(錢貨), 포화(布貨) 등 다섯 종류였는데, 금과 은을 나누어 6가지로 해서 육명(六名)이라 하여 그 종류가 모두 이십팔품(二十八品) 등으로 나누었다. 〈*화폐나 상품 거래 정책이 복잡하게 엉켰음으로〉 ○百姓潰亂, 寶貨不行(백성궤란 보화부행) : 백성들이 혼란에 빠지고 보화(寶貨)의 사용을 제대로 못했다. ○乃行小錢 · 大錢. 數更變不信(내행소전 · 대전 삭경변불신) : 그래서 소전(小錢), 대전(大錢)을 발행했다. 그것도 여러 차례 변경했다. 그래서 믿고 쓸 수 없었다.

○盜鑄及私挾五銖錢者抵罪(도주급사협오수전자저죄) : 화폐를 위조하거나 사사롭게 오수전(五銖錢)을 가진 사람은 죄를 지게 하고 처벌했다.

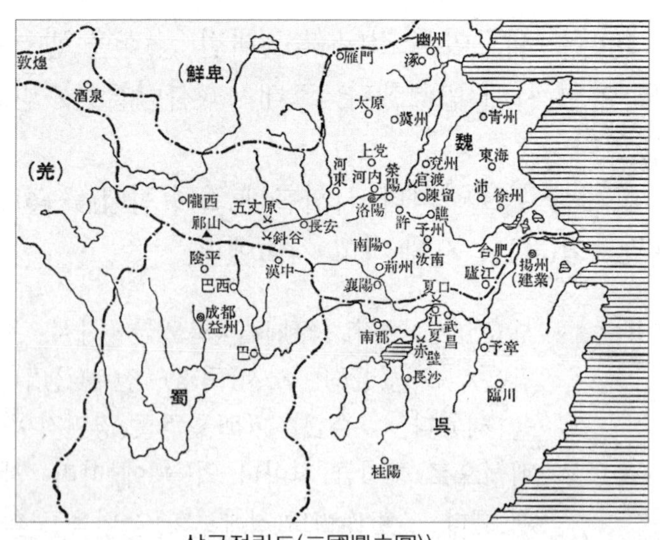

삼국정립도(三國鼎立圖))

【참고 설명】 당시의 화폐(貨幣)

조도(錯刀), 계도(契刀)는 칼 모양의 화폐다. 조도는 50전(錢), 계도는 500전, 대전(大錢)은 50전, 오수전(五銖錢)은 1전. 조도와 계도를 금도지리(金刀之利)라고 한다. 강묘(剛卯)는 인장의 명칭. 한대(漢代)는 정월 묘일(正月 卯日)에 이 도장을 지니면 악역(惡疫)을 쫓는다고 했다.

오균(五均)은 장안(長安), 낙양(洛陽), 감단(邯鄲), 임치(臨淄), 완성(宛成) 다섯 개의 도시를 같게 다스리는 관리를 균관(均官)이라 했다. 사시(司市)는 시장을 다스린다는 뜻이다.

오물(五物)은 금은(金銀), 귀갑(龜甲=거북의 등딱지), 패각(貝殼=조개의 껍데기), 전(錢)과 포(布), 금은을 나누어 여섯 개를 육명(六名)이라 했다. 화폐의 품격을 28개로 나눠 28품이라 했다.

오수전(五銖錢)

(7) 於是農商失業, 食貨俱廢, 民至涕泣市道. 後又
改貨布 · 貨泉. 每一易錢, 民又大陷犯鑄錢法, 檻
車鎖頸, 傳詣長安者, 以十萬數. 死什六七. 改易制
度, 政令煩多. 四方囂然, 謳吟思漢久矣.

〈그래서 농부나 상인이나 업(業)을 잃고 식량 생산이나
화폐 사용을 다 못하게 되었으며 모든 사람들이 도시나
농촌에서 눈물을 흘리고 울어야 했다.

후에 다시 화포(貨布)와 화천(貨泉) 〈두 개로〉 개혁했다.
그러나 돈을 개혁할 때마다 백성들은 주전법(鑄錢法)을 어
기고 범하는 꼴이 되었다. 함기(檻車)에 태우거나 목에 쇠
사슬이 매어져 〈그래가지고〉 장안(長安)에 간 자가 십만
이상이고 사형을 받은 자가 열 명 중 육칠 명이나 되었다.

이와 같이 제도를 개역하고 정령(政令)이 번다했다. 그래
서 사방이 시끄러웠고 〈사람들은〉 노래를 지어 한나라의
태평했던 시절을 생각하고 오랫동안 그리워했던 것이다.

어구 설명 ○於是農商失業, 食貨俱廢,(어시농상실업 식화구폐) :
그래서 농부나 상인이나 업(業)을 잃고 식량 생산이나
화폐 사용을 다 못하게 되었다. ○民至涕泣市道(민지
체읍시도) : 그래서 모든 사람들이 도시나 농촌에서 눈
물을 흘리고 울어야 했다.
○後又改貨布 · 貨泉(후우개화포 · 화천) : 후에 다시 화
포(貨布)와 화천(貨泉) 〈두 개로〉 개혁했다. ○每一易

錢,(매일역전) : 돈을 개혁할 때마다. ㅇ民又大陷犯鑄錢
法,(민우대함범주전법) : 백성들은 주전법(鑄錢法)을 어
기고 범하는 꼴이 되었다. ㅇ檻車鎖頸,(함거쇄경) : 함
거에 태우거나 목에 쇠사슬이 매어져. ※「檻(우리 함) ;
짐승이나 죄인을 가두는 곳」檻車(함거)는 죄인을 호송하
는데 사용하던 사방을 통나무나 판자 등으로 난간을 두
른 수레. 함거(轞車). ㅇ傳詣長安者, 以十萬數. 死什六
七(전예장안자 이십만수 사십육칠) : 〈그래가지고〉 장
안에 끌려간 자가 십만 이상이고 사형을 받은 자가 열
명 중 육칠 명이나 되었다. ㅇ改易制度, 政令煩多(개역
제도 정령번다) : 이와 같이 제도를 개역하고 정령이
번다했다. ㅇ四方囂然, 謳吟思漢久矣(사방효연 구음사
한구의) : 그래서 사방이 시끄러웠고, 〈사람들은 노래
를 지어〉 한나라의 태평했던 시절을 생각하고 오랫동
안 그리워했던 것이다. ※「囂(들렐 효) ; 왁자하다, 시끄
럽다」

(8) 歲旱蝗. 人相食, 遠近兵起. 莽以五石銅鑄威斗, 如北斗狀. 欲以厭勝衆兵, 出入使人負之以行. 至漢兵入宮, 猶旋席, 隨斗柄而坐曰, 天生德於予. 漢兵其如予何.

그때는 해마다 한발(旱魃=가뭄)과 황충(蝗蟲=벼 메뚜기)
의 피해가 심했으며 〈먹을 것이 없어〉 사람이 서로 잡아먹
을 지경이었다.

  또 원근 각지에서 무력 반란이 심하게 일어났다. 왕망은
오색(五色)의 돌(石)과 동(銅)으로 위두(威斗)를 주조(鑄
造)했다. 〈*위두(威斗)는 손에 쥐고 위세를 모으는 자루
다. 길이가 2척 5촌이며, 모양은 북두칠성을 닮았다.〉

  북두칠성 같은 모양이다. 모든 무력 병사를 압승하기 위하
여 〈왕망이〉 들락날락하는 모든 사람들 등에 메고 가게 했
다. 한나라 병사들이 궁에 쳐들어왔을 때도 왕망은 돌려 앉
고 위두(威斗)를 손에 들고 말했다. 「하늘이 나로 하여금 덕
을 낳게 했거늘, 한나라 병사들이 나를 어떻게 하겠는가.」

  어구 설명 ㅇ歲旱蝗. 人相食,(세한황 인상식) : 그때는 해마다 한
    발(旱魃=가뭄)과 횡충(蝗蟲=벼 메뚜기)의 피해가 심했
    으며 〈먹을 것이 없어〉 사람이 서로 잡아먹을 지경이
    었다. ㅇ遠近兵起(원근병기) : 원근 각지에서 무력 반란
    이 발생했다. ㅇ莽以五石銅鑄威斗,(망이오석동주위두)
    : 왕망은 오색(五色)의 돌(石)과 동(銅)으로 만든 위두
    (威斗)를 주조했다. 〈*손 자루다. 길이가 2척 5촌이며,
    모양은 북두칠성을 닮았다. 즉 위세를 보이는 자루이
    다.〉
    ㅇ如北斗狀(여북두상) : 북두칠성 같은 모양이다. ㅇ欲
    以厭勝衆兵, 出入使人負之以行(욕이염승중병 출입사인
    부지이행) : 모든 무력 병사를 압승하기 위하여 〈왕망
    이〉 들락날락하는 모든 사람들이 등에 메고 가게 했다.
    ㅇ至漢兵入宮, 猶旋席, 隨斗柄而坐曰,(지한병입궁 유
    선석 수두병이좌왈) : 한나라 병사들이 궁에 들어오면,
    왕망은 돌려 앉고 위두(威斗)를 손에 들고 말했다.

○天生德於子. 漢兵其如子何(천생덕어여 한병기여여
하) : 하늘이 나로 하여금 덕을 낳게 했거늘, 한나라 병
사들이 나를 어떻게 하겠는가.

(9) 斬首於漸臺. 軍人分其身, 節解臠之. 自簒至亡, 改元者三, 曰始建國・天鳳・地皇. 凡十五年. 莽傳首至宛. 更始自宛遷都洛陽. 父老見司隷校尉官屬, 或垂涕曰, 不圖, 今日復見漢官威儀.

한나라 병사가 〈왕망의〉 목을 점대(漸臺)에서 잘랐다.
군인들은 〈왕망의 몸을〉 잘게 썰고 마디를 토막내고 또
살은 잘게 썰었다. 쌓이고 쌓인 원한을 풀었다.

왕망이 찬탈한 때부터 망할 때까지 연호를 세 번 고쳤
다. 즉 시건국(始建國), 천봉(天鳳), 지황(地皇)이며, 총 15
년이었다.

왕망의 목이 역전(驛傳)으로 완(宛)에 도착했다. 갱시제
(更始帝)가 완(宛)에서 낙양(洛陽)으로 도읍을 옮겼다.

부로(父老)들이 사례교위(司隷校尉), 관속(官屬)들을 보
고 어떤 사람이 눈물을 흘리면서 말했다.

「뜻하지 않게 오늘 한나라 관리들의 위의(威儀)를 다시
보게 되었습니다.」

어구 설명 ○斬首於漸臺(참수어점대) : 한나라 병사가 〈왕망의〉
　　　목을 점대(漸臺)에서 잘랐다. ※ 漸臺(점대) : 장안(長

安)에 있는 누대(樓臺). ○軍人分其身, 節解臠之(군인 분기신 절해연지) 군인들은 〈왕망의 몸을〉 잘게 썰고 마디를 토막내고 또 살은 잘게 썰었다. ※「臠(저민고기 련)」

○自簒至亡, 改元者三,(자찬지망 개원자삼) : 왕망이 찬탈한 때부터 망할 때까지 연호를 세 번 고쳤다. ○曰 始建國 · 天鳳 · 地皇. 凡十五年(왈시건국 · 천봉 · 지황 범십오년) : 즉 시건국(始建國), 천봉(天鳳), 지황(地皇) 이다. 모두 15년이었다.

○莽傳首至宛(망전수지완) : 왕망의 목이 전해져 완(宛)에 도달하자. ○更始自宛遷都洛陽(갱시자완천도낙양) : 갱시제(更始帝)가 완(宛)에서 낙양(洛陽)으로 도읍을 옮겼다. ※ 遷都(천도)는 노읍을 옮김.

○父老見司隷校尉官屬,(부로견사례교위관속) : 부로(父老)들이 사례교위(司隷校尉=서울을 경비하는 벼슬) 관속(官屬)들을 보고. ○或垂涕曰,(혹수체왈) : 어떤 사람이 눈물을 흘리면서 말했다. ○不圖, 今日復見漢官威儀 (부도 금일복견한관위의) :「뜻하지 않게 오늘 한나라 관리들의 위의(威儀)를 다시 보게 되었습니다.」

(10) 更始元年, 遷都長安. 赤眉攻長安. 明年, 赤眉入. 更始出奔. 已而降赤眉, 爲所殺. 自立至亡, 凡三年. 前數月, 大司馬秀已卽位於河北. 是爲世祖光武皇帝.

갱시(更始) 원년(A.D. 23), 다시 장안으로 도읍을 옮겼다. 〈*원년이 아니고 갱시 2년이다.〉 그러자 적미적(赤眉賊)이 장안을 공격했다. 그래서 다음 해(이듬해)에 적미가 장안에 들어왔으며, 갱시제(更始帝)는 장안에서 도망갔다. 그리고 적미에게 투항했다. 그러나 적미에게 피살되었다.

갱시제(更始帝)가 자립하고 망할 때까지 모두 3년이었다. 한편 수개월 전에 대사마(大司馬) 유수(劉秀)가 이미 하북(河北)에서 〈한나라〉 임금 자리에 올랐다. 그가 곧 〈동한(東漢)의〉 세조(世祖) 광무황제(光武皇帝)다.

어구 설명 ㅇ更始元年, 遷都長安(갱시원년 천도장안) : 갱시(更始) 원년(A.D. 23), 다시 장안으로 도읍을 옮겼다. 〈*갱시 2년이다.〉 ㅇ赤眉攻長安(적미공장안) : 적미적(赤眉賊)이 장안을 공격했다. ㅇ明年, 赤眉入. 更始出奔(명년 적미입 갱시출분) : 다음 해(이듬해)에 적미가 장안에 들어오자, 갱시제(更始帝)가 장안에서 나갔다.

ㅇ已而降赤眉, 爲所殺(이이항적미 위소살) : 그리고 적미에게 투항했다. 그러나 적미에게 피살되었다. ㅇ自立至亡, 凡三年(자립지망 범삼년) : 갱시제(更始帝)가 자립하고 망할 때까지 모두 3년이었다. ㅇ前數月, 大司馬秀已卽位於河北(전수월 대사마수이즉위어하북) : 그전 수개월 전에 대사마(大司馬) 유수(劉秀)가 이미 하북(河北)에서 〈한나라〉 임금 자리에 올랐다. ㅇ是爲世祖光武皇帝(시위세조광무황제) : 그가 동한(東漢)의 세조(世祖) 광무황제(光武皇帝)다.

[특별 부록] 혼잡한 서한 말기

「십팔사략(十八史略)」의 글은 지나치게 압축되었다. 그래서 원문을 직역만해서는 잘 알 수 없다. 단락(段落)을 잘 짓고 또 뜻을 보충해야 전후 관계를 알 수 있다. 그래서 다음 같이 여러 가지 사항을 보충 설명하겠다.

[참고] 서한(西漢)의 천자(天子)와 중간 임금

1대 : 한고조(漢高祖)   2대 : 혜제(惠帝)

3대 : 문제(文帝)   4대 : 경제(景帝)

5대 : 무제(武帝)   6대 : 소제(昭帝)

7대 : 선제(宣帝)   8대 : 원제(元帝)

9대 : 성제(成帝)   10대 : 애제(哀帝)

11대 : 평제(平帝)   12대 : 유자영(孺子嬰)

〈*왕망(王莽)이 가로채고 신(新)이라 했다.〉

〈*혜제(惠帝) 다음에 여후(呂后)를 3대, 소제(昭帝) 다음에 창읍왕(昌邑王)을 8대로 넣는 경우도 있다.〉

[참고] 선제(宣帝, B.C. 73-49)

(1) 재위 25년 동안 7번이나 연호를 고쳤다. 그러는 동안에 많은 외척(外戚)과 권신(權臣)들이 엉켜 다투고 또 전횡(專橫)했다.

(2) 특히 오랫동안 전권(全權)을 행사한 곽광(霍光)의 처가 선
제(宣帝)의 황후 허씨(許氏)를 독살했다.

(3) 허씨(許氏)는 곧 태자 석(奭)의 생모다. 이 태자 석이 나
중에 자리에 올라 원제(元帝)가 된 것이다.

[참고] 어려서 고생을 한 선제(宣帝)

(1) 선제는 어렸을 때, 어머니 허씨(許氏) 집, 즉 외가(外家)에
서 고생을 하고 자랐다.

(2) 그 이유는 어머니 허씨(許氏)가 당시의 권력을 독점했던
곽광(霍光)의 부인에게 독살되었기 때문이다.

(2) 그래서 선제는 자기가 태자일 때 고생한 것을 생각하고,
자기의 태자를 끝내 참고 자리에 올렸던 것이다. 그가 곧
원제(元帝)이다.

[참고] 선제(宣帝)와 어린 태자

(1) 선제(宣帝) 때에는 형법(刑法)을 바탕으로 했다. 그래서
〈후의 원제(元帝)가 된, 어린 태자가〉 한가한 자리에서 조
용히 아뢰었다. 「아버지 폐하께서는 형벌을 심하게 쓰십
니다. 마땅히 유학자를 등용하십시오.」

(2) 아버지 선제가 안색이 변하고 말했다. 「우리 한나라는 스
스로 지키는 제도가 있다. 패도(霸道)와 왕도(王道)를 함
께 썼다. 어떻게 덕교(德敎)만을 따르고 주(周)나라 같은
정치를 하겠느냐.」 「오늘의 저속한 유학자들은 시대에 맞

게 할 줄 모른다. 맹목적으로 옛날만 옳고 오늘은 그르다고 하며, 사람으로 하여금 인의(仁義)의 명(名)과 실(實)을 현혹하게 하고 어느 쪽을 좇아서 지킬 바를 모르게 하고 있다. 어떻게 그들에게 다스림을 맡기느냐.」

(3) 선제가 탄식하며 말했다.「한나라 집안을 혼란하게 만드는 자가 바로 태자들이니라.」

(4) 이와 같이 서한(西漢) 말기에는 황후(皇后)나 외가(外家) 때문에 심히 혼란했던 것이다.

[참고] 원제(元帝)의 태자 시대

(1) 원제(元帝)는 자리에 오르기 전에는 선제(宣帝)의 태자로 이름을 석(奭)이라 했다.

(2) 태자는 주색(酒色)을 좋아했다. 그래서 태자궁(太子宮)에는 후궁이 10명 이상이나 있었다. 그러나 태자는 특히 사마양제(司馬良娣)라는 여자에 푹 빠졌다. 그러나 그녀가 일찍 죽자 태자는 더욱 주색에 빠져, 마침내 심하게 병을 앓았다. 이에 부왕(父王) 선제(宣帝)가 심히 걱정을 했다.

(3) 그래서 황후(皇后)로 하여금 다른 여자를 찾아서 태자로 하여금 건강을 회복하고 특히 아들을 낳게 하고자 했던 것이다.

(4) 황후가 찾은 여자가 곧 왕정군(王政君)이다.

[참고] 왕정군과 왕망의 선조

(1) 왕정군(王政君)의 조부(祖父)는 왕하(王賀)다. 왕하는 제수(濟水)의 남쪽 동평릉(東平陵) 출생이다. 그는 무제(武帝) 때 검찰관(檢察官)이었다.

(2) 당시 무제는 농민봉기를 무참하게 형벌로 다스렸다. 그러나 왕하는 너그럽게 했으므로 결국 파면되었던 것이다.

(3) 그의 아들은 왕금(王禁)이다. 왕금도 재판관이었으나, 판결을 혹독하게 하지 않고 너그럽게 했다. 사생활 면에서도 주색을 좋아하고 또 첩들을 많이 두었다. 그래서 「8남 4녀」의 자식들이 있었다. 그 중, 「첫 아들 왕봉(王鳳)과 둘째 딸 왕정군(王政君) 및 넷째 아들 왕상(王商)」은 본처의 소생이다.

(4) 왕망(王莽)의 아버지 왕만(王曼)은 첩의 소생이다. 그런데 왕망의 아버지 왕만은 일찍 죽었다. 그래서 어린 왕망이 고아로 고생을 하며 자랐던 것이다.

[참고] 왕정군(王政君)의 기구한 운명

(1) 옛날의 임금은 본부인 격인 황후(皇后) 한 사람이다. 그러나 실지는 여러 명의 여자를 가까이 했다.

(2) 원제는 「태자 유오(劉鷔)」를 낳은 황후 「왕정군(王政君)」을 진실로 사랑하지 않았다. 도리어 사마양제(司馬良娣)를 좋아했다. 그녀가 죽은 후에도 「황후 왕정군」을 사랑

하지 않았다.

(3) 그러나 「황후 왕정군」은 잘 참고 견디었다. 그래야 황후의 자리도 지킨다. 더욱 장차는 「태자 유오(劉驁)」로 하여금 임금 자리를 계승할 수 있을 것이다. 그래서 꾹 참고 견디었던 것이다.

(4) 원제는 전에 여관(女官) 「부소의(傅昭儀)」를 사랑했다. 그래서 그녀가 낳은 아들을 「정도왕(定陶王)」에 세웠다. 그래서 이따금 「태자 유오」를 폐하고 「정도왕」을 세울까도 했다.

(5) 그러나 선제의 어렸을 때의 일이다. 친어머니 허씨(許氏)가 곽광(霍光)의 처(妻)에게 독살되었다. 그래서 어린 선제는 궁에서 쫓겨났으며, 죽은 어머니 친정집에서 고생스럽게 자랐다.

[참고] 후기의 혼란

(1) 원제(元帝, B.C. 48-33) 시대는 환관(宦官) 석현(石顯)이 음흉하게 전횡했음.

(2) 성제(成帝, B.C. 32-B.C. 1) : 어머니 「왕정군(王政君)」 일가가 득세함.

(3) 애제(哀帝, A.D. 1-5) : 다른 외척이 득세함.

(5) 평제(平帝) : 다시 왕씨가 득세함. 왕망이 평제를 독살함.

(6) 유자영(孺子嬰, A.D. 6-8) : 결국 왕망이 나라를 찬탈하고 국명을 「신(新, A.D. 9-22)」이라 개칭했다.

[참고] 서한＝전한 말의 연표 약설

서기 9 : 왕망(王莽) 신(新) 시건국(始建國) 원년
왕망(王莽)이 유자(孺子) 영(嬰)을 폐함. 또 심하게 개혁함. 보화(寶貨) 주조(鑄造). 민간의 반란 격화. 대기근으로 인간상식(人間相食). 신시(新市), 녹림(綠林), 적미(赤眉) 등 반란병(反亂兵)이 각지에서 일어남.

서기 22년 : 지황(地皇) 3
유민(流民) 수십 만 입관(入關). 유연(劉縯) 유수(劉秀 : 光武帝) 흥기. 왕망의 신(新) 나라.

서기 23년 : 지황(地皇) 4
유현(劉玄)이 갱시제(更始帝)가 됨. 유연(劉縯)을 죽임. 유수(劉秀) 곤양(昆陽)에서 왕망(王莽)을 침. 신(新) 멸망(滅亡). 10월 갱시제(更始帝) 낙양(洛陽)으로 천도.

서기 24년
공손술(公孫述) 자립(自立), 촉왕(蜀王)이 됨. 12월 적미(赤眉)가 갱시제(更始帝)를 죽임. 유수(劉秀) 낙양(洛陽)에 들어가 자립(自立).

[참고 설명] 동한=후한 초의 연표 약설

서기 37년 : 광무제(光武帝) 건무(建武) 13년
　　전국을 평정 통일. 오수전(五銖錢)을 다시 쓰게 함.

서기 43년 : 건무(建武) 19년
　　복파장군(伏波將軍) 마원(馬援) 교지(交趾)를 평정.

서기 48년 : 건무 24년

　　흉노(匈奴) 남과 북으로 갈라짐.

서기 57년 : 건무중원(建武中元) 2년
　　광무제(光武帝) 사망(死亡).

서기 67년 : 제2대 명제(明帝) 영평(永平) 10년
　　채음(蔡愔) 불경(佛經)을 가지고 귀국.

서기 73년 : 영평(永平) 16년
　　두고(竇固) 북흉노(北匈奴)를 토벌.

서기 86년 : 원화(元和) 3년
　　반초(班超) 소륵왕(疏勒王)을 주살.

서기 87년 : 장화(章和) 원년
　　반초(班超) 사차(沙車)를 굴복케 함.

서기 88년 : 장화 2년
　　두태후(竇太后) 조정을 다스림.

[참고] 동한 즉 후한의 역대 임금

광무제(光武帝) : 서기 25-57

명제(明帝) : 서기 58-75

장제(章帝) : 서기 76-88

화제(和帝) : 서기 89-105

상제(殤帝) : 서기 106

안제(安帝) : 서기 107 -124

북향후(北鄕侯) 서기 125

순제(順帝) : 서기 126-144

충제(冲帝) : 서기 145

질제(質帝) : 서기 146

환제(桓帝) : 서기 147-167

영제(靈帝) : 서기 168-188

홍농왕(弘農王) 서기 189

헌제(獻帝) : 서기 190-220

촉 소열제 (蜀 昭烈帝) : 서기 221-222

제11편　후한(後漢) 광무제(光武帝)

[참고 설명] 광무제(光武帝)의 연표

서기 전 6년

남양군 채양현 백수향(南陽郡 蔡陽縣 白水鄕)에서 출생. 〈*호북성(湖北省)이다.〉 이름은 유수(劉秀), 9세에 부친 사망하고 숙부 밑에서 성장. 20세에 장안에 가서 글을 배우고 도덕대의(道德大義)를 앎.

서기 22년 : 왕망(王莽)의 지황(地皇) 3년

과격한 성격의 형, 유연(劉績)의 사건 때문에 하남성 신야(河南省 新野)로 옮겨감. 28세 때, 이통(李通)과 함께 완(宛)에서 왕망 타도의 군을 일으킴. 형 유연(劉績)의 군 및 신시(新市), 평림(平林), 하강(下江)의 평민도적(平民盜賊)들과 어울림. 당시에는 번숭(樊崇)을 중심으로 한 적미군(赤眉軍)이 성행함.

서기 23년 : 지황(地皇) 4년

1월, 왕망(王莽)의 군을 격파함. 2월, 평림군(平林軍)의 유현(劉玄)이 갱시제(更始帝)가 됨. 유수(劉秀), 유연(劉績) 형제가 장군이 됨. 그러나 유직(劉稷)과 유현(劉玄)이 간계(奸計)를 써서 유연(劉績)을 죽임. 10월, 왕망(王莽)이 패하고 죽음.

서기 24년 : 갱시(更始) 2년

유현(劉玄), 즉 갱시제(更始帝)가 장안(長安)으로 천도(遷都). 5월, 감단(邯鄲)을 공격하고 왕랑(王郎)을 침.

서기 25년 : 갱시(更始) 3년

　　공손술(公孫述)이 제(帝)를 자칭(自稱), 6월, 유수(劉秀)가 광무제(光武帝)가 됨. 12월, 유현(劉玄) 즉 갱시제(更始帝)가 죽음.

서기 27년 : 건무(建武) 3년

　　적미(赤眉) 투항(投降).

서기 32년 건무(建武) 8년

　　광무제가 진효(陳囂)와 공손술(公孫述)을 치다. 다음 해(이듬해)에 진효(陳囂) 죽음. 건무 10년에는 풍이(馮異) 죽음.

서기 35년 : 건무(建武) 11년

　　오한(吳漢)이 공손술(公孫述) 죽이고 촉(蜀)을 평정.

서기 44년 : 건무(建武) 20년

　　오한(吳漢) 사망.

서기 52년 : 건무(建武) 28년

　　북흉노(北匈奴) 화친(和親).

서기 56년 : 건무(建武) 32년

　　태산(泰山)에서 봉선(封禪).

서기 57년 : 건무중원(建武中元) 2년

　　광무제(光武帝) 향년 63세로 서거. 재위(在位) 13년. 영묘명(靈廟名)이 세조(世祖), 명제(明帝) 즉위(卽位).

[참고 설명] 당시에 무장봉기한 계층과 사람들

(1) 왕망(王莽) : 개혁하고 새 나라를 세우겠다고 한 왕망은 음흉하고 간교한 자다. 말로는 자기가 잘한다고 한다. 그러나 속으로는 나라를 차지하고 권력과 재물을 독점하고자 한 것이다. 물론 전한(前漢) 말의 통치자와 다스림이 좋지 않았다. 그러나 왕망의 방식은 더 나빴다. 그래서 모든 사람이 들고 일어났던 것이다.

(2) 먼저 노예로 전락하고 기아에 시달린 평민이나 농민들을 말하겠다. 그들은 전국적으로 들고 일어났다. 특히 생존을 위해서 무장을 하고 재물(財物)을 쟁취하는 군도(群盜)로 변했다.

(3) 그 대표가 산동(山東)에서 일어난 적미(赤眉)였다. 그들은 불학무식(不學無識)한 산적(山賊)이다. 눈썹을 붉게 칠했으므로 「붉은 눈썹, 즉 적미」라 한 것이다. 이들을 초기에는 「무참하게 자식을 잃은 여후(呂后)」가 군복이나 무기를 대주면서 복수를 하려고 했다. 후기에는 번숭(樊崇)이 지휘하는 대도적의 집단과 합했다. 이 두 사람은 낭야(琅琊) 사람이다. 이들은 각지에서 왕망의 군을 무찌르고 세력이 커졌다. 그러나 그들은 도의(道義)를 몰랐다. 그래서 사람들이 공감하지 않았다.

(4) 한편 남쪽 신시(新市), 평림(平林)을 중심으로 「녹림(綠林)의 산적(山賊)」이 일어났다. 당시 호북(湖北) 호남(湖南) 지방에 심하게 기근이 들었다. 그래서 평민과 농민들이 도적으로 화하고 녹림산(綠林山)에 숨었다. 그러자 역병(疫病)이 퍼져 하강(下江)이나 평림(平林)으로 이동했다.

⑸ 이들이 커지고 조직화 되자, 마침내 우유부단(優柔不斷)한 유현(劉玄)을 허수아비로 내세우고 갱시제(更始帝)라고 했다.

⑹ 나중에는 유씨(劉氏)의 후손이며, 몰락한 권력층과 토호(土豪)의 세를 다시 복기하려고 한「형 유연(劉績)과 동생 유수(劉秀)」가 그들과 합세했다.

⑺ 부기 : 십팔사략은 복잡한 내용을 심하게 압축하고 짧게 썼다. 고로 단락을 잘 짓고 설명을 가하지 않으면 이해할 수 없다. 필자는 「편(篇), 장(章), 과(課) 및 단락(段落)」을 짓고 또「참고 설명」을 가한 것이다.

제1장 광무제(光武帝)

제1과 광무제의 탁월성

(1) [世祖光武皇帝] 名秀, 字文叔, 長沙定王發之後也.

〈후한의 첫 임금〉 세조(世祖) 광무황제(光武皇帝)는 이름이 수(秀), 자가 문숙(文叔)이다. 장사(長沙)의 정왕(定王) 발(發)의 후손이다.

어구 설명 ○[世祖光武皇帝] 名秀, 字文叔,(세조광무황제 명수 자문숙) : 〈후한의 첫 임금〉 세조(世祖 : 시호) 광무황제(光武皇帝)는 이름이 수(秀), 자가 문숙(文叔)이다. ○長沙定王發之後也(장사 정왕발지후야) : 장사(長沙)의 정왕(定王) 발(發)의 후손이다. ※ 長沙(장사) : 호남성(湖南省)에 있다.

광무제(光武帝)

(2) 景帝生發, 發生舂陵節侯買. 侯再三世. 徙封以 南陽白水鄕爲舂陵, 宗族往家焉.

경제가 발(發)을 낳았으며, 발이 용릉(舂陵) 절(節)의 후 (侯) 매(買)를 낳았다. 〈그곳에서〉 후(侯)를 2, 3대 지냈다. 〈그러나 용릉의 지대가 낮고 습지가 많음으로〉 봉지(封地) 를 남양 백수향으로 옮기고, 그곳을 역시 용릉(舂陵)이라고 불렀다. 종족이 다 그곳으로 가서 일가를 이루었다.

어구 설명 ㅇ景帝生發,(경제생발) : 경제가 발(發)을 낳았다. ㅇ發生 舂陵節侯買(발생용릉절후매) : 발이 용릉(舂陵) 절(節)의 후(侯) 매(買)를 낳았다. ※ 舂陵(용릉) : 호북성(湖北省) 에 있다. ㅇ侯再三世(후재삼세) : 〈그곳에서〉 후(侯)를 2, 3대 지냈다. 〈그러나 용릉의 지대가 낮고 습지가 많음으 로〉 ㅇ徙封以南陽白水鄕爲舂陵,(사봉이남양백수향위용 릉) : 봉지(封地)를 남양 백수향으로 옮겼다. 〈그리고 그 곳을〉 역시 용릉(舂陵)이라고 불렀다. ※ 南陽(남양) : 하 남성(河南省)에 있다. ㅇ宗族往家焉(종족왕가언) : 모든 종족이 다 그곳으로 가서 한집을 이루었다.

(3) 買少子外. 外生回. 回生南頓令欽. 欽生秀於南 頓. 有嘉禾一莖九穗之瑞. 故名.

매(買)의 막내 아들의 이름은 외(外)다. 외(外)가 회(回)를 낳았다. 회(回)가 남돈(南頓)의 현령(縣令)이 된 흠(欽)을 낳았다. 그리고 흠(欽)이 수(秀)를 남돈(南頓)에서 낳았다.

〈그때 논밭에〉 아름다운 벼 한 줄기에 9개의 이삭이 달린 좋은 벼가 영글었다. 그래서 〈태어난 아들의〉 이름을 수(秀)라고 한 것이다.

어구 설명 ○買少子外(매소자외) : 매(買)의 막내 아들의 이름이 외(外)다. ○外生回(외생회) : 외(外)가 회(回)를 낳았다. ※ 回의 고자. 囬로 된 판본도 있다. ○回生南頓令欽(회생남돈영흠) : 회(回)가 남돈(南頓=河南省)의 현령(縣令)이 된 흠(欽)을 낳았다. ○欽生秀於南頓(흠생수어남돈) : 흠(欽)이 수(秀)를 남돈(南頓)에서 낳았다.

○有嘉禾一莖九穗之瑞. 故名(유가화일경구수지서 고명) : 〈마침 그때 논에〉 아름다운 벼 한 줄기에 9개의 이삭이 달린 좋은 길조(吉兆)의 벼가 영글었다. 그래서 〈태어난 아들의〉 이름을 수(秀)라고 지은 것이다. ※「嘉(아름다울 가 ; 뛰어나다. 곡식), 穗(이삭 수 ; 벼 이삭, 벼꽃=秀) 秀(빼어날 수) ; 벼(禾)의 열매가 맺혀 아래로 늘어진 모양(乃)에서 '빼어나다'의 뜻을 나타낸다. 瑞(상서 서 ; 길조(吉兆), 상서로운 징조)」

【참고 설명】 광무제의 선조와 출생

(1) 먼 선조는 「경제(景帝) ─ 발(發) ─ 매(買)」 : 매는 용릉(舂陵) 절후(節侯)이다. 그 뒤 2, 3대가 그곳에 살았다.

(2) 선조가 2, 3대 후에는 남양(南陽) 백수향(白水鄕)으로 옮겨갔다. 그리고 그곳을 역시 용릉(舂陵)이라고 불렀으며, 일가 종족이 다 옮겨가 살았다.

(3) 그 후, 매(買)가 작은 아들 외(外)를 낳았다.

(4) 외(外)의 아들이 회(回)다.

(5) 회(回)의 아들이 흠(欽 : 南頓令)이다.

(6) 흠(欽)의 아들이 수(秀)다.

(7) 아버지 흠(欽)이 아들 수(秀)를 남돈(南頓)에서 낳았다. 그 때 논에 아름다운 벼 한 줄기에 9개의 이삭이 달린 좋은 벼가 영글었다. 그래서 이름을 수(秀)라고 한 것이다.

(4) 先是有望氣者. 望舂陵曰, 氣佳哉. 鬱鬱葱葱然. 王莽改貨曰貨泉. 人以其字爲白水眞人.

그보다 앞서, 운기(運氣)를 보는 사람이 용릉(舂陵)을 바라다보고 〈다음 같이〉 말했다. 「〈용릉의〉 기운이 아름답고 좋구나. 〈서기(瑞氣)가〉 짙게 꽉 차고 푸르게 넘치는구나.」

한편 〈다음 같은 일도 있었다.〉 왕망(王莽)이 화폐를 개혁하고 화천(貨泉)이라고 하자, 〈어떤 사람이〉 〈화천(貨泉)이라는 두 글자를 분석하고〉 「백수진인(白水眞人)」이라고 했다. 〈천(泉)을 백(白) 수(水)라 하고, 화(貨)를 진(眞) 인(人)이라 했다. 「비(匕)+패(貝)=진(眞)」이라 했다. 인변(亻)은 인(人).〉

 ○先是有望氣者. 望舂陵曰,(선시유망기자 망용릉왈) : 그 보다 앞서 기운을 보는 사람이 용릉(舂陵)을 바라다보고 〈다음 같이〉 말했다. ※ 望氣者(망기자) : 운기(運氣)를 보고 길흉화복을 점치는 사람. ○氣佳哉. 鬱鬱葱葱然(기

가재 울울총총연) : 기운이 아름답고 좋구나. 〈하늘의 기운이〉 꽉 차고 푸르게 넘치는구나. ※ 鬱鬱(울울) : 수목이 울창한 모양. 성(盛)한 모양. 葱(총)은 蔥(파 총)의 속자. 蔥蔥(총총)=葱葱(총총) : 초목이 무성한 모양. 맑은 기운의 형용.

○王莽改貨曰貨泉(왕망개화왈화천) : 한편 왕망(王莽)이 화폐를 개혁하고 화천(貨泉)이라고 했다. ○人以其字爲白水眞人(인이기자위백수진인) : 어떤 사람이 〈화천(貨泉)이라는 두 글자를 파자(破字)하여 분석하고〉「백수진인(白水眞人)」이라고 했다. ※眞人(진인)은 신인(神人)에 통하여, 옛날부터 천자를 가리키는 말이었다.

(5) 秀竟從白水起. 隆準日角. 受尙書通大義. 嘗過蔡少公. 少公學圖讖. 言, 劉秀當爲天子. 或曰, 國師公劉秀乎. 秀戲曰, 何由知非僕邪.

뒤에 과연 유수(劉秀)도 남양(南陽)의 백수향(白水鄕)에서 일어났다. 〈그의 상은〉 코의 뼈가 우뚝하고 이마가 해 같이 밝고 빛이 났다. 〈즉 귀인(貴人)의 상이었다.〉 그는 상서(尙書=書經)를 배워서 대의(大義)에 통했다. 어느 날 그가 채소공(蔡小公)의 집 앞을 지나가다 들렀다. 소공은 도참(圖讖)을 배웠다. 〈도참(圖讖)은 미래의 길흉을 예언하는 책이다.〉 채소공(蔡少公)이 말했다. 「유수는 마땅히 천자가 될 것이오.」 그러자 다른 사람이 말했다. 「〈지금 그대가 말한 유수는〉 국사공(國師公) 유수인가.」 〈즉 유흠(劉歆)이다.〉

그러자 〈진짜〉 유수가 웃으며 말했다. 「그대는 어찌 내(僕)
가 아니고 〈유흠인 지를〉 아는가.」

어구 설명 ㅇ秀竟從白水起(수경종백수기) : 뒤에 과연 유수(劉秀)도
남양(南陽)의 백수향(白水鄕)에서 일어났다. ㅇ隆準日角
(융준일각) : 코의 뼈가 우뚝하고 이마가 해 같이 밝고 빛
이 난다. 관상학에서는 귀인(貴人)으로 친다. 각(角)은 액
골(額骨). 「額(이마 액)」 額骨(액골) : 두개(頭蓋)의 전두부
(前頭部)를 형성하는 뼈. 이마 뼈. 전두골(前頭骨). ㅇ受
尙書通大義(수상서통대의) : 유수는 상서(尙書=書經)를
배워서 대의(大義)에 통했다.

ㅇ嘗過蔡少公(상과채소공) : 전에 채소공(蔡小公)의 집
앞을 지나가다 들렀다. ㅇ少公學圖讖(소공학도참) : 그
는 도참(圖讖)을 배웠다. 도참(圖讖)은 미래의 길흉을 예
언한 책. ㅇ言, 劉秀當爲天子(언 유수당위천자) : 채소공
이 말했다. 「유수는 마땅히 천자가 될 것이다.」

ㅇ或曰, 國師公劉秀乎(혹왈 국사공유수호) : 다른 사람이
말했다. 「〈지금 그대가 말한 유수는〉 국사공(國師公) 유수
인가.」〈*국사공 유수는 곧 유향(劉向)의 아들 유흠(劉歆)
인데 유수(劉秀)라 이름을 바꾸었다. 당시 유흠이 왕망(王
莽)의 국사공(國師公)으로 있었다.〉 한(漢)의 유향(劉向)의
아들 흠(歆)으로 뒤에 이름을 수(秀)로 고쳤다. 왕망(王莽)
을 섬겨 국사(國師)가 되었다. 이는 광무제 유수와는 다른
인물임.

ㅇ秀戲曰, 何由知非僕邪(수희왈 하유지비복사) : 〈진짜
로 광무제가 된〉 유수가 웃으며 말했다. 「그대는 어찌 내

가 아니고 〈다른 사람, 즉 유흠인 지를〉 아는가.」 ※ 「僕 (종 복) ; 히인. 저. 자신의 비칭(卑稱). 사서(十庶=사인(士人)이나 서민)들이 자신을 낮추어 부르는 말.」

제2과 유연(劉縯)과 갱시제(更始帝)

(1) 及新市·平林兵起, 南陽騷動. 宛人李通, 迎秀起兵. 秀兄縯, 字伯升, 慷慨有大節. 常憤憤欲復社稷. 平居不事家人生業. 傾身破産, 交結天下雄俊. 至是分遣親客, 發諸縣兵. 縯自發舂陵子弟. 皆恐懼亡匿. 曰, 伯升殺我.

〈왕망(王莽)을 치려고〉 신시(新市)나 평림(平林 : 湖北省)에서 민병(民兵)이 일어났다. 그래서 남양군(南陽郡) 일대가 시끄럽게 되었다. 이에 완(宛)의 사람 이통(李通)이 유수(劉秀)를 받들고 무장하고 봉기했다.

유수의 형 연(縯)은 자(字)가 백승(伯升)이다. 그는 성격이 분개를 잘했다. 그러나 대절(大節)을 잘 지켰다. 그래서 항상 비분강개하고 유씨(劉氏)가 〈왕망에게 빼앗긴〉 한나라의 사직(社稷)을 되찾고자 했던 것이다.

그는 평상시에도 자기 집 식구들을 위한 생업에 힘을 쓰지 않았으며, 자기 몸과 재산을 다 기울려 천하의 뛰어난 영웅들과 교제를 했다.

당시 그는 친한 식객(食客)들을 각지에 파견하여 모든 지방에서 민병이 일어나게 했다. 그리고 유연 자신은 용릉(舂陵)의 자제들이 스스로 일어나게 독려했다.

그러나 자제들은 겁을 내고 도망가 숨으며 말했다. 「백승(伯升)이 우리를 죽이려고 저러는구나.」〈그를 따라 싸우면 반드시 죽는다는 뜻이다.〉

어구 설명 ○及新市·平林兵起, 南陽騷動(급신시·평림병기 남양소동) : 〈왕망(王莽)을 치려고〉 신시(新市)나 평림(平林 : 모두 湖北省)에 무장한 민병이 일어났으므로 남양군(南陽郡) 일대가 시끄럽게 되었다.
○宛人李通, 迎秀起兵(완인이통 영수기병) : 완(宛) 사람 이통(李通)이 유수(劉秀)를 받들고 민병을 일으켰다.
○秀兄縯, 字伯升,(수형연 자백승) : 유수의 형 유연(劉縯)은 자가 백승(伯升)이다. ○慷慨有大節(강개유대절) : 유연은 성격이 비분강개(悲憤慷慨)를 잘 하고 또 대절(大節)을 지켰다. ※ 大節(대절) : 유의하여 지켜야 할 중요한 일. 직분상(職分上)의 큰 책임. ○常憤憤欲復社稷(상분분욕복사직) : 항상 비분강개하고 유씨(劉氏)가 〈왕망에게 빼앗긴〉 한나라의 사직(社稷)을 되찾고자 했던 것이다. ※ 社稷(사직) : ① 토지신(土地神)과 곡신(穀神). ② 국가. ○平居不事家人生業(평거불사가인생업) : 평상시에도 자기 집 식구들을 위한 생업에 힘쓰지 않았으며. ○傾身破産,(경신파산) : 자기 몸과 가산(家産)을 다 기울려. ○交結天下雄俊(교결천하웅준) : 천하의 뛰어난 영웅들과 교제를 했다. ○至是分遣親客,(지시분견친객) : 그때에도

유수는 친한 식객(食客)들을 각지에 파견하여. ○發諸縣
兵(발제현병) : 모든 현(縣)에서 민병들이 발동하게 했다.
○縯自發舂陵子弟(연자발용릉자제) : 유연 자신은 용릉
(舂陵)의 자제들이 스스로 일어나도록 독려했다. ○皆恐
懼亡匿(개공구망닉) : 자제들이 겁을 내고 도망가 숨었
다. ○曰, 伯升殺我(왈 백승살아) : 그리고 말했다.「백승
(伯升)이 우리를 죽이려고 한다.」〈그를 따라 싸우면 반
드시 죽는다.〉

(2) 及見秀絳衣 · 大冠, 驚曰, 謹厚者亦復爲之. 乃
自安. 部署賓客, 招說諸帥. 新市 · 平林 · 下江兵,
皆來會. 兵多無所統一. 欲立劉氏從人望. 下江將
王常欲立縯. 新市 · 平林將帥, 憚其威明, 遂立更
始, 以縯爲大司徒, 秀爲將軍.

〈모든 사람들은〉 유수(劉秀)가 붉은 장군 옷을 입고, 큰
관모(冠帽)를 쓰고 나타나자 놀라며 말했다.「근엄하고 후
덕한 저 사람도 역시 무장을 하고 싸움을 하려는구나.」

그리고 모든 사람이 저마다 안심을 했다. 그래서 〈유연
과 유수는〉 〈낯이 설은〉 빈객 같은 병사들에게 부서를 정
해주고 또 여러 지휘관들을 모아서 설득했다.

이에 신시, 평림 및 하강의 모든 민병들이 다시 와서 함
께 모였다. 그러나 병사들은 많으나 지휘하고 통제할 사람
이 없었다. 〈그래서 모든 사람들은〉 유씨(劉氏)를 내세워

인망(人望)에 따르려고 했던 것이다. 〈*이때의 인망은 왕망(王莽)을 타도하고 유씨(劉氏)를 내세우려는 소망이다.〉

　하강의 대장인 왕상(王常)은 유연(劉縯)을 내세우려고 했다. 그러나 신시나 평림의 지휘관들은 유연(劉縯)이 위협적이고 지나치게 명석한 것을 두려워했다. 〈그래서〉 결국은 〈유연하고 평범한〉 갱시(更始) 즉 유현(劉玄)을 내세웠다. 이에 형 유연(劉縯)을 대사도(大司徒)로 삼고, 동생 유수(劉秀)를 장군(將軍)으로 삼았던 것이다.

어구 설명　○ 及見秀絳衣 · 大冠,(급견수강의 · 대관) : 〈모든 사람들은〉 유수(劉秀)가 〈장군이 입는〉 붉은 옷을 입고 큰 관모(冠帽)를 쓰고 나타나자. ※「絳(진홍 강)」絳衣大冠(강의대관)은 붉은 옷과 큰 관(冠). 장군(將軍)의 몸차림. ○驚日, 謹厚者亦復爲之. 乃自安(경왈 근후자역복위지 내자안) : 다들 놀라고 말했다. 「〈유수같이〉 근엄하고 후덕한 사람도 역시 무장을 하고 〈싸움을 하려고〉 나타났구나.」 그리고 모든 사람이 저마다 안심을 하고 〈그들을 따랐다.〉

　○部署賓客, 招說諸帥(부서빈객 초설제수) : 그래서 〈유연과 유수는〉 〈낯이 설은〉 빈객 같은 병사들에게 부서를 정해주고 또 여러 지휘관들을 모아서 말을 했다.

　○新市 · 平林 · 下江兵, 皆來會(신시 · 평림 · 하강병 개래회) : 〈그래서〉 신시, 평림 및 하강의 모든 민병들이 다시 와서 함께 모였다. ○兵多無所統一(병다무소통일) : 병사들은 많으나 지휘하고 통제할 사람 〈즉 지휘관〉이 없었다.

　○欲立劉氏從人望(욕입유씨종인망) : 유씨(劉氏)를 내세워 인망(人望)에 따르려고 했다. 〈*이때의 인망은 왕망

(王莽)을 타도하고 유씨(劉氏)를 내세우려는 소망이다.〉
○下江將王常欲立縯(하강장왕상욕입연) : 하강의 대장인
왕상(王常)은 유연(劉縯)을 내세우려고 했다.
○新市 · 平林將帥,(신시 · 평림장수) : 그러나 신시나 평
림의 장수들은. ○憚其威明, 遂立更始,(탄기위명 수입갱
시) : 유연(劉縯)이 위협적이고 지나치게 명석한 것을 두
려워하고, 〈반대로〉〈유연하고 평범한〉 갱시(更始), 즉
유현(劉玄)을 내세웠다. ※ 威明(위명) : 결단력이 있고
머리가 지나치게 명석해서 무서움. ○以縯爲大司徒, 秀爲
將軍(이연위대사도 수위장군) : 그리고 형 유연(劉縯)을
대사도로 삼고, 동생 유수(劉秀)를 장군으로 삼았다.

(3) 秀徇昆陽 · 定陵 · 郾皆下之. 莽遣王邑 · 王尋, 大發兵平山東. 以長人巨無霸爲壘尉, 驅虎豹 · 犀象之屬, 以助兵勢. 號百餘萬. 旌旗千里不絕. 諸將見兵盛, 皆走入昆陽, 欲散去.

유수(劉秀)는 곤양(昆陽), 정릉(定陵), 언(郾) 등 세 지방
사람에게 호령하고 〈자기 밑에〉 따르게 했다.

이에 왕망은 왕읍(王邑)과 왕심(王尋)을 파견하여 〈맞싸
우게 했으며〉 크게 군대를 일으켜 산동(山東)지방을 평정
하려고 했다. 〈특히〉 몸이 거대한 거무패(巨無霸)라는 자를
지휘관으로 삼았다.

〈아울러〉 호랑이(虎), 표범(豹), 물소(犀), 코끼리(象) 등

의 맹수를 내달리게 하고 군사의 세력을 도왔다. 이에 그
들은 무력을 백여만이라 호통을 쳤으며, 그들의 군기(軍
旗)가 천 리나 줄지어 늘어섰다.

〈각 지방에서 들고 일어났던〉 민병들은 〈왕망의〉 군세가
성대한 것을 보고, 모두 곤양(昆陽)으로 도망가 뿔뿔이 흩
어졌다.

어구 설명 ○秀徇昆陽 · 定陵 · 郾皆下之(수순곤양 · 정릉 · 언개하지)
: 유수(劉秀)는 곤양(昆陽), 정릉(定陵), 언(郾) 등 세 지방
사람에게 호령하고 〈자기에게〉 굴복하게 했다. ※「순(徇)
: 호령하다.」 곤양, 정릉, 언은 地名, 모두 河南省에 있다.
○莽遣王邑 · 王尋,(망견왕읍 · 왕심) : 왕망은 왕읍(王邑)
과 왕심(王尋)을 파견하여 〈맞싸우게 했다.〉
○大發兵平山東(대발병평산동) : 왕망은 크게 군대를 일
으켜 산동(山東)지방을 평정하려고 했다. ○以長人巨無覇
爲壘尉,(이장인거무패위누위) : 몸이 거대한 거무패(巨無
覇)를 누위(壘尉)로 삼았다. ※「누위(壘尉)는 진지의 지
휘관.」 ○驅虎豹 · 犀象之屬,(구호표 · 서상지속) : 호랑이
(虎), 표범(豹), 물소(犀), 코끼리(象) 등의 맹수를 달리게
했다. ○以助兵勢. 號百餘萬(이조병세 호백여만) : 군(軍)
의 세력을 도왔으며, 모두 백여만이라 호통을 쳤다. ○旌
旗千里不絕(정기천리부절) : 군기(軍旗)가 천 리나 줄지어
늘어섰다. ○諸將見兵盛, 皆走入昆陽, 欲散去(제장견병성
개주입곤양 욕산거) : 〈각 지방에서 들고 일어났던〉 민병
들은 〈왕망의〉 군세가 성대한 것을 보고, 모두 곤양(昆陽)
으로 도망가서 뿔뿔이 흩어졌다.

(4) 秀至郾 · 定陵, 悉發諸營兵, 自將步騎千餘爲
前鋒, 尋 · 邑遣兵數千合戰. 秀奔之, 斬首數十級.
諸將曰, 劉將軍, 平生見小敵怯. 今見大敵勇. 甚可
怪也. 尋 · 邑兵卻. 諸部共乘之. 連勝逐前. 無不一
當百.

유수(劉秀)는 언(郾)과 정릉(定陵)에 가서 병영(兵營) 안
에 있는 모든 병사들을 나가서 싸우게 했다. 그리고 유수
자신은 보병과 기병 천여 명을 지휘하고 선봉에 나섰다.

〈이에 왕망은〉 다시 왕심(王尋)과 왕읍(王邑)에게 수천
명의 군병을 파견하여 〈유수(劉秀)와〉 대항하여 싸우게 했
다.

유수가 달려가 〈왕망의 군대의〉 목을 수십 개나 칼로 베
었다. 그러자 모든 장군이 말했다. 「유장군은 평소에는 작
은 적을 보고도 겁을 냈거늘, 지금은 대적을 보고도 용감
하게 싸우니 참으로 괴상하다.」

왕심(王尋)과 왕읍(王邑)의 군대가 물러나자, 〈한나라 측
의〉 여러 부대가 틈을 타고 전진하고 연전연승(連戰連勝)
하고 앞으로 나아가게 되었는데, 일당백(一當百)이 아닌
자가 없었다.

어구 설명 ○秀至郾 · 定陵, 悉發諸營兵,(수지언 · 정릉 실발제영병)
: 유수(劉秀)는 언(郾)과 정릉(定陵)으로 가서 병영(兵營)
안에 있는 모든 병사들을 나가서 싸우게 했다. ○自將步

騎千餘爲前鋒,(자장보기천여위전봉) : 유수 자신은 보병과 기병 천여 명을 지휘하고 선봉에 나섰다.
○尋 · 邑遣兵數千合戰(심 · 읍견병수천합전) : 〈이에 왕망은〉 다시 왕심(王尋)과 왕읍(王邑)에게 수천 명의 군대를 파견하여 〈유수의〉 군병과 싸우게 했다. ○秀奔之, 斬首數十級(수분지 참수수십급) : 유수가 달려가서 〈왕망의 군대의〉 목을 수십 개나 칼로 베었다. ※ 적의 머리를 수급(首級)이라 한 것은 진(秦)나라 때 적의 머리를 베어온 수 만큼 작급(爵級)을 상으로 내려주었으므로 참수를 급(級)이라고 함. 머리의 대명사(代名詞)가 된 것이다.
○諸將曰,(제장왈) : 모든 장수들이 말했다. ○劉將軍, 平生見小敵怯(유장군 평생견소적겁) : 유장군은 평소에는 작은 적을 보고도 겁을 냈거늘. ○今見大敵勇. 甚可怪也(금견대적용 심가괴야) : 지금에는 대적을 보고도 용감하게 싸우니, 참으로 괴상하다.
○尋 · 邑兵卻. 諸部共乘之(심 · 읍병각 제부공승지) : 왕심(王尋)과 왕읍(王邑)의 군대가 물러나자, 〈한나라 측의〉 여러 부대가 그 틈을 타고 진격했으며. ※ 卻은 却의 본자. 刟은 동자. 「却(물리칠 각) ; 물러나다, 돌아가다, 쳐서 물러가게하다.」「乘(탈 승) ; 기회 따위를 이용하다. 오르다. 다스리다. 꾀하다.」 ○連勝遂前. 無不一當百(연승수전 무부일당백) : 연전연승(連戰連勝)하고 앞으로 나아가게 되었는데, 한 사람이 백 명을 당해내지 못하는 자가 없었다.

(5) 秀與敢死者三千人, 衝其中堅. 尋 · 邑陣亂. 漢兵乘銳崩之, 遂殺尋昆陽. 城中守者, 亦鼓譟出, 中外合勢, 呼聲動天地. 莽兵大潰, 走者相踐, 伏尸百餘里. 會大雷風. 屋瓦皆飛, 雨下如注. 虎豹皆股戰, 溺死滍川者萬數. 關中聞之震恐. 海內豪傑響應, 皆殺莽牧守, 自稱將軍, 用漢年號. 旬月徧天下.

유수는 용감하게 싸우고 죽을 수 있는 무사 3천 명과 함께 〈왕망의〉 중견부대(中堅部隊)를 공격했다. 이에 왕심(王尋)과 왕읍(王邑)의 진지(陣地)가 흐트러졌으며, 〈유수가 지휘하는〉 한나라 병사들이 틈을 타고 날카롭게 공격해서 그들을 무너뜨렸다.

마침내 왕심(王尋)을 곤양(昆陽) 성문 밑에서 죽였다. 그러자 성 안에서 수비하고 있던 그들의 병사들이 북을 치고 소리를 지르고 나왔다. 그래서 성 안과 성 밖에 군대들이 합세하고 고함을 쳐 천지를 진동하게 했다.

〈결국은〉 왕망(王莽)의 군대가 크게 궤멸하고 서로 짓밟으며 도망을 갔으며, 쓰러져 죽은 시체가 백여리를 넘었던 것이다.

때마침 번개와 바람이 심하게 치고 불었으며, 지붕과 기와가 날라갔다. 거기다 폭우가 〈하늘에서 물을〉 쏟아서 붓듯이 내렸다. 이에 호랑이나 표범들도 다리를 움츠리고 벌벌 떨었다. 〈왕망의 병사들로〉 치천(滍川)에 익사한 자의 수가 만 명을 헤아릴 정도가 되었다.

관중에서 사람들이 〈그 말을〉 듣고 겁을 냈으며, 해내의 호걸들이 다 〈유수(劉秀)에〉 호응했으며, 〈각지의 호걸들이〉 왕망(王莽)의 목수(牧守)들을 다 죽이고 저마다 자기를 장군이라 자칭하고, 저마다 〈왕망의 연호를 폐하고〉 한나라 연호를 썼다. 이에 한 달 만에 천하가 다 〈한나라 쪽을〉 따랐다.

어구 설명 ○秀與敢死者三千人,(수여감사자삼천인) : 유수는 용감하게 싸우고 죽을 수 있는 무사 3천 명과 함께. ○衝其中堅(충기중견) : 〈적군의〉 속 깊이 들어가 핵심 부대를 공격했다. ※ 中堅(중견) : 진영 중에서 가장 견고한 진. 전장(戰場)에서는 중군장군(中軍將軍)이 윗자리에 앉아 본진(本陳)을 지휘하게 된다. ○尋·邑陣亂(심·읍진란) : 왕심(王尋)과 왕읍(王邑)의 진지(陣地)가 무너졌다.
○漢兵乘銳崩之,(한병승예붕지) : 한나라 병사들이 틈을 타고 날카롭게 공격해서 그들을 무너뜨렸다. ○遂殺尋昆陽(수살심곤양) : 마침내 왕심(王尋)을 곤양(昆陽) 성문 밑에서 죽였다. ○城中守者, 亦鼓譟出,(성중수자 역고조출) : 〈그러자〉 성 안에서 수비하고 있던 그들의 병사들이 북을 치고 소리를 지르고 나왔다. ○中外合勢, 呼聲動天地(중외합세 호성동천지) : 성 안과 성 밖에 군대들이 합세하고 소리를 질러 천지를 진동했다.
○莽兵大潰,(망병대궤) : 〈이에〉 왕망(王莽)의 군대가 크게 궤멸하고. ○走者相踐,(주자상천) : 서로 짓밟으며 도망을 갔다. ○伏尸百餘里(복시백여리) : 쓰러져 죽은 시체가 백여 리를 넘었다.
○會大雷風. 屋瓦皆飛,(회대뢰풍 옥와개비) : 때마침 번

개와 바람이 심하게 쳤으며, 모든 지붕과 기와가 날라갔
다. ㅇ雨下如注(우하여주) : 폭우가 물을 쏟아 붓듯이 내
렸다. ㅇ虎豹皆股戰,(호표개고전) : 호랑이나 표범들도
다리를 움츠리고 벌벌 떨었다. ㅇ溺死滍川者萬數(익사치
천자만수) : 치천(滍川)에 익사한 자의 수가 만수(萬數)나
되었다. ※ 滍川(치천) : 곤양성(昆陽城)의 북쪽을 흐르는
내(개천)의 이름.
ㅇ關中聞之震恐(관중문지진공) : 관중 사람들이 〈이 소식
을〉 듣고 떨면서 겁을 냈다. ※ 關中(관중)은 함곡관이서
(函谷關以西)의 협서성(陝西省) 일대의 지방(地方). 왕망
이 도읍한 장안(長安)지방. ㅇ海內豪傑響應,(해내호걸향
응) : 해내의 호걸들이 다 〈유수(劉秀)에게〉 호응했다.
ㅇ皆殺莽牧守, 自稱將軍,(개살망목수 사칭장군) : 〈각지
의 호걸들이〉 왕망(王莽)의 목수(牧守)들을 다 죽이고, 저
마다 자기가 장군이라고 자칭했다. ※ 牧守(목수)는 지방
장관(地方長官), 군수현령(郡守懸令). ㅇ用漢年號(용한연
호) : 〈왕망의 연호를 폐하고〉 한나라 연호를 썼다. ※ 이
때 한나라의 연호는 갱시(更始) 원년. ㅇ旬月徧天下(순월
편천하) : 한 달 만에 천하에 두루 퍼졌다. ※「旬(열흘 순) ;
십년(十年). 순월(旬月)=만(滿) 한 달, 열 달, 열흘이나 달포 가
량」旬은 滿(찰 만, 이즈러짐이 없다), 滿一箇月(만일개월)
이다.

(6) 縯兄弟威名日盛. 更始殺縯. 秀不敢服喪, 飲食
言笑. 惟枕席有涕泣處. 更始慙, 拜秀大將軍, 封武
信侯. 未幾以秀行大司馬事, 遣徇河北. 所過除莽

苛政.

유연(劉縯)과 유수(劉秀) 형제의 위세와 이름이 날로 높아지자, 갱시제(更始帝) 유현(劉玄)은 〈다른 사람과 함께 음모하고〉 유연을 죽였다. 〈그러나〉 유수는 〈그들 앞에서는 눈에 보이게〉 상복을 입지 않았으며, 〈전과 다름없이〉 먹고 마시며 담소했다. 그러나 베개와 자리에는 〈유수가 혼자〉 울고 눈물을 흘린 자국이 남아 있었다.

갱시제는 뉘우치고 유수를 대장군이 되게 했으며, 또 무신(武信)의 후(侯)로 임명했다. 다시 얼마 후에는 유수를 대사마의 일을 맡아보게 했다. 그래서 유수를 하북(河北) 지방에 파견하고 돌아보게 했다. 이에 유수는 가는 곳마다 왕망(王莽)의 가혹한 정치의 다스림을 제거했던 것이다.

어구 설명 ○縯兄弟威名日盛. 更始殺縯(연형제위명일성 갱시살연) : 유연(劉縯)과 유수(劉秀) 형제의 위세와 이름이 날로 높아지자, 갱시제(更始帝) 유현(劉玄)이 〈다른 사람과 합세하고 음모를 꾸며〉 유연을 죽였다.

○秀不敢服喪, 飮食言笑(수부감복상 음식언소) : 그러나 유수는 〈자기 형이 죽어도 그들 앞에서는 나타나 보이게〉 상복을 입지 않고, 〈전과 다름없이〉 먹고 마시고 웃으며 말했다.

○惟枕席有涕泣處(유침석유체읍처) : 그러나 침석(枕席)에는 〈유수가 혼자〉 울고 눈물을 흘린 자국이 있었다.
※「枕(베개 침)」 枕席(침석) : 베개와 자리.

ㅇ更始慙, 拜秀大將軍, 封武信侯(갱시참 배수대장군 봉무신후) : 갱시제는 뉘우치고 유수를 대장군 되게 했으며, 또 무신(武信)의 후(侯)로 임명했다. ※「慙(부끄러워할 참) ; 부끄럽게 여기다. 수치. 慚와 동자.」 ㅇ未幾以秀行大司馬事,(미기이수행대사마사) : 얼마 후에는 유수를 대사마의 일을 맡아 행하게 했다. ㅇ遣徇河北(견순하북) : 유수를 하북(河北) 지방에 파견하고 두루 돌게 했다. ※「徇(주창할 순) ; 돌다, 순행(巡行)하다. 빼앗다, 복종시키다. 徇과 동자.」 ㅇ所過除莽苛政(소과제망가정) : 이에 유수는 가는 곳마다 왕망(王莽)의 가혹한 정치의 다스림을 제거했던 것이다.

(7) 南陽鄧禹, 杖策追秀, 及於鄴. 秀曰, 我得專封拜. 生遠來, 寧欲仕乎. 禹曰, 不願也. 但願明公威德加於四海, 禹得效其尺寸, 垂功名於竹帛耳. 更始常才, 帝王大業, 非所任. 明公莫如延攬英雄, 務悅民心. 立高祖之業, 救萬民之命, 天下不足定也. 秀大悅, 令禹常宿止於中, 與定計議.

남양의 사람 등우(鄧禹)가 마편(馬鞭=말 채찍)을 들고 유수를 따라왔다. 업(鄴)에 오자, 유수가 그에게 말했다.「나는 그대를 벼슬에 봉(封)하거나 윗사람을 만나보게 할 〈권한이〉 있다. 생소한 그대가 멀리 나를 따라온 것은 벼슬을 얻고자 해서이냐?」

등우가 말했다.「〈저는 그런 것을〉 원하지 않습니다.」

「다만 〈덕이 밝으신〉 그대 명공(明公)께서 위덕(威德)을 사해에 가하시기를 바랄 뿐입니다.」「〈그러면〉 저 우(禹)도 작은 공으로 이름을 죽간(竹簡), 즉 책에 남기고 싶을 따름입니다.」

〈그는 계속해서 말했다.〉「갱시제(更始帝)는 평범한 재주가 있을 뿐, 제왕(帝王)의 대업(大業)을 감당할 사람이 아닙니다.」「명공(明公)이 천하의 영웅들을 다 모아서 꽉 잡고, 힘써 민심을 즐겁게 하고, 또 한고조(漢高祖)의 대업을 더욱 세우시고 만민의 목숨을 구해주셔야 할 때입니다.」「천하를 평정하는 것은 쉬운 것이 아닙니다.」

유수는 크게 기뻐하고 등우(鄧禹)로 하여금 항상 숙소 안에 머물게 하고 계략을 함께 의논하고 세웠다.

어구 설명 ㅇ南陽鄧禹, 杖策追秀,(남양등우 장책추수) : 남양 사람 등우(鄧禹)가 말채찍을 들고 유수를 따랐다. ※「杖(지팡이 장) ; 짚다, 때리다.」 장책(杖策) ; 채찍을 짚음. 말에 채찍질 함. 馬鞭(마편) ; 말 채찍, 馬箠(마추) ; 말 채찍, 馬策(마책) ; 말 채찍.
ㅇ及於鄴. 秀曰, 我得專封拜(급어업 수왈 아득전봉배) : 업(鄴)이라는 곳에 이르자 유수가 그에게 말했다. 「나는 그대를 벼슬에 봉(封)하거나, 윗사람을 만나보게 할 수 있다.」〈그러한 권한이 있다.〉 ㅇ生遠來, 寧欲仕乎(생원래 영욕사호) :「생소한 그대가 멀리 나를 따라온 것은 벼슬을 얻고 싶어서이냐?」 ㅇ禹曰, 不願也(우왈 불원야) : 등우(鄧禹)가 말했다. 「저는 원하지 않습니다.」 ㅇ但願明

公威德加於四海,(단원명공위덕가어사해) :「다만 〈덕이 밝으신〉 그대 명공(明公)께서 위덕(威德)을 사해에 가하시기를 바랄 뿐입니다.」 ○禹得效其尺寸, 垂功名於竹帛耳(우득효기척촌 수공명어죽백이) :「〈그러면〉 저 우(禹)도 작은 〈효과를〉 얻고, 공이나 이름을 책에 적고 남기고 싶을 따름입니다.」〈*척촌(尺寸)은 작다는 뜻. 죽백(竹帛)은 책이나 글이라는 뜻.〉

○更始常才, 帝王大業, 非所任(갱시상재 제왕대업 비소임) :「갱시제(更始帝)는 평범한 재주가 있을 뿐, 제왕(帝王)의 대업(大業)을 감당할 사람이 아닙니다.」

○明公莫如延攬英雄,(명공막여연람영웅) :「명공(明公)이 천하의 영웅들을 다 모아서 꽉 잡고」 ○務悅民心. 立高祖之業,(무열민심 입고조지업) :「힘써 민심을 즐겁게 하고 한고조의 대업을 더욱 세우시고」 ○救萬民之命,(구만민지명) : 만민의 목숨을 구해주셔야 할 때입니다. ○天下不足定也(천하부족정야) :「천하를 평정하는 것은 쉬운 것이 아닙니다.」

○秀大悅, 令禹常宿止於中, 與定計議(수대열 영우상숙지어중 여정계의) : 유수는 크게 기뻐하고 등우(鄧禹)로 하여금 항상 숙소 안에 머물게 하고 함께 의논하고 계략을 세웠다.

호한야선우(呼韓邪單于)와
왕소군(王昭君)의 동상

제3과 사악한 왕랑(王郞)의 멸망

(1) 邯鄲卜者王郞, 詐稱成帝子子輿, 入邯鄲稱帝. 徇下幽冀, 州郡響應. 秀北徇薊. 上谷大守耿況子弇, 馳至盧奴上謁. 秀曰, 是我北道主人也. 薊城反應王郞. 秀趣出城. 晨夜南馳, 至蕪蔞亭. 馮異上豆粥. 至饒陽乏食. 至下曲陽. 聞王郞兵在後. 至滹沱河, 候吏還白, 河水流澌, 無船不可濟. 秀使王覇視之. 覇恐驚衆, 還卽詭曰, 冰堅可渡. 遂前至河. 冰亦合. 乃渡. 未畢數騎而冰解.

한단의 복자(卜者 : 점쟁이) 왕랑(王郞)이란 자가, 「자기는 성제(成帝)의 아들 자여(子輿)라」 사칭(詐稱)하고, 한단에 와서 제(帝)라 자칭했다. 그리고 유주(幽州), 기주(冀州)를 자기 밑에 들게 명했다. 이에 주(州)와 군(郡)이 호응하고 〈그를 받들었다.〉

유수(劉秀)가 북으로 가서 계성(薊城)을 공략하려고 했다. 그러자 상곡(上谷)의 태수 경황(耿況)의 아들 경엄(耿弇)이 노노(盧奴)로 달려와서 유수를 알현했다.

유수가 말했다. 「이제 내가 북도(北道)의 주인이다.」

그러나 계성 사람들은 도리어 왕랑(王郞)에 호응을 하고 따랐다. 그래서 유수는 즉시 계성(薊城)을 나와서 낮과 밤을 이어가며, 남쪽으로 달려와 드디어 무루정(蕪蔞亭)에 도달했다. 풍이(馮異)가 콩죽을 바쳤으며, 요양(饒陽)에 이르러서는 식량이 부족하게 되었다.

다시 하곡양(下曲陽)에 와서 왕랑(王郞)의 군대가 뒤쫓아 왔다는 말을 들었다. 그리고 다시 호타하(滹沱河)에 오자, 주변을 살피던 관리가 와서 말했다. 「얼음이 녹고 물이 흘러 배가 없으면 건너갈 수 없습니다.」 〈*시(澌)는 얼음이 녹아서 강물이 흐른다는 뜻이다.〉

유수는 〈직속 부하〉 왕패(王霸)를 시켜 살피게 했다. 왕패는 많은 사람이 놀랠까 겁을 냈다. 그래서 돌아와서 거짓으로 말했다. 「얼음이 굳게 얼어서 강을 건널 수 있습니다.」

〈유수의 군대가〉 전진하여 강으로 갔다. 마침 강의 얼음도 얼어 있었다. 그래서 건너갔다. 그러나 거의 모두가 다 건너가고 단지 몇 명의 기마병이 남았을 때 강 얼음이 녹았다.

어구 설명 ㅇ邯鄲卜者王郞, 詐稱成帝子子輿, 入邯鄲稱帝(한단복자 왕랑 사칭성제자자여 입한단칭제) : 한단의 점쟁이 왕랑(王郞)이란 자가, 「자기는 성제(成帝)의 자식 자여(子輿)라고」 사칭하고 한단(邯鄲)에 들어와서 제(帝)라 자칭했다. ㅇ徇下幽冀, 州郡響應(순하유기 주군향응) : 그리고 유주(幽州) 기주(冀州)를 자기 밑에 들게 명하자, 주(州)와 군(郡)이 호응하고 〈그를 받들었다.〉 ※「徇(호령할 순)」

○秀北徇薊(수북순계) : 유수가 북으로 가서 계성(薊城)을 공략하려고 했다. ○上谷大守耿況子弇, 馳至盧奴上謁(상곡대수경황자감 치지노노상알) : 상곡(上谷)의 태수 경황(耿況)의 아들 경엄(耿弇)이 노노(盧奴)로 달려와서 유수(劉秀)를 알현했다. ○秀曰, 是我北道主人也(수왈 시아북도주인야) : 유수가 말했다. 「내가 북도(北道)의 주인이다.」
○薊城反應王郎(계성반응왕랑) : 그러나 계성은 도리어 왕랑(王郎)에 호응을 했다. ○秀趣出城. 晨夜南馳, 至蕪蔞亭(수취출성 신야남치 지무루정) : 그래서 유수는 즉시 계성(薊城)을 나와서 새벽과 밤을 타고 남쪽으로 달려와 무루정(蕪蔞亭)에 도달했다. ○馮異上豆粥. 至饒陽乏食(풍이상두죽 지요양핍식) : 풍이(馮異)가 콩죽을 바쳤으며, 요양(饒陽)에 이르러서는 식량이 부족하게 되었다.
○至下曲陽. 聞王郎兵在後(지하곡양 문왕랑병재후) : 하곡양(下曲陽=直隷省)에 이르자, 왕랑(王郎)의 군대가 뒤쫓아 왔다는 말을 들었다.
○至滹沱河, 候吏還白, 河水流澌, 無船不可濟(지호타하 후리환백 하수유시 무선불가제) : 호타하(滹沱河)에 이르자, 척후(斥候) 일을 맡은 관리가 와서 말했다. 「얼음이 녹고, 강물이 흘러 배가 없으면 건너갈 수 없습니다.」
※ 候吏(후리)는 적정(敵情)을 보고 살피는 역할을 하는 사람. 척후(斥候). 〈*시(澌)는 얼음이 녹아서 강물이 흐른다는 뜻이다.〉
○秀使王覇視之(수사왕패시지) : 유수는 〈직속 부하〉 왕패(王覇)를 시켜 살피게 했다. ○覇恐驚衆,(패공경중) : 왕패는 많은 사람이 놀랠까 겁을 냈다. ○還卽詭曰, 冰堅可渡

(환즉궤왈 빙견가도) : 그래서 돌아와 거짓으로 말했다. 「얼음이 굳게 얼어서 강을 건널 수 있습니다.」 o 遂前至河. 冰亦合. 乃渡(수전지하 빙역합 내도) : 드디어 전진하여 강으로 갔다. 그러나 강 얼음도 다행히 얼어 있었다. 그래서 건너갔다. o 未畢數騎而冰解(미필수기이빙해) : 〈그러나〉 거의 다 건너가고 다만 몇 명의 기마병이 남았으나 얼음이 녹았다. ※ 邯鄲 · 幽冀 · 薊 · 上谷 · 蕪蔞亭 · 饒陽 · 下曲陽 등은 모두 하북성(河北省)에 있는 지명(地名).

(2) 至南宮遇大風雨, 入道傍空舍. 馮異抱薪, 鄧禹爇火. 秀對竈燎衣. 異復進麥飯. 至下博城西. 惶惑不知所之. 有白衣老人. 指曰, 努力, 信都爲長安城守. 去此八十里. 秀卽馳赴之.

남궁(南宮)에 이르자, 크고 심한 폭풍우를 만났다. 그래서 〈유수는〉 길가의 빈집에 들어가 〈비를 피했다.〉

풍이(馮異)가 땔나무를 들고 와서 등우(鄧禹)가 불을 피웠으며 유수가 아궁이 앞에서 옷을 말렸다. 풍이가 다시 보리밥을 올렸다.

그리고 하박성(下博城) 서쪽으로 갔다. 〈그러나〉 〈유수 일행은〉 어디로 갈지 몰라 당황했다.

〈그때에〉 흰옷을 걸친 한 노인이 나타나 손으로 가리키며 말했다. 「노력하시오. 저 앞에 있는 신도(信都)는 장안성(長安城)을 지키는 성입니다. 여기서 80리 거리입니다.」

유수는 그곳으로 말을 달려 나갔다.

어구 설명 ○至南宮遇大風雨,(지남궁우대풍우) : 남궁에 이르자, 크고 심한 폭풍우를 만났다. ※ 南宮(남궁) : 직예성기주(直隸省冀州)에 속하는 현(縣) 이름. ○入道傍空舍(입도방공사) : 길가의 빈집에 들어가 〈비를 피했다.〉 ○馮異抱薪,(풍이포신) : 풍이가 땔나무를 들고 왔으며. ○鄧禹爇火(등우설화) : 등우가 불을 피웠으며. ○秀對竈燎衣(수대조요의) : 유수가 아궁이 앞에서 옷을 말렸다.

○異復進麥飯(이복진맥반) : 풍이가 다시 보리밥을 올렸다. ○至下博城西(지하박성서) : 하박성(下博城) 서쪽으로 갔다. 〈그러나〉 ○惶惑不知所之(황혹부지소지) : 〈유수 일행은〉 길을 몰라 어디로 갈지 당황했다.

○有白衣老人. 指曰, 努力,(유백의노인 지왈 노력) : 흰옷을 입은 노인이 나타나 손으로 가리키며 말했다.「노력하시오.」○信都爲長安城守. 去此八十里(신도위장안성수 거차팔십리) :「저 앞에 있는 신도(信都)는 장안성(長安城)을 지키는 도성이며, 여기서 80리 거리입니다.」○秀卽馳赴之(수즉치부지) : 유수는 그곳으로 말을 달려갔다.

(3) 時郡縣皆已降王郎. 獨信都太守任光・和戎太守邳彤不肯. 光出聞秀至, 大喜. 彤亦來會. 發旁縣, 得精兵, 移檄討王郎. 郡縣還復響應. 秀引兵拔廣阿.

그때 군(郡)이나 현(縣)이 왕랑(王郎)에게 투항하고 있었다. 다만 신도의 태수 임광(任光)과 화융군(和戎郡)의 태수 비융(邳肜)만이 따르지 않았다.

임광(任光)은 나와서 유수(劉秀)가 왔다는 말을 듣고 크게 기뻐했으며, 비융(邳肜) 역시 와서 함께 회동했다.

이들은 방문(榜文)을 각지에 발송하고, 정예로운 병력을 얻었으며, 다시 〈각지에〉 격문(檄文)을 돌려 왕랑을 치게 했다. 이에 군과 현의 모든 사람이 돌아와 호응했다.

그래서 유수가 병력을 인솔하고 광아(廣阿)를 뽑아 손에 넣었다. 즉 점령했다.

어구 설명 ○時郡縣皆已降王郎(시군현개이항왕랑) : 그때에는 군(郡)이나 현(縣)이 왕랑(王郎)에게 투항하고 있었다. ○獨信都太守任光 · 和戎太守邳肜不肯(독신도태수임광 · 화융태수비융부긍) : 다만 신도의 태수 임광(任光)과 화융의 태수 비융(邳肜)만이 따르지 않았다. ○光出聞秀至, 大喜(광출문수지 대희) : 임광(任光)은 나와서 유수(劉秀)가 왔다는 말을 듣고 크게 기뻐했다. ○肜亦來會(융역래회) : 비융(邳肜) 역시 와서 함께 회동했다. ○發旁縣, 得精兵, 移檄討王郎(발방현 득정병 이격토왕랑) : 방문(榜文)을 각지에 발송하고 정예로운 병력을 얻자, 〈각지에〉 격문(檄文)을 돌려 왕랑을 치게 했다. ○郡縣還復響應(군현환복향응) : 군과 현의 모든 사람이 돌아와 크게 호응했다. ○秀引兵拔廣阿(수인병발광아) : 그래서 유수는 병력을 인솔하고 광아성(廣阿成=河北省 鉅鹿)을 뽑아 손에 넣었다. 즉 점령했다.

(4) 披輿地圖, 指示鄧禹曰, 天下郡縣如是. 今始得 其一. 子前言不足定何也. 禹曰, 方今海內殽亂, 人 思明君, 猶赤子慕慈母. 古之興者, 在德厚薄, 不在 大小也.

유수가 지도를 펴 놓고 등우에게 말했다. 「천하에 군과 현이 이렇게 수없이 많다. 지금 하나를 얻었다.」「그대가 전에 "천하의 평정은 쉽게 되는 것이 아니오, 자연의 순리 에 따라 평정 되어진다"고 말한 것은 무슨 뜻인가.」

등우가 말했다. 「지금은 해내가 어지럽고 혼란합니다. 모든 사람들이 덕이 밝은 임금이 나타나기를, 적자(赤子) 가 자모(慈母)를 생각함과 같습니다.」「옛날 나라를 일으 킨 사람은 덕이 후하고 박하냐에 달렸지, 땅이 크고 작음 에 있지 않았습니다.」

어구 설명 ○披輿地圖,(피여지도) : 지도를 폈다. ※ 여지도(輿地圖) : 즉 땅의 모든 것을 실은(輿) 그림, 지도. ○指示鄧禹曰, 天下郡縣如是(지시등우왈 천하군현여시) : 〈유수(劉秀) 가 지도를 펴 놓고〉 등우(鄧禹)에게 보여주고 말했다. 「천하에 군과 현이 이렇게 수없이 많다.」 ○今始得其一 (금시득기일) : 지금 하나만을 얻었다. ○子前言不足定何 也(자전언부족정하야) : 그대가 전에 「"천하의 평정은 그 리 쉽게 되는 것이 아니오, 자연의 순리에 따라 평정되어 진다"고 말한 것은 무슨 뜻인가.」 ○禹曰,(우왈) : 등우가 말했다. ○方今海內殽亂, 人思明君, 猶赤子慕慈母(방금

해내효란 인사명군 유적자모자모) :「지금은 해내가 어
지럽고 혼란합니다. 모든 사람들이 덕이 밝은 임금이 나
타나기를, 적자(赤子)가 자모(慈母)를 생각함과 같습니
다.」 ※「殽(섞일 효) ; 어지럽다. 뒤섞다.」 殽亂(효란) : 어
지럽게 뒤섞임. 뒤죽박죽이 되어 질서가 없음. 혼란(混
亂). 착란(錯亂). 赤子(적자) : ① 갓난아이. 영아(嬰兒).
젖먹이. ② 제왕 치하에 있는 백성. 국민(國民).「慈는 慈
(사랑 자 ; 어머니, 아버지를 嚴이라 할 때의 상대적 개념, 자
비)의 속자.」 慈母(자모) : ① 애정이 깊은 어머니. ② 어
머니. ③ 어머니를 여윈 뒤에 자기를 길러준 서모. ○古
之興者, 在德厚薄, 不在大小也(고지흥자 재덕후박 부재
대소야) : 옛날 나라를 일으킨 사람은 덕이 후하고 박하
고에 달렸지, 땅이 크고 작음에 있지 않았습니다.」

**(5) 耿弇以上谷 · 漁陽兵, 行定郡縣. 會秀於廣阿,
進拔邯鄲, 斬王郎. 得吏民與郎交書數千章. 秀會
諸將燒之曰, 令反側子自安. 秀部分吏卒, 皆言, 願
屬大樹將軍. 謂馮異也. 爲人謙退不伐. 諸將每論
功, 異常獨屏樹下. 故有此號.**

경엄(耿弇)은 상곡(上谷)과 어양(漁陽)의 병사들을 이끌
고 앞으로 나가면서 군(郡)과 현(縣)을 평정했다. 그리고
광아(廣阿)에서 유수(劉秀)와 회동하고 다시 진격하여 한
단(邯鄲)을 치고 왕랑(王郎)을 칼로 베어 죽였다.

유수는 〈왕랑 밑에 있던〉 벼슬장이와 백성이 주고받았

던 서류 수천 장을 입수했다. 그리고 모든 장교들 앞에서 〈그 서류를〉 불에 태우며 말했다. 「〈왕랑과 내통한 것 때문에 잠을 못 자고〉 몸을 이리저리 뒤집던 사람도 이제는 스스로 편안하게 잘 수 있을 것이다.」

유수가 〈모든 사람을 거두고〉 이졸(吏卒)의 부서(部署)를 나누자, 관리나 졸개들이 말했다. 「대수장군(大樹將軍) 밑에 속하고 싶습니다.」

이는 곧 풍이(馮異)를 말하는 것이다. 풍이는 사람됨이 겸양하고 남에게 자랑하지 않았다. 모든 장수들이 매번 공을 논하고 있을 때도 그는 항상 홀로 병풍 같은 나무 뒤에 있었다. 고로 그와 같은 칭호가 있었던 것이다.

어구 설명 ○耿弇以上谷·漁陽兵,(경엄이상곡·어양병) : 경엄은 상곡(上谷)과 어양(漁陽)의 병사들을 이끌고. ○行定郡縣(행정군현) : 앞으로 나가면서 군(郡)과 현(縣)을 평정했다. ○會秀於廣阿,(회수어광아) : 그리고 광아(廣阿)에서 유수와 회동했다. 〈*하북성(河北省) 남쪽에 있는 지명이다.〉

○進拔邯鄲, 斬王郎(진발한단 참왕랑) : 더욱 진격하여 한단을 치고 왕랑(王郎)을 잘라 죽였다. ○得吏民與郎交書數千章(득이민여랑교서수천장) : 〈왕랑 밑에서 있던〉 관리나 백성이 주고받던 서류 수천 장을 입수했다.

○秀會諸將燒之日,(수회제장소지왈) : 유수는 모든 장교들 앞에서 〈그 서류를〉 불에 태우며 말했다. ○令反側子自安(영반측자자안) : 왕랑과 내통한 자들이 〈제대로 잠

을 못 자고〉 몸을 이리저리 뒤집던 사람도 이제는 스스로 편안하게 잘 수 있을 것이다. ㅇ秀部分吏卒, 皆言,(수부분 이졸 개언) : 유수가 이졸(吏卒)의 부서(部署)를 나누자, 모든 관리나 졸개들이 말했다. ㅇ願屬大樹將軍(원속대수 장군) : 대수장군(大樹將軍) 밑에 속하고 싶습니다. ㅇ謂 馮異也(위풍이야) : 곧 풍이(馮異)를 말하는 것이다. ㅇ爲 人謙退不伐(위인겸퇴불벌) : 풍이는 사람됨이 겸양하고 남에게 자랑하지 않았다. ※「謙(겸손할 겸) ; 제 몸을 낮추어 양보하다, 공손하다. 謙은 동자이다. 즉 같이 쓰인다는 것.」不 伐己長(불벌기장)은 자기의 장점을 자랑하지 않음. 伐은 矜으로 자랑함을 뜻함. ㅇ諸將每論功, 異常獨屏樹下. 故有 此號(제장매논공 이상독병수하 고유차호) : 모든 장수들이 매번 공을 논하고 있을 때면 풍이는 언제나 홀로 병풍 같 은 나무 뒤에 몸을 숨기고 있었다. 고로 그와 같이 불렀던 것이다.

(6) 更始遣使, 立秀爲蕭王, 令罷兵. 耿弇說王, 辭 以河北未平, 不就徵. 王擊銅馬諸賊, 悉破降之. 諸 將未信降者. 降者亦不自安. 王敕各歸營勒兵. 自 乘輕騎, 案行諸部. 降者相語曰, 蕭王推赤心, 置人 腹中. 安得不效死乎. 悉以分配諸將, 南徇河內.

〈당시 장안에 있던 연약한〉 갱시제(更始帝)가 사신을 보 내 유수(劉秀)를 소왕(蕭王)에 세우고 군병(軍兵)을 거두라 고 명을 내렸다.

그러나 경엄(耿弇)이 소왕이 된 유수에게 말하고 설득했다. 「아직 하북(河北) 땅이 평정되지 않았습니다. 그러므로 〈갱시제의〉 요청을 듣지 마세요.」

그래서 소왕(蕭王), 즉 유수는 동마(銅馬)라고 부르는 도적떼를 쳤다. 이에 도적떼가 격멸되고 투항했다.

그러나 여러 장수들은 투항했다는 말을 믿지 않았으며, 또 투항한 도적들도 스스로 불안하게 여겼던 것이다.

이에 소왕인 유수가 칙명을 내려, 모든 군대를 자기들 진영에 돌아가 병력을 수습하게 했다.

그리고 유수는 혼자 가벼운 차림으로 말을 타고 여러 부대를 살피고 다녔다. 그러자 투항한 모든 사람들이 서로 말했다. 「소왕은 자기의 적심(赤心)을 남의 복중(腹中 : 뱃속)에 옮겨준다. 그러니 어찌 그를 따라 죽지 않을 수 있겠나.」

이에 〈소왕 유수는〉 투항한 모든 이들을 여러 장수의 부하로 나눠서 배치하고 남쪽 하내(河內)를 두루 돌며 거두게(공략) 했다.

어구 설명 ○更始遣使, 立秀爲蕭王, 令罷兵(갱시견사 입수위소왕 영파병) : 〈당시 장안에 있던, 연약한〉 갱시제(更始帝)가 사신을 보내 유수(劉秀)를 소왕(蕭王=沛郡蕭縣)에 세우고 군병(軍兵)을 거두라고 명을 했다.

○耿弇說王,(경엄설왕) : 경엄이 소왕이 된 유수에게 말하고 설득했다. ○辭以河北未平, 不就徵(사이하북미평 부취징) : 아직 하북(河北) 땅이 평정되지 않았습니다.

그러므로 〈갱시제의〉 말이나 요청을 듣지 마세요. ※「徵 (부를 징 ; 요구하다.」

○王擊銅馬諸賊, 悉破降之(왕격동마제적 실파항지) : 소왕(蕭王)이 된 유수(劉秀)는 동마(銅馬)라고 부르는 산적들을 치고 모든 산적을 격파하고 투항하게 했다. ○諸將未信降者(제장미신항자) : 다른 장군들은 〈동마군(銅馬軍)이〉 투항했다는 말을 믿지 않았으며. ○降者亦不自安(항자역부자안) : 투항한 자들도 스스로 불안하게 여겼다. ○王敕各歸營勒兵(왕칙각귀영륵병) : 소왕 유수가 칙명을 내려, 모든 군대를 군영에 돌아가 병력을 수습하게 했다. ○自乘輕騎, 案行諸部(자승경기 안행제부) : 혼자 가벼운 차림으로 말을 타고 여러 부대를 살피고 다녔다. ※ 輕騎(경기) : 무장하지 않은 말. ○降者相語曰,(항자상어왈) : 투항한 모든 사람들이 서로 말했다. ○蕭王推赤心, 置人腹中. 安得不效死乎(소왕추적심 치인복중 안득부효사호) : 소왕(蕭王)은 정성된 마음을 미루어 모든 사람 복중(뱃속)에 넣는다. 그러니 어찌 그를 따라 죽지 않을 수 있겠나. ※ 赤心(적심) : 조금도 거짓이 없는 참된 마음. ○悉以分配諸將, 南徇河內(실이분배제장 남순하내) : 〈소왕 유수는〉 투항한 모든 이들을 여러 장수의 부하로 나눠서 배치하고 남쪽 하내(河內)를 두루 돌게(공략하게) 했다.

제4과 광무제(光武帝) 등위(登位)

(1) 赤眉西攻長安. 王遣將軍鄧禹等兵入關. 禹薦

寇恂. 文武備具, 有牧民御衆之才. 使守河內. 王自 引兵徇燕 · 趙, 擊尤來 · 大槍等諸賊, 盡破之. 王 還至中山. 諸將上尊號. 不許. 至南平棘, 固請. 又 不許.

도적떼 적미(赤眉)가 서쪽으로 가서 장안(長安)을 공격했다. 소왕(蕭王) 유수(劉秀)가 장군 등우(鄧禹) 및 군병을 파견하여 함곡관(函谷關)에 들어가 〈장안을〉 지키게 했다.

등우(鄧禹)는 구순(寇恂)을 추천했다. 〈구순은〉 문무를 다 구비해서 백성과 대중을 다스릴 재능이 있습니다. 그래서 왕은 구순으로 하여금 하내(河內)를 지키게 했다.

소왕 유수 자신은 군을 인솔하고 〈북쪽〉 연(燕)과 조(趙) 나라를 설득하고 따르게 했다.

〈그리고 또〉 우래(尤來), 대창(大槍) 등 여러 도적떼들을 쳐서 모조리 멸망케 했다.

소왕 유수가 돌아와 중산(中山)에 이르자, 모든 장수들이 황제(皇帝)라는 존칭을 올렸다. 그러나 유수는 허락하지 않았다.

그 후 기주(冀州) 남쪽 평극(平棘)에 이르자, 〈여러 장수들이〉 굳게 청했다. 그러나 역시 허락하지 않았다. 〈*황제 자리에 오르라고 거듭 청했으나 다시 거절했다.〉

어구 설명 ○赤眉西攻長安(적미서공장안) : 적미가 서쪽으로 가서 장안을 공격했다. 〈*적미(赤眉)는 눈썹을 붉게 칠한 도적 떼이다. 서한(西漢) 말, 낭야(瑯琊) 지방에서 번숭(樊崇)을 따라 일어난 도적떼들이다.〉

ㅇ王遣將軍鄧禹等兵入關(왕견장군등우등병입관) : 소왕(蕭王) 유수(劉秀)가 장군 등우(鄧禹) 및 군병을 파견하여 함곡관(函谷關)에 들어가 〈장안을〉 지키게 했다.

ㅇ禹薦寇恂(우천구순) : 등우(鄧禹)는 구순(寇恂)을 〈유수에게〉 추천했다. ㅇ文武備具, 有牧民御衆之才(문무비구 유목민어중지재) : 〈구순은〉 문무를 다 구비해서 백성과 대중을 다스릴 재능이 있습니다. ㅇ使守河內(사수하내) : 그래서 왕은 구순으로 하여금 하내(河內)를 지키게 했다.

ㅇ王自引兵徇燕·趙,(왕자인병순연·조) : 소왕 유수 자신은 군병을 인솔하고 〈북쪽〉 연(燕)과 조(趙)나라를 설득하고 따르게 했다. ㅇ擊尤來·大槍等諸賊, 盡破之(격우래·대창등제적 진파지) : 〈그리고 또〉 우래(尤來), 대창(大槍) 등 여러 도적떼들을 쳐서 모조리 멸망케 했다.

ㅇ王還至中山. 諸將上尊號. 不許(왕환지중산 제장상존호 불허) : 소왕 유수가 돌아와 중산부(中山府=河北)에 이르자, 모든 장수들이 황제(皇帝)라는 존칭을 올렸다. 그러나 유수는 허락하지 않았다. 즉 황제가 되지 않았다.

ㅇ至南平棘, 固請. 又不許(지남평극 고청 우불허) : 남쪽 평극(平棘)에 이르자, 〈여러 장수들이〉 굳게 청했다. 그러나 역시 허락하지 않았다. 〈*황제 자리에 오르라고 거듭 청했으나 다시 거절했다.〉

**(2) 耿純曰, 士大夫捐親戚, 棄土壤, 從大王於矢石
之閒. 固望攀龍鱗, 附鳳翼, 以成其所志耳. 今留時
逆衆. 恐望絶計窮, 則有去歸之思. 大衆一散, 難可
復合. 馮異亦言, 宜從衆議.**

경순(耿純)이 말했다. 「사대부가 자기 일가친척을 뒤에
두고 또 고향 땅을 버리고 임금님을 따라 화살(矢)과 돌
(石)이 오가는 싸움터에 나선 것은 곧 용에 붙은 물고기처
럼 하늘에 올라가고, 봉황새 날개에 붙어 하늘 높이 올라
가자는 저마다의 뜻을 성취하기 위해서입니다.」

「만약에 지금(今), 때를 늦추고 모든 사람의 〈소망을〉 물
리치신다면 〈그들은〉 희망이 잘리고 계책이 막히는 것을
겁내고 즉시 집으로 돌아가려고 할 것입니다. 많은 무리들
이 일단 해산하면 다시 돌아와서 합치기 어렵습니다.」

풍이(馮異)도 역시 「마땅히 여러 사람의 논의(論議)를 들
어주십시오.」라고 말했다.

어구 설명 ○耿純曰,(경순왈) : 경순(耿純)이 말했다. ○士大夫捐親
戚, 棄土壤,(사대부연친척 기토양) : 사대부가 자기 일가
친척을 뒤에 두고 또 고향 땅을 버리고. ○從大王於矢石
之閒(종대왕어시석지한) : 왕을 따라 화살(矢)과 돌(石)이
오가는 싸움터에 나선 것은.
○固望攀龍鱗,(고망반용인) : 굳게 바라서입니다. 용에
붙은 물고기처럼 하늘에 올라가고. ○附鳳翼,(부봉익) :

봉황새 날개에 붙어 하늘 높이 올라가서. ○以成其所志耳(이성기소지이) : 저마다의 뜻을 성취하기 위해서입니다. 〈*모든 사람이 유수(劉秀)를 따라 한(漢)나라를 다시 세우고 저마다의 공을 세우자는 생각이라는 뜻.〉

○今留時逆衆(금유시역중) : 만약에 지금(今), 때를 늦추고 모든 사람의 〈소망을〉 물리치신다면. ○恐望絕計窮,(공망절계궁) : 희망이 잘리고 계책이 막히는 것을 겁내고. ○則有去歸之思(즉유거귀지사) : 즉시 집으로 돌아가려고 할 것입니다. ○大衆一散, 難可復合(대중일산 난가복합) : 많은 무리들이 일단 해산하면 다시 돌아와서 합치기 어렵습니다. ○馮異亦言, 宜從衆議(풍이역언 의종중의) : 풍이(馮異)도 역시 말했다.「마땅히 여러 사람의 논의(論議)에 따르십시오.」

(3) 會儒生强華, 自關中奉赤伏符來. 曰, 劉秀發兵捕不道. 四夷雲集, 龍鬪野. 四七之際, 火爲主. 羣臣因復請. 乃卽皇帝位于鄗南, 改元建武.

때마침 유생(儒生) 강화(强華)라는 자가 관중(關中), 즉 장안(長安)에서 적복부(赤伏符)를 받들고 와서 말했다. 〈*부(符)의 내용은 다음과 같다.〉「유수(劉秀)가 더욱 세차게 무력을 발휘하고 부도(不道)한 자들을 체포한다.」「사방에서 오랑캐들이 구름같이 모여들면, 용이 들판에서 싸우고 그들을 친다.」「사칠지제(四七之際)에는 화(火)가 주(主)가 된다.」

그래서 여러 신하가 다시 유수(劉秀)에게 〈제위에 오르라고〉 청했다. 이에 유수는 호남(鄗南)에서 황제가 되고 연호를 건무(建武)로 고쳤다.(A.D. 25)

어구 설명 ㅇ會儒生强華,(회유생강화) : 때마침 유생(儒生) 강화(强華)라는 자가. ㅇ自關中奉赤伏符來. 曰,(자관중봉적복부래 왈) : 관중(關中), 즉 장안(長安)에서 적복부(赤伏符)를 받들고 와서 말했다.

〈*부(符)는 예언서(豫言書). 적복(赤伏)은 천하가 붉은 한나라에 복종한다는 뜻. 한(漢)은 「붉은 화덕(火德)」으로 나라를 세웠다.〉

〈*적복부(赤伏符)의 내용은 다음과 같았다.〉 ㅇ劉秀發兵捕不道(유수발병포부도) : 유수(劉秀)가 더욱 세차게 무력을 발휘하고 부도(不道)한 자들을 체포한다. ㅇ四夷雲集, 龍鬪野(사이운집 용투야) : 사방에서 오랑캐들이 구름같이 모여들면, 용(龍)이 들판에서 싸우고 친다. ※鬪는 鬭의 본자. 鬭는 鬪의 속자. 「다같이 뜻은 싸울 투 ; 부딪치다, 겨루다.」 ㅇ四七之際, 火爲主(사칠지제 화위주) : 「사칠지제(四七之際)에는 화(火)가 주(主)가 된다.」〈*사칠지제(四七之際) : 28이란 수가 될 때. 유수가 28세 때 일어났다. 이제 28명의 장수를 얻었고 한나라가 천하를 통일한 지 228년이 되었다. 유씨(劉氏)는 화덕(火德)의 천자(天子)이므로 당연히 유수(劉秀)가 천자가 될 천명(天命)을 가지고 태어났다는 것.〉

ㅇ羣臣因復請(군신인복청) : 그래서 여러 신하가 다시 유수(劉秀)에게 〈제위에 오르라고〉 청했다.

○乃卽皇帝位于鄗南, 改元建武(내즉황제위우호남 개원 건무) : 그래서 유수는 호남(鄗南)에서 황제가 되고 연호를 고쳐 건무(建武)라 했다. 기원 후, 즉 서기(西紀) 25년. ※ 이를 후한(後漢)의 시조(始祖) 광무황제(光武皇帝)라 한다. 뒤에 낙양(洛陽)에 도읍을 정했다. 鄗南(호남) : 직예성(直隸省) 호현(鄗縣)의 남쪽.

등우(鄧禹)

[참고] 광무제(光武帝) 연표(年表)

서기 23, 갱시(更始) 1년
　　　2월 : 유현(劉玄) 갱시제(更始帝)라 칭함.
　　　6월 : 유수(劉秀) 곤양(昆陽)에서 왕망(王莽)을 격파.
　　　9월 : 왕망(王莽)은 패하고 죽음.

서기 24, 갱시(更始) 2년
　　　2월 : 유현 갱시제 장안(長安) 천도.
　　　4월 : 유수(劉秀)가 한단(邯鄲)을 점령. 소왕(蕭王)이 됨.

서기 25, 건무(建武) 원년
　　　6월 : 유수(劉秀)가 자리에 올라 광무제(光武帝)라 칭
　　　　　 함. 유현 갱시제가 회양왕(淮陽王)이 됨.
　　　10월 : 광무제 낙양(洛陽)으로 천도.

서기 26, 건무(建武) 2년
　　　1월 : 공신을 제후(諸侯)에 세움.
　　　　　 등우(鄧禹) 장안(長安)에 들어감.

서기 27, 건무(建武) 3년
　　　1월 : 풍이(馮異)가 적미(赤眉)를 격파.
　　　　　 광무제가 새서(璽書)를 내림.
　　　3월 : 팽총(彭寵)이 연왕(燕王)이라 함.
　　　　　 이헌(李憲)이 제(帝)라 함.

서기 28, 건무(建武) 4년

    4월 : 경엄(耿弇) 등이 팽총(彭寵)의 무리를 침.

        마원(馬援)이 들어와서 알현.

서기 29, 건무(建武) 5년

    2월 : 팽총(彭寵)의 무리가 투항.

    6월 : 진기(陳曁)가 투항.

    10월 : 태학(太學)을 세움.

서기 30, 건무(建武) 6년

    2월 : 강회(江淮), 산동(山東) 평정.

    5월 : 외효(隗囂)가 반란.

제5과 역적(逆賊) 소탕

(1) 赤眉樊崇等, 立宗室劉盆子爲帝. 年十五. 時在軍中主牧羊. 被髮徒跣, 敝衣赭汗, 見衆拜, 恐畏欲啼. 賊入長安, 更始走. 帝下詔, 封爲淮陽王.

적미(赤眉)의 두목 번숭(樊崇) 등이 〈한나라 종실인〉 유분자(劉盆子)를 세워서 제(帝)라고 했다. 그의 나이 15세였다. 당시 그는 군대 안에서 주로 양을 치는 일을 맡고 있었다. 흐트러진 머리에 맨발이었다. 떨어진 옷을 걸치고, 검붉은 얼굴에는 땀을 흘리고 있었다. 〈그런 꼴을 한〉 그는 모든 사람이 자기에게 절을 하자, 무섭고 겁이 나서 울려고 했다.

도적떼가 장안에 쳐들어오자, 갱시제(更始帝)는 도망을 갔다. 이에 제위에 오른 유수(劉秀)는 조(詔)를 내려 갱시를 회양왕(淮陽王)에 봉했다.

어구 설명 ㅇ赤眉樊崇等, 立宗室劉盆子爲帝. 年十五(적미번숭등 입종실유분자위제 년십오) : 적미(赤眉)의 두목 번숭(樊崇) 등이 〈한나라 종실인〉 유분자(劉盆子)를 세워서 제(帝)라고 했다. 그때 나이 15세였다. ※ 劉盆子(유분자) : 제왕(齊王) 비(肥)의 후손, 성양왕(城陽王) 붕(萠)의 아들. ㅇ時在軍中主牧羊(시재군중주목양) : 그때, 그는 도적들 군대 안에서 주로 양을 치는 일을 맡고 있었다. ㅇ被髮徒跣, 敝衣赭汗,(피발도선 창의자한) : 흐트러진 머리에 맨발이었다. 떨어진 옷을 걸치고 검붉은 얼굴에는 땀이 가득했다.
※「被(이불 피) ; 입다, 덮다, 표면.」被髮(피발)은 머리를
풀어 헤침. 피발(披髮). 「徒(무리 도) ; 제자, 일꾼, 맨손, 맨
발.」※ 徒跣(도선)은 맨발, 도천(徒踐).「敞(높을 창 ; 드러
내다), 赭(붉은 흙 자 ; 붉은 빛)」
ㅇ見衆拜, 恐畏欲啼(견중배 공외욕제) :〈그런 꼴을 한〉
그는 모든 사람이 자기에게 절을 하자, 무섭고 겁이 나서
울려고 했다.
ㅇ賊入長安, 更始走(적입장안 갱시주) : 도적떼가 장안에
쳐들어오자, 갱시제(更始帝)는 도망을 갔다.
ㅇ帝下詔, 封爲淮陽王(제하조 봉위회양왕) :〈그러자〉제
위에 오른 광무제(光武帝) 유수(劉秀)가 조(詔)를 내려 갱
시를 회양왕(淮陽王)에 봉했다.

(2) 宛人卓茂, 嘗爲密令. 敎化大行. 道不拾遺. 上卽位, 先訪求茂, 以爲太傅, 封褒德侯. 車駕入洛陽. 遂都之.

완(宛)의 사람 탁무(卓茂)는 전에 밀현(密縣 : 河南省)의
현령(縣令)을 지냈다. 교화(敎化)가 크게 행해지고, 사람들
이 길에 떨어진 물건도 주워갖지 않았다.〈유수는〉상(上)
이 되자, 먼저 가서 탁무를 찾아서 태부(太傅)로 삼고 포덕
(褒德)의 후(侯)로 봉했다.〈광무제가 된〉유수(劉秀)는 수
레를 타고 낙양(洛陽)에 들어가서 도읍으로 삼았다.

어구 설명 ㅇ宛人卓茂, 嘗爲密令(완인탁무 상위밀령) : 완(宛)의 사

람 탁무(卓茂)는 전에 밀현(密縣=河南省)의 현령(縣令)을 지냈다. ㅇ敎化大行. 道不拾遺(교화대행 도부십유) : 그러자 교화가 크게 행해지고, 사람들이 길에 떨어진 물건도 주워갖지 않았다.

ㅇ上卽位, 先訪求茂, 以爲太傅, 封褒德侯(상즉위 선방구무 이위태부 봉포덕후) : 유수는 상(上)이 되자, 먼저 그곳에 가서 탁무를 찾았다. 그리고 그를 태부로 삼고, 포덕(褒德)의 후(侯)로 봉했다. ※ 太傅(태부) : 삼공(三公)의 오른쪽에 앉고 수석 상공(上公)이다. 탁무는 이때 벌써 나이 70여세에 달했다.

ㅇ車駕入洛陽. 遂都之(거가입낙양 수도지) : 유수는 수레를 타고 낙양에 들어가 그곳을 도읍으로 삼았다.

(3) 關中未定. 鄧禹引衆而西. 號百萬. 所至停車駐節, 勞來百姓. 垂髫戴白滿車下. 名震關西, 至枸邑. 久不進兵. 赤眉大掠而出. 禹乃入長安. 赤眉復入. 禹戰不利走. 徵還京師. 遣馮異入關. 禹慚無功, 要異共攻赤眉. 大戰於回溪, 敗績.

함곡관(函谷關) 안 장안(長安) 일대가 아직도 평정되지 않았다. 그래서 등우(鄧禹)가 많은 군대를 인솔하고 서행(西行)하면서, 백만(百萬)이라고 큰 소리로 호령했다.

가는 곳마다 수레를 멈추고 한(漢)나라 절모(節旄=절기〈節旗〉)를 늘어 세웠다. 〈그리고 가까이〉 온 백성들을 위로했다. 이에 머리를 늘어뜨린 아이나, 백발의 노인이 수레 밑에 가

득히 모였다. 그래서 등우(鄧禹)의 이름이 관서지방(關西地方)을 진동했다.

그러나 등우는 순읍현(栒邑縣)에 이르러 오래 머물고 더 진격하지 않았다.〈*적미를 포위한 채, 동정을 살폈다.〉

한편〈식량이 부족하게 된〉적미가 대대적으로 약탈을 하면서 장안에서 물러나왔다. 그래서 등우(鄧禹)가 장안으로 들어갔다. 그러자 도적떼가 다시 장안으로 들어왔다. 등우가 이를 맞아 싸웠으나 불리하자 뒤로 물러났다.

〈그러자 광무제 유수는〉등우를 불러 낙양(洛陽)에 돌아오게 했으며, 대신 풍이(馮異)를 파견하여 관중(關中)으로 들어가도록 했다.

등우는 공을 세우지 못한 것을 창피하게 여기고〈도중에서〉풍이(馮異)를 기다렸다가 함께 적미 도적떼를 공격했다. 그러나 회계(回溪) 근처에서 크게 싸웠다. 그러나 역시 패했다.

<u>어구 설명</u> ㅇ關中未定(관중미정) : 함곡관(函谷關) 안 지방과 장안(長安)이 아직도 안정되지 않았다. ㅇ鄧禹引衆而西. 號百萬(등우인중이서 호백만) : 등우(鄧禹)가 많은 군병을 인솔하고 서쪽으로 나아가면서, 백만(百萬)이라고 큰 소리로 호령했다. ㅇ所至停車駐節,(소지정거주절) : 수레를 멈추고 절모(節旄)를 세웠다. ※ 節旄(절모) : 천자(天子)가 사자(使者)에게 부신(符信)으로 주던 기. 旄(모)는 깃대 끝에 다는 모우(旄牛)의 꼬리털. ㅇ勞來百姓(노래백

성) : 〈그리고 가까이〉 온 백성들을 위로했다. ○垂髫戴
白滿車下(수초대백만거하) : 머리를 늘어뜨린 아이와 백
발의 노인이 수레 밑에 가득히 모였다. ※「垂(드리울 수 ;
물체가 위에서 아래로 쳐져서 늘어지다. 베풀다.) 垂髫(수
초)=垂髮(수발) : ① 아이의 늘어뜨린 머리. ② 아이. 垂
髫(수초).「髫(다박머리 초)」髫髮(초발)은 어린아이의 늘
어뜨린 머리.「戴(일 대 ; 머리 위에 얹다. 받들다.) 戴白
(대백) : ① 머리에 흰털이 많이 남. ② 노인(老人).
  ○名震關西,(명진관서) : 그래서 등우(鄧禹)의 이름이 관
서지방(關西地方)을 진동했다. ○至栒邑. 久不進兵(지순
읍 구불진병) : 순읍현(栒邑縣=扶風郡)에 이르러 오래 머
물고 더 진격하지 않았다.〈*적미를 포위한 채, 동정을
살폈다.〉○赤眉大掠而出(적미대략이출) : 마침내〈식량
이 부족하여진〉적미가 대대적으로 약탈하면서 장안에
서 물러났다. ○禹乃入長安(우내입장안) : 그래서 등우
(鄧禹)가 장안으로 들어갔다. ○赤眉復入(적미복입) : 그
러자 적미 도적떼가 다시 장안으로 들어왔다. ○禹戰不
利走(우전불리주) : 등우가 이를 맞아 싸웠으나 불리하자
뒤로 물러났다. ○徵還京師(징환경사) :〈그러자 광무제
유수는〉등우를 불러 낙양(洛陽)에 돌아오게 했다. ○遣
馮異入關(견풍이입관) : 대신 풍이(馮異)를 파견하여 관
중(關中)으로 들어가도록 했다. ○禹慚無功,(우참무공) :
등우는 공을 세우지 못한 것을 창피하게 여기고. ○要異
共攻赤眉(요이공공적미) : 풍이(馮異)를 기다렸다가 함께
적미 도적떼를 공격했다. ○大戰於回溪, 敗績(대전어회
계 패적) : 그리고 회계(回溪)에서 크게 싸웠으나, 역시

패했다. ※囬는 回의 고자로 囘로 쓴 판본도 있다.

(4) 收散卒堅壁. 已而大破赤眉於崤底, 璽書勞異日, 始雖垂翅回溪, 終能奮翼澠池. 可謂失之東隅, 收之桑榆.

이에 흩어진 병졸들을 수습하여 견고한 벽 같이 〈무력을 다시 결집했다.〉 그런 다음에, 적미 도적들을 효산(崤山) 언덕에서 크게 격파했다.

〈이에, 광무제는〉 옥새(玉璽)를 찍은 서찰을 내려 풍이를 위로했다. 〈글은 다음 같은 내용이다.〉

「비록 처음에는 회계(回溪)에서 〈싸움에 지고〉 날개를 내려뜨렸지만, 나중에는 민지(澠池)에서 큰 날개를 펄럭였노라. 이를 "아침에 동쪽 구석에서 잃은 것을, 저녁에 상유(桑榆) 곁에서 다시 거두어들였다."고 할 수 있노라.」

어구 설명 ㅇ收散卒堅壁(수산졸견벽) : 〈등우는〉 흩어진 병졸들을 수습하여 견고한 벽 같이 〈무력을 결집했다.〉 ㅇ已而大破赤眉於崤底,(이이대파적미어효저) : 그래가지고 적미 도적들을 효산(崤山) 언덕에서 크게 격파했다. ※「崤(산 이름 효)」崤山(효산) : 함곡관(函谷關)과 함께 하남성(河南省)에 있는 험준한 요해지. 「底(밑 저 ; 아래쪽. 〈언덕 고개. [後漢書] 馮異與赤眉戰於崤底〉」
ㅇ璽書勞異曰,(새서노이왈) : 〈광무제는〉 옥새(玉璽)를 찍은 서찰을 내려 풍이에게 위로(慰勞)의 말을 했다.

○始雖垂翅回溪,(시수수시회계) : 비록 처음에는 회계(回溪)에서 〈싸움에 지고〉 날개(시〈翅〉)를 내려뜨렸지만. ○終能奮翼澠池(종능분익민지) : 나중에는 민지(澠池)에서 큰 날개(익〈翼〉)를 펄럭였노라. ※ 澠(① 강 이름 승, ② 고을 이름 민) 澠池(민지) : 地名. ○可謂失之東隅, 收之桑榆(가위실지동우 수지상유) : 다음과 같이 말할 수 있다. 「아침에 동쪽 구석에서 잃은 것을, 저녁에는 상유(桑榆) 곁에서 다시 거두어 들였노라.」 ※「桑(뽕나무 상), 榆(느릅나무 유)」 〈이들 나무는 서남쪽에 서서 저녁 해를 더욱 빛나게 한다. 그래서 저녁이란 뜻으로 쓴다.〉

(5) 赤眉餘衆, 東向宜陽. 上勒軍待之. 樊崇以劉盆子·丞相徐宣等, 肉袒降. 上陳軍馬, 令盆子君臣觀之. 謂曰, 得無悔降乎. 宣叩頭曰, 去虎口歸慈母. 誠歡誠喜無限. 上曰, 卿所謂鐵中錚錚, 庸中佼佼者也. 各賜田宅.

적미의 잔당이 동쪽 의양(宜陽 : 河南省)으로 향했다. 광무제는 군을 멈추고 기다렸다.

〈도적의 두목인〉 번숭(樊崇)은 〈자기들이 내세운 제왕〉 유분자(劉盆子)와 승상 서선(徐宣) 등 모두를 육단(肉袒)하고 투항하게 했다. 광무제는 그들 앞에 군마를 늘어놓고 유분자에게 명령조로 말했다.

「나는 임금이요, 그대는 신하로서 보아야 한다.」 그리고 물었다.「그래도 투항한 것을 후회하지 않겠느냐.」

〈적미의 승상〉서선(徐宣)이 머리를 땅에 부딪치고 말했다.「〈지금 저는〉호랑이 입에서 벗어나, 자애로운 어머니 품으로 돌아갑니다. 참으로 즐겁고 기쁘기 한이 없습니다.」

광무제가 말했다.「그대 경(卿)은 쇠 철 중에서도 쟁쟁 소리를 내는 쇠로다.」「범용(凡庸)한 사람 중에서도 좋은 사람이로다.」그리고 모두에게 밭과 집을 하사했다.

어구 설명 ○赤眉餘衆, 東向宜陽(적미여중 동향의양) : 적미의 잔당이 동쪽 의양(宜陽 : 河南省)으로 향했다. ※ 餘衆(여중) : 남은 무리. 잔당(殘黨). ○上勒軍待之(상륵군대지) : 광무제는 군대를 멈추고 기다렸다.

○樊崇以劉盆子·丞相徐宣等, 肉袒降(번숭이유분자·승상서선등 육단항) : 〈도적의 두목인〉번숭(樊崇)은 〈자기들이 내세운 제왕〉유분자(劉盆子)와 승상 서선(徐宣) 등 모두를 육단(肉袒)하고 투항했다. 〈*「육단」은「죄인이 상의를 벗고 어깨를 내놓고 머리를 땅에 대고 사죄함」이다.〉

○上陳軍馬, 令盆子君臣觀之(상진군마 영분자군신관지) : 광무제는 그들 앞에 군마를 늘어놓고 유분자에게 명령조로 말했다.「나는 임금이요, 그대는 신하로서 보아야 한다.」○謂曰, 得無悔降乎(위왈 득무회항호) : 그리고 물었다.「그래도 투항한 것을 후회하지 않겠느냐.」

○宣叩頭曰,(선고두왈) : 〈적미의 승상〉서선(徐宣)이 머리를 땅에 부딪치고 말했다. ○去虎口歸慈母. 誠歡誠喜無限(거호구귀자모 성환성희무한) :「〈지금 저는〉호랑이

입에서 벗어나 자애로운 어머니 품으로 돌아갑니다. 참
으로 즐겁고 기쁘기 한이 없습니다.」
ㅇ上曰.(상왈) : 광무제가 말했다. ㅇ卿所謂鐵中錚錚.(경
소위철중쟁쟁) :「그대 경(卿)은 쇠 철 중에서도 쟁쟁 소
리를 내는 쇠로다.」※ 鐵中錚錚(철중쟁쟁) : 많은 쇠 가
운데서 소리가 아주 좋음. 보통 사람보다 뛰어난 사람.
'錚錚'은 조금 단단한 무쇠의 소리. ㅇ庸中佼佼者也(용중
교교자야) :「범용(凡庸)한 사람 중에서도 좋은 사람이로
다.」※ 庸中佼佼(용중교교) : 평범한 사람들 가운데서 조
금 우수한 사람. ㅇ各賜田宅(각사전택) : 모두에게 밭과
집을 하사했다.

(6) 睢陽人斬劉永降. 劉永在更始時, 立爲梁王. 更
始亡, 永稱帝. 至是敗. 漁陽太守彭寵奴, 斬寵以
降. 初上討王郎, 寵發突騎, 轉糧不絕. 自負其功,
意望甚高, 不能滿. 幽州牧朱浮, 與書曰, 遼東有
豕. 生子. 白頭. 將獻之. 道遇羣豕. 皆白. 以子之
功, 論於朝廷, 遼東豕也. 上徵寵. 寵自疑遂反. 至
是敗.

수양(睢陽 : 河南省)의 사람이 유영(劉永)을 잘라 죽이고
투항했다.

유영은 갱시제(更始帝) 때, 양왕(梁王)에 올랐으며 갱시
제가 죽자, 자신을 제(帝)라고 호칭했다. 그러나 그때가 되

어 〈모든 것에 패하고〉 죽은 것이다.

〈*이상이 유영의 이야기다. 다음은 다른 이야기다.〉

어양(漁陽)의 태수, 팽총(彭寵)의 노비가 팽총을 잘라 죽이고 투항했다.

전에 광무제 유수(劉秀)가 왕랑(王郎)을 칠 때의 일이다.

팽총(彭寵)이 용감하게 달리는 기마병(騎馬兵)을 풀어 유수(劉秀) 군대의 양곡을 운송하고, 식량이 끊어지지 않게 도왔다. 그리고 팽총은 자기의 공을 자부하고, 〈유수가〉 자기를 심히 높여주기를 바랐다. 그러나 만족할 수가 없었다. 〈*그래서 유수(劉秀)를 비난했던 것이다.〉

〈그러자〉 유주(幽州)의 목(牧 : 장관)인 주부(朱浮)라는 사람이 〈그에게〉 다음 같은 〈상징적인〉 글을 보냈다. 〈*불만을 품고 있는 그를 비난한 것이다.〉

「요동에서 어떤 돼지가 머리가 흰 새끼를 낳았다. 그래서 장차 이를 황제께 바치었던 것이다.」「〈그런데〉 길에서 본 많은 돼지도 머리가 모두 희었노라.」「그대의 공을 조정(朝廷)적 차원에서 논하려는 것은, 곧 요동의 돼지 같은 것이니라.」

위에 있는 유수(劉秀)가 팽총(彭寵)을 불렀다. 그러자 팽총은 스스로 의아하게 여기고 결국 반기를 들었던 것이다.

〈*이와 같은 일이 있었으므로 결국〉 그때에 〈노비의 칼을 맞고〉 패망한 것이다.

 ○睢陽人斬劉永降(수양인참유영항) : 수양(睢陽 : 河南省)의 사람이 유영(劉永)을 잘라 죽이고 투항했다.

○劉永在更始時, 立爲梁王(유영재갱시시 입위양왕) : 유영은 갱시제(更始帝) 때, 양왕(梁王)에 올랐다. ○更始亡, 永稱帝. 至是敗(갱시망 영칭제 지시패) : 갱시제가 죽자, 유영이 제(帝)라 칭했다. 그때에 패하고 죽은 것이다. 〈*다음은 다른 사람의 이야기다.〉

○漁陽太守彭寵奴, 斬寵以降(어양태수팽총노 참총이항) : 어양군(漁陽郡)의 태수, 팽총(彭寵)의 노비가 팽총을 잘라 죽이고 투항했다. 〈*다음은 그를 죽이게 된 이유를 적은 글이다.〉

○初上討王郎,(초상토왕랑) : 전에 광무제 유수가 왕랑(王郎)을 칠 때다.

○寵發突騎, 轉糧不絕(총발돌기 전량부절) : 팽총(彭寵)이 용감하게 달리는 기마병(騎馬兵)을 풀어 유수(劉秀) 군대의 양곡을 운송하고 식량이 끊어지지 않게 했다.

○自負其功, 意望甚高, 不能滿(자부기공 의망심고 불능만) : 팽총은 자기의 공을 자부하고, 〈유수가〉 자기를 심히 높여주기를 바랐다. 그러나 만족할 수가 없었다. 〈*그래서 유수(劉秀)를 비난했던 것이다.〉

○幽州牧朱浮, 與書曰,(유주목주부 여서왈) : 〈그러자〉 유주(幽州)의 목(牧 : 장관)인 주부(朱浮)라는 사람이 〈그에게〉 다음 같은 〈상징적인〉 글을 보냈다. 〈*불만을 품고 있는 그를 비난한 것이다.〉 ○遼東有豕. 生子. 白頭. 將獻之(요동유시 생자 백두 장헌지) :「요동에서 어떤 돼지가 머리가 흰 새끼를 낳았다. 그래서 장차 이를 황제께 바치었

던 것이다.」 ○道遇羣豕. 皆白(도우군시 개백) : 「〈그런데〉 길에서 본 많은 돼지도 머리가 모두 희었노라.」 ○以子之 功, 論於朝廷, 遼東豕也(이자지공 논어조정 요동시야) : 「그대의 공을 조정에서 논하려는 것은 곧 요동의 돼지 같 은 것이니라.」 ○上徵寵(상징총) : 유수(劉秀)가 팽총(彭 寵)을 불렀다. ○寵自疑遂反(총자의수반) : 팽총은 스스로 의아하게 여기고 마침내 반기를 들었다. ○至是敗(지시 패) : 그때가 되어 〈노비의 칼을 맞고〉 패망한 것이다.

(7) 劉永所立齊王張步降. 上初以步爲東萊太守. 已而受永命王齊. 將軍耿弇, 屢戰大破之, 拔祝 阿 · 齊南 · 臨菑. 車駕至臨菑勞軍. 謂弇曰, 將軍 前在南陽建大策. 嘗以爲落落難合. 有志者事竟成 也. 步敗, 齊地悉平.

유영(劉永)이 제왕(齊王)으로 세운 장보(張步)가 투항했 다. 전에 유수(劉秀)가 장보(張步)를 「동래태수(東萊太守)」 로 삼다. 그러고 나서, 다시 유영의 명을 받고 제왕(齊王) 이 된 것이다.

그래서 〈유수의〉 장군 경엄(耿弇)이 누차 〈장보와〉 싸웠 으며, 결국 크게 격파하고 〈제나라 땅〉 축아(祝阿), 제남 (齊南), 임치(臨菑) 등을 평정했다.

그래서 〈광무제가〉 황제의 수레를 타고 임치(臨菑)에 가 서, 경엄(耿弇)의 군대를 위로했다.

〈광무제가〉 경엄에게 말했다. 「장군은 전에 남양(南陽)에서, 나에게 큰 책략(策略)을 건의한 일이 있었소. 그러나 〈그때는 모두가〉 낙후(落後)해서 〈건의에〉 맞게 하기 어려웠소. 그러나 뜻이 있는 사람은 결국 일을 완성하는구려.」

〈이와 같이 하여 결국〉 장보(張步)가 패망했으며, 이에 제(齊)나라 땅도 평정되었다.

어구 설명 ○劉永所立齊王張步降(유영소입제왕장보항) : 유영(劉永)이 제왕(齊王)으로 세운 장보(張步)도 투항했다.
○上初以步爲東萊太守(상초이보위동래태수) : 원래는 유수(劉秀)가 장보(張步)를 「동래태수(東萊太守=山東省)」로 삼았던 것이다. ○已而受永命王齊(이이수영명왕제) : 그러고 나서, 다시 유영의 명을 받고 제왕(齊王)이 된 것이다. ○將軍耿弇, 屢戰大破之,(장군경엄 누전대파지) : 마침내 〈유수의〉 장군 경엄(耿弇)이 〈장보와〉 누차 싸웠으며, 결국 크게 격파하고. ※「弇(덮을 엄, 좁은길 엄, 성(姓)남.)」 ○拔祝阿・齊南・臨菑(발축아・제남・임치) : 축아(祝阿), 제남(齊南), 임치(臨菑) 등을 평정했다. ※「拔(뺄발) ; 쳐서 빼앗다. 공략(攻略)하다.」〈이들은 다 제나라 땅이다.〉 ○車駕至臨菑勞軍(거가지임치노군) : 〈광무제가〉 황제의 수레를 타고 임치(臨菑)에 가서 경엄(耿弇)의 군대를 위로했다. ○謂弇曰,(위엄왈) : 〈광무제가〉 경엄에게 말했다. ○將軍前在南陽建大策(장군전재남양건대책) : 장군은 전에 남양(南陽)에서 큰 책략(策略)을 건의한 일이 있었소.

ㅇ嘗以爲落落難合(상이위낙락난합) : 그러나 〈그때는〉 낙후(落後) 되었으므로 〈건의에〉 맞게 하기 어려웠소. ※ 落落(낙락) : ① 뜻이 높고 커서 세속(世俗)과 맞지 않는 모양. ② 뜻을 얻지 못하는 모양. ③ 뜻이 높고 큰 모양. ④ 쓸쓸한 모양. ⑤ 남과 어울리지 못하는 모양.

ㅇ有志者事竟成也(유지자사경성야) : 그러나 뜻이 있는 사람은 결국 일을 완성하는구려. ㅇ步敗, 齊地悉平(보패 제지실평) : 〈이와 같이 하여 결국〉 장보(張保)가 패망했다. 이에 제(齊)나라 땅이 평정되었다. ※ 「悉(다 실) ; 모두」

(8) 將軍吳漢等, 擊斬劉永所立海西王董憲, 及叛將龐萌等. 江淮山東悉平. 時惟隗囂 · 公孫述未平. 上積苦兵閒. 謂諸將曰, 且當置此兩子於度外耳.

장군 오한(吳漢) 등이 유영(劉永)이 세운 해서(海西)의 왕 동헌(董憲)을 격파하고 잘라 죽였다. 또 반군의 장수인 방맹(龐萌) 등도 쳐 죽였다. 그래서 강회(江淮)와 산동(山東)이 다 평정되었다.

그러나 그때는 미처 외효(隗囂)와 공손술(公孫述)을 평정하지 못했다. 〈그러나〉 광무제는 싸움의 고생이 많이 누적되었으므로 모든 장군에게 말했다. 「잠시 그 두 사람은 도외시(度外視)하자.」

어구 설명 ㅇ將軍吳漢等,(장군오한등) : 장군 오한(吳漢) 등이. ㅇ擊斬劉永所立海西王董憲,(격참유영소입해서왕동헌) : 유영

(劉永)이 세운 해서(海西)의 왕 동헌(董憲)을 격파하고 잘라 죽였다. ○及叛將龐萌等(급반장방맹등) : 또 반군의 장수인 방맹(龐萌) 등도 쳐 죽였다. ○江淮山東悉平(강회산동실평) : 그래서 강회(江淮)와 산동(山東)이 다 평정되었다.

○時惟隗囂·公孫述未平(시유외효·공손술미평) : 그러나 그때 미쳐 외효(隗囂)와 공손술(公孫述)을 평정하지 못했다.

○上積苦兵閒. 謂諸將曰,(상적고병한 위제장왈) : 〈그러나〉 광무제는 싸움의 고생이 많이 누적되었으므로, 모든 장군에게 말했다. ○且當置此兩子於度外耳(차당치차양자어도외이) : 「잠시 그 두 사람은 도외시(度外視)하자.」

(9) 馮異自長安入朝. 上謂公卿曰, 是我起兵時主簿也. 爲吾披荊棘, 定關中. 詔勞異曰, 倉卒蕪蔞亭豆粥, 滹沱河麥飯, 厚意久不報.

풍이(馮異)가 장안에서 경사(京師=洛陽)로 조정에 들어왔다. 광무제가 모든 공(公)이나 경(卿)에게 말했다. 이 사람이 바로 내가 무력 봉기했을 때 주부(注簿)의 책임을 맡았으며, 나를 위해 가시덤불을 해쳐주었고, 관중을 평정하게 했다.

그리고 조서를 내려 풍이를 위로하고 말했다. 다급할 때 무루정(蕪蔞亭)에서는 콩죽을 나에게 바쳤고, 호타하(滹沱河)에서는 보리밥을 지어 바쳤다. 그의 은혜를 오랫동안 보답하지 못했다.

　어구 설명　○馮異自長安入朝(풍이자장안입조) : 풍이가 장안에서 경사(京師=洛陽)로 조정에 들어왔다. ○上謂公卿曰,(상위공경왈) : 광무제가 모든 공경에게 말했다. ○是我起兵時主簿也(시아기병시주부야) : 이 사람이 바로 내가 무력 봉기했을 때 주부였다. 주부(注簿)는 문서를 취급하는 신하다. ○爲吾披荊棘, 定關中(위오피형극 정관중) : 나를 위하여 가시덤불을 해쳐주었고 관중을 평정하게 해주었다. ※「荊(가시나무 형) ; 가시가 있는 관목의 총칭. 매, 곤장, 다스리다.」荊棘(형극)은 가시, 가시 있는 나무의 총칭. 고난. 뒤얽힌 사태, 분규. 나쁜 마음. 남을 해칠 마음. ○詔勞異曰,(조로이왈) : 〈그리고〉 조서를 내려 풍이를 위로하고 말했다. ○倉卒蕪蔞亭豆粥,(창졸무루정두죽) : 다급할 때 무루정에서 콩죽을 나에게 바쳤고, ※ 창졸(倉卒)은 전에 유수(劉秀 : 광무제)가 계성(薊城)에서 남쪽으로 도망갈 때를 말한다.「倉(창고 창) ; 갑자기」倉卒(창졸)은 미처 어찌할 겨를 없이 갑작스러움. ○滹沱河麥飯,(호타하맥반) : 호타하에서는 보리밥을 지어 바쳤다. ○厚意久不報(후의구부보) : 그의 은혜를 오랫동안 보답하지 못했다.

(10) 建武八年, 上自將征隗囂. 潁川盜起. 上還, 謂執金吾寇恂曰, 潁川迫近京師. 獨卿能平之耳. 從九卿復出可也. 恂勸上親征. 賊悉降. 恂竟不拜郡. 百姓遮道曰, 願借寇君一年. 乃留恂鎭撫. 大軍不戰而還.

건무(建武) 8년, 즉 서기 32년에 광무제가 스스로 나가서 외효(隗囂)를 정벌하자, 그때 〈하남성〉 영천(潁川)에서 도적떼가 일어났다. 그러나 광무제는 되돌아와서 집금오(執金吾) 벼슬에 있는 구순(寇恂)에게 말했다. 「영천은 서울(京師)에 아주 가까운 곳이다. 그대 혼자서도 능히 평정할 수 있을 것이다. 그러니 그대가 구경 벼슬을 내놓고 다시 나가서 〈그들을 평정할 수〉 있겠소?」

그러자 구순은 〈임금에게〉 「친히 나가서 치십시오. 반드시 모두 항복할 것입니다.」 하고 권했다.

그러자 도적들이 다 투항했다. 이에 구순은 〈자기가 직접 치지 않았음으로〉 영천군(潁川郡)의 군수(郡守)에 임명되지 않았다. 그러자 백성들이 〈되돌아오는 광무제의〉 길을 막고 말했다. 「임금님, 구순으로 하여금 〈영천을 다스리게〉 일 년간만 빌려 주십시오.」

광무제는 구순을 영천군에 남아서 〈그곳을〉 안정하게 했다. 그래서 임금의 대군은 싸우지 않고 돌아왔다.

어구 설명 ○建武八年,(건무팔년) : 건무 8년, 서기 32년. ○上自將征隗囂(상자장정외효) : 광무제가 스스로 나가서 외효를 정벌하자. ○潁川盜起(영천도기) : 그 무렵 영천에서 도적들이 들고 일어났다. ○上還, 謂執金吾寇恂曰,(상환 위집금오구순왈) : 광무제가 되돌아와서 「집금오 구순(寇恂)」에게 말했다. 〈*집금오(執金吾)는 임금의 신변을 보호하는 관명이다. 구경(九卿)에 해당한다.〉

ㅇ潁川迫近京師(영천박근경사) : 영천(潁川 : 河南省)은 서울에서 아주 가깝다. 〈*경사(京師)는 서울, 즉 낙양(洛陽)이다.〉 ㅇ獨卿能平之耳(독경능평지이) : 경(卿)이 혼자서도 능히 평정할 수 있다. ㅇ從九卿復出可也(종구경복출가야) : 〈그대는〉 구경(九卿) 자리에서 다시 나가면, 〈그들을 평정할 수〉 있을 것이다.

ㅇ恂勸上親征(순권상친정) : 구순은 〈임금에게, 저보다는〉「임금님이 친히 나가서 치시라고 권했다. 반드시 모두 항복할 것입니다.」 ㅇ賊悉降(적실항) : 그러자 도적들이 모두 투항했다. ㅇ恂竟不拜郡(순경불배군) : 구순은 〈자기가 직접 치지 않았음으로〉 영천군(潁川郡)의 군수(郡守)에 임명되지 않았다.

ㅇ百姓遮道曰, 願借寇君一年(백성차노왈 원차구군일년) : 백성들이 〈되돌아오는 임금의〉 길을 막고 말했다. 「임금님, 구순을 〈영천을 다스리게〉 일 년간만 빌려 주십시오.」 ㅇ乃留恂鎭撫(내유순진무) : 그래서 광무제는 구순을 영천군에 남아서 〈그곳을〉 진정하게 했다. ㅇ大軍不戰而還(대군부전이환) : 그래서 임금의 대군은 싸우지 않고 돌아왔다.

제6과 마원(馬援)과 공손술(公孫述)

(1) 建武九年, 隗囂死. 囂自更始初年起兵, 至建武初, 據天水, 自稱西州上將軍.

건무(建武) 9년(서기 33년)에 외효(隗囂)가 사망했다.

외효는 갱시(更始) 초년(서기 23년)에 병란을 일으켰다. 〈*공손술(公孫述)도 같이 일어났다.〉 그리고 건무 초(즉 서기 25년)에는 천수(天水)를 근거지로 하고 스스로 서주 (西州)의 상장군(上將軍)이라 호칭했다.

어구 설명 ○建武九年, 隗囂死(건무구년 외효사) : 건무 9년, 서기 33년, 외효가 사망했다. ○囂自更始初年起兵,(효자갱시 초년기병) : 외효는 갱시 초년, 즉 서기 23년에 무장병 (武裝兵)을 일으켰다. 〈*공손술(公孫述)도 같이 일어났 다.〉 ○至建武初, 據天水, 自稱西州上將軍(지건무초 거 천수 자칭서주상장군) : 건무 초, 즉 서기 25년에는 〈농 우(隴右)에 있는〉 천수(天水)를 근거지로 하고 스스로 서 주(西州)의 상장군(上將軍)이라 호칭했다.

(2) 後嘗遣馬援往成都, 觀公孫述. 援與述舊. 謂當 握手歡如平生. 時述已稱帝四年矣. 援旣至. 盛陳 陛衛以延援. 援謂其屬曰, 天下雌雄未定. 公孫不 吐哺迎國士. 反修飾邊幅, 如偶人形. 此何足久稽 天下士乎. 因辭歸. 謂囂曰, 子陽井底蛙耳. 而妄自 尊大. 不如專意東方.

〈외효(隗囂)는〉 그 후 마원(馬援)을 파견하고 성도(成都) 에 가서 공손술(公孫述)을 만나보게 했다. 마원과 공손술 은 옛 친구 사이였다. 그래서 〈마원은 속으로〉 생각했다.

「당연히 악수를 하고 전 같이 자기를 환영해줄 거다.」

그러나 그때에는 이미 〈공손술이〉 제왕(帝王)이라 자칭한 지가 4년이나 되었다.

그래서 마원이 오자, 〈공손술은 형식적으로〉 성대하게 꾸미고 〈임금 자리〉 계단 밑에 호위병들을 줄 세우고 마원을 맞았다.

마원은 자기 수행원에게 말했다. 「천하를 지배할 자웅(雌雄)이 아직 정해지지 않았다.」 「공손술은 음식물을 토하고 나라의 선비를 환영하지 않는다.」 〈*주공(周公)은 귀한 선비가 오면 토포착발(吐哺捉髮)하고 환영했다.〉 「도리어 가식적으로 주변만을 꾸미고 있으니, 흡사 나무로 만든 인형 같구나.」 「이래서야 어찌 천하의 선비들을 오래 머무르게 할 수 있겠는가.」

그래서 마원은 즉시 사양하고 돌아왔다. 그리고 외효에게 말했다. 「자양(子陽 : 공손술의 자)은 우물 안의 개구리입니다.」 「망대하게 자존하고 있습니다. 〈그러므로〉 〈서쪽을 포기하고〉 동쪽(낙양〈洛陽〉)에만 뜻을 두는 것이 좋습니다.」

<hr>

어구 설명 ㅇ後嘗遣馬援往成都, 觀公孫述(후상견마원왕성도 관공손술) : 그 후 마원을 파견해서 성도에 가서 공손술을 만나보게 했다. ㅇ援與述舊(원여술구) : 마원과 공손술은 옛 친구였다. ㅇ謂當握手歡如平生(위당악수환여평생) : 〈마원은 속으로〉 생각했다. 「당연히 악수를 하고 전 같

이 자기를 환영해 주리라.」

ㅇ時述已稱帝四年矣(시술이칭제사년의) : 그러나 그때에는 〈공손술이〉 이미 제왕(帝王)이라 자칭한 지 4년이나 된 때였다. ㅇ援旣至. 盛陳陛衞以延援(원기지 성진폐위이연원) : 〈그래서〉 마원이 오자, 〈공손술은 임금행세를 하고〉 〈겉으로〉 성대하게 〈차렸으며〉 특히 계단 밑에 호위병들을 늘어 세우고 마원을 맞아들였다. ※「陳(줄 진) ; 열(列), 군대의 행렬, 진을 치다, 방비(防備).」「衞(지킬 위) ; 막다. 시위(侍衛)하다. 방비하다. 나라 이름. 衛는 속자.」「延(끌 연) ; 길게 늘이다. 맞이하다. 인도하다.」

ㅇ援謂其屬曰,(원위기속왈) : 마원은 자기 수행원에게 말했다. ㅇ天下雌雄未定(천하자웅미정) : 천하를 지배할 자웅(雌雄)이 아직 정해지지 않았다. ㅇ公孫不吐哺迎國士(공손부토포영국사) : 공손술은 음식물을 토하고 나라의 선비를 환영하지 않는다. 〈*주공(周公)은 귀한 선비가 오면 토포착발(吐哺捉髮)하고 환영했다.〉 ※ 토포악발(吐哺握髮)은 현사(賢士)를 얻기 위해 애씀. 주대(周代)의 주공(周公)이 식사를 하고 있을 때면 음식물을 뱉어내고, 머리를 감는 중이면 머리카락을 거머쥐고 찾아온 손님을 맞이하였다는 고사에서 온 말. 토포착발(吐哺捉髮)은 식사를 하고 있을 때면 음식물을 뱉어내고, 머리를 빗으려고 풀어 헤쳤다가 갑자기 걷어쥐고 일어섬. 앞의 고사(故事)와 같은 뜻으로 쓰였던 성어(成語). ㅇ反修飾邊幅,(반수식변폭) : 〈알차게 속을 채우지 않고〉 도리어 가식적으로 주변만을 꾸미고 있다. ㅇ如偶人形(여우인형) : 흡사 나무로 만든 인형 같구나. ㅇ此何足久稽天下士乎(차하족

구계천하사호) : 이래서야 어찌 천하의 선비들을 오래 머무르게 할 수 있겠는가. ○因辭歸(인사귀) : 그래서 즉시 사양하고 돌아왔다. ○謂囂曰,(위효왈) : 외효에게 말했다. ○子陽井底蛙耳(자양정저와이) :「자양(子陽 : 공손술의 자)은 우물 밑의 개구리입니다.」○而妄自尊大. 不如專意東方(이망자존대 부여전의동방) :「망발되게 존대합니다. 그러니 〈서쪽 땅을 생각하지 마시고〉 동쪽(낙양 〈洛陽〉) 땅에만 뜻을 두는 것이 좋습니다.」〈즉 낙양에 있는 광무제를 따르라는 뜻이다.〉

(3) 囂乃使援奉書雒陽. 初到, 良久卽引入. 上自殿廡下, 岸幘迎, 笑曰, 卿遨遊二帝閒. 今見卿, 使人大慚, 援頓首曰, 當今非但君擇臣, 臣亦擇君. 臣與公孫述同縣. 少相善. 臣前至蜀. 述陛戟而後進臣. 臣今遠來. 陛下何知非刺客姦人, 而簡易若是. 帝笑曰, 卿非刺客. 顧說客耳. 援曰, 天下反覆, 盜名字者不可勝數. 今見陛下, 恢廓大度, 同符高祖. 乃知, 帝王自有眞也.

외효(隗囂)가 즉시 마원(馬援)을 사신으로 삼고 글을 받들고 낙양(雒陽=洛陽)에 가서 광무제(光武帝)에게 바치게 했다.

〈마원은〉 처음 〈광무제〉 앞에 왔다. 그래서 오래 기다렸다가 인도되어 들어갔다.

광무제는 스스로 〈선덕전(宣德殿)〉 아래에 복도로 내려왔으며, 〈관은 벗은 채〉 두건(頭巾)만으로 걸친 채, 〈마원을〉 환영했다. 그리고 웃으며 말했다. 「경은 두 임금 〈즉 외효와 공손술〉 사이를 오락가락하는구려.」「지금 경을 보니, 사람으로 하여금 크게 부끄럽게 만드는구려.」〈*인품 태도가 좋다는 뜻.〉

마원이 머리를 바닥에 대고 절하면서 말했다. 「지금은 임금만이 신하를 택하지 않습니다. 신하도 역시 임금을 택합니다.」「신과 공손술은 같은 현 사람이며, 어려서부터 서로 친했습니다.」「신이 전에 촉(蜀)에 가자, 공손술은 폐상(陛上)에 앉았고 〈주변에〉 창을 든 호위병들을 세운 다음에 신을 들어가게 했습니다.」「신은 지금 멀리서 왔습니다. 폐하께서는 어찌 〈제가〉 자객이나 간악한 자가 아닌 줄 아시고 이렇게 간단히 저를 만나주십니까.」

광무제가 웃으며 말했다. 「경은 자객이 아니오, 보고 말하는 세객(說客)일 뿐이오.」

마원이 말했다. 「천하는 엎치락뒤치락 합니다. 그리고 〈임금의 이름을〉 도적질 하는 자들이 수 없이 많습니다.」「지금 폐하를 알현하니, 〈참으로〉 도량이 크시고 넓으시며 한고조님과 같으십니다.」「그래서 신은 제왕이라는 것에는 그 스스로 갖추어진 참된 덕이 있음을 알게 되었습니다.」

어구 설명 ㅇ囂乃使援奉書雒陽(효내사원봉서낙양) : 외효(隗囂)가 즉시 마원(馬援)을 사신으로 삼고 글을 받들고 낙양(雒陽

=洛陽)에 가서 〈광무제(光武帝)에게〉 바치게 했다.

ㅇ初到,(초도) : 〈마원은〉 처음 〈광무제에게〉 왔다. ㅇ良久卽引入(양구즉인입) : 그래서 오래 기다렸다가 인도되어 들어갔다. ※「良(좋을 량) ; 매우. 심(甚)히. 깊다.」良久(양구)는 매우 오램, 한참 지나서. ㅇ上自殿廡下,(상자전무하) : 광무제는 스스로 〈선덕전(宣德殿)〉 아래에 복도로 내려왔다. ※「廡(집 무) ; 큰 집. 복도.」 ㅇ岸幘迎,(안책영) : 〈관을 벗은 채〉 두건(頭巾)으로 이마를 가린채, 마원을 환영했다. 〈*안(岸)은 이마, 책(幘)은 두건(頭巾)〉.

ㅇ笑曰,(소왈) : 광무제가 웃으며 말했다. ㅇ卿遨遊二帝閒(경오유이제한) : 「경은 두 임금 〈즉 외효와 공손술〉 사이를 오락가락하는구려.」 〈*오(遨)는 오가며 놀다.〉 ㅇ今見卿, 使人大慚,(금견경 사인대참) : 「지금 경을 보니, 사람으로 하여금 크게 부끄럽게 만드는구려.」 〈*인품 태도가 좋다는 뜻.〉 ㅇ援頓首曰,(원돈수왈) : 마원이 머리를 바닥에 대고 절하면서 말했다. ㅇ當今非但君擇臣, 臣亦擇君(당금비단군택신 신역택군) : 지금은 임금만이 신하를 택하지 않습니다. 신하도 역시 임금을 택합니다. ㅇ臣與公孫述同縣. 少相善(신여공손술동현 소상선) : 신과 공손술은 같은 현 사람이며, 어려서부터 서로 친했습니다.

ㅇ臣前至蜀(신전지촉) : 신이 전에 촉(蜀)에 가자. ㅇ述陛戟而後進臣(술폐극이후진신) : 공손술은 폐상(陛上)에 앉았고 〈주변에〉 창을 든 호위병들을 세운 다음에 신을 들어가게 했습니다.

ㅇ臣今遠來(신금원래) : 신은 지금 멀리서 왔습니다. ㅇ陛下何知非刺客姦人, 而簡易若是(폐하하지비자객간인 이간

이약시) : 폐하께서는 어찌 〈제가〉 자객이나 간악한 자가 아닌 줄 아시고 이렇게 간단히 저를 만나주십니까. ※「若(같을 약) ; 그와 같이」若是(약시)는 이와 같이. 若此(약차).

ㅇ帝笑曰, 卿非刺客. 顧說客耳(제소왈 경비자객 고세객이) : 광무제가 웃으며 말했다. 「경은 자객이 아니오, 보고 말하는 세객(說客)일 뿐이오.」 ※ 說客(세객) : 유세(遊說)하는 사람. 세자(說者)라고도 함.

ㅇ援曰, 天下反覆, 盜名字者不可勝數(원왈 천하반복 도명자자불가승수) : 마원이 말했다. 천하는 엎었다가 뒤집었다가 합니다. 그리고 〈임금의 이름을〉 도적질 하는 자들이 수 없이 많습니다.

ㅇ今見陛下, 恢廓大度, 同符高祖(금견폐하 회곽대도 동부고조) : 지금 폐하를 알현하니, 〈참으로〉 도량이 크시고 넓으시며 한고조님과 같으십니다. 〈*회곽대도(恢廓大度)는 속에 품고 있는 세계가 광대하고 법도가 크다.〉 ㅇ乃知, 帝王自有眞也(내지 제왕자유진야) : 그래서 신은 제왕이라는 것에는 그 스스로 갖추어진 참된 덕이 있음을 알게 되었습니다.

(4) 援歸. 囂問東方事. 援曰, 上才明勇略, 非人敵也. 且開心見誠, 無所隱伏, 闊達多大節, 略與高祖同, 經學博覽, 政事文辯, 前世無比. 囂曰, 卿謂何如高帝. 援曰, 不如也. 高帝無可無不可. 今上好吏事, 動如法度. 又不喜飮酒. 囂不懌曰, 如卿言反復勝乎. 遣子入侍. 未幾反.

마원이 돌아오자, 외효가 동쪽 일 〈즉 낙양의 광무제에 대한 일〉을 물었다. 마원이 대답했다.

「광무제는 재능이 밝고 무용과 전략이 뛰어나 아무도 대적할 자가 없습니다.」「또한 마음이 트이고 성실하며, 감추거나 덮어두는 것이 없습니다.」「활달하고 절개가 커서 대략 한고조(유방〈劉邦〉)와 같습니다.」「경학도 넓게 보았으며 정사를 문화적, 웅변적으로 처리하므로 전세의 누구도 비교할 수 없습니다.」

외효가 물었다. 「경은 한고조와 어느 쪽이 더 높다고 생각하나.」

마원이 말했다. 「한고조에는 못 미칩니다. 고조는 가(可)도 없고 불가(不可)도 없습니다.」「지금의 광무제는 관리 다스리는 일을 잘 하며, 행동을 법률과 제도대로 하십니다.」「또 술 마시기를 좋아하지 않으십니다.」

외효가 불쾌한 듯이 말했다. 「그대 말 같으면, 〈광무제가〉 도리어 〈고조보다〉 더 뛰어났다고 하는 말이니라.」

외효는 자기 아들 순(恂)을 〈인질로 하고 광무제를 모시게 했다.〉 그러나 외효는 얼마 후에는 〈광무제에게〉 반기를 들었다.

어구 설명 ㅇ援歸. 囂問東方事(원귀 효문동방사) : 마원이 돌아오자, 외효가 동쪽 일 〈즉 낙양의 광무제에 대한 일〉을 물었다. ㅇ援曰, 上才明勇略, 非人敵也(원왈 상재명용략 비인적야) : 마원이 말했다. 「광무제는 재능이 밝고 무용과

전략이 뛰어나 아무도 대적할 자가 없습니다.」ㅇ且開心
見誠, 無所隱伏,(차개심견성 무소은복) :「또한 마음이 트
이고 성실하며, 감추거나 덮어두는 것이 없습니다.」ㅇ闊
達多大節, 略與高祖同,(활달다대절 약여고조동) :「활달
하고 대절이 많아서 대략 한고조와 같습니다.」ㅇ經學博
覽, 政事文辯, 前世無比(경학박람 정사문변 전세무비) :
「경학을 넓게 보았으며 정사를 문화적, 웅변적으로 처리
하므로 전세의 누구도 비교할 수 없습니다.」

ㅇ囂曰, 卿謂何如高帝(효왈 경위하여고제) : 외효가 물었
다.「경은 한고조와 어느 쪽이 더 높다고 생각하나.」ㅇ援
曰, 不如也. 高帝無可無不可(원왈 부여야 고제무가무부
가) : 마원이 말했다.「한고조에는 못 미칩니다. 고조는 가
(可)도 없고 불가(不可)도 없습니다.」ㅇ今上好吏事, 動如
法度(금상호이사 동여법도) :「지금의 광무제는 관리 다스
리는 일을 잘 하시며, 행동을 법률과 제도대로 하십니
다.」※ 法度(법도) : 법률과 제도. ㅇ又不喜飮酒(우부희
음주) :「또 술 마시기를 좋아하지 않으십니다.」

ㅇ囂不懌曰, 如卿言反復勝乎(효부역왈 여경언반복승호) :
외효가 불쾌한 듯이 말했다.「그대 말 같으면, 〈광무제가〉
도리어 〈고조보다〉 더 뛰어났다고 하는 말이니라.」※「懌
(기뻐할 역) ; 순종하다.」ㅇ遣子入侍. 未幾反(견자입시 미
기반) : 외효가 자기 아들 순(恂)을 광무제에게 보내어 시
자(侍子)가 되었다. 〈인질로 하고 광무제를 모시게 했
다.〉 그러나 외효는 얼마 후에는 〈광무제에게〉 반기를
들었다. ※「侍(모실 시) ; 귀인을 곁에서 모시고 있는 사람.」
侍子(시자)는 ① 시봉(侍奉)하는 아들. ② 제후가 자식을

인질(人質)로 바쳐 천자를 모시게 하던 일. 質子(질자).

(5) 復嘗問班彪以戰國從橫之事. 彪作王命論諷之. 囂不聽. 馬援詣行在. 上復使游說. 仍自賜囂書. 囂竟臣於公孫述. 述立囂爲朔寧王. 上征囂. 馬援在上前, 聚米爲山谷, 指畫形勢, 開示軍所從徑道. 上曰, 虜在吾目中矣. 遂進軍. 囂奔西城, 病餓恚憤而卒. 子純降. 隴右悉平.

외효(隗囂)가 다시 반표에게 물었다. 〈*반표(班彪)는 한서(漢書)의 저자 반고(班固)의 부친이다. 당시는 난을 피해 천수(天水)에 있었으며, 외효를 따르고 있었다.〉

전국시대의 합종연횡(合縱連橫)에 대한 말을 물었다. 반표는 왕명론(王命論)을 써가지고 풍자했다. 〈*임금 자리는 천명(天命)으로 내려진다는 뜻을 말한 것이다.〉 그러나 외효는 그의 말을 듣지 않았다.

마원은 〈외효 곁을 떠나〉 광무제의 행재소(行在所)로 갔다. 〈그러자〉 광무제는 〈마원을〉 다시 사신으로 삼고 〈각지를 돌며〉 유세하게 했다. 〈광무제는〉 스스로 외효에게 글을 내렸다.

그러자 외효는 〈광무제의 말을 듣지 않고〉 드디어 공손술의 신하가 되었다. 공손술은 외효를 삭녕(朔寧)의 왕으로 삼았다.

이에 광무제가 외효를 치기로 했다. 마원이 광무제 앞에 쌀로 산과 계곡을 만들어 놓고, 손가락으로 형세를 가리키며 군대가 따라갈 지름길을 열어 가리켰다.

광무제가 말했다.「포로는 나의 눈 속에 들어와 있다.」〈*나에게 잡힌 외효가 눈에 보인다.〉

드디어 〈외효를 치기 위해〉 군대를 내보냈다.

외효는 서성(西城 : 葱嶺 서쪽의 성)으로 도망을 갔다. 그리고 병들고 굶주리고 또 분통을 터뜨리고 죽었다. 〈외효의〉 아들 순(純)이 투항했다. 그래서 농우(隴右) 지방이 완전히 평정되었다.

어구 설명 ○復嘗問班彪以戰國從橫之事(부상문반표이전국종횡지사) : 외효(隗囂)가 다시 반표에게 물었다. 〈*반표(班彪)는 한서(漢書)의 저자 반고(班固)의 부친이다. 당시는 난을 피해 천수(天水)에 있었으며, 외효를 따르고 있었다.〉 전국시대의 합종연횡(合從〈縱〉連橫)에 대한 말을 물었다. 〈*외효가 공손술과 합해서 한나라에 대항하려고 했던 것이다.〉 ※ 合從(縱)連橫(합종연횡) : 소진(蘇秦)의 합종설(合從說)과 장의(張儀)의 연횡설(連橫說). 合從說(합종설) : 전국시대에 소진(蘇秦)이 주장한 한(韓)·위(魏)·조(趙)·연(燕)·초(楚)·제(齊)의 6국이 남북으로 동맹하여 서쪽의 진(秦)나라에 대항하자는 의견. 連橫(연횡) : 전국시대에 장의(張儀)가 주장한 외교 정책. 그 동쪽에 있던 여섯 나라가 진(秦)나라와 동맹을 맺어 화친(和親)하여 동서로 연합할 것을 주장한 정책. 連衡(연횡).

ㅇ彪作王命論諷之(표작왕명논풍지) : 반표는 왕명론(王命論)을 써가지고 풍자했다. 〈*임금 자리는 천명(天命)으로 내려진다는 뜻을 말한 것이다.〉 ㅇ囂不聽(효부청) : 외효는 그의 말을 듣지 않았다.

ㅇ馬援詣行在. 上復使游說(마원예행재 상복사유설) : 마원은 〈외효 곁을 떠나〉 광무제의 행재소(行在所)로 갔다. 〈그러자〉 광무제는 〈마원을〉 다시 사신으로 삼고 〈각지를 돌며〉 유세하게 했다.

ㅇ仍自賜囂書(잉자사효서) : 〈광무제는〉 스스로 외효에게 글을 내렸다. ㅇ囂竟臣於公孫述(효경신어공손술) : 외효는 〈광무제의 말을 듣지 않고〉 드디어 공손술의 신하가 되었다. ㅇ述立囂爲朔寧王(술립효위삭녕왕) : 공손술은 외효를 삭녕(朔寧)의 왕으로 삼았다.

ㅇ上征囂(상정효) : 광무제는 외효를 치기로 했다. ㅇ馬援在上前, 聚米爲山谷,(마원재상전 취미위산곡) : 마원이 광무제 앞에 쌀로 산과 계곡을 만들었다. ㅇ指畫形勢,(지화형세) : 손가락으로 형세를 가리키며. ㅇ開示軍所從徑道(개시군소종경도) : 군대가 따라갈 지름길을 열어 가리켰다. ㅇ上曰, 虜在吾目中矣(상왈 노재오목중의) : 광무제가 말했다. 「포로는 나의 눈 속에 들어와 있다.」〈*나에게 잡힌 외효가 눈에 보인다.〉

ㅇ遂進軍(수진군) : 드디어 〈외효를 치기 위해〉 군대를 내보냈다. ㅇ囂奔西城, 病餓恚憤而卒(효분서성 병아에분이졸) : 외효는 서성(西城 : 익주〈益州〉의 청수현〈淸水縣〉에 있다. 총령〈葱嶺〉 서쪽의 제국〈諸國〉을 가리킨다.)으로 도망을 갔다. 그리고 병들고 굶주리고 또 분통을 터뜨리

고 죽었다. ※「恚(성낼 에) ; 화를 내다.」恚憤(에분)은 성을 냄. 에노(恚怒).「葱은 蔥(파 총 ; 푸르다)의 속자.」ㅇ子純降(자순항) : 〈외효의〉 아들 순(純)이 투항했다. ㅇ隴右悉平(농우실평) : 농우 지방이 완전히 평정되었다.

제7과 촉(蜀)과 서북(西北) 평정

(1) 十二年, 公孫述亡. 述茂陵人, 自更始時, 據蜀稱帝, 國號成. 上旣平隴右曰, 人苦不自足. 旣得隴復望蜀. 遣大司馬吳漢等將兵, 會征南大將軍岑彭伐蜀. 彭在荊門裝戰船. 漢欲罷之. 彭不可. 上報彭曰, 大司馬習用步騎, 不曉水戰. 荊門之事, 一惟征南公爲重而已. 彭戰船竝進. 所向無前. 述使盜刺殺彭. 吳漢繼進. 至成都擊殺述. 蜀地悉平.

건무 12년(서기 36년), 공손술이 멸망했다. 공손술은 무릉(茂陵) 사람으로 갱시제(更始帝) 때부터 촉(蜀)을 점거하고 스스로 제(帝)라 칭하고 나라 이름을 성(成)이라 했다. 광무제는 농우(隴右) 지방을 평정하고 말했다.「모든 사람은 자족(自足)하지 않고 고생을 한다. 나도 농우(隴右)를 평정하자, 다시 촉(蜀)을 바라는구나.(得隴望蜀)」

그리고 대사마 오한(吳漢) 등 장군과 병사들을 파견하고 정남대장군 잠팽(岑彭)과 함께 촉 땅을 정벌하게 했다.

잠팽은 형문(荊門)에서 무장선(武裝船)을 갖추려고 했다. 그러나 대사마 오한은 그만두기를 바랐다. 그러나 잠팽은 그만둘 수 없다고 했다.

이에 광무제는 잠팽(岑彭)에게 말했다. 「대사마 오한(吳漢)은 보병과 기마병에 익숙하며 수전(水戰)은 잘 모른다. 〈형문 진군은〉 오직 정남장군인 잠팽(岑彭)을 주체로 삼으리라.」

그래서 잠팽은 전함(戰艦)을 늘여놓고 진격했다. 향하는 곳에 적이 없는 상태였다. 이에 공손술은 몰래 자객을 보내서 잠팽(岑彭)을 죽였다.

한편 오한은 계속해서 진격했으며, 성도(成都)에 이르러 공손술을 치고 죽였다. 그래서 촉 땅을 평정했다.

어구 설명 ○十二年, 公孫述亡(십이년 공손술망) : 건무 12년(서기 36년), 공손술이 멸망했다. ○述茂陵人, 自更始時, 據蜀稱帝, 國號成(술무릉인 자갱시시 거촉칭제 국호성) : 공손술은 무릉(茂陵=陝西省) 사람으로 갱시제(更始帝) 때부터 촉(蜀)을 점거하고 스스로 제(帝)라 칭하고 나라 이름을 성(成)이라 했다.
○上旣平隴右曰,(상기평농우왈) : 광무제는 농우(隴右) 지방을 평정하고 말했다. ○人苦不自足(인고부자족) : 사람은 자족(自足)하지 않고 고생을 한다. ○旣得隴復望蜀(기득롱부망촉) : 나도 농우를 평정하자, 다시 촉(蜀)을 바란다. ※ 得隴望蜀(득롱망촉) : 농(隴)을 얻고 촉(蜀)을 바람. 사람의 욕심은 한이 없음. ○遣大司馬吳漢等將兵,(견대사

마오한등장병) : 대사마 오한 등 장군과 병사들을 파견하
고. ○會征南大將軍岑彭伐蜀(회정남대장군잠팽벌촉) : 정
남 대장군 잠팽(岑彭)과 함께 촉 땅을 정벌하게 했다. ○彭
在荊門裝戰船(팽재형문장전선) : 잠팽은 형문에서 무장선
을 갖추려고 했다. ※荊門(형문)은 호북성(湖北省)에 있는
지명이다. ○漢欲罷之(한욕파지) : 대사마 오한은 그만두
기를 바랐다. ○彭不可(팽부가) : 그러나 잠팽은 그만둘 수
없다고 했다.

○上報彭曰, 大司馬習用步騎, 不曉水戰(상보팽왈 대사마
습용보기 부효수전) : 광무제는 잠팽(岑彭)에게 말했다.
「대사마 오한(吳漢)은 보병과 기마병의 지휘에 익숙하며
수전(水戰)은 잘 모른다.」 ※「曉(새벽 효) ; 깨닫다. 환히 알
다.」 ○荊門之事, 一惟征南公爲重而已(형문지사 일유정
남공위중이이) :「〈형문 진군은〉 오직 정남 장군인 잠팽
(岑彭)을 주체로 삼으리라.」

○彭戰船竝進(팽전선병진) :〈그래서〉 잠팽은 전함(戰艦)
을 늘여놓고 진격했다. ○所向無前(소향무전) : 향하는
곳에 적이 없는 상태였다.

○述使盜刺殺彭(술사도자살팽) : 공손술은 몰래 자객을
보내서 잠팽(岑彭)을 죽였다. ○吳漢繼進. 至成都擊殺述.
蜀地悉平(오한계진 지성도격살술 촉지실평) : 오한은 계
속해서 진격했으며, 성도(成都)에 이르러 공손술을 치고
죽였다. 그래서 촉 땅을 평정했다. ※擊은 擊의 속자(俗
字). 칠 격, 공격하다. 쳐서 죽이다. 擊殺(격살)은 치고 죽
이다. 쳐서 죽이다.

(2) 涼州牧竇融, 率河西武威 · 張掖 · 酒泉 · 燉
煌 · 金城五郡太守入朝. 融自建武初據河西. 後遣
使奉書. 上以爲牧. 賜璽書曰, 議者必有任囂敎尉
佗, 制七郡之計. 書至. 河西皆驚, 以爲天子, 明見
萬里之外. 上征隗囂. 融率五郡兵, 與大軍會. 蜀
平. 奉詔歸朝. 拜冀州牧.

양주(涼州)의 태수(太守=牧=長官) 두융(竇融)이 「하서(河
西) 지방의 무위(武威), 장액(張掖), 주천(酒泉), 돈황(燉
煌), 금성(金城)」 등 다섯 군(郡)의 태수(太守)와 함께 입조
했다.

두융(竇融)은 건무(建武) 초부터 하서(河西) 지방에 있었
다. 그는 후에 사자를 보내 〈광무제에게〉 글을 올렸다. 그
래서 광무제는 그를 양주의 목(牧 : 태수)으로 삼았다. 〈광
무제는 또〉 옥새(玉璽)를 찍은 조서를 내려서 말했다.

「〈제멋대로 세상을 논하는 외효(隗囂)같은 자는〉 반드시
그대에게 "옛날 진(秦)나라 이세황제(二世皇帝) 때, 남해
(南海)의 위(尉) 임효(任囂)가 남월왕(南越王) 위타(尉陀)에
게 남해(南海)의 7개의 군(郡)을 제압하라는 계략을 가르
쳐준 것같이"〈그대에게〉 근처의 땅을 제압하라고 말할 것
이다.」〈*즉 외효(隗囂)가 나쁜 계략을 가르쳐줄 것이라는
말이다.〉

〈이와 같은 광무제의〉 글을 보자, 하서(河西) 지방의 모

든 사람이 다 놀랐다. 그리고 속으로 생각했다. 「광무제는 만 리 밖을 밝게 내다본다.」

광무제가 외효를 정벌하자 두융(竇融)이 5개 군(郡)의 군 병들을 이끌고 참가하고 〈광무제의〉 대군과 합쳤다. 이에 촉(蜀) 일대를 평정했다. 두융은 조서를 받들고 조정에 돌아와 기주(冀州)의 태수가 되었다.

어구 설명 ○涼州牧竇融,(양주목두융) : 양주(涼州＝甘肅省)의 태수(太守＝牧＝長官) 두융(竇融). ○率河西武威・張掖・酒泉・燉煌・金城五郡太守入朝(솔하서무위・장액・주천・돈황・금성오군태수입조) : 하서(河西) 지방의 무위(武威), 장액(張掖), 주천(酒泉), 돈황(燉煌), 금성(金城)의 다섯 군(郡)의 태수(太守)와 함께 입조했다. ○融自建武初據河西(융자건무초거하서) : 두융(竇融)은 건무(建武) 초부터 하서(河西) 지방에 있었다.

○後遣使奉書(후견사봉서) : 후에 사자를 보내 〈광무제에게〉 글을 올렸다. ○上以爲牧(상이위목) : 광무제는 그를 양주의 목(牧 : 태수)으로 삼았다. ○賜璽書曰,(사새서왈) : 〈광무제는 또〉 옥새(玉璽)를 찍은 조서를 내려서 말했다.

○議者必有任囂敎尉佗, 制七郡之計(의자필유임효교위타제칠군지계) : 세상을 논의하는 자, 즉 외효(隗囂)가 반드시 그대에게 "옛날 진(秦)나라 이세황제(二世皇帝) 때에 남해(南海)의 위(尉) 임효(任囂)가 남월왕(南越王) 위타(尉陀)에게 남해(南海)의 7개의 군(郡)을 제압하라는 계략을 가르쳐준 것같이" 〈오늘 그대에게〉 근처의 땅을

제압하라고 말할 것이다.」〈*즉 외효(隗囂)가 나쁜 계략을 가르쳐줄 것이라는 말이다.〉 ○書至. 河西皆驚,(서지 하서개경) :〈광무제가 외효(隗囂)의 음흉한 계략을 폭로한〉 글을 보자, 하서(河西) 지방의 모든 사람이 다 놀랐다. ○以爲天子, 明見萬里之外(이위천자 명견만리지외) : 그리고 속으로 생각했다.「광무제는 만 리 밖을 밝게 내다본다.」 ○上征隗囂(상정외효) : 광무제는 외효를 정벌하자. ○融率五郡兵,(융솔오군병) : 두융(竇融)이 5개 군(郡)의 군병들을 이끌고 참가했다. ○與大軍會(여대군회) : 대군과 합쳤다. ○蜀平(촉평) : 촉 일대를 평정했다. ○奉詔歸朝. 拜冀州牧(봉조귀조 배기주목) : 조서를 받들고 조정에 돌아와서 기주(冀州)의 태수가 되었다.

(3) 十八年, 代王盧芳死於匈奴. 芳安定人. 詐稱武帝曾孫劉文伯. 自建武初據安定. 匈奴迎之, 立爲漢帝. 數爲邊郡寇患. 後來降. 王于代. 復反奔匈奴. 以病死.

건무(建武) 18년(A.D. 42), 〈광무제 밑에서〉 대왕(代王)이 되었던 노방(盧芳)이란 자가 흉노(匈奴) 땅에서 죽었다. 〈*다음의 글은 그에 대한 전후를 적은 것이다.〉

〈노방은〉 안정(安定 : 陝西省 延安縣) 사람이다. 〈그런데 자기가〉 한무제(漢武帝)의 증손(曾孫) 유문백(劉文伯)이라고 속였다. 그리고 건무 초부터 안정(安定) 지방을 거점으로 하고 〈한왕이라 거짓 행세를 했다.〉

〈이에〉 주변의 흉노들이 그를 환영하고 한제(漢帝)로 세웠으며 자주 주변의 〈한나라 땅〉 군(郡)을 침략하고 약탈을 했다. 〈그리고〉 후에는 투항하고 〈광무제로부터〉 대왕(代王)으로 봉해졌다.

다시 〈한나라에〉 반항하고 흉노(匈奴) 땅으로 도망가서, 결국 병으로 죽은 것이다.

어구 설명 ○十八年,(십팔년) : 건무(建武) 18년, 즉 A.D. 42년. ○代王盧芳死於匈奴(대왕노방사어흉노) : 〈광무제 밑에서〉 대왕(代王)이 되었던 노방(盧芳)이란 자가 흉노(匈奴) 땅에서 죽었다. ※ 대(代)는 유주(幽州)에 속한다. 하북성(河北省). 〈*그에 대한 전후는 다음과 같다.〉

○芳安定人(방안정인) : 〈노방은〉 안정(安定 : 陝西省 延安縣) 사람이다. ○詐稱武帝曾孫劉文伯(사칭무제증손유문백) : 〈그런데 자기가〉 한무제(漢武帝)의 증손(曾孫) 유문백(劉文伯)이라고 속였다. ○自建武初據安定(자건무초거안정) : 그리고 건무 초부터 안정을 거점으로 하고 〈한왕이라 거짓 행세를 했다.〉

○匈奴迎之, 立爲漢帝(흉노영지 입위한제) : 〈그러자〉 주변의 흉노들이 그를 환영하고 한제(漢帝)로 세웠으며. ○數爲邊郡寇患(삭위변군구환) : 자주 주변의 〈한나라〉 군(郡)을 침략하고 약탈했다. ※「數(셀 수, 자주 삭) ; 여러 번 되풀이하다, 접근하다.」 ○後來降(후래항) : 그 후에는 투항했다. ○王于代(왕우대) : 〈광무제로부터〉 대왕(代王)으로 봉해졌다. ○復反奔匈奴. 以病死(부반분흉노 이병사) : 다시 〈한나라에〉 반항하고 흉노(匈奴) 땅으로 도망가, 병으

로 죽은 것이다.

(4) 二十二年, 匈奴求和親. 上遣使許之. 自呼韓邪單于死于成帝時, 其後累世皆仕漢. 平帝時, 王莽頒條於匈奴, 謂中國無二名, 諷單于改名. 莽簒漢, 易漢所賜單于璽曰章. 單于怨恨, 數寇邊. 建武以來, 匈奴助盧芳寇漢. 後又數與烏桓·鮮卑, 連兵入寇. 至是始請和.

건무 22년, 즉 서기 46년 흉노가 화친(和親)을 청하자, 광무제는 사신을 보내 허락했다. 〈*다음은 그 간의 흉노에 대한 글이다.〉

〈흉노의 왕〉 호한야선우(呼韓邪單于)가 성제 때 죽은 후부터 수 세(世)에 걸쳐 〈흉노는〉 다 한(漢)나라를 받들고 섬겼다.

평제(平帝) 시. 〈*서기 1년─5년, 왕망(王莽)의 신(新) 이전〉 왕망이 조례를 흉노에게 반포하고 말했다.「중국에는 두 글자 이름이 없다.」〈이 말은〉 선우(單于)에게 이름을 고치라고 풍자한 것이다.

그리고 왕망(王莽)이 한(漢)나라를 찬탈한 다음에는 한나라가 내린 옥새(玉璽)를 찍은 조서(詔書)를 장(章)이라고 고쳐 불렀다.(新匈奴單于章)

〈그래서 흉노의 임금〉 선우(單于)가 원한을 품고 여러 차레 변경을 침공했던 것이다.

특히 건무 이후에는 〈한나라에 반항하는〉 노방(盧芳)을 도와 한나라 변경을 침범했으며, 또 후에는 다시 여러 차례 오환(烏桓 : 蒙古), 선비(鮮卑 : 東北 滿洲)와 같이 무력을 연대하고 〈한나라 변경을〉 침공했던 것이다. 〈그러다가 건무 22년에〉 비로소 화친(和親)을 청했던 것이다.

여구 설명 ○二十二年,(이십이년) : 건무 22년, 즉 서기 46년. ○匈奴求和親(흉노구화친) : 흉노가 화친(和親)을 청했다. ○上遣使許之(상견사허지) : 광무제는 사신을 보내 허락했다. 〈*다음은 그 간의 흉노에 관한 글이다.〉

○自呼韓邪單于死于成帝時,(자호한야선우사우성제시) : 〈흉노의 왕〉 호한야선우(呼韓邪單于)가 성제 때 죽은 후부터. ○其後累世皆仕漢(기후누세개사한) : 그 후, 여러 세대에 걸쳐 모두 한(漢)나라를 받들고 섬겼다.

○平帝時,(평제시) : 평제(平帝) 시. 〈*서기 1년 – 5년, 왕망의 신(新) 이전이다.〉 ○王莽頒條於匈奴, 謂中國無二名,(왕망반조어흉노 위중국무이명) : 왕망이 조례를 흉노에게 반포하고 말했다. 「중국에는 두 글자 이름이 없다.」

○諷單于改名(풍선우개명) : 선우(單于)에게 이름을 고치라고 풍자한 것이다. ○莽簒漢,(망찬한) : 왕망(王莽)이 한(漢)나라를 찬탈한 다음에는. ※莽(우거질 망·무. 들 경치 망) 莽(속자), 莽(속자).

○易漢所賜單于璽曰章(역한소사선우새왈장) : 한나라가 내린 옥새(玉璽)를 찍은 조서(詔書)를 장(章)이라고 고쳐 불렀다.(新匈奴單于章) 〈*천자(天子)의 도장을 새(璽), 제

후(諸侯)의 도장을 장(章)이라 한다.〉
○單于怨恨, 數寇邊(선우원한 수구변) : 〈그래서 흉노의 임금〉 선우(單于)가 원한을 품고 여러 차례 변경을 침공했던 것이다. ○建武以來, 匈奴助盧芳寇漢(건무이래 흉노조노방구한) : 건무 이후에도 흉노(匈奴)는 〈한나라에 반항한〉 노방(盧芳)을 도와 한나라 변경을 침범했다. ○後又數與烏桓·鮮卑,(후우삭여오환·선비) : 그 후, 다시 여러 차례 오환(烏桓 : 蒙古), 선비(鮮卑 : 東北 滿洲)와 같이. ○連兵入寇(연병입구) : 무력을 연대하고 〈한나라 변경을〉 침공했다. ○至是始請和(지시시청화) : 〈그러다가 건무 22년에〉 비로소 화친(和親)을 청했던 것이다.

(5) 西域請都護. 不許. 遂附於匈奴. 先是莎車王賢·鄯善王安, 皆遣使奉獻. 賢使再至. 上賜賢都護印綬. 邊郡守上言. 不可假以大權, 詔收還, 更賜大將軍印. 賢恨. 猶詐稱大都護. 諸國悉服屬賢. 賢驕橫, 欲兼幷西域. 諸國懼. 凡十八國, 遣子入侍, 願得漢都護. 上厚賜遣還其侍子. 至是復請. 上復卻之.

서역(西域)의 모든 나라들이 〈자기 땅을〉 〈한나라의〉 도호(都護)로 삼아달라고 청했다. 그러나 〈광무제는〉 불허했다. 〈*당시의 서역은 지금의 신강(新彊) 일대이다.〉 그래서 〈그들 여러 나라가〉 흉노에 붙었다.
〈*다음의 글은 그 간의 경과를 기술한 것이다.〉

이전에 사차(沙車)의 왕 현(賢)과 선선(鄯善)의 왕 안(安)이 다 같이 사신을 시켜 공물을 〈광무제에게〉 바쳤다.

〈특히〉 현왕(賢王)의 사신은 두 번이나 왔었다. 이에 광무제는 현왕에게 도호(都護)의 인수(印綬)를 내려주었다. 〈*인수(印綬)는 도장과 줄 끈.〉

〈그러자 한나라의〉 변방을 수비하는 군수(郡守)가 글을 올리고 말했다. 「대권을 빌려주어서는 안 됩니다.」

그래서 〈광무제가〉 조서를 내려 환수하고 대장군(大將軍)의 인(印)을 내렸던 것이다.

이를 현(賢)은 한스럽게 여기고 그대로 대도호(大都護)를 사칭했다. 〈그래서〉 서역의 여러 나라들이 다 현왕(賢王)에게 종속했던 것이다. 이에 현왕은 교만하게 횡행했으며, 서역을 다 겸병하려고 했다. 그래서 여러 나라들이 겁을 냈다.

〈그리고〉 무릇 18개 나라 임금이 아들을 〈한나라에 인질로 보내서〉 〈광무제를〉 모시고 한나라의 도호가 되기를 바랐다. 그러나 광무제는 재물을 후하게 내려주고, 〈시중을 들려는〉 그들의 아들들을 돌아가게 했다.

이에 그들이 다시 〈도호(都護)를 청하고〉 글을 올렸다. 그래도 광무제가 각하했던 것이다.

어구 설명 ○西域請都護. 不許(서역청도호 불허) : 서역(西域)의 모든 나라들이 〈자기 땅을 한나라의〉 도호(都護)로 삼아달라고 청했다. 그러나 〈광무제는〉 불허했다. 〈*당시의 서역은 지금의 신강(新疆) 일대다.〉 ○遂附於匈奴(수부어흉노) : 결국 〈그들 여러 나라가〉 흉노에 붙었다.

〈*다음 글은 서역이 한나라의 도호로 보호받기를 청했으나, 광무제가 불허해서 그들이 흉노에 붙은 경과를 기록한 것이다.〉

○先是莎車王賢 · 鄯善王安,(선시사차왕현 · 선선왕안) : 이전에 사차(沙車)의 왕 현(賢)과 선선(鄯善)의 왕 안(安)이. ○皆遣使奉獻(개견사봉헌) : 다 사신을 보내 공물을 〈광무제에게〉 바쳤다. ○賢使再至(현사재지) : 현왕(賢王)은 사신을 두 번이나 보냈다. ○上賜賢都護印綬(상사현도호인수) : 광무제는 현왕에게 도호(都護)의 인수(印綬)를 내려주었다. 〈*인수(印綬)는 도장과 술 끈.〉

○邊郡守上言(변군수상언) : 〈그러자 한나라의〉 변방을 수비하는 군수(郡守)가 상언했다. ○不可假以大權,(불가가이대권) : 대권을 〈변방 임금에게〉 빌려주면 안 됩니다. ○詔收還, 更賜大將軍印(조수환 경사대장군인) : 그래서 조서를 내려 환수하고 대장군(大將軍)의 인(印)을 내렸다. ○賢恨. 猶詐稱大都護(현한 유사칭대도호) : 현(賢)은 한스럽게 여기고 그대로 대도호(大都護)를 사칭했다. ○諸國悉服屬賢(제국실복속현) : 〈그래서〉 여러 나라들이 다 현왕(賢王)에게 종속했다. ○賢驕橫,(현교횡) : 현왕은 교만하고 횡행했으며. ○欲兼幷西域(욕겸병서역) : 서역을 다 겸병하려고 했다. ○諸國懼(제국구) : 〈그러자〉 여러 나라들이 겁을 냈다. ○凡十八國, 遣子入侍, 願得漢都護(범십팔국 견자입시 원득한도호) : 무릇 18개 나라 임금이

자기 아들을 〈한나라에 인질로 보내서〉〈광무제를〉 모시
고 한나라의 도호가 되고자 했다. ○上厚賜遣還其侍子(상
후사견환기시자) : 〈그러나〉 광무제는 재물을 후하게 내
려주고, 〈입시(入侍)한〉 그들의 아들들을 돌아가게 했다.
※ 侍子(시자)는 인질(人質)을 말함. ○至是復請(지시복
청) : 그리고 다시 〈그들이 도호(都護)를〉 청했다. ○上復
卻之(상복각지) : 광무제는 다시 각하했다.

**(6) 二十四年, 匈奴南邊八部, 立日逐王比, 爲南單
于, 款漢塞內附. 於是分爲南北匈奴. 二十五年, 貊
人·鮮卑·烏桓竝入朝. 二十六年, 立南單于庭,
置使匈奴中郞將, 以領之, 徙南單于, 居西河美稷.
二十七年, 北匈奴亦遣使求和親. 明年又請. 許之.**

건무 24년(서기 48년), 남부 지방의 흉노(匈奴) 여덟 개
의 부족(部族)이 일축왕(日逐王) 비(比)를 세워서 〈흉노의〉
남쪽 선우(單于=임금)라 했다.

〈흉노의 남쪽 임금이〉 한나라 요새 〈즉 오원(五原)〉의 문
을 두드리고 마음속으로 한나라에 따르려고 했다. 그래서
흉노가 남(南)과 북(北)으로 갈라졌던 것이다.

건무(25년 : 서기 49년)에는 맥인(貊人 : 東夷), 선비(鮮
卑 : 滿族), 오환(烏桓 : 蒙古) 등이 다 같이 입조했다.

건무 26년, 즉 서기 50년에는 남선우의 왕(王)의 조정(朝
廷)을 세웠다. 〈*정(庭)=정(廷)〉 그래서 흉노중랑장(匈奴

中郎將)을 파견해서 다스리게 했다. 남선우(南單于)를 옮겨 산서성(山西省) 서하군(西河郡) 미직현(美稷縣)에 살게 했다.

건무 27년, 즉 서기 51년에는 북흉노도 사신을 보내서 화친을 구했다. 그 이듬해에 다시 청했으므로 허락했다.

어구 설명 ○二十四年,(이십사년) : 건무 24년(서기 48년). ○匈奴南邊八部,(흉노남변팔부) : 남부 지방의 흉노(匈奴) 여덟 개의 부족(部族). ○立日逐王比,(입일축왕비) : 일축왕(日逐王) 비(比)를 세워서. ○爲南單于,(위남선우) : 〈흉노의〉 남쪽 선우(單于=임금)라 했다.

○款漢塞內附(관한새내부) : 〈흉노의 남쪽 임금이〉 한나라 요새 〈즉 오원(五原)〉의 문을 두드리고 마음속으로 한나라에 예속했다. 〈*관한새(款漢塞)는 정성으로 한나라 요새의 관문을 두드리다. *내부(內附)는 마음으로 굴복했다.〉「款(정성 관) ; 두드리다. 노크하다. 欵(동자), 歀(동자), 歁(속자).」○於是分爲南北匈奴(어시분위남북흉노) : 그래서 흉노가 남(南)과 북(北)으로 갈라졌다.

○二十五年,(이십오년) : 건무(25년 : 서기 49년). ○貊人·鮮卑·烏桓竝入朝(맥인·선비·조환병입조) : 맥인(貊人 : 東夷), 선비(鮮卑 : 滿族), 오환(烏桓 : 蒙古)이 다 같이 입조했다.

○二十六年,(이십육년) : 건무 26년, 즉 서기 50년. ○立南單于庭,(입남선우정) : 남선우의 왕의 조정(朝廷)을 세웠다. 〈*정(庭)=정(廷)〉朝廷(조정) : 왕궁(王宮). 오경(五京) 서쪽 새(塞)에서 80리. ○置使匈奴中郎將, 以領之,(치사흉

노중랑장 이령지) : 흉노중랑장(匈奴中郎將)을 파견해서 다스리게 했다. ㅇ徙南單于, 居西河美稷(사남선우 거서하 미직) : 남선우를 옮겨 산서성(山西省) 서하군(西河郡) 미직현(美稷縣)에 살게 했다.

ㅇ二十七年,(이십칠년) : 건무 27년, 즉 서기 51년. ㅇ北匈奴亦遣使求和親(북흉노역견사구화친) : 북쪽 흉노도 역시 사신을 보내서 화친을 구했다. ㅇ明年又請. 許之(명년우청 허지) : 그 이듬해에 다시 청했으므로 허락했다.

(7) 中元二年, 上崩. 上起兵時, 年二十八, 卽位年三十一. 第五倫每讀詔書嘆曰, 此聖主也. 一見決矣. 手書賜方國. 一札十行, 細書成文. 明愼政體, 總攬權綱. 量時度力, 擧無過事.

중원(中元) 2년, 즉 서기 57년에 광무제가 붕어하셨다. 〈＊중원도 광무제의 연호.〉〈다음 글은 광무제에 관한 기록.〉

광무제가 무력으로 봉기한 때는 나이 28세 때였고, 자리에 오른 때는 나이 31세였다.

〈광무제가 죽은 다음에〉제오륜(第五倫)이란 사람이 〈광무제가 살아 있을 때 쓴〉 조서(詔書)를 읽고 매번 감탄하고 말했다. 〈＊제오(第五)가 성, 윤(倫)이 이름이다.〉

이 분은 참으로 성주(聖主)이시다. 〈만약 살아 계시고〉 내가 한 번만이라도 알현했다면, 그 자리에서 〈나를〉 채용해 주셨을 것이다.

〈광무제는〉 손수 글을 쓰시고 사방의 나라에 하사하셨다. 광무제는 죽간(竹簡) 한 조각에 〈글을〉 열 줄 쓰셨으며, 잔글씨로 자세하게 쓰신 훌륭한 문장이었다. 정치의 본체를 밝고 신중하게 살피셨으며, 통치 권력과 강령(綱領)을 자신이 총체적으로 잡으셨고 때와 법도에 맞게 국력을 고려하여 일을 처리했으므로, 모든 면에서 잘못된 일이 없으셨다.

어구 설명　○中元二年, 上崩(중원이년 상붕) : 광무제 중원(中元) 2년, 즉 서기 57년에 광무제가 붕어함. 〈다음 두 구절은 광무제에 관한 기록.〉 ○上起兵時, 年二十八,(상기병시 년이십팔) : 광무제가 무력으로 봉기한 때는, 나이 28세 때였다. ○卽位年三十一(즉위년삼십일) : 자리에 오른 때는 나이 31세 때였다.

○第五倫每讀詔書嘆曰,(제오륜매독조서탄왈) : 〈광무제가 죽은 다음에〉 제오륜(第五倫)이라는 사람이 〈광무제의〉 조서(詔書)를 읽을 때마다 감탄하고 말했다. 〈*제오(第五)가 성, 윤(倫)이 이름이다. 경조(京兆)의 하급관리였으므로 황제를 뵈올 수 없었다.〉 ○此聖主也(차성주야) : 〈광무제는〉 참으로 성주(聖主)이시니라.

○一見決矣(일견결의) : 〈만약 살아 계시고〉 내가 한 번만 알현했더라면, 그 자리에서 〈나를〉 채용해 주셨을 것이다.

○手書賜方國(수서사방국) : 〈광무제는〉 손수 글을 쓰시고 사방의 나라에 하사하셨다. 〈*광무제가 한 일.〉 ○一

札十行,(일찰십행) : 〈광무제는 죽간(竹簡)〉 한 조각에 〈글을〉 열 줄 쓰셨다. ○細書成文(세서성문) : 자세하게 쓰시고 훌륭한 문장이었다. ○明愼政體,(명신정체) : 정치의 본체를 밝고 신중하게 살피셨다.

○總攬權綱(총람권강) : 통치 권력과 강령(綱領)을 총체적으로 잡으셨다. ○量時度力,(양시도력) : 그러면서 때와 법도를 국가의 힘에 맞게 잘 헤아렸다. ○擧無過事(거무과사) : 모든 면에서 잘못된 일이 없었다.

(8) 嘗幸南陽, 置酒會宗室. 諸母相與語曰, 文叔平日與人不款曲, 惟直柔耳. 乃能如此. 上聞之笑曰, 吾理天下, 亦欲以柔道行之.

전에 〈광무제의 일가가 사는〉 남양(南陽)에 가셨다. 그리고 종씨 일가를 모아 놓고 술잔치를 베풀었다.

이에, 여러 어머니들이 다 같이 말했다. 〈*백모나 숙모 여러 어머니들.〉 「문숙(文叔)은 〈*광무제의 자(字)〉 평소에는 남들과 풀어놓고 자세하게 사귀지 않았다. 〈*즉 엄격하게 했다.〉」 「그런데 나라 다스리는 일을 바르면서 부드럽게 하시는구나. 이와 같이 훌륭한 천자가 되다니.」

광무제가 이 말을 듣고 웃으며 말했다. 「저는 천하를 도리대로 다스릴 뿐입니다. 또한 부드러운 도리로 행할 뿐입니다.」

어구 설명 ○嘗幸南陽,(상행남양) : 전에 〈광무제의 일가가 사는〉

남양(南陽)에 가서. ㅇ置酒會宗室(치주회종실) : 종씨 일
가 모든 사람에게 술잔치를 베풀었다.

ㅇ諸母相與語曰,(제모상여어왈) : 여러 어머니들이 다 같
이 말했다. 〈*백모나 숙모 등이 말했다.〉

ㅇ文叔平日與人不款曲,(문숙평일여인부관곡) : 문숙(文
叔)은 〈*광무제의 자〉 평소에는 남들과 잘 어울리고 곡
진하게 하지 않았다. 〈*즉 엄격한 자세로 공부만 했다.〉
※「款(정성 관 ; 다정하게 사귀다, 친하게 지내다.) 欵(동자),
欵(동자), 歀(속자)」款曲(관곡)은 허물없이 사귐. 매우 정
답고 친밀하게 됨.

ㅇ惟直柔耳. 乃能如此(유직유이 내능여차) : 그런데 나라
다스리는 일은 곧으면서 또 부드럽게 하시는구나. 이와
같이 훌륭한 천사가 되다니. ㅇ上聞之笑曰,(상문지소왈)
: 광무제가 이 말을 듣고 웃으며 말했다. ㅇ吾理天下,(오
리천하) : 저는 천하를 도리대로 다스릴 뿐입니다. ㅇ亦
欲以柔道行之(역욕이유도행지) : 또한 부드러운 도리로
행할 뿐입니다.

(9) 上在兵閒久厭武事. 蜀平後, 非警急未嘗言軍
旅. 北匈奴衰困. 臧宮 · 馬武, 上書請攻滅之. 鳴劍
抵掌, 馳志於伊吾之北矣. 上報書, 告以黃石公包桑
記. 曰, 柔能勝剛, 弱能勝强. 自是諸將莫敢言兵.
閉玉門關, 謝絶西域. 保全功臣, 不復任以兵事. 皆
以列侯就第. 以吏事責三公, 亦不以功臣任吏事. 諸
將皆以功名自終.

광무제가 무력 싸움에 오래 시달렸다. 그래서 무력 쓰는 일을 싫어했다. 촉(蜀) 지방을 평정한 다음에는 긴급한 때가 아니면 군대파견에 대해서는 말을 하지 않았다.

〈마침 그때에〉 북쪽 흉노지방이 〈가뭄과 황충(蝗蟲) 때문에〉 심하게 곤궁하고 쇠약해졌다. 〈그러나 한나라의〉 장궁(臧宮)과 마무(馬武) 등 두 무장(武將)이 〈광무제에게〉 글을 올리고 그 나라들을 무력으로 쳐 버리자고 했다.

그리고 〈두 사람은〉 칼을 울리고 손바닥을 치면서 〈그들의〉 뜻은 〈이미〉 이오성(伊伍城 : 甘肅省 安西縣) 북쪽을 달리고 있었다.

〈그러나〉 광무제는 〈그들 상서에〉 보답하면서 〈다음 같이 말했다.〉 즉 황석공(黃石公)의 포상기(包桑記)의 말을 인용하고 말했다.

「유(柔)가 강(剛)을 이길 수 있다. 약(弱)이 능히 강(强)을 이길 수 있다.」

그런 다음에는 모든 장군들이 감히 무력행사(武力行事)를 말하지 않았다.

이에 옥문관(玉門關)을 굳게 닫고, 서역(西域)과의 교통을 단절했다. 〈즉 서역 밖에 나가서 싸우는 일을 그만두었다.〉

한편 공신들을 보전하게 했던 것이다. 즉 공신들을 다시는 무력 싸움을 하지 않게 했으며, 그들을 여러 나라의 후

（侯)가 되어 제택(第宅=저택)에 살게 했다.

　관청의 일은 삼공(三公)에게 맡겨서 처리하게 했다. 〈*후한의 삼공은 곧 대위(大尉), 사도(司徒), 사공(司空).〉 또한 공신(功臣)에게는 관리의 일을 맡기지 않았다.

　그래서 모든 장군은 공명(명예)을 지닌 채 끝까지 살다가 죽었던 것이다.

[어구 설명] ○上在兵閒久厭武事(상재병한구염무사) : 광무제는 무력 싸움에 오래 시달렸다. 그래서 무력 쓰는 일을 싫어했다. ○蜀平後,(촉평후) : 촉(蜀) 지방을 평정한 다음. ○非警急未嘗言軍旅(비경급미상언군려) : 긴급한 때가 아니면 군대 파견에 대해서는 말을 하지 않았다. ○北匈奴衰困(북흉노쇠곤) : 〈마침 그때에〉 북쪽 흉노지방이 〈가뭄과 황충(蝗蟲) 때문에〉 심하게 곤궁하고 쇠약해졌다. ※ 蝗蟲(황충) : 벼 메뚜기. ○臧宮 · 馬武, 上書請攻滅之(장궁 · 마무 상서청공멸지) : 〈한나라의〉 장궁(臧宮)과 마무(馬武) 두 무장(武將)이 〈광무제에게〉 글을 올리고 그 나라들을 무력으로 쳐 버리자고 했다. ○鳴劍抵掌,(명검저장) : 그리고 〈두 사람은〉 칼을 울리고 손바닥을 치면서. ○馳志於伊吾之北矣(치지어이오지북의) : 〈그들의〉 뜻은 〈이미〉 이오성(伊伍城 : 甘肅省 安西縣) 북쪽으로 달리고 있었다. ○上報書,(상보서) : 〈그러나〉 광무제는 〈그들 상서에〉 보답하면서 〈다음 같이 말했다.〉 ○告以黃石公包桑記(고이황석공포상기) : 즉 황석공(黃石

公)의 포상기(包桑記)의 말을 인용하고 말했다. 〈*황석공
은 장량(張良)에게 병서(兵書)를 내려준 노인이다.〉〈*포
상기는 병서로 그것은 뽕나무와 같이 근본이 든든하면
그 가지와 잎은 저절로 번성하는 것이다. 땅을 넓히려고
하는 자는 거칠어지고, 덕을 넓히려고 힘쓰는 자는 강해
진다는 등의 내용인데 한나라가 선정을 펴려는 이때에
도저히 외정(外征) 따위를 생각할 수 없다고 깨우친 것이
다.〉 ○曰,(왈) : 〈광무제가 그 말을 인용하고〉 말했다.
○柔能勝剛, 弱能勝强(유능승강 약능승강) : 유(柔)가 강
(剛)을 이길 수 있다. 약(弱)이 능히 강(强)을 이길 수 있
다. ○自是諸將莫敢言兵(자시제장막감언병) : 그런 다음
에는 모든 장군들이 감히 무력행사(武力行事)를 말하지
않았다.
○閉玉門關,(폐옥문관) : 옥문관(玉門關)을 닫았다. ○謝
絕西域(사절서역) : 서역(西域)과의 교통을 거절했다. 〈즉
서역 밖에 나가서 싸우는 일을 그만두었다.〉
○保全功臣,(보전공신) : 〈그래가지고〉 공신들을 보전했
던 것이다. ○不復任以兵事. 皆以列侯就第(불부임이병사
개이열후취제) : 공신들을 다시는 무력 싸움을 하지 않게
했으며, 그들을 여러 나라의 후(侯)가 되어 제택(第宅=저
택)에 살게 했다. ※「第(차례 제) ; 집. 저택.」第宅(제택) :
저택. 집. 살림집.
○以吏事責三公,(이이사책삼공) : 관사(官事)를 삼공(三
公)에게 맡겨서 처리하게 했다. 〈*三公(삼공) : 대사마
(大司馬), 대사도(大司徒), 대사공(大司空). 후한의 삼공
은 곧 대위(大尉), 사도(司徒), 사공(司空).〉 ○亦不以功

臣任吏事(역부이공신임이사) : 또한 공신(功臣)에게는 관리의 일들을 맡기지 않았다. ○諸將皆以功名自終(제장개이공명자종) : 모든 장군은 공명(명예)을 지닌 채 끝까지 살다가 죽었다.

마무(馬武)

제8과 죽어가는 공신들

(1) 祭遵先死. 上念之不已. 來歙 · 岑彭死鋒鏑. 卹
之甚厚.

〈공신들 중에〉 제준(祭遵)이 가장 먼저 죽었다. 광무제는
끝없이 그를 생각했다. 내흡(來歙)과 잠팽(岑彭)은 칼날이
나 화살을 맞고 죽었다. 광무제는 심히 깊이 생각했다.

어구 설명 ○祭遵先死(제준선사) : 〈공신들 중에〉 제준(祭遵)이 가
장 먼저 죽었다. ※ 건무(建武) 9년. ○上念之不已(상념
지부이) : 광무제가 끝없이 그를 생각했다. ○來歙 · 岑彭
死鋒鏑(내흡 · 잠팽사봉적) : 내흡(來歙)과 잠팽(岑彭)은
전투 중에 창이나 화살을 맞고 죽었다. ※「鋒(칼끝 봉),
鏑(화살촉 적)」건무(建武) 10년 촉(蜀)을 정벌할 때 죽었
음. ○卹之甚厚(술지심후) : 광무제는 심히 깊이 애도하
였다. ※「卹(가엾이 여길 술)＝恤(구휼할 휼)」

(2) 吳漢 · 賈復終於帝世. 漢在軍, 或戰不利, 意氣
自若. 上歎曰, 吳公差强人意. 隱若一敵國矣. 每出
師, 朝受詔夕就道. 及卒, 上臨問所欲言. 漢曰, 臣
愚願陛下愼無赦而已.

오한(吳漢)과 가복(賈復)도 광무제가 살아있을 때 죽었
다. 〈*두 사람은 용감한 무장이었다.〉

오한은 싸울 때, 어쩌다가 전세가 불리해도 〈그의〉 전의
(戰意)는 변하지 않았다.

그래서 광무제는 감탄하고 말했다. 「오공은 남과 다르게
다른 사람의 전의(戰意)까지 강하게 만들어 준다. 은근히
〈흡사〉〈혼자서 상대방의〉 나라와 대적하는 것 같았다.」

오한은 출전할 때마다, 아침에 명을 받고 저녁에는 〈벌
써〉 길을 가고 있었다.

그가 죽을 때, 광무제가 〈그에게〉 가서 「하고 싶은 말이
무엇이냐.」고 물었다. 그러자 오한이 말했다. 「신은 어리석
습니다. 그러나 원합니다. 폐하께서 신중하게 형벌(刑罰)을
집행하시고 〈지나치세 관대하게〉 용서하지 마십시오.」

어구 설명 ○吳漢 · 賈復終於帝世(오한 · 가복종어제세) : 오한(吳
漢)과 가복(賈復)도 광무제가 살아있을 때 죽었다. 〈*오
한과 가복, 두 사람은 용감한 장군이다. 그래서 용감하게
싸우다가 죽은 것이다.〉
○漢在軍, 或戰不利, 意氣自若(한재군 혹전불리 의기자
약) : 오한은 〈적과〉 싸울 때, 어쩌다가 전세가 불리해도
〈그의〉 의기(意氣)는 변함이 없었다. ※ 自若(자약)=자여
(自如) : ① 마음이 흔들리지 않고 태연한 모양. ② 종전
과 같은 태도. 평시와 같은 자세. 자약(自若). ○上歎
曰,(상탄왈) : 그래서 광무제는 감탄하고 말했다. ○吳公
差强人意(오공차강인의) : 오공은 남과 다르게 다른 사람
의 뜻까지 강하게 만들어 준다. 〈*차(差) : 다르게, 특별
나게.〉 〈*강인의(强人意) : 남의 전의(戰意)까지 강하게

해준다.〉

○隱若一敵國矣(은약일적국의) : 은근히 마치 〈자기 혼자서〉 적의 나라와 대적하는 것 같이 용감하게 했다. 〈*전세가 불리해도 그는 위축되지 않고 혼자서 적을 치려고 했다는 뜻이다.〉

○每出師,(매출사) : 〈오한은〉 언제나 〈다음 같이〉 출전했다. ○朝受詔夕就道(조수조석취도) : 아침에 〈광무제의〉 조서(詔書), 즉 출동 명령을 받으면 저녁에는 벌써 길을 가고 있었다.

○及卒, 上臨問所欲言(급졸 상임문소욕언) : 그가 죽을 때, 〈광무제가 그에게〉 가서 〈위로하고〉 물었다. 「나에게 하고 싶은 말이 무엇이냐.」

○漢曰,(한왈) : 오한이 말했다. ○臣愚願陛下愼無赦而已(신우원폐하신무사이이) :「신은 어리석습니다. 〈그러나〉 신은 원합니다. "폐하께서 〈형벌을〉 엄하게 집행하십시오. 〈관대하게〉 용서하지 마십시오."」〈*지나치게 관대하게 하지 말기를 바란 것이다.〉

(3) 復自起兵時爲督. 上曰, 賈督有折衝千里之威. 嘗戰被傷. 上驚曰, 吾嘗戒其輕敵. 果然. 失吾名將. 聞其婦有孕. 生子邪, 我女嫁之. 生女邪, 我子娶之. 其撫羣臣每如此.

가복(賈復)은 〈광무제가 일찍이〉 무력으로 봉기할 때, 군의 통독(統督)이었다.

광무제는 말했다. 「가복(賈復) 통독(統督)은 천 리 밖의 적군의 위세도 꺾고 누른다.」

그가 전에 싸움터에서 부상을 당하자, 광무제가 놀라며 말했다. 「나는 항상 지나치게 적을 경시하는 것을 경계하라고 말했다.」「과연, 내가 명장을 잃게 되었구나.」

「들은바, 그의 부인이 자식을 잉태했다고 하더라.」「만약 그가 아들을 낳으면, 나의 딸을 시집보내 주겠노라.」「만약 그가 딸을 낳으면, 나의 아들로 하여금 취하게 하겠노라.」

광무제는 이런 식으로 모든 신하들을 사랑했던 것이다.

어구 설명 ○復自起兵時爲督(복자기병시위독) : 가복(賈復)은 〈광무제가 일찍이〉 무력으로 봉기할 때, 군의 통독(統督)이었다.

○上曰,(상왈) : 광무제는 말했다. ○賈督有折衝千里之威(가독유절충천리지위) :「가복(賈復) 통독(統督)은 천 리 밖의 적군의 위세도 꺾고 누른다.」

○嘗戰被傷(상전피상) : 전에 그가 싸움에서 부상을 당했다. ○上驚曰,(상경왈) : 광무제가 놀라며 말했다.

○吾嘗戒其輕敵(오상계기경적) :「나는 전에 지나치게 적을 가볍게 여기는 것을 경계하라고 말했다.」

○果然. 失吾名將(과연. 실오명장) :「과연, 내가 명장을 잃게 되었구나.」

○聞其婦有孕(문기부유잉) :「들은바, 그의 부인이 자식을 잉태했다고 하더라.」 ○生子邪, 我女嫁之(생자사 아

녀가지) : 「만약 그가 아들을 낳으면, 나의 딸을 시집보내 주겠노라.」 ○ 生女邪, 我子娶之(생녀사 아자취지) : 「만약 그가 딸을 낳으면, 나의 아들로 하여금 취하게 하겠노라.」 ○ 其撫羣臣每如此(기무군신매여차) : 광무제는 이런 식으로 모든 신하들을 사랑했던 것이다.

제9과 마원(馬援)의 불행

(1) 惟馬援死之日, 恩意頗不終焉. 援嘗曰, 大丈夫當以馬革裹屍. 安能死兒女手. 交阯反. 援以伏波將軍, 討平之. 武陵蠻反. 援又請行. 帝愍其老. 援被甲上馬, 據鞍顧眄, 以示可用. 上笑曰, 矍鑠哉是翁. 乃遣之.

단, 마원은 죽는 날까지 〈다른 신하 같이〉 〈광무제의〉 은총을 끝까지 잘 받지 못했다.

마원은 전에 말했다. 「남자 대장부는 마땅히 〈싸우다 죽고 시체를〉 말가죽으로 덮거나 싸야 한다. 어찌 아녀자 손에서 간호를 받으며 죽어갈 것이냐.」

〈전에〉 교지(交阯=交趾 : 지금의 베트남)가 반란하자 마원은 복파장군(伏波將軍)이 되어 〈그들을〉 평정했다.

〈이번에는〉 무릉(武陵 : 湖南省)의 만족이 반란을 하자, 마원이 다시 나가서 〈치겠다고〉 상청을 했다.

그러나 광무제는 늙은 그를 불쌍하게 여기고 허락하지 않았다. 그러자 마원이 갑옷을 걸치고 말에 올라타고 안장 위에서 사방을 둘러보며, 아직도 자기가 쓸만 함을 보였다.

이에 광무제가 웃으며 말했다. 「기운이 넘치고 씩씩하구나. 이 노옹(老翁)아!」 그리고 마원을 토벌에 파견했다.

어구 설명 ㅇ惟馬援死之日, 恩意頗不終焉(유마원사지일 은의파부종언) : 오직 마원은 죽는 날까지 〈다른 신하 같이〉 〈광무제의 은총을〉 끝까지 잘 간직하지 못했다. 〈*다음 글은 마원에 대한 여러 가지 이야기다.〉

ㅇ援嘗曰, 大丈夫當以馬革裹屍. 安能死兒女手(원상왈 대장부당이마혁과시 안능사아여수) : 마원은 전에 말했다. 「남자 대장부는 당연히 〈전쟁터에서 죽고〉 말가죽으로 시체를 덮거나 싸야 한다. 어찌 아녀자 손에서 간호를 받으며 죽어갈 것이냐.」

ㅇ交阯反. 援以伏波將軍, 討平之(교지반 원이복파장군 토평지) : 〈전에〉 교지(交趾=阯 : 지금의 베트남)가 반란하자 마원은 복파장군이 되어 나가서 평정했다. 〈*복파장군(伏波將軍)은 바다를 평정하는 장군. 한무제(漢武帝)가 임시로 설치한 장군 명이다.〉

ㅇ武陵蠻反. 援又請行(무릉만반 원우청행) : 〈이번에는〉 무릉(武陵 : 湖南省)의 만족이 반란을 하자, 마원이 다시 나가서 〈싸우겠다고〉 청을 했다. ㅇ帝愍其老(제민기노) : 광무제는 그가 늙은 것을 불쌍하게 여겼다. 〈즉 허락하지 않았다.〉

ㅇ援被甲上馬, 據鞍顧眄, 以示可用(원피갑상마 거안고면

이시가용) : 그러자 마원은 갑옷을 걸치고 말에 올라타 안장 위에서 사방을 둘러보며, 아직도 자기의 쓸만 함을 보였다. ※「顧(돌아볼 고) ; 사방을 둘러보다.」

○上笑曰, 矍鑠哉是翁. 乃遣之(상소왈 확삭재시옹 내견지) : 이에 광무제가 웃으며 말했다. 「기운이 넘치고 씩씩하구나! 이 노옹(老翁)아!」 그리고 마원을 토벌에 파견했다. ※「矍(기운이 세찬 확 ; 두리번거리다. 놀라서 보다.), 鑠(쇄를 녹일 삭)」 矍鑠(확삭) : ① 건장(健壯)한 모양. ② 부들부들 떠는 모양.

(2) 先是, 上壻梁松, 嘗候援拜牀下. 援自以父友不答. 松不平.

전에, 〈광무제의〉 사위 양송(梁松)이 어느 날 일찍이 마원을 방문하고 상 밑에서 절을 했다. 그러나 마원은 자신이 〈양송의 부친과〉 친구였으므로 〈그의 아들에게〉 답례를 하지 않았다. 그래서 양송(梁松)이 불평을 했던 것이다.

어구 설명 ○先是, 上壻梁松, 嘗候援拜牀下(선시 상서양송 상후원배상하) : 전에, 〈광무제의〉 사위 양송(梁松)이 어느 날 일찍이 마원을 방문하고 상 밑에서 절을 했다.

○援自以父友不答(원자이부우부답) : 그러나 마원은 자기는 〈양송의 부친인 양통(梁統)의〉 친구였음으로, 〈그의 아들에게 정중하게〉 답례를 하지 않았다.

○松不平(송불평) : 그래서 양송(梁松)이 어느 날 일찍이 불평을 했던 것이다. 〈*양송은 임금의 딸, 무음공주(無陰

公主)의 사위였다. 그래서 나중에 광무제에게 마원을 참
언했던 것이다.〉

(3) 援在交阯. 嘗遣書戒其兄子曰, 吾欲汝曹聞人過, 如聞父母名. 耳可聞, 口不可言, 好議論人長短, 是非政法, 不願子孫有此行也.

마원은 교지(交阯=交趾 : 베트남)에서 〈평정하고〉 있을
때, 일찍이 글을 보내서 자기 형의 아들들을 훈계했다.

「나는 바라노라. 그대들은 다른 사람의 잘못함을 들어
도, 마치 부모의 이름을 들은 것 같이 하거라. 귀로는 들어
도 입으로는 말하지 마라.」

「남의 장단(長短)이나 정치법도의 시비를 말하기 좋아하
는 〈그런 일이〉 우리 집 자손에게 있는 것을 〈나는〉 원하
지 않는다.」

어구 설명 ○援在交阯(원재교지) : 마원은 교지(交阯=交趾 : 베트
남)에서 〈평정하고〉 있을 때. ○嘗遣書戒其兄子曰,(상견
서계기형자왈) : 일찍이 글을 보내서 자기 형의 아들들을
훈계했다. ○吾欲汝曹聞人過,(오욕여조문인과) : 나는 바
라노라. 「그대들은 다른 사람의 잘못함을 들어도.」 ※「汝
(너 여) ; 대등한 사이나 손아랫사람에 대한 이인칭 대명사.」
汝曹(여조)는 너희들, 당신들. 若曹(약조).
○如聞父母名. 耳可聞, 口不可言,(여문부모명 이가문 구
불가언) : 「마치 부모의 이름을 들은 것 같이 해라. 귀로

는 들어도 입으로는 말하지 마라.」

ㅇ好議論人長短, 是非政法,(호의논인장단 시비정법) : 「남의 장단(長短)이나 정치법도의 시비를 말하기 좋아하는 〈그런 일이〉」. ㅇ不願子孫有此行也(불원자손유차행야) : 「우리 집 자손에게 그런 일이 있는 것을 〈나는〉 원하지 않는다.」

(4) 龍伯高敦厚周愼, 謙約節儉. 吾愛之重之. 願汝曹效之. 杜季良豪俠好義, 憂人之憂, 樂人之樂. 父喪致客, 數郡畢至. 吾愛之重之. 不願汝曹效之也. 效伯高不得, 猶爲謹敕之士. 所謂刻鵠不成, 尙類鶩也. 效季良不得, 陷爲天下輕薄子. 所謂畫虎不成, 反類狗也.

〈*마원이 형의 아들들에게 한 말 계속.〉

「용백고(龍伯高)는 돈후하고 두루 신중하다. 그는 겸손(謙遜), 약례(約禮), 절약(節約) 검소(儉素)하다. 그래서 나도 그를 애지중지(愛之重之)한다. 너희들도 본받고 따르기를 바란다.」

「두계량(杜季良)은 호협호의(豪俠好義)하다. 그는 남의 근심을 함께 걱정하고, 남의 즐거움을 자기의 즐거움 같이 좋아한다. 그의 부친이 돌아가시자, 상객(喪客)이 여러 곳에서 많이 왔다. 나도 그를 애지중지(愛之重之)한다. 그러나 너희들은 그를 본받고 따르도록 하고 싶지는 않다.」

〈*말 계속〉「용백고(龍伯高)를 제대로 본받지 못해도, 역시 근엄할 수는 있다. 말하자면 희고 맑은 고니(鵠)를 조각하거나 그리다가 잘못해도, 집오리(鶩) 정도는 될 것이다.」

「그러나 두계량(杜季良)을 모방하다가 잘못하면, 천하의 밑으로 떨어져 경박한 사람이 되고 만다. 말하자면, 호랑이를 그리다가 안 되면 도리어 개가 되는 거와 같다.」

어구 설명 ○龍伯高敦厚周愼,(용백고돈후주신) : 용백고(龍伯高)는 돈후하고 두루 신중하다. ※ 용(龍)은 성, 이름은 술(述), 자가 백고(伯高), 혹은 백후(伯厚)다. 경조군(京兆郡)의 사람. ○謙約節儉(겸약절검) : 그는 겸손(謙遜), 약례(約禮), 절약(節約) 검소(儉素)하다. ※ 約禮(약례) : 몸가짐을 예법에 맞도록 단속함. ○吾愛之重之(오애지중지) : 나는 그를 애지중지(愛之重之)한다. ○願汝曹效之(원여조효지) : 너희들도 본받고 따르기를 바란다.

○杜季良豪俠好義,(두계량호협호의) : 두계량(杜季良)은 호협호의(豪俠好義)하다. 이름은 보(保), 자가 계량(季良), 역시 경조군(京兆郡) 사람. ○憂人之憂, 樂人之樂(우인지우 낙인지락) : 그는 남의 근심을 함께 걱정하거나 남의 즐거움을 자기의 즐거움 같이 좋아한다. ○父喪致客, 數郡畢至(부상치객 수군필지) : 그의 부친이 돌아가자, 상객(喪客)이 여러 곳에서 많이 왔다. ○吾愛之重之(오애지중지) : 나도 그를 애지중지(愛之重之)한다. ○不願汝曹效之也(불원여조효지야) : 그러나 너희들은 본받고 따르라고 하고 싶지는 않다.

○效伯高不得, 猶爲謹敕之士(효백고부득 유위근칙지사)

: 용백고(龍伯高)를 제대로 본받지 못해도, 역시 근엄할 수는 있다. ○所謂刻鵠不成, 尙類鶩也(소위각곡불성 상류목야) : 말하자면 희고 맑은 고니를 조각하거나 그리다가 잘못해도, 집오리 정도는 될 것이다. ※「鵠(고니 곡), 鶩(집오리 목)」

○效季良不得, 陷爲天下輕薄子(효계양부득 함위천하경박자) : 그러나 두계량(杜季良)을 모방하다가 잘못하면, 천하의 밑으로 떨어져 경박한 사람이 되고 만다. ○所謂畫虎不成, 反類狗也(소위화호불성 반류구야) : 말하자면, 호랑이를 그리다가 안 되면 도리어 개가 되는 거와 같다.

(5) 季良者杜保. 保仇人上書告保, 以援書爲證. 保坐免官. 松坐與保游, 幾得罪. 愈恨援. 至是援軍至壺頭. 不利, 卒軍中. 松構陷之. 收新息侯印綬.

두계량(杜季良)은 곧 두보(杜保)다. 〈*보(保)는 이름.〉

그런데 두보를 원수로 여긴 사람이 〈광무제에게〉 글을 올려 두보를 고발했다. 〈그때에 마원이 자기 조카들에게〉 보낸 편지를 증거로 삼았다. 그래서 두보는 죄인이 되었으며, 〈월기사마(越騎司馬)라는〉 관직에서도 파면되었다.

그러자 〈임금의 사위인〉 양송(梁松)은 〈두보와〉 같은 자리에 앉아 놀았으므로 거의 연죄(連罪)될 뻔했다. 그래서 더욱 〈마원을〉 원망했던 것이다.

마침 그때에 〈무릉(武陵)〉 호두산(壺頭山)에서 싸우고 있던 마원의 전세가 불리하게 되었다. 〈이에 마원은〉 병(病)으로 진중(陣中)에서 사망했던 것이다.

그러자 〈전부터 한을 품고 있던〉 양송(梁松)이 〈마원을〉 모함하고 함정에 떨어지게 했던 것이다. 〈이를 믿은 광무제는〉 마원에게 내린 신식후(新息侯)의 인수(印綬)를 거두었던 것이다.

어구 설명 ㅇ季良者杜保(계량자두보) : 두계량(杜季良)은 바로 두보(杜保)다. ㅇ保仇人上書告保,(보구인상서고보) : 두보를 미워한 자가 〈광무제에게〉 글을 올려 두보를 고발(告發)했다. ㅇ以援書爲證(이원서위증) : 마원이 〈형의 아들에게 보낸〉 편지를 증거로 삼았다. ㅇ保坐免官(보좌면관) : 그래서 두보가 죄인이 되었고 또 벼슬에서도 쫓겨났다. 〈*즉 월기사마(越騎司馬)의 관직에서 파면되었다.〉

ㅇ松坐與保游,(송좌여보유) : 〈임금의 사위인〉 양송(梁松)은 〈전에 자주〉 두보와 같은 자리에서 놀았으므로. ㅇ幾得罪(기득죄) : 거의 죄에 떨어질 뻔했다. ㅇ愈恨援(유한원) : 그래서 더욱 〈마원을〉 원망했던 것이다.

ㅇ至是援軍至壺頭. 不利,(지시원군지호두 불리) : 그때에 마원의 군대는 호두산(壺頭山)에서 싸웠으며, 전세가 불리하게 되었다. ㅇ卒軍中(졸군중) : 게다가 마원은 병(病)을 얻고, 드디어 진중(陣中)에서 죽었다.

ㅇ松構陷之(송구함지) : 그러자 양송이 더욱 함정을 파고 마원을 모함했다. ㅇ收新息侯印綬(수신식후인수) : 〈그래서 광무제가〉 마원에게 내린 신식후(新息侯)의 인수(印綬)를 거두었다. ※ 新息(신식) : 읍(邑) 이름. 여남(汝

南)에 속하며 마원이 봉(封)을 받았던 땅.

(6) 援前在交阯. 常餌薏苡, 以輕身勝瘴氣. 軍還載之一車. 後有追譖之者. 以爲明珠文犀. 上益怒. 得朱勃上書訟其寃, 乃稍解.

마원은 전에 교지(交阯＝交趾)에 가서 평정할 때 항상 율무나 질경이를 보약으로 들었으며, 몸을 경쾌하게 하고 또 열대의 풍토병을 치유했던 것이다.

그래서 군대가 되돌아올 때, 수레 하나에 가득히 약초를 싣고 왔다. 그러나 후에 〈마원을〉 헐뜯고 참소하는 자가 〈마원이 싣고 온 것이〉 빛나는 구슬이며, 문채 있는 무소 뿔이라고 엉뚱한 소리를 했다.

그래서 광무제가 더욱 화를 냈다. 다행히 주발(朱勃)의 상서(上書)가 원통한 모함이라고 마원을 변명하고 호소했으므로 약간 풀렸던 것이다.

어구 설명 ○援前在交阯(원전재교지) : 마원은 전에 교지(交阯＝交趾)를 〈평정할 때.〉 ○常餌薏苡,(상이의이) : 항상 율무나 질경이를 보약으로 들고. ※「薏(율무 의), 苡(질경이 이)」薏苡(의이) : 율무. 薏苡(의자). ○以輕身勝瘴氣(이경신승장기) : 몸을 경쾌하게 하고 또 열대의 풍토병을 치유했던 것이다. ※「瘴(장기 장)」瘴氣(장기) : 풍토병(風土病). ○軍還載之一車(군환재지일거) : 군대가 되돌아올 때, 수레 하나에 가득히 약초를 싣고 왔다.

○後有追譖之者(후유추참지자) : 후에 〈마원을〉 헐뜯고 참소하는 자가. ○以爲明珠文犀(이위명주문서) : 〈마원이 싣고 온 것이〉 빛나는 구슬이며, 문채 있는 무소뿔이라고 〈엉뚱한 소리를 했다.〉 ※「珠(구슬 주), 犀(무소 서)」 ○上益怒(상익노) : 그래서 광무제가 더욱 화를 냈다. ○得朱勃上書訟其冤,(득주발상서송기원) : 다행히 주발(朱勃)의 상서(上書)가 원통한 모함이라고 마원을 변명하고 호소했다. ○乃稍解(내초해) : 그래서 약간 풀렸던 것이다.

제10과 다른 신하 이야기

(1) 上於贓罪無所貸. 大司徒歐陽歙嘗犯贓. 歙所授尙書弟子千餘人, 守闕求哀. 竟不免, 死於獄.

광무제는 뇌물죄를 엄하게 처형했다. 대사도(大司徒)인 구양흡(歐陽歙)이 전에 뇌물죄를 범했다. 〈원래 그는 학자로〉 전에 천여 명의 제자에게 상서(尙書)를 가르쳐 주었다. 〈그래서 제자들이〉 대궐 문을 지키면서 〈스승인〉 구양흡을 용서해달라고 애걸했다. 그러나 광무제는 끝내 용서하지 않았다. 그래서 그는 감옥에서 죽었다.

어구 설명 ○上於贓罪無所貸(상어장죄무소대) : 광무제는 〈신하가〉 뇌물을 받으면, 〈그 죄를〉 내버려두지 않았다. ※「貸(빌릴 대) ; 베풀다, 관대(寬大)히 다스리다.」 ○大司徒歐陽歙嘗犯贓(대사도구양흡상범장) : 대사도인 구양흡(歐陽歙)이

전에 뇌물을 받은 죄를 범했다.

ㅇ歙所授尚書弟子千餘人,(흡소수상서제자천여인) : 〈원래가 학자인〉 구양흡은 전에 천여 명의 제자에게 상서(尚書=書經)를 가르쳐 주었다. ㅇ守闕求哀(수궐구애) : 〈그래서 제자들이〉 대궐 문을 지키면서 〈스승인〉 구양흡을 용서해 달라고 애걸했다. ㅇ竟不免, 死於獄(경불면 사어옥) : 광무제는 끝내 용서하지 않았다. 그래서 그는 감옥에서 죽었다.

(2) 所用羣臣, 如宋弘等, 皆重厚正直. 上姉湖陽公主嘗寡居. 意在弘. 弘入見. 主坐屛後. 上曰, 諺言, 富易交, 貴易妻, 人情乎. 弘曰, 貧賤之交不可忘. 糟糠之妻不下堂. 上顧主曰, 事不諧矣.

광무제가 등용해 쓰는 많은 신하는 송홍(宋弘)을 비롯하여 모두가 신중하고 덕이 두텁고 몸가짐이 정직했다.

광무제의 나이 많은(누이) 호양공주(湖陽公主)가 일찍이 과부가 되었다. 그래서 뜻을 송홍에 두었다.

〈어느 날〉 송홍이 궁에 들어와 임금을 알현하자, 〈광무제는 공주를〉 병풍 뒤에 앉혀놓고, 〈송홍에게〉 속담을 인용하고 말했다.

「부자가 되면 〈옛날 사귀던 친구를〉 바꾸고 또 귀중하게 되면 〈가난할 때 취했던 아내를〉 바꾼다고 했다. 그러는 것이 인정에 맞는가.」

586 · 십팔사략(中 · 上)

　　이에 송홍이 대답했다. 「빈천지교(貧賤之交)는 잊으면 안 됩니다. 조강지처(糟糠之妻)는 당에서 내려가게 하면 안 됩니다.」

　　이에 광무제가 공주를 보고 말했다. 「일이 잘 안 될 것이다.」

어구설명 ○所用羣臣,(소용군신) : 광무제가 등용해 쓰는 많은 신하 중에서도.　○如宋弘等,(여송홍등) : 송홍 같은 사람은. ○皆重厚正直(개중후정직) : 모두가 다 신중하고 덕이 두텁고 또 행동이 정직했다.

○上姊湖陽公主嘗寡居(상자호양공주상과거) : 광무제의 나이 많은(누이) 호양공주(湖陽公主)가 일찍이 과부가 되었다.　○意在弘(의재홍) : 그래서 뜻을 송홍에게 두었다. ※ 송홍(宋弘)은 아내가 있는 사람이었다.

○弘入見. 主坐屛後(홍입견 주좌병후) : 〈어쩌다가〉 송홍이 궁에 들어와서 임금을 알현하자, 〈광무제는 공주를〉 병풍 뒤에 앉혀놓고.　○上曰, 諺言,(상왈 언언) : 광무제가 〈송홍에게〉 속담을 인용하고 말했다.

○富易交, 貴易妻, 人情乎(부이교 귀이처 인정호) : 부자가 되면 〈옛날 사귀던 친구를〉 바꾸고 또 귀중하게 되면 〈가난할 때 취했던 아내를〉 바꾼다고 했다. 그러는 것이 인정에 맞는가.」 ○弘曰,(홍왈) : 송홍이 대답했다.

○貧賤之交不可忘(빈천지교불가망) : 빈천지교(貧賤之交)는 잊으면 안 됩니다.　○糟糠之妻不下堂(조강지처불하당) : 조강지처(糟糠之妻)는 당에서 내려가게 하면 안 됩니다. ※ 「糟(전국 조) ; 지게미. 술을 거르고 남은 찌꺼기.」

糟糠(조강)은 지게미와 쌀겨. 변변하지 않은 음식. 糟糠
之妻(조강지처)는 가난하여 지게미와 겨 같은 거친 음식
을 먹으면서 고생을 같이한 아내. 糟糠之婦(조강지부).
　ㅇ上顧主曰, 事不諧矣(상고주왈 사불해의) : 나중에 광무
제가 공주를 보고 말했다. 「일이 살 안 될 것이다.」

**(3)　主有蒼頭. 殺人匿主家. 吏不能得. 洛陽令董
宣, 候主出行, 奴驂乘, 叱下車, 挌殺之. 主入訴.
上大怒, 召宣欲捶殺之. 宣曰, 縱奴殺人, 何以治天
下. 臣不須捶, 請自殺. 卽以頭叩楹, 流血被面. 上
令小黃門持之, 使叩頭謝主. 宣兩手據地, 終不肯.
上敕, 強項令出. 賜錢三十萬.**

　호양공주(湖陽公主) 집의 창두(蒼頭)라는 종이 살인을 하
고 공주 집에 숨었다. 일반 포리(捕吏)는 잡을 수가 없었다.
그래서 낙양의 수령(守令) 동선(董宣)이 공주가 출행하기를
기다렸다. 마침 창두가 함께 수레를 타고 따라가자, 〈쫓아
가서 창두를〉 질타하고 수레에서 내리게 하고 격살했다.

　이에, 공주가 〈광무제에게〉 일렀다. 임금이 대노하고 동
선(董宣)을 불러, 그를 쳐 죽이려고 했다.

　그러자 동선이 말했다. 「종놈이 제멋대로 살인하는 것을
버려두면, 어찌 천하를 다스릴 수 있습니까.」 「신은 몽둥
이를 기다리지 않겠습니다. 스스로 죽게 해주십시오.」

그 자리에서 기둥에 머리를 부닥쳤다. 흐르는 피가 얼굴을 덮었다.

이에 임금은 소황문(小黃門)을 시켜서 그의 머리를 바닥에 대고 공주에게 사죄하게 했다. 그러나 동선은 두 손을 땅에 댄 채, 끝내 사죄를 하지 않았다.

광무제가 칙명을 내리고 말했다. 「고집이 센 수령이다. 나가거라.」

그리고 그에게 돈 30만을 하사했다.

어구 설명 ○主有蒼頭(주유창두) : 호양공주(湖陽公主) 집에 창두(蒼頭)가 있었다. 〈*이마에 푸른 띠를 두른 하인을 창두라 한다.〉 ○殺人匿主家(살인닉주가) : 그가 살인을 하고 공주 집에 숨었다. ○吏不能得(이불능득) : 일반 포리(捕吏)는 잡을 수가 없었다.

○洛陽令董宣,(낙양영동선) : 낙양의 수령(守令)인 동선(董宣)이. ○候主出行,(후주출행) : 공주가 출행하기를 기다렸다. ○奴驂乘,(노참승) : 〈그때〉 창두가 함께 수레를 타고 따랐다. ※「驂(곁마 참) ; 배승(陪乘), 어자(御者)의 오른쪽에 앉아 왼쪽에 탄 윗사람을 모시는 사람.」驂乘(참승)은 귀인을 모시고 그 곁에 탐. 또는 그 사람. 陪乘(배승).

○叱下車, 挌殺之(질하차 격살지) : 이에, 수령 동선이 창두를 질타하고 수레에서 내리게 하고 격살했다. ※「挌(칠격) ; 때리다, 치다, 싸우다.」

○主入訴(주입소) : 공주가 〈광무제에게〉 일렀다. ※「訴(하소연 할 소) ; 알리다, 고하다.」 ○上大怒,(상대노) : 임금

이 대노하고. ㅇ召宣欲捶殺之(소선욕추살지) : 동선(董宣)을 불러, 그를 쳐 죽이려고 했다. ※「捶(종아리 칠 추) ; 매질하다. 채찍하다. 망치.」

ㅇ宣曰, 縱奴殺人, 何以治天下(선왈 종노살인 하이치천하) : 동선이 말했다.「종놈이 제멋대로 살인하는 것을 내버려두면, 어찌 천하를 다스릴 수 있습니까.」※「縱(늘어질 종) ; 용서하다. 멋대로 하다.」

ㅇ臣不須捶, 請自殺(신불수추 청자살) : 〈동선의 말〉「신은 몽둥이를 기다리지 않겠습니다. 스스로 죽게 해주십시오.」
ㅇ卽以頭叩楹(즉이두고영) : 그 자리에서 기둥에 머리를 부닥쳤다. ※「叩(두드릴 고) ; 때리다. 잇달아 치다. 조아리다. 꾸벅거리다.」「楹(기둥 영) ; 둥글고 굵은 기둥.」 ㅇ流血被面(유혈피면) : 흐르는 피가 얼굴을 덮었다.

ㅇ上令小黃門持之,(상령소황문지지) : 임금은 소황문(小黃門)을 시켜서. 〈*소황문(小黃門)은 대궐 안에서 잔심부름을 하는 사환으로 내시(內侍)다.〉 ㅇ使叩頭謝主(사고두사주) : 머리를 바닥에 대고 공주에게 사죄하게 했다. ※ 叩頭(고두)는 머리를 조아림, 이마를 땅에 조아리며 하는 절. 사죄(謝罪)할 때의 예. ㅇ宣兩手據地, 終不肯(선양수거지 종불긍) : 그러나 동선은 두 손을 땅에 댄 채, 끝내 사죄를 하지 않았다.

ㅇ上敕,(상칙) : 광무제가 칙명을 내렸다. ㅇ强項令出(강항영출) : 고집이 센 수령이다. 나가거라. ※ 강항령(强項令)은 고집이 센(고집쟁이) 수령. 목덜미가 강하여 쉽게 머리를 숙이지 않음. 강직(剛直)함. ㅇ賜錢三十萬(사전삼십만) : 그리고 그에게 돈 30만을 하사했다.

(4) 當時州牧 · 郡守 · 縣令, 皆良吏. 郭伋守穎川.
近帝城. 上勞之曰, 河潤九里, 京師蒙福. 杜詩守南
陽. 郡人爲之語曰, 前有召父, 後有杜母. 張堪守漁
陽. 人爲之語曰, 桑無附枝, 麥穗兩岐. 張堪爲政,
樂不可支. 劉昆爲令江陵. 有火. 叩頭向之, 反風滅
火. 後守弘農. 虎北渡河. 上問, 行何德政而至是.
昆曰, 偶然耳. 上曰, 長者之言也. 命書之策.

당시의 주목(州牧), 군수(郡守), 현령(縣令) 등이 다 좋은
관리였다.

곽급(郭伋)은 영천(穎川 : 河南省)의 수령이었다. 〈영천
은〉 황제의 도성(수도=首都) 낙양(洛陽)에 가까웠다. 광무
제가 그를 위로하며 말했다.

「강(황하=黃河)의 물이 90리의 토지를 윤택하게 한다.
그래서 경사(京師)의 백성들이 복을 받는다.」

두시(杜詩)라는 사람은 남양(南陽 : 河南省)의 수령이었
다. 그의 됨됨이에 대하여 말하기를 가로되, 군의 사람들
이 칭찬하고 말했다. 「앞에는 소부(召父)가 있고, 뒤로는
두모(杜母)가 있다.」〈*어구 참조〉

장감(張堪)은 어양(漁陽 : 河北省)의 수령이었다. 사람들
이 그의 됨됨이에 대하여 말하기를 가로되, 「뽕나무는 군
가지가 없다.」〈*기본적 도리를 따라 덕을 베푼다는 뜻.〉

「보리 이삭은 두 개씩 나오네.」

장감(張堪)이 다스리자, 즐거움이 지탱할 수 없을 만큼 넘쳤다.

유곤(劉昆)은 강릉(江陵 : 湖北省)의 현령(縣令)이었다. 그 때 관내(管內)에 화재가 발생했다. 유곤이 불난 곳을 향해 머리를 조아리자, 반대 바람이 불어 불이 꺼졌다.

그 후에 〈유곤(劉昆)이〉 홍농(弘農 : 河北省)의 군수(郡守)가 되자, 호랑이가 북쪽으로 강을 건너갔다.

광무제가 물었다. 「덕정을 어떻게 해야 이렇게 되오.」

유곤이 말했다. 「우연일 뿐입니다.」

광무제가 말했다. 「그 말이 곧 뛰어난 사람의 말이다.」 그리고 간책(簡册)에 쓰게 했다.

어구 설명 ㅇ當時州牧 · 郡守 · 縣令, 皆良吏(당시주목 · 군수 · 현령 개량이) : 당시의 주목(州牧), 군수(郡守), 현령(縣令) 등이 다 좋은 관리였다.
ㅇ郭伋守潁川. 近帝城(곽급수영천 근제성) : 곽급은 영천의 수령이었다. 〈영천은〉 황제의 도성 낙양에 가까웠다.
ㅇ上勞之日, 河潤九里, 京師蒙福(상노지왈 하윤구리 경사몽복) : 광무제가 그를 위로하며 말했다. 강의 물이 90리의 마을을 윤택하게 한다. 그래서 경사(京師)의 백성들이 복을 받는다.
ㅇ杜詩守南陽(두시수남양) : 두시(杜詩)라는 사람은 남양(南陽)의 수령이었다. ㅇ郡人爲之語曰,(군인위지어왈) :

군(郡)의 사람들이 칭찬하고 말했다.

○前有召父, 後有杜母(전유소부 후유두모) : 앞에는 소부(召父)가 있고, 뒤로는 두모(杜母)가 있다. 〈*소부(召父)는 자비로운 소신신(召信臣)이다. 그는 서한(西漢)의 선제(宣帝) 때, 남양군(南陽郡)의 태수로서 덕을 베풀었다. 그래서 자부(慈父)와 같이 어진 태수였다는 것.〉 지금의 태수 두시(杜詩)도 인자한 어머니(慈母) 두모(杜母)를 닮아서 온화한 사람이라, 두 사람 모두 족히 백성의 부모가 될 정도로 훌륭하였음을 일컬음.

○張堪守漁陽(장감수어양) : 장감(張堪)은 어양(漁陽 : 河北省)의 수령이었다. ○人爲之語曰,(인위지어왈) : 사람들이 말했다.

○桑無附枝,(상무부지) : 뽕나부는 군사지가 없다. 〈*기본적 도리를 따라 덕을 베푼다는 뜻.〉

○麥穗兩岐(맥수양기) : 보리 이삭은 두 개씩 나오네. ※ 보리는 한 줄기 가지에 하나의 이삭이 일상적인데 두 개의 이삭이 나오는 것은 위정자(爲政者)의 덕(德)을 천제(天帝)가 칭찬하는 까닭에서 생기는 현상(現象)이다,라고 보았다.

○張堪爲政, 樂不可支(장감위정 낙불가지) : 장감(張堪)이 다스리자, 즐거움이 지탱할 수 없을 만큼 넘쳤다.

○劉昆爲令江陵(유곤위영강릉) : 유곤(劉昆)이 강릉(江陵)의 영이었다. ○有火. 叩頭向之, 反風滅火(유화 고두 향지 반풍멸화) : 그때 관내(管內)에 화재가 일어났다. 유곤이 불난 곳을 향해 머리를 조아리자, 반대 바람이 불어 불을 껐다. ※ 叩頭(고두) : 조아리다(〈황송하여〉 이

마가 바닥에 닿을 정도로 머리를 자꾸 숙이다). 꾸벅거리
다. 자기의 덕이 없음을 천지의 신에게 사과한 것.

○後守弘農. 虎北渡河(후수홍농 호북도하) : 후에 〈유곤
(劉昆)이〉 홍농(弘農 : 河北省)의 군수(郡守)가 되자, 호
랑이가 북쪽으로 강을 건너갔다.

○上問, 行何德政而至是(상문 행하덕정이지시) : 광무제
가 물었다. 「덕정(德政)을 어떻게 해야 이렇게 되오.」

○昆曰, 偶然耳(곤왈 우연이) : 유곤이 말했다. 「우연일
뿐입니다.」

○上曰, 長者之言也. 命書之策(상왈 장자지언야 명서지
책) : 광무제가 말했다. 「그 말이 바로 뛰어난 사람의 말
이다.」 그리고 간책(簡册)에 쓰게 했다. ※「策(채찍 책) ;
책, 문서. 적다. 쓰다. 대쪽.」 簡册(간책) : ① 종이 대신 글
을 쓰던 대쪽. 죽간(竹簡). ② 책, 서적.

(5) 尤重高節. 徵處士周黨. 至不屈, 伏而不謁. 或 奏詆之. 上曰, 自古明王聖主, 必有不賓之士. 賜帛 罷之.

〈광무제는〉 특히 높은 절개를 존중했다. 〈*고절(高節)은
특히 보신은퇴(保身隱退)의 뜻이다.〉

〈광무제가〉 처사(處士) 주당(周黨)을 불렀다. 그는 오기
는 해도 굴하지 않았다. 엎드려 절은 해도 〈얼굴을 들고〉
알현하지는 않았다.

어떤 사람이 〈임금에게〉 글을 올려 〈그런 처사(處士)를〉

욕하고 비난했다.

그러자 임금이 말했다. 「자고로 명왕(明王)이나 성주(聖主) 밑에는 반드시 〈임금에게〉 복종하지 않는 선비가 있는 법이다.」 그리고 비단을 내려주고 더 탓하지 않았다.

⬛ 어구 설명 ○尤重高節(우중고절) : 광무제는 특히 높은 절개를 존중했다. 〈*고절(高節)은 특히 보신은퇴(保身隱退)의 뜻이다.〉 ○徵處士周黨(징처사주당) : 〈광무제가〉 처사 주당(周黨)을 불렀다. 〈*처사(處士)는 벼슬을 마다하고 야인(野人)으로 처하는 선비.〉

○至不屈, 伏而不謁(지불굴 복이불알) : 오기는 해도 굴하지 않았으며, 엎드려 절은 해도 〈얼굴을 들고〉 알현하지는 않았다.

○或奏詆之(혹주저지) : 어떤 사람이 글을 올려서 〈그런 처사를〉 욕하고 비난했다. ※「奏(아뢸 주 ; 상소. 임금에게 올리는 글). 詆(꾸짖을 저 ; 욕하다, 비난하다.)」 ○上曰,(상왈) : 임금이 말했다. ○自古明王聖主, 必有不賓之士. 賜帛罷之(자고명왕성주 필유불빈지사 사백파지) :「자고로 명왕(明王)이나 성주(聖主) 밑에는 반드시 〈임금에게〉 복종하지 않는 선비가 있는 법이다.」 그리고 비단을 내려주고 더 탓하지 않았다. 〈*빈(賓)은 복(服)의 뜻으로 푼다.〉

(6) 處士嚴光, 與上嘗同游學. 物色得之齊國. 披羊裘釣澤中. 徵至. 亦不屈. 上與光同臥. 以足加帝腹. 明日太史奏, 客星犯御座甚急. 上曰, 朕與故人

嚴子陵共臥耳. 拜諫議大夫, 不肯受. 去畊釣, 隱富春山中終.

처사 엄광(嚴光)은 전에 임금과 같이 놀고 또 한 스승한테 글을 배웠다. 〈광무제가〉 물색(物色)한 끝에 제(齊)나라에 있는 그를 찾았다. 그는 양가죽을 걸치고 수택(水澤=늪)에서 낚시질을 하고 있었다. 임금이 부르자 오기는(입궐) 했으나, 그 역시 굴복하지는 않았다.

〈밤에〉 임금은 엄광과 함께 잤다. 그러자 엄광이 발을 임금 배 위에 올려놓았다.

이튿날 〈천문을 보는〉 사관(史官)인 태사(太史)가 글로 아뢰었다.

「떠돌이별이 임금 자리에 침입해서 심히 위태로웠습니다.」

광무제가 말했다. 「짐이 옛날 친구 엄자릉(嚴子陵)과 함께 잤을 뿐이다.」〈*자릉(子陵)은 곧 엄광의 자(字).〉

〈임금은 엄광에게〉 간의대부의 직을 내렸으나 절을 할 뿐 받지는 않았다. 그리고 시골로 가서 농사를 지으며 낚시질을 하고, 부춘산(富春山)에 숨어서 평생을 마쳤다.

어구 설명 ○處士嚴光, 與上嘗同游學(처사엄광 여상상동유학) : 처사 엄광(嚴光)은 전에 임금과 같이 놀고 또 한 스승한테 글을 배웠다. ○物色得之齊國(물색득지제국) : 〈광무제가〉 물색(物色)한 끝에 제(齊)나라에 있는 그를 찾았다.

○披羊裘釣澤中(피양구조택중) : 그는 양가죽을 걸치고 수택(水澤=늪)에서 낚시질을 하고 있었다. ※「裘(갖옷 구) ; 가죽 옷, 털가죽 옷.」

○徵至. 亦不屈(징지 역불굴) : 부르자 오기는(입궐) 해도 그 역시 굴복하지는 않았다. ○上與光同臥(상여광동와) : 〈밤에〉 임금은 엄광과 함께 잤다. ○以足加帝腹(이족가제복) : 엄광이 발을 임금 배 위에 올려놓았다.

○明日太史奏,(명일태사주) : 이튿날 〈천문을 보는〉 사관인 태사(太史)가 글을 올려서 아뢰었다.

○客星犯御座甚急(객성범어좌심급) : 떠돌이별이 임금 자리에 〈즉 북극성(北極星) 자리에〉 침입해서 심히 위태로웠습니다.

○上曰, 朕與故人嚴子陵共臥耳(상왈 짐여고인엄자릉공와이) : 광무제가 말했다. 「짐이 옛날 친구 엄자릉(嚴子陵)과 함께 잤을 뿐이다.」〈*자릉(子陵)은 엄광의 자(字).〉

○拜諫議大夫, 不肯受(배간의대부 불긍수) : 〈임금이〉 간의대부의 직을 내렸으나 절을 할 뿐 받지는 않았다. 〈*간의대부(諫議大夫)는 임금 곁에서 임금의 잘못을 간하는 관직.〉 ○去畊釣, 隱富春山中終(거경조 은부춘산중종) : 시골로 가서 농사를 지으며 낚시질을 하고, 부춘산(富春山)에 숨어서 평생을 마쳤다. ※「畊(밭갈 경 ; 논밭을 갈다, 농사에 힘쓰다.), 畊은 耕의 고자.」

(7) 漢世多淸節士自此始. 方天下未平, 上已有志文治. 首起太學, 稽式古典, 修明禮樂. 晚歲起明堂·靈臺·辟雍. 粲然文物可述. 每旦視朝, 日昃

乃罷. 引公卿郎將, 講論經理, 夜分乃寐.

한나라 때에 맑은 청절(淸節)한 선비(士)가 많이 나온 것은 바로 이때부터일 것이다. 그러나 천하가 아직도 태평하지 못했으므로 광무제는 일찍이 문치(文治)를 바랐다.

그래서 제일 먼저 태학(太學)을 세우고, 고전(古典)의 글을 격식으로 삼았다. 또 쇠퇴한 예의를 바로잡고 음악에 힘을 기울였다.

광무제는 만세(晚歲=晚年)인데도 명당(明堂), 영대(靈臺) 벽옹(辟雍)을 세웠다. 〈*명당(明堂)은 상제(上帝)께 제사를 지내는 곳. 또한 천자가 정치를 의논하는 곳. 영대(靈臺)는 천문을 관측하는 높은 대. 벽옹(辟雍)은 천자가 세운 대학이다.〉 그래서 문물이 찬연하다고 말할 수 있었다.

광무제는 언제나 아침에 조정에 나가 정사를 보고, 해가 지면 그만 두었다. 〈광무제는 또〉 삼공(三公)이나 구경(九卿), 오중랑장(五中郎將)들을 인견하고 국가 경영의 이치를 강론하며, 밤이 깊어서 그만두고 잠을 잤다.

어구 설명 ○漢世多淸節士自此始(한세다청절사자차시) : 한나라 때에 맑은 청절(淸絕)한 선비(士)가 많이 나온 것이, 바로 이때부터일 것이다. ※ 淸節士(청절사) : 청렴결백한 절조의 선비. 청조(淸操). ○方天下未平,(방천하미평) : 그러나 천하가 아직도 태평하지 못했다. ○上已有志文治(상이유지문치) : 광무제가 전부터 문치(文治)를 바랐다.

ㅇ首起太學,(수기태학) : 제일 먼저 태학(太學)을 세웠다.
ㅇ稽式古典,(계식고전) : 고전의 글을 격식으로 삼았다.
ㅇ修明禮樂(수명예악) : 쇠퇴한 예의를 바로잡고 음악에 힘을 기울였다. ㅇ晚歲起明堂 · 靈臺 · 辟雍(만세기명당 · 영대 · 벽옹) : 광무제는 만세(만년〈晩年〉)인데도 명당(明堂), 영대(靈臺), 벽옹(辟雍)을 세웠다. 〈*명당(明堂)은 상제께 제사를 지내고, 또한 천자가 정치를 의논하는 곳. 영대(靈臺)는 천문을 관측하는 높은 대. 벽옹(辟雍)은 천자가 세운 대학이다.〉 ㅇ粲然文物可述(찬연문물가술) : 문물이 찬연하다고 말할 수 있다.

ㅇ每旦視朝,(매단시조) : 언제나 아침에 조정에 나가 정사를 보고. ㅇ日昃乃罷(일측내파) : 해가 지면 그만두었다.

ㅇ引公卿郎將,(인공경랑장) : 삼공(三公)이나 구경(九卿), 오중랑장(五中郎將)들을 인견하고. ㅇ講論經理,(강론경리) : 국가 경영의 이치를 강론했다. ㅇ夜分乃寐(야분내매) : 밤이 깊어서 그만두고 잠을 잤다.

(8) 皇太子乘閒諫曰, 陛下有禹湯之明, 而失黃老養性之道. 上曰, 我自樂此. 不爲疲也. 在位三十三年, 身致太平. 改元者二, 曰建武 · 中元. 壽六十二. 太子立. 是爲顯宗明皇帝.

황태자가 틈을 타서 광무제에게 간하듯이 말했다.

「폐하께서는 우(禹)나 탕(湯) 만을 밝히시고, 황제나 노자의 도(道)나 보신양성(保身養性)의 도를 잃고 계십니다.」

광무제가 말했다. 「그렇게 하기를 내가 스스로 즐겁게 여긴다. 그러면서 피곤하지 않노라.」

광무제는 33년간 자리에 있었다. 자기의 힘으로 천하를 태평하게 만들었다. 연호를 두 번 개정했다. 즉 건무(建武)와 중원(中元)이다.

62살의 수를 누렸다. 〈즉 붕어했다.〉

태자가 임금 자리에 올랐다. 이가 곧 현종명황제(顯宗明皇帝)이다. 〈*약칭은 명제(明帝)다.〉

어구 설명 ㅇ皇太子乘閒諫曰,(황태자승한간왈) : 황태자가 틈을 타서 광무제에게 간하듯이 말했다.

ㅇ陛下有禹湯之明,(폐하유우탕지명) : 폐하께서는 우(禹)나 탕(湯) 만을 밝히시고. ※禹湯(우탕) : 夏禹(하〈夏〉나라의 시조, 우〈禹〉임금)와 殷湯(은〈殷〉나라 시조인 탕〈湯〉임금). 〈두 임금 모두 백성을 다스림에 있어 자신을 돌보지 않고 관대하고 또한 부지런히 일하는 도(道)만을 행하시고.〉 ㅇ而失黃老養性之道(이실황노양성지도) : 황제나 노자의 도(道)의 보신양생(保身養生)을 잃으십니다. 〈*노자(老子)의 무위자연의 도(道)와 보신양성(保身養性＝몸과 마음을 휴식시키는 것)을 잃고 계십니다.〉

ㅇ上曰, 我自樂此. 不爲疲也(상왈 아자낙차 불위피야) : 광무제가 말했다. 「그렇게 하기를 내가 스스로 즐겁게 여긴다. 그러면서 피곤하지 않노라.」

ㅇ在位三十三年,(재위삼십삼년) : 광무제는 33년을 자리에 있었다. ㅇ身致太平(신치태평) : 자기의 힘으로 천하

를 태평하게 만들었다.

○改元者二, 日建武 · 中元(개원자이 왈건무 · 중원) : 연호를 두 번 개정했다. 즉 건무(建武)와 중원(中元)이다.

○壽六十二(수육십이) : 62살의 수를 누렸다. 〈즉 붕어했다.〉

○太子立. 是爲顯宗明皇帝(태자입 시위현종명황제) : 태자가 임금자리에 올랐다. 이가 곧 현종명황제(顯宗明皇帝)이다. 〈*약칭은 명제(明帝)다.〉

【참고 설명】 광무제 연대

(1) 건무(建武) 원년(서기 25년) – 31년(서기 55년)

(2) 중원(中元) 원년(서기 56년) – 2년(서기 57년)

* 광무제(光武帝) 7월에 사망.

* 명제(明帝) 등위.

엄자릉(嚴子陵)

제2장 효명황제(孝明皇帝=明帝)

제1과 현명한 명제(明帝)의 치적

(1) [孝明皇帝] 初名陽, 母陰氏. 光武微時, 嘗曰, 仕宦當作執金吾. 娶妻當得陰麗華. 後竟得之. 生陽. 幼穎悟.

「효명황제」의 첫 이름은 양(陽)이다. 어머니는 「음씨(陰氏)」다.

광무제가 아직 미천할 때 일찍이 다음과 같이 말했다. 「벼슬을 하려면 마땅히 집금오(執金吾)가 되겠노라.」〈*집금오(執金吾)는 관명(官名)이다. 무기를 들고 방어한다는 뜻이다.〉

「아내를 취하려면 마땅히 음려화(陰麗華)를 취하겠다.」

후에 결국 음려화(陰麗華)를 취하고 양(陽)을 낳았다. 아들 양(陽)은 어려서 영특하고 지혜로웠다.

어구 설명 ○[孝明皇帝] 初名陽,(효명황제 초명양) :「효명황제」의 처음의 이름은 양(陽)이다. ○母陰氏(모음씨) : 어머니는 「음씨(陰氏)」다.

○光武微時, 嘗曰,(광무미시 상왈) : 광무제가 아직 미천할 때 다음 같이 말했다. ○仕宦當作執金吾(사환당작집

금오) : 벼슬을 하면 마땅히 「집금오」가 되겠노라. ⟨*집
금오(執金吾)는 관명(官名)이다. 무기를 들고 방어한다는
뜻이다.⟩
ㅇ娶妻當得陰麗華(취처당득음려화) : 아내를 취하려면
마땅히 음려화(陰麗華)를 취하겠다. ※ 陰麗華(음려화)의
음(陰)은 성씨(姓氏)이고 려화(麗華)는 음황후(陰皇后)의
자(字)이다. ㅇ後竟得之. 生陽(후경득지 생양) : 후에 결
국 음려화(陰麗華)를 취하고 양(陽)을 낳았다. ㅇ幼穎悟
(유영오) : ⟨음려화가 낳은 아들 양(陽)이⟩ 어려서 영특
하고 지혜로웠다. ※ 「穎(이삭 영) ; 빼어나다, 훌륭하다. 頴
(속자)」 穎悟(영오)는 뛰어나게 총명함.

(2) 光武詔州郡, 檢覈墾田戶口. 諸郡各遣人奏事. 見陳留吏牘, 上有書. 視之云, 潁川·弘農可問. 河南·南陽不可問. 光武詰吏由. 祇言, 於街上得之. 光武怒.

광무제가 조서를 주(州)나 군(郡)에게 내려서 ⟨지방 관리
로 하여금⟩ 새로 개간한 토지나 호구(戶數와 人口)를 검사
하고 밝혀내게 했다.

모든 군(郡)에서는 저마다 사람을 파견하여 사실대로 알
려 올렸다. 그런데 진류군(陳留郡)의 간독(簡牘)을 보니,
위에 덧붙인 글이 있었다. 글에 다음 같이 적혀 있었다.
「영천(潁川)이나 홍농(弘農) 지방은 바르게 묻고 조사할

수 있습니다. 그러나 하남(河南)이나 남양(南陽) 지방은 바르게 묻고 조사할 수 없습니다.」

광무제가 관리에게 그 이유(理由)를 힐문했다. 관리가 말했다. 「〈그곳은 묻고 조사할 수 없습니다.〉 다만 거리에서 사람들이 하는 말을 듣고 적었을 뿐입니다.」

광무제가 화를 내고 노했다.

<u>어구 설명</u> ○光武詔州郡,(광무조주군) : 광무제가 조서를 주(州)나 군(郡)에게 내렸다. ○檢覈墾田戶口(검핵간전호구) : 새로 개간한 토지나 호구를 검사하고 밝혀내게 했다. ※「覈(핵 실할 핵) ; 실상을 조사하다.」 戶口(호구) : 가구의 수와 인 구 수.

○諸郡各遣人奏事(제군각견인주사) : 모든 군(郡)에서는 저마다 사람을 파견하여 사실대로 알려 올렸다. ○見陳留 吏牘,(견진유이독) : 진류군(陳留郡)의 간독을 보니. 〈*독 (牘)은 죽간이나 목간에 적을 글.〉 簡牘(간독) : ① 종이가 없었을 때 글씨를 쓰던 대쪽과 나무쪽. ② 편지.

○上有書(상유서) : 위에 덧붙인 글이 있었다. ○視之 云,(시지운) : 보니 다음 같이 적혀 있었다.

○潁川・弘農可問(영천・홍농가문) : 영천(潁川)이나 홍 농(弘農) 지방은 바르게 묻고 조사할 수 있으나. ○河 南・南陽不可問(하남・남양불가문) : 하남(河南)이나 남 양(南陽) 지방은 바르게 묻고 조사할 수 없습니다.

○光武詰吏由(광무힐이유) : 광무제가 관리에게 그 이유 (理由)를 힐문했다. ○祇言, 於街上得之(지언 어가상득 지) : 단지 관리가 말했다. 「〈그곳은 묻고 조사할 수 없

습니다.〉 거리에서 사람들이 하는 말을 듣고 적었을 뿐
입니다.」 ※「祇(조사〈助詞〉 지) ; 단야(但也) 다만, 단지.」
ㅇ光武怒(광무노) : 광무제가 화를 내고 노했다.

(3) 陽年十二, 在幄後, 曰, 吏受郡敕. 欲以墾田相方耳. 河南帝城, 多近臣. 南陽帝鄕, 多近親. 田宅踰制. 不可爲準. 以詰吏. 首服. 光武大奇之.

태자(太子) 양(陽)은 나이가 12세였다. 휘장 뒤에 있으면
서 말했다.

「관리는 군수의 명을 받고 〈보고를 할 뿐입니다.〉 토지
개간의 실상을 말하고자 할 뿐입니다. 하남(河南)은 도성
(都城)이며 근신(近臣)들이 많습니다. 남양(南陽)은 임금님
의 고향이라 근친(近親)들이 많습니다. 〈그래서 개간한〉
농지나 택지가 제한을 초과한 경우가 많아서 기준대로 처
리할 수가 없습니다.」

〈광무제가〉 관리에게 힐문하자, 관리가 고개를 숙이고
승복했다. 그래서 광무제는 〈어린 태자를〉 참으로 크게 기
특하게 여겼다.

어구 설명 ㅇ陽年十二,(양년십이) : 태자 양(陽)은 나이가 12세였다.
ㅇ在幄後, 曰,(재악후 왈) : 휘장 뒤에 있으면서 말했다.
※「幄(휘장 악)」
ㅇ吏受郡敕(이수군칙) : 관리는 군수의 명을 받고 〈보고
를 할 뿐입니다.〉 ※「敕(조서 칙) ; 천자의 명령을 적은 문

서. 장(長)의 명령. 敕=勅과 동자.」 ㅇ欲以墾田相方耳(욕이
간전상방이) : 토지 개간의 실상을 말하고자 할 뿐입니
다.

ㅇ河南帝城, 多近臣(하남제성 다근신) : 하남(河南)은 도
성(都城)이며 근신(近臣)들이 많습니다.

ㅇ南陽帝鄕, 多近親(남양제향 다근친) : 남양(南陽)은 임
금님의 고향이라 근친(近親)들이 많습니다.

ㅇ田宅踰制. 不可爲準(전택유제 불가위준) : 〈그래서〉
농지나 택지가 제한을 초과한 경우가 많아서 기준대로
처리할 수가 없습니다. ※「踰(넘을 유) ; 뛰어넘다, 도약하
다, 한층 더, 더욱」 踰制(유제)는 상규(常規)를 벗어남, 제
한을 넘음.

ㅇ以詰吏. 首服(이힐이 수복) : 관리에게 힐문하자, 관리
가 고개를 숙이고 승복했다. ㅇ光武大奇之(광무대기지) :
그래서 광무제는 〈어린 태자를〉 크게 기특하게 여겼다.

한대명기(漢代明器)의 정호(井戶)

(4) 郭皇后廢, 陰貴人立爲后. 陽爲皇太子, 改名 莊. 至是卽位.

〈건무 17년에〉 곽(郭)황후가 폐위되자, 음(陰)귀인(貴人) 이 황후에 섰다. 〈*귀인은 여관(女官)으로 황비(皇妃) 다음 의 서열이다.〉 그래서 그녀가 낳은 양(陽)이 황태자가 되었 으며, 이름을 장(莊)이라 고쳤다. 〈광무제가 붕어하자〉 자 리에 올랐던 것이다.(B.C. 58)

어구 설명 ○郭皇后廢,(곽황후폐) : 〈건무 17년에〉 곽(郭)황후가 폐 위되었다. ○陰貴人立爲后(음귀인입위후) : 그래서 음 (陰)귀인(貴人)이 황후에 섰다. 〈*귀인은 여관(女官)이다. 황후비(皇后妃) 다음으로 귀한 신분이다.〉 ○陽爲皇太 子,(양위황태자) : 그녀가 낳은 양(陽)이 황태자가 되었 다. ○改名莊(개명장) : 이름을 장(莊)이라 고쳤다. ○至 是卽位(지시즉위) : 〈광무제가 붕어하자〉 자리에 올랐던 것이다.

(5) 永平二年, 臨辟雍, 行養老禮. 以李躬爲三老, 桓榮爲五更. 三老東面, 五更南面. 上親袒割牲, 執 醬而饋, 執爵而酳. 禮畢, 引榮及弟子升堂. 諸儒執 經問難. 冠帶搢紳之人, 圜橋門, 而觀聽者, 億萬計.

명제(明帝) 영평(永平) 2년, 즉 서기 59년에 임금이 친히 대학에 왕림하시고 양로예(養老禮)를 행하셨다.

〈삼공 중 가장 나이가 많은〉 이궁(李躬)을 삼로(三老)로 치고, 〈신하 중에서 성실한〉 환영(桓榮)이란 사람을 오경(五更)으로 선출했다.

삼로는 동면(東面)하고, 오경은 남면(南面)하여 자리에 앉자, 명제가 몸소 소매를 걷어 올리고 희생물을 자르고, 또 장(醬)을 들어 바쳐 올리고 〈삼로와 오경이〉 함께 식사를 들게 했다. 또 몸소 술을 따르어 잔을 들고 입을 가시게 했다.

양로예가 끝나면 환영(桓榮)과 제자들을 다 당에 오르게 했다. 이에 모든 유학자들이 저마다 경서를 들고 어려운 문제를 묻게 했다. 이에, 관을 쓰고 띠를 두르고 꽃을 꽂고 예복을 갖춘 학자들이 대학의 주변과 다리에 모여들었으며, 보고 듣는 사람들이 억만이나 되었다.

어구 설명 ○永平二年,(영평이년) : 영평 2년, 서기 59년. ○臨辟雍,(임벽옹) : 명제가 대학에 가서. 〈*벽옹(辟雍)은 국도(國都)에 있는 대학이다.〉

○行養老禮(행양로예) : 양로예(養老禮)를 행했다. 〈*다음 같이 했다. ⇒ 참고〉

○以李躬爲三老,(이이궁위삼노) : 이궁(李躬)이란 사람을 삼로(三老)로 친다. ○桓榮爲五更(환영위오경) : 환영(桓榮)이란 사람을 오경(五更)으로 선출했다. ○三老東面,(삼노동면) : 삼로는 동면(東面)하고, ○五更南面(오경남면) : 오경은 남면(南面)하여 자리에 앉자. ○上親袒割牲,(상친단할생) : 임금이 몸소 좌단(左袒=왼쪽 소매를

벗어 왼쪽 어깨를 드러내는 예⟨禮⟩)하고, 즉 소매를 걷어 올리고 희생물을 자르다. ㅇ執醬而饋,(집장이궤) : 장(醬)을 들어 바쳐 올리고 ⟨삼로나 오경이⟩ 들게 한다. ※「饋(먹일 궤) ; 음식을 대접하다, 음식을 올리다.」 ㅇ執爵而酳(집작이인) : 잔을 들고 입을 가시게 했다. ※「爵(잔 작), 酳(입 가실 인)」

ㅇ禮畢,(예필) : 예가 끝나면. ㅇ引榮及弟子升堂(인영급제자승당) : 환영(桓榮)과 제자들을 다 당에 오르게 한다. ㅇ諸儒執經問難(제유집경문난) : 모든 유학자들이 저마다 경서를 들고 문란(問難)하게 했다. ※ 問難(문란) : 의문나는 점, 알기 어려운 점을 이궁, 환영에게 질문하게 했다. ㅇ冠帶搢紳之人,(관대진신지인) : 관을 쓰고 띠를 두르고 꽃을 꽂고 예복을 갖춘 학자들. ※「搢(꽂을 진), 紳(큰 띠 신)」 ㅇ圜橋門,(환교문) : ⟨벽옹=대학의⟩ 주변과 다리. ㅇ而觀聽者, 億萬計(이관청자 억만계) : 보고 듣는 사람들이 억만이나 되었다.

【참고 설명】 명제(明帝)의 양로예(養老禮)

(1) 명제(明帝)가 행한 양로예(養老禮)는 그 뜻이 깊다. 명제는 나라를 가정과 같이 생각했다.

(2) 가정에는 부자(父子)와 형제(兄弟)가 있다. 그러므로 가정에서는 효(孝)와 제(悌=공경하다)를 따라야 한다.

(3) 나라의 노인(老人)과 어린 사람의 관계는 부자(父子)에 해당한다. 같은 신하는 백성 중에도 형(兄)과 제(弟)가 있게 마련이다. 그래서 나라에서도 효제(孝悌)를 높여야 한다.

(4) 명제의 양로예(養老禮)가 바로 가정과 국가를 하나로 본

예(禮)인 것이다.

⑸ 〈천지인(天地人)에 해당하는〉 삼공(三公) 중에서도 가장 늙은 어른은 곧 아버지다. 그래서 동면(東面)을 하고 봄에 꽃이 피고 만물이 성장하고 번창하기를 바란다.

⑹ 오경(五更)은 곧 오행(五行)에 해당한다. 국가 정치의 만사를 다스리는 형제 같은 모든 관리들이 남면(南面)하고 백성들이 잘 살기를 바라는 것이다.

⑹ 三年, 圖畫中興功臣, 二十八將於南宮雲臺, 應二十八宿. 鄧禹爲首, 次馬成·吳漢·王梁·賈復·陳俊·耿弇·杜茂·寇恂·傅俊·岑彭·堅鐔·馮異·王霸·朱祐·任光·祭遵·李忠·景丹·萬脩·蓋延·邳彤·銚期·劉植·耿純·臧宮·馬武·劉隆. 惟馬援以皇后之父不與焉.

영평 3년에 광무제의 한조(漢朝) 중흥 공신을 그림으로 그렸다. 28명의 초상을 남궁(南宮)의 운대(雲臺)에 걸어서 계시(곁에 함께 계시게 모셨다.)했다. 이는 28수(宿)에 맞도록 배치한 것이다.

등우(鄧禹)를 첫 번에 계시하고, 다음에 마성(馬成)을 계시했다. 그리고 오한(吳漢), 왕량(王梁), 가복(賈復), 진준(陳俊), 경엄(耿弇), 두무(杜茂), 구순(寇恂), 부준(傅俊), 잠팽(岑彭), 견심(堅鐔), 풍이(馮異), 왕패(王霸), 주우(朱祐), 임광(任光), 제준(祭遵), 이충(李忠), 경단(景丹), 만수(萬

脩), 갑연(蓋延), 비융(邳肜), 요기(銚期), 유식(劉植), 경순(耿純), 장궁(臧宮), 마무(馬武), 유융(劉隆)이었다. 다만 마원(馬援)은 황후의 부친이므로 함께 하지 않았다.

어구 설명 ㅇ三年, 圖畵中興功臣,(삼년 도화중흥공신) : 영평 3년에 중흥 공신을 그림으로 그렸다. ㅇ二十八將於南宮雲臺,(이십팔장어남궁운대) : 28명의 초상을 남궁 운대에 걸어서, 계시(곁에 함께 계시게 모셨다.)했다. ㅇ應二十八宿(응이십팔수) : 28수에 응(따라 일일히 지정〈指定〉)한 것이다. ※ 28수(宿) : 천구(天球)를 황도(黃道)에 따라 28로 등분한 구획, 또는 그 구획의 별자리. 성좌(星座)를 28로 나눈 것. 그 이름은 각(角), 항(亢), 저(氐), 방(房), 심(心), 미(尾), 기(箕), 두(斗), 우(牛), 녀(女), 허(虛), 위(危), 실(室), 벽(壁), 규(奎), 루(婁), 위(胃), 묘(昴), 필(畢), 자(觜), 삼(參), 정(井), 귀(鬼), 류(柳), 성(星), 장(張), 익(翼), 진(軫)이며 천경(天經)의 별들이다. ㅇ鄧禹爲首,(등우위수) : 등우를 첫 번에 계시하고.

ㅇ次馬成(차마성) : 다음에 마성을 계시했다. 〈그 다음은〉 오한(吳漢), 왕량(王梁), 가복(賈復), 진준(陳俊), 경엄(耿弇), 두무(杜茂), 구순(寇恂), 부준(傅俊), 잠팽(岑彭), 견심(堅鐔), 풍이(馮異), 왕패(王覇), 주우(朱祐), 임광(任光), 제준(祭遵), 이충(李忠), 경단(景丹), 만수(萬脩), 갑연(蓋延), 비융(邳肜), 요기(銚期), 유식(劉植), 경순(耿純), 장궁(臧宮), 마무(馬武), 유융(劉隆)이다. ※ 鐔(音尋), 銚(音遙=멀 요, 길다. 거닐다.), 蓋(音甘入聲) 갑으로 읽음. 脩(포 수) : 포, 고기를 얇게 저며 양념해 말린

것. 성(姓) 수.

○惟馬援以皇后之父不與焉(유마원이황후지부불여언) :
다만 마원(馬援)은 황후의 부친이므로 함께 하지 않았다.

(7) 十一年, 東平王蒼來朝. 蒼自上卽位初, 爲驃騎將軍, 五年而歸國. 至是入朝. 上問, 處家何以爲樂. 蒼曰, 爲善最樂.

명제 영평(永平) 11년, 즉 서기 68년에 동평(東平)의 왕(王)인 창(蒼)이 조정에 와서 임금을 알현했다. 〈*창은 명제의 동생이다.〉

창은 명제가 등위한 초기부터 표기장군(驃騎將軍)이 되었다. 〈*「표기장군」은 기병(騎兵)의 대장군.〉〈그간 전선(前線)에 있다가〉 5년 만에 조정(朝廷)으로 돌아왔다. 〈* 귀국(歸國)은 조정으로 돌아왔다는 뜻이다.〉

이때에 조정에 들어오자, 명제가 물었다. 「집에 머무르면서 무엇을 즐기고 있느냐.」 창이 대답했다. 「착한 일 하는 것이 가장 즐겁습니다.」

어구 설명 ○十一年,(십일년) : 명제 영평(永平) 11년, 즉 서기 68년. ○東平王蒼來朝(동평왕창래조) : 동평(東平)의 왕 창(蒼)이 조정에 와서 임금을 알현했다. 〈*창은 명제의 동생이다. 광무제의 셋째 아들이다.〉 ○蒼自上卽位初,(창자상즉위초) : 창은 명제가 등위한 초기부터. ○爲驃騎將軍,(위표기장군) :「표기장군」이 되었다. 〈*「표기장군」은 기병

(騎兵)의 대장군.〉 ○五年而歸國(오년이귀국) : 〈그간 전선(前線)에 있다가〉 5년 만에 조정(朝廷)으로 돌아왔다. 〈*귀국(歸國)은 조정으로 돌아왔다는 뜻이다.〉 ○至是入朝(지시입조) : 이때에 조정에 들어왔다. ○上問, 處家何以爲樂(상문 처가하이위락) : 명제가 물었다.「집에 처하여 무엇으로 즐기겠느냐.」 ○蒼曰, 爲善最樂(창왈 위선최락) : 창이 대답했다.「착한 일을 하는 것이 가장 즐겁습니다.」

(8) 十七年, 復置西城都護·戊己校尉. 初耿秉請伐匈奴. 謂, 宜如武帝通西城, 斷匈奴右臂. 上從之, 以秉與竇固爲都尉, 屯涼州.

영평(永平) 17년, 즉 서기 74년에 서역(西域)에 다시 도호(都護)와 무기교위(戊己校尉)를 두었다. 〈*도호는 선제(宣帝) 때 있었고, 무기교위는 원제(元帝) 때 있었다. 그러나 왕망(王莽) 때문에 시들해졌던 것이다.〉

처음으로 경병(耿秉)이 흉노를 치겠다고 청하고 다음 같이 말했다.「마땅히 무제(武帝)가 서역(西域)과 통한 거와 같이 해야 합니다. 흉노의 오른팔은 잘라야 합니다.」〈*즉 흉노가 서역에 침입하지 못하게 한다는 뜻이다.〉

명제가 그의 말을 따랐다. 그래서 경병(耿秉)과 두고(竇固)를 도위로 삼고 양주(涼州)에 주둔(駐屯)하게 했다.

어구 설명 ○十七年,(십칠년) : 영평 17년, 즉 서기 74년. ○復置西城

都護·戊己校尉(복치서성도호·무기교위) : 서역(西域)에 다시 도호대장(都護大將)을 두었다. 선제(宣帝) 때 있었다. 그러나 왕망(王莽) 때문에 시들해졌다. 무기교위도 서역을 지키는 관명, 원제(元帝) 때 두었다. ※ 무(戊)나 기(己)는 십간(十干)에서 중앙이다. 즉 서역의 중앙에서 사방을 진무(鎭撫)하는 관을 무기교위(戊己校尉)라 한다. ○初耿秉請伐匈奴. 謂,(초경병청벌흉노 위) : 처음으로 경병(耿秉)이 흉노를 치겠다고 청하고 다음 같이 말했다. ○宜如武帝通西城,(의여무제통서성) : 마땅히 무제(武帝)가 서역(西域)과 통한 거와 같이 해야 합니다. ○斷匈奴右臂(단흉노우비) : 〈서역과는 통하지만〉 흉노의 오른팔은 잘라야 합니다. 〈*즉 흉노가 서역에 침입하지 못하게 한다는 뜻이다.〉

○上從之,(상종지) : 명제가 그의 말을 따랐다. ○以秉與竇固爲都尉, 屯涼州(이병여두고위도위 둔량주) : 경병(耿秉)과 두고(竇固⇒竇融〈두융〉의 아들)를 도위로 삼고 양주(涼州)에 주둔(駐屯)하게 했다.

(9) 固使假司馬班超使西城. 超至鄯善. 其王禮之甚備. 匈奴使來. 頓疎懈. 超會吏士三十六人, 曰, 不入虎穴, 不得虎子. 奔虜營斬其使及從士三十餘級. 鄯善一國震怖. 超告以威德, 使勿復與虜通. 超復使于竇. 其王亦斬虜使以降. 於是諸國皆遣子入侍. 西城復通. 至是竇固等擊車師而還, 以陳睦爲都護, 及以耿恭爲戊校尉, 關寵爲己校尉, 分屯西城.

두고(竇固)는 가사마(假司馬)인 반초(班超)를 서역(西域)에 사신으로 가게 했다. 〈*가사마(假司馬)는 부사마(副司馬)로 임시로 임명한 사마.〉 반초가 선선국(鄯善國)에 도착하자, 그 나라 왕이 지극한 예를 갖추고 반초를 대접했다.

그때에 흉노(匈奴)의 사신이 오자, 〈선선국(鄯善國)의 임금이〉 반초에 대한 예를 소홀하게 했다.

그래서 반초가 수행원(隨行員) 36명을 모아놓고 말했다. 「호랑이 굴에 안 들어가면, 호랑이 새끼를 잡을 수 없다.」

그리고 즉시 흉노의 진영으로 달려가서, 그들의 사신(使臣)과 수행원 30여 명의 목을 잘랐다. 이에 선선국(鄯善國) 전체가 떨며 겁을 냈다.

반초는 〈한나라의〉 위엄과 덕을 〈그들에게〉 고해주고, 모든 일에 있어 다시는 흉노와 통하지 않게 했다.

반초는 다시 〈서역의 다른 나라〉 우전국(于寘國)으로 갔다. 그 나라 왕도 역시 흉노의 사신을 죽이고 〈한나라에〉 투항을 했다.

그러자 서역의 여러 나라가 임금의 아들을 한나라에 보내서 입시(入侍)하게 했다. 그래서 한나라와 서역이 다시 통하게 되었다.

그러자, 두고(竇固) 등은 차사국(車師國) 등을 격파하고 돌아왔다. 그리고 진목(陳睦)을 도호(都護)로 삼았으며, 경공(耿恭)을 무교위(戊校尉)로 삼고, 관감(關寵)을 기교위

(己校尉)로 삼고 나누어 서역(西域) 각지에 주둔(駐屯)하게
했다.

어구 설명 ○固使假司馬班超使西城(고사가사마반초사서성) ： 두고
(竇固)는 가사마인 반초(班超)를 서역(西域)에 사신으로 가
게 했다. 〈*가사마(假司馬)는 임시로 임명한 사마.〉
○超至鄯善. 其王禮之甚備(초지선선 기왕예지심비) ： 반초
가 선선국(鄯善國)에 도착하자, 그 나라 왕이 지극한 예를
갖추고 반초를 대접했다.
○匈奴使來. 頓疎懈(흉노사래 돈소해) ： 그때에 흉노(匈奴)
의 사신이 오자, 〈선선국(鄯善國)의 임금이〉 반초에 대한
예를 소홀하게 했다. ※「頓(조아릴 돈 ; 갑자기, 멈추다), 疎
(트일 소 ; 통하다, 멀다, 친하지 아니하다. 멈추다), 懈(게으
를 해 ; 느슨해지다)」
○超會吏士三十六人, 曰,(초회이사삼십육인 왈) ： 그래서
반초가 수행원(隨行員) 36명을 모아놓고 말했다. ○不入
虎穴, 不得虎子(불입호혈 부득호자) ： 호랑이 굴에 안 들어
가면 호랑이 새끼를 잡을 수 없다.
○奔虜營斬其使及從士三十餘級(분로영참기사급종사삼
십여급) ： 흉노의 진영으로 달려가서, 그들의 사신(使臣)
과 수행원 30여 명의 목을 잘랐다. ○鄯善一國震怖(선선
일국진포) ： 그러자 선선국(鄯善國) 전체가 떨며 겁을 냈
다. ※「震(벼락 진 ; 놀라다, 두려워하다), 怖(두려워할 포 ;
떨다)」
○超告以威德,(초고이위덕) ： 반초는 〈한나라의〉 위엄과
덕을 〈그들에게〉 고해주었다. ○使勿復與虜通(사물부여로

통) : 모든 사물을 다시는 흉노와 통하지 않게 했다.

○超復使于闐(초복사우전) : 반초는 다시 〈서역의 다른 나라〉 우전국(于闐國)으로 갔다.

○其王亦斬虜使以降(기왕역참로사이항) : 그 나라 왕도 역시 흉노의 사신을 죽이고 〈한나라에〉 투항을 했다.

○於是諸國皆遣子入侍(어시제국개견자입시) : 그러자 서역의 여러 나라가 임금의 아들을 한나라에 보내서 입시(入侍=인질로 와서 한나라 황제를 모시고 있음.)하게 했다.

○西城復通(서성복통) : 그래서 한나라와 서역이 다시 통하게 되었다.

○至是竇固等擊車師而還,(지시두고등격차사이환) : 그러자 두고(竇固) 등은 차사국(車師國) 등을 격파하고 돌아왔다. ○以陳睦爲都護,(이진목위도호) : 신목(陳睦)을 도호(都護)로 삼았다. ○及以耿恭爲戊校尉,(급이경공위무교위) : 아울러 경공(耿恭)을 무교위(戊校尉)로 삼았다. ○關龍爲己校尉, 分屯西城(관감위기교위 분둔서성) : 관감(關龍)을 기교위(己校尉)로 삼고 나누어 서역(西域) 각지에 주둔(駐屯)하게 했다.

(10) 十八年, 北匈奴攻戊校尉耿恭. 初上卽位之明年, 南單于比死. 弟莫立. 上遣使授璽綬. 北匈奴寇邊. 南單于擊卻之. 漢與北匈奴交使. 南單于怨欲畔, 密使人與交通. 漢置度遼將軍於五原, 以防之.

영평 18년, 서기 75년에 북쪽 흉노가 무교위(戊校尉) 경

공(耿恭)을 공격했다. 〈*왜 공격하게 되었는가, 그 이유를 다음에 적었다.〉

명제가 처음 자리에 오른 다음 해에, 남쪽 흉노의 임금 선우(單于) 비(比)가 죽고, 동생 막(莫)이 올랐다. 그래서 명제가 사신을 보내서 〈막에게〉 새수(璽綬)를 내렸다.

〈영평 5년에〉 북쪽 흉노가 한(漢)나라 변경을 침략하자, 남쪽 흉노 선우가 그들을 격퇴했다. 그런데 〈영평 7년에〉 한나라가 북쪽 흉노에게 사신을 보냈다. 그래서 남선우(南單于)가 〈한나라에〉 배반하려고 했으며, 은밀히 사신을 〈북쪽 흉노에게〉 보내서 북흉노와 내통을 했다.

이에 한나라는 도료장군(度遼將軍)을 오원(五原)에 두고 그들을 방어했다. 〈*도료장군(度遼將軍)은 요수(遼水=遼河)를 넘어가서 흉노를 치는 장군이다.〉

어구 설명 ○十八年, 北匈奴攻戊校尉耿恭(십팔년 북흉노공무교위경공) : 영평 18년, 서기 75년에 북쪽 흉노가 무교위(戊校尉) 경공(耿恭)을 공격했다. 〈*왜 공격하게 되었는가, 그 이유를 다음에 적었다.〉
○初上卽位之明年, 南單于比死. 弟莫立(초상즉위지명년 남선우비사 제막립) : 명제가 처음 자리에 오른 다음 해에, 남쪽 흉노의 임금 선우(單于) 비(比)가 죽고, 동생 막(莫)이 올랐다. ○上遣使授璽綬(상견사수새수) : 명제가 사신을 보내서 옥새(玉璽)와 인수(印綬)를 내렸다.
○北匈奴寇邊. 南單于擊卻之(북흉노구변 남선우격각지) : 〈영평 5년에〉 북쪽 흉노가 한(漢)나라 변경을 침략하

자, 남쪽 흉노 선우가 그들을 격퇴했다.

ㅇ漢與北匈奴交使(한여북흉노교사) : 그런데 〈영평 7년에〉 한나라가 북쪽 흉노에게 사신을 보냈다.

ㅇ南單于怨欲畔,(남선우원욕반) : 그래서 남선우(南單于)가 〈한나라에〉 배반하려고 했으며. ㅇ密使人與交通(밀사인여교통) : 은밀히 사신을 〈북쪽 흉노에게〉 보내서 북흉노와 교통을 했다. ㅇ漢置度遼將軍於五原, 以防之(한치도료장군어오원 이방지) : 한나라는 도료장군(度遼將軍)을 오원(五原)에 두고 그들을 방어했다. 〈*도료장군(度遼將軍)은 요수(遼水=遼河)를 넘어가서 흉노를 치는 장군이다.〉

(11) 已而漢伐北匈奴. 北匈奴亦寇邊. 至是攻恭於金蒲城. 恭以毒藥傅矢, 語匈奴曰, 漢家箭神, 中者有異. 虜視創皆沸. 大驚. 恭乘暴風雨擊之. 殺傷甚衆. 匈奴震怖曰, 漢兵神, 眞可畏也. 乃解去.

그런 다음에(영평 13년), 한나라가 북흉노를 쳤다. 북흉노도 역시 한나라 변경을 침략했다. 그래서 지금(영평 18년) 〈흉노가〉 경공(耿恭)을 금포성(金蒲城)에서 공격했다.

경공이 화살에 독약을 칠해가지고 흉노에게 말했다. 「한나라 화살은 신비하다. 맞는 사람은 특이하게 된다.」

흉노가 상처를 보니, 온통 피가 끓어올랐다. 그래서 크게 놀랐던 것이다.

　그러자 경공은 폭풍우를 타고 흉노를 공격했다. 무척 많은 사람을 살상했다. 그래서 흉노가 벌벌 떨며 말했다.「한나라 병장은 신병(神兵)이다. 참으로 무섭다.」말하고, 포위망을 풀고 가버렸다.

어구설명　ㅇ已而漢伐北匈奴(이이한벌북흉노) : 그런 다음에, 한나라가 북흉노를 쳤으며.　ㅇ北匈奴亦寇邊(북흉노역구변) : 북흉노도 역시 한나라 변경을 침략했다.

　ㅇ至是攻恭於金蒲城(지시공공어금포성) : 그래서 〈흉노가〉 경공(耿恭)을 금포성(金蒲城)에 와서 공격했다.

　ㅇ恭以毒藥傅矢, 語匈奴曰,(공이독약부시 어흉노왈) : 경공이 화살에 독약을 칠해가지고 흉노에게 말했다.　ㅇ漢家箭神, 中者有異(한가전신 중자유이) : 한나라 화살은 신비하다. 맞는 사람은 특이하게 된다.

　ㅇ虜視創皆沸. 大驚(노시창개비 대경) : 흉노가 상처를 보니깐, 온통 피가 끓어올랐다. 그래서 크게 놀랐던 것이다.

　ㅇ恭乘暴風雨擊之(공승폭풍우격지) : 경공은 폭풍우를 타고 흉노를 공격했다.　ㅇ殺傷甚衆(살상심중) : 무척 많은 사람을 살상했다.

　ㅇ匈奴震怖曰,(흉노진포왈) : 그래서 흉노는 벌벌 떨며 말했다.　ㅇ漢兵神, 眞可畏也. 乃解去(한병신 진가외야 내해거) : 한나라 병장은 신병(神兵)이다. 참으로 무섭다 말하고 포위망을 풀고 가버렸다.

(12) 上崩. 在位十八年, 改元者一, 曰永平. 壽四十八. 上性徧察, 好以耳目隱發爲明. 公卿大臣數

被詆毀, 近臣尙書以下, 至見提曳. 嘗怒郎藥崧, 以
杖撞之. 崧走入床下. 上怒甚. 疾言曰, 郎出, 郎出,
崧曰, 天子穆穆, 諸侯皇皇. 未聞人君自起撞郎. 乃
赦之.

명제(明帝)가 붕어했다. (서기 75년) 18년간 임금 자리에
있었으며, 연호는 한 번 고쳤을 뿐이다. 즉 영평(永平)이
다. 수명은 48세였다.

명제의 성품에는 편협하게 보고 살피는 경향도 있었다.
즉 〈명제는〉 귀와 눈으로 은밀한 것을 잘 밝히고 또 밝게
알았다. 그레서 공경이나 대신들이 자주 〈명제에게〉 비난
을 받거나 욕을 보았으며, 근신이나 상서(尙書) 이하의 관
리들이 끌려가기도 했다.

전에 〈명제가〉 화를 내고 낭(郎)인 약숭(藥崧⇒환관)을
단장으로 때린 일이 있었다. 약숭이 마루 밑으로 들어가
숨었다. 그러자 임금이 더욱 화를 내고 소리를 쳤다. 「낭아
나오라, 낭아 나오라.」

약숭(藥崧)이 말했다. 「천자께서는 목목(穆穆)하여 속이
깊고, 제후께서는 황황(皇皇)하여 신중해야 한다고 들었습
니다.」「〈신은〉 임금님이 스스로 몽둥이를 들고 신하를 때
린다는 말은 듣지 못했습니다.」

그제야 그를 용서를 했던 것이다.

어구 설명 ㅇ上崩, 在位十八年,(상붕 재위십팔년) : 명제가 붕어했다. 임금 자리에 18년 있었다. ㅇ改元者一, 曰永平(개원자일 왈영평) : 연호를 한 번 고쳤다. 즉 영평(永平)이다. ㅇ壽四十八(수사십팔) : 수명은 48세였다.

ㅇ上性偏察,(상성편찰) : 명제는 편협하게 보고 살피는 성질이 있었다. ㅇ好以耳目隱發爲明(호이이목은발위명) : 〈명제는〉 귀와 눈으로 은밀한 것을 잘 밝히고 또 밝게 알았다. ㅇ公卿大臣數被詆毁,(공경대신수피저훼) : 그래서 공경이나 대신들이 자주 〈명제에게〉 비난을 받거나 욕을 보았다. ※「詆(꾸짖을 저), 毁(헐 훼)」

ㅇ近臣尙書以下, 至見提曳(근신상서이하 지견제예) : 근신이나 상서 이하의 관리들이 끌려가기도 했다. ※「提(끌 제), 曳(끌 예)」

ㅇ嘗怒郞藥崧, 以杖撞之(상노랑약숭 이장당지) : 전에 〈명제가〉 화를 내고 낭(郞)인 약숭(藥崧=환관)을 단장으로 때린 일이 있었다. ※ 郞(낭) : 尙書郞(상서랑). ㅇ崧走入床下(숭주입상하) : 약숭이 마루 밑으로 들어가 숨었다. ※ 床(평상 상) : 牀(평상 상)의 속자(俗字)로 침상, 마루. ㅇ上怒甚. 疾言曰, 郞出, 郞出,(상노심 질언왈 낭출 낭출) : 임금이 더욱 화를 내고 소리를 질렀다.「낭아 나오라, 낭아 나오라.」ㅇ崧曰, 天子穆穆, 諸侯皇皇(숭왈 천자목목 제후황황) : 약숭(藥崧)이 말했다.「천자께서는 목목하여 속이 깊고, 제후께서는 황황하여 신중해야 한다고 들었습니다.」※ 穆穆(목목) : ① 위의(威儀)가 바르고 성대한 모양. ② 온화한 모양. ③ 아름답고 훌륭한 모양. 皇皇(황황) : ① 화려한 모양. ② 몹시 급하여 허둥지둥하는 모양. 遑遑(황

황) ③ 마음이 안정되지 않아 갈피를 잡지 못하는 모양.

ㅇ未聞人君自起撞郎(비문인군자기당랑) : 〈신은〉 임금님이 스스로 몽둥이를 들고 신하를 때린다는 말은 듣지 못했습니다. ※「起(일어날 기 ; 기동〈起動〉하다, 몸을 움직이다. 분기〈奮起〉하다.) 起는 起의 본자.」

ㅇ乃赦之(내사지) : 그제야 그를 용서를 했던 것이다.

(13) 上遵奉建武制度, 無更變. 后妃家不得封侯預政. 館陶公主, 爲子求郎. 上曰, 郎官上應列宿, 出宰百里. 苟非其人, 民受其殃. 不許. 當時吏得其人, 民樂其業. 遠近畏服, 戶口滋殖焉. 太子立. 是爲肅宗孝章皇帝.

명제(明帝)는 건무중흥(建武中興) 때의 제도를 따르고 고치거나 바꾸지 않았다.

그래서 후(后)나 비(妃)의 가족들은 후(侯)에 봉하지 않아서 정치에 참여하지 못하게 했다.

관도공주(館陶公主)가 아들을 위해 낭관(郎官=縣令)이 되게 해달라고 청하자, 명제가 말했다. 「낭관은 〈성좌(星座)〉 28수(宿)에 해당하는 관직이다. 그래서 백 리 되는 한 현(縣)의 우두머리이다.」「그에 맞는 사람이 아니면, 백성들이 재앙을 입게 될 것이다.」라고 말하고, 허락하지 않았다. 당시의 관리들은 저마다 적재적소에 맞는 사람들이었다. 그래서 백성들은 저마다 민업을 즐겼고, 원근 모든 사람들이 경외했다. 그래서 호구가 더욱 늘고 번창했다. 〈그때에 명제가 붕어하자〉 태자를 세웠다. 그가 곧 숙종효장황제(肅宗孝章皇帝)다. 〈*약칭은 장제(章帝)이다.〉

어구 설명 ㅇ上遵奉建武制度, 無更變(상준봉건무제도 무경변) : 명제는 건무중흥(建武中興) 때의 제도를 따르고 고치거나 바꾸지 않았다. ㅇ后妃家不得封侯預政(후비가부득봉후예정) : 그래서 후(后)나 비(妃)의 가족들은 후(侯)에 봉하지도 않고 또 정치에 참여하지도 못했다. ㅇ館陶公主, 爲子求郞(관도공주 위자구랑) : 관도공주(館陶公主)가 아들을 위해 낭관(郞官=縣令)이 되게 해달라고 청했다. ※ 관도공주 : 광무황제(光武皇帝)의 딸.

ㅇ上曰, 郞官上應列宿, 出宰百里(상왈 낭관상응열수 출재백리) : 명제가 말했다.「낭관은 28수에 해당하는 관직이다. 그래서 백 리 되는 한 현(縣)의 우두머리이다.」ㅇ苟非其人, 民受其殃. 不許(구비기인 민수기앙 불허) :「그에 맞는 사람이 아니면, 백성들이 재앙을 입게 될 것이다.」라고 말하고, 허락하지 않았다. ㅇ當時吏得其人,(당시이득기인) : 당시의 관리들은 저마다 적재적소에 맞는 사람들이었다. ㅇ民樂其業. 遠近畏服,(민악기업 원근외복) : 백성들은 저마다 민업을 즐겼고, 원근 모든 사람들이 경외했다. ㅇ戶口滋殖焉(호구자식언) : 호구가 더욱 늘고 번창했다. ㅇ太子立. 是爲肅宗孝章皇帝(태자입 시위숙종효장황제) : 〈그때에 명제가 붕어하자〉 태자를 세웠다. 곧 숙종효장황제(肅宗孝章皇帝)다. 〈*약칭은 장제(章帝)이다.〉

제3장 장제, 화제, 안제

제1과 장제(章帝)

〈*동한(東漢=後漢)의 제3대왕. 서기 76년에서 88년에
재위(在位). 이름을 훤(烜)이라고 한다.〉

(1) [孝章皇帝] 名烜, 母賈氏, 馬皇后養之. 立爲太子. 至是卽位.

효장황제(孝章皇帝)의 이름은 훤(烜)이다. 〈*약칭은 장제
(章帝)다.〉 생모는 가씨(賈氏)다. 그러나 마황후(馬皇后)가
키웠으며 태자로 세웠다. 그리고 명제가 붕어하자 임금 자
리에 올랐다.(A.D. 76)

어구 설명 ○[孝章皇帝] 名烜,(효장황제 명훤) : 효장황제의 이름은
훤(烜)이다. 〈*약칭은 장제(章帝)다.〉 ※ 烜은 炟으로 됨이
옳다. 劉炟으로 더 많이 알려져 있다. ○母賈氏, 馬皇后養
之(모가씨 마황후양지) : 생모는 가씨(賈氏)다. 그러나 마
황후(馬皇后)가 키웠다. 〈*마원(馬援)의 딸이다. 황후가 되
어 훤(烜)을 키웠다.〉 ○立爲太子. 至是卽位(입위태자 지시
즉위) : 태자로 세웠으며 명제가 붕어하자, 자리에 올랐다.

(2) 西域攻沒都護. 北匈奴圍己校尉, 又圍耿恭. 詔遣兵. 罷都護及戊己校尉官. 惟班超上疏請兵, 欲

遂平西域. 上知功可成從之.

서역에서는 〈차사(車師)라는 나라가 또 배반하여〉 〈한 (漢)나라가 설치한〉 도호(都護)를 공격하고 죽였다. 북쪽 흉노는 기교위(己校尉)를 포위했다. 또 무교위(戊校尉) 경 공(耿恭)을 포위했다. 그래서 장제(章帝)가 조서와 함께 병 력을 파견하여 이를 구원했다.

〈그 후 건초(建初) 원년에〉 도호(都護)와 무(戊)와 기(己) 의 교위관(校尉官)을 폐지했다.

오직 반초(班超)는 임금에게 상서를 올리고 병력(兵力)을 더 파견해달라고 청했다. 서역을 끝내 평정하려고 했던 것 이다. 임금은 그가 성공할 거라 생각하고 그의 말을 따랐다.

어구 설명 ○西域攻沒都護(서역공몰도호) : 서역에서는 〈차사국(車 師國)이〉 또 배반하여 한(漢)나라 도호(都護)를 공격해서 죽였다. ○北匈奴圍己校尉,(북흉노위기교위) : 북흉노가 기교위(己校尉)를 포위했다. ○又圍耿恭(우위경공) : 또 무 교위(戊校尉) 경공(耿恭)을 포위했다. ○詔遣兵(조견병) : 그래서 장제가 조서와 함께 병력을 파견하여 이를 구원했 다. ○罷都護及戊己校尉官(파도호급무기교위관) : 그 후에 도호(都護)와 무(戊)와 기(己) 교위관(校尉官)을 폐지했다. ○惟班超上疏請兵,(유반초상소청병) : 다만 반초(班超)만 은 임금에게 상서를 올리고 병력(兵力)을 더 파견해달라고 청했다. ○欲遂平西域(욕수평서역) : 서역을 끝내 평정하 려고 했던 것이다. ○上知功可成從之(상지공가성종지) :

임금은 성공할 수 있으므로 그의 말을 따랐다.

(3) 北匈奴五十八部來降. 時北匈奴衰耗, 黨衆離畔. 南部攻其前, 丁零寇其後, 鮮卑擊其左, 西域攻其右. 不復自立, 乃遠引而去. 鮮卑擊斬北單于. 故部衆有來降者.

반초가 나가자, 북흉노 58부가 와서 투항했다. 그때에 북흉노가 쇠락하고 모든 무리들이 이탈했다. 그래서 남흉노가 남부에서는 앞을 공격했고, 정령(丁零)은 뒤를 침공했다. 선비(鮮卑)는 왼쪽을 쳤고, 서역(西域)은 오른쪽을 공격했다. 북흉노는 다시 회복하지 못하고 멀리 갔다. 선비(鮮卑)가 이를 추격하여 북선우(北單于)를 치고 베었다. 그래서 많은 부족들이 와서 한나라에 항복을 했다.

어구 설명 ㅇ北匈奴五十八部來降(북흉노오십팔부래항) : 〈반초가 나가자〉 북흉노 58부가 와서 투항했다.

ㅇ時北匈奴衰耗, 黨衆離畔(시북흉노쇠모 당중이반) : 그때에 북흉노가 쇠락하고 모든 무리들이 이탈했다.

ㅇ南部攻其前, 丁零寇其後,(남부공기전 정령구기후) : 남흉노가 남부에서는 앞을 공격했고, 정령(丁零)은 뒤를 침공했다. ※ 정령(丁零) : 서역(西域)의 일부로써 서역에 있는 나라 이름.

ㅇ鮮卑擊其左, 西域攻其右(선비격기좌 서역공기우) : 선비(鮮卑)는 왼쪽을 쳤고, 서역(西域)은 오른쪽을 공격했다.

○不復自立, 乃遠引而去(불복자립 내원인이거) : 다시 회복하지 못하고 멀리 떠나갔다.

○鮮卑擊斬北單于. 故部衆有來降者(선비격참북선우 고부중유래항자) : 선비(鮮卑)가 이를 추격하여 북선우(北單于)를 치고 베었다. 그래서 많은 부족들이 한나라에 와서 항복을 했다.

(4) 上崩. 在位十三年, 改元者三, 曰建初 · 元和 · 章和. 壽三十一. 上繼明帝察察之後, 知人厭苛切, 事從寬厚, 文之以禮樂.

장제(章帝)가 재위 13년에 붕어했다. 연호를 세 번 고쳤다. 건초(建初), 원화(元和) 및 장화(章和)이다. 31세로 돌아가셨다.

장제(章帝)는 〈처음에는〉 명제(明帝)가 〈지나치게〉 살피던 정치를 계승했다. 그러나 「사람들은 가혹하게 잘라내는 것을 싫어함」을 알았다. 그래서 모든 일을 관대하고 후덕(厚德)하게 했으며, 예악(禮樂)을 가지고 문화적으로 장식했다.

어구 설명 ○上崩. 在位十三年,(상붕 재위십삼년) : 장제가 붕어했다. ○改元者三, 曰建初 · 元和 · 章和(개원자삼 왈건초 · 원화 · 장화) : 연호를 세 번 고쳤다. 즉 건초(建初), 원화(元和) 및 장화(章和)이다. ○壽三十一(수삼십일) : 수명 31세로 돌아가셨다.

○上繼明帝察察之後,(상계명제찰찰지후) : 장제(章帝)는 〈처음에는〉 명제(明帝)가 〈지나치게〉 살피던 정치를 계승했다.

○知人厭苛切,(지인염가절) : 그러나 「사람들은 가혹하게 잘라내는 것을 싫어한다.」것을 알았다.

○事從寬厚, 文之以禮樂(사종관후 문지이예악) : 그래서 모든 일을 관대하고 후덕(厚德)하게 했으며, 예의(禮儀), 음악(音樂)을 가지고 문화적으로 장식했다.

(5) 嘗議貢擧法. 韋彪議曰, 國以簡賢爲務. 賢以孝行爲首. 求忠臣, 必於孝子之門. 上然之.

〈장제(章帝)가〉 전에 인물 천거하는 법에 대한 논의를 했다. 그러자 위표(韋彪)가 말했다. 「국가에는 간결하고 현명한 인재를 천거하도록 노력해야 합니다. 현명함에도 특히 효행(孝行)을 제일로 삼아야 합니다. 충신을 구할 때는 반드시 효자의 문중에서 찾아야 합니다.」

장제도 그렇게 생각했다.

어구 설명 ○嘗議貢擧法(상의공거법) : 〈장제(章帝)가〉 전에 인물 천거하는 법에 대한 의논을 했다. 〈*공거(貢擧)는 지방에서 인재를 뽑아 조정에 올린다는 뜻.〉

○韋彪議曰,(위표의왈) : 위표(韋彪)가 말했다. ○國以簡賢爲務(국이간현위무) : 국가에는 간결하고 현명한 인재를 천거하도록 노력해야 합니다. ※「簡(대쪽 간 ; 글, 책.

단출하다. 줄이다. 간결하다.), 簡=簡와 동자.」 ○賢以孝行爲
首(현이효행위수) : 현명함에도 특히 효행(孝行)을 제일로
삼아야 합니다. ○求忠臣, 必於孝子之門(구충신 필어효자
지문) : 충신을 구할 때는 반드시 효자의 문중에서 찾아야
합니다. ○上然之(상연지) : 장제도 그렇게 생각했다.

(6) 盧江毛義, 以行義稱. 張奉候之. 府檄適至, 以義守安陽令. 義捧檄入, 喜動顔色. 奉心賤之. 後義母死. 徵辟皆不至. 奉乃歎曰, 往日之喜, 爲親屈也. 上下詔褒寵之.

〈당시 사람들이〉 여강(盧江)에 사는 모의(毛義)가 덕행과
절의가 있음을 칭찬했다. 그래서 장봉(張奉)이 그를 방문
했다. 마침 그때에 부(府)에서 격문이 왔다. 즉 모의(毛義)
를 안양현(安陽縣)의 현령(縣令)으로 임명한다는 격문이었
다. 모의가 격문을 들고 들어와 좋아하면서 얼굴의 빛이
변했다. 〈그 꼴을 보고〉 장봉(張奉)은 〈속으로〉 그를 천하
게 생각했다.

그러자 모의의 모친이 사망했다. 그는 〈나라나 지방에서〉
불러도 응하지 않았다. 〈이에〉 장봉이 감탄하고 말했다.
「전에 그가 기뻐한 것은, 부모를 위해서 자신을 굽혔던 것
이로구나.」 임금은 그 말을 듣고 조서를 내려 포상하고 총
애하였다.

어구 설명 ○盧江毛義, 以行義稱(여강모의 이행의칭) : 여강(盧江=

안휘성〈安徽省〉盧州)에 사는 모의(毛義)가 덕행과 절의
가 있음을 칭찬했다. ○張奉候之(장봉후지) : 장봉(張奉)
이 그를 방문했다. ※「候(물을 후) ; 살피다. 정탐하다. 안부
를 묻다.」○府檄適至,(부격적지) : 마침 그때에 부(府)에서
격문이 왔다. ※ 府檄(부격) : 정부로부터의 소환장(召喚
狀). ○以義守安陽令(이의수안양영) : 모의(毛義)를 안양
(安陽)의 영(令)으로 임명한다는 격문이었다. ○義捧檄入,
喜動顏色(의봉격입 희동안색) : 모의가 격문을 들고 들어
와 좋아하면서 얼굴의 빛이 변했다. ○奉心賤之(봉심천
지) : 그러자 장봉(張奉)은 그를 천하게 생각했다. ○後義
母死(후의모사) : 허나 모친이 사망하자. ○徵辟皆不至
(징벽개부지) : 그는 불러도 오지 않았다. 〈*징(徵)은 나
라에서 부른다. 벽(辟)은 지방에서 부른다는 뜻이다.〉 ○奉
乃歎曰, 往日之喜, 爲親屈也(봉내탄왈 왕일지희 위친굴
야) : 장봉이 곧 감탄하고 말했다.「전에 그가 기뻐한 것
은, 부모를 위해서 자신을 굽혔던 것이로구나.」○上下
詔褒寵之(상하조포총지) : 임금은 그 말을 듣고 조서를
내리고 그를 포상하고 총애하였다.

**(7) 州郡得人. 如廉范在蜀郡, 弛禁以使民. 民歌之
曰, 廉叔度來何暮. 不禁火, 民安作. 昔無襦, 今五
袴. 當時皆以平徭簡賦. 忠恕長者爲政, 終上之世,
民賴其慶. 太子立. 是爲孝和皇帝.**

주(州)나 군(郡)에서도 좋은 사람을 얻어 다스리게 했다.

예를 들면, 염범(廉范)이 〈사천성(四川省)의〉 촉군(蜀郡)의 태수(太守)가 되자, 금령(禁令)을 풀고 백성을 〈편하게 했다.〉

백성들이 노래를 불렀다. 「염숙도(廉叔度)가 왜 늦게 왔는가. 〈늦게 왔지만〉 밤에 불 피우는 것을 금하지 않고 또 백성들 장사하는 것을 편하게 해주었노라. 옛날에는 저고리도 없었거늘, 지금은 바지가 다섯 개나 있노라.」

당시는 모두에게 부역을 평등하게 하고 또 세금부과를 가볍게 했다. 충성(忠誠)되고 관서(寬恕)하는 윗사람(長者)이 다스렸다. 그래서 장제가 돌아갈 때까지 백성들은 경사스런 은덕을 보았다.

〈장제가 돌아가자〉 태자가 서서, 효화황제(孝和皇帝)가 되었다. 〈*약칭은 화제(和帝)다.〉 서기 88년이다.

어구 설명 ○州郡得人(주군득인) : 주(州)나 군(郡)에서도 좋은 사람을 얻어 다스리게 했다. ○如廉范在蜀郡,(여염범재촉군) : 예를 들면, 염범(廉范)이 〈사천성(四川省)의〉 촉군(蜀郡)의 태수(太守)가 되자. ※ 蜀郡(촉군) : 지금의 사천성(四川省) 성도(成都). ○弛禁以使民(이금이사민) : 금령(禁令)을 풀고 백성을 〈편하게 했다.〉 ※「弛(늦출 이) ; 느슨하게 하다, 없애다.」 禁令(금령) : 불을 조심하기 위해 밤에 일하는 것을 금했다. 그런데 야업(夜業)을 허락함. 단, 등불 옆에는 반드시 물통을 놓게 했다.
○民歌之曰,(민가지왈) : 백성들이 노래를 불렀다. ○廉叔度來何暮(염숙도래하모) : 염숙도(廉叔度)가 왜 늦게

왔는가. 〈늦게 왔지만.〉 ※ 叔度(숙도) : 염범(廉范)의 자
(字). ㅇ不禁火, 民安作(불금화 민안작) : 밤에 불 피우는
것을 금하지 않고 또 백성들 장사하는 것을 편하게 해주
었노라. ㅇ昔無襦, 今五袴(석무유 금오고) : 옛날에는 저
고리도 없었거늘, 지금은 바지가 다섯 개나 있노라. ※
「襦(저고리 유 ; 속옷), 袴(바지 고)」
ㅇ當時皆以平徭簡賦(당시개이평요간부) : 당시에는 모두
에게 부역을 평등하게 하고 또 세금부과를 가볍게 했다.
※「徭(구실 요), 부역(賦役), 역사(役事).」徭稅(요세) : 요역
(徭役)과 조세(租稅). 徭役(요역) : 옛날에 정부에서 백성에
게 일정한 구실 대신으로 시키던 강제 노동. ㅇ忠恕長者
爲政,(충서장자위정) : 충성(忠誠)되고 관서(寬恕)하는 윗
사람이 다스렸다.
ㅇ終上之世, 民賴其慶(종상지세 민뢰기경) : 장제가 돌아
갈 때까지 백성들은 경하스런 은덕을 보았다. ㅇ太子立
是爲孝和皇帝(태자입 시위효화황제) : 〈장제가 돌아가자〉
태자가 서서, 효화황제(孝和皇帝)가 되었다. 〈*약칭은 화
제(和帝)다.〉

제2과 화제(和帝)

〈*동한(東漢=後漢)의 제4대왕. 영원(永元) 원년(서기 89
년)에 올라, 원흥(元興) 원년(서기 105년)에 붕어했다.〉

(1) [孝和皇帝] 名肇, 母梁氏. 竇皇后子之. 年十歲
卽位. 竇后臨朝. 竇憲以外戚侍中. 用事. 有罪. 求

**出擊北匈奴以自贖. 后從之. 大破匈奴, 登燕然山,
刻石勒功而還. 入爲大將軍.**

효화황제는 이름이 조(肇)다. 생모는 양씨(梁氏)다. 두황
후(竇皇后)가 아들로 삼아서 길렀다. 〈장제가 죽자〉 나이
열 살에 자리에 올랐다.

두황후가 섭정(攝政)으로 조정에 임하자, 두헌(竇憲)이
외척(外戚)이라 시중(侍中)이 되었다.

그러나 일을 잘못하고 죄를 졌다. 그러자 〈두헌 자신이〉
나가서 북흉노를 치고 스스로 속죄하기를 구했다.

두황후가 그의 말을 들어주었다. 그래서 나가서 흉노를
크게 격파했다. 그리고 연연산(燕然山)에 올라서 돌에 자기
의 공을 새기고 돌아왔다. 그리고 조정에 와서 대장군(大將
軍)이 되었다.

어구 설명 ○[孝和皇帝] 名肇,(효화황제 명조) : 효화황제는 이름이
조(肇)다. ○母梁氏(모양씨) : 생모는 양씨(梁氏)다.
○竇皇后子之(두황후자지) : 두황후(竇皇后)가 아들로 삼
아서 길렀다. ※ 子之(자지)는 양자로 삼음을 뜻함. ○年
十歲卽位(년십세즉위) : 〈장제가 죽자〉 나이 열 살에 황제
의 자리에 올랐다. ○竇后臨朝(두후임조) : 두황후가 섭정
(攝政)으로 조정에 임했다.
○竇憲以外戚侍中(두헌이외척시중) : 두헌(竇憲)이 외척
(外戚)이라 시중(侍中)이 되었다. ※ 두헌(竇憲)은 태후의
오빠.

○用事. 有罪(용사 유죄) : 일을 잘못하고 죄를 졌다. ○求
出擊北匈奴以自贖(구출격북흉노이자속) : 〈자기가〉 나가
서 북흉노를 치고 스스로 속죄하기를 구했다.
  ○后從之(후종지) : 두황후가 그의 말을 들어주었다. ○大
破匈奴,(대파흉노) : 흉노를 크게 격파하고. ○登燕然山,(등
연연산) : 연연산에 올랐다. 〈*연연산은 외몽고(外蒙古) 삼
음낙안부(三音諾顔部)의 항애산(抗愛山)이다.〉 ○刻石勒功
而還(각석륵공이환) : 돌에 자기의 공을 새기고 돌아왔다.
  ○入爲大將軍(입위대장군) : 조정에 와서 대장군이 되었다.

(2) 四年, 父子兄弟, 竝爲卿校, 充滿朝廷. 有逆謀. 上知之, 遂與宦者鄭衆定議, 勒兵收憲印綬, 迫令自殺. 以衆爲大長秋, 常與議政. 宦官用權自此始.

  영원 4년, 서기 92년에 이르러 두헌(竇憲)의 부자와 형
제가 다들 경(卿)이나 장군 혹은 교위(校尉)가 되고 〈전횡
했으며〉 조정에 세력이 충만하자 역모를 하게 되었다.

  임금 화제(和帝)는 그들의 〈전횡과 역모를〉 알고, 드디어
환관(宦官) 정중(鄭衆)과 함께 바로잡고자 논의를 했다. 그
리고 무력으로 누르고 인수(印綬)를 거두어들였으며 또 그
들로 하여금 스스로 자결하라고 영을 내렸다.

  한편 환관 정중(鄭衆)을 대장추(大長秋)에 임명했다. 〈*대
장추(大長秋)의 장추(長秋)는 황후의 궁전이다. 여기서는
조정을 감독하는 총책임자라는 뜻이다.〉 그리고 임금이 그

들과 항상 정사를 의논했다. 그래서 환관, 즉 내시들이 권력을 휘두르는 것도 이때부터 시작된 것이다.

어구 설명 ○四年,(사년) : 영원 4년, 서기 92년. ○父子兄弟, 竝爲卿校,(부자형제 병위경교) : 두헌(竇憲)의 부자와 형제가 다들 경(卿)이나 장군(將軍) 혹은 교위(校尉)가 되고 〈전횡(專橫)했다.〉

○充滿朝廷. 有逆謀(충만조정 유역모) : 조정에 세력이 충만하게 되자, 역모를 하게 되었다.

○上知之, 遂與宦者鄭衆定議,(상지지 수여환자정중정의) : 임금 화제(和帝)는 그들의 〈전횡과 역모를〉 알고, 드디어 환관(宦官), 정중(鄭衆)과 함께 바로잡고자 논의를 했다.

○勒兵收憲印綬,(늑병수헌인수) : 그들은 무력으로 누르고 인수(印綬)를 거두어들였다. ※「憲법 헌) ; 명령, 나타내 보이다. 고시(告示)하다.」

○迫令自殺(박령자살) : 그리고 그들로 하여금 스스로 자결하라고 영을 내렸다.

○以衆爲大長秋,(이중위대장추) : 환관 정중(鄭衆)을 대장추(大長秋)에 임명했다. 〈*장추(長秋)는 황후의 궁전 이름이다. 대장추(大長秋)는 황후궁(皇后宮)의 경(卿)으로써 황후궁대부(皇后宮大夫)에 해당한다. 그러나 여기서는 조정을 감독하는 총책임자라는 뜻이다.〉

○常與議政(상여의정) : 임금이 항상 정사(정치에 관한 일)를 의논했다. ○宦官用權自此始(환관용권자차시) : 그래서 환관, 즉 내시들이 권력을 휘두르는 것도 이때부터 시작된 것이다.

(3) 先是漢兵擊北單于. 走死. 漢立其弟. 後叛. 追斬滅之. 鮮卑徙據北匈奴地, 自此漸盛.

전에(영원 3년) 한나라 군대가 북선우(北單于)를 공격하자, 그가 도망가서 죽었다. 그래서 한나라가 선우의 동생을 흉노의 임금으로 세웠다. 그러나 그가 반역을 했다.

그래서 한나라가 그를 추격해서 그를 베고 멸했던 것이다. 그러자 선비(鮮卑)가 북흉노 땅으로 옮겨가 점령했으며, 그때부터 선비가 차츰 세력이 성해졌던 것이다.

어구 설명 ○先是漢兵擊北單于. 走死(선시한병격북선우 주사) : 전에(영원 3년) 한나라 군대가 북선우(北單于)를 공격하자, 그가 도망가서 죽었다. ○漢立其弟. 後叛(한입기제 후반) : 그래서 한나라가 선우의 동생을 흉노의 임금으로 세웠다. 그러나 그가 반역을 했다.

○追斬滅之(추참멸지) : 그래서 한나라가 그를 추격해서 그를 베어 멸했던 것이다.

○鮮卑徙據北匈奴地,(선비사거북흉노지) : 그러자 선비(鮮卑)가 북흉노 땅으로 옮겨가 점령했던 것이다. ○自此漸盛(자차점성) : 그때부터 선비가 차츰 세력이 성해졌던 것이다.

(4) 徵班超還京師. 卒. 超起自書生, 投筆有封侯萬里外之志. 有相者. 謂曰, 生燕頷虎頭, 飛而食肉, 萬里侯相也. 自假司馬入西城, 章帝時, 爲西域將

兵長史. 至上, 以超爲西域都護騎都尉, 平定諸國,
在西域三十年, 以功封定遠侯. 至是以年老乞歸.
願生入玉門關. 上許之. 任尙代爲都護, 請敎. 超
曰, 君性嚴急. 水淸無大魚. 宜蕩佚簡易, 尙私謂人
曰, 我以, 班君當有奇策. 今所言平平耳, 尙後果失
邊和. 如超言.

〈화제(和帝)가〉 서역에 주재해 있는 반초(班超)를 불러
경사(京師=서울)에 돌아오게 했다. 그때에 돌아와서 얼마
안되 반초가 죽었다. 〈*다음 글이 반초에 관한 글이다.〉

반초는 서생(書生)으로 시작했다. 그러나 붓을 던지고
만 리 밖 흉노의 땅에서 후(侯)가 되려는 큰 뜻을 품었다.
〈*즉 무공을 세우고자 했다.〉 관상을 보는 사람이 말했다.
「그의 생김새가 제비의 턱이고 호랑이 머리로다. 그는 멀
리 날아가서 고기를 먹고 만 리 밖 흉노 땅의 후가 될 것
이다.〈후(侯)의 상(용모)을 타고 낳다.〉」

사실 반초는 처음에는 가사마(假司馬)가 되어 서역에 갔
다. 장제(章帝) 때는 서역의 장군이자, 장사(長史)가 되었
다. 화제(和帝) 때는 서역의 도호(都護)이자 기도위(騎都
尉)로서 여러 나라를 평정했다. 그는 서역에 30년간 있었
으며, 공이 많았음으로 정원후(定遠侯)에 봉해졌다.

그 해에 연로(年老)함으로 돌아가기를 원했으며, 살아서
옥문관(玉門關)에 들어가기를 원했던 것이다. 임금이 허락

했다. 임상(任尙)을 대신 도호(都護)로 삼았다. 임상이 반초에게 가르침을 청하자, 반초가 말했다. 「그대는 성미가 엄격하고 조급하다. 물도 지나치게 맑으면, 큰 고기가 살 수 없다. 마땅히 흐리고 편하고 간명하고 또 용이하게 해야 한다.」

그러자 임상이 사적으로 말했다. 「반초는 특기한 계략이 있은 줄 알았거늘, 들으니 그의 말은 평범할 뿐이로다.」

임상은 그 후에 과연 반초의 말처럼 변경지대의 인심을 잃었다.

어구 설명 ○徵班超還京師. 卒(징반초환경사 졸) : 〈임금이〉 반초(班超)를 불러 경사에 돌아오게 했다. 그러나 반초가 죽었다. 〈*다음 글은 반초에 관한 글이다.〉 ○超起自書生,(초기자서생) : 반초는 일개 서생으로부터 스스로 일어섰다. ※ 書生(서생) : 관청에서 필경(筆耕)을 하던 직위에 있었다. ○投筆有封侯萬里外之志(투필유봉후만리외지지) : 그러나 붓을 던지고 만 리 밖, 흉노의 땅에서 후(侯)가 되고자 했다. 〈*즉 무공을 세우고자 했다.〉 ○有相者. 謂曰,(유상자 위왈) : 관상을 보는 사람이 말했다. ○生燕頷虎頭,(생연함호두) : 생김새가 제비의 턱이고 호랑이 머리로다. 〈즉 제비같이 멀리 날아가서 쪼고, 호랑이 같이 잡아 먹다. ※「頷(턱 함)」 ○飛而食肉, 萬里侯相也(비이식육 만리후상야) : 멀리 날아가서 고기를 먹고 만 리 밖 흉노 땅의 후가 될 것이다.〉 ○自假司馬入西域,(자가사마입서역) : 처음에 임시 사마가 되어서 서역에 들어갔다. ○章帝時,

爲西域將兵長史(장제시 위서역장병장사) : 장제(章帝) 시에는 서역의 장군이자, 장사(長史)가 되었다. ㅇ至上, 以超爲西域都護騎都尉,(지상 이초위서역도호기도위) : 화제(和帝) 때에, 반초는 서역의 도호이자 기도위(騎都尉)로서. ㅇ平定諸國,(평정제국) : 여러 나라를 평정했다. ㅇ在西城三十年,(재서성삼십년) : 서역에 30년간 있었다. ㅇ以功封定遠侯(이공봉정원후) : 공이 많았음으로 정원후(定遠侯)에 봉해졌다. ㅇ至是以年老乞歸(지시이년노걸귀) : 그 해에 연로(年老)함으로 돌아가기를 청원했다. ㅇ願生入玉門關(원생입옥문관) : 살아서 옥문관(玉門關)에 들어가기를 원했던 것이다. ※옥문관(玉門關)은 한(漢)나라와 서역(西域)과의 경계에 있다. ㅇ上許之(상허지) : 임금이 허락했다. ㅇ任尙代爲都護,(임상대위도호) : 임상(任尙)이 대신 도호(都護)가 되었다. ㅇ請敎(청교) : 임상이 반초에게 가르침을 청했다. ㅇ超曰, 君性嚴急(초왈 군성엄급) : 반초가 말했다. 「그대는 성미가 엄하고 조급하다.」 ㅇ水淸無大魚. 宜蕩佚簡易,(수청무대어 의탕일간이) : 「물도 맑으면, 큰 고기가 살 수 없다. 마땅히 흐리게 하고 편하고 간명하고 용이하게 해야 한다.」 ※「佚(편안할 일) ; 편히 즐기다.」

ㅇ尙私謂人曰, 我以, 班君當有奇策(상사위인왈 아이 반군당유기책) : 그러자 임상(任尙)이 사적으로 말했다. 「나는 반초는 마땅히 특기한 계책이 있은 줄 알았노라.」

ㅇ今所言平平耳,(금소언평평이) : 「지금 들으니, 그의 말은 평범할 뿐이로다.」 ㅇ尙後果失邊和. 如超言(상후과실변화 여초언) : 임상은 그 후에 과연 반초의 말처럼 변경

지대의 인심을 잃었다.

(5) 上在位十八年崩. 改元者二, 曰永元 · 元興. 太子立. 是爲孝殤皇帝.

장제는 재위 18년 만에 붕어했다. 그 간 연호를 두 번 고쳤다. 영원(永元)과 원흥(元興)이다. 태자가 임금이 되었다. 곧 효상황제(孝殤皇帝)다.(A.D. 106)

어구 설명 ○上在位十八年崩(상재위십팔년붕) : 장제는 재위 18년 만에 붕어했다. ○改元者二, 曰永元 · 元興(개원자이 왈영원 · 원흥) : 그 간 연호를 두 번 고쳤다. 영원(永元)과 원흥(元興)이다. ○太子立. 是爲孝殤皇帝(태자입 시위효상황제) : 태자가 임금이 되었다. 효상황제(孝殤皇帝)다. ※ 殤(일찍 죽을 상, 20세를 넘기지 못하고 죽다.) 音傷. 未成人而死曰殤. 성인(성년)이 되기 전에 죽는 것을 상(殤)이라고 함.

제3과 [상제(殤帝)]와 안제(安帝)

* 동한(東漢=後漢)의 제5대 왕은 효상황제(孝殤皇帝)다. 서기 106년에 8개월간 자리에 있었다.
* 제6대 왕은 효안황제(孝安皇帝)다. 서기 107년에서 서기 125년까지 자리에 있었다.

(1) [孝殤皇帝] 名隆, 生百餘日卽位. 改元延平. 在

位八閱月而崩. 時皇太后鄧氏臨朝, 與鄧隲定策立嗣. 是爲孝安皇帝.

효상황제는 이름이 융(隆)이다. 태어난 지 백여 일 만에 임금 자리에 올랐다. 연호를 고쳐 연평(延平)이라 했다. 그러나 8개월 만에 죽었다. 그래서 그때에 황태후 등씨(鄧氏)가 조정에 임했으며, 〈오빠〉 등즐(鄧隲)과 함께 책(策)을 정하고 후계를 세웠다. 그가 곧 효안황제다. 〈안제(安帝)다.〉

어구 설명 ○[孝殤皇帝] 名隆,(효상황제 명륭) : 효상황제는 이름이 융(隆)이다. ○生百餘日卽位(생백여일즉위) : 태어난 지 백여 일 만에 임금 자리에 올랐다. ○改元延平(개원연평) : 연호를 고쳐 연평(延平)이라 했다. ○在位八閱月而崩(재위팔열월이붕) : 그러나 8개월 만에 죽었다. ※「閱(검열할 열) ; 걸리다. 월(越)과 동(同) 즉 넘기다, 넘다. 逾也(넘을 유), 지나다.」

○時皇太后鄧氏臨朝,(시황태후등씨임조) : 그래서 그때에 황태후 등씨(鄧氏)가 조정에 임했다. ○與鄧隲定策立嗣(여등즐정책입사) : 〈오빠〉 등즐(鄧隲)과 함께 책을 정하고 후계를 세웠다. ※ 隲(수말 즐, 수컷 말),질〈俗音〉. 騭〈俗字〉 수말 즐. 定策(정책)은 책(策)을 죽(竹)의 찰(札=편지, 공문서) · 고대(古代)에 천자(天子)를 세울 때 그 일을 간책(簡册)에 적어서 종묘(宗廟)에 고(告)했다. 고(故)로 천자를 정(定)하는 일을 정책(政策)이라고 한다. ○是爲孝安皇帝(시위효안황제) : 그가 곧 효안황제다. 〈약칭은 안제(安帝)〉

(2) [孝安皇帝] 名祜, 淸河王慶之子, 章帝孫也. 未
冠迎卽位. 鄧后仍臨朝, 鄧隲爲大將軍.

효안황제는 이름이 호(祜)다. 청하왕(淸河王) 경(慶)의 아
들이며 장제(章帝)의 손자다. 관을 아직 쓰지 않은 나이에
자리에 올랐다. 그래서 등후(鄧后)가 조정에 임했다. 또 등
즐(鄧隲)을 대장군으로 삼았다. 〈*등후의 오빠다.〉

어구설명 ○[孝安皇帝] 名祜,(효안황제 명호) : 효안황제는 이름이
호(祜)다. 「祜(복 호) ; 복이 두텁다. 혹 祐(도울 우)로 된 판본
이 있으나 딴 글자다.」 ○淸河王慶之子, 章帝孫也(청하왕경
지자 장제손야) : 청하왕 경(慶)의 아들이다. 장제의 손자
다. ※ 慶(경) : 장제(章帝)의 셋째아들.
○未冠迎卽位. 鄧后仍臨朝,(미관영즉위 등후잉임조) : 관
을 아직 쓰지 않은 나이에 자리에 올랐다. 그래서 등후(鄧
后)가 조정에 임했다. ○鄧隲爲大將軍(등즐위대장군) : 오
빠인 등즐을 대장군으로 삼았다. 중국에서는 오빠를 형
(兄)이라고 표현하고 있다.

제4과 등즐(鄧隲)과 우후(虞詡)

(1) 時邊軍多事. 鄧隲欲棄涼州幷力北邊. 郎中虞
詡以爲不可曰, 關西出將, 關東出相. 烈士武夫, 多
出涼州. 衆皆從詡議. 隲惡詡欲陷之.

마침 그때에 변경지대에서 군사적으로 많은 일이 발생했다. 그래서 등즐은 양주(涼州)를 버리고 힘을 북쪽 변경에 집중하려고 했다. 그러자 〈임금 곁에서 보좌하는〉 낭중(郞中)인 우후(虞詡)가 안 된다고 하며, 다음 같이 말했다.

「옛적부터 관서에서는 장군이 나타나고, 관동에서는 재상이 나타납니다. 열사(烈士)나 무부(武夫=名將)는 양주에서 많이 나타납니다. 〈*그러니 양주를 포기하면 안 됩니다.〉」

모든 사람이 다 우후(虞詡)의 말을 따랐다. 그래서 등즐(鄧隲)이 우후(虞詡)를 미워하고 그를 함정에 빠지게 하려고 했다.

어구 설명 ○時邊軍多事(시변군다사) : 그때에 변경지대에 군사적으로 일이 많았다. 즉 북방의 흉노지대에서 무력적 사건이 많이 발생했다.

○鄧隲欲棄涼州幷力北邊(등즐욕기양주병력북변) : 등즐은 양주(涼州)를 버리고 힘을 북쪽 변경에 집중하려고 했다.

○郞中虞詡以爲不可曰,(낭중우후이위불가왈) : 그러자 〈임금을 보좌하는〉 낭중인 우후가 안 된다고 하며 말했다.

○關西出將, 關東出相(관서출장 관동출상) : 〈함곡관(函谷關)을 경계로 서쪽을 관서, 그 동쪽을 관동이라고 함.〉 즉 관서에서는 장군이 나타나고, 관동에서는 재상이 나타납니다.

○烈士武夫, 多出涼州(열사무부 다출양주) : 열사(烈士)나 무부(武夫＝名將)는 양주에서 많이 나타납니다. 〈*그러니 양주를 포기하면 안 됩니다.〉

ㅇ衆皆從詡議(중개종후의) : 모든 사람이 다 우후(虞詡)의
말을 따랐다.
ㅇ隲惡詡欲陷之(즐오후욕함지) : 그래서 등즐(鄧隲)이 우
후(虞詡)를 미워하고 그를 함정에 떨어지게 하려고 했다.

**(2) 會朝歌賊攻殺長吏, 州郡不能禁. 以詡爲朝歌
長, 故舊皆弔之. 詡曰, 不遇盤根錯節, 無以別利
器. 及到官募壯士. 攻刦者爲上, 傷人偸盜者次之.
收得百餘人, 使入賊中, 誘令刦掠, 伏兵殺數百人.
又潛遣貧人能縫者, 傭作賊衣, 以綵線縫其裾, 有
出市里者, 輒禽之. 賊駭散, 縣境皆平. 太后知詡有
將帥之略, 以爲武都太守.**

때마침 조가(朝歌 : 河內 地方)에서 역적들이 그곳을 공
격하고 현령(縣令)을 살해했다. 그러나 그 지방의 힘만으로
는 막거나 처치할 수 없었다. 그러자 〈등즐(鄧隲)은 자기가
미워하는〉 우후(虞詡)를 조가(朝歌)의 장(長)이 되게 했다.
〈즉 사지로 가게 했던 것이다.〉 그러자 옛 친구들이 〈우후
(虞詡)에게〉 와서 조문(弔問)을 했다.

〈우후(虞詡)가 말했다.〉「사방으로 뻗고 엉킨 나무뿌리
나 복잡하게 자라고 구부러진 나뭇가지를 만나지 않으면,
〈내 자신의 칼이〉 예리한지 아닌지를 알지 못한다.」

그렇게 말하고 〈조가(朝歌)의〉 벼슬에 올랐다. 그리고 조

가(朝歌)로 가서 장사들을 모집했다.

상대를 쳐 죽이고 재물을 겁탈하는 장사를 최고로 쳤다. 다음으로는 상대를 다치게 하고 도적질 하는 장사를 그 다음으로 쳤다. 그래서 모은 장사들이 백 명 이상이었다.

〈그리고 우후(虞詡)는〉 그들로 하여금 역적들 속에 들어가서, 역적들을 유혹하고 죽이거나 약탈을 하게 했다. 그리고 복병을 두었다가 역적을 수백 명이나 죽였던 것이다.

한편 극빈자로서 바느질을 잘 하는 사람들을 은밀히 역적들 속에 들어가게 했다. 그리고 푼돈을 받고 역적들의 옷을 만들게 했다. 그러나 옷을 만들 때 무늬나 선줄을 소매에 꿰매 넣었다. 그래서 역적들이 그 옷을 입고 거리에 나오면 즉시 알고 체포했던 것이다. 그래서 역적들이 다 흩어졌으며, 현(縣) 경내가 다 평온하게 되었다.

태후(太后)는 우후(虞詡)가 장군이나 태사의 책략이 있음을 알고 그를 무도태수(武都太守)로 삼았다. 〈*무도(武都)는 감숙성(甘肅省) 양주(涼州)에 속한다.〉

어구 설명 ○會朝歌賊攻殺長吏,(회조가적공살장이) : 때마침 조가(朝歌)라는 지방에서 역적들이 그곳의 장관(長官)을 살해했다. ○州郡不能禁(주군불능금) : 그 지방의 힘으로는 금할 수 없었다.

○以詡爲朝歌長,(이후위조가장) : 그러자 〈등즐(鄧隲)이 자기가 미워하는〉 우후(虞詡)를 조가(朝歌)의 장(長)이 되게 했다.

○故舊皆弔之(고구개조지) : 그러자 옛 친구들이 〈우후(虞詡)에게〉 와서 조문(弔問)을 했다. ○詡曰, 不遇盤根錯節, 無以別利器(후왈 불우반근착절 무이별리기) : 〈우후(虞詡)가 말했다.〉「엉킨 뿌리나 착잡하게 구부러진 나뭇가지를 만나지 않으면, 예리한 무기를 식별하지 못한다.」※「盤(소반 반) ; 꾸불꾸불하다. 소용돌이 치다.」盤根(반근)은 뒤얽힌 나무 뿌리. 일이 얽혀서 처리하기 몹시 곤란함. ※「錯(섞일 착) ; 어긋나다, 어지러워지다.」錯節(착절)은 뒤엉킨 나무의 마디. 복잡하게 뒤얽힌 일이나 곤란한 사건.
○及到官募壯士(급도관모장사) : 그렇게 말하고 〈조가(朝歌)의〉 관청에 가서 장사들을 모집했다.
○攻刦者爲上,(공겁자위상) : 상대를 쳐서 죽이고 재물을 겁탈하는 장사를 최고로 쳤다. ※「刦(겁탈할 겁) ; 위협히거나 폭력을 써서 빼앗다.」刦掠(겁략)은 위협하여 빼앗음. 掠奪(약탈).
○傷人偸盜者次之(상인투도자차지) : 상대를 다치게 하고 도적질 하는 장사를 그 다음으로 쳤다.※「偸(훔칠 투) ; 도둑질하다.」偸盜(투도)는 남의 물건을 몰래 훔침, 또는 그런 짓을 하는 사람. ○收得百餘人,(수득백여인) : 장사들을 백 명 이상 모집했다. ○使入賊中,(사입적중) : 역적들 속에 들어가서. ○誘令刦掠,(유령겁략) : 장사들로 하여금 역적들을 유혹하고 죽이거나 약탈을 하게 했다. ○伏兵殺數百人(복병살수백인) : 그리고 복병을 두었다가 역적을 수백 명이나 죽였다.
○又潛遣貧人能縫者,(우잠견빈인능봉자) : 또한 가난하면서 재봉을 하는 빈민들을 역적들 속에 들어가게 했다. ○傭

作賊衣,(용작적의) : 푼돈을 받고 역적들의 옷을 만들게 했다. ※「傭(품팔이 용) ; 품삯.」 傭作(용작)은 고용되어 일을 함. ○以綵線縫其裾,(이채선봉기거) : 옷을 만들 때 무늬나 선줄을 소매에 꿰매 넣었다. ※「裾(옷자락 거) ; 옷의 뒷자락. 옷에 붙은 주머니.」

○有出市里者, 輒禽之(유출시이자 첩금지) : 그런 옷을 입고 거리에 나오는 자를 즉시 체포했다. ※「輒(문득 첩) ; 갑자기. 쉽게. 번번히. 오로지」 ○賊駭散,(적해산) : 그래서 역적들이 다 흩어졌다. ※「駭(놀랄 해) ; 흩어지다.」 ○縣境皆平(현경개평) : 현 경내가 다 평온하게 되었다.

○太后知詡有將帥之略,(태후지후유장수지략) : 태후는 우후(虞詡)가 장군이나 태사의 책략이 있음을 알고.

○以爲武都太守(이위무도태수) : 그를 무도군(武都郡)의 태수(太守)로 삼았다.

(3) 叛羌數千遮詡. 詡停不進, 宣言請兵須到乃發. 羌聞之分鈔傍縣. 詡因其散, 日夜進道, 令軍士各作兩竈, 日增倍之. 或曰, 孫臏減竈, 而君增之. 兵法日行不過三十里. 而今日且二百里何也. 詡曰, 虜衆多吾兵少. 徐行易爲所及. 速進則彼不測. 虜見吾竈日增, 謂郡兵來迎. 衆多行速, 必憚追我. 孫臏見弱, 吾今示强. 勢不同也.

〈우후(虞詡)가 무도(武都)로 가려고 하자〉 반기를 든 수천 명의 강족(羌族)이 길을 막았다. 그래서 우후는 군대를 정지하고 걸음을 멈추었다.

〈그러나 계략적으로 뛰어난 우후가〉 선언(宣言)을 했다. 「나라에 구원병을 보내달라고 청했다. 구원병이 오기를 기다렸다가 출발하겠다.」

그 말을 듣고 강족(羌族)이 〈포위망을 풀고〉 분산했으며, 근처의 현(縣)으로 가서 노략질을 했다.

이에 우후는 그들이 흩어진 틈을 타 낮과 밤을 이어 행진을 했다. 그리고 자기 군병에게 명을 내렸다. 「병사 한 사람이 밥 짓는 솥을 두 개씩 걸어라. 그리고 다음 날에는 〈솥의 수를〉 두 배로 늘려라.」

그러자 어떤 사람이 우후(虞詡)에게 말했다. 「옛날 세(齊)나라의 손빈(孫臏)은 〈적과 싸울 때〉 자기 군대의 취사장(炊事場)이나 아궁이 수를 줄였습니다.」〈*적에게 자기 군대가 적다고 알게 하고자 한 것이다.〉

「그런데 지금 그대는 〈취사장이나 군대의 수를〉 증가하고 있으니 〈왜 그러시오.〉」

「병법의 원칙으로 매일 행군을 30리를 넘지 못하는 법입니다. 그런데 지금 그대는 하루 2백 리를 넘게 가고 있으니, 왜 그러십니까.」

이에 우후가 자기의 술책을 다음 같이 설명했다. 「오랑캐들은 수가 많고, 우리 군대는 수가 적다. 우리가 느리게 행군하면 그들이 쫓아오기 쉽습니다.」 「우리가 빠르게 진군

해야 그들이 우리의 동향을 알지 못합니다.」「오랑캐들이
우리 군대의 취사장이나 솥의 수가 날로 증가하는 것을 보
면, 그들은 생각할 것이다. "군(郡)의 병력이 와서 우리를
맞이해서 〈우리 군대의 수가 많고〉 또 가는 속도가 빠르
다"고 생각할 것이다. 그래서 그들이 우리를 뒤쫓는 것을
기탄(忌憚)할 것이다.」「옛날의 손빈은 적에게 약하게 보이
려고 〈그런 술책을 썼을 것이다.」「그러나 오늘의 우리는
적에게 강하게 보이려고 하는 것이다.」「그때와 지금은 형
세가 다른 것이다.」

여구 설명 ○叛羌數千遮詡(반강수천차후) : 〈우후(虞詡)가 무도(武
都)로 가려고 하자〉 강족(羌族) 수천 명이 〈그의 길을〉 차
단하고 막았다. ※「羌(종족 이름 강)」

○詡停不進,(후정부진) : 그래서 우후는 군대와 일행의 걸
음을 멈추고 나가지 못했다. ○宣言請兵須到乃發(선언청
병수도내발) : 그리고 선언을 했다. 「나라에 군병을 청했
다. 구원병이 오기를 기다렸다가 출발하자.」

○羌聞之分鈔傍縣(강문지분초방현) : 강족(羌族)이 그 말
을 듣고, 분산하고 다른 현(縣)에 가서 노략질을 했다. ※
「鈔(노략질 할 초)」

○詡因其散, 日夜進道,(후인기산 일야진도) : 우후는 그들
이 흩어지자, 낮과 밤을 이어 행진을 했다. ○令軍士各作
兩竈, 日增倍之(영군사각작양조 일증배지) : 그리고 자기
군대에게 명을 내렸다. 병사 한 사람이 밥 짓는 솥을 두
개씩 만들어라. 그리고 날로 두 배로•그 수를 증가해라.
※「竈(부엌 조)」 ○或曰,(혹왈) : 어떤 사람이 우후(虞詡)에

게 말했다. ㅇ孫臏減竈,(손빈감조) :「옛날 제(齊)나라의 손빈은 〈직과 싸울 때〉 자기 군대의 취사장(炊事場)이나 아궁이 수를 줄였다.」〈*적에게 자기 군대가 적다고 알게 하고자 한 것이다.〉 ㅇ而君增之(이군증지) :「그런데 지금 그대는 〈취사장이나 군대의 수를〉 증가하고 있으니 〈왜 그러시오.〉」 ㅇ兵法日行不過三十里(병법일행불과삼십리) :「병법의 원칙으로는 매일 행군을 30리를 넘지 못하는 법이다.」 ㅇ而今日且二百里何也(이금일차이백리하야) : 「그런데 지금 그대는 하루 행군을 2백 리를 넘게 하니, 왜 그러십니까.」 ㅇ謝日, 虜衆多吾兵少. 徐行易爲所及(후 왈 노중다오병소 서행이위소급) : 우후가 말했다.「오랑캐들은 수가 많고, 우리 군대는 수가 적다. 우리가 느리게 행군하면 그들이 쫓아오기 쉽습니다.」 ㅇ速進則彼不測 (속진즉피불측) :「우리가 빠르게 진군하면, 그들은 우리를 알지 못합니다.」

ㅇ虜見吾竈日增,(노견오조일증) :「오랑캐들이 우리 군대의 취사장이나 가마솥 수가 날로 증가하는 것을 보면.」

ㅇ謂郡兵來迎. 衆多行速, 必憚追我(위군병래영 중다행속 필탄추아) : 그들이 생각할 것이다.「군(郡)의 병력이 와서 우리를 맞이해서 〈우리 군대의 수가 많고〉 또 가는 속도가 빠르다고 생각하므로 우리를 뒤쫓는 것을 기탄(忌憚)할 것이다.」 ※ 기탄(忌憚) : 꺼림. 어려워함.

ㅇ孫臏見弱, 吾今示強(손빈견약 오금시강) :「옛날의 손빈은 적에게 약하게 보였으나, 오늘의 우리는 적에게 강하게 보이려는 것이다.」 ㅇ勢不同也(세부동야) :「그때와 지금은 형세가 다른 것이다.」

(4) 旣到. 郡兵三千, 而羌萬餘. 攻圍赤亭數十日. 詡命强弩勿發, 潛發小弩. 羌謂力弱不能至, 幷兵急攻. 於是使二十强弩共射. 一人發無不中. 羌大驚. 詡因出城奮擊. 明日悉陳其兵, 令從東郭門出, 北郭門入, 貿易衣服回轉數周. 羌不知基數. 相恐動. 詡潛於淺水設伏, 候其走路. 羌果大奔. 因掩擊大破之. 賊由是敗散. 太后崩. 鄧隲罷自殺.

〈우후(虞詡)의 일행이〉 무도(武都)에 도착했다. 〈우후 밑에 있는 무도의〉 군병은 오직 3천 명이었다.

반항하는 강족(羌族)은 만여 명이다. 그들은 적정성(赤亭城)을 포위하고 수십 일이나 공격을 했다.

우후(虞詡)는 군병에게 명을 내렸다. 「강노(强弩)는 쏘지 말고 숨어서 작은 활만 쏘아라.」

강족(羌族)은 우후(虞詡)의 군병의 힘이 약해서 〈활을 쏘아도〉 자기들에게 도달하지 못한다고 생각했다. 그래서 한층 더 사납게 반격을 해왔다.

그러자 우후(虞詡)가 2십 명의 강노(强弩)를 일제히 발사하게 했으며, 한 사람도 맞추지 못하는 법이 없었다.

이에 강족이 크게 놀라자, 우후가 성 밖으로 나와서 적을 전적으로 격파했다.

또 다음 날에도 모든 군병을 다 내세웠다. 그리고 동쪽 성곽 밖으로 나갔다가 다시 북문 성곽으로 들어가게 했다. 〈*즉 많은 군대가 들락날락하는 것 같이 가장한 것이다.〉

　또한 병사들의 옷을 바꾸어 갈아입히고 회전하면서 여러 번을 돌게 했다. 이에 강족은 우후의 병사들의 수가 얼마나 많은지 몰랐다. 그래서 그들의 얼굴에 공포의 빛이 나타났다. 후는 얕은 강물 속에 병사들을 숨겼다가 그들이 도망가는 길을 따라 추격했다.

　이에 강족이 크게 놀라고 도망갔던 것이다. 그러자 숨어 있던 병사들이 대대적으로 그들을 습격했다. 이에 도적들은 사방으로 분산했던 것이다.

　그때에 태후가 죽었다. 등즐(鄧騭)이 파면되어 자결해 죽었다.

[어구 설명] ○既到(기도) : 〈우후(虞詡)의 군대가〉 무도(武都)에 도착했다. ○郡兵三千,(군병삼천) : 〈우후 밑에 있는〉 군병은 3천 명 뿐이었다.

○而羌萬餘. 攻圍赤亭數十日(이강만여 공위적정수십일) : 그러나 강족(羌族)의 무리들은 만여 명이나 되었으며, 무도군(武都郡)의 적정성(赤亭城)을 포위하고 수십 일이나 공격을 했다.

○詡命强弩勿發,(후명강노물발) : 우후(虞詡)는 군병에게 강노(强弩)는 쏘지 말라고 명을 내렸다. ○潛發小弩(잠발소노) : 숨어서 작은 활만 쏘아라.

○羌謂力弱不能至, 并兵急攻(강위력약불능지 병병급공) : 강족(羌族)은 우후(虞詡)의 군병의 힘이 약해서 〈활을 쏘

아도〉 자기들에게 도달하지 못한다고 생각했다. 그래서 한층 더 사납게 반격을 해왔다.

○於是使二十强弩共射(어시사이십강노공사) : 그러자 우후(虞詡)가 2십 명의 강노(强弩)를 일제히 발사하게 했다.

○一人發無不中(일인발무불중) : 한 사람도 강노를 쏘면, 안 맞는 법이 없었다. ○羌大驚(강대경) : 강족이 크게 놀랐다. ○詡因出城奮擊(후인출성분격) : 우후가 성 밖으로 나와서 적을 전폭적으로 격파했다.

○明日悉陳其兵,(명일실진기병) : 다음 날에는 모든 군병을 다 내세우고. ※「陳(진) ; 진을 치다. 군대의 행렬. 陣(늘어놓을 진) : 벌여놓다. 방비, 진법(陣法)」과 같은 뜻으로 쓰임. ○令從東郭門出, 北郭門入,(영종동곽문출 북곽문입) : 동쪽 성곽 밖으로 나갔다가 다시 북문 성곽으로 들어오게 했다.

○貿易衣服回轉數周(무역의복회전수주) : 병사들의 옷을 바꾸어 갈아입히고, 회전하면서 여러 번을 돌게 했다. ※「貿(바꿀 무) ; 바뀌다.」 囘는 回의 고자로 쓴다.

○羌不知基數(강부지기수) : 강족은 우후의 병사들의 수가 얼마나 많은지 몰랐다. ○相恐動(상공동) : 그래서 그들의 얼굴에 공포의 빛이 나타났다.

○詡潛於淺水設伏,(후잠어천수설복) : 우후는 얕은 강물가에 병사들을 숨겼다가. ○候其走路. 羌果大奔(후기주로 강과대분) : 그들이 도망가는 길을 따라 추격했다. 그래서 강족이 크게 놀라고 도망갔던 것이다.

○因掩擊大破之. 賊由是敗散(인엄격대파지 적유시패산) : 그러자 숨어 있다가 대대적으로 습격을 했다. 그래서 도

적들이 패하고 분산했다. ※「掩(숨을 엄) ; 가리다. 보이지 않게 가리다.」

○太后崩(태후붕) : 그때에 태후가 죽었다. ○鄧騭罷自殺(등즐파자살) : 태후의 오라비 등즐(鄧騭)은 파면되어 자살해 죽었다.

제5과 황헌(黃憲)의 탁월한 심성(心性)

*제5과의 중심은 황헌(黃憲)이다. 그의 탁월한 심성을 칭찬한 사람이 너무 많다. 그래서 내용별로 단락을 지었다.

(1) 汝南太守王龔, 好才愛士. 以袁閬爲功曹.

〈하남성(河南省)에 있는〉 여남(汝南)의 태수(太守) 왕공(王龔)은 재능이 있는 사람을 좋아하고 또 학식 있는 선비들을 사랑했다. 그래서 원랑(袁閬)을 공조(功曹)로 삼았다. 〈*공조는 군(郡)의 서기(書記).〉

어구 설명 ○汝南太守王龔,(여남태수왕공) : 여남은 하남성(河南省)에 있는 군(郡)이다. 태수 왕공은. ○好才愛士(호재애사) : 재주 있는 사람을 좋아했고 또 학식 있는 선비들을 사랑했다. ○以袁閬爲功曹(이원랑위공조) : 그래서 원랑(袁閬)을 공조(功曹)로 삼았다. 〈*공조(功曹)는 군(郡)의 서기(書記).〉

(2) 引進黃憲 · 陳蕃等.

〈그러자 원랑(袁閬)이 태수(太守) 왕공(王龔)에게〉 황헌(黃憲)과 진번(陳蕃)을 추천해 올렸다.

어구 설명 ○引進黃憲·陳蕃等(인진황헌·진번등) : 〈원랑(袁閬)이 태수(太守) 왕공(王龔)에게〉 황헌(黃憲)과 진번(陳蕃)을 추천했다.

(3) 憲父爲牛醫. 憲年十四, 潁川荀淑, 遇於逆旅. 竦然異之曰, 子吾之師表也.

황헌(黃憲)의 부친은 수의(獸醫)였다. 황헌의 나이 14세 때의 일이다.

영천(潁川) 사람 순숙(荀淑)이 〈나이 어린 황헌(黃憲)〉을 우연히 여관에서 만나자 깜짝 놀라며, 황헌이 특이한 사람임을 알고 말했다.「그대는 나의 사표(師表)가 될 사람이다.」

어구 설명 ○憲父爲牛醫(헌부위우의) : 황헌(黃憲)의 부친은 소[牛]의 의사(醫師)였다. 〈*소는 제물로 바치는 신성한 동물이다. 그러므로 천신(天神)과 통해야 한다.〉
○憲年十四,(헌년십사) : 황헌의 나이 14세 때의 일이다.
○潁川荀淑, 遇於逆旅(영천순숙 우어역여) : 영천(潁川) 사람 순숙(荀淑)이 〈나이 어린 황헌(黃憲)을 우연히 여관에서 만나자. ※「逆(거스릴 역) ; 만나다, 맞이하다.」역려(逆旅)=여관(旅館)=여사(旅舍). ○竦然異之曰,(송연이지왈) : 깜짝 놀라며 황헌(黃憲)이 특이한 사람임을 알고 말

했다. ⟨*순숙이 어린 황헌에게 한 말이다.⟩ ※「竦(삼갈 송)
; 놀라다, 주눅이 들다.」竦然(송연)은 두려워서 웅크리는
모양. 오싹해지는 모양. ㅇ子吾之師表也(자오지사표야) :
「그대는 나의 사표가 될 사람이다.」※ 師表(사표) : 학식
과 인격이 높아 남의 모범이 됨. 또는 그런 사람.

(4) ·見閬曰, 子國有顔子. 閬曰, 見吾叔度邪.

그 후 ⟨순숙(荀淑)이 원랑(袁閬)을 보고⟩ 자기가 보고 들
은 바, ⟨즉 황헌에⟩ 대한 말을 했다.「그대 나라에는 안회
(顔回) 같은 사람이 있습니다.」그러자 원랑(袁閬)이 말했
다.「우리 고장의 숙도(叔度)를 만났구려.」

[어구 설명] ㅇ見閬曰,(견랑왈) : 그 후 ⟨영천의 순숙(荀淑)이 원랑(袁閬)
을 만나서⟩ 보고 들은 바를 말했다. ㅇ子國有顔子(자국유안
자) :「그대 나라에는 안회(顔回) 같은 사람이 있소이다.」
※ 顔回(안회) : 공자(孔子)의 많은 제자 중 열 명 안에 든
고제(高弟)다. 뒤에 顔子(안자)라고 높여 불렀다.
ㅇ閬曰, 見吾叔度邪(랑왈 견오숙도사) : 그러자 원랑(袁
閬)이 말했다.「우리 고장의 숙도(叔度)를 만났구려.」⟨*숙
도(叔度)는 곧 황헌(黃憲)의 자(字)다.⟩

(5) 戴良才高. 每見憲歸, 惘然者自失. 其母曰, 汝復從牛醫兒來邪.

당시 그 고을의 대량(戴良)은 재주가 많은 인물로 이름이

높았다. 그는 황헌(黃憲)을 보고 돌아오면 언제나 망연자실(茫然自失)했다. 그래서 그의 모친이 말했다. 「너는 또 소 의사의 아들을 만났구나.」

어구 설명 ○戴良才高(대량재고) : 당시 그 고을의 대량(戴良)은 재주가 많은 인물로 이름이 높았다. ○每見憲歸, 惘然者自失(매견헌귀 망연자자실) : 그는 황헌(黃憲)을 보고 돌아오면 언제나 망연자실(茫然自失)했다. ※「惘(멍할 망)」惘然(망연)은 맥이 풀려 멍한 모양. 뜻대로 되지 않아 당황하는 모양. 自失(자실) : ① 몸에 위험한 재해를 받는 일. 실신(失身). ② 자신을 의식하지 못하고 멍하게 정신이 나간 상태.
○其母日, 汝復從牛醫兒來邪(기모왈 여복종우의아래사) : 그의 모친이 말했다. 「너는 또 소 의사의 아들을 만났구나.」

(6) 陳蕃等相謂曰, 時月之閒, 不見黃生, 鄙吝之 萌, 復存乎心矣.

진번(陳蕃) 등이 서로 보고 말했다. 한동안 〈*시(時)는 3개월, 월(月)은 한 달의 뜻이다.〉 빠르면 한 달에서 늦으면 석 달 사이에 황헌(黃憲)을 안 만나면, 인색한 마음이 싹트고 다시 마음속에 자란다.

어구 설명 ○陳蕃等相謂日,(진번등상위왈) : 진번(陳蕃) 등이 서로 보고 말했다. ○時月之閒,(시월지한) : 한동안. 〈*시(時)는 3개월, 월(月)은 한 달의 뜻이다.〉 ○不見黃生,(불견황

생) : 황헌(黃憲)을 안 만나면. ○鄙吝之萌, 復存乎心矣
(비린지맹 복존호심의) : 인색한 마음이 싹트고 다시 마
음속에 자란다. ※「鄙(다라울 비) ; 인색하다. 상스럽다.」
鄙吝(비린)은 마음이 고상하지 못하고 더러움. 다랍게 인
색함. 存心(존심)은 본심을 잃지 않고 이를 기름.
〈*황헌을 안 만나고 또 서로 이야기를 안 하면,「이기적
욕심(利己的 欲心)」이 다시 돋아난다는 뜻이다. 즉 황헌
을 만나면 마음이 맑게 된다는 뜻이다.〉

(7) 太原郭泰, 過閭不宿. 從憲累日. 曰, 奉高之器, 譬之氿濫. 雖淸而易挹. 叔度汪汪, 若千頃陂. 澄之不淸, 撓之不濁, 不可量也.

태원 사람 곽태(郭泰)는 원랑(袁閬)의 집을 지나갈 뿐, 하
룻밤도 묵지 않았다. 그러나 황헌을 따라서는 여러 날을 함
께 있었다.

〈곽태가〉 말했다.「봉고(奉高는 袁閬의 字)의 기량(器量)
은 샘물이 넘치는 격이다. 맑기는 해도 쉽게 풀 수 있다.」
「숙도(叔度=黃憲)의 기량은 넓고 또 넘치는 물 같다. 흡사
천 경(頃) 넓이의 보(저수지)와 같다. 맑게 해도 청명하게
할 수 없고, 혼란하게 해도 탁하게 할 수 없으며, 또 넓고
깊어서 그 양을 잴 수도 없다.」

어구 설명 ○太原郭泰, 過閭不宿(태원곽태 과랑불숙) : 태원군(太原
郡) 사람 곽태(郭泰)는 원랑(袁閬)의 집을 지나갈 뿐, 하

룻밤도 묵지 않았다. ㅇ從憲累日(종헌누일) : 그러나 황헌
을 따라서는 여러 날을 함께 있었다. ㅇ曰,(왈) : 〈곽태가〉
말했다. ㅇ奉高之器, 譬之氿濫. 雖淸而易挹(봉고지기 비
지궤람 수청이역읍) : 봉고(奉高는 袁閬의 字)의 기량(器
量)은 샘물이 넘치는 격이다. 맑기는 해도 쉽게 풀(퍼내다)
수 있다. 「*氿(샘 궤), 挹(뜰 읍, 푸다.)」 ㅇ叔度汪汪, 若千頃
陂. 澄之不淸, 撓之不濁, 不可量也(숙도왕왕 약천경피 징
지불청 요지불탁 불가양야) : 숙도(叔度=黃憲의 字)의 기
량은 넓고 또 넘치는 물 같다. 흡사 천 경(頃) 넓이의 보
(저수지)와 같다. 맑게 해도 청명하게 할 수 없고, 혼란하
게 해도 탁하게 할 수 없으며, 또 양을 잴 수도 없다. ※
「汪(넓을 왕) ; 깊고 넓은 모양」 汪汪(왕왕)은 물이 넓고 깊
은 모양. 도량 넓음의 비유. 눈에 눈물이 괸 모양. ※「陂
(비탈 피 ; 보, 저수지, 못), 澄(맑을 징 ; 맑게 하다.), 撓(어지
러울 뇨 ; 마음이 바르지 아니하다.)」

(8) 憲初擧孝廉, 又辟公府. 人勸其仕. 暫到京師, 卽還. 年四十八而終.

황헌은 처음에는 효렴과(孝廉科)에 천거되었다. 그는 또
삼공(三公)의 관부(官府)에 부름을 받았다. 사람들이 벼슬
을 하라고 권하자, 잠시 경사(京師=서울)에 와서 있었을
뿐, 즉시 고향으로 돌아갔다.

황헌은 48세에 서거했다.

어구 설명 ㅇ憲初擧孝廉,(헌초거효렴) : 황헌은 처음에는 효렴과

(孝廉科)에 천거되었으며. ※孝廉科(효렴과) : 한나라 무제(武帝)가 지방의 덕행 있는 사람을 해마다 추천받아 인재를 등용한 방법으로서, 그 뒤에 역대의 제왕이 이 방법을 많이 썼다. ㅇ又辟公府(우벽공부) : 황헌은 또 삼공(三公)의 관부(官府)에 부름을 받았다. ㅇ人勸其仕(인권기사) : 사람들은 벼슬을 하라고 권했다. ㅇ暫到京師, 卽還(잠도경사 즉환) : 잠시 경사에 와서 있었을 뿐 즉시 고향으로 돌아갔다. ※京師(경사)는 서울. 수도(首都). ㅇ年四十八終(년사십팔종) : 황헌은 48세에 서거했다.

【참고 설명】 제5과 : 단락별 설명

* 왕공(王龔) : 여남(汝南) 태수(太守)
* 그의 서기관(書記官) 원랑(袁閬)이 황헌(黃憲)과 진번(陳蕃)을 만나게 했다.
* 영천(潁川) 순숙(荀淑)이 역려(逆旅)에서 황헌(黃憲)을 만나자 감탄했다.
* 그 후 순숙(荀淑)이 원랑(袁閬)에게 「황헌(黃憲)의 탁월함을 말하고, 또 그대 나라에는 안회(顏回) 같은 사람이 있소이다.」 하고 감탄했다.
* 그러자 원랑(袁閬)이 말했다. 「우리나라에 숙도(叔度)를 만났구려.」〈*숙도(叔度)는 곧 황헌(黃憲)의 자다.〉
* 대량(戴良)도 재주가 높다. 그는 황헌(黃憲)을 보고 돌아오면 언제나 망연자실(茫然自失)했다. 그래서 그의 모친이 말했다. 「너는 또 소 의사의 아들을 만났구나.」
* 진번(陳蕃) 등이 서로 보고 말했다. 한동안 황헌(黃憲)을 안 만나면, 인색한 마음이 싹트고 다시 마음속에 자란다.

* 태원 사람 곽태(郭泰)는 말했다. 「숙도(叔度)의 기량은 넓고 또 넘치는 물 같다. 흡사 천 경(頃) 넓이의 물결과 같다. 맑게 해도 청명하게 할 수 없고, 혼란하게 해도 탁하게 할 수 없으며, 또 양을 잴 수도 없다.」

*황헌은 처음에는 효렴과(孝廉科)에 천거되었다. 그는 또 삼공(三公)의 관부(官府)에 부름을 받았다. 사람들이 벼슬을 하라고 권하자, 잠시 경사(京師)에 가서 있었을 뿐, 즉시 고향으로 돌아갔다.

*황헌은 48세에 서거했다.

한대(漢代) 화상전(畵像塼)

제6과 탁월한 양진(楊震)

(1) 太尉楊震自殺.

태위인 양진이 자살했다.

어구 설명 ○太尉楊震自殺(태위양진자살) : 태위인 양진이 자살했
다.〈다음이 곧 그가 자살한 이유이다.〉 ※ 太尉(태위) :
삼공(三公)의 하나.

(2) 震關西人. 時人稱之曰, 關西孔子楊伯起. 敎授 生徒. 堂下得三鱣. 都講以爲, 有三公之象. 取以進 曰, 先生自此升矣.

양진(楊震)은 관서(關西) 사람이다. 그때 사람들이 그를
칭찬해서 말했다.「관서에서 공자에 해당하는 사람은 바로
양백기(楊伯起)이다.」〈*백기(伯起)는 양진의 자(字)다.〉

그가 학생들을 가르치고 있을 때, 〈새가 입에〉 세 마리의
전어(鱣魚)를 물어다가 학당(學堂) 밑에 놓았다. 그러자 학
당의 장이 생각했다.「이는 곧 양진이 삼공(三公)이 될 상
징(象徵)이다.」

그리고 전어를 구워서 양진에게 바치며 말했다.「선생님
은 지금부터 높이 오르십니다.」

어구 설명 ○震關西人(진관서인) : 양진은 관서 홍농군(弘農郡) 사람

이다. ○時人稱之曰,(시인칭지왈) : 그때 사람들이 그를 칭찬해서 말했다. ○關西孔子楊伯起(관서공자양백기) : 관서에서 공자에 해당하는 사람은 양백기(楊伯起)이다. 〈*백기(伯起)는 양진의 자(字)다.〉

○敎授生徒(교수생도) : 그가 〈약 20년간〉 학생들을 가르쳤다. ○堂下得三鱣(당하득삼전) : 학당 밑에 세 마리의 전어(鱣魚)가 있었다. 〈*새가 전어를 물어다가 놓은 것이다.〉 〈*전어(鱣=鱓)는 황색(黃色)이며 점이 검다. 이는 곧 삼공(三公)의 복색과 같다.〉

○都講以爲,(도강이위) : 「도읍(都邑)의 숙장(塾長)」이 생각했다. ※ 都講(도강) : ① 강학(講學)을 맡은 사람. 강사(講師). ② 문생(門生)의 우두머리. 학두(學頭), 숙두(塾頭). ○有三公之象(유삼공지상) : 양진은 삼공(三公)이 될 징조다. ○取以進曰,(취이진왈) : 전어를 잡아서 양진에게 바치며 말했다. ○先生自此升矣(선생자차승의) : 「선생님은 앞으로 높이 오르십니다.」

(3) 後嘗爲郡守. 屬邑令, 有懷金遣之者. 曰, 暮夜 無知者. 震曰, 天知. 地知. 子知. 我知. 何謂無知. 令慚而退.

후에 과연 동래군(東萊郡)의 태수(太守)가 되었다. 그날 밤 관하(管下) 현령(縣令)이 황금을 품고 양진의 집을 찾아와서 〈양진에게 주면서〉 말했다. 「어둔 밤이라 아무도 모릅니다.」

양진이 말했다. 「하늘이 알고, 땅도 알고, 자네도 알고, 나도 안다. 왜 아무도 모른다고 하느냐.」〈*하고 받지 않았다.〉

현령은 크게 부끄러워하며 물러갔다.

[어구 설명] ○後嘗爲郡守(후상위군수) : 후에 과연 동래군(東萊郡)의 태수(太守)가 되었다. ○屬邑令,(속읍령) : 그날 밤 관하(管下) 현령(縣令)이. ○有懷金遣之者. 曰,(유회금견지자 왈) : 황금을 품고 양진의 집을 찾아 〈양진에게 주면서〉 말했다. ※「懷(품을 회) ; 몸에 지니다.」 ○暮夜無知者(모야무지자) : 「어둔 밤이라 아무도 모릅니다.」

○震曰, 天知. 地知. 子知. 我知. 何謂無知(진왈 천지 지지 자지 아지 하위무지) : 양진이 말했다. 「하늘이 알고, 땅도 알고, 자네도 알고, 나도 안다. 왜 아무도 모른다고 하느냐.」〈*하고 받지 않았다.〉 ※「子(아들 자) ; 여기서는 너. 당신. 자네(신분·연령·계층의 상하나 남녀의 구별 없이 쓴다.) ○令慚而退(영참이퇴) : 현령은 크게 부끄러워하며 물러갔다. ※「慚(부끄러워 할 참) ; 부끄러움, 수치. 참(慙)과 동자.」

(4) 及爲三公, 時宦者及上乳母王聖用事. 皆有請託. 震不從. 又數以近習爲言, 共構之. 策收印綬. 遂死.

양진(楊震)이 삼공이 되었다. 그러나 그때의 내시(內侍=

宦官)와 임금의 유모(乳母)인 왕성(王聖)이 모든 일을 처리하고 전횡(專橫)했다.

그러나 모두가 일을 〈양진에게〉 부탁을 했다. 그러나 양진은 〈도를 따를 뿐〉〈그들의 부당한 청을〉 받아주지 않았다.

뿐만 아니라, 〈양진은〉 여러 차례 임금의 근자로 하여금 〈그들의 부당을〉 말해 올렸다.

그러자 〈내시와 유모가〉 함께 〈양진을〉 참언을 했다. 그래서 〈임금(安帝)은 그들의 음모를 따랐으며〉 정책적으로 〈양진에게 주었던〉 인수(印綬)를 회수했던 것이다.

〈그래서 양진이〉 마침내 죽었던 것이다.

어구 설명 ○及爲三公,(급위삼공) : 양진(楊震)이 삼공이 되었다. ○時宦者及上乳母王聖用事(시환자급상유모왕성용사) : 그러나 그때의 내시(內侍=宦官)와 임금의 유모(乳母)인 왕성(王聖)이 모든 일을 처리하고 전횡(專橫)했다. ○皆有請託(개유청탁) : 모두가 〈양진에게 이것저것을〉 부탁을 했다. ○震不從(진불종) : 그러나 양진은 〈도를 따를 뿐〉〈그들의 부당한 청을〉 받아주지 않았다. ○又數以近習爲言,(우수이근습위언) : 뿐만 아니라, 〈양진은〉 여러 차례 임금의 근시를 통해 〈그들의 부당을〉 말해 올렸다. ※「習(익힐 습) ; 되풀이하여 행하다.」 ○共構之(공구지) : 그러자 〈내시와 유모가〉 함께 〈양진을〉 참언했다. ※「構(얽을 구) ; 없는 일을 있는 것처럼 꾸미다.」 ○策收印綬(책수인수) : 〈임

금(安帝)은 그들의 음모를 따랐으며〉 책(策)을 내려 〈양진
에게 주었던〉 인수(印綬)를 회수했던 것이다. ㅇ逐死(수
사) : 〈그래서 양진이〉 마침내 죽었던 것이다.

(5) 葬之日, 名士皆來會. 有大鳥, 高丈餘, 至墓前 俯仰, 流涕而去.

장사지내는 날, 모든 명사들이 다 와서 모였다. 그러자
높이가 한 장(丈)이 넘는 큰 새가 날아와 〈양진의〉 무덤을
내려 보면서 눈물을 흘리고 울며 가버렸다.

[어구 설명] ㅇ葬之日,(장지일) : 장사지내는 날. ㅇ名士皆來會(명사개
래회) : 모든 명사들이 다 와서 모였다. ㅇ有大鳥, 高丈
餘,(유대조 고장여) : 높이가 한 장(丈)이 넘는 큰 새가 날
아와 왔다갔다 하며. ㅇ至墓前俯仰, 流涕而去(지묘전부앙
유체이거) : 양진의 무덤을 내려보면서 눈물을 흘리고 울
며 가버렸다. ※「俯(구부릴 부) ; 구부리다.」俯仰(부앙)은
하늘을 우러러보고 세상을 굽어봄. 俛仰(면앙).

[참고] 東漢(=後漢)의 역대 임금

광무제(光武帝) : 서기(A.D.) 25 – 57
명제(明帝) : 서기 58 – 75
장제(章帝) : 서기 76 – 88
화제(和帝) : 서기 89 – 105
상제(殤帝) : 서기 106
안제(安帝) : 서기 107 – 124
북향후(北鄕侯) : 서기 125
순제(順帝) : 서기 126 – 144
충제(沖帝) : 서기 145
질제(質帝) : 서기 146
환제(桓帝) : 서기 147 – 167
영제(靈帝) : 서기 168 – 188
홍농왕(弘農王) : 서기 189
헌제(獻帝) : 서기 190 – 220

* 이상이 후한, 다음은 [촉 소열제(蜀 昭烈帝) : 서기 221 – 222]

제4장 중기(中期)의 황제

* 제6대 : 안제(安帝) : 서기 107 - 124
* 제7대 : 북향후(北鄕侯) : 서기 125
* 제8대 : 순제(順帝) : 서기 126 - 144
* 제9대 : 충제(冲帝)는 1년간 재위했다.
* 제10대 : 질제(質帝)는 역시 1년간 재위했다.

제1과 안제(安帝) 서거, 순제(順帝) 등위

(1) 上少號聰明. 旣卽位多失德. 在位十九年崩. 改元者五, 曰永初 · 元初 · 永寧 · 建光 · 延光.

안제(安帝)는 어려서는 총명(聰明)한 분이라 일컬었으나 임금이 되어서는 실덕(失德)을 많이 했다. 자리에 19년 있다가 붕어했다. 개원을 다섯 번 했다. 즉 「영초(永初), 원초(元初), 영녕(永寧), 건광(建光), 연광(延光)」이다.

어구 설명 ㅇ上少號聰明(상소호총명) : 안제(安帝)는 어려서는 총명(聰明)한 분이라고 하였으나. ㅇ旣卽位多失德(기즉위다실덕) : 임금이 되어서는 덕을 잃는 일을 많이 했다. ㅇ在位十九年崩(재위십구년붕) : 자리에 19년 있다가 붕어했다. ㅇ改元者五,(개원자오) : 개원을 다섯 번 했다. ㅇ曰永初 · 元初 · 永寧 · 建光 · 延光(왈영초 · 원초 · 영녕 · 건광 · 연광) : 즉 「영초(永初), 원초(元初), 영녕(永寧), 건광(建光),

연광(延光)」이다.

(2) 太子先爲近習所譖, 坐廢爲濟陰王. 閻皇后臨朝, 與閻顯迎章帝孫北鄕侯懿嗣位.

태자가 전에 임금 측근에게 참소를 당하여, 자리를 폐하고 제음(濟陰)의 왕(王)이 되었다.

그러자 염 황후가 조정에 임했으며 〈그의 오라비〉 염현(閻顯)과 함께 장제(章帝)의 손자, 북향(北鄕)의 후(侯)인 의(懿)를 맞아 자리를 계승하게 했다.

어구 설명 ○太子先爲近習所譖,(태자선위근습소참) : 태자가 전에 임금 측근에게 참소를 당했다.

○坐廢爲濟陰王(좌폐위제음왕) : 자리를 폐하고 제음(濟陰)의 왕(王)이 되었다. ○閻皇后臨朝,(염황후임조) : 그러자 염 황후가 조정에 임했다.

○與閻顯迎章帝孫北鄕侯懿嗣位(여염현영장제손북향후의사위) : 〈그의 오라비〉 염현(閻顯)과 함께 장제(章帝)의 손자이며, 북향(北鄕)의 후(侯)인 의(懿)를 자리에 계승하게 했다. ※ 懿(의) : 제북왕(齊北王)의 아들로 북향(北鄕)의 후(侯)인 의(懿)는 제위를 이은 해 10월에 죽었다.(A.D. 125).

(3) 宦者孫程等, 誅顯遷閻后, 迎立濟陰王. 是爲孝順皇帝.

　내시 손정(孫程) 등이 염현(閻顯)을 주살하고 염후(閻后)를 별궁으로 옮기고, 다시 황태자 제음(濟陰)의 왕을 맞아서 세웠다. 이가 곧 「효순황제(孝順皇帝)」다. 〈*약칭은 순제(順帝)다.〉

어구 설명　○宦者孫程等,(환자손정등) : 내시 손정(孫程) 등이. ○誅顯遷閻后,(주현천염후) : 염현(閻顯)을 주살하고 염후(閻后)를 별궁으로 옮겼다. ○迎立濟陰王(영립제음왕) : 다시 황태자 제음(濟陰)의 왕을 맞아서 세웠다. ○是爲孝順皇帝(시위효순황제) : 「효순황제(孝順皇帝)」이다. 〈*약칭 순제(順帝)다.〉

제2과 환관(宦官)과 효렴(孝廉) 혼잡

　(1) [孝順皇帝] 名保, 爲孫程等所立. 宦官以功封侯者十九人.

　효순황제의 이름은 보(保)다. 〈*순제는 환관(宦官=內侍)〉 손정(孫程) 등에 의해서 임금 자리에 올랐다. 〈그래서 임금 순제는〉 환관 19명을 공(功)이 있다고 〈각지의〉 후(侯)에 봉했다.

어구 설명　○[孝順皇帝] 名保,(효순황제 명보) : 효순황제의 이름은 보(保)다. ○爲孫程等所立(위손정등소립) : 〈*순제는 환관(宦官=內侍)〉 손정(孫程) 등에 의해서 임금 자리에 올랐다.

○宦官以功封侯者十九人(환관이공봉후자십구인) : 〈그래서 임금 순제는〉 환관 19명을 공(功)이 있다고 〈각지의〉 후(侯)에 봉했다.

(2) 尙書令左雄, 奏令郡國擧孝廉. 限年四十以上, 諸生通章句, 文吏能牋奏, 乃得應選. 其有茂材異等, 若顔淵·子奇, 不拘年齒. 雄公直精明, 能審覈眞僞, 決志行之. 有擧少年至者. 雄詰之曰, 顔回聞一知十. 孝廉聞一知幾邪.

상서령(尙書令) 좌웅(左雄)이 임금에게 상주하여 「전국적으로 효렴(孝廉)한 인재를 천거해 올리라.」고 영을 내렸다.

〈원칙으로는〉 나이 40세 이상으로 한정했다.

당시에 모든 학생은 경서(經書)의 장구(章句)에 통달했다. 그러나 능력있는 자라도 문관이 글로 상주(上奏)해야만 천거(薦擧)할 수 있었다.

〈그러나〉 재주가 많고 특이한 사람, 예를 들면 안연(顔淵)이나 자기(子奇)같은 〈특이한 사람은〉 나이에 구속되지 않았다.

좌웅(左雄)은 공평정직(公平正直)하고 정명(精明)했다. 그래서 능히 진위(眞僞)를 잘 살피고 결단적으로 했다.

〈어떤 지방에서〉 어린 소년이 천거되어 나타났다.

　그러자 좌웅(左雄)이 엄하게 따져 물었다. 「안회는 하나를 들으면 열을 알았다. 〈효렴에 추천된〉 자네는 하나를 들으면 몇이나 아는가.」

[어구 설명] ○尙書令左雄,(상서령좌웅) : 상서령인 좌웅(左雄). 〈*상서령(尙書令)은 임금 곁에서 공문을 다루는 상서성(尙書省)의 장관.〉 ○奏令郡國擧孝廉(주령군국거효렴) : 임금에게 상주하여, 「전국적으로 효렴(孝廉)한 인재를 천거해 올리라.」고 영을 내렸다. ※ 孝廉(효렴) : 효성스럽고 청렴한 사람. ○限年四十以上,(한년사십이상) : 나이를 40세 이상으로 한정했다.

　○諸生通章句,(제생통장구) : 모든 학생은 경서(經書)의 장구(章句)에 통달했다. ○文吏能牋奏,(문이능전주) : 〈그러나〉 문관이 글로 상주(上奏)해야만. ※ 「牋(장계 전)」 장계(狀啓)는 한위(漢魏)시대에는 천자(天子) · 태자(太子) · 제왕(諸王) · 대신(大臣)에게 올리는 글을 총칭하였으나, 후대에 내려오면서 천자에게는 표(表), 제왕에게는 계(啓) · 황후 · 태자에게는 전(牋)이라 하였다. ○乃得應選(내득응선) : 천거(薦擧)에 응할 수 있었다.

　○其有茂材異等, 若顔淵 · 子奇, 不拘年齒(기유무재이등 약안연 · 자기 불구년치) : 〈그러나〉 재주가 많고 특이한 사람, 예를 들면 안연(顔淵)이나 자기(子奇)같은 〈특이한 사람은〉 나이에 구속되지 않았다. 〈*자기(子奇)는 윤길보(尹吉甫)의 아들, 그는 18세 때 제(齊)나라 아읍(阿邑)의 재상(宰相)이 되어 잘 다스렸다.〉

　○雄公直精明,(웅공직정명) : 좌웅(左雄)은 공직(公直)하

고 정명(精明)했다. ㅇ能審覈眞僞, 決志行之(능심핵진위
결지행지) : 그래서 능히 진위(眞僞)를 잘 살피고 결단적
으로 결정했다. ※「覈(핵실할 핵)」

ㅇ有擧少年至者(유거소년지자) : 〈어떤 지방에서〉 어린
소년이 천거되어 왔다. ㅇ雄詰之曰,(웅힐지왈) : 좌웅(左
雄)이 엄하게 따져 물었다.

ㅇ顔回聞一知十. 孝廉聞一知幾邪(안회문일지십 효렴문일
지기사) :「안회는 하나를 들으면 열을 알았다. 효렴에 추
천된 자네는 하나를 들으면 몇이나 아는가.」※囬는 回의
고자로 囘로 쓴 판본도 있다.

(3) 頃之, 中外坐謬擧, 黜免者十餘人. 惟汝南陳
蕃 · 潁川李膺 · 下邳陳球等, 三十餘人, 得拜郎中.

그 후, 조정이나 지방 관청에 있다가 잘못 천거되었다는
죄에 걸려 면직된 사람이 십여 명이나 되었다. 단, 여남의
진번(陳蕃), 영천의 이응(李膺)과 하비(下邳)의 진구(陳球)
등 30여 명은 낭중(郎中)에 임명 되었다.

어구 설명 ㅇ頃之,(경지) : 그 후에. ㅇ中外坐謬擧,(중외좌류거) : 조
정 혹은 지방에서 잘못 천거되었다는 죄를 받고. ㅇ黜免
者十餘人(출면자십여인) : 면직된 사람이 십여 명이나 되
었다. ※「黜(물리칠 출) ; 관직을 낮추다. 물러나다.」黜免
(출면)은 파면(罷免)하여 내쫓음. ㅇ惟汝南陳蕃 · 潁川李
膺 · 下邳陳球等,(유여남진번 · 영천이응 · 하비진구등) :
단, 여남의 진번(陳蕃), 영천의 이응(李膺)과 하비의 진구

(陳球) 등. ㅇ 三十餘人, 得拜郎中(삼십여인 득배낭중) :
30여 명은 낭중(郎中)에 임명 되었다. 〈*이들도 효렴에
천거되었던 사람이다.〉

(4) 以皇后父梁商爲大將軍. 商死. 以其子冀爲大 將軍, 不疑爲河南尹. 遣使者八人, 分行州郡.

　황후(皇后)의 아버지 양상(梁商)이 대장군이 되었다. 그러
나 양상이 죽었다. 이에 〈양상의 아들〉 기(冀)를 대장군으
로 삼고 〈양기의 동생〉 불의(不疑)를 하남(河南)의 윤(尹)으
로 삼았다. 그리고 8인의 사자(使者)를 나누어 보내 주(州)
나 군(郡)을 디스리게 했다.

語句 설명　ㅇ以皇后父梁商爲大將軍(이황후부양상위대장군) : 황후
(皇后)의 아버지 양상(梁商)이 대장군이 되었다. ㅇ商死
(상사) : 양상이 죽자. ㅇ以其子冀爲大將軍, 不疑爲河南
尹(이기자기위대장군 불의위하남윤) : 〈양상의 아들〉 기
(冀)를 대장군으로 삼고, 〈양기의 동생〉 불의(不疑)를 하
남(河南)의 윤(尹)으로 삼았다. ※ 尹(윤) : 벼슬아치. 장
관(長官), 태수(太守). ㅇ遣使者八人, 分行州郡(견사자팔
인 분행주군) : 〈나라에서는〉 8인의 사자(使者)를 나누어
보내 주(州)나 군(郡)을 살펴보게 했다. ※ 杜喬, 周擧, 周
栩, 馮羨, 欒巴, 張綱, 郭遵, 劉班.

(5) 張綱獨埋其車輪於洛陽都亭曰, 豺狼當道. 安 問狐狸. 劾奏冀 · 不疑無君之心十五事. 上知綱言

直, 而不能用.

〈8명의 사자의 한 사람인〉 장강(張綱)은 자기 수레의 차륜(車輪)을 낙양(洛陽) 도정(都亭＝驛站〈역참〉)에 세우고 말했다.

「승냥이나 이리 같은 사나운 양씨(梁氏) 형제가 정부(政府)의 요로(要路)에서 길을 막고 있거늘, 어떻게 여우나 너구리 같은 지방의 관리들에게 물어봅니까.」

〈장강이 양기(梁冀)나 양불의(梁不疑) 형제가〉 임금을 무시하는 15개 항목의 탄핵하는 글을 올렸다.

임금은 장강(張綱)의 글이 직언(直言)임을 알았다. 그러나 그를 따라서 〈양씨 형제를〉 처벌할 수 없었다.

어구 설명 ○張綱獨埋其車輪於洛陽都亭曰,(장강독매기차륜어낙양도정왈) : 〈8명 사자의 한 사람인〉 장강(張綱)이 자기 수레의 차륜(車輪)을 낙양(洛陽) 도정(都亭＝역참〈驛站〉)에 세워 놓고 말했다.

○豺狼當道. 安問狐狸(시랑당도 안문호리) : 「승냥이나 이리 같은 사나운 양씨(梁氏) 형제가 정부(政府)의 요로(要路)에서 길을 막고 있거늘, 어떻게 여우나 너구리 같은 지방의 관리들에게 물어봅니까.」 ※「豺(승냥이 시)」 豺狼(시랑)은 승냥이와 이리. 욕심이 많고 무자비한 사람. 간악하고 잔혹한 사람.「狐(여우 호) 狐狸(호리)는 여우와 너구리. 숨어서 나쁜 짓을 하는 사람.」

○劾奏冀 · 不疑無君之心十五事(핵주기 · 불의무군지심십

오사) : 〈장강이 양기(梁冀)나 양불의(梁不疑) 형제가〉 임금을 무시하는 15개 항목의 탄핵하는 글을 올렸다. ※「劾(캐물을 핵) ; 죄상을 기록한 문서. 죄상을 조사하다.」推窮罪人曰劾(추궁죄인왈핵) : 죄인을 추궁하는 것을 핵(劾)이라 함.

○上知綱言直, 而不能用(상지강언직 이불능용) : 임금은 장강(張綱)의 글이 직언(直言)임을 알았다. 그러나 그를 따라서 〈양씨 형제를〉 처벌할 수 없었다.〈*외척의 세력에 눌려서 마음대로 못했다.〉 ※「用(쓸 용) ; 들어주다. 행하다. 시행하다」

(6) 冀欲中傷之. 廣陵賊張嬰, 寇亂揚徐閒十餘年. 乃以綱爲廣陵太守. 綱單車徑詣嬰壘門, 請與相見譬曉之. 嬰等萬餘人降. 綱入壘宴, 散遣任所之. 南州晏然. 在郡卒. 嬰等爲之制服行喪.

양기(梁冀)가 〈장강(張綱)을 미워하고〉 그를 중상하려고 했다. 〈*즉 장강을 처치하려고 했다.〉

당시 광릉군(廣陵郡)에 장영(張嬰)이라는 도적이 있었으며, 양주(揚州)와 서주(徐州) 일대를 10여 년간 어지럽히고 있었다.

그래서 〈양기가〉 장강을 광릉의 태수로 삼았다. 〈*도적에게 당하게 하기 위해서다.〉

장강은 (부임하자) 단독으로 차를 타고 도적의 산채(山寨)

의 문에 가서 만나기를 청했다. 그리고 여러 가지 말로 깨우쳤다. 이에 장영 등 만(萬)여 명의 도적들이 항복했다.

그러자 장강은 산채 안에 들어가 잔치를 하고, 도적들을 분산하고 각자 마음대로 가게 했다. 그래서 남쪽의 주(州)와 군(郡)이 평온하게 되었다.

그 후 〈장강(張綱)은〉 광릉군(廣陵郡)에서 죽었다. 그러자 도적이었던 장영(張嬰) 등이 상복을 지어 입고 장례를 치러 주었다.

어구 설명　○冀欲中傷之(기욕중상지) : 양기(梁冀)가 원망하고 〈장강(張綱)을〉 중상하려고 했다. ○廣陵賊張嬰, 寇亂揚徐閒十餘年(광릉적장영 구란양서한십여년) : 당시 광릉군(廣陵郡)에 장영(張嬰)이라는 도적이 있었으며, 양주(揚州)와 서주(徐州) 일대를 10여 년간 도적질하고 어지럽히고 있었다.

○乃以綱爲廣陵太守(내이강위광릉태수) : 그래서 〈양기(梁冀)가〉 장강(張綱)을 광릉(廣陵)의 태수로 삼았다. 〈*도적에게 당하게 하기 위해서다.〉

○綱單車徑詣嬰壘門, 請與相見譬曉之(강단차경예영루문 청여상견비효지) : 〈태수로 임명된〉 장강(張綱)은 혼자 차를 타고 도적의 장영(張嬰)의 산채(山寨)의 문에 가서 만나기를 청했다. 그리고 여러 가지 비유를 들고 깨우쳤다.

○嬰等萬餘人降(영등만여인항) : 그래서 장영(張嬰) 등 만(萬)여 명의 도적들이 항복을 했다. ○綱入壘宴, 散遣任所之(강입루연 산견임소지) : 장강(張綱)은 그들의 산채에 들

어가 잔치를 하고, 그들 도적들을 분산하고 각자 마음대로 가게 했다. ○南州晏然(남주안연) : 그래서 남쪽의 주(州)와 군(郡)이 편하게 되었다. ※「晏(늦을 안) ; 편안하다, 편안히 살다. 화평하다.」晏然(안연)은 마음이 편안하고 침착함. ○在郡卒(재군졸) : 그 후 〈장강(張綱)이〉 광릉군(廣陵郡)에서 죽었다. ○嬰等爲之制服行喪(영등위지제복행상) : 그러자 도적이었던 장영 등이 상복을 지어 입고 상례를 치렀다.

(7) 時二千石長吏, 有能政者. 冀州刺史蘇章, 有故人爲淸河太守. 章行部. 爲設酒甚歡. 守喜曰, 人皆有一天. 我獨有二天. 章曰, 今日蘇孺文, 與故人飮者私恩也. 明日冀州刺史案事者公法也. 遂擧正其姦贓之罪.

당시 〈연봉(年俸)〉 2천석(二千石)을 받는 높은 관리로 정치 능력이 높은 자가 있었다. 기주(冀州)의 자사(刺史) 〈이름이〉 소장(蘇章)은 옛 친구가 바로 청하(淸河)의 태수(太守)였다. 〈자사(刺史)인〉 소장(蘇章)은 〈자기에게〉 속하는 각지를 돌았다. 소장이 〈청하에 가자, 옛 친구인 청하의 태수가〉 반가워하고 술자리를 차리고 심히 좋아했다. 그리고 기뻐하며 말했다. 「남은 하늘을 하나만 이고 있으나, 나는 두 개 받들고 있다.」〈*즉 당신 때문에 내가 덕을 볼 것이라는 뜻이다.〉 그러자 소장이 말했다. 「오늘 소유문(蘇孺文)이 옛 친구와 술을 마시는 것은 사사로운 은정(恩情)

이다.」〈*소장(蘇章)의 자(字)가 유문(儒文)이다.〉「그러나 내일 기주의 자사(刺史)로서 일을 처리하는 것은 공법(公法)을 따른다.」드디어 〈자기 친구인 청하 태수가〉 간악하게 장물을 받은 죄를 적발하고 그를 검거하였다.

어구 설명 ㅇ時二千石長吏,(시이천석장리) : 당시 〈연봉(年俸)〉 2천 석(二千石)을 받는 높은 관리로. ㅇ有能政者(유능정자) : 정치 능력이 있는 자가 있었다. ㅇ冀州刺史蘇章,(기주자사소장) : 기주의 자사, 소장(蘇章)은.

ㅇ有故人爲淸河太守(유고인위청하태수) : 〈소장의〉 옛날 친구가 곧 청하(淸河)의 태수(太守)로 있었다. ㅇ章行部 (장행부) : 소장(蘇章)이 지방을 돌다가 〈청하에 갔다.〉 ㅇ爲設酒甚歡(위설주심탄) : 옛 친구인 청하의 태수가 술 자리를 차리고 심히 좋아했다. ㅇ守喜曰, 人皆有一天. 我獨有二天(수희왈 인개유일천 아독유이천) : 청하의 태수가 즐거워하며 말했다. 「다른 사람은 하늘을 하나만 이고 있으나, 나는 하늘을 두 개 받들고 있다.」〈*즉 당신 때문에 내가 덕을 볼 것이라는 뜻이다.〉

ㅇ章曰, 今日蘇儒文, 與故人飮者私恩也(장왈 금일소유문 여고인음자사은야) : 〈그러자 자사(刺史)인〉 소장(蘇章)이 말했다. 「오늘 소유문(蘇儒文)이 옛 친구와 같이 술을 마시는 것은 사사로운 은정(恩情)이다.」〈*소장(蘇章)의 자(字)가 유문(儒文)이다.〉 ㅇ明日冀州刺史案事者公法也(명일기주자사안사자공법야) : 「내일 내가 기주의 자사(刺史)로서 일을 처리하는 것은 공법(公法)을 따른 것이다.」ㅇ遂擧正其姦贓之罪(수거정기간장지죄) : 드디어 〈자기 친구인 청

하 태수가〉 간악하게 장물을 받은 죄를 적발하고 그를 검
거하였다.

(8) 上在位二十年崩. 改元者五, 曰永建·陽嘉· 永和·漢安·建康. 太子立. 是爲孝沖皇帝.

순제(順帝)는 자리에 있은 지, 20년에 붕어했다. 연호를
다섯 번 고쳤다. 즉 「영건(永建), 양가(陽嘉), 영화(永和),
한안(漢安), 건강(建康)」이다.

태자가 자리에 올랐다. 곧 「효충황제(孝沖皇帝)」다.

[서구 설명] ㅇ上在位二十年崩(상재위이십년붕) : 순제(順帝)는 자리
에 있은 지, 20년에 붕어했다. ㅇ改元者五,(개원자오) :
연호를 다섯 번 고쳤다. ㅇ太子立. 是爲孝沖皇帝(태자입
시위효충황제) : 태자가 자리에 올랐다. 곧 「효충황제」
다. 〈*약칭은 충제(沖帝)다.〉

(9) [孝沖皇帝] 名炳, 年二歲卽位. 三閲月而崩. 改 元者一, 曰永嘉. 梁太后迎立渤海孝王之子. 是爲 孝質皇帝. (A.D. 146)

효충황제는 이름이 병(炳)이다. 나이 2살에 자리에 올랐
다. 그러나 석 달 만에 죽었다. 연호를 개원한 것도 한번 영
가(永嘉)라 했다. 양태후(梁太后)가 발해(渤海)의 효왕(孝王)
의 아들을 세워 효질황제(孝質皇帝)라 했다. 〈약칭은 질제.〉

(10) [孝質皇帝] 名纘, 章帝曾孫也, 年八歲卽位. 少而聰慧. 嘗因朝會, 目梁冀曰, 此跋扈將軍也. 冀深惡之, 使左右於餠中進毒. 遂崩. 在位一年有半. 改元者一, 曰本初. 冀迎立蠡吾侯. 是爲孝桓皇帝.

효질황제의 이름은 찬(纘)이며, 장제(章帝)의 증손(曾孫)이다. 〈*실은 현손(玄孫=증손(曾孫)의 아들. 손자의 손자.)이다.〉 (A.D. 146)

8세에 자리에 올랐다. 그러나 어리면서 지혜로웠다. 조회 때, 양기(梁冀)를 발호장군(跋扈將軍)이라 했다. 〈*발호(跋扈)는 울타리를 넘다. 즉 방자무도(放恣無道)하다는 뜻이다.〉 이에 양기가 어린 임금을 미워하고(冀深惡只〈기심오지〉) 좌우로 하여금 탕(湯)이나 떡(餠)에 독을 넣어서 임금을 독살했다.

재위 1년 반 만에 죽었다. 개원은 한 번으로 본초(本初)라 했다. 양기(梁冀)가 여오후(蠡吾侯)를 세웠다. 이가 곧 효환황제(孝桓皇帝)다. 〈*약칭은 환제(桓帝)다.〉

후한(後漢) 연무도(宴舞圖)

제5장 환제(桓帝) 때의 인물들

* 환제(桓帝)는 제11대로 서기 147년~167년 재위했다.
* 환제(桓帝) 때에는 많은 인물들의 기록이 있다.

제1과 환제(桓帝)와 양기(梁冀)

(1) [孝桓皇帝] 名志, 章帝曾孫也. 年十五卽位. 梁冀以定策功益封. 又封其子弟皆侯.

환제(桓帝)의 이름은 지(志)다. 장제(章帝)의 증손이다. 〈환제는〉 나이 15세에 자리에 올랐다.

〈자리에 오른 환제〉는 양기(梁冀)가 정책(政策)을 잘 정했다는 공으로 더욱 많은 봉록을 주었다. 또 양기의 자제들도 모두 후(侯)에 봉했다.

어구 설명 ○[孝桓皇帝] 名志,(효환황제 명지) : 환제(桓帝)의 이름은 지(志)다. ○章帝曾孫也(장제증손야) : 장제의 증손이다. ○年十五卽位(년십오즉위) : 나이 15세에 자리에 올랐다. ○梁冀以定策功益封(양기이정책공익봉) : 〈자리에 오른 환제〉는 양기(梁冀)가 정책(政策)을 잘 정했다는 공으로 더욱 많은 봉록을 주었다. ○又封其子弟皆侯(우봉기자제개후) : 또 양기의 자제들도 모두 후(侯)에 봉했다.

(2) 李固 · 杜喬欲立淸河王蒜. 至是蒜貶爲侯自殺. 固 · 喬下獄死.

〈그에 앞서〉 태위(太尉)인 이고(李固)와 두교(杜喬)가 청하(淸河)의 왕인 산(蒜)을 〈황제에 받들려고 했다.〉 그러나 〈환제가 자리에 오르자〉 산(蒜)은 폄하(貶下)되어 후(侯)로 강등되자 자살했다. 동시에 이고와 두교도 투옥되고 죽었다.

어구 설명 ○李固 · 杜喬欲立淸河王蒜(이고 · 두교욕립청하왕산) : 〈그에 앞서〉 태위(太尉)인 이고와 두교는 청하(淸河)의 왕인 산(蒜)을 〈황제에 받들려고 했다.〉 ○至是蒜貶爲侯自殺(지시산폄위후자살) : 〈환제가 자리에 오르자〉 산(蒜)이 폄하(貶下)되어 후(侯)로 강등되자 자살했다. ○固 · 喬下獄死(고 · 교하옥사) : 이고와 두교는 투옥되고 죽었다.
〈*이상은 청하왕 산(蒜)과 그를 받들던 이고와 두교에 대한 기록.〉

한대명기(漢代明器)의 압자(鴨子)

제2과 순숙(荀淑)과 진식(陳寔)

(1) 前朗陵侯相潁川荀淑, 少博學有高行. 李固 · 李膺等, 皆師宗之. 相朗陵. 治稱神君.

전에 낭릉(朗陵)의 후(侯)의 재상(宰相)을 지냈던 영천(潁川) 사람 순숙(荀淑)은, 젊어서부터 박학하고 행실이 고결했다. 그래서 이고(李固)와 이응(李膺) 등이 다 그를 스승으로 삼고 또 존경했다.

〈순숙(荀淑)이〉 낭릉(朗陵)을 재상으로 잘 다스리자, 〈모든 사람들이〉 신군(神君)이라고 칭찬했다. 〈*신 같이 잘 다스린다는 뜻이다.〉

어구 설명 ○前朗陵侯相潁川荀淑,(전낭릉후상영천순숙) : 전에 낭릉(朗陵)의 후(侯)의 재상(宰相)을 지냈던 영천(潁川) 사람 순숙(荀淑)은. ○少博學有高行(소박학유고행) : 젊어서부터 박학하고 행동이 고결했다. ○李固 · 李膺等, 皆師宗之(이고 · 이응등 개사종지) : 그래서 이고(李固)와 이응(李膺) 등이 다 그를 스승으로 삼고 또 존경했다. ○相朗陵. 治稱神君(상낭릉 치칭신군) : 〈순숙(荀淑)이〉 낭릉(朗陵)을 재상으로 다스리자, 〈모든 사람들이〉 신군(神君)이라고 칭찬했다. 〈*신 같이 잘 다스린다는 뜻이다.〉

(2) 子八人. 時人稱爲八龍. 其六曰爽. 字慈明. 人言, 荀氏八龍, 慈明無雙. 縣令命其里, 曰高陽里.

爽嘗謁李膺. 因爲之御. 旣還喜曰, 今日乃得御李 君矣.

〈순숙(旬淑)의〉 아들이 8명 있었다. 당시 사람들이 「팔룡(八龍)」이라 높였다. 그 중에도 여섯 번째 아들은 상(爽)이고, 자(字)가 자명(慈明)이다. 모든 사람이 말했다. 「순씨의 여덟 마리 용(龍)이라도 자명(慈明)을 당할 수 없다.」

현령(縣令)은 그가 사는 마을을 고양리(高陽里)라고 불렀다. 〈*옛날 전욱(顓頊) 시대에 고양씨(高陽氏)에 8명의 현자가 있었다. 이들은 모두 어질고 재주가 많아 중히 씌었다. 이들을 기리기 위해 지명으로 삼았다.〉

순상(旬爽)이 전에 이응(李膺)을 찾아뵙고, 이응을 위해 수레를 몰았다. 그리고 돌아와서 좋아하며 말했다. 「오늘 나는 이(李) 임금의 수레를 몰았노라.」

어구 설명 ㅇ子八人. 時人稱爲八龍(자팔인 시인칭위팔룡) : 〈순숙(旬淑)의〉 아들이 8명 있었다. 당시 사람들이 「팔룡(八龍)」이라 높였다. 八人; 儉, 緄, 靖, 燾, 汪, 爽, 肅, 專. ㅇ其六曰爽. 字慈明(기육왈상 자자명) : 그 중에도 여섯 번째 아들의 이름은 상(爽)이고, 자(字)가 자명(慈明)이다. ㅇ人言, 荀氏八龍, 慈明無雙(인언 순씨팔룡 자명무쌍) : 모든 사람이 말했다. 「순씨의 여덟 마리 용(龍)이라도 자명(慈明)을 당할 수 없다.」 ※ 「雙(쌍 쌍) ; 둘. 짝이 되다.」

ㅇ縣令命其里, 曰高陽里(현령명기리 왈고양리) : 현령(縣令)은 그가 사는 마을을 고양리(高陽里)라고 불렀다. 〈*옛

날 전욱(顓頊) 시대에 고양씨(高陽氏)에 8명의 현명한 아들이 있었다. 이들을 기리기 위해 지명으로 남겨졌다.〉
ㅇ爽嘗謁李膺(상상알이응) : 순상(旬爽)이 전에 이응(李膺)을 찾아뵙고. ㅇ因爲之御. 旣還喜曰,(인위지어 기환희왈) : 이응을 위해 수레를 몰았다. 그리고 돌아와서 좋아하며 말했다. ※「御(어거할 어) ; 어거(御車)하다. 말을 몰다.」 ㅇ今日乃得御李君矣(금일내득어이군의) : 오늘 내가 이(李) 임금의 수레를 몰았노라.
〈*이상은 주로 순숙(旬淑)의 아들에 대한 기록이다. 다음은 진식(陳寔)과의 어울림에 대한 기록이다.〉

(3) 同郡陳寔與淑齊名. 嘗詣淑. 長子紀字元方, 御車, 次子諶字季方, 驂乘, 孫羣字長文, 尙幼. 抱車中, 至淑家. 八龍更迭侍左右. 淑孫或字文若, 尙幼. 抱置膝上.

같은 군(郡)에 사는 진식(陳寔)도 〈순숙(荀淑)과〉 같이 이름이 높았다. 〈*도덕적으로 고결했다.〉 전에 순숙(荀淑)을 찾아갔을 때, 장자(長子) 기(紀 : 이름), 자(字)가 원방(元方)이 〈아버지의〉 수레를 몰았다. 〈*효자라는 뜻이다.〉 차자(次子)인 심(諶 : 이름), 자(字)는 계방(季方)도 함께 수레를 탔다.

손자의 이름은 군(羣), 자는 장문(長文)이다. 아직도 어렸으므로 〈둘째 아들이 손자를〉 안고 차 안에 있었다. 〈*아버지 진식(陳寔)이 덕이 높은 순숙(荀淑)을 방문하면, 아들

과 손자도 따라간다는 뜻이다.〉

　진식(陳寔)이 순숙(荀淑)의 집에 이르자 〈순숙의〉 아들 여덟이 돌아가며 좌우에서 대접을 했다.

　순숙(荀淑)의 손자 순욱(荀彧)의 자(字)는 문약(文若)으로 아직 어렸다. 그래서 〈할아버지 순숙이〉 품에 안거나 무릎에 놓고 〈손님을 맞이했던 것이다.〉

　〈*덕이 높은 두 집안은 삼대(三代)가 도덕적으로 높았다는 뜻이다. 그것이 바로 효(孝)다.〉

어구 설명　ㅇ同郡陳寔與淑齊名(동군진식여숙제명) : 같은 군(郡)에 사는 진식(陳寔)도 순숙(荀淑)과 같이 이름이 높았다. 〈*도덕적으로 고결했다.〉 ㅇ嘗詣淑. 長子紀字元方, 御車,(상예숙 장자기자원방 어거) : 전에 순숙(荀淑)을 찾아갔을 때, 장자(長子), 이름이 기(紀), 자(字)가 원방(元方)이 〈아버지의〉 수레를 몰았다. 〈*효자라는 뜻이다.〉 ㅇ次子諶字季方, 驂乘,(차자심자계방 참승) : 차자(次子)인 심(諶 : 이름), 자(字)는 계방(季方)도 함께 수레를 탔다.

　ㅇ孫羣字長文, 尙幼. 抱車中,(손군자장문 상유 포차중) : 손자의 이름은 군(羣), 자는 장문(長文)이다. 아직도 어렸으므로 〈둘째 아들이〉 〈손자를〉 안고 차 안에 있었다. 〈*아버지 진식(陳寔)이 덕이 높은 순숙(荀淑)을 방문하면, 아들과 손자도 따라간다는 뜻이다.〉

　ㅇ至淑家. 八龍更迭侍左右(지숙가 팔룡경질시좌우) : 진식(陳寔)이 순숙(荀淑)의 집에 이르자, 〈순숙의〉 아들 여덟이 돌아가며 좌우에서 대접을 했다.

ㅇ淑孫彧字文若, 尚幼. 抱置膝上(숙손욱자문약 상유 포치슬상) : 순숙(荀淑)의 손자 슈욱(荀彧)의 자(字)는 문약(文若)으로 아직 어렸다. 그래서 〈할아버지 순숙이〉 품에 안거나 무릎에 놓고 〈손님을 맞이했다.〉 ※「彧(문채 욱) ; 무성한 모양. 문채가 빛나는 모양.」

〈*효(孝)는 계선술사(繼善述事)해야 한다. 부자손(父子孫) 삼대(三代)가 천도(天道)를 계승하고 선덕(善德)을 세워야 한다. 이상은 두 집안의 효도를 칭찬한 것이다. 그러면 하늘도 알아준다.〉

(4) 太史奏, 德星見. 五百里內有賢人聚. 寔嘗爲大丘長, 修德淸淨. 吏民追思之. 紀·諶之子, 問其父優劣於其祖. 寔曰, 元方難爲兄, 季方難爲弟.

천문을 관찰하는 태사가 임금에게 글을 올렸다.「덕성(德星)이 보입니다. 서울에서 5백 리 내에 현인들이 모여 있습니다.」

진식(陳寔)이 대구(大丘)의 장(長)이었으며, 덕을 청정하게 쌓았다. 그러자 관리나 백성들이 진식이 옮겨간 후에도 모두 그를 사모했다.

〈진식의〉 첫 아들 기(紀)와 둘째 아들 심(諶)의 아들, 〈즉 진식의 손자들이 할아버지 진식(陳寔)에게〉 〈각자의 아버지 기(紀)와 심(諶)의〉 우열(優劣)를 물었다. 그러자 진식이 말했다.「큰 아들 원방(元方)을 형이라 말할 수 없고, 둘째

아들 계방(季方)을 동생이라 말할 수 없다.」〈*도덕적으로 난형난제(難兄難弟)다.〉

 ○太史奏,(태사주) : 천문을 관찰하는 태사가 임금에게 글을 올렸다. ○德星見. 五百里內有賢人聚(덕성견 오백리내유현인취) : 덕성(德星)이 보입니다. 서울에서 5백 리 내에 현인들이 모여 있습니다.

○寔嘗爲大丘長, 修德淸淨. 吏民追思之(식상위대구장 수덕청정 이민추사지) : 진식(陳寔)이 대구(大丘=亳州에 속한 邑)의 장(長)이었으며, 덕을 청정하게 닦았다. 그러자 관리나 백성들이 모두 그를 사모했다.

○紀 · 諶之子, 問其父優劣於其祖(기 · 심지자 문기부우열어기조) : 〈진식의〉 첫 아들 기(紀)와 둘째 아들 심(諶)의 아들들 〈즉 손자들이 할아버지 진식(陳寔)에게〉 〈기(紀)와 심(諶)의〉 우열(優劣)를 물었다.

○寔曰, 元方難爲兄, 季方難爲弟(식왈 원방난위형 계방난위제) : 그러자 진식이 말했다. 큰 아들 원방(元方)을 형이라 말할 수 없고, 둘째 아들 계방(季方)을 동생이라 말할 수 없다. 〈*도덕적으로 난형난제(難兄難弟)다.〉 ※ 難兄難弟(난형난제) : ① 누구를 형이라 하고 누구를 아우라 해야할지 분간하기 어려움. ② 두 사물의 우열을 분간하기 어려움. 막상막하(莫上莫下).

제3과 최식(崔寔)의 정론(政論)

(1) 詔擧獨行之士. 涿郡崔寔至公車. 不對策, 退而

著政論. 略曰, 聖人能與世推移, 俗士若不知變. 以
爲, 結繩之約, 可復治亂秦之緒, 干羽之舞, 可以解
平城之圍. 夫刑罰者, 治亂之藥石也. 德敎者, 興平
之粱肉也.

원가(元嘉) 원년, 임금이 조서를 내려 정의를 지키는 뛰어
난 사람을 천거하라고 했다. 그러자 탁군(涿郡)의 최식(崔
寔)이 천거되어 공거(公車)에 왔다. 〈*공거(公車)는 임금에
게 바치는 글(上書)이나 사람을 모아서(징소자〈徵召者〉) 올
리는 부서(府署).〉

그러나 〈최식은〉 대책(시험)에 응하지 않고 물러나서 정
치론(政治論)을 지었다.

그 내용은 대략 다음과 같았다. 「성인은 세상의 추이와
더불어 능히 〈도를 따라 정략(政略)을〉 변할 수 있으나, 저
속한 선비는 변할 줄 모른다.」

「〈태고 때의〉 결승(結繩)의 간략(簡略)한 방법으로 치란
이 심하게 엉킨 진(秦)나라의 혼란을 다스릴 수 있다고 생
각한다.」

「우(禹)임금 때의 간우(干羽)의 무(舞)로서 평성(平城)의
포위를 풀 수 있다고 생각한다.」

〈*간우무(干羽舞)는 창이나 새털을 들고 춤을 춘다. *평
성(平城)의 포위(包圍)는 한고조(漢高祖)가 흉노에게 포위

된 일을 말한다.〉

「형벌(刑罰)은 치란의 약이다. 덕교(德敎=도덕 교육)는 평화(平和)를 흥성케 하는 대들보이자 살코기다.」

어구 설명 ○詔擧獨行之士(조거독행지사) : 임금이 조서를 내려 정의를 지키는 뛰어난 사람을 천거하라고 했다. ○涿郡崔寔至公車(탁군최식지공거) : 탁군(涿郡)의 최식(崔寔)이 천거되어 공거(公車)에 왔다. 〈*공거(公車)는 임금에게 바치는 글이나 사람을 모아서 올리는 관청.〉
○不對策, 退而著政論(불대책 퇴이저정론) : 〈최식은〉 대책(시험)에 응하지 않고 물러나서 정론(政論)을 지었다. ※ 對策(대책) : 시정(時政)의 문제를 제시하고 그에 대한 답안을 쓰게 한 과거(科擧)시험 과목의 하나. ○略曰,(약왈) : 그 내용은 대략 다음과 같았다. ○聖人能與世推移,(성인능여세추이) : 성인은 세상의 추이와 더불어 능히 〈도를 따라 정략(政略)을〉 변할 수 있다. ○俗士若不知變(속사약부지변) : 저속한 선비는 변할 줄 모른다.
○以爲, 結繩之約, 可復治亂秦之緖,(이위 결승지약 가복치란진지서) : 〈태고 때의〉 결승(結繩)의 간략(簡略)한 방법으로 치란이 심하게 엉킨 진(秦)나라의 혼란을 다스릴 수 있다고 생각한다. ※「緖(실마리 서) ; 시초. 계통. 차례」
○干羽之舞, 可以解平城之圍(간우지무 가이해평성지위) : 우(禹)임금 때의 간우(干羽)의 무(舞)로서 평성(平城)의 포위를 풀 수 있다고 생각한다.
〈*간우무(干羽舞)는 창이나 새털을 들고 춤을 춘다.〉
〈*평성(平城)의 포위(包圍)는 한고조(漢高祖)가 흉노에게 포위된 일을 말한다.〉 우임금 때 이 춤으로 만족의 항복을 받았으나 한나라 시대에 해보아야 통하지 않는다. 이는 시대착오(時代錯誤)임을 말한 것이다.

ㅇ夫刑罰者, 治亂之藥石也(부형벌자 치란지약석야) : 형벌(刑罰)은 치란의 약이다. ㅇ德敎者, 興平之粱肉也(덕교자 흥평지양육야) : 덕교(德敎=도덕 교육)는 평화(平和)를 흥성케 하는 대들보이자 살코기다. ※「粱(들보 량) ; 들보(칸과 칸 사이의 두 기둥머리를 건너지른 나무). 징검다리」

(2) 以德敎除殘, 是以粱肉治疾也. 以刑罰治平, 是以藥石供養也. 自數世以來, 政多恩貸. 馭委其轡, 馬駘其銜, 四牡橫犇, 皇路險傾. 方將拑勒韁輈, 以救之. 豈暇鳴和鸞淸節奏哉.

덕교로 잔인한 폭정을 제거하는 것은, 곧 맛있고 좋은 음식으로 질병을 치료함과 같다. 형벌로 평화롭게 다스림은 약석(藥石)으로 병을 치료하고 보양함과 같다.

그러나 〈오늘에는〉 수세기 동안 정치가 혼잡하고 〈임금이〉 일방적으로 〈부정한 자들에게〉 은혜만 베풀었다. 〈*덕치도 형벌도 없이 또 선악(善惡)도 가리지 않고 일방적으로 내려주기만 했다.〉

〈비유하면〉 마부가 말고삐를 풀어놓고, 말들이 제멋대로 가게 했던 것과 같다. 그래서 네 마리의 수컷 말이 옆으로 달리고, 임금의 수레가 위태롭게 기울었던 것이다.

　바야흐로 고삐와 멍에를 꽉 조이고 마차와 수레가 바르게 가게 해야 한다. 그래서 이 위험을 구해야 한다. 어느 틈에 종소리, 방울소리를 울리고 청절한 음의 강약을 맞출 여가가 있겠는가.

어구 설명　ㅇ以德敎除殘, 是以粱肉治疾也(이덕교제잔 시이양육치질야) : 덕교로 잔인한 폭정을 제거하는 것은, 곧 맛있고 좋은 음식으로 질병을 치료함과 같다. ※ 粱肉(양육)은 미곡(米穀)과 미육(美肉), 즉 미식(美食)＝맛있고 좋은 음식.

　ㅇ以刑罰治平, 是以藥石供養也(이형벌치평 시이약석공양야) : 형벌로 평화롭게 다스림은 약석(藥石)으로 병을 치료하고 보양(영양을 취함)함과 같다. ※ 藥石(약석) : 약(藥)과 석침(石針).

　ㅇ自數世以來, 政多恩貸(자수세이래 정다은대) : 그러나 〈현실적으로는〉 수세기 동안 정치가 혼잡하고 〈임금이〉 일방적으로 은혜만 베풀었다. 〈*덕치도 형벌도 없이 또 선악(善惡)도 없이 일방적으로 내려주기만 했다.〉

　ㅇ馭委其轡, 馬駘其銜,(어위기비 마태기함) : 〈비유하면〉 마부가 말고삐를 풀어놓고, 말들이 제멋대로 가게 했던 것과 같다. ※ 「馭(말 부릴 어 ; 마부), 委(맡길 위 ; 내버려두다. 위임하다.), 轡(고삐 비 ; 재갈), 駘(둔한 말 태 ; 말들이 재갈을 벗다. 둔하다.), 銜(재갈 함 ; 입에 물다. 받들다. 느끼다. 원망하다.)」

　ㅇ四牡橫犇, 皇路險傾(사모횡분 황로험경) : 그래서 네 마리의 수컷 말이 옆으로 달리고, 임금의 수레가 위태롭게 기울었던 것이다. ※ 「牡(수컷 모), 犇(달아날 분 ; 달리다.)」

○方將拑勒鞬輈, 以救之(방장겸륵건주 이구지) : 바야흐로 고삐와 멍에를 꽉 조이고 마차와 수레가 바르게 가게 해야 한다. 그래서 이 위험을 구해야 한다. ※「拑(입 다물 겸) ; 재갈 먹이다.」拑勒(겸륵)은 말에 재갈을 먹임. 「鞬(동개 건), 輈(끌채 주)」鞬輈(건주)는 묶은 나룻(수레의 양쪽에 있는 기다란 채). 나룻걸이 : 멍에의 양쪽에 있는 나룻을 거는 부분. ○豈暇鳴和鸞淸節奏哉(기가명화란청절주재) : 어느 틈에 종소리, 방울소리를 울리고 청절한 음의 강약을 맞출 여가가 있겠는가. ※「和(화할 화) ; 방울(鈴) 양쪽에 있는 나룻을 거는 부분(수레 앞에 가로댄 나무인 식(軾)에 달아서 말을 몰아 달릴 때 달리는 정도를 바로잡는 것.)」「鸞(방울 란) ; 천자가 타는 수레의 말고삐에 다는 방울.」和鸞(화란)은 「和」「鸞」 둘 다 마차에 단 방울의 이름. 和는 金口木舌(금구목설), 식상(軾上)에 있다. 鸞은 金口金舌(금구금설), 형상(衡上)에 있다. 말이 달릴 때 鸞이 울리고 鸞이 울리면 和가 응(應)한다. 節奏(절주)는 음의 강약·장단. 주기적으로 반복되는 것. 박자. 리듬. 節族(절주)와 같은 뜻. 軾(식) : 수레의 앞턱 가로나무. 衡(형) : 수레채 끝에 댄 횡목(橫木), 멍에.

(3) 昔文帝雖除肉刑, 當斬右趾棄市, 笞者往往至死. 是文帝以嚴致平, 非以寬致平也. 仲長統見其書曰, 凡爲人主, 宜寫一通置之坐側.

옛날의 문제는 육형(몸을 상하게 하는 형벌)을 제거(폐지)했다. 그러나 〈죄를 진 사람에게는 당연히〉 오른발 뒤

꿈치를 칼로 베고 기시(棄市)했었다. 또 〈죄짓고〉 맞은 자
가 왕왕히 죽기도 했다. 문제도 엄하게 하여 평화롭게 다
스렸던 것이다. 무조건 관대하게 한다고 평화가 이루어지
는 것이 아니다.

　중장통(仲長統)이 그의 글을 보고 말했다. 무릇 백성의 임
금된 자는 이 글을 한 통 복사해서 자리 곁에 두어야 한다.

어구 설명　ㅇ昔文帝雖除肉刑,(석문제수제육형) : 옛날의 문제는 육형
(몸을 상하게 하는 형벌)을 제거(폐지)했지만. ㅇ當斬右趾
棄市,(당참우지기시) : 〈죄를 진 사람에게는 당연히〉 오른
발 뒤꿈치를 칼로 베고 기시(棄市) 했었다. ※「趾(발 지) ;
복사뼈 이하의 부분」棄市(기시)는 죄인을 사형에 처하여 그
시체를 거리에 버려둠.
　ㅇ笞者往往至死(태자왕왕지사) : 매 맞은 자도 왕왕히 죽
기도 했다. ㅇ是文帝以嚴致平,(시문제이엄치평) : 문제도
엄하게 하여 평화롭게 다스렸던 것이다.
　ㅇ非以寬致平也(비이관치평야) : 무조건 관대하게 한다
고 평화가 이루어지는 것이 아니다.
　ㅇ仲長統見其書曰,(중장통견기서왈) : 중장통(仲長統)이
그의 글을 보고 말했다.
　ㅇ凡爲人主, 宜寫一通置之坐側(범위인주 의사일통치지좌
측) : 무릇 백성의 임금된 자는 이 글을 한 통 복사해서
자리 곁에 두어야 한다.

제4과 주목(朱穆) 자사(刺史)

(1) 朱穆爲冀州刺史. 令長望風, 解印去者數十人.
及到奏劾貪汚. 有宦者歸葬父用玉匣. 穆案驗, 剖
其棺出之.

주목(朱穆)이 기주(冀州) 자사(刺史)가 되자, 현령(縣令)이
나 읍장(邑長)이 〈그가 무섭게 하리라는〉 예측을 하고 미리
인수(印綬)를 풀어놓고 자리에서 떠난 사람이 수십 명이나
되었다.

주목이 자리에 앉자, 임금에게 글을 올려 탐관오리(貪官
汚吏)를 탄핵했다.

〈그가 탄핵한 사람 중에 다음 같은 자가 있었다.〉 어느
환관(宦官) 한 사람이 고향에 돌아가서 자기 부친을 매장할
때, 〈임금과 같이〉 옥갑(玉匣)을 쓴 자가 있었다. 〈*옥갑
(玉匣)은 금(金)이나 옥(玉)을 박은 수의를 입혔다는 뜻.〉

주목은 사안을 조사하고 또 실지로 무덤을 파서 관을 내
다가 확인을 했다.

어구 설명 ○朱穆爲冀州刺史(주목위기주자사) : 주목이 기주 자사
가 되자. ○令長望風,(영장망풍) : 현령(縣令)이나 읍장
(邑長)이 〈그가 무섭게 하리라는〉 예측을 하고.
○解印去者數十人(해인거자수십인) : 인수(印綬)를 풀어
놓고 자리에서 떠난 사람이 수십 명이나 되었다.

ㅇ及到奏劾貪汚(급도주핵탐오) : 주목(朱穆)이 자리에 앉
자 임금에게 글을 올려 탐관오리(貪官汚吏)를 탄핵했다.
ㅇ有宦者歸葬父用玉匣(유환자귀장부용옥갑) : 〈그가 탄
핵한 사람 중에 다음 같은 자가 있었다.〉 어느 환관(宦官)
한 사람이 고향에 돌아가서 자기 부친을 매장할 때, 〈임
금과 같이〉 옥갑(玉匣)을 쓴 자가 있었다. 〈*옥갑(玉匣)은
금(金)이나 옥(玉)을 박은 수의를 입혔다는 뜻.〉 ㅇ穆案
驗, 剖其棺出之(목안험 부기관출지) : 주목은 사안을 조사
하고 또 실지로 무덤을 파서 관을 내다가 확인을 했다.

(2) 上聞大怒, 徵穆詣廷尉. 太學生劉陶等數千人, 上書訟穆, 謂中官竊持國柄, 手握王爵, 口銜天憲. 穆獨亢然不顧. 竭心懷憂, 爲上深計. 臣願代穆罪.

임금은 듣고 크게 노했다. 그리고 자사(刺史) 주목(朱穆)
을 불러서 정위(廷尉)에 가라 했다. 〈*즉 정위에 가서 조사
를 받으라는 뜻이다.〉 그러자 태학(太學)의 학생 유도(劉
陶) 등 수천 명이 임금에게 글을 올려서 주목(朱穆)의 무죄
(無罪)를 소원(訴願)하며 말했다. 「〈궁 안에 있는〉 내시들
이 몰래 나라의 권력을 잡고 있습니다. 내시들 손에는 임금
님의 작위(爵位)를 쥐고 있습니다. 내시들은 입으로 〈임금
님의〉 헌령(憲令)을 품고 있습니다. 〈*임금님 대신 그들이
헌령을 말합니다.〉」 「오직 주목(朱穆)만이 앙연(昂然)하게
내시들을 돌아보지 않습니다. 임금님을 위해 마음을 다하
고 걱정을 하고 있습니다. 또 임금님을 위해 깊이 생각하고

있습니다.」「저희들이 그를 대신해서 죄를 받겠습니다.」

어구 설명 ○上聞大怒,(상문대노) : 임금은 듣고 크게 노했다. ○徵穆詣廷尉(징목예정위) : 자사 주목을 불러서 정위(廷尉)에 가라 했다. 〈*즉 정위에 가서 조사를 받으라는 뜻이다.〉 ○太學生劉陶等數千人,(태학생유도등수천인) : 그러자 태학생 유도(劉陶) 등 수천 명이. ○上書訟穆,(상서송목) : 임금에게 글을 올려서 주목(朱穆)의 무죄(無罪)를 소원(訴願)하며,

○謂中官竊持國柄,(위중관절지국병) : 〈다음 같이〉 말했다. 〈궁 안에 있는〉 내시들이 몰래 나라의 권력을 잡고 있습니다. ※ 中官(중관) : 환관(宦官). 내시. ○手握王爵,(수악왕작) : 내시들 손에는 임금님의 작위(爵位)를 쥐고 있습니다. ○口銜天憲(구함천헌) : 내시들은 입으로 〈임금님의〉 헌령(憲令)을 품고 있습니다. 〈*임금님 대신 그들이 헌령을 말합니다.〉 ○穆獨亢然不顧(목독항연불고) : 오직 주목(朱穆)만이 의기앙연(意氣昂然)하게 내시들을 돌아보지 않습니다. ※「亢(목 항 ; 목구멍. 자부하다. 겨루다. 필적(匹敵)하다.), 然(그러할 연 ; 그리하여, 이에, 즉, 곧, 또, 그 위에」亢然(항연)은 굴복(屈服)하지 않는 것. 意氣昂然(의기앙연) : 득의한 마음이나 기개(氣槪). 즉 의지와 용기를 가지고 자기의 힘을 믿고 교만한 모양. ○竭心懷憂,(갈심회우) : 〈임금님을 위해〉 마음을 다하고 걱정을 하고 있습니다. ○爲上深計(위상심계) : 임금님을 위해 깊이 생각하고 있습니다. ○臣願代穆罪(신원대목죄) : 저희들이 그를 대신해서 죄를 받겠습니다.

(3) 上赦之. 陶又上疏, 乞以穆及李膺輔王室. 書奏不
省.

임금이 용서를 했다. 태학생 유도(劉陶)는 다시 상소했
다. 즉 주목(朱穆)과 이응(李膺)의 왕실 보좌를 청원했다.
그러나 임금은 올린 글을 보지 않았다.

제5과 외척 양기(梁冀) 멸망

(1) 梁冀凶恣日積. 以外戚用事者二十年. 威行內
外, 天子拱手而已.

양기(梁冀)는 흉악 전횡(專橫)했으며 날로 악덕이 쌓였다.
그는 외척(外戚)으로서 20년간이나 정사(政事)를 독점했으
며, 조정의 안이나 밖에서 위세를 자행했던 것이다. 그래도
천자는 〈자신의〉 두 손을 잡고 있을 뿐이었다.

어구 설명 ㅇ梁冀凶恣日積(양기흉자일적) : 양기(梁冀)는 흉악 전횡
(專橫)했으며 날로 악덕이 쌓였다. ※專橫(전횡) : 권세를
독차지하여 제 마음대로 함. 전자(專恣). ㅇ以外戚用事者
二十年(이외척용사자이십년) : 외척(外戚)으로서 20년간
이나 정사(政事)를 독점했으며.
ㅇ威行內外,(위행내외) : 조정 안이나 밖에서 위세를 자
행했던 것이다. ㅇ天子拱手而已(천자공수이이) : 그래도
천자는 〈자신의〉 두 손을 잡고 있을 뿐이었다.

(2) 上與宦者單超等謀, 勒兵收冀印綬. 冀自殺.

임금 환제(桓帝)는 환관(宦官), 선초(單超) 등과 모의했다.
병력의 힘을 바탕으로 강제로 양기(梁冀)의 인수(印綬)를
거두었다. 그래서 양기는 자살했다.

어구 설명 ○上與宦者單超等謀,(상여환자단초등모) : 〈드디어〉 임금
환제(桓帝)는 환관(宦官), 선초(單超) 등과 모의했다. ○勒
兵收冀印綬(륵병수기인수) : 병력의 힘을 바탕으로 강제로
양기(梁冀)의 인수(印綬)를 거두었다. ※ 印綬(인수)는 관
리가 몸에 지니던 인장(도장)과 그 끈. ○冀自殺(기자살) :
그래서 양기는 자살했다.

(3) 梁氏無少長皆棄市. 超等五人皆侯. 自冀誅, 天下想望異政. 黃瓊首爲太尉.

〈임금의 어머니 집〉 양씨 집안 식구는 어른 아이 없이 다
처형되고 기시(棄市)되었다.

〈내시〉 선초(單超) 등 5인은 다 후(侯)가 되었다.

양기가 주살된 후, 천하 모든 사람은 정치가 다르게 되기
를 바랬다. 이에 황경(黃瓊)을 먼저 태위(太尉)로 삼았다.

어구 설명 ○梁氏無少長皆棄市(양씨무소장개기시) : 〈임금의 어머니
집〉 양씨 집안 식구는 어른 아이 없이 다 처형되고 기시
(棄市)되었다. ※ 棄市(기시)는 죄인을 사형에 처하여 그

시체를 거리에 버려둠. ㅇ超等五人皆侯(초등오인개후) :
〈내시〉 선초(單超) 등 5인은 다 후(侯)가 되었다. ※ 이를
오후(五侯)라 하는데 이것이 환관정치(宦官政治)의 시초
가 되었다. ㅇ自冀誅,(자기주) : 양기가 주살된 후. ㅇ天下
想望異政(천하상망이정) : 천하 모든 사람은 정치가 다르
게 되기를 바랬다. ㅇ黃瓊首爲太尉(황경수위태위) : 황경
(黃瓊)을 먼저 태위(太尉)로 삼았다.

【참고 설명】 외척(外戚) 양기(梁冀)의 횡행(橫行)

(1) 작록(爵祿)을 전횡한 것은 말할 것도 없다. 양기 일가에
서 봉후(封侯)가 7명, 황후(皇后)가 3명, 귀인(貴人=女官
의 위 계급)이 6명, 대장군(大將軍)이 2명, 경(卿)·장
(將)·윤(尹)·교(校)가 57명이었다.

(2) 여러 나라에서 바치는 연공(年貢)도 천자보다 더 많이 차
지했다. 궁전이나 정원을 화려하게 짓고 사치하고 유흥
했다.

제6과 진번(陳蕃), 서치(徐穉), 강굉(姜肱)

(1) 陳蕃薦處士徐穉·姜肱等. 穉字孺子, 豫章人.
陳蕃爲守時, 特設一榻以待穉. 去則縣之.

진번(陳蕃)이 처사(處士)인 서치(徐穉)와 강굉(姜肱) 등을
조정에 추천했다.

서치(徐穉)는 자(字)가 유자(孺子)다. 예장(豫章) 사람이다. 〈진번(陳蕃)이 예장군의〉 태수(太守)일 때, 특별히 만든 목탑(木榻=나무로 만든 의자) 위에 앉히고 서치(徐穉)를 대접했다. 〈*특별한 자리를 마련하고 특별대우를 했다.〉

그리고 〈서치(徐穉)가〉 가면 〈목탑을〉 거두어 걸어두었다. 〈*걸어두었다 함은 곧 그를 특별히 대우했다는 뜻이다.〉

어구 설명 ○陳蕃薦處士徐穉 · 姜肱等(진번천처사서치 · 강굉등) : 진번(陳蕃=尙書令)이 처사(處士)인 서치(徐穉)와 강굉(姜肱) 등을 조정에 추천했다. ○穉字孺子, 豫章人(치자유자 예장인) : 서치(徐穉)는 자(字)가 유자(孺子)다. 예장(豫章) 사람이다. ※ 豫章郡(예장군) : 남쪽 양주(揚州)에 있다. ○陳蕃爲守時,(진번위수시) : 진번(陳蕃)이 〈예장(豫章)의〉 태수(太守)일 때. ○特設一榻以待穉(특설일탑이대치) : 특별히 한 목탑(木榻=걸상)을 설치하여 서치(徐穉)를 앉히고 대접했다. 〈*특별한 자리를 마련하고 특별대우를 했다.〉
○去則縣之(거칙현지) : 〈서치(徐穉)가〉 가면 〈목탑(木榻)을〉 거두어 걸어두었다. 〈*縣=懸〉 〈다른 사람을 앉게 하지 않음은 그를 특별로 평가했다는 뜻.〉

(2) 穉不應諸公之辟. 然聞其死, 輒負笈赴弔. 豫炙一鷄, 以酒漬綿, 暴乾裹之, 到冢隧外, 以水漬綿, 白茅藉飯, 以鷄置前. 祭畢留謁, 不見喪主而行.

서치(徐穉)는 여러 제후(諸侯)의 부름[辟]에 응하지 않았다. 그런데 진번이 죽었다는 말을 듣자 〈자기를 불러준 제후가 죽으면〉, 즉시 등에 책 상자(笈〈급〉)를 메고 가서 조문했다.

미리 닭 한 마리를 불에 구워가지고 또 솜에 술을 적셨다가 햇빛에 말려가지고 〈들고 갔다.〉

그리고 무덤 가까운 길에 가서 솜을 다시 물에 적시고, 흰 띠풀을 깐 자리에 밥을 놓고 또 구운 닭은 앞에 놓고 (바치고) 제사를 지낸다. 제사를 다 지낸 다음에는 알자인 종자만 상주에게 알리도록 〈명함을 남겨놓을 뿐〉 상주를 만나보지 않고 그대로 떠났다.

어구 설명 ○穉不應諸公之辟(치불응제공지벽) : 서치(徐穉)는 여러 제후(諸侯)의 부름[辟]에 응하지 않았다. ○然聞其死, 輒負笈赴弔(연문기사 첩부급부조) : 그런데 진번이 죽었다는 말을 듣자 〈자기를 불러준 제후가 죽으면〉, 즉시 등에 책 상자를 메고 가서 조문했다. ※「笈(책상자 급 ; 짊어지고 다니는 책 상자), 赴(나아갈 부 ; 향하여 가다.)」○豫炙一鷄, 以酒漬綿, 暴乾裹之,(예자일계 이주지면 폭건이지) : 미리 닭 한 마리를 불에 구워가지고 또 솜에 술을 적셨다가 햇빛에 말려가지고 〈들고 갔다.〉 ※「褁=裏(속 리 ; 안에 받아들이다.)의 고자(古字)」

○到冢隧外, 以水漬綿,(도총수외 이수지면) : 그리고 무덤 가까운 길에 가서 솜을 다시 물에 적신다. ※「隧(길 수) ; 도로, 무덤 길, 묘도(墓道).」○白茅藉飯, 以鷄置前(백묘자반 이계치전) : 흰 띠풀을 깐 자리에 밥을 놓고 또 구운 닭은 앞

에 놓고 바치고 제사를 지낸다. ※ 茆(띠 묘 : 茅〈띠 모 : 볏과의 여러해살이 풀〉자와 같은 뜻으로 씀) ○祭畢留謁,(제필유알) : 제사를 다 지낸 다음에는 〈이름을 남겨놓을 뿐〉 ※ 留謁(유알) : 알자인 종자에게 명함을 남겨두고 상주에게 알리도록 하고 자신은 상주를 만나보지 않고 떠난다. 「謁(아뢸 알) ; 알리다. 손님의 말을 주인에게 전하는 일, 또는 그 사람. 명함. 성명을 적은 쪽지. 留從者. 謁告喪主而已. 不見而行也.」 ○不見喪主而行(불견상주이행) : 상주를 보지 않고 떠난다.

(3) 肱彭城人. 與二弟仲海 · 季江俱孝友. 常共被. 嘗遇盜. 兄弟爭死. 盜兩釋之.

강굉(姜肱)은 팽성(彭城) 사람이다. 동생이 두 명이다. 즉 중해(仲海)와 계강(季江)이며, 다 같이 효도하고 또 형제간에 우애로웠다. 세 형제가 한 이불을 덮고 잤다.

전에 도적을 만나자, 형제가 서로 먼저 죽겠다고 했다. 그래서 도적이 그들 형제를 다 풀어주었다.

 ○肱彭城人(굉팽성인) : 강굉(姜肱)은 팽성(彭城) 사람이다. ○與二弟仲海 · 季江俱孝友(여이제중해 · 계강구효우) : 동생이 두 명이다. 즉 중해(仲海)와 계강(季江)이며, 다 같이 효도하고 또 형제간에 우애로웠다. ○常共被(상공피) : 세 형제가 한 이불을 덮고 잤다. ○嘗遇盜(상우도) : 전에 도적을 만나자. ○兄弟爭死(형제쟁사) : 형제가 서로 먼저 죽겠다고 했다. ○盜兩釋之(도양석지) : 도적은

결국 그들을 다 풀어주었다.

(4) 穉·肱被徵. 皆不至. 黃瓊卒. 四方名士, 會葬者七千人. 穉至. 進爵哀哭, 置生芻墓前而去. 諸名士曰, 此必南州高士徐孺子也.

서치(徐穉)나 강굉(姜肱)은 〈조정에서 불리어도〉 응하지 않았다. 〈태위(太尉)〉 황경(黃瓊)이 죽자, 사방에서 명사들이 모여서 장례를 지냈으며, 그 수가 7천 명이나 되었다.

서치(徐穉)도 와서 술잔을 바치고 통곡했다. 그리고 생생한 풀을 묶어서 무덤 앞에 놓고 가버렸다. 〈*영혼(靈魂)과 생명(生命)이 통한다.〉 그러자 모든 명사들이 이를 보고 말했다. 「이것은 반드시 남주(南州)의 높은 선비인 서유자(徐孺子)가 놓고 간 것이다.」

어구 설명 ㅇ穉·肱被徵. 皆不至(치·굉피징 개불지) : 서치(徐穉)나 강굉(姜肱)은 〈불리어도〉 응하지 않았다. ㅇ黃瓊卒. 四方名士, 會葬者七千人(황경졸 사방명사 회장자칠천인) : 〈태위(太尉)〉 황경(黃瓊)이 죽자, 사방에서 명사들이 모여 장사를 지냈으며, 그 수가 7천 명이나 되었다. ㅇ穉至. 進爵哀哭,(치지 진작애곡) : 서치(徐穉)도 와서 술잔을 바치고 통곡했다. ㅇ置生芻墓前而去(치생추묘전이거) : 그리고 생생한 풀을 묶어서 무덤 앞에 놓고 가버렸다. ※ 「芻(꼴 추) ; 베어 묶은 풀. 풀. 짚. 줄풀, 蒭와 동자」 生芻(생추)는 水水한 草(생생한 풀). 벤 풀. 생풀 묶음. ㅇ諸名士

曰,(제명사왈) : 그러자 모든 명사가 말했다. ㅇ此必南州
高士徐孺子也(차 필 남주고사서유자야) : 「이것은 반드시
남주(南州)의 높은 선비인 서유자(徐孺子)가 놓고 간 것이
다.」〈*서유자는 곧 서치(徐穉)다.〉

(5) 使陳留茆容追之. 問國事. 不答. 太原郭泰曰, 孺子不答國事, 是其愚不可及也.

　진류군(陳留郡)의 묘용(茆容)을 시켜서 쫓아가서 국사(國
事)를 물었으나 대답하지 않았다. 그러자 태원(太原)의 곽
태(郭泰)가 말했다.「서치(徐穉=孺子)가 국사를 대답하지
않은 것은 〈논어에서 공자가 말한 대로〉 어리석은 사람은
미치지 못하기 때문이다.」

어구 설명　ㅇ使陳留茆容追之. 問國事. 不答(사진유묘용추지 문국
　　사 부답) : 진류군(陳留郡)의 묘용(茆容)으로 하여금 가
　　서 국사(國事)를 묻게 했다. 그러나 그는 대답하지 않았
　　다. ㅇ太原郭泰曰,(태원곽태왈) : 그러자 태원의 곽태가
　　말했다. ㅇ孺子不答國事, 是其愚不可及也(유자부답국사
　　시기우불가급야) : 서치(徐穉=孺子)가 국사를 대답하지
　　않음은「어리석은 자는 미치지 못한다.」는 뜻이다. ※ 즉
　　나라에 도(道)가 행해지고 있을 때는 군자가 나와서 자기
　　의 생각을 천하에 펼치지마는, 나라에 도가 행해지지 않
　　을 때는 아는 것을 숨기고 스스로 어리석은 체하고 있는
　　것이니 그 시대의 형세를 간파(看破)하고 함부로 국사를
　　말하지 않은 것을 뜻함.

(6) 泰初游洛陽. 李膺與爲友. 膺嘗歸鄕里. 送車數千兩. 膺惟與泰同舟而濟. 衆賓望之者, 如神仙焉.

곽태(郭泰)가 처음 낙양에 유학을 와서 이응(李膺)과 벗하였다. 전에 이응(李膺)이 고향에 돌아갈 때, 수천 량(輛=兩)의 수레가 전송을 했다. 그러나 이응(李膺)은 오직 곽태(郭泰)하고만 한 배를 타고 강을 건넜다. 그러자 전송 나온 모든 사람들이 바라보고 「참으로 신선(神仙) 같다.」고 말했다.

어구 설명 ○泰初游洛陽(태초유낙양) : 곽태(郭泰)가 처음 낙양에 유학을 와서. ○李膺與爲友(이응여위우) : 이응과 벗하였다. ○膺嘗歸鄕里(응상귀향리) : 이응이 고향에 돌아갈 때. ○送車數千兩(송차수천량) : 수천 량(輛=兩)의 수레가 전송을 했다. ○膺惟與泰同舟而濟(응유여태동주이제) : 이응은 오직 곽태하고만 한 배를 타고 강을 건넜다. ○衆賓望之者, 如神仙焉(중빈망지자 여신선언) : 전송 나온 모든 사람들이 바라보고 참으로 신선(神仙) 같다고 말했다.

제7과 모용(茅容), 맹민(孟敏), 구향(仇香)

(1) 容年四十餘, 耕於野. 遇雨避樹下. 衆皆箕踞. 容獨危坐愈恭. 泰見而異之, 遂勸令學.

〈진류군(陳留郡)에 사는〉 모용(茅容)이라는 사람은 나이가 40세가 넘어서도, 밭에서 경작하다가 비를 만나자, 나무 밑에 들어가 비를 피했다.

　다른 사람들은 다리를 뻗고 앉았다. 그러나 모용만은 바른 자세로 앉고, 더욱 공손한 자세를 취했다. 그래서 곽태(郭泰)가 보고 특이하게 생각했으며, 마침내 글을 배우라고 권했다.

어구 설명 ○容年四十餘,(용년사십여) : 〈진류군(陳留郡)에 사는〉 모용(茅容)이라는 사람은 40가 넘어서도, ○耕於野. 遇雨避樹下(경어야 우우피수하) : 밭에서 경작하다가 비를 만나, 나무 밑에 들어가 비를 피했다.
○衆皆箕踞(중개기거) : 다른 사람들은 다리를 뻗고 앉았다. ※「箕(키 기) ; 키, 곡식을 까부르는데 쓰는 기구. 두 다리를 뻗고 앉다.」箕踞(기거)는 두 다리를 쭉 뻗고 앉음. 예의에 벗어난 앉음새. 箕坐(기좌). ○容獨危坐愈恭(용독위좌유공) : 그러나 모용만은 바른 자세로 안고 더욱 공손한 자세를 취했다. ※「危(위태할 위) ; 엄정하다. 바르다. 똑바르다.」危坐(위좌)는 무릎을 꿇고 정좌(正坐)함.「愈(나을 유) ; 일정한 대상보다 더 뛰어나다. 더욱. 점점 더」○泰見而異之, 遂勸令學(태견이이지 수권영학) : 곽태(郭泰)가 보고 특이하게 생각했으며, 마침내 글을 배우라고 권했다.

(2) 鉅鹿孟敏, 荷甑墮地. 不顧而去. 泰見問之. 曰, 甑已破焉. 視之何益. 泰亦勸令學.

거록군(鉅鹿郡)의 맹민(孟敏)이 등에 지고 가던 시루(甑)

가 땅에 떨어졌으나 돌아보지도 않고 가버렸다. 이를 본 〈태원(太原)의〉 곽태(郭泰)가 보고 묻자, 맹민이 말했다.

「이미 시루가 부서졌거늘, 보면 무슨 소용이 있습니까.」

곽태는 역시 〈그에게도〉 글 배우기를 권했다.

어구 설명 ㅇ鉅鹿孟敏,(거록맹민) : 거록군(鉅鹿郡)의 맹민(孟敏)이라는 사람. ㅇ荷甑墮地(하증타지) : 등에 지고 가던 시루(甑)가 땅에 떨어져 깨졌거늘. ※「墮(떨어질 타) ; 부서지다. 깨뜨리다.」 ㅇ不顧而去(불고이거) : 돌아보지 않고 가버렸다. ㅇ泰見問之(태견문지) : 태원(太原)의 곽태(郭泰)가 〈그를〉 보고 물었다.

ㅇ曰, 甑已破焉. 視之何益(왈 증이파언 시지하익) : 〈그러자 맹민이 말했다.〉「이미 시루는 부서졌거늘, 보면 무슨 소용이 있습니까.」 ㅇ泰亦勸令學(태역권영학) : 곽태는 역시 〈그에게도〉 글을 배우기를 권했다.

〈*성질이나 기질이 청명(淸明)하므로, 학문을 통해 천도(天道) 배우기를 권한 것이다.〉

(3) 自餘因泰獎進, 成名者甚衆. 泰擧有道不就. 曰, 吾夜觀乾象, 晝察人事. 天之所廢, 不可支也.

기타(其他), 곽태가 권하여 글을 배우고 진학하고 또 이름을 낸 사람이 많았다.

그러나 곽태가 유도과(有道科) 〈즉 높은 도덕을 지닌 사람을 채용하는 과목〉에 천거되었으나 자리에 나가지 않았

다. 〈*좋은 사람이 천거되도 정치가 타락하여 제대로 쓰여지지 않았다.〉

그래서 〈곽태가〉 말했다. 「나는 어두운 밤 같은 〈타락한 세계에서〉 "건도(乾道)의 상(象)" 즉 〈하늘의 도(道)〉를 본다.」「낮 같은 정치에서는 인사(人事)를 공명정대(公明正大)하게 하려고 한다.」「그러나 〈정치에서는〉 하늘이 버린 것을 인간의 힘으로 어찌할 도리가 없다.」

어구설명 ○自餘因泰獎進, 成名者甚衆(자여인태장진 성명자심중) : 기타(其他), 곽태가 권하여 글을 배우고 진학하고 또 이름을 낸 사람도 많았다. ※ 自餘(자여)는 기타(其他)의 뜻.
○泰擧有道不就.(태거유도불취) : 곽태가 "유도과(有道科)에 천거되었으나 나가지 않았다.〈*좋은 사람이 천거되도 정치가 타락하여 제대로 쓰여지지 않았다.〉
○曰, 吾夜觀乾象,(왈 오야관건상) : 〈곽태가〉 말했다. 나는 어두운 밤 같은 〈타락한 정치에서〉 "건도(乾道=天文)의 상(象)" 즉 〈하늘의 도(道)〉를 본다. ※ 乾道(건도) : 하늘의 도(道), 주역(周易)에서 지강지건(至剛至健)한 덕(德). ○晝察人事(주찰인사) : 낮같은 정치에서는 인사(人事)를 공명정대(公明正大)하게 하려고 한다. ○天之所廢, 不可支也(천지소폐 불가지야) : 그러나 〈현실 정치에서〉 하늘이 버린 것을 인간의 힘으로 어찌할 도리가 없다.

(4) 陳留仇香, 名覽, 年四十, 爲蒲亭長. 民有陳元. 毋告元不孝. 香親到其家, 爲陳人倫. 感悟, 卒爲孝子.

진류군(陳留郡) 사람 구향(仇香)은 이름이 남(覽)이다. 나이 40세에 포정(蒲亭)의 읍장(邑長)이 되었다.

포정의 백성에 진원(陳元)이라는 사람이 있었다. 그의 모친이 자기 아들이 불효라고 고발했다. 〈읍장인〉 구향(仇香)이 그의 집에 가서 〈진원에게〉 인간 윤리를 진술했다. 이에 아들이 감동하고 마침내 효자가 되었다.

여구 설명 ○陳留仇香, 名覽, 年四十, 爲蒲亭長(진유구향 명람 년사십 위포정장) : 진류군(陳留郡) 사람 구향(仇香)은 이름이 남(覽)이다. 나이 40세에 포정(蒲亭=驛)의 읍장(邑長)이 되었다. ※「驛(역참 역) ; 역참(驛站). 역말(驛馬:역마)을 갈아타는 곳.」 ○民有陳元(민유진원) : 포정의 백성에 진원(陳元)이라는 사람이 있었다. ○毋告元不孝(무고원불효) : 그의 모친이 자기 아들 진원이 불효라고 고발했다.
○香親到其家, 爲陳人倫(향친도기가 위진인륜) : 〈포정의 읍장인〉 구향(仇香)이 그의 집에 가서 〈진원에게〉 인간 윤리를 진술했다. ○感悟, 卒爲孝子(감오 졸위효자) : 아들이 깨닫고 마침내 효자가 되었다.

(5) 考城令王奐, 署香爲主簿. 謂曰, 陳元不罰而化之. 得無少鷹鸇之志邪. 香曰, 以爲鷹鸇不若鸞鳳. 奐曰, 枳棘非鸞鳳所栖. 百里非大賢之路. 乃資香入太學. 常自守. 泰就房見之. 起拜牀下曰, 君泰之師也. 不應徵辟而卒.

고성(考城)의 현령(縣令)인 왕환(王奐)이 구향(仇香)을 주부(主簿)로 임명했다. 그리고 말했다.

「〈구향은〉 진원을 처벌하지 않고 교화(敎化)했소이다.」 「그러나 응전(鷹鸇)의 뜻이 부족하지 않소.」

구향이 말했다. 「매나 새매는 난새(鸞)나 봉황새(鳳) 같지 않습니다.」〈*감화하는 것이 처벌하는 것보다 좋다.〉

〈현령인〉 왕환(王奐)이 말했다. 「탱자나무(枳)나 멧대추나무(棘)는 난새(鸞)나 봉황새(鳳)가 깃들지 아니한다. 넓이가 백리(百里) 밖에 안 되는 고장은 대현(大賢)이 살고 다스릴 곳이 아니다.」

그리고 구향(仇香)에게 자금을 대주고 태학(太學)에 들어가서 항상 자수(自守)하게 했다.〈*그래서 구향은 스스로 도를 지켰다.〉〈후에〉 곽태(郭泰)가 〈태학의〉 방에 가서 구향을 만나자, 구향의 침상 아래에 엎드려 〈구향에게〉 절을 하고 말했다. 「귀공이 바로 곽태(郭泰)의 선생님이십니다.」

그 후, 구향은 태학을 마치고 고향에 돌아가 살았다. 그러나 부름에 응하지 않고 도를 따라 살다가 죽었다.〈*징(徵)은 조정의 부름, 벽(辟)은 지방 관서의 부름.〉

어구 설명 ㅇ考城令王奐, 署香爲主簿(고성령왕환 서향위주부) : 고성(考城)의 현령(縣令)인 왕환(王奐)이 구향(仇香)을 주부(主簿)로 임명했다.
ㅇ謂曰, (위왈) : 〈왕환(王奐)이〉 말했다. ㅇ陳元不罰而化

之(진원불벌이화지) : 「〈구향은〉 진원을 처벌하지 않고 교화(敎化)했소이다.」 ㅇ得無少鷹鸇之志邪(득무소응전지지사) : 「그러나 응전(鷹鸇)의 뜻이 부족하지 않소.」〈*「응전(鷹鸇)의 뜻은 매(鷹)나 새매(鸇) 같이 쏘고 처벌한다는 뜻이다.」〉 부모에게 불효한 자에게는 엄중한 벌을 주어도 되지 않는가 하는 뜻이다.

ㅇ香日, 以爲鷹鸇不若鸞鳳(향왈 이위응전불약난봉) : 구향이 말했다. 「매나 새매는 난새(鸞)나 봉황새(鳳) 같지 않습니다.」〈*감화하는 것이 처벌하는 것보다 좋다.〉

ㅇ奐日, 枳棘非鸞鳳所栖. 百里非大賢之路(환왈 지극비란봉소서 백리비대현지로) : 〈현령인〉 왕환(王奐)이 말했다. 「탱자나무(枳)나 멧대추나무(棘)는 난새(鸞)나 봉황새(鳳)가 깃들지 않는다. 넓이가 백리(百里) 밖에 안 되는 고장은 대현(大賢)이 다스릴 곳이 아니다.」 ※「栖(깃들일 서) ; 새가 깃들여 살다.」

ㅇ乃資香入太學. 常自守(내자향입태학 상자수) : 그리고 구향(仇香)에게 자금을 대주고 태학(太學)에 들어가서 항상 자수(自守)하게 했다. 〈*그래서 구향은 스스로 도를 지켰다.〉 ㅇ泰就房見之. 起拜牀下曰,(태취방견지 기배상하왈) : 〈그 후에〉 곽태(郭泰)가 〈구향이 다니는 태학의〉 방에 가서 〈구향을〉 만났다. 그리고 곽태가 일어나 〈구향을 보고〉 엎드려 절을 하고 말했다. ㅇ君泰之師也(군태지사야) : 귀공은 나의 선생님이십니다.

ㅇ不應徵辟而卒(불응징벽이졸) : 구향은 〈평생〉 부름에 응하지 않고 살다가 죽었다. 〈*징(徵)은 조정의 부름, 벽(辟)은 지방 관서의 부름.〉

제8과 기타의 사람들

(1) 自黃瓊以來, 三公如楊秉 · 劉寵, 皆人望. 寵嘗守會稽. 郡大治. 被徵.

황경(黃瓊) 이후, 삼공으로 특히 양병(楊秉), 유총(劉寵)이 이어서 올랐는데 모두 다 인망이 있었다. 유총(劉寵)은 회계 (會稽)의 수령이었으며 고을을 잘 다스렸다. 부름을 받아 조 정으로 오고 있었다.

어구 설명 ○自黃瓊以來,(자황경이래) : 황경(黃瓊) 이래. 〈*황경(黃 瓊)도 태위(太尉)로 삼공(三公)의 한 사람이다.〉 ○三公如 楊秉 · 劉寵, 皆人望(삼공여양병 · 유총 개인망) : 삼공으 로 양병(楊秉), 유총(劉寵)이 이어서 올랐는데 모두 다 인 망이 있었다. 〈후한(後漢)의 삼공은 태위(太尉), 사도(司 徒), 사공(司空)이다.〉 ○寵嘗守會稽. 郡大治. 被徵(총상 수회계 군대치 피징) : 유총(劉寵)은 회계(會稽=浙江省〈절 강성〉)의 수령이었으며 고을을 잘 다스렸다. 부름을 받아 조정으로 오고 있었다.

(2) 有五六老叟. 自山谷閒出, 人齎百錢送之曰, 明 府下車以來, 狗不夜吠. 民不見吏. 今聞, 當見棄 去. 故自扶奉送. 寵曰, 吾政何能及公言邪. 勤苦父 老. 爲人選一大錢受之. 後入爲司空.

　그때 늙은 노인 5, 6명이 산속에서 나와서 저마다 큰 돈 백전(百錢)을 전별(餞別)로 내주며 말했다. 「밝게 다스리는 태수(太守)님께서 〈수레를 타고 와서 내리시고〉 자리에 앉아 다스리신 이래로 〈밤에 도적이 없으므로〉 개도 밤에 짖지 않습니다. 또 백성의 재물을 몰수하는 관리들도 없습니다.」

　「그런데 지금 우리를 버리고 떠나신다는 말을 들었습니다. 그래서 자진해서 지팡이를 짚고 와서 떠나시는 것을 보고 이를 참관하러 왔습니다.

　이에 유총(劉寵)이 말했다. 「나의 다스림이 어찌 노인장의 말에 해당합니까. 어른들을 고생스럽게 해드렸을 뿐입니다.」

　그리고 그중 한 사람의 돈 대전(大錢) 한 푼 만을 받고 〈수레를 타고 가서 관서에 들어가〉 뒤에 그는 사공(司空) 일을 보았다.

어구 설명　ㅇ有五六老叟. 自山谷閒出,(유오륙노유 자산곡한출) : 늙은 노인 5, 6명이 산속에서 나와서.

　ㅇ人賷百錢送之曰,(인재백전송지왈) : 저마다 큰 돈 백전(百錢)을 전별(餞別)로 내주며 말했다. ※ 餞別(전별) : ① 떠나는 사람을 배웅함. 잔치를 베풀어 작별함. ② 송별 때 선물로 주는 돈이나 물품. 「賷=賫는 齎(가져올 재 ; 주다)와 동자이다. 이를 밝힘은 판본에 따라 쓰여졌음.」

　ㅇ明府下車以來,(명부하차이래) : 밝게 다스리는 태수(太守)님께서 〈수레를 내리시고〉 다스리신 이래로.

ㅇ狗不夜吠. 民不見吏(구불야폐 민불견이) : 〈도적이 없으므로〉 개도 밤에 짖지 않고 또 백성들의 재물을 강탈하는 나쁜 관리를 보지 않았습니다.

ㅇ今聞, 當見棄去(금문 당견기거) : 지금 우리를 버리고 떠나신다는 말을 들었습니다. ㅇ故自扶奉送(고자부봉송) : 그래서 자진해서 지팡이를 짚고 와서 떠나시는 것을 보고 이를 참관하러 왔습니다. ㅇ寵曰, 吾政何能及公言邪. 勤苦父老(총왈 오정하능급공언사 근고부노) : 유총(劉寵)이 말했다. 「나의 다스림이 어찌 노인장의 말에 해당합니까. 어른들을 고생스럽게 해드렸을 뿐입니다.」

ㅇ爲人選一大錢受之. 後入爲司空(위인선일대전수지 후입위사공) : 한 사람의 대전(大錢) 한 푼 만을 받고 돌아가 그 뒤에 그는 사공(司空)이 되었다.

(3) 秉立朝正直. 爲河南尹. 時嘗以忤宦官得罪. 後爲太尉, 以卒. 陳蕃繼秉爲太尉. 數言李膺, 以爲司隷校尉. 宦官畏之. 皆鞠躬屛氣, 不敢出宮省.

양병(楊秉)은 조정에 들어가 바르고 곧게 했다. 그가 하남(河南)의 윤(尹)이 되었을 때, 어쩌다가 환관(宦官)의 미움을 사서 이를 거슬려 죄를 뒤집어 쓴 일도 있었다. 그러나 뒤에는 태위(太尉)가 되었으며, 또한 사망했다. 그의 뒤를 진번(陳蕃)이 계승하고 태위(太尉)가 되었다. 그는 자주 이응(李膺)의 인물됨을 말하고 그를 사례교위(司隷校尉)로 삼았다.

　그래서 모든 내시들이 겁을 냈으며, 내시들이 국궁(鞠躬)하고 숨을 죽이고, 감히 궁 밖으로 나가려고 하지 않았다.

> 어구 설명　ㅇ秉立朝正直(병립조정직) : 양병(楊秉)은 조정에 들어가 바르고 곧게 했다.
> 　ㅇ爲河南尹. 時嘗以忤宦官得罪(위하남윤 시상이오환관득죄) : 그가 하남(河南)의 윤(尹)이 되었을 때, 어쩌다가 환관(宦官)의 미움을 사 거슬리고 죄를 뒤집어 쓴 일도 있었다. ※「忤(거스를 오) ; 거역하다. 반대하다」
> 　ㅇ後爲太尉, 以卒(후위태위 이졸) : 뒤에는 태위(太尉)가 되었으며 죽었다.
> 　ㅇ陳蕃繼秉爲太尉(진번계병위태위) : 그의 뒤를 진번(陳蕃)이 계승하고 태위(太尉)가 되었다. ㅇ數言李膺, 以爲司隸校尉(수언이응 이위사례교위) : 그는 자주 이응(李膺)을 말하고 그를 사례교위(司隸校尉)로 삼았다. ㅇ宦官畏之(환관외지) : 그래서 모든 내시들이 겁을 냈다. ※ 司隸校尉(사례교위) : 관리를 감찰하고 도둑을 잡고 비상 경비를 맡아봄.
> 　ㅇ皆鞠躬屛氣,(개국궁병기) : 내시들이 국궁(鞠躬)하고 숨을 죽이고. ※「鞠(공 국) ; 굽히다. 고하다.」鞠躬(국궁)은 존경하는 뜻으로 몸을 굽힘. 애써 노력함.「屛(병풍 병 ; 숨을 죽이다. 두려워하다. 숨다.), 屛은 속자임.」屛氣는 숨을 죽이고 가슴을 졸임. ㅇ不敢出宮省(불감출궁성) : 감히 궁중 밖으로 나가려고 하지 않았다.

(4) 時朝廷綱紀頹弛. 膺獨持風裁, 以聲名自尙. 士

有被其容接者, 名爲登龍門云.

　당시는 조정의 기강(紀綱)이 무너지고 퇴폐하고 느슨해져 있었다. 오직 이응(李膺)만이 엄격한 기풍을 지니고 바르게 처리했다. 그 명성이 이로부터 높아지기 시작하였다. 그래서 선비들 중에 이응(李膺)에게 용납되고 접견이 받아들여지면, 이름이 용문(龍門)에 오른다고 말했다.

> **어구 설명** ○時朝廷綱紀頹弛(시조정강기퇴이) : 당시는 조정의 기강(紀綱)이 무너지고 퇴폐하고 해이했다. ○膺獨持風裁, 以聲名自尙(응독지풍재 이성명자상) : 오직 이응(李膺)만이 엄한 기풍을 지니고 바르게 일을 처리했다. 그 명성이 이로부터 높아지기 시작하였다.
>
> ○士有被其容接者, 名爲登龍門云(사유피기용접자 명위등용문운) : 그래서 선비들 중에 이응(李膺)에게 용납되고 접견이 받아들여지면, 용문(龍門)에 오른 것이라고 말했다. 〈*명(名)은 「이름이 오른다.」 또는 「말한다.」는 뜻으로 풀 수가 있다. *용문(龍門)은 황하(黃河)에 있다. 급류가 흐른다. 잉어가 그곳을 거슬러 올라가면 용이 되고 하늘에 올라간다 하여 등용문(登龍門)은 ① 입신출세(立身出世)의 관문(關門). ② 용문에 오름. 뜻을 이루어 크게 영달함.〉

제9과 말기의 당쟁(黨爭) 금고(禁錮)

(1) 以劉寬爲尙書令. 寬嘗歷典三郡, 多仁恕. 吏民

有過, 以蒲鞭罰之.

　유관(劉寬)이 상서령(尙書令)이 되었다. 유관은 전에 지방의 세 곳에서 군(郡)의 벼슬을 역임하고 다스렸다. 그는 다분히 어질고 또 용서를 하는 성품이었다. 그래서 관리나 백성이 잘못을 해도, 그는 부들풀 회초리로 때릴 뿐이었다.

어구 설명 ○以劉寬爲尙書令(이유관위상서령) : 유관(劉寬)이 상서령(尙書令)이 되었다. ○寬嘗歷典三郡,(관상력전삼군) : 유관은 전에 지방의 세 군(郡)의 벼슬을 역임하고 다스렸다. ○多仁恕(다인서) : 다분히 어질고 또 용서를 했다. ○吏民有過, 以蒲鞭罰之(이민유과 이포편벌지) : 관리나 백성이 잘못을 하면, 부들풀 회초리로 때릴 뿐이었다. 「*蒲(부들 포), 鞭(채찍 편)」 蒲鞭(포편) : 부드러운 부들풀로 만들어 맞아도 아프지 않은 채찍.

(2) 初上爲侯時, 受學於甘陵周福. 及卽位, 擢爲尙書. 時同郡房植有名. 鄕人謠曰, 天下規矩房伯武, 因師獲印周仲進. 二家賓客, 互相譏揣成隙. 由是有甘陵南北部. 黨人之議始此.

　〈환제(桓帝)〉 임금이 전에 후(侯)일 때, 감릉현(甘陵縣)의 주복(周福)에게 글을 배웠다. 그래서 임금이 되자, 〈주복을 발탁해서〉 상서(尙書)로 삼았다.

　당시에 같은 군(郡)에 있는 방식(房植)이 더 유명했다.

〈*그러나 등용되지 않았다.〉 그래서 마을 사람들이 다음 같이 노래를 했다. 「천하에 규범이 되는 사람은 방백무(房伯武 : 房植의 字)이다.」 「그러나 스승 노릇 한 주중진(周仲進 : 周福의 字)만이 인수(印綬)를 받았노라.」

그래서 두 집안의 빈객(賓客)이나 식객(食客)들이 서로 비난하고 다투고 싸워서 틈이 벌어졌다. 이로 인해서 감릉(甘陵)이 남과 북으로 갈라지게 되었으며, 또 당인들의 논쟁(당쟁싸움)이 이때부터 시작되었던 것이다.

어구 설명 ○初上爲侯時, 受學於甘陵周福(초상위후시 수학어감릉주복) : 〈환제(桓帝)〉 임금이 전에 후(侯)일 때, 감릉(甘陵)의 주복(周福)에게 글을 배웠다. ○及卽位, 擢爲尙書(급즉위탁위상서) : 임금 자리에 오르자, 〈주복을 발탁해서〉 상서(尙書)로 삼았다.

○時同郡房植有名(시동군방식유명) : 당시에 같은 군(郡)에 있는 방식(房植)이 더 유명했다. 〈*그러나 등용되지 않았다.〉 ○鄕人謠曰,(향인요왈) : 마을 사람들이 다음 같이 노래를 했다. ○天下規矩房伯武,(천하규구방백무) : 천하에 규범이 되는 사람은 방백무(房伯武 : 房植)이다. ○因師獲印周仲進(인사획인주중진) : 그러나 스승 노릇 한 주중진(周仲進 : 周福)만이 인수(印綬)를 받았노라. ○二家賓客, 互相譏揣成隙(이가빈객 호상기췌성극) : 그래서 두 집안의 식객(食客)들이 서로 비난하고 다투고 싸워서 틈이 벌어졌다. ※「譏(나무랄 기 ; 꾸짖다.), 揣(잴 췌 ; 높이를 측량하다. 시험하다. 생각하다.), 隙(틈 극 ; 사이가 틀어짐. 싸움. 분쟁)」○由是有甘陵南北部(유시유감릉남북부) : 이로

인해서 감릉(甘陵)이 남과 북으로 갈라지게 되었으며.
ㅇ黨人之議始此(당인지의시차) : 당인들의 논쟁(당쟁싸
움)이 이때부터 시작하게 되었다.

(3) 汝南太守宗資, 以范滂爲功曹, 南陽太守成瑨, 以岑晊爲功曹. 皆襃善糾違. 滂尤剛勁, 疾惡如讎. 二郡謠曰, 汝南太守范孟博. 南陽宗資主畫諾. 南陽太守岑公孝. 弘農成瑨但坐嘯.

  여남(汝南)의 태수 종자(宗資)가 범방(范滂)을 공조(功曹)
에 임명했다. 남양(南陽)의 태수 성진(成瑨)은 잠질(岑晊)을
공조로 삼았다. 그들은 다 선(善)을 표창하고 잘못된 것을
규탄했다. 특히 범방(范滂)은 강직하고 강경했으며, 악을
원수처럼 미워했다. 그래서 두 군의 사람들이 노래를 했다.
「여남에 공조로 임명된 범맹박(范孟博=范滂의 字)에게 실
권이 있고 남양 출신 종자(宗資)는 주로 획책과 승낙만 한
다.」「남양의 태수의 실권은 잠공효(岑公孝=잠질〈岑晊〉의
자〈字〉)에 있고, 홍농(弘農) 출신의 성진(成瑨)은 오직 앉아
서 시가(詩歌)를 읊조리기만 한다.」

어구 설명 ㅇ汝南太守宗資, 以范滂爲功曹,(여남태수종자 이범방위
    공조) : 여남(汝南)의 태수 종자(宗資)가 범방(范滂)을 공
    조(功曹)에 임명했다. ㅇ南陽太守成瑨, 以岑晊爲功曹(남
    양태수성진 이잠질위공조) : 남양(南陽)의 태수 성진(成
    瑨)은 잠질(岑晊)을 공조로 삼았다.

○皆褒善糾違(개포선규위) : 그들은 다 선(善)을 표창하고 잘못된 깃을 규탄했다. ○滂尤剛勁, 疾惡如讎(방우강경 질악여수) : 특히 범방(范滂)은 강직하고 강경했으며, 악을 원수처럼 미워했다.

○二郡謠曰,(이군요왈) : 그래서 두 군의 사람들이 노래로 말했다. ○汝南太守范孟博(여남태수범맹박) : 여남의 태수 범맹박(范孟博=范滂)에게 실권이 있다. ○南陽宗資主畫諾(남양종자 주화락) : 남양의 종자(宗資)는 주로 획책과 승낙만 한다. ※「畫(그림 화, 그을 획)」畫策(획책) ; 일을 꾸밈. 계획을 세움. ○南陽太守岑公孝(남양태수잠공효) : 남양태수 잠공(岑公) 효(孝)가 실권을 행사하고. ○弘農成瑨但坐嘯(홍농성진단좌소) : 홍농(弘農) 출신인 성진(成瑨)은 오직 앉아서 시가(詩歌)를 읊조리기만 한다.

【참고 설명】 다시 정리하자.

(1) 여남(汝南) 태수 종자(宗資)가 범방(范滂)을 공조(功曹)로 삼았다.

(2) 남양(南陽) 태수 성진(成瑨)이 잠질(岑晊)을 공조로 삼았다.

(3) 공조(功曹)가 잘했다. 그래서 사람들이 노래로 태수는 형식적이고, 실지로 잘한 사람은 공조라고 한 것이다.

(4) 太學諸生三萬餘人, 郭泰 · 賈彪爲之冠. 與陳蕃 · 李膺更相推重. 學中語曰, 天下模楷李元禮, 不畏强禦陳仲擧. 於是中外承風, 競以臧否相尙.

당시 태학의 학생은 3만여 명이었다. 그들은 곽태(郭泰)와 가표(賈彪)를 관모(冠帽) 같이 받들었다. 아울러 진번(陳蕃)과 이응(李膺)도 높이고 존중했다.

태학 안에서 서로 말했다.「천하의 모범은 이원례(李元禮=李膺)선생이다. 강함을 겁내지 않고 대결하는 사람은 곧 진중거(陳仲擧=陳蕃)선생이다.」

그래서 태학에서나 밖에서나, 그들이 높이는 기풍을 따랐다. 모든 사람이 서로 다투듯이 선(善)과 악(惡)을 분별하고 높였다.

어구 설명 ○太學諸生三萬餘人,(태학제생삼만여인) : 당시 태학에서 글은 배우는 학생은 3만여 명이었다.

○郭泰·賈彪爲之冠(곽태·가표위지관) : 그들은 곽태와 가표를 최고로 높이 받들었다. 즉 관모(冠帽)로 삼았다.

○與陳蕃·李膺更相推重(여진번·이응경상추중) : 진번(陳蕃)과 이응(李膺)도 서로 높이고 존중했다. ○學中語曰,(학중어왈) : 태학 안에서 서로 말했다.

○天下模楷李元禮,(천하모해이원례) : 천하의 모범은 이원례(李元禮=李膺)선생이다.

○不畏强禦陳仲擧(불외강어진중거) : 강함을 겁내지 않고 대항하는 사람은 곧 진중거(陳仲擧=陳蕃)선생이다. ○於是中外承風,(어시중외승풍) : 그래서 태학에서나 밖에서나, 그들이 높이는 기풍을 따랐다.

○競以臧否相尙(경이장부상상) : 서로 다투듯이 선악(善惡)을 분별하고 높였다. ※「臧(착할 장) ; 착하다. 숨기다.」

臧否(장부)는 좋음과 좋지 않음. 남의 선(善)을 말할 때 장(臧), 남의 악(惡)을 말할 때 부(否)라 함. 또는 선인과 악인. 선악과 양부(良否)를 검토하여 그 가치와 타당성을 판정함.

(5) 會成瑨與太原守劉瓆, 於赦後案殺宦官之黨. 徵下獄, 將棄市.

마침 그때에 남양군(南陽郡) 태수 성진(成瑨)과 태원군(太原郡)의 태수 유질(劉瓆)은 대사면(大赦免)이 있었음에도 그 후, 환관(宦官) 당파(黨派)의 사건을 조사하고 그들을 다 살해했다. 〈이에 임금이 두 사람을〉 불러서 하옥하고, 장차 기시하려고 했다.

어구 설명 ○會成瑨與太原守劉瓆,(회성진여태원수유질) : 마침 성진 (成瑨)과 태원의 태수 유질(劉瓆)이. ○於赦後案殺宦官之黨(어사후안살환관지당) : 대사면이 있은 후에도 환관(宦官) 당파(黨派)의 사건을 조사하고 그들을 다 살해했다. ※ 赦免(사면) : ① 지은 죄를 용서하여 벌을 면제하는 일. ② 국가 원수의 특권에 의하여, 공소권(公訴權)을 소멸하거나 형의 언도의 일부 또는 전부를 소멸하는 일. ○徵下獄, 將棄市(징하옥 장기시) : 〈그래서 임금이 두 사람을〉 하옥하고 장차 기시(棄市)하려고 했다.

(6) 山陽守翟超, 以張儉爲督郵, 破宦官踰制冢宅. 東海相黃浮, 亦收宦官家屬犯法者殺之. 宦官訴寃.

皆得罪. 蕃屢爭之, 上不聽. 宦官敎人上書告李膺.
養太學遊士, 共爲部黨, 誹訕朝廷, 疑亂風俗. 上震
怒, 下郡國逮捕黨人.

산양군(山陽郡)의 태수 적초(翟超)가 장검(張儉)을 독우(督郵)로 삼고, 환관이 신분 제도 이상으로 꾸민 호화로운 무덤이나 저택을 다 부셔버렸다.

한편 동해왕(東海王)의 재상(宰相)인 황부(黃浮)도 역시 환관의 가족이면서 법을 어긴 자들을 모조리 죽였다.

그러자 환관들이 임금에게 〈자기들의〉 억울함을 호소했으므로 〈장검(張儉)이나 황부(黃浮)가〉 득죄(得罪)했다.

이에 대해서 진번(陳蕃)이 여러 차례 논쟁을 했다. 그러나 임금은 듣지 않았다.

그러자 환관들이 사람을 시켜서 임금에게 상서하고 이응(李膺)을 고발했다. 즉 「태학의 떠돌이 학생을 양성하고 함께 당파를 만들고 조정을 비난하고 풍속을 문란하게 만들고 있습니다.」

이에 임금이 진노하고 칙령을 지방(郡國)으로 내려서 그들의 당인들을 체포하게 했다.

어구 설명 ㅇ山陽守翟超, 以張儉爲督郵,(산양수적초 이장검위독우) : 산양의 태수 적초(翟超)가 장검(張儉)을 독우로 삼고. 〈*독우(督郵)는 지방의 정치를 감독하는 벼슬.〉

ㅇ破宦官踰制冢宅(파환관유제총택) : 환관이 신분제도 이상으로 호사스럽게 꾸민 무덤이나 저택을 다 부셔버렸다. ※「踰(넘을 유) ; 뛰어넘다. 지나가다. 한층 더.」踰制(유제)는 상규(常規)를 벗어남. 제한을 넘음.

ㅇ東海相黃浮, 亦收宦官家屬犯法者殺之(동해상황부 역수환관가속범법자살지) : 한편 동해왕(東海王)의 재상(宰相)이 된 황부(黃浮)도 역시 환관의 가족으로 법을 어긴 자들을 모조리 잡아 죽였다. 〈*특히 환관, 서황(徐璜)의 형의 아들인 선(宣)을 말한다.〉宰相(재상) : 임금을 보필하며 모든 관원을 지휘, 감독하는 자리에 있는 2품 이상의 벼슬을 통틀어 이르던 말. 경상, 경재, 재신이라고도 하며 높여서 부를 때 상공(相公)이라고도 한다.

ㅇ宦官訴寃. 皆得罪(환관소원 개득죄) : 환관이 임금에게 〈자기들의〉 억울함을 호소했다. 그래서 〈장검이나 황부가〉 죄를 뒤집어썼던 것이다. ※「寃(원통할 원) ; 억울한 죄를 받다. 寃은 冤의 속자.」

ㅇ蕃屢爭之, 上不聽(번루쟁지 상불청) : 이에 대해서 진번(陳蕃)이 여러 차례 다투었다. 그러나 임금은 듣지 않았다.

ㅇ宦官敎人上書告李膺(환관교인상서고이응) : 그러자 환관들이 사람을 시켜서 임금에게 상서하고 이응(李膺)을 고발했다.

ㅇ養太學遊士, 共爲部黨, 誹訕朝廷, 疑亂風俗(양태학유사 공위부당 비산조정 의란풍속) :「태학의 떠돌이 학생을 양성하고 함께 당파를 만들고 조정을 비난하고 풍속을 문란하게 만들고 있습니다.」

ㅇ上震怒, 下郡國逮捕黨人(상진노 하군국체포당인) : 임

금이 진노하고 칙령을 지방으로 내려서 그들의 당인들을 체포하게 했다. ※ 郡國制(군국제)는 한(漢)의 고조(高祖)가 실시한 지방통치제도. 수도와 가까운 지역은 군현(郡縣)을 두어 황제가 직접 다스리고, 먼 지역은 황족이나 공신들을 제후로 봉하여 다스리게 하였음.

(7) 案經三府. 蕃卻不肯署. 上愈怒, 下膺等北寺獄. 辭連杜密・陳寔・范滂等二百餘人. 使者追捕四出. 蕃又極諫. 上策免之. 朝廷震慄. 莫敢復爲黨人言者.

죄안(罪案)이 삼부(三府)를 거쳐서 진번(陳蕃)에게 왔다. 그러나 그는 서명하지 않았다. 그래서 임금이 더욱 화를 냈으며, 이응(李膺) 등을 북사옥(北寺獄)에 감금했다. 〈*북사옥(北寺獄)은 궁중에 있는 감옥이다. 고관을 임시로 감금하는 곳이다.〉 기록문에 의하면 걸려든 자가 두밀(杜密), 진식(陳寔), 범방(范滂) 등 2백 명 이상이었다. 체포에 나선 사자들이 사방으로 나가서 체포해야 했다. 진번(陳蕃)이 다시 극간하자, 임금이 책문(策文)을 내려서 진번(陳蕃) 등을 파면했다. 이에 조정의 모두가 크게 두려워하여 감히 당인(黨人)에 대한 말을 하지 않았다.

어구 설명 ○案經三府. 蕃卻不肯署(안경삼부 번각불긍서) : 죄안(罪案)이 삼부를 거쳐서 진번(陳蕃)에게 왔다. 그러나 그는 서명하지 않았다. ※ 三府(삼부) : 삼공(三公)의 관부(官府).

ㅇ上愈怒, 下膺等北寺獄(상유노 하응등북사옥) : 그래서 임금이 더욱 화를 냈으며, 이응(李膺) 등을 북사옥(北寺獄)에 감금했다. 〈*북사옥(北寺獄)은 궁중에 있는 감옥이다. 고관을 임시로 감금하는 곳이다. 내시(內侍)들이 감시하는 곳이다.〉

ㅇ辭連杜密 · 陳寔 · 范滂等二百餘人(사연두밀 · 진식 · 범방등이백여인) : 기록문에 의하면 걸려든 자가 두밀(杜密), 진식(陳寔), 범방(范滂) 등 2백 명 이상이다. ㅇ使者追捕四出(사자추포사출) : 사자들이 사방으로 나가서 체포해야 했다. ㅇ蕃又極諫(번우극간) : 진번(陳蕃)이 다시 극간(極諫)했다.

ㅇ上策免之(상책면지) : 책(策 : 파면장)을 내려서 진번(陳蕃) 등을 면직(免職)하게 했다. ㅇ朝廷震慄. 莫敢復爲黨人言者(조정진율 막감복위당인언자) : 그래서 조정에 있는 모든 관리들이 크게 두려워하여 다시는 당인(黨人)에 대한 말을 하지 않았다.

(8) 賈彪曰, 吾不西行, 大難不解. 乃入洛陽, 說皇后父竇武, 上疏解之. 膺等獄辭, 又多引宦官子弟. 宦官乃懼, 白上赦黨人二百餘人, 皆歸田里, 書名三府, 禁錮終身.

〈영천(潁川) 사람〉 가표(賈彪)가 말했다. 「내가 서행하지 않으면, 이 문제를 풀기 어렵다.」〈*동쪽인 영천에서 서행해서 수도인 낙양(洛陽)에 간다.〉

그리고 즉시 낙양에 가서 황후의 부친 두무(竇武)에게 말하고 상소해서 해결했다.

한편 이응(李膺) 등이 옥사를 진술할 때, 너무 많이 환관과 자제들의 말을 했으므로 〈도리어〉 환관들이 두려워하고, 임금에게 〈그들을〉 사면해주라고 상서했다.

그래서 그들 당인 2백여 명을 〈각자의〉 시골에 돌려보냈다. 그리고 이름을 삼부에 써 보내어 종신(終身)토록 금고(禁錮)하게 했다.

어구 설명 ○賈彪曰, 吾不西行,(가표왈 오불서행) : 〈영천(穎川) 사람〉 가표(賈彪)가 말했다. 「내가 서행하지 않으면.」〈*동쪽인 영천에서 서행해야 수도(首都) 낙양(洛陽)에 간다.〉 ○大難不解(대난불해) : 이 문제를 풀기 어렵다. ○乃入洛陽, 說皇后父竇武,(내입낙양 설황후부두무) : 즉시 낙양에 가서 황후의 부친 두무(竇武)에게 말했다. ○上疏解之(상소해지) : 임금에게 상소해서 그들을 풀어주게 했다. ○膺等獄辭, 又多引宦官子弟(응등옥사 우다인 환관자제) : 한편 이응(李膺) 등이 옥사를 진술할 때, 너무 많이 환관과 자제들의 말을 했다. ○宦官乃懼,(환관내구) : 그래서 환관들이 두려워하고, ○白上赦黨人二百餘人, 皆歸田里,(백상사당인이백여인 개귀전리) : 임금에게 〈그들을〉 사면해주기를 상서했다. 그래서 그들 당인 2백여 명을 〈각자의〉 시골에 돌려보냈다. ○書名三府, 禁錮終身(서명삼부 금고종신) : 그리고 이름을 삼부에 써 보내어 종신토록 금고하게 했다. ※ 禁錮(금고) :

① 감옥에 가두고 노역(勞役)은 시키지 않는 형벌. ② 벼슬 길을 막아 등용하지 않던 일. 여기서는 ②에 해당된다.

(9) 上在位二十一年, 改元者七, 曰建和·和平· 元嘉·永興·永壽·延熹·永康.

환제(桓帝)는 21년 간 임금 자리에 있었다. 연호를 일곱 번 고쳤다. 즉 건화(建和), 화평(和平), 원가(元嘉), 영흥(永興), 영수(永壽), 연희(延熹), 영강(永康)이다.

(10) 崩. 竇皇后迎立解瀆亭侯. 是爲孝靈皇帝.

환제가 붕어하자, 두황후(竇皇后)가 해독정(解瀆亭 : 지명)의 후(侯)를 맞아들여 제위에 세웠다. 이가 곧 효령황제(孝靈皇帝)다. 〈약칭은 영제(靈帝)다.〉 (A.D. 168)

함양에 입성하는 유방

제6장 동한(東漢=後漢) 말기

* 동한(東漢) 말기는 혼란(混亂)과 쇠멸(衰滅)의 시기다. 외척(外戚), 환관(宦官), 당인(黨人)이 혼란했다. 그래서 한(漢)이 쇠멸(衰滅)하고 다른 세력이 대두했다.

제1과 영제(靈帝) : 환관의 반란

(1) [孝靈皇帝] 名宏, 章帝玄孫也. 年十二卽位. 竇太后臨朝. 竇武爲大將軍, 陳蕃爲太傅. 徵天下名賢. 李膺 · 杜密等, 皆列于朝. 天下想望太平.

「효령황제」는 이름이 굉(宏)이다. 장제(章帝)의 현손(玄孫)이다. 12세에 자리에 올랐다.

그래서 두태후(竇太后)가 조정에 나가서 섭정했고, 〈태후의 아버지〉 두무(竇武)가 대장군(大將軍)이 되었다.

진번(陳蕃)이 태부(太傅)가 되었으며 천하의 명현을 불렀다. 그래서 이응(李膺)과 두밀(杜密) 등이 다 조정에 참가했다. 이에 천하가 태평해지리라고 생각했다.

어구 설명 ㅇ[孝靈皇帝] 名宏, 章帝玄孫也(효령황제 명굉 장제현손야) : 「효령황제」는 이름이 굉(宏)이다. 장제(章帝)의 현손(玄孫)이다. ※ 玄孫也 : 章帝가 開를 낳고 開가 淑을 낳았

으며 淑은 萇을 낳으니 萇이 靈帝를 낳았다. ㅇ年十二卽位
(년십이즉위) : 12세에 자리에 올랐다.

ㅇ竇太后臨朝. 竇武爲大將軍,(두태후임조 두무위대장군)
: 그래서 두태후(竇太后)가 조정에 나가서 섭정했고, 〈태
후의 아버지〉 두무(竇武)가 대장군(大將軍)이 되었다.

ㅇ陳蕃爲太傅(진번위태부) : 진번(陳蕃)이 태부(太傅)가
되었다.

ㅇ徵天下名賢. 李膺·杜密等, 皆列于朝(징천하명현 이
응·두밀등 개열우조) : 천하의 명현을 불렀다. 그래서
이응(李膺)과 두밀(杜密) 등이 다 조정에 참가했다. ㅇ天
下想望太平(천하상망태평) : 천하가 태평해지리라고 생
각했다.

(2) 蕃·武共議, 以宦官操弄國柄, 濁亂海內, 奏誅曹節·王甫等. 謀泄. 宦者夜召所親, 歃血共盟, 請帝御前殿, 作詔板, 拜王甫黃門令, 使其黨持節收武等, 誣以大逆. 先執陳蕃殺之. 武自殺. 梟首都亭. 遷太后於南宮.

진번(陳蕃)과 두무(竇武)가 함께 의논했다. 「환관이 국권
을 농단하고 해내(海內)를 혼란하게 하므로 내시 조절(曹
節)과 왕보(王甫) 등을 주살해야 한다.」고 상주하려고 했
다. 〈허나〉 그들의 모의가 누설(漏泄)되었다.

이에, 환자(宦者=內侍)들이 밤에 친한 자들을 불러서 모
아, 동물의 피를 입가에 칠하고 함께 맹서를 했다. 그리고

임금에게 「앞의 궁전으로 옮아가시라.」고 청해 올렸다.

한편 판자에 두무(竇武) 등을 주살(誅殺)하라는 조서를 가짜로 적고, 내시 왕보(王甫)를 황문령(黃門令)으로 삼게 했다. 〈*黃門令은 궁 안을 지휘하는 수령.〉

그리고 자기 일당들로 하여금 부절(符節)을 들고 가서 두무(竇武) 등을 잡아서 거짓으로 대역(大逆)이라고 했다.

그리고 먼저 진번(陳蕃)을 잡아 죽였다. 이에 두무(竇武)가 자살하자, 그의 목을 낙양의 도정(都亭)에 높이 내걸었으며, 황태후를 남궁(南宮)으로 옮겼다.

어구 설명 ㅇ蕃·武共議,(번·무공의) : 진번(陳蕃)과 두무(竇武)가 함께 의논하고. ㅇ以宦官操弄國柄, 濁亂海內,(이환관조롱국병 탁란해내) : 환관이 국권을 농단하고 해내를 혼란하게 하므로. ㅇ奏誅曹節·王甫等(주주조절·왕보등) : 내시 조절(曹節)과 왕보(王甫) 등을 주살해야 한다고 상주하려고 했다. ㅇ謀泄(모설) : 그런데 그들의 모의가 누설(漏泄)되었다.

ㅇ宦者夜召所親, 歃血共盟,(환자야소소친 삽혈공맹) : 환자(宦者=內侍)들이 밤에 친한 자들이 모여서, 동물의 피를 입가에 칠하고 함께 맹서를 했다. ※「歃(마실 삽) ; 맹세를 다짐하여 희생의 피를 마시다.」歃血(삽혈)은 굳게 맹세할 때에 희생(犧牲)의 피를 서로 나누어 마시거나 입술에 바르고 서약을 꼭 지킨다는 단심(丹心)을 신에게 보이는 일.

ㅇ請帝御前殿,(청제어전전) : 그리고 임금에게 「앞의 궁전으로 옮아가시라.」고 청해 올렸다.

ㅇ作詔板,(작조판) : 그리고 판자에 두무(竇武) 등을 주살(誅殺)하라는 조서를 가짜로 적었다. ㅇ拜王甫黃門令,(배왕보황문령) : 그리고 내시 왕보(王甫)를 황문령(黃門令)으로 삼았다. 〈*황문령(黃門令)은 궁 안을 지휘하는 수령.〉 ㅇ使其黨持節收武等, 誣以大逆(사기당지절수무등무이대역) : 일당들로 하여금 부절(符節)을 들고 가서 두무(竇武) 등을 잡아서 거짓으로 대역(大逆)이라 했다. ※ 持節(지절) : ① 목패(木牌)에 문구나 문자를 쓰고 중앙에 계인(契人)을 눌러 둘로 나눈 것. 부절(符節). 신임장(信任狀). ② 나중에 맞춰봐서 증거로 하는 것. ③ 천자에게서 받은 부절(符節)을 가짐. 符節(부절) : 돌·옥·대나무 따위로 만든 신표(信標). 사신이 지니던 것으로, 둘로 갈라서 하나는 조정에 보관하고 다른 하나는 본인이 신표로 가졌음. ㅇ先執陳蕃殺之(선집진번살지) : 그리고 먼저 진번(陳蕃)을 잡아 죽였다. ㅇ武自殺. 梟首都亭(무자살 효수도정) : 두무(竇武)가 자살하자, 그의 목을 낙양의 도정(都亭)에 높이 내걸었다. ※ 梟首(효수)는 죄인의 목을 베어 사람들이 보도록 높은 곳에 매달던 일. 都亭(도정)은 낙양(洛陽)의 지명(地名). ㅇ遷太后於南宮(천태후어남궁) : 그리고 황태후를 남궁(南宮)으로 옮겼다.

제2과 덕이 높은 인물들

(1) 李膺初雖廢錮, 士大夫皆高其道, 而汚穢朝廷, 更相標榜. 爲稱號, 以竇武·陳蕃·劉淑, 爲三君.

言一世之所宗也.

이응(李膺)은 처음에는 폐고(廢錮=장래 벼슬하는 길을 끊어 막는 것)되었지만, 사대부들은 다 그의 도(道)가 높다고 쳤다. 반대로 조정(朝廷)이 타락하고 더럽다고 했다. 그래서 더욱 표방해야 한다고 칭송했다. 또 두무(竇武), 진번(陳蕃) 유숙(劉淑)을 삼군(三君)이라 하고, 일세(一世)의 으뜸으로 높였다.

(2) 李膺·荀昱·杜密·王暢·劉祐·魏朗·趙典·朱寓·爲八俊. 言人英也.

이응(李膺), 순욱(荀昱), 두밀(杜密), 왕창(王暢), 유우(劉祐), 위랑(魏朗), 조전(趙典), 주우(朱寓)를 팔준(八俊)으로 치고 이는 사람들 중에서 영걸(英傑)임을 뜻한다고 말했다.

※「寓=宇(집 우 ; 지붕)와 동자. 㝢와도 동자.」

(3) 郭泰·范滂·尹勳·巴肅·宗慈·夏馥·蔡衍·羊陟爲八顧, 言能以德行引人也.

곽태(郭泰), 범방(范滂), 윤훈(尹勳), 파숙(巴肅), 종자(宗慈), 하복(夏馥), 채연(蔡衍), 양척(羊陟)은 팔고(八顧)라고 했다. 이들은 덕(德)으로 모든 사람을 인도한다 함을 말한 것이다.

(4) 張儉 · 翟超 · 岑晊 · 菀康 · 劉表 · 陳翔 · 孔
昱 · 檀敷爲八及. 言能導人追宗也.

장검(張儉), 적초(翟超), 잠질(岑晊), 완강(菀康), 유표(劉表), 진상(陳翔), 공욱(孔昱), 단부(檀敷)는 팔급(八及)이라고 했다. 능히 사람을 인도하고 숭배(崇拜)받게 되서 그 으뜸에 따를 수 있게 한다 함을 말한 것이다.

(5) 度尙 · 張邈 · 王孝 · 劉儒 · 胡母班 · 秦周 · 蕃
嚮 · 王章爲八廚. 言能以利救人也.

도상(度尙), 장막(張邈), 왕효(王孝), 유유(劉儒), 호무반(胡母班), 진주(秦周), 번향(蕃嚮), 왕장(王章)을 팔주(八廚)라 했다. 능히 사람의 어려움을 재물로 구제할 수 있다는 뜻을 말한 것이다. ※「毋(말 무 ; 아니다. 없다.)」胡母班(호무반) : 호무(胡母)는 즉 복성(複姓＝覆姓), 班이 이름.

(6) 及陳蕃 · 竇武用事, 復擧拔膺等. 陳 · 竇死, 膺
等復廢錮.

〈영제(靈帝) 때에〉 진번(陳蕃)과 두무(竇武)가 정사를 맡자, 다시 이응(李膺) 등을 발탁했다. 그러나 진번(陳蕃)과 두무(竇武)가 죽은 다음에는 이응(李膺) 등을 다시 폐하고 가두었다.

〈*제2과는 인명이 많고 내용은 간단함으로 어구 설명을 생략했
다.〉

제3과 당인(黨人)의 비애(悲哀)

(1) 曹節諷有司, 奏諸鉤黨. 膺詣詔獄考死.

〈음흉하고 악덕한〉 환관(宦官) 조절(曹節)이 관리들에게
〈학식 있는 당인(黨人)들 처치하기를〉 암시했다. 그래서 관
리들은 임금에게 당인들을 잡아서 가두기를 상주했던 것이
다. 이에 이응(李膺) 등이 조령(詔令)을 받고 감옥에 잡혀가
서 고문을 받고 죽었던 것이다.

어구 설명 ○曹節諷有司,(조절풍유사) : 〈음흉하고 악덕한〉 환관(宦
官) 조절(曹節)이 관리들에게 은근히 지시를 했다. ○奏諸
鉤黨(주제구당) : 〈그래서 관리들이〉 임금에게 모든 당인
(黨人)들을 잡아서 가두기를 상주했던 것이다. ※「鉤(갈고
랑이 구 ; 찾아내다. 갈고랑이에 걸어서 취하다.) 鈞로 된 판
본도 있다. 鈞의 속자.」黨人(당인) : 환관들이 유학자와 의
리있는 사람들을 모두 당인으로 몰았다. ○膺詣詔獄考死
(응예조옥고사) : 이에 이응(李膺)이 임금의 조령(詔令)을
받고 감옥에 잡혀가서 고문을 받고 죽었던 것이다.
〈*환관(宦官=內侍)에게 꽉 잡힌 영제(靈帝)가 간악한 내시
조절(曹節)의 모략대로 조서를 내렸다. 그래서 청명(淸明)
하고 근직(謹直)한 당인들이 억울하게 욕을 본 것이다.〉

(2) 滂就捕. 母與訣曰, 汝今得與李杜齊名. 死亦何憾. 滂跪受敎, 再拜而辭. 顧其子曰, 使汝爲惡, 惡不可爲. 使汝爲善, 我不爲惡. 聞者爲之流涕. 黨人死者百人, 其死徙廢錮者, 又六七百人.

범방(范滂)이 체포되자, 그때 범방의 어머니가 결별을 고하면서 다음과 같이 말했다.

「너는 이미 이응(李膺)과 두밀(杜密) 등 〈의로운 분들과〉 이름을 같이 했다. 그러니 죽은들 어찌 유감이 있겠느냐.」 범방(范滂)은 꿇어앉아서 〈어머님의〉 말씀을 듣고, 두 번 절하고 물러났다.

범방은 아들을 보고 말했다. 「남이 너에게 악을 시켜도, 너는 절대로 악을 하지 말라.」 「너로 하여금 선을 하게 하기 위해서, 나는 악을 하지 아니했던 것이다.」 그의 말을 듣는 사람이 모두 눈물을 흘리고 울었다.

그때 당인으로 죽은 사람이 백 명이나 되었으며, 기타 죽거나 유배하거나 감옥에 갇힌 사람의 수가 6, 7백 명이나 되었다.

어구 설명 ○滂就捕(방취포) : 범방(范滂)이 체포되자. ○母與訣曰,(모여결왈) : 그때 범방의 어머니가 결별을 고하면서 다음과 같이 말했다. ○汝今得與李杜齊名. 死亦何憾(여금득여이두제명 사역하감) : 「너는 이미 이응(李膺)과 두밀(杜密) 등 〈의로운 분들과〉 이름을 같이 했다. 그러니 죽은들 무슨 유감이 있겠느냐.」 ㅇ滂跪受敎, 再拜而辭(방궤수교재배이사) : 범방(范滂)은 꿇어앉아서 〈어머님의〉 말씀을 듣고, 두 번 절하고 물러났다. ㅇ顧其子曰, 使汝爲惡, 惡不可爲(고기자왈 사여위악 악불가위) : 아들을 보고 말했다. 「남이 너에게 악을 시켜도, 너는 절대로 악을 하지 말라.」 ㅇ使汝爲善, 我不爲惡(사여위선 아불위악) : 「너로 하여금 선을 하게 하기 위해서, 나는 악을 하지 아니했던 것이다.」

ㅇ聞者爲之流涕(문자위지류체) : 그의 말을 듣는 사람이 모두 눈물을 흘리고 울었다.

ㅇ黨人死者百人,(당인사자백인) : 그때 당인으로 죽은 사람이 백 명이나 되었으며. ㅇ其死徒廢錮者, 又六七百人(기사사폐고자 우육칠백인) : 그때 죽이거나 유배하거나 감옥에 가둔 사람의 수가 6, 7백 명이나 되었다.

한대(漢代) 석곽묘(石槨墓)

(3) 郭泰私痛曰, 詩云, 人之云亡, 邦國殄瘁. 漢室滅矣. 但未知瞻烏爰止, 于誰之屋耳. 泰雖好臧否, 而不爲危言覈論. 故處濁世, 而禍不及焉.

곽태(郭泰)는 혼자 통탄하고 말했다. 「시경에 있다. "사람이 망하면, 나라도 병들고 망한다."고 했으니, 장차 한나라도 멸망할 것이다.」「또 시경에 있다. "지금은 까마귀가 앉아 있으나, 장차 어느 집으로 갈지 알 수가 없다."고 했다.」〈*둘이 다 시경에 있는 말이다. 한나라가 망할 거라는 풍자다.〉 곽태(郭泰)는 즐겨 선과 악을 분별하여 논평했지마는, 그러나 위태로운 말로 엄하게 이론을 밝히지 않았다. 고로 혼탁한 세상에서도 심각한 화(禍)를 받지 않았던 것이다.

어구 설명 ○郭泰私痛曰,(곽태사통왈) : 곽태(郭泰)는 혼자 통탄하고 말했다. ○詩云, 人之云亡, 邦國殄瘁. 漢室滅矣(시운 인지 운망 방국진췌 한실멸의) : 「시경에 있다. "사람이 망하면, 나라도 병들고 망한다."고 했으니, 한나라도 멸망할 것이다.」〈*시경 대아 첨앙(詩經 大雅 瞻卬)에 있다.〉 ※「殄(다할 진) ; 모조리. 앓다. 멸망함. 瘁(췌) ; 병들음.」 殄瘁(진췌)는 모두 지쳐 괴로워함. 병들고 시듦. 瘁殄(췌진), 殄悴(진췌). ○但未知瞻烏爰止, 于誰之屋耳(단미지첨오원지 우수지옥이) : 「또 시경에 있다. "지금은 까마귀가 앉아 있으나, 장차 어느 집으로 갈지 알 수가 없다."고 했다.」〈*시경 소아 정월(詩經 小雅 正月)에 있는 말이다. 지금은 까마귀가 있으나, 장차 모른다고 한 것은 곧 한나라가 망할 거라는 뜻을 풍자한 것이다.〉 ※「瞻(볼 첨) ; 쳐다보다. 우러러보다.」 瞻烏(첨오)는 까마귀가 머무를 곳을 바라봄. 나라가 어지러워 백성이 의지할 곳을 잃음의 비유. ○泰雖好臧否,(태수호장부) : 곽태(郭泰)는 즐겨 선과 악을 분별하여 논평했지마는, ※「臧(착할 장) ; 숨기다. 억누르다.」 臧否(장부) : ① 좋음과 좋지 않음. 선악(善惡) 또는 선인과 악인. ② 선악과 양부(良否)를 검토하여 그 가치와 타당성을 판정함. ○而不爲危言覈論(이불위위언핵론) : 그러나 위태로운 말로 엄하게 이론을 밝히지 않았다. ※「覈(핵실할 핵) ; 실상을 조사하다.」 覈論(핵론)은 일의 실상을 조사하여 논박(論駁)함. 엄하게 논(論)함. ○故處濁世, 而禍不及焉(고처탁세 이화불급언) : 고로 혼탁한 세상에 있어도 화(禍)가 〈그에게〉 미치지 않았던 것이다.

제4과 말기의 혼란

(1) 詔諸儒正五經文字. 命蔡邕爲古文 · 篆 · 隸三體, 書之刻石, 立太學門外. 上好文學, 引諸生能文賦者, 竝待制鴻都門下. 置立太學. 諸生皆斗筲小人, 君子恥之.

영제(靈帝)가 모든 유학자(儒學者)에게 조서를 내려 오경(五經)의 문자를 바르게 정정(訂正)하도록 했다. 〈*시(詩), 서(書), 역(易), 예(禮), 춘추(春秋)다.〉

채옹(蔡邕)에게 명하여 고문자(古文字), 전서(篆書), 예서
(隸書) 등, 세 서체(書體)로 쓰게 했다. 그리고 돌에 조각해
서 태학 문 밖에 세웠다.

임금은 학문을 좋아했다. 그래서 모든 학생들 중 문장(文
章)이나 시부(詩賦)를 잘 짓는 자를 낙양(洛陽)의 홍도문(鴻
都門) 아래에 있으면서, 〈임금이 내리는〉 조서를 기다리게
했다.

임금은 또 태학(太學)도 많이 세웠다. 〈*홍도문에 세운
태학은 임금의 사학(私學)이다.〉

모여든 학생들은 두소(斗筲) 같은 소인들이었다. 그래서
군자(학자, 현인)가 이를 부끄럽게 여겼다.

어구 설명 ○詔諸儒正五經文字(조제유정오경문자) : 영제(靈帝)가
　　　모든 유학자(儒學者)에게 조서를 내려 오경(五經)의 문자
　　　를 바르게 정정(訂正)하도록 했다. 〈*시(詩), 서(書), 역
　　　(易), 예(禮), 춘추(春秋)다.〉
　　　○命蔡邕爲古文 · 篆 · 隸三體,(명채옹위고문 · 전 · 예삼
　　　체) : 채옹(蔡邕)에게 명하여 고문체(古文體), 전서(篆書),
　　　예서(隸書) 등 세 가지 체로 쓰게 했다. ※ 古文字(고문자)
　　　는 중국 고대의 문자(文字)로 蝌(올챙이 과), 蝌蚪文字(과
　　　두문자)는 황제(皇帝) 때 창힐(蒼詰)이 지었다는 중국 고대
　　　문자. 글자 모양이 올챙이 같이 획머리는 굵고 끝이 가늚.
　　　전서(篆書)에는 대전(大篆)과 소전(小篆)이 있다. 전자(前
　　　者)는 주(周)의 사주(史籀)의 작(作), 籀는 籀(주문 주)의 속
　　　자. 籀文(주문) : 주(周) 선왕(宣王) 때 태사(太史) 주(籀)가

만든 한자. 자체(字體)의 한 가지. 소전(小篆)의 전신으로 대전(大篆)이라고도 함. 사주(史籀), 전주(籀篆). 후자(後者)는 진(秦)의 이사(李斯)의 작(作)이라고 함. 예서(隸書)는 진(秦)의 정막(程邈)이 전서(篆書)의 자획(字畫)을 간략하게 고친 것. 진시황(秦始皇) 때 정막이 소전(小篆)을 더욱 생략하여 만들었다고 함. 해서(楷書)라고도 함. 해서(楷書) : 점과 획을 따로하여 방정(方正)하게 쓰는 글씨로 예서(隸書)에서 발전한 것으로 자획(字畫)이 엄정하다.

ㅇ書之刻石, 立太學門外(서지각석 입태학문외) : 글을 돌에 조각해서 태학 문 밖에 세웠다.

ㅇ上好文學, 引諸生能文賦者,(상호문학 인제생능문부자) : 임금은 학문을 좋아했다. 그래서 모든 학생들 중 문(文)이나 부(賦)를 잘 짓는 자를 데려와서.

ㅇ竝待制鴻都門下(병대제홍도문하) : 모두 다 홍도문(鴻都門) 밑에서 임금이 내리는 조서를 기다리게 했다. ※ 待制(대제) : 조서(詔書)가 내려오는 것을 기다림. 조서(詔書)는 임금의 선지(宣旨)를 일반에게 널리 알릴 목적으로 적은 문서. 조명(詔命). 조칙(詔勅). 준말로 그냥 조(詔)라고도 한다.

ㅇ置立太學(치립태학) : 또 태학(太學)도 많이 세웠다. 〈*홍도문 안에 세운 태학은 일종의 사학(私學)이다.〉 ㅇ諸生皆斗筲小人, 君子恥之(제생개두소소인 군자치지) : 모여든 학생들은 두소(斗筲) 같은 소인배들이었으므로 군자(학자, 현인)가 이를 부끄럽게 여겼다. ※ 斗筲(두소) : 기량이 좁은 사람. 녹봉이 적음. 斗는 한 말들이 말. 筲는 한 말 두 되들이 죽기(竹器), 즉 되로 헤아릴만큼 잔 인물이라는 뜻.

(2) 開西邸賣官. 各有賈. 崔烈以五百萬得司徒. 問
其子以外議何如. 子曰. 人嫌其銅臭耳.

서저(西邸)를 개설하고 관직을 돈으로 팔았다. 〈*「광화
(光和) 원년 : 서기 178년 12월에 낙양(洛陽) 서원(西園)에
서저(西邸)를 만들고 관직을 돈으로 팔았다.」〉 관직에 따라
가격도 달랐다.

최열(崔烈)이라는 자가 5백만 금으로 사도(司徒)직을 샀
다. 그리고 최열(崔烈)은 자기 아들에게 물었다. 「외부 사
람들은 무엇이라고 말하느냐.」 아들이 말했다. 「사람들은
구리 냄새가 난다고 하며 싫어합니다.」

어구 설명 ㅇ開西邸賣官(개서저매관) : 서저(西邸)를 개설하고 벼슬
을 돈으로 팔았다. 〈*「광화(光和) 원년 : 서기 178년 12월
에 낙양(洛陽) 서원(西園)에 서저(西邸)를 만들고 관직을
돈으로 팔았다.」〉 ※ 西邸(서저) : 점포(店鋪)와 같은 것으
로서, 뜰에다 창고를 지어놓고 관직을 팔아 돈을 거두어
들였다. ㅇ各有賈(각유가) : 관직에 따라 가격도 다르다.
ㅇ崔烈以五百萬得司徒(최열이오백만득사도) : 최열(崔烈)
이라는 자가 5백만 금으로 사도(司徒)직을 샀다. ㅇ問其
子以外議何如(문기자이외의하여) : 최열(崔烈)이 자기 아
들에게 물었다. 「〈그런 일을〉 외부 사람들은 무엇이라고
말하느냐.」 ㅇ子曰. 人嫌其銅臭耳(자왈 인혐기동취이) :
아들이 말했다. 「사람들은 구리 냄새가 난다고 하며 싫어
합니다.」

제7장 시대 변천과 새 인물 등장

제1과 태평도(太平道)와 황건적(黃巾賊)

(1) 鉅鹿張角, 以妖術敎授. 號太平道. 符水療病. 遣弟子遊四方, 轉相誑誘. 十餘年間徒衆數十萬. 置三十六方. 大方萬餘, 小方六七千, 各立渠帥. 一時俱起. 皆著黃巾, 所在燔劫, 旬月之間, 天下響應. 遣皇甫嵩等討黃巾.

거록군(鉅鹿郡)의 장각(張角)이 제자들에게 요술(妖術)을 가르쳤다. 〈그 술법을〉 태평도(太平道)라 했으며, 부적과 물로 사람의 병을 치료했다.

그리고 제자들을 사방으로 보내서 이리저리 돌면서 사람들을 거짓으로 유혹하고 홀렸다. 그래서 십여 년 동안에 무리들이 수십 만이나 모였다.

그러자 36명의 〈각 지방을 다스리는〉 지휘관을 두었다. 〈*방(方)은 각 지방을 다스리는 지휘관이나 장군의 뜻이다.〉 큰 지방의 지휘관은 만여 명을 다스렸고, 작은 지방의 지휘관은 6, 7천 명을 다스리게 했다. 다시 제각기 큰 장수(將帥)를 세워서 통수하게 했다.

그리고 일시에 전국적으로 들고 일어나게 했다. 〈*영제(靈

帝) 중원(中元) 2년, 즉 서기 185년이다.〉

그들은 모두가 황건(黃巾)을 쓰고 가는 곳마다 불을 지르고 겁탈을 했다. 약 한 달 동안에 천하 각지의 〈황건적(黃巾賊)들이〉 호응했던 것이다.

그래서 영제(靈帝)는 황보숭(皇甫嵩) 등을 파견해서 황건적(黃巾賊)을 토벌하게 했다.

어구 설명 ○鉅鹿張角, 以妖術敎授(거록장각 이요술교수) : 거록군(鉅鹿郡)의 장각(張角)이 제자들에게 요술(妖術)을 가르쳤다.

○號太平道(호태평도) : 〈그 술법을〉 태평도(太平道)라 불렀다. ○符水療病(부수요병) : 부적과 물로 사람의 병을 치료했다. ○遣弟子遊四方, 轉相誑誘(견제자유사방 전상광유) : 그리고 제자들을 사방으로 보내서 이리저리 돌면서 사람들을 거짓으로 유혹하고 흘렸다. ※「誑(속일 광) ; 유혹하다. 호리다.」誑誘(광유)는 남을 속여 꾐.

○十餘年間徒衆數十萬(십여년한도중수십만) : 십여 년 간에 무리들이 수십 만이나 모였다.

○置三十六方(치삼십육방) : 그래서 36명의 〈각 지방을 다스리는〉 지휘관을 두었다. 〈*방(方)은 각 지방을 다스리는 지휘관이나 장군의 뜻이다.〉

○大方萬餘,(대방만여) : 큰 지방의 지휘관은 만여 명을 다스린다. ○小方六七千,(소방육칠천) : 작은 지방의 지휘관은 6, 7천 명을 다스리게 했다.

○各立渠帥(각입거수) : 다시 제가끔 큰 장수(將帥)를 세워

서 통수하게 했다. 〈*장각(張角)은 천공장군(天公將軍), 동생은 지공장군(地公將軍), 그 다음 동생을 인공장군(人公將軍)이라 일컬었다.〉

ㅇ一時俱起(일시구기) : 일시에 전국적으로 들고 일어나게 했다. 〈*영제(靈帝) 중원(中元) 2년, 즉 서기 185년이다.〉

ㅇ皆著黃巾, 所在燔劫,(개저황건 소재번겁) : 그들은 모두가 황건(黃巾=누런〈黃色〉 두건〈頭巾〉)을 쓰고 가는 곳마다 불을 지르고 겁탈했다. ※「燔(구울 번) ; 불사르다.」 燔劫(번겁)은 남의 집에 불을 질러 위협함. 불을 지르고 약탈(掠奪)함. ㅇ旬月之閒, 天下響應(순월지한 천하향응) : 약 한 달 동안에 천하 각지의 〈황건적(黃巾賊)들이〉 호응했던 것이다. ※「旬(열흘 순) ; 열 번. 십년(十年). 꽉차다.」 旬月(순월)은 만 한 달. 열 달. 열흘이나 달포 가량.

ㅇ遣皇甫嵩等討黃巾(견황보숭등토황건) : 그래서 영제(靈帝)는 황보숭(皇甫嵩=북지군〈北地郡〉 태수.) 등을 파견해서 황건적(黃巾賊)을 토벌하게 했다.

왕소군(王昭君)의 묘비

제2과 조조(曹操)와 합세하고 파적(破賊)

(1) 嵩與沛國曹操, 合軍破賊. 操父嵩, 爲宦者曹騰養子. 或云, 夏侯氏子也. 操少機警, 有權數. 任俠放蕩, 不治行業.

〈황보숭(皇甫嵩)은〉 패국(沛國)의 조조(曹操)와 군사를 합해서 황건적(黃巾賊)을 격파했다.

조조의 아버지 숭(嵩)은 환관 조등(曹騰)의 양자라고도 한다. 혹은 하후씨(夏后氏)의 아들이라고도 했다.

조조는 어려서부터 기민(機敏)하고 경각심이 있고, 또 권모술수(權謀術數)를 잘 부렸다.

성품이 임협방탕(任俠放蕩)했으며, 개인적 행동이나 가정적 생업을 다스리지 않았다. 〈*정치적, 국가적 차원의 일하기를 좋아했다.〉

어구 설명 ㅇ嵩與沛國曹操, 合軍破賊(숭여패국조조 합군파적) : 황보숭(皇甫嵩)은 패국(沛國)의 조조(曹操)와 무력을 합해서 황건적(黃巾賊)을 격파했다. ※ 曹操(조조) : 기도위(騎都尉)의 벼슬에 있었음.
ㅇ操父嵩, 爲宦者曹騰養子(조부숭 위환자조등양자) : 조조의 아버지 숭(嵩)은 환관 조등(曹騰)의 양자라고도 한다. ㅇ或云, 夏侯氏子也(혹운 하후씨자야) : 혹은 하후씨(夏后氏)의 아들이라고도 했다.

ㅇ操少機警, 有權數(조소기경 유권수) : 조조는 어려서부터 기민(機敏)하고 경각심이 있고, 또 권모술수(權謀術數)를 잘 부렸다. ※ 機敏(기민) : 눈치가 빠르고 행동이 날쌤.

ㅇ任俠放蕩, 不治行業(임협방탕 불치행업) : 성품이 임협방탕(任俠放蕩)했으며, 개인적 행동이나 가정적 생업을 다스리지 않았다. 〈*즉 정치적, 국가적 차원의 일을 했다.〉 ※ 任俠(임협) : 약한 자를 돕고 강한 자를 꺽음. 체면을 소중히 여기고 신의를 지킴. 방탕(放蕩) : 주색(酒色)에 빠져 행실이 추저분함.

(2) 汝南許劭, 與從兄靖有高名. 共覈論鄕黨人物. 每月輒更其題品. 故汝南俗有月旦評. 操往問劭曰, 我何如人. 劭不答. 劫之. 乃曰, 子治世之能臣, 亂世之姦雄. 操喜而去. 至是以討賊起.

여남(汝南)에 허소(許劭)라는 사람이 있었다. 종형(從兄) 허정(許靖)과 같이 이름이 높이 알려졌었다.

두 사람이 다 향당(鄕黨)의 사람을 엄격하게 비판했으며, 매월마다 비판하는 논조를 바꾸었다. 그래서 여남에 월단평(月旦評)이란 말이 속인들 사이에 퍼졌었다. 〈*월단평(月旦評)은 매달 초하룻날 하는 평이란 뜻이다.〉

조조(曹操)가 허소(許劭)에게 가서 물었다.

「나는 어떤 사람이오.」

　허소(許劭)가 대답을 하지 않았다. 〈그래서 조조(曹操)가〉 압력을 가하자 비로소 말했다.

　「그대는 좋은 세상에서는 능력있는 신하가 되지만, 난세에서는 간악한 영웅이 될 것입니다.」

　조조는 좋아하며 돌아갔다. 이때에 이르자, 황건적을 토벌한다는 구실로 일어났던 것이다.

어구 설명　○汝南許劭,(여남허소) : 여남(汝南)에 허소(許劭)라는 사람이 있었다.　○與從兄靖有高名(여종형정유고명) : 종형(從兄) 허정(許靖)과 같이 이름이 높이 알려졌었다.

　○共覈論鄉黨人物(공핵논향당인물) : 두 사람이 다 향당(鄉黨)의 사람을 엄격하게 비판했다. ※「覈(엄격할 핵)」

　○每月輒更其題品(매월첩경기제품) : 매월마다 비판하는 논제를　바꾸었다.　○故汝南俗有月旦評(고여남속유월단평) : 그래서 여남에 월단평(月旦評)이란 말이 속인들 사이에 퍼졌었다. 〈*월단평(月旦評)은 매달 초하룻날 하는 평이란 뜻이다.〉

　○操往問劭曰, 我何如人(조왕문소왈 아하여인) : 조조(曹操)가 허소(許劭)에게 가서 물었다.「나는 어떤 사람이오.」

　○劭不答(소불답) : 허소(許劭)가 대답을 하지 않았다.　○劫之(겁지) :〈그래서 조조(曹操)가〉압력을 가하자.　○乃曰,(내왈) : 비로소 말했다.　○子治世之能臣, 亂世之姦雄(자치세지능신 난세지간웅) :「그대는 좋은 세상에서는 능력있는 신하가 되지만, 난세에서는 간악한 영웅이 됩니다.」

　○操喜而去(조희이거) : 조조는 좋아하며 돌아갔다.　○至

是以討賊起(지시이토적기) : 이때에 이르자 황건적을 친다는 구실로 일어났다.

(3) 皇甫嵩討張角. 角死. 嵩與其弟戰, 破斬之.

황보숭이 장각을 토벌했다. 이에 장각은 죽었다. 또 황보숭은 〈장각의 동생들과〉 싸웠으며, 격파하고 잘라 죽였다.

어구 설명 ○皇甫嵩討張角. 角死(황보숭토장각 각사) : 황보숭이 장각을 토벌했다. 이에 장각은 죽었다. ○嵩與其弟戰, 破斬之(숭여기제전 파참지) : 황보숭은 〈다시 장각의 동생들과〉 싸웠으며, 격파하고 베어 죽였다.

조조(曹操)

제3과 하진(何進), 원소(袁紹), 동탁(董卓)

(1) 上崩. 在位二十二年. 改元者四, 曰建寧·熹
平·光和·中平.

영제가 붕어했다.(A.D. 188) 그는 자리에 22년 있었다. 그
동안에 연호를 네 번 고쳤다. 건녕(建寧), 희평(熹平), 광화
(光和), 중평(中平) 등이었다.

(2) 子辯立. 何太后臨朝. 后兄大將軍何進, 錄尙書
事. 袁紹勸進誅宦官. 太后未肯. 紹等畫策, 召四方
猛將, 引兵向京, 以脅太后, 遂召將軍董卓之兵. 卓
未至. 進爲宦官所殺. 紹勒兵捕諸宦官, 無少長皆
殺之. 凡二千餘人. 有無鬚而誤死者.

아들 변(辯)을 임금으로 세웠으며, 하태후(何太后)가 섭정
이 되어 조정에 임했다.

하태후의 형(兄=오빠) 대장군(大將軍) 하진(何進)으로 하
여금 상서(尙書)의 일을 맡아서 기록하게 했다.

사례교위(司隷校尉) 원소(袁紹)가 하진에게 환관들을 주살
할 것을 권했으나, 태후가 승낙하지 않았다. 이에 원소 등이
계략을 획책(劃策)하고 사방의 맹장들을 소집하고 무력을
인솔하여 왕경(王京 : 서울 洛陽)으로 오게 했으며 태후를

위협했던 것이다.

마침내 동탁(董卓) 장군의 군대도 오게 했다. 그러나 동탁이 오기 전에 〈하진(何進)이〉 환관에게 피살되었다.

이에 원소가 무력을 동원하여 모든 환관들을 체포했으며, 노소(老少)를 불문하고 모두 죽였다. 그 수가 대략 2천 명이나 되었다. 그 중에는 수염이 없으므로 〈환관으로 오인되고〉 죽은 사람도 있었다.

어구 설명　ㅇ子辯立. 何太后臨朝(자변립 하태후임조) : 아들 변(辯)을 임금으로 세웠으며, 하태후(何太后)가 섭정이 되어 조정에 임했다. ※ 辯(변)을 辨(변)으로 표기한 판본도 있음. ㅇ后兄大將軍何進, 錄尙書事(후형대장군하진 녹상서사) : 하태후의 형(兄=오빠) 대장군(大將軍) 하진(何進)으로 하여금 상서(尙書)의 일을 맡아 기록하게 했다. ㅇ袁紹勸進誅宦官. 太后未肯(원소권진주환관 태후미긍) : 사례교위(司隸校尉) 원소(袁紹)가 하진에게 환관들을 주살할 것을 권했으나, 태후가 승낙하지 않았다. ㅇ紹等畫策,(소등화책) : 이에 원소 등이 계략을 획책(劃策)하고. ㅇ김四方猛將, 引兵向京, 以脅太后,(소사방맹장 인병향경 이협태후) : 사방의 맹장들을 소집하고 무력을 데리고 왕경(王京 = 서울 낙양〈洛陽〉)으로 오게 했으며, 태후를 위협했던 것이다. ㅇ遂김將軍董卓之兵(수소장군동탁지병) : 마침내 동탁(董卓) 장군의 군대를 오게 했다. ㅇ卓未至. 進爲宦官所殺(탁미지 진위환관소살) : 그러나 동탁이 오기 전에 〈하진(何進)이〉 환관에게 피살되었다.

○紹勒兵捕諸宦官, 無少長皆殺之. 凡二千餘人(소륵병포
제환관 무소장개살지 범이천여인) : 원소가 무력을 바탕
으로 모든 환관을 체포했으며, 어리나 늙으나 모두 죽였
다. 그 수가 대략 2천 명이나 되었다. ○有無鬚而誤死者
(유무수이오사자) : 그 중에는 수염이 없으므로 〈환관으
로 오인되고〉 죽은 사람도 있었다.

(3) 卓至問亂由. 辯年十四, 語不可了. 陳留王答無遺. 卓欲廢立. 紹不可. 卓怒. 紹出奔. 卓遂廢辨. 陳留王立. 是爲孝獻皇帝.

동탁이 오자, 분란의 연유를 물었다. 그러나 임금 변(辯)은
나이가 14세였으나 말이 분명치 않아 요령을 알 수 없었다.

그래서 〈임금과 어머니가 다른 형제인〉 진류왕(陳留王)이
빠짐없이 자세히 말했다.

그래서 동탁은 진류왕(陳留王)을 임금으로 세우려고 했다.
그러자 원소(袁紹)가 안 된다고 했다. 이에 동탁이 화를 냈
다. 그래서 원소가 밖으로 나가 도망을 했다. 그러자 동탁은
드디어 임금 변(辯)을 폐하고 진류왕(陳留王)을 세웠다. 그
가 곧 효헌황제(孝獻皇帝)다.(A.D. 189년)

제4과 동탁(董卓), 손견(孫堅), 원술(袁術)

(1) [孝獻皇帝] 名協, 九歲爲董卓所立. 關東州郡, 起兵討卓, 推袁紹爲盟主.

효헌황제는 이름이 협(協)이다. 〈*약칭은 헌제(獻帝), 서기 189년에 자리에 올랐다.〉 나이 9세에 동탁에 의해서 세워진 것이다.

그러자 관동지방의 주나 군에서 모든 사람이 무력으로 동탁을 치려고 했으며, 원소를 추대하고 맹주(盟主)로 삼았다.

어구 설명 ㅇ[孝獻皇帝] 名協,(효헌황제 명협) : 효헌황제는 이름이 협(協)이다. 〈*약칭은 헌제(獻帝), 서기 189년에 자리에 올랐다.〉 ㅇ九歲爲董卓所立(구세위동탁소립) : 나이 9세에 동탁에 의해서 세워진 것이다. ㅇ關東州郡, 起兵討卓,(관동주군 기병토탁) : 관동지방의 주나 군에서 무력을 일으키고 동탁을 치려고 했다. ㅇ推袁紹爲盟主(추원소위맹주) : 원소를 추대해서 맹주(盟主)로 삼았다.

(2) 卓燒洛陽宮廟, 遷都長安. 長沙太守富春孫堅, 起兵討卓. 至南陽. 衆數萬, 與袁術合兵.

동탁(董卓)은 낙양(洛陽)의 궁(宮)과 묘(廟)를 불태우고, 장안(長安)으로 도읍을 옮겼다.

이에 호남(湖南) 장사(長沙)의 태수이며 부춘현(富春縣) 태생인 손건(孫堅)이 무력으로 일어나 동탁을 토벌하겠다고 나서, 남양(南陽)에 이르자 무리가 수만이나 되었으며, 원술(袁術)의 군사와 연합하였다.

> **어구 설명** ○卓燒洛陽宮廟,(탁소낙양궁묘) : 동탁(董卓)은 낙양(洛陽)의 궁(宮)과 묘(廟)를 불질러 태우고. ○遷都長安(천도장안) : 장안(長安)으로 도읍을 옮겼다.
> ○長沙太守富春孫堅,(장사태수부춘손견) : 호남(湖南) 장사(長沙)의 태수이며 부춘(富春)의 태생인 손견(孫堅)이. ○起兵討卓(기병토탁) : 무력으로 일어나 동탁을 토벌하겠다고 나섰다.
> ○至南陽. 衆數萬, 與袁術合兵(지남양 중수만 여원술합병) : 남양(南陽)에 이르자, 무리가 수만이 되었으며, 원술(袁術)과 무력을 합쳤다.

(3) 術與紹同祖. 皆故太尉袁安之玄孫也. 袁氏四世五公, 富貴異於佗公族.

원술(袁術)과 원소(袁紹)는 선조가 같다. 다 같이 작고한 태위(太尉) 원안(袁安)의 현손(玄孫)이다.

원씨 집안은 사대(四代)에 걸쳐 오공(五公)을 낸 집안이며, 부귀에 있어 다른 공족들과 차이가 있었다.

> **어구 설명** ○術與紹同祖(술여소동조) : 원술(袁術)과 원소(袁紹)는 선조가 같다.

ㅇ皆故太尉袁安之玄孫也(개고태위원안지현손야) : 다 작고한 태위(太尉) 원안(袁安)의 현손(玄孫)이다.
ㅇ袁氏四世五公,(원씨사세오공) : 원씨는 사대(四代)에 걸쳐 다섯 명의 공(公)을 낸 집안이다. ㅇ富貴異於佗公族(부귀이어타공족) : 부귀에 있어 다른 공족들과 차이가 있었다.

(4) 紹壯健有威容, 愛士. 士輻湊. 術亦俠氣. 至是皆起. 堅擊敗卓兵. 術遣堅圖荊州. 爲劉表將黃祖步兵所射死.

원소는 몸이 건장하고 위용이 있었다. 그러면서 부하들을 사랑했다. 그래서 천하의 선비들이 그에게 넘치도록 모였다.

원술도 협기(俠氣)가 있었다. 그때가 되자, 〈동탁의 난이 일어나자〉 다들 용감하게 일어났던 것이다.

장사(長沙)의 손견(孫堅)이 우선 동탁의 무력을 격파했으며, 원술(袁術)은 손견(孫堅)을 파견해서 형주(荊州)를 도모하게 했다.

그러나 손견은 유표(劉表=형주의 자사〈刺史〉)의 장군 황조(黃祖)의 부하인 보병(步兵)의 화살을 맞고 죽었다.

어구 설명 ㅇ紹壯健有威容,(소장건유위용) : 원소는 몸이 건장하고 위용이 있었다. ㅇ愛士(애사) : 그러면서 부하들을 사랑했다. ㅇ士輻湊(사폭주) : 그래서 천하의 선비들이 그에게 넘치도록 모였다. ㅇ術亦俠氣(술역협기) : 원술도 협기가 있었다. ※ 俠氣(협기) : (대장부다운)호탕한 기상. 호협한 기상. 기협(氣俠). ㅇ至是皆起(지시개기) : 그때가 되자, 〈동탁의 난이 일어나자〉 다들 용감하게 일어났던 것이다. ㅇ堅擊敗卓兵(견격패탁병) : 장사(長沙)의 손견(孫堅)이 우선 동탁의 무력을 격파했으며. ㅇ術遣堅圖荊州(술견견도형주) : 원술(袁術)은 손견(孫堅)을 우선 파견해서 형주(荊州)를 도모하게 했다. ㅇ爲劉表將黃祖步兵所射死(위유표장황조보병소사사) : 그러나 손견은 유표(劉表)의 장군 황조(黃祖)의 부하인 보병(步兵)의 화살을 맞고 죽었다.

제5과 왕윤(王允), 여포(呂布) 모살 동탁

(1) 司徒王允等, 密謀誅卓. 中郎將呂布, 膂力過人. 卓信愛之. 嘗小失卓意. 卓手戟擲布. 布避得免. 允結布爲內應. 卓入朝, 伏勇士於北掖門刺之. 卓墮車大呼呂布. 布曰, 有詔討賊臣. 應聲持矛, 刺卓趣斬之.

사도(司徒)인 왕윤(王允) 등이 밀모(密謀)하고 동탁을 죽이려고 했다. 중랑장(中郎將)인 여포(呂布)는 주먹이나 팔힘이 남달리 강했다.

동탁은 〈여포를〉 믿고 사랑했다. 그러나 전에 여포가 동탁의 뜻을 약간 어기자, 동탁이 손으로 극창(戟槍)을 여포에게 던졌다. 여포가 피해서 면했던 것이다. 〈*그런 일이 있었으므로〉 왕윤(王允)과 여포(呂布)가 결탁하고 속으로 호응했던 것이다.

동탁이 입조하자, 용사들을 북액문(北掖門 : 북쪽 문의 곁문)에 숨겨두었다가 〈동탁을〉 창으로 찔렀다.

동탁은 수레에서 떨어지면서 큰 소리로 여포를 불렀다. 그러자 여포가 말했다.「저는 조서를 받고 난동질하는 신하를 칩니다.」말과 함께 창을 들고 동탁을 그 자리에서 찔러 죽였다.

어구 설명 ○司徒王允等, 密謀誅卓(사도왕윤등 밀모주탁) : 사도인 왕윤(王允) 등이 밀모(密謀)하고 동탁을 죽이려고 했다. ○中郞將呂布, 膂力過人(중랑장여포 여력과인) : 중랑장인 여포는 주먹이나 팔 힘이 남달리 강했다. ※「膂(등골뼈 려) ; 근육의 힘」膂力(여력)은 등뼈의 힘. 체력(體力). ○卓信愛之(탁신애지) : 동탁이 〈여포를〉 믿고 사랑했다. ○嘗小失卓意(상소실탁의) : 전에 여포가 동탁의 뜻을 약간 어기자. ○卓手戟擲布(탁수극척포) : 동탁이 손에 들었던 극창(戟槍)을 여포에게 던졌다. ※「戟(창 극) ; 끝이 두 가닥으로 갈라진 창. 외가닥인 창은 戈라 한다. 戟은 속자이다. 戟은 동자(同字)이다.」○布避得免(포피득면) : 여포가 피해서 위기를 면했다. 〈*그런 일이 있었으므로.〉 ○允結布爲內應(윤결포위내응) : 왕윤(王允)과 여포(呂布)가 결탁하고 속으로 호응했던 것이다.

○卓入朝,(탁입조) : 동탁이 입조하자. ○伏勇士於北掖門刺之(복용사어북액문자지) : 용사들을 북액문(北掖門 : 북쪽 문의 곁문)에 숨겨두었다가 〈동탁을〉 창으로 찔렀던 것이다. ※ 掖門(액문)은 궁궐 정문 곁의 좌우에 있는 작은 문. 옆문. 측문(側門). ○卓墮車大呼呂布(탁타거대호여포) : 동탁은 수레에서 떨어지면서 큰 소리로 여포를 불렀다. 「墮(떨어질 타) ; 부서지다.」 ○布曰, 有詔討賊臣(포왈 유조토적신) : 여포가 말했다. 「저는 조서를 받고 난동질하는 신하를 칩니다.」 ○應聲持矛, 刺卓趣斬之(응성지모 자탁취참지) : 외치고서는, 창을 들고 동탁을 그 자리에서 찔러 죽였다. ※ 「矛(창 모) ; 자루가 긴 창. 趣(달릴 취) ; 향하다. 목적하는 곳을 향하여 빨리 달려가다.」

(2) 先是卓築塢于郿, 積穀爲三十年儲. 金銀·綺錦·奇玩, 積如丘山. 自云, 事成據天下. 不成守此以老.

이전에 동탁은 자기의 영지(領地)인 미현(郿縣)에 도성(都城)을 세웠다. 그리고 30년간 지탱할 곡물을 저축했다. 또 금과 은, 비단과 진기한 기물들을 산 같이 높이 축적했다.

그리고 스스로 말했다. 「잘 되면, 천하를 잡을 것이다. 안 돼도 이 도성을 지키고 늙으리라.」

어구 설명 ○先是卓築塢于郿,(선시탁축오우미) : 이전에 동탁은 자기의 영지(領地)인 미현(郿縣)에 도성(都城)을 세웠다. ※ 「塢

(둑 오 ; 마을, 도성)」 ㅇ積穀爲三十年儲(적곡위삼십년저) :
30년간 지탱할 곡물을 저축했다. ※「儲(쌀을 저) ; 비축하
다. 마련해 두다.」 ㅇ金銀·綺錦·奇玩, 積如丘山(금은·기
금·기완 적여구산) : 금과 은, 비단과 진기한 기물들을
산 같이 높이 축적했다. ㅇ自云, 事成據天下. 不成守此以
老(자운 사성거천하 불성수차이로) : 그리고 스스로 말했
다.「잘 되면, 천하를 잡을 것이다. 안 돼도 이 도성을 지
키고 늙으리라.」

(3) 至是暴屍於市. 卓素肥. 吏爲大炷, 置臍中然之. 光達曙者數日.

〈동탁을〉 죽인 다음에 시체를 장터에 내다 버렸다.

동탁은 원래 비대했다. 그래서 형리(刑吏)가 큰 심지를 만
들어 그를 태웠으며, 특히 큰 심지를 배꼽 위에 꽂아 놓고
태웠다. 그래서 그를 태우는 불빛이 수일간이나 지속했다.

어구 설명 ㅇ至是暴屍於市(지시폭시어시) : 죽인 다음에 시체를 장
터에 내다 버렸다. ㅇ卓素肥(탁소비) : 원래 동탁은 비대
했다. ㅇ吏爲大炷,(이위대주) : 형리(刑吏)가 큰 심지를 만
들어 그를 태웠다. ※「炷(심지 주) ; 등잔의 심지」 ㅇ置臍中
然之(치제중연지) : 큰 심지를 배꼽 위에 꽂아 놓고 태우
게 했다. ※「臍(배꼽 제), 然(그러할 연 ; 타다. 태우다.)」 ㅇ光
達曙者數日(광달서자수일) : 그를 태우는 불빛이 수일간
이나 탔다. ※「曙(새벽 서 ; 날이 샐 무렵. 밤이 새다.)」

(4) 卓黨舉兵犯闕, 殺王允. 呂布走.

동탁의 무리가 거병하고 대궐에 쳐들어왔다. 그래서 왕윤이 살해되고 여포는 도망을 갔다.

여포(呂布)

제8장 말기의 군웅(群雄) 대두

제1과 유비, 관우, 장비, 손책, 주유

(1) 涿郡劉備, 字玄德, 其先出於景帝. 中山靖王勝之後也. 有大志. 少語言, 喜怒不形於色.

탁군(涿郡)의 유비(劉備)는 자(字)가 현덕(玄德)이다. 그의 선조는 〈전한 때의 임금〉 경제(景帝)에서 갈려 나왔다. 중산정왕(中山靖王) 승(勝)의 후손이다.

그는 뜻이 크고 말이 적었으며, 희노애락(喜怒哀樂)을 얼굴 표정에 잘 나타내지 않았다.

어구 설명 ○涿郡劉備, 字玄德,(탁군유비 자현덕) : 탁군(涿郡) 출신 유비(劉備)는 자(字)가 현덕(玄德)이다. ○其先出於景帝. 中山靖王勝之後也(기선출어경제 중산정왕승지후야) : 그의 선조는 〈전한 때의 임금〉 경제(景帝)에서 갈려 나왔다. 중산정왕(中山靖王) 승(勝)의 후손이다.
○有大志. 少語言, 喜怒不形於色(유대지 소어언 희노불형어색) : 그는 뜻이 크고 말이 적었으며, 희노애락(喜怒哀樂)을 얼굴 표정에 잘 나타내지 않았다.

(2) 河東關羽, 涿郡張飛, 與備相善. 備起. 二人從之.

하동의 관우(關羽)와 탁군의 장비(張飛)는 유비와 사이가 좋았다. 유비가 일어나자, 두 사람이 그를 따랐다.

어구 설명 ○河東關羽, 涿郡張飛,(하동관우 탁군장비) : 하동군(河東郡=山西省)의 관우(關羽)와 탁군의 장비(張飛). ○與備相善. 備起. 二人從之(여비상선 비기 이인종지) : 유비와 사이가 좋았다. 유비가 일어나자, 두 사람이 그를 따랐다.

(3) 孫堅之子策, 與弟權留富春. 遷于舒. 堅死, 策年十七. 往見袁術. 得其父餘兵. 策十餘歲時, 已交結知名.

손견(孫堅)의 아들 손책(孫策)은 〈부친 손견이 죽은 다음에도〉 동생 손권(孫權)과 같이 부춘현(富春縣)에 머물러 있다가 나중에 서주(舒州=淮西)로 옮겼다.

부친 손견이 돌아갔을 때, 손책은 나이가 17세였다. 그는 원술(袁術)을 만나보았다. 그리고 아버지 밑에 있던 남은 병사들을 인계받았다. 손책은 10여 세 때에 이미 이름난 사람들과 교제를 하여 이름이 알려져 있었다.

어구 설명 ○孫堅之子策,(손견지자책) : 손견(孫堅)의 아들 손책(孫策). ○與弟權留富春. 遷于舒(여제권유부춘 천우서) : 〈부친 손견이 죽은 다음〉 동생 손권(孫權)과 같이 부춘(富春)에 머물러 있다가 후에 서주(舒州=淮西)로 옮겼다.

ㅇ堅死, 策年十七(견사 책년십칠) : 부친 손견이 돌아갔을 때, 손책은 나이가 17세였다. ㅇ往見袁術(왕견원술) : 손책은 원술(袁術)에게 가서 만나보았다. ㅇ得其父餘兵(득기부여병) : 그리고 아버지 밑에 있던 남은 병사들을 인계받았다. ㅇ策十餘歲時, 已交結知名(책십여세시 이교결지명) : 손책은 10여세 때에 이미 이름난 사람들과 교제를 하여 이름이 알려져 있었다.

(4) 舒人周瑜, 與策同年. 亦英達夙成. 至是從策起. 策東渡江轉鬪, 所向無敢當其鋒者. 百姓聞孫郎至, 皆失魂魄. 所至一無所犯. 民皆大悅.

서주(舒州) 사람 주유(周瑜)는 손책(孫策)과 나이가 같았다. 그도 역시 영명(英明) 달성(達成)하고 모든 일을 빠르게 이루었다. 그때가 되자, 주유도 손책을 따라 일어났다. 손책이 동으로 양자강을 건너 전전(轉戰)하면서 싸움을 했으며, 가는 곳마다 감히 그의 무력을 감당할 자가 없었다.

백성들은 손랑(孫郎)이 온다는 말을 듣고, 모두 넋을 잃고 실망을 했다. 〈*손랑(孫郎)을 손책(孫策)과 주유(周瑜=周郎)라고 볼 수도 있다.〉

그러나 그들이 와도 백성들을 해치거나 범하는 바가 하나도 없었다. 그래서 백성들이 크게 기뻐했다.

어구 설명 ㅇ舒人周瑜, 與策同年(서인주유 여책동년) : 서주(舒州) 사람 주유(周瑜)는 손책(孫策)과 나이가 같았다.

ㅇ亦英達夙成(역영달숙성) : 역시 영명달성(英明達成)하고 모든 일을 빨리 완성했다. ※「夙(일찍 숙) ; 아침 일찍부터 일을 하다.」夙成(숙성)은 나이에 비하여 정신적, 육체적 성장이 이름. ㅇ至是從策起(지시종책기) : 그때가 되자, 손책을 따라 일어났다. ㅇ策東渡江轉鬪,(책동도강전투) : 손책이 동으로 강을 건너 전전하면서 싸움을 했으며. ※鬪(싸울 투)의 본자는 鬭이다. 본자로 된 판본도 있다. 또 鬪는 속자이다. ㅇ所向無敢當其鋒者(소향무감당기봉자) : 가는 곳마다 감히 그의 무력을 감당할 자가 없었다. ※「鋒(칼 끝 봉) ; 날카로운 기세. 선봉(先鋒). 군대의 앞장.」

ㅇ百姓聞孫郎至, 皆失魂魄(백성문손랑지 개실혼백) : 백성은 손랑(孫郎)이 온다는 말을 듣고, 모두 넋을 잃고 실망을 했다. 〈*손랑(孫郎)을 손책(孫策)과 주유(周瑜=周郎)라고 볼 수도 있다.〉 ㅇ所至一無所犯. 民皆大悅(소지일무소범 민개대열) : 그러나 그들이 와도 백성들을 해치거나 침범하는 바가 하나도 없었다. 그래서 백성들이 크게 기뻐했다.

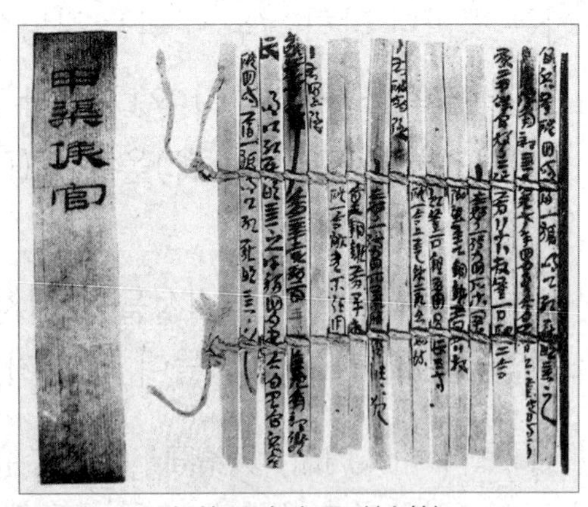

거연(居延)의 목간(木簡)

제2과 조조 득세

(1) 初曹操自討卓時, 戰于滎陽, 還屯河內. 尋領東郡太守, 治東武陽. 已而入兗州據之. 自領刺史. 遣使上書, 以爲兗州牧. 上還洛陽. 操入朝, 遷上於許.

전에 조조(曹操)가 동탁(董卓)을 스스로 토벌할 때, 싸움을 형양(滎陽)에서 했다. 그리고 돌아와서 하내(河內)에 주둔했다. 이어서 동군(東郡) 태수의 직책을 얻어 동무양(東武陽)을 다스린 다음에는 연주(兗州)에 들어와서 이를 근거지(根據地)로 삼았으며 스스로 연주의 자사(刺史)가 되었다.

그리고 사신을 보내어 임금 〈헌제에게〉 글을 올려서 자기를 연주목(兗州牧)으로 삼게 했으며, 임금이 장안에서 낙양(洛陽)에 돌아오자 조조가 입조하여 임금을 허창(許昌=河南)으로 옮겼다.

어구 설명 ○初曹操自討卓時, 戰于滎陽,(초조조자토탁시 전우형양) : 전에 조조(曹操)가 동탁(董卓)을 스스로 토벌할 때, 싸움을 형양(滎陽)에서 했다. ○還屯河內. 尋領東郡太守,(환둔하내 심령동군태수) : 그리고 돌아와서 하내군(河內郡)에 주둔했다. 동군 태수의 직책을 얻어,
○治東武陽. 已而入兗州據之(치동무양 이이입연주거지) : 동무양(東武陽)을 다스린 다음에는 연주(兗州)에 들어와서 이를 근거지로 삼았다. ※ 東武陽(동무양) : 동군(東郡)에 속한 읍(邑). 兗州(연주) : 河東曰兗州. 九州의 하나. 오

늘날의 산동(山東)에 속한 지명. ㅇ自領刺史(자령자사) : 스스로 연주의 자사(刺史)가 되었다. ㅇ遣使上書, 以爲兗州牧(견사상서 이위연주목) : 그리고 사신을 보내어 임금〈헌제에게〉 글을 올려서 자기를 연주목(兗州牧)으로 삼게 했다. ㅇ上還洛陽. 操入朝, 遷上於許(상환낙양 조입조 천상어허) : 임금이 장안에서 낙양(洛陽)에 돌아오자 조조가 입조하여 임금을 허창(許昌)으로 옮겼다. 〈*허(許)는 허창(許昌)으로 하남(河南) 영천군(潁川郡)에 있다.〉

제3과 조조가 여포를 격살(擊殺)

(1) 操擊殺呂布. 初布自關中出奔袁術. 又歸袁紹. 已而又去. 爲操所攻, 走歸劉備. 尋又襲備. 據下邳. 備走歸操. 操遣備屯沛.

조조가 여포(呂布)를 쳐 죽였다. 〈*다음 글은 여포가 죽을 수 밖에 없는 이유를 적은 것이다.〉

애당초 여포는 관중(關中)에서 원술(袁術)에게로 달려갔었다.

그 후, 다시 원소(袁紹)에게 귀의했다.

그 다음에는 또 떠났다. 그래서 조조에게 공격을 받게 되자, 도망가서 유비에게 귀의했다.

그러다가 다시 유비를 습격하고 하비(下邳)를 근거지로 삼았다. 그래서 유비는 달려가서 조조에 귀의했으며, 조조는 유비를 패현(沛縣)에 가서 머무르게 했다.

어구 설명 ○操擊殺呂布(조격살여포) : 조조가 여포를 쳐 죽임. 〈*여포(呂布)는 절개가 없고 난잡하고 또 배반을 잘했다. 그래서 조조가 그를 죽인 것이다. 다음이 여포의 행실이다.〉
○初布自關中出奔袁術(초포자관중출분원술) : 애당초 여포는 관중에서 원술(袁術)에게로 달려갔었다.
○又歸袁紹(우귀원소) : 그 후 다시 원소(袁紹)에게 귀의했다. ○已而又去(이이우거) : 그 다음에는 또 떠났다.
○爲操所攻,(위조소공) : 그래서 조조에게 공격을 받게 되자. ○走歸劉備(주귀유비) : 도망가서 유비에게 귀의했다. ○尋又襲備(심우습비) : 그러다가 다시 유비를 습격하고. ○據下邳(거하비) : 하비를 근거지로 삼았다. ○備走歸操(비주귀조) : 그래서 유비는 달려서 조조에 귀의했다. ○操遣備屯沛(조견비둔패) : 조조는 유비를 패(沛)로 보내 머무르게 했다.
〈*이상과 같이 여포는 변덕이 심했다. 절개가 없고 또 배반을 했다. 그래서 조조가 그를 죽인 것이다.〉

(2) 布使陳登見操, 求爲徐州牧. 不得. 登還謂布曰,

여포(呂布)가 진등(陳登)을 시켜서 조조(曹操)를 만나고 「자기를 서주(徐州)의 목(牧)으로 삼으라.」고 청했다. 그러나 안 되었다. 〈*조조가 거절했다.〉

　　그러자 진등(陳登)이 돌아와서 여포(呂布)에게 다음 같이 말하며 가로되, 〈*다음은 진등이 여포에게 한 말.〉

어구 설명　○布使陳登見操, 求爲徐州牧. 不得(포사진등견조 구위서주목 불득) : 여포(呂布)가 진등(陳登)을 시켜서 조조(曹操)를 만나고 「자기를 서주의 목(牧)으로 삼으라.」고 요청했다. 그러나 안 되었다. 〈*조조가 거절했다.〉
　　○登還謂布曰,(등환위포왈) : 그러자 진등(陳登)이 돌아와서 여포(呂布)에게 다음 같이 말하며 가로되,

(3) 登見曹公言, 養將軍如養虎. 當飽其肉. 不飽則噬人. 公曰, 不然. 譬如養鷹. 饑則附人, 飽則颺去.

〈*다음은 전하는 말이다.〉
「저 진등(陳登)이 조조공(曹操公)에게 말했습니다.」

「장군을 잘 키우시려면 호랑이를 양육하듯이 고기를 포식하게 해야 합니다. 안 그러면 〈호랑이가〉 사람을 물어 먹듯이 할 것입니다.」〈*즉 여포를 잘 대접해야 한다. 안 그러면 백성들을 해칠 것이다.〉〈*다음 구절도 전하는 말이다.〉

「조조(曹操) 공(公)이 말했습니다. "아니다. 〈여포는〉 매를 기르듯이 해야 한다. 매는 배가 고프면 사람에게 붙어먹는다. 그러나 배가 부르면 높은 하늘로 날아갈 것이다."」

어구 설명　○登見曹公言,(등견조공언) : 「저 진등(陳登)이 조조공(曹操公)에게 말했습니다.」

ㅇ養將軍如養虎. 當飽其肉. 不飽則噬人(양장군여양호 당포기육 불포칙서인) : 「장군을 잘 키우시려면 호랑이를 양육하듯이 고기를 포식하게 해야 합니다. 안 그러면 〈호랑이가〉 사람을 물어 먹듯이 할 것입니다.」〈*즉 여포를 잘 대접해야 한다. 안 그러면 백성들을 해칠 것이다.〉 ※「噬(씹을 서) ; 물어뜯다.」

ㅇ公曰, 不然. 譬如養鷹. 饑則附人, 飽則颺去(공왈 불연 비여양응 기칙부인 포칙양거) : 「조조공(曹操公)이 말했습니다. "아니다. 〈여포는〉 매를 기르듯이 해야 한다. 매는 배가 고프면 사람에게 붙어먹는다. 그러나 배가 부르면 높은 하늘로 날아갈 것이다."」〈*이 말도 진등(陳登)이 여포(呂布)에게 전한 말이다.〉 ※「颺(날릴 양) ; 새가 날아 오르다. 鷹(매 응)」颺去(양거)는 새가 날아감.

(4) 布復攻備. 備走復歸操. 操擊布, 至下邳.

여포가 다시 유비를 공격했다. 이에 유비가 달리어 다시 조조에게 귀의했다. 그러자 조조가 여포를 공격하고 하비(下邳)에 이르렀다.

어구 설명 ㅇ布復攻備(포복공비) : 여포가 다시 유비를 공격했다. ㅇ備走復歸操(비주복귀조) : 유비가 달리어 다시 조조에게 귀의했다. ㅇ操擊布, 至下邳(조격포 지하비) : 이에 조조가 여포를 공격하고 하비(下邳)에 이르렀다.

(5) 布屢戰皆敗. 困追降. 操縛之曰, 縛虎不得不

急. 卒縊殺之. 備從操還許.

여포는 여러 번 싸웠으나 언제나 패했다. 그래서 몰리고 마침내 항복했다.

조조는 여포를 포박하고 말했다.「호랑이를 묶었으니, 다급하지 않을 수 없다.」드디어 목을 묶어 죽였다. 이에 유비는 조조를 따라 허(許)로 귀환했다.(建安 二年).

어구 설명 ○布屢戰皆敗. 困追降(포루전개패 곤추항) : 여포는 여러 번 싸웠으나 언제나 패했다. 그래서 몰려서 항복했다. ○操縛之曰,(조박지왈) : 조조는 여포를 포박하고 말했다. ○縛虎不得不急(박호부득불급) : 호랑이를 묶었으니, 다급하지 않을 수 없다. ※「縛(묶을 박)」○卒縊殺之(졸액살지) : 결국 목을 묶어 죽였다. ※「縊(목맬 액) ; 목을 졸라 죽이다.」縊殺(액살)은 목을 매어 죽임. ○備從操還許(비종조환허) : 유비는 조조를 따라 허(許)로 귀환했다.

제4과 원술, 손책, 원소 사망

(1) 袁術初據南陽. 已而據壽春. 以讖言代漢者當塗高, 自云, 名字應之. 遂稱帝. 淫侈甚. 旣而資實空虛. 不能自立. 欲奔袁紹. 操遣劉備邀之. 術走還, 歐血死.

원술(袁術)은 처음에는 남양(南陽)을 근거지로 했으며, 다음에는 수춘(壽春 : 安徽省)을 근거지로 삼았다. 그리고 그는 도참(圖讖 : 미래의 예언을 점치는 책)의 말을 인용해가지고 말했다. 「한(漢)나라를 대신할 사람은 〈길에 높이 서 있는〉 나로다.」 또 스스로 말했다. 「나의 이름과 자는 서로 동한다. 그래서 내가 곧 제(帝)가 된다.」

그리고는 원술은 심하게 사치하고 또 음란했다. 그래서 자금이 공허하고 또 실적도 없었다. 그래서 자립할 수 없었다. 그래서 원소(袁紹)에게로 달려갔던 것이다. 조조는 유비를 보내서 그를 요격하게 했다. 이에 원술은 또 도망을 갔으며, 결국 피를 토하고 죽었다.(建安 四年).

어구 설명 ○袁術初據南陽(원술초거남양) : 원술(袁術)은 처음에는 남양(南陽)을 근거지로 했다. ○已而據壽春(이이거수춘) : 그 다음에는 수춘(壽春)을 근거지로 삼았다.

○以讖言代漢者當塗高,(이참언대한자당도고) : 도참(圖讖)의 말을 인용해가지고 한(漢)나라를 대신할 사람은 〈길에 높이 서 있는〉 자기라고 말했다. ※「塗(진흙 도) ; 길, 도로.」

○自云, 名字應之. 遂稱帝(자운 명자응지 수칭제) : 스스로 말했다. 「자기 이름과 자는 서로 동한다.」 그리고 「자기가 곧 제(帝)가 된다.」고 말했다. 〈*도참(圖讖)은 옛날의 점치는 예언서다. 그 속에 「당도고(當塗高)」라는 말이 있다. 길에 높이 서있으므로 모든 사람이 우러러 본다. 즉 모든 사람이 자기를 우러러 본다.〉〈*원술(袁術)의 이름,

술(術)은 술책이라는 뜻이다. 자(字)는 공로(公路)다. 즉
자기의 술책이 높아서 모든 사람이 높이 받들고 본다. 그
래서 자기가 임금이 된다고 말한 것이다.〉 ○淫侈甚. 旣
而資實空虛. 不能自立(음치심 기이자실공허 불능자립) :
그러나 원술은 심하게 사치하고 또 음란했다. 그래서 자
금이나 실적이 공허하였다. 그래서 자립할 수 없었다. ○欲
奔袁紹(욕분원소) : 그래서 원소(袁紹)에게로 달려갔던 것
이다. ○操遣劉備邀之(조견유비요지) : 조조는 유비를 보
내서 그를 요격하게 했다. ○術走還, 歐血死(술주환 구혈
사) : 원술은 또 도망을 갔으며, 결국 피를 토하고 죽었다.

**(2) 孫策旣定江東, 欲襲許. 未發. 故所殺吳郡守許
貢之奴, 因其出獵, 伏而射之. 創甚. 呼弟權代領其
衆曰, 擧江東之衆, 決機於兩陳之間, 與天下爭衡,
卿不如我. 任賢使能, 各盡其心以保江東, 我不如
卿. 卒. 年二十六.**

손책(孫策)은 강동(江東)을 평정한 다음에, 허(許)를 치려
고 했다. 그러나 아직 출동하기 전에 옛날의 오군(吳郡)의
군수 허공(許貢)의 노예에게 피살되었다.

즉 손책(孫策)이 사냥에 나가려고 하자, 〈허공의〉 노예가
숨어있다가 활로 쏘았다.

이에 상처가 심하게 되자, 손책(孫策)은 동생 〈손권(孫權)〉
을 불러 권한을 대신하고, 모든 사람을 맡아 다스리게 하면

서 말했다.

「강동의 모든 사람을 동원하고 우리와 적 사이에서 승부를 결정하고, 또 천하의 다툼을 조절함에 있어서는, 너는 나만 못하다.」「그러나 현명하고 재능있는 자를 잘 부려 쓰고, 저마다 진심으로 강동(江東) 땅을 잘 보전케 함에 있어서는 나는 너만 못하다.」

그리고 나이 26세에 죽었다.(建安 五年).

어구 설명 ○孫策旣定江東, 欲襲許(손책기정강동 욕습허) : 손책은 강동을 평정한 다음에, 허(許)를 치려고 생각했다.

○未發(미발) : 그러나 아직 출동하기 전이었다. ○故所殺吳郡守許貢之奴,(고소살오군수허공지노) : 옛날의 오군(吳郡)의 군수 허공(許貢)의 노예에게 피살되었다.

○因其出獵, 伏而射之(인기출엽 복이사지) : 손책(孫策)이 사냥에 가려고 하자, 〈허공(許貢)의〉 노예가 숨어있다가 활로 쏘았다. ○創甚(창심) : 상처가 심하게 되자. 〈*창(創)=창(瘡 : 상처)〉

○呼弟權代領其衆曰,(호제권대영기중왈) : 자기 동생 〈손권(孫權)을 불러 권한을 대신하고, 모든 사람을 맡아 다스리게 하며 말했다. ○擧江東之衆, 決機於兩陳之間, 與天下爭衡, 卿不如我(거강동지중 결기어양진지한 여천하쟁형 경부여아) :「강동의 모든 사람을 동원하고 두 편 사이에서 승부를 결정하고 또 천하의 다툼을 조절함에 있어서는 너는 나만 못하다.」○任賢使能, 各盡其心以保江東, 我不如卿(임현사능 각진기심이보강동 아불여경) :「그러나

현명하고 재능있는 자를 잘 부려 쓰고, 저마다 진심으로 강동(江東) 땅을 잘 보전케 함에 있어서, 나는 너만 못하다.」 ㅇ卒. 年二十六(졸 연이십육) : 나이 26세에 죽었다.

(3) 袁紹據冀州. 簡精兵十萬, 騎一萬, 欲攻許. 沮授諫曰, 曹操奉天子以令天下. 今擧兵南向, 於義則違. 竊爲公懼之. 紹不聽. 操與紹相拒於官渡. 襲破紹輜重. 紹軍大潰. 慚憤歐血死.

원소(袁紹)가 기주(冀州)를 근거지로 하고 정예로운 병사 10만과 기병 1만을 추려서 〈조조가〉 있는 허창(許昌)을 공격하려고 했다. 그러자 저수(沮授)가 간(諫)하여 말했다. 「조조는 천자를 모시고 천하에 영을 내리고 있습니다. 지금 무력을 동원하여 남으로 가는 것은 의(義)에 어긋납니다. 저는 공(公)을 위해서 두려움을 느낍니다. 그러나 원소는 〈그의 간언을〉 듣지 않았다. 그래서 조조와 원소는 관도(官渡)를 사이에 두고 서로 대치했다. 조조가 습격해서 원소의 치중군(輜重軍)을 크게 격파했다. 그래서 원소의 군대가 크게 무너졌으며, 원소가 참패하고 피를 토하고 죽었다.

어구 설명 ㅇ袁紹據冀州(원소거기주) : 원소(袁紹)가 기주(冀州)를 근거하고. ㅇ簡精兵十萬, 騎一萬, 欲攻許(간정병십만 기일만 욕공허) : 정예로운 병사 10만과 기병 1만을 추려서 〈조조가〉 있는 허창(許昌)을 공격하려고 했다. ※「簡(대쪽 간) ; 가리다. 선발하다. 나누다. 분별하다.」 簡으로 된 판

본도 있다. 簡과 동자(同字)이다. ○沮授諫曰,(저수간왈)
: 저수(沮授)라는 사람이 간언을 하고 말렸다. ○曹操奉
天子以令天下(조조봉천자이령천하) : 조조는 천자를 모
시고 천하에 영을 내리고 있습니다. ○今擧兵南向, 於義
則違(금거병남향 어의칙위) : 지금 무력을 들고 남쪽으로
가는 것은 의(義)에 어긋납니다. ○竊爲公懼之(절위공구
지) : 저는 공을 위해서 두렵습니다. ※「竊(훔칠 절) ; 헛되
이 녹(祿)만 받다. 도둑. 몰래.」 ○紹不聽(소불청) : 그러나
원소는 〈그의 간언을〉 듣지 않았다. ○操與紹相拒於官渡
(조여소상거어관도) : 조조와 원소는 관도(官渡=廷州 陽
武)를 사이에 두고 서로 대치했다.

○襲破紹輜重(습파소치중) : 조조가 원소의 치중군(輜重
軍)을 크게 격파했다. 〈*식량이나 무기를 운반하는 군대
가 치중군이다.〉 ○紹軍大
潰(소군대궤) : 원소의 군
대가 크게 무너졌다. ○慚
憤歐血死(참분구혈사) :
원소가 참패하고 피를 토
하고 죽었다.

손책(孫策)

제9장 유비(劉備)와 제갈량(諸葛亮)

제1과 조조와 유비

(1) 車騎將軍董承, 稱受密詔, 與劉備誅曹操.

거기장군(車騎將軍) 동승(董承)이 〈헌제(獻帝)의〉 조서를 받았다고 말하고 유비(劉備)와 함께 조조를 치려고 했다. 〈*유비도 알고 있었을 것이다.〉

어구 설명 ○車騎將軍董承,(거기장군동승) : 거기장군 동승(董承)이. ○稱受密詔,(칭수밀조) : 〈헌세(獻帝)의〉 조서를 받았다고 말하고. ○與劉備誅曹操(여유비주조조) : 유비와 함께 조조를 치고자 했다. 〈*유비도 알 것이다.〉

유비(劉備)

**(2) 操一日從容謂備曰, 今天下英雄, 唯使君與操
耳. 備方食. 失匕筯. 値雷震詭曰, 聖人云, 迅雷風
烈必變. 良有以也.**

조조(曹操)는 어느 날 태연하게 유비를 보고 말했다.

「지금 천하에 있는 많은 영웅 중에서, 그대로 하여금 함께
할 사람은 오직 나 조조뿐일 것이요.」

유비는 〈마주 앉아서〉 음식을 들고 있다가 수저와 젓가락
을 떨어뜨렸다.

마침 하늘에서 번개와 천둥이 치자, 유비가 말했다.

「〈논어에서〉 성인 공자가 "심하게 번개가 치고 폭풍이 불
면 반드시 안색이 변한다."고 한 것은 참으로 옳은 말입니
다.」

어구 설명　○操一日從容謂備曰,(조일일종용위비왈) : 조조(曹操)는
어느 날 태연하게 유비를 보고 말했다. ※「從(좇을 종) ;
순직(純直)하다. 복종하다.」從容(종용)은 자연스럽고 태연
한 모양. 떠들지 않고 유유한 모양. 침착하고 서두르지
않음. 안온하게 조화(調和)되어 있음.
　○今天下英雄, 唯使君與操耳(금천하영웅 유사군여조이)
:「지금 천하에 있는 많은 영웅 중에서도, 그대로 하여금
함께 할 사람은 오직 나 조조뿐일 것이요.」※ 使君(사군)
: ① 주태수(州太守)에 대한 동배(同輩)로써의 경칭. ②
한대(漢代)에 태수(太守)를 부군(府君)이라 일컬은 데 대

하여 자사(刺史) 또는 자사에 준하는 지위에 있는 사람을
이르던 말. ③ 임금의 명을 받들어 여러 나라에 사절(使
節)로 가는 사람에 대한 존칭(尊稱). 칙사(勅使).
ㅇ備方食. 失匕筯(비방식 실비저) : 유비는 〈마주 앉아서〉
음식을 들고 있다가 수저와 젓가락을 떨어뜨렸다. ※「匕
(비수 비) ; 숟가락. 수저. 단검(短劍).」匕筯(비저)는 숟가락
과 젓가락.「箸=筯(젓가락 저)」ㅇ値雷震詭曰,(치뢰진궤왈)
: 마침 하늘에서 번개와 천둥이 치자, 유비가 말했다.
ㅇ聖人云, 迅雷風烈必變. 良有以也(성인운 신뢰풍열필변
양유이야) :「〈논어에서〉 성인 공자가 "심하게 번개 치고
폭풍이 불면 반드시 안색이 변한다."고 한 말은 진실로
일리가 있다고 봅니다.」※「良(진실로 양, 좋을 량) ; 정말」

(3) 備旣被遣邀袁術. 因之徐州, 起兵討操. 操擊之. 備先奔冀州. 領兵至汝南. 自汝南奔荊州, 歸劉表. 嘗於表坐, 起至廁. 還慨然流涕, 表怪問之. 備曰, 常時身不離鞍. 髀肉皆消. 今不復騎. 髀裏肉生. 日月如流, 老將至, 功業不建. 是以悲耳.

유비는 전에 〈조조의 명을 받고〉 파견되어 원술(袁術)을
요격한 일이 있었다. 그래서 유비는 그대로 서주(徐州)에서
무력으로 조조(曹操)를 치려고 했던 것이다.

그러자 조조가 도리어 유비를 격파했다.

이에 유비는 먼저 기주(冀州)로 달아나 군사를 정비해 가

지고 여남(汝南)에 이르렀다. 다시 여남에서 형주(荊州)로 가서 유표(劉表)에게 귀의했다.

언제인가, 〈유비가〉 유표(劉表)의 집에 앉았다가 측간에 다녀오자, 개탄하고 눈물을 흘리면서 울었다. 그래서 유표가 괴상히 여기고 물었다.

유비가 말했다. 「저는 항상 몸에서 말안장을 떠나지 않았습니다. 그래서 넓적다리 바깥쪽 살이 다 없습니다.」「그러나 지금은 말을 타지 않음으로, 넓적다리 안쪽 살이 쪘습니다. 〈그러면서〉 세월이 물 흐르듯이 지나갑니다.」〈*싸우지 않고 허송세월만 하고 있다는 뜻이다.〉「바야흐로 늙음이 오면 공(功)도 업(業)도 세우지 못하므로 참으로 슬픈 노릇입니다.」

어구 설명 ○備旣被遣邀袁術(비기피견요원술) : 유비는 전에 〈조조의 명을 받고〉 파견되어 원술(袁術)을 요격한 일이 있었다. ○因之徐州, 起兵討操(인지서주 기병토조) : 유비는 그대로 서주(徐州)에서 무력으로 조조(曹操)를 치려고 했던 것이다.

○操擊之(조격지) : 그러나 조조가 도리어 유비를 격파했다. ○備先奔冀州(비선분기주) : 유비는 먼저 기주(冀州)로 달려갔다. ○領兵至汝南(영병지여남) : 그리고 군병을 영도하고 여남(汝南)에 이르렀다. ○自汝南奔荊州, 歸劉表(자여남분형주 귀유표) : 다시 여남에서 형주(荊州)로 가서 유표(劉表)에게 귀의했다.

○嘗於表坐, 起至廁. 還慨然流涕, 表怪問之(상어표좌 기

지측 환개연유체 표괴문지) : 언제인가, 〈유비가〉 유표(劉
表)의 집에 앉았다가 측간에 다녀오자, 개탄하고 눈물을
흘리면서 울었다. 그래서 유표가 괴상히 여기고 물었다.
※「廁(뒷간 측), 측간(廁間)=뒷간, 변소. 厠은 속자임.」

○備曰, 常時身不離鞍. 髀肉皆消(비왈 상시신불이안 비
육개소) : 유비가 말했다.「저는 항상 몸에서 말안장을 떠
나지 않았습니다. 그래서 넓적다리 바깥쪽 살이 다 없습
니다.」※「髀(넓적다리 비) ; 넓적다리 바깥쪽.」髀肉皆消
(비육개소) : 넓적다리의 살이 다 빠짐. 전쟁으로 항상 말
을 타고 다님. 髀肉之歎(비육지탄) : 넓적다리에 살이 쪘
음을 한탄함. 재능을 발휘할 기회를 얻지 못하고 부질없
이 세월만 보내는 것을 한탄함. 古事 촉(蜀)나라의 유비
(劉備)가 오랫동안 전장(戰場)에 나가지 않아 넓적다리가
굵어졌음을 한탄하면서, 몸은 늙어가고 뜻한 바는 이루
지 못하였음을 슬퍼한 고사에서 온 말.

○今不復騎. 髀裏肉生. 日月如流,(금불복기 비이육생 일
월여류) :「그러나 지금은 말을 타지 않음으로, 넓적다리
안쪽 살이 쪘습니다. 〈그러면서〉 세월이 물 흐르듯이 지
나갑니다.」〈*싸우지 않고 허송세월만 하고 있다는 뜻이
다.〉

○老將至, 功業不建. 是以悲耳(노장지 공업불건 시이비
이) :「바야흐로 늙음이 오면 공(功)도 업(業)도 이루지 못
하므로 참으로 슬픈 노릇입니다.」

제2과 삼고초려(三顧草廬)

(1) 瑯琊諸葛亮, 寓居襄陽隆中. 每自比管仲・樂毅. 備訪士於司馬徽. 徽曰, 識時務者在俊傑. 此閒自有伏龍・鳳雛. 諸葛孔明・龐士元也. 徐庶亦謂備曰, 諸葛孔明臥龍也.

낭야군(瑯琊郡) 출신인 제갈량(諸葛亮)은 양양(襄陽)의 융중산(隆中山) 속에 숨어 살고 있었다. 언제나 자신을 제(齊)나라 관중(管仲)이나 연(燕)나라 악의(樂毅)에 비유했다. 유비가 선비인 사마휘(司馬徽)를 방문했다. 사마휘가 말했다.

「시대의 일을 아는 사람은 곧 준걸(俊傑)입니다. 그 속에는 복룡(伏龍)이나 봉추(鳳雛)가 있게 마련입니다.」「그들은 바로 제갈공명(諸葛孔明)과 방사원(龐士元) 두 사람이 있습니다.」

서서(徐庶)도 역시 유비에게 말했다. 「제갈공명은 와룡(臥龍)입니다.」

어구 설명 ○瑯琊諸葛亮, 寓居襄陽隆中(낭야제갈량 우거양양융중) : 낭야군(瑯琊郡) 출신인 제갈량(諸葛亮)은 양양(襄陽)의 융중산(隆中山) 속에 숨어 살고 있었다. ※ 諸葛亮(제갈량) : 자(字)는 공명(孔明). 양양(襄陽) : 하남(河南) 남양군(南陽郡).

○每自比管仲・樂毅(매자비관중・악의) : 언제나 자신을

제(齊)나라 관중(管仲)이나 연(燕)나라 악의(樂毅)에 비유
했다.

○備訪士於司馬徽(비방사어사마휘) : 유비가 선비인 사
마휘(司馬徽)를 방문했다.

○徽曰, 識時務者在俊傑. 此閒自有伏龍·鳳雛(휘왈 식시
무자재준걸 차한자유복룡·봉추) : 사마휘(司馬徽)가 말
했다.「시대의 일을 잘 아는 사람은 곧 준걸(俊傑) 속에 있
습니다. 그 속에는 복룡(伏龍)이나 봉추(鳳雛)가 있게 마
련입니다.」〈*준걸(俊傑)은 뛰어난 호걸이란 뜻이다. *복
룡(伏龍)은 엎드려 있는 용(龍). *봉추(鳳雛)는 봉황새의
새끼다.〉 아직 때를 못만나 맹주를 만나지 못함을 비유함.

○諸葛孔明·龐士元也(제갈공명·방사원야) :「그들은
바로 제갈공명(諸葛孔明)과 방시원(龐士元) 두 사람입니
다.」

○徐庶亦謂備曰, 諸葛孔明臥龍也(서서역위비왈 제갈공
명와룡야) : 서서(徐庶) 역시 유비(劉備)에게 말했다.「제
갈공명은 와룡(臥龍)입니다.」※ 臥龍(와룡) : ① 누워 있
는 용. ② 영웅이 아직 때를 만나지 못하고 숨어 있음. 臥
의 속자는 卧이다. 臥龍鳳雛(와룡봉추) : 누워 있는 용과
봉황의 새끼. 영웅이 아직 세상에 나타나지 않고 숨어 있
음의 비유.

**(2) 備三往乃得見亮, 問策. 亮曰, 操擁百萬之衆.
挾天子令諸侯. 此誠不可與爭鋒. 孫權據有江東,
國險而民附. 可與爲援, 而不可圖.**

유비는 제갈량을 세 번 찾아갔다가 만날 수 있었다. 〈*이를 삼고초려(三顧草廬)라고 한다.〉

유비가 계책을 묻자, 제갈량이 〈다음 같이〉 대답했다.

「조조는 백만의 대군을 지니고 있으며, 또 천자를 위에 받들어 모시고, 아래로는 제후들을 호령하고 있습니다. 그러므로 참으로 조조와 무력 싸움을 하면 절대로 안 됩니다.」

「손권은 강동을 근거지로 하고 있습니다. 그곳은 지세가 험악하고 백성들이 그를 잘 따르고 있습니다. 그러므로 서로 원조를 할 수는 있어도 서로 싸우면 안 됩니다.」

어구 설명 ○備三往乃得見亮,(비삼왕내득견량) : 유비는 제갈량을 세 번 찾아갔다가 만날 수 있었다. 〈*이를 삼고초려(三顧草廬)라고 한다.〉

○問策. 亮曰,(문책 량왈) : 유비가 책략을 묻자, 제갈량이 〈다음 같이〉 대답했다. 〈*먼저 조조에 대한 말을 했다.〉 ○操擁百萬之衆. 挾天子令諸侯. 此誠不可與爭鋒(조옹백만지중 협천자영제후 차성불가여쟁봉) :「조조는 백만의 대군을 데리고 있으며, 또 천자를 위에 받들어 모시고, 또 제후들을 호령하고 있습니다. 그러므로 진실로 조조와 무력 싸움을 하면(창끝을 겨루다) 절대로 안 됩니다.」 ※「挾(낄 협) ; 자기편으로 만들다. 지키다. 받들어 모시다(挾輔).」

○孫權據有江東, 國險而民附. 可與爲援, 而不可圖(손권 거유강동 국험이민부 가여위원 이불가도) : 〈*이번에는 손권에 대한 말을 한 것이다.〉「손권은 강동을 근거지로

하고 있습니다. 그곳은 지세가 험악하고 백성들이 그를
잘 따르고 있습니다. 그러므로 서로 원조를 할 수는 있어
도 서로 싸우면 안 됩니다.」〈*다음은 제갈량이 유비 자
신에 대한 말을 한 것이다.〉

(3) 荊州用武之國, 益州險塞, 沃野千里. 天府之土. 若跨有荊·益, 保其巖阻, 天下有變, 荊州之軍向宛·洛, 益州之衆出秦川, 孰不簞食壺漿, 以迎將軍乎.

〈제갈량이 유비를 위해서 한 말이다.〉「형주는 무력을 행
사하기 좋습니다. 익주는 지세가 험한 요새 같은 곳입니다.
그러면서 기름진 땅이 천 리나 됩니다. 그러므로 천부(天府)
같은 토지라 하겠습니다.」

「만약 형주나 익주에 걸쳐 〈나라를 세우면〉 험준한 지세
라 보전하기가 좋습니다.」

「만약 천하에 변고가 있으면 형주(荊州)의 군대를 완(宛)이
나 낙(洛)으로 향하게 하고, 익주(益州)의 군대를 거느리고
진천(秦川)으로 들어서서 공격해 나간다면,」「그러면 누가
도시락 밥과 항아리 국을 들고 와서 장군을 환영하지 않겠
습니까.」

어구 설명 ○荊州用武之國, 益州險塞, 沃野千里. 天府之土(형주용무
지국 익주험새 옥야천리 천부지사) : 〈제갈량이 유비를 위

해서 한 말이다.〉 형주는 무력을 행사하기 좋습니다. 익주는 지세가 험한 요새 같은 곳입니다. 그러면서 기름진 땅이 천 리나 됩니다. 그러므로 천부(天府) 같은 토지라 하겠습니다. ※ 天府(천부) : 물자가 풍부한 천연의 보고.

○若跨有荊·益, 保其巖阻,(약과유형·익 보기암조) : 「만약 형주나 익주에 걸쳐 〈나라를 세우면〉 험준한 지세라 보전하기가 좋습니다.」

○天下有變, 荊州之軍向宛·洛, 益州之衆出秦川,(천하유변 형주지군향완·낙 익주지중출진천) : 「만약 천하에 변고가 있으면 형주(荊州)의 군대를 완(宛)이나 낙(洛)으로 향하게 하고, 익주(益州)의 군대를 거느리고 진천(秦川)으로 들어서서 공격해 나간다면,」 ○孰不簞食壺漿, 以迎將軍乎(숙불단사호장 이영장군호) : 「그러면 모든 사람이 도시락 밥과 항아리 국을 들고 와서 장군을 환영할 것입니다.」 ※「孰(누구 숙 ; 누가), 簞(대광주리 단 ; 도시락)」 簞食壺漿(단사호장)은 도시락에 담은 밥과 병에 담은 음료. 음식물을 차려놓고 군대를 환영함.

(4) 備曰, 善. 與亮情好日密. 曰, 孤之有孔明, 猶魚之有水也.

유비가 말했다. 「참으로 좋다.」 그리고 유비는 제갈량과 정이 날로 밀접하게 되었다. 유비가 말했다. 「나에게 제갈공명이 있음은 물고기가 물을 얻음과 같으니라.」

어구 설명 ○備曰, 善(비왈 선) : 유비가 말했다. 「참으로 좋다.」 ○與

亮情好日密(여량정호일밀) : 유비는 제갈량과 정이 날로
밀접하게 되었다. ㅇ曰, 孤之有孔明, 猶魚之有水也(왈 고
지유공명 유어지유수야) : 유비가 말했다.「나에게 제갈공
명이 있음은 물고기가 물을 얻음과 같으니라.」 ※「孤(외
로울 고) ; 나, 왕후(王侯)의 겸칭.」

(5) 士元名統, 龐德公從子也. 德公素有重名. 亮每 至其家, 獨拜床下.

방사원(龐士元)은 이름을 통(統)이라 했다. 방덕공(龐德公)
의 조카다. 방덕공은 평소에 명성이 높았다. 그래서 제갈량
은 그의 집에 갈 때마다 홀로 상 아래 엎드려 절을 했다.

<u>여구 설명</u> ㅇ士元名統, 龐德公從子也(사원명통 방덕공종자야) : 방사
원(龐士元)은 이름을 통(統)이라 했다. 방덕공(龐德公)의 조
카다. ㅇ德公素有重名(덕공소유중명) : 방덕공은 평소에
명성이 높았다. ㅇ亮每至其家, 獨拜床下(양매지기가 독배
상하) : 제갈량은 그에 집에 갈 때마다 홀로 상 아래 엎드
려 절을 했다.

제3과 적벽지전(赤壁之戰) - (1)

(1) 曹操擊劉表. 表卒. 子琮擧荊州降操.

조조(曹操)가 유표(劉表)를 공격했다. 그래서 유표가 죽자,

<유표의 아들> 종(琮)이 형주(荊州)를 드러내놓고 조조에게
투항을 했다.

 ○曹操擊劉表(조조격유표) : 조조(曹操)가 유표(劉表)를
공격했다. ○表卒(표졸) : 그래서 유표가 죽었다. ○子琮
擧荊州降操(자종거형주항조) : <유표의 아들> 종(琮)이
형주(荊州)를 다 들고 조조에게 투항을 했다. ※ 劉琮(유
종) : 유표의 둘째 아들. 맏아들 유기(劉琦)는 뒤에 공명
에게 병법(兵法)을 배워서 적벽대전(赤壁之戰)에서 공(功)
을 세워 유비가 그를 형주자사(荊州刺史)에 임명했다.

(2) 劉備奔江陵. 操追之. 備走夏口. 操進軍江陵, 遂東下. 亮謂備曰, 請求救於孫將軍. 亮見權說之. 權大悅.

유비가 강릉(江陵)으로 달아나자 조조가 추격했다. 그래서
유비가 다시 하구(夏口)로 달아났다.

이에 조조가 군대를 강릉(江陵)으로 진격시켰다. 그래서
유비가 마침내 동쪽 오(吳)나라로 내려갔다.

그러자 제갈량(諸葛亮)이 유비에게 말했다. 「구원을 손권
(孫權) 장군에게 청하세요.」

제갈량이 손권을 보고 말하자, 손권이 크게 좋아했다.

 ○劉備奔江陵(유비분강릉) : 유비가 강릉(江陵)으로 달아
나자. ○操追之(조추지) : 조조가 추격했다.

ㅇ備走夏口(비주하구) : 그래서 유비가 다시 하구(夏口)로 달아났다. ㅇ操進軍江陵,(조진군강릉) : 조조가 군대를 강릉(江陵)으로 진격시켰다.

ㅇ遂東下(수동하) : 그래서 유비가 결국 동쪽 오(吳)나라로 내려갔다. ㅇ亮謂備曰,(량위비왈) : 그러자 제갈량(諸葛亮)이 유비에게 말했다. ㅇ請求救於孫將軍(청구구어손장군) : 구원을 손권(孫權) 장군에게 청하세요. ㅇ亮見權說之(량견권설지) : 제갈량이 손권을 보고 말하자. ㅇ權大悅(권대열) : 손권이 크게 좋아했다.

(3) 操遺權書曰, 今治水軍八十萬衆, 與將軍會獵於吳. 權以示羣下. 莫不失色. 張昭請迎之. 魯肅以爲不可, 勸權召周瑜.

조조(曹操)가 손권(孫權)에게 글을 보내서 다음 같이 말했다. 「나는 지금 수군(水軍) 80만의 대군을 동원해서 그대를 상대하고 오(吳)나라 땅에서 사냥을 하려고 하오. 〈즉 그대를 잡아 죽이겠다는 뜻이다.〉」

손권이 〈조조의 편지를〉 부하에게 보이자 모두가 얼굴빛이 변했다. 〈손권의 부하〉 장소(張昭)는 「〈조조에게〉 잘 청원하라고 말했다.」〈*즉 전쟁을 피하라는 뜻이다.〉

〈같은 부하인〉 노숙(魯肅)은 「안 된다.」고 말했다. 〈*즉 싸우자는 뜻이다.〉 그리고 손권에게 「주유(周瑜)를 불러서 의견을 물을 것을 권했다.」〈*주유로 하여금 대하게 하라는

뜻이다.〉

어구 설명 ㅇ操遺權書曰,(조유권서왈) : 조조(曹操)가 손권(孫權)에게 글을 보내서 다음 같이 말했다. ㅇ今治水軍八十萬衆, 與將軍會獵於吳(금치수군팔십만중 여장군회엽어오) : 〈조조의 말〉 「나는 지금 수군(水軍) 80만의 대군을 다스려서 〈파견하고〉 〈그대 손장군과〉 오(吳)나라 땅에서 만나 사냥을 하려고 하오. 〈즉 그대를 잡아 죽이겠다는 뜻이다.〉」

ㅇ權以示羣下. 莫不失色(권이시군하 막불실색) : 손권이 〈조조의 편지를〉 부하에게 보이자 모두가 얼굴빛이 변했다. ㅇ張昭請迎之(장소청영지) : 〈손권의 부하〉 장소(張昭)는 「〈조조에게〉 잘 청원하라고 말했다.」 〈*즉 전쟁을 피하라는 뜻이다.〉」

ㅇ魯肅以爲不可,(노숙이위불가) : 〈같은 부하인〉 노숙(魯肅)은 「안 된다.」고 말했다. 〈*즉 싸우자는 뜻이다.〉

ㅇ勸權召周瑜(권권소주유) : 그리고 손권에게 「주유(周瑜)를 부르세요.」라고 말했다. 〈*주유로 하여금 대하게 하라는 뜻이다.〉

(4) 瑜至. 日, 請得數萬精兵, 進往夏口, 保爲將軍破之. 權拔刀斫前奏案日, 諸將吏敢言迎操者, 與此案同. 遂以瑜督三萬人, 與備幷力逆操, 進遇於赤壁.

주유(周瑜)가 와서 〈손권에게〉 말했다. 「청컨대, 저에게 몇 만(萬)의 정병(精兵)을 주십시오. 하구(夏口)로 진격해서 장군님을 위해서 〈조조의 군대를〉 격파할 것을 다짐하겠습니다.」〈그 말을 듣자〉 손권은 칼을 뽑아들고 책상 위에 놓인 〈조조가 보낸〉 서찰을 자르고 말했다.

「여러 장군이나 관리들로서 감히 조조를 맞이하라고 말하는 자는 이 책상 같이 〈이 칼로〉 자를 것이다.」

드디어 주유로 하여금 3만의 병력을 이끌고 유비와 힘을 함께하고 진격하여 적벽(赤壁)에서 조조(曹操) 군과 맞싸우게 했다.

어구 설명 ㅇ瑜至. 曰,(유지 왈) : 주유(周瑜)가 와서 〈손권에게〉 말했다. ㅇ請得數萬精兵, 進往夏口, 保爲將軍破之(청득수만정병 진왕하구 보위장군파지) :「청컨대, 저에게 몇 만(萬)의 정병(精兵)을 주십시오. 하구(夏口)로 진격해서 장군님을 위해서 〈조조의 군대를〉 격파할 것을 다짐하겠습니다.」

ㅇ權拔刀斫前奏案曰,(권발도작전주안왈) : 손권은 칼을 뽑아들고 임금 앞 책상 위에 놓인 〈조조가 보낸〉 편지를 잘랐다. 〈그리고 말했다.〉 ※「拔(뺄 발 ; 뽑다.), 斫(벨 작 ; 자르다.)」 ㅇ諸將吏敢言迎操者, 與此案同(제장리감언영조자 여차안동) :「여러 장군이나 관리들로서 감히 조조를 맞이하라고(항복하자고) 말하는 자는 이 책상 같이 〈이 칼로〉 자를 것이다.」 ㅇ遂以瑜督三萬人, 與備幷力逆操, 進遇於赤壁(수이유독삼만인 여비병력역조 진우어적벽) : 드디어 주유로 하여금 3만의 병력을 이끌고 유비와 힘을 함께하고 진격하여 적벽에서 조조(曹操) 군과 맞싸우게 했다.

제4과 적벽지전(赤壁之戰) - (2)

(1) 瑜部將黃蓋曰, 操軍方連船艦, 首尾相接, 可燒而走也. 乃取蒙衝·鬪艦十艘, 載燥荻枯柴, 灌油其中, 裹帷幔, 上建旌旗, 豫備走舸, 繫於其尾.

주유(周瑜)의 부장(部將)인 황갑(黃蓋)이 다음과 같이 말했다. 「조조(曹操)의 수군(水軍)으로 지금 〈강 위에 떠 있는〉 병선(兵船)이나 군함(軍艦)은 선수(船首)와 선미(船尾)가 서로 붙어 있습니다.」「그러므로 〈그들의 배를〉 불로 태우고 도망가게 할 수 있습니다.」〈*이렇게 말하고.〉

즉시 몽충(蒙衝)과 투함(鬪艦) 열 척을 취해서 〈그 배 위에〉 건조한 억새풀이나 마른 잡목을 싣고 속에 기름을 잔뜩 부었다.

겉으로는 휘장이나 장막을 덮어 가렸으며, 위에는 높이 정기(旌旗)를 세웠다.

그러나 미리 도망갈 준비를 다 하고 〈작은 쾌속선=走舸(주가)를〉 뒤에 매달았다.

어구 설명 ○瑜部將黃蓋曰,(유부장황갑왈) : 주유(周瑜)의 부장(部將)인 황갑(黃蓋)이 다음 같이 말했다. ※「蓋(① 덮을 개, 성(姓). ② 어찌 아니할 합, 문짝. 부들로 짠 자리. ③ 땅이름 갑, 성(姓). 音甘入聲(原註)」

○操軍方連船艦, 首尾相接,(조군방연선함 수미상접) : 조

조(曹操)의 수군(水軍)으로 지금 〈강물 위에 떠 있는〉 병선(兵船)이나 군함(軍艦)은 선수(船首)와 선미(船尾)가 서로 붙어 있습니다.

○可燒而走也(가소이주야) : 그러므로 〈그들의 배를〉 불로 태우고 도망가게 할 수 있습니다. 〈*이렇게 말하고.〉

○乃取蒙衝·鬪艦十艘,(내취몽충·투함십소) : 즉시 몽충(蒙衝)과 투함(鬪艦) 열 척을 취해서. 〈*몽충(蒙衝)은 고의로 적선에 충돌하는 배다. 넓이가 좁고 길이가 긴 배다.〉

○載燥荻枯柴, 灌油其中,(재조적고시 관유기중) : 〈그 배 위에〉 건조한 억새풀이나 마른 잡목을 싣고 속에 기름을 잔뜩 부었다. ※「荻(물억새 적), 柴(섶 시, 잡목)」

○裹帷幔,(과유만) : 겉으로는 휘장이나 장막을 덮어 가렸다. ※「裹(쌀 과 ; 보자기 같은 짓으로 씨다. 얽다.), 帷(휘장 유 ; 수레나 널에 치는 씌우개), 幔(막 만 ; 천막. 장막. 휘장.」

○上建旌旗,(상건정기) : 위에는 높이 정기(旌旗)를 세웠다. 〈*정기(旌旗)는 지휘관의 군기(軍旗)다.〉

○豫備走舸, 繫於其尾(예비주가 계어기미) : 미리 도망갈 예비를 하고 〈작은 쾌속선=走舸(주가)를〉 뒤에 매달았다. ※ 走舸(주가) : 옛날 전선(戰船)의 하나. 노젓는 사람이 많아 매우 빠름. 쾌속선(快速船). 「繫(맬 계) ; 동여매다. 매달다.」

(2) 先以書遺操, 詐爲欲降. 時東南風急. 蓋以十艘最著前, 中江擧帆, 餘船以次俱進. 操軍皆指言, 蓋降.

주유(周瑜)는 먼저 조조에게 글을 보냈다. 거짓으로 투항 하겠다고 말했다. 마침 그때에 동남풍이 심하게 불었다. 황 갑은 대체로 10척의 배를 가장 앞에 내세웠고, 강 중간에 이르자 배들은 일제히 돛을 올렸고, 나머지 배들도 조용히 그 뒤를 따라 다 같이 전진했다. 그래서 조조의 군대들은 모두 이를 가리키며 황갑이 항복해 온다 라고 말했다.

어구 설명 ㅇ先以書遺操,(선이서유조) : 주유(周瑜)는 먼저 조조에 게 글을 보냈다. ㅇ詐爲欲降(사위욕항) : 거짓으로 투항 하겠다고 말했다. ㅇ時東南風急(시동남풍급) : 마침 그때 에 동남풍이 심하게 불었다. ㅇ蓋以十艘最著前,(갑이십 소최저전) : 황갑은 대체로 10척의 배를 가장 앞에 내세 웠고. ㅇ中江擧帆,(중강거범) : 강 중간에 이르자 배들은 일제히 돛을 올렸고. ㅇ餘船以次俱進(여선이차구진) : 나 머지 배들도 점차로 다 같이 전진했다. ㅇ操軍皆指言, 蓋 降(조군개지언 갑항) : 그래서 조조의 군대들은 모두 이 를 가리키며 말하기를 황갑이 항복해 온다 라고 말했다.

(3) 去二里餘, 同時發火. 火烈風猛, 船往如箭. 燒 盡北船, 烟焰漲天. 人馬溺燒, 死者甚衆.

거리가 약 2리쯤 되자, 〈황갑이 지휘하는 배에서〉 일시에 발화하고, 사나운 불이 심한 바람을 타고 〈번졌다.〉〈불에 타는〉 배가 화살 같이 달려갔으며, 북쪽의 함선에 불이 옮 겨 붙어 다 태우고 말았다. 〈이에 조조 진영에서도〉 화염이 하늘 높이 타올랐으며, 사람이나 말들이 불에 타고 물에 빠져 죽은 자들이 심히 많았다.

어구 설명 ○去二里餘,(거이리여) : 거리가 약 2리쯤 되자. ○同時發火. 火烈風猛,(동시발화 화열풍맹) : 〈황갑이 지휘하는 배에서〉 일시에 발화하고, 사나운 불이 심한 바람을 타고 〈번졌다.〉 ○船往如箭. 燒盡北船,(선왕여전 소진북선) : 〈불에 타는〉 배가 화살 같이 달려갔으며, 북쪽의 배들도 다 태우고 말았다.
○烟焰漲天. 人馬溺燒, 死者甚衆(연염창천 인마익소 사자심중) : 〈이에 조조 진영에서도〉 화염이 하늘 높이 타올랐으며, 사람이나 말들이 불에 타고 물에 빠져 죽은 자들이 심히 많았다.

(4) 瑜等率輕銳, 靁鼓大進. 北軍大壞, 操走還. 後屢加兵於權, 不得志.

주유(周瑜)와 황갑(黃蓋) 등은 가볍고 예리한 군대를 인솔하여 우레 같이 북을 치고 전진하여 조조(曹操)의 북군(北軍)을 크게 괴멸했다. 조조(曹操)는 도망갔다가 돌아와서, 다시 여러 차례 손권(孫權)을 무력으로 치려고 했다. 그러나 뜻대로 되지 않았다.

어구 설명 ○瑜等率輕銳, 靁鼓大進. 北軍大壞,(유등솔경예 뢰고대진 북군대괴) : 주유(周瑜)와 황갑(黃蓋) 등은 가볍고 예리한 군대를 인솔하여 우레 같이 북을 치고 전진하여 조조(曹操)의 북군(北軍)을 크게 괴멸했다. ※「靁(우레 뢰 ; 천둥) 靁가 본자. 靁는 또 雷의 본자. 또한 電는 雷의 본자이기도 하다.」ㅇ操走還. 後屢加兵於權, 不得志(조주환 후루 가병어권 부득지) : 조조(曹操)는 도망갔다가 돌아와서, 다시 여러 차례 손권(孫權)을 무력으로 쳤다. 그러나 뜻대로 되지 않았다.

(5) 操歎息曰, 生子當如孫仲謀. 向者劉景昇兒子, 豚犬耳.

조조가 탄식하고 말했다.「자식을 낳으려면, 마땅히 손권(孫權 : 仲謀는 字) 같아야 한다.」먼저 투항한 유표(劉表 : 景昇은 字) 같은 자(者)의 아들 따위는 개돼지 새끼에 지나지 않는다.

어구 설명 ㅇ操歎息曰, 生子當如孫仲謀(조탄식왈 생자당여손중모) : 조조가 탄식하고 말했다.「자식을 낳으려면, 마땅히 손권(孫權 : 仲謀는 字) 같아야 한다.」ㅇ向者劉景昇兒子, 豚犬耳(향자유경승아자 돈견이) : 먼저 투항한 유표(劉表 : 景昇은 字) 같은 자(者)의 아들 놈은 개돼지 새끼에 불과하다.

제5과 주유 사망 : 노숙, 여몽

(1) 劉備徇荊州・江南諸郡. 周瑜上疏於權曰, 備

有梟雄之姿. 而有關羽 · 張飛, 熊虎之將. 聚此三
人在疆場. 恐蛟龍得雲雨, 終非池中物也. 宜徙備
置吳. 權不從. 瑜方議圖北方. 會病卒.

유비(劉備)는 형주(荊州)와 강남(江南)의 여러 군(郡)을 자기에게 따르게 했다.

〈그러자〉 주유(周瑜)가 손권(孫權)에게 상소하고 다음 같이 말했다. 「유비는 올빼미 수놈 같습니다.」〈*음험하면서도 독살스럽다.〉「그런데 관우(關羽)와 장비(張飛) 같은 곰과 호랑이 대장들이 함께 있습니다.」「이들 세 사람이 싸움터에 함께 있는 것은.」「교룡(蛟龍)이 구름이나 비를 타고 하늘에 올라가는 것 같이 겁이 납니다.」「끝까지 못이나 강물 속에 있게 하면 안 됩니다.」「마땅히 유비(劉備)를 오(吳) 땅으로 옮기게 함이 좋습니다.」

손권(孫權)은 그의 말을 듣지 않았다.

주유는 북방 도모(北方 圖謀)를 의논하다가 병에 걸려 죽었다.〈*즉 북으로 가서 조조(曹操)를 치려고 의논했다.〉

어구 설명 ㅇ劉備徇荊州 · 江南諸郡(유비순형주 · 강남제군) : 유비는 형주(荊州)와 강남(江南)의 여러 군(郡)을 자기에게 따르게 했다. ㅇ周瑜上疏於權曰,(주유상소어권왈) : 〈그러자〉 주유(周瑜)가 손권(孫權)에게 상소하고 다음 같이 말했다. ㅇ備有梟雄之姿(비유효웅지자) : 「유비는 올빼미 수놈 같습니다.」〈*올빼미는 어미새를 잡아먹는 불효한

새라고 믿는데서 연유하여 음험하면서도 독살스럽다 라
는 뜻이다.〉 ※「梟(올빼미 효) ; 사납고 용맹스럽다.」梟雄
(효웅) : 사납고 용맹함. 용맹한 영웅.

○而有關羽·張飛, 熊虎之將(이유관우·장비 웅호지장) :
「그런데 관우(關羽)와 장비(張飛) 같은 곰과 호랑이 대장
들이 함께 있습니다.」 ○聚此三人在疆場(취차삼인재강
장) :「이들 세 사람이 싸움터에 함께 있는 것은.」 ○恐蛟
龍得雲雨,(공교용득운우) :「교룡(蛟龍)이 구름이나 비를
타고 하늘에 올라가는 것 같이 겁납니다.」 ○終非池中物
也(종비지중물야) : 끝까지 못이나 강물 속에 있게 하면
안 됩니다.」

○宜徙備置吳(의사비치오) :「마땅히 유비(劉備)를 오(吳)
땅으로 옮기게 함이 좋습니다.」

○權不從(권불종) : 손권(孫權)이 그의 말을 듣지 않았다.

○瑜方議圖北方. 會病卒(유방의도북방 회병졸) : 주유는
북방 도모(北方 圖謀)를 의논하다가 병에 걸려 죽었다.
〈*즉 북으로 가서 조조(曹操)를 치려고 의논했다.〉

(2) 魯肅代領其兵. 肅勸權以荊州借劉備. 權從之.

〈주유가 죽은 다음에는〉 노숙(魯肅)이 대신 나서서 군을
영도했다. 노숙은 손권(孫權)에게 형주(荊州)를 유비(劉備)
에게 빌려주라고 권했으며, 손권이 그의 말을 따랐다.

[어구 설명] ○魯肅代領其兵(노숙대령기병) :〈주유가 죽은 다음에는〉
노숙(魯肅)이 대신 나서서 군을 영도했다.

o肅勸權以荊州借劉備. 權從之(숙권권이형주차유비 권종지) : 노숙(魯肅)은 손권(孫權)에게 형주(荊州)를 유비(劉備)에게 빌려주라고 권했으며, 손권이 그의 말을 따랐다.

(3) 權將呂蒙, 初不學. 權勸蒙讀書. 魯肅後與蒙論議. 大驚曰, 卿非復吳下阿蒙. 蒙曰, 士別三日, 卽當刮目相待.

손권의 장군 여몽(呂蒙)은 애당초에 학문이 없었다. 그래서 손권이 여몽에게 책을 읽으라고 권했다. 〈*공부를 한 다음〉 노숙이 여몽과 논의를 하자. 〈*여몽이 말을 잘 했다.〉 그래서 노숙이 크게 놀라고 말했다. 「그대는 이미 옛날의 오(吳)나라 밑에 살았던 아몽(阿蒙)과 같은 사람이 아니구려.」〈*아(阿)는 친근감(親近感)을 나타내는 말, 몽(蒙)은 무식하고 몽매한 사람이라는 뜻이다.〉 그러자 여몽(呂蒙)이 말했다. 「선비는 사흘만 안 보면, 당연히 괄목상대(刮目相對)해야 합니다. 〈*사람은 날로 변하고 발전한다. 그래서 눈을 크게 뜨고 상대해야 한다.〉」

어구 설명 o權將呂蒙, 初不學(권장여몽 초불학) : 손권의 장군 여몽(呂蒙)은 처음에는 학문이 없었다.

o權勸蒙讀書(권권몽독서) : 손권이 여몽에게 책을 읽으라고 권했다. 〈*그래서 글 공부를 한 다음.〉

o魯肅後與蒙論議(노숙후여몽논의) : 노숙이 후에 여몽과 논의를 하자. 〈*여몽이 말을 잘 했다.〉

ㅇ大驚曰, 卿非復吳下阿蒙(대경왈 경비복오하아몽) : 그래서 노숙이 크게 놀라고 말했다. 「그대는 이미 옛날의 오(吳)나라 밑에 살았던 아몽(阿蒙)과 같은 사람이 아니구려.」〈*아(阿)는 친근감(親近感)을 나타내는 말, 몽(蒙)은 무식하고 몽매한 사람이라는 뜻이다.〉

ㅇ蒙曰, 士別三日, 卽當刮目相待(몽왈 사별삼일 즉당괄목상대) : 여몽(呂蒙)이 말했다. 「선비는 사흘만 이별하면, 즉 당연히 괄목할 만큼 다른 사람으로 상대를 해야 합니다.」

※ 刮目相待(괄목상대) : 눈을 비비고 상대를 바라봄. 남의 학식이나 재주가 눈에 띄게 향상된 것을 경탄하여 이르는 말. 괄목상대(刮目相對)라고도 함.

관우(關羽)

제6과 삼자 혼전 : 관우 사망

(1) 劉備初用龐統, 爲耒陽令. 不治. 魯肅遺備書曰, 士元非百里才. 使爲治中別駕, 乃得展其驥足耳. 備用之. 勸取益州.

유비(劉備)는 처음에는 방통(龐統=龐士元)을 등용해서 뇌양령(耒陽令)으로 삼았다. 그러나 잘 다스리지 못했다.

이에 노숙(魯肅)이 유비에게 글을 보내서 말했다. 「사원은 백 리(百里) 땅을 다스릴 인재가 아닙니다. (그는 좁은 땅을 다스릴 인재가 아닙니다.) 그를 치중별가(治中別駕)로 삼으시오.」「그러면 준마같이 발로 잘 달릴 것입니다.」

〈*사원(士元)은 방통(龐統)의 자(字)다. 치중별가는 주(州)의 장관(長官)이나 자사(刺史) 밑에 있는 부관(副官)이다. 수레를 따로 탄다. 그래서 별가(別駕)라 한다.〉

유비는 다시 그를 등용해 썼다. 그러자 방통(龐統)이 유비(劉備)에게 익주(益州)를 취하라고 권했다. 〈*당시 익주는 유장(劉璋)이 태수로 있으며 재물이 풍부했다.〉

어구 설명 ○劉備初用龐統, 爲耒陽令. 不治(유비초용방통 위뇌양령 불치) : 유비는 처음에는 방통(龐統)을 등용해서 뇌양령(耒陽令)으로 삼았다. 그러나 잘 다스리지 못했다. ※ 耒陽令(뇌양령) : 뇌양(耒陽)은 호남성(湖南省)에 있음. 뇌양의 현령(縣令).

ㅇ魯肅遺備書曰,(노숙유비서왈) : 노숙(魯肅)이 유비에게 글을 보내서 말했다.

ㅇ士元非百里才(사원비백리재) : 사원은 백 리(百里) 땅을 다스릴 인재가 아닙니다. 〈*사원(士元)은 방통(龐統)의 자(字)다. 그는 좁은 땅을 다스릴 인재가 아니다.〉

ㅇ使爲治中別駕,(사위치중별가) : 그를 치중별가로 삼으시오. 〈*치중별가(治中別駕)는 주(州)의 장관(長官)이나 자사(刺史) 밑에 있는 부관(副官)이다. 수레를 따로 탄다. 그래서 별가(別駕)라 한다.〉

ㅇ乃得展其驥足耳(내득전기기족이) : 그러면 준마(駿馬)같이 발을 벌리고 잘 달릴 것입니다. ㅇ備用之(비용지) : 유비는 그를 다시 등용해 썼다.

ㅇ勸取益州(권취익주) : 그러자 방통(龐統)이 유비(劉備)에게 익주(益州)를 취하라고 권했다. 〈*당시 익주는 유장(劉璋)이 태수로 있으며 재물이 풍부했다.〉

(2) 備留關羽守荊州, 引兵泝流, 自巴入蜀, 襲劉璋, 入成都. 備旣得益州. 孫權使人從備求荊州. 備不肯還. 遂爭之. 已而分荊州. 備自蜀取漢中, 自立爲漢中王.

유비(劉備)는 관우(關羽)를 그대로 남겨두고 형주(荊州)를 수비하게 했다. 그리고 유비 자신은 군대를 인솔하고 장강(長江=揚子江)을 거슬러 올라가 파군(巴郡)에서 촉군(蜀郡)으로 들어갔다.

　그리고 유장(劉璋)을 치고 성도(成都)에 입성했다.

　유비가 이미 익주를 점거하자, 손권이 사람을 시켜 유비에게 형주를 돌려달라고 요구했다. 유비가 끝내 되돌려주기를 거절하자, 드디어 싸우게 되었다.

　〈그러다가 둘이 화해하고 결국〉 형주를 나누어 갖기로 했다. 그래서 유비는 촉(蜀)에서 한중으로 가서 이곳도 점령하여 스스로 서서 한중왕(漢中王)이라 했다.〈서울을 성도(成都)에 두었다. 건안(建安) 24년 기원 219년, 이때부터 조조, 유비, 손권의 세 영웅이 중원(中原)의 사슴을 쫓아 드디어 삼국시대(三國時代)를 형성(形成)하게 된다.

어구 설명　○備留關羽守荊州,(비유관우수형주) : 유비는 관우(關羽)를 그대로 두고 형주(荊州)를 수비하게 했다.
　○引兵泝流, 自巴入蜀,(인병소류 자파입촉) : 유비 자신은 군대를 인솔하고 장강(長江=揚子江)을 거슬러 올라가 파군(巴郡)에서 촉군(蜀郡)으로 들어갔다. ※「泝(거슬러 올라갈 소)」○襲劉璋, 入成都(습유장 입성도) : 그리고 유장을 습격해 치고 성도(成都)에 입성했다. ○備旣得益州(비기득익주) : 유비가 이미 익주를 점거하자.
　○孫權使人從備求荊州(손권사인종비구형주) : 손권이 사람을 시켜 유비에게 형주를 돌려달라고 요구했다.
　○備不肯還. 遂爭之(비불긍환 수쟁지) : 유비가 끝내 되돌려주기를 거절하자, 드디어 싸우게 되었다. 〈그러다가 둘이 화해하고 결국.〉
　○已而分荊州(이이분형주) : 형주를 나누어 갖기로 했다.

○備自蜀取漢中, 自立爲漢中王(비자촉취한중 자립위한중
왕) : 그래서 유비는 촉(蜀)에서 한중으로 가서 이곳도 점
령하여 스스로 서서 한중왕(漢中王)이라 했다.

(3) 漢中將關羽, 自江陵出, 攻樊城取襄陽. 自許以南, 往往遙應羽. 威震華夏. 曹操至議徙許都以避其鋒. 司馬懿曰, 備權外親內疎. 關羽得志, 權必不願也. 可遣人勸權躡其後. 許割江南以封權. 操從之.

한중왕(漢中王) 유비의 장군 관우(關羽)가 강릉(江陵)에서
나왔다. 그리고 번성(樊城)을 공격하고 양양(襄陽)을 취했
다.

〈관우는 평소에도〉 스스로 자신을 믿었다. 허창(許昌) 이
남은 물론 자기가 어디로 가나 멀리서 사람들이 관우 자신
을 맞아 호응한다. 그래서 자기의 위세가 화하(華夏) 전국
을 진동한다. 〈*관우 자신이 믿었던 것이다.〉

그래서 조조는 의논하고 허도(許都)를 옮겨 〈관우의〉 칼이
나 창을 피하려고 했다. 그러자 사마의가 말했다. 「유비와
손권은 겉으로는 친하지만 속으로는 서로 소원합니다.」

「관우가 뜻을 이루는 것을 손권은 절대로 원치 않습니다.
그러므로 사람을 시켜서 손권으로 하여금 관우의 뒤를 밟
고 따르게 하라 이르세요.」「고로 강남을 쪼개서 손권에게
봉해 주기를 허락하세요.」〈*사마의가 조조에게 한 말이

다.〉 조조는 이에 따랐다.

어구 설명 ○漢中將關羽, 自江陵出,(한중장관우 자강능출) : 한나라의 안에 있던 장군 관우(關羽)가 강릉(江陵)에서 나왔다. ○攻樊城取襄陽(공번성취양양) : 그리고 번성(樊城)을 공격하고 양양(襄陽=湖北省)을 취했다. ○自許以南,(자허이남) : 〈관우는〉 스스로 자신을 믿었다. 허창(許昌) 이남은 물론,
○往往遙應羽. 威震華夏(왕왕요응우 위진화하) : 자기가 어디로 가나 멀리서 사람들이 관우 자신을 맞아 호응한다. 그래서 자기의 위세가 전 중국을 진동한다. 〈*관우 자신이 믿었던 것이다.〉 ※「華(꽃 화) ; 황색. 번영하다. 용모가 아름답다. 중국인이 자기 나라를 일컫는 말. 중화(中華).」華夏(화하)는 중국 사람이 자기 나라를 높여 일컫는 말. 문화가 가장 발달한 중국의 중앙부.
○曹操至議徙許都以避其鋒(조조지의사허도이피기봉) : 그래서 조조는 의논하고 허도(許都)를 옮겨 〈관우의〉 칼이나 창을 피하려고 했다.
○司馬懿曰,(사마의왈) : 그러자 사마의가 말했다.
○備權外親內疎(비권외친내소) :「유비와 손권은 겉으로는 친하지만 속으로는 서로 소원합니다.」
○關羽得志, 權必不願也(관우득지 권필불원야) : 관우가 뜻을 이루는 것을 손권은 절대로 원치 않습니다. ○可遣人勸權躡其後(가견인권권섭기후) : 그러므로 사람을 시켜서 손권으로 하여금 관우의 뒤를 밟고 따르게 하라 이르세요. ※「躡(밟을 섭) ; 뒤좇다. 따르다.」

ㅇ許割江南以封權. 操從之(허할강남이봉권 조종지) : 강남을 쪼개서 손권에게 봉해주기를 허락하세요. 조조는 이에 따랐다.

(4) 時魯肅已死, 呂蒙代之. 亦勸權圖羽. 操師救樊. 權將陸遜, 又襲羽後. 羽狼狽走還. 權軍獲羽斬之. 遂定荊州.

그때에 〈오(吳)나라에서는〉 노숙이 죽고 여몽이 대신했다. 여몽도 역시 손권에게 관우를 치라고 권했다.

조조의 군사가 번성(樊城)을 구원하고 손권의 장군 육손(陸遜)이 관우의 후방을 습격했다.

이에 관우가 낭패하고 뒤돌아갔다.

손권의 군대가 추격하여 관우를 잡아서 베어 죽였다. 드디어 형주를 평정했다.

여구 설명 ㅇ時魯肅已死, 呂蒙代之(시노숙이사 여몽대지) : 그때에 〈오(吳)나라에서는〉 노숙이 죽고 여몽이 대신했다. ㅇ亦勸權圖羽(역권권도우) : 여몽도 역시 손권에게 관우를 치라고 권했다.

ㅇ操師救樊(조사구번) : 조조의 군사가 번성(樊城)을 구원하고. ㅇ權將陸遜, 又襲羽後(권장육손 우습우후) : 손권의 장군 육손(陸遜)이 관우의 후방을 습격했다. ㅇ羽狼狽走還(우랑패주환) : 관우가 낭패하고 뒤돌아갔다. ※「狼(이리 랑 ; 짐승 이름. 앞다리는 길고 뒷다리는 매우 짧아, 항상

패(狽)에게 업혀야만 다닐 수 있다.) 狽(이리 패 ; 앞다리가 매우 짧고 뒷다리가 길어 낭(狼)과 서로 의지해야만 다닐 수 있다. 狼狽而走.」狼狽(낭패)는 일이 뜻대로 되지 않아 몹시 딱한 형편이 됨.

ㅇ權軍獲羽斬之(권군획우참지) : 손권의 군대가 추격하여 관우를 잡아서 베어 죽였다. ㅇ遂定荊州(수정형주) : 드디어 형주를 평정했다.

제7과 조비가 영제 자리를 탈취함

(1) 初曹操自兗州牧, 入爲丞相. 領冀州牧. 封魏公. 作銅雀臺於鄴. 已而進爵爲王, 用天子車服, 出入警蹕. 以子丕爲王太子.

처음에 조조는 연주(兗州)의 목으로 있다가 조정에 들어가서 승상이 되었다. 또 기주(冀州)의 목(牧)을 받았다.

위나라 공(公)에 봉해지자, 업(鄴)에 동작대(銅雀臺)를 만들었다. 〈*동으로 만든 새를 대 위에 놓았다.〉

작위를 높이고 위왕(魏王)이 되었다. 천자의 복식(의복)으로 수레를 타고 다녔으며, 출입 시에는 경(警)과 필(蹕)을 울렸다. 〈*임금이 갈 때는 경(警)을 울린다. 끝나면 필(蹕)을 울린다.〉

자기의 아들 비(丕)를 왕태자(王太子)라고 호칭했다.

어구 설명 ○初曹操自兗州牧, 入爲丞相. 領冀州牧(초조조자연주목 입위승상 영기주목) : 처음에 조조는 연주의 목으로 있다가 조정에 들어가서 승상이 되었다. 또 기주의 목을 받았다. ※ 牧(목) : 지방의 장관.

○封魏公. 作銅雀臺於鄴(봉위공 작동작대어업) : 위나라 공(公)에 봉해지자, 업(鄴)에 동작대(銅雀臺)를 만들었다. 〈*동으로 만든 새를 대 위에 놓았다.〉

○已而進爵爲王, 用天子車服,(이이진작위왕 용천자거복) : 작위를 높이고 위왕(魏王)이 되었다. 천자의 복식(의복)으로 수레를 타고 다녔다. ○出入警蹕(출입경필) : 출입 시에는 경과 필을 울렸다. 〈*임금이 갈 때는 경(警)을 울린다. 끝나면 필(蹕)을 울린다.〉

○以子丕爲王太子(이자비위왕태자) : 자기의 아들 비(丕)를 왕태자(王太子)라고 호칭했다.

(2) 操卒. 丕立. 自爲丞相·冀州牧. 魏羣臣言, 魏當代漢. 丕遂追帝禪位, 以帝爲山陽公.

조조(曹操)가 죽자, 그의 아들 조비(曹丕)가 자리에 올랐다. 조비는 스스로 승상이 되고 또 기주(冀州)의 목(牧)이라 했다.

그러자 위나라 모든 신하가 말했다.「위나라가 당연히 한나라를 대신해야 한다.」

조비(曹丕)가 헌제(獻帝)를 강제로 몰아내고 자리에 올랐다. 그리고 헌제를 산양공(山陽公)이라 했다.(A.D. 220)

어구 설명 ㅇ操卒. 丕立(조졸 비립) : 조조가 죽자, 그의 아들 조비(曹丕)가 자리에 올랐다.

ㅇ自爲丞相 · 冀州牧(자위승상 · 기주목) : 스스로 승상이 되고 또 기주(冀州)의 목(牧)이라 했다.

ㅇ魏羣臣言,(위군신언) : 위나라 모든 신하가 말했다.

ㅇ魏當代漢(위당대한) : 위나라가 당연히 한나라를 대신해야 한다.

ㅇ丕遂追帝禪位,(비수추제선위) : 조비(曹丕)가 헌제(獻帝)를 강제로 몰아내고 자리에 올랐다.

ㅇ以帝爲山陽公(이제위산양공) : 헌제를 산양공(山陽公)이라 했다.

(3) 帝在位改元者三, 曰初平 · 興平 · 建安. 元年至二十五年, 則皆曹操爲政時也. 共三十一年. 禪位又十四年而卒.

헌제(獻帝)는 자리에 있으면서 연호를 3차례 바꾸었다. 즉 초평(初平), 흥평(興平), 건안(建安)이다.

건안 원년(서기 196년)에서 25년(서기 220년)까지 모두 25년이다. 그간을 다 조조가 정사를 다스린 시기이고 총 31년간을 재위하고 있었다.(그리고 양위하였다.)

헌제는 선위하고 다시 14년 살다가 죽었다.

어구 설명 ㅇ帝在位改元者三,(제재위개원자삼) : 헌제(獻帝)는 자리에 있으면서, 연호를 3차례 바꾸었다.

○日初平 · 興平 · 建安(왈초평 · 흥평 · 건안) : 즉 초평(初平), 흥평(興平), 건안(建安)이다.

○元年至二十五年, 則皆曹操爲政時也. 共三十一年(원년지이십오년 즉개조조위정시야 공삼십일년) : 건안 원년(서기 196년)에서 25년(서기 220년)까지 모두 25년이다. 그간을 다 조조가 정사를 다스린 시기이고 총 31년간을 재위하고 있었다.(그리고 양위하였다.)

○禪位又十四年而卒(선위우십사년이졸) : 헌제는 선위하고 다시 14년 살다가 죽었다.

(4) 漢自高祖元年爲王, 五年爲帝, 至是二十四世, 四百二十六年.

한나라는 고조(高祖)가 원년(서기 전, 기원 전 206)에 왕(王)이 되었고, 5년(기원 전 202년)에 황제(皇帝)가 되었다.

그리고 전한(前漢)과 후한(後漢)을 합하여 지금에 이르기까지 24대(代), 총 426년이 되었다.(B.C. 206~A.D.220)

어구 설명 ○漢自高祖元年爲王, 五年爲帝,(한자고조원년위왕 오년위제) : 한나라는 고조(高祖)가 원년(서기 전, 기원 전 206)에 왕(王)이 되었고, 5년(기원 전 202년)에 황제(皇帝)가 되었다.

○至是二十四世, 四百二十六年(지시이십사세 사백이십육년) : 그리고 전한(前漢)과 후한(後漢)을 합하여 지금까지 24대(代), 총 426년이 되었다.(B.C. 206~A.D.220)

부록 : 참고 설명

[1] 「삶의 깊은 도리」

(1) 사람은 영장(靈長)이다. 그러므로 동물과는 차원이 다른 삶을 살아야 한다. 나누어 말하겠다.

　① 심령적(心靈的), 정신적(精神的), 도덕적(道德的) 삶.

　② 육체적(肉體的), 물질적(物質的), 이기적(利己的) 삶.

(2) 동물 본능적 삶은 「동물적 차원에서 먹고 마시고 뛰고 놀기만 하는 삶」이다. 이는 곧 「육체를 바탕으로 한 물질적, 이기적 삶에 직결되며 특별하게 배우지 않아도 할 수 있다.」

(3) 그래서 성장하면 주색잡기(酒色雜技)에 빠지기 쉽고, 또 사회적 범죄(犯罪)에 연결되는 수가 많다.

(4) 개인적 차원이나 국가적 차원이나 같다. 기계를 사용한다고 「동물 본능적 삶이 아니라고 말할 수 없다.」 칼로 전쟁을 하는 것이나 과학 무기로 싸우는 것이나 다 같다. 그러므로 사람은 절대로 본능적, 육체적, 이기적 삶만을 살면 안 된다.

(5) 「정신 도덕적 삶」을 살아야 한다. 즉 의식적(意識的)으로 「나와 남이 서로 사랑하고 협동해서 하나가 되는 공동체적 삶을 살아야 한다.」

　① 가정 : 부부, 부모, 형제, 자매, 조부, 손자, 친척

　② 학교나 사회 : 선생이나 선배 및 학생이나 후배.

　③ 국가 : 통치자, 관리, 선비, 백성과 각종의 일꾼

　④ 세계 인류 : 모두가 하나가 되고 평화롭게 살아야 한다.

(6) 사람은 절대로 혼자만으로는 살 수 없다. 서로 어울려 물질

생산 교역을 해야 한다. 그래야 나와 남이 함께 잘 산다. 그러므로 윤리 도덕을 깊이 알고 또 따르고 실천을 해야 한다.

[2] 「문화적, 이성적, 역사적 발전」

(1) 사람도 동물이다. 그러므로 태고 때에는 동물적 본능을 바탕으로 식색(食色)을 취하는 원시적 삶만을 살았다.

(2) 그러나 사람은 지능을 바탕으로 「농업 생산, 상업 교류, 건축 기술, 과학 기계 등을 발달시켰고 또 역사적으로 계승하며 더욱 눈부시게 발달시키고 있다.」

(3) 특히 육신적 삶은 한계가 있다. 그러므로 의학적으로 건강하고 또 장수하려고 애를 쓰고 있다.

(4) 「육신적 삶은 외형적, 물질적, 이기적 삶」이다. 그러므로 「나 자신만을 위한 이기적 욕심」이 있게 마련이다.

(5) 동시에 육신을 바탕으로 한 「이기적 욕심」은 「희노애락(喜怒哀樂)의 감정」에 연결되고, 또 「외형적 물질이나 힘」에 직결된다. 그래서 개인이나 국가가 「서로 재물과 기술을 얻으려고 다투게 마련이다.」 그리고 「격렬한 감정으로 서로 싸우고 다투게 마련이다.」

(6) 같은 공동생활을 하면서 사람과 사람이 심하게 다투고 싸우면, 가정, 사회 및 국가가 평화롭지 않고 또 모든 사람이 잘 살 수 없다. 그래서 인간적인 차원에서는 이성으로 억제하고 국가적인 차원에서는 법으로 제제해야 한다.

(7) 국가와 국가의 경우는 국제적으로 제제하기 어렵다. 그래서 모든 나라가 자기나라의 욕심을 바탕으로 부국강병(富國强兵)을 중시한다. 즉 재물과 무력으로 남을 누르고 「돈과 힘」

을 독점하려고 한다. 그러나 비도덕적으로 욕심을 채우는 짓이 나쁜 줄 안다. 그래서 음흉하게 가면을 쓰고 권모술수 (權謀術數)를 농하는 것이다.

(8) 그래서 동서고금(東西古今)을 막론하고 인류 사회나 국가가 심각한 위기에 빠지게 마련이다. 그래서 철학과 종교가 다른 차원의 이상을 내세웠던 것이다. 다음에서 동양의 철학 사상을 바탕으로 한 도덕 사상을 말하겠다.

[3] 중용(中庸)의 핵심사상

(1) 천명지위성(天命之謂性) : 하늘이 절대 명령으로 내려준 것이 사람의 본성(本性)이다. 고로 사람은 영장(靈長)이다.

(2) 솔성지위도(率性之謂道) : 하늘이 내려준 본성을 따르고 실천하는 것이 도(道)이다.「도(道)」는「사람이 따르고 살아야 할 도리다.」

(3) 수도지위교(修道之謂敎) : 도(道)를 깨닫고 알고 또 실천하고 가르치는 것이 곧 교(敎)이다.

(4)「성도교(性道敎)」를 종합한 삶을 나누어 말하겠다.

① 사람은 만물의 영장(靈長)이다. 그러므로 사람의 본성은 숭고하고 또 삶도 숭고하다. 고로 사람은 마땅히「동물 본능적(動物本能的), 육체 감각적(肉體感覺的), 개별 이기적(個別利己的), 외형 물질적 (外形物質的) 삶」을 지양하고 다음 같이 숭고한 삶을 살아야 한다.

② 심령과 정신을 바탕으로 윤리 도덕적 삶을 살아야 한다.

③ 국가는 무력 투쟁을 버리고 천도를 따라 서로 사랑하고 하나가 되어야 한다. 즉 인류대동(人類大同)의 평화세계(平和世界)를 창건해야 한다.

④ 학문과 지식을 바탕으로 역사 문화를 계승하고 더욱 새롭게 발전

시켜 나아가야 한다.

(5) 바르고 착하게 살기 위해서는 잘 배우고 잘 알아야 한다.

[4] 대학(大學)의 핵심 : 명명덕(明明德), 친민(親民)=신민(新民), 지어지선(至於至善)

(1) 명덕(明德)을 밝힌다. 명덕을 주자는 다음 같이 풀었다.

  ① 「명덕은 사람이 하늘로부터 받은 것, 즉 본성이다.(明德者 人之所得於天)」

  ② 「명덕은 눈에 보이는 형상이 없다. 그러나 기능이나 작용은 영특하며 항상 있고 어둡게 되지 않으며, 모든 도리를 지니고 만물에 응용된다.(而虛靈不昧 具衆理而應萬事者也)」

  ③ 「그러나 육체적 기질이 구속되는바 인간적 욕심에 의해서 이따금 가리거나 덮인다.(但爲氣稟所拘 人欲之所蔽 則有時而昏)」

  ④ 「그러나 본체의 밝음은 절대로 쉬는 법이 없다. 그러므로 배우는 사람은 마땅히 본성적 바탕을 따라 끝까지 다 밝혀야 한다. 그래야 처음의 본성으로 돌아간다.(然其本體之明 則未有嘗息 故學者 當因其所發而遂明之 以復其初也)」

(2) 친민(親民)과 신민(新民) : 백성을 참으로 사랑하는 참뜻은 백성을 새롭게 하고 또 발전되게 함이다. 즉 항상 때를 제거하고 새롭게 발전되게 함이다.

(3) 지어지선(至於至善) : 절대선(絕對善)의 천도(天道)를 따르고 실천함이다. 그러기 위해서는 「동물적 이기적 욕심」을 극복해야 한다. 즉 극기복례(克己復禮)해야 한다.

(4) 중용(中庸)이나 대학(大學)이나 핵심은 같다. 하늘이 천명(天命)으로 준 숭고한 도덕적 본성(本性)을 바탕으로 천도

(天道)를 실천하고 지덕(地德)을 배워야 한다. 그러기 위해서는 사람을 잘 배우고 깨달아야 한다.

[5] 공자의 도덕적 교육관

(1) 논어(論語) 책 첫머리에서 공자(孔子)가 말했다. 「학이시습지 불역열호(學而時習之 不亦說乎)」 뜻을 나누어 설명하겠다.

① 「학(學)」은 「배우고 알고 깨닫는다.」는 뜻이다. 배워야 하늘의 도리를 알고 또 사람의 본성이 착하다는 것을 안다. 안 배우면 「동물 같이 먹고 마시고 뛰고 놀기만 한다.」

② 「시습(時習)」은 「때와 경우에 맞게 실천한다는 뜻이다.」 가정에서는 부모와 자식, 형제와 자매 및 부부가 서로 사랑한다. 동시에 선조와 후손이 역사적으로도 계승하고 더욱 발전해야 한다. 학교에서는 스승에게 진리와 기술을 배우고 익혀야 한다. 국가에서는 임금과 백성이 하나가 되어 인정덕치(仁政德治)를 구현해야 한다.

③ 「열(說)」은 「참으로 기쁘고 좋다는 뜻이다.」 사람은 영장(靈長)이다. 동물 같이 살거나, 서로 싸우면서 욕심을 채우는 것은 좋지도 않고 또 즐거운 일이 아니다. 천도를 따라 덕을 세워야 참으로 즐겁다.

(2) 이러한 모든 것을 배우고 알아야 자기를 수양하고 영장(靈長)으로서 보람있게 즐겁게 산다.

(3) 그러므로 모든 사람은 윤리 도덕적으로 배우고 깨달아야 한다.

(4) 오늘의 인류 세계에서는 물질과 재물과 과학 기술만 높인다. 그리고 개인이나 나라가 저마다 동물적 본능이나 이기적 욕심을 바탕으로 서로 싸우고 쟁탈만을 하고 있다. 그래서 심각한 위기에 빠져있는 것이다. 배워야 한다. 윤리 도덕

을 배워야 한다. 안 그러면 더욱 위태롭게 된다.

[6] 공자의 도덕적 역사 발전관

⑴ 공자(孔子)는 논어에서 말했다. 「하늘이 무슨 말을 하는가. 하늘은 아무 말도 하지 않는다. 그러나 하늘은 사계절을 운행하고, 백물을 낳고 살게 한다.(天何言哉 四時行焉 百物生焉 天何言哉)」

⑵ 이는 곧 우주 천지, 자연 만물 및 개별적 사람이나 집단적 가정, 사회, 국가 및 인류 세계가 시간의 흐름에 따라 부단히 역사적으로나 문화적으로 변하고 발전한다는 뜻을 말한 것이다. 나누어 설명하겠다.

⑶ 하늘(天)은 공간과 시간을 통합한 우주(宇宙)를 다스리는 절대자(絶對者)다. 동시에 하늘은 자연 만물을 생육화성(生育化成)하는 절대선(絶對善)의 주재자(主宰者)다. 공자 같은 성인(聖人)은 사람에게 천도를 가르쳐야 한다고 믿었다.

[7] 속세의 치(治)와 란(亂)

⑴ 사람은 나이가 들면 늙고 죽는다. 그리고 새로 태어나는 사람이 가정이나 국가를 맡아서 다스린다. 그러나 공자가 강조한 도덕교육을 받지 않으면, 동물적 삶만을 살게 마련이다. 안 배우면 동물적 삶만을 살게 마련이다.

⑵ 동물은 자연의 도리를 따를 뿐 악덕하고 음흉한 권모술수(權謀術數)를 쓰지 않는다. 그러나 인간은 역사적으로 악덕하고 음흉하고 잔인한 사람이 잘살고 있는 것을 본다. 그래서 일반

사람들은 윤리, 도덕, 교육보다 권모술수를 더 높이고 있다.

(3) 교육도 오직 과학 기술 교육을 노릴 뿐, 윤리 도덕 교육을 무시한다. 더욱 국가는 약육강식(弱肉强食)과 부국강병(富國强兵)만을 높인다. 그래서 더욱 윤리 도덕 교육을 무시한다.

(4) 거듭 말하겠다. 정치도 사람이 한다. 사람은 영장(靈長)이다. 그래서 사람이 하는 정치도 천도(天道)를 따라야 한다. 천도를 따르고 실천하면 지덕(地德)을 세울 수 있다. 이를 합해서 도덕(道德)이라고 한다.

(5) 그런데 윤리 도덕 교육을 배우지 않으면, 사람도 정치도 「동물적 생존본능인 식색(食色)을 취하는 육체적(肉體的), 이기적(利己的) 삶」에만 몰두한다.

(6) 특히 정치적으로는 약육강식(弱肉强食)과 부국강병(富國强兵)만을 강조한다. 그래서 악덕한 통치자들이 득세하고 백성을 억압하고 가렴주구(苛斂誅求)를 하게 마련이다.

(7) 시대와 더불어 배우고 도를 터득한 통치자가 나타나면 비교적 좋은 세상이 된다. 그러나 현실적으로 대부분의 통치자들은 반대로 권모술수와 무력만을 바탕으로 나라를 잡고 백성을 다스렸다. 그래서 동서고금을 막론하고 정치는 항상 치(治)와 난(亂)이 서로 엎치락뒤치락 했던 것이다.

(8) 이러한 견지에서 고대 중국의 역사를 보자.

① 진시황(秦始皇)은 무참한 무력으로 통일을 했다.

② 한고조(漢高祖)도 전국(戰國)을 무력으로 평정했다.

③ 무제(武帝)도 무력으로 사방을 평정했다.

④ 그래서 서한(西漢=前漢)과 동한(東漢=後漢)의 전환기에 다시 흐트러지고 무력이 난무하고 혼란했던 것이다.

색인(索引)

【ㅅ】

【ㅇ】

[신완역]
십팔사략 中(上)
西漢(前漢) · 東漢(後漢)

초판 인쇄 : 2011년 12월 23일
초판 발행 : 2011년 12월 28일

강술(講述) : 장기근
발 행 자 : 김동구
본문편집 : 이명숙, 양철민
발 행 처 : 명문당(창립 1923. 10. 1)
　　　　　서울특별시 종로구 안국동 17~8
　　　　　우체국 010579-01-000682
　　　　　Tel　(영) 733-3039, 734-4798
　　　　　　　(편) 733-4748　Fax　734-9209
　　　　　Homepage : www.myungmundang.net
　　　　　E-mail : mmdbook1@kornet.net
　　　　　등록 1977. 11. 19. 제1~148호

• 낙장 및 파본은 교환해 드립니다.
• 불허복제

값 25,000원
ISBN 978-89-7270-999-2　94150
ISBN 978-89-7270-052-5　(세트)